太平洋战争

Ⅶ 钳形攻势

青梅煮酒——著

中国出版集团 现代出版社

图书在版编目（CIP）数据

太平洋战争．七，钳形攻势 / 青梅煮酒著．—北京：现代出版社，2021.1

ISBN 978-7-5143-8969-2

Ⅰ．①太… Ⅱ．①青… Ⅲ．①太平洋战争—史料 Ⅳ．①E195.2

中国版本图书馆 CIP 数据核字（2020）第 245697 号

太平洋战争．七，钳形攻势

作　　者：青梅煮酒
责任编辑：姚冬霞
出版发行：现代出版社
通信地址：北京市安定门外安华里 504 号
邮政编码：100011
电　　话：010-64267325　64245264（传真）
网　　址：www.1980xd.com
电子邮箱：xiandai@vip.sina.com
印　　刷：三河市国英印务有限公司
字　　数：577 千字
开　　本：710mm×1000mm　1/16　　印　　张：36.5
版　　次：2021 年 1 月第 1 版　　印　　次：2023 年 7 月第 2 次印刷
书　　号：ISBN 978-7-5143-8969-2
定　　价：69.80 元

目录

第一章 马绍尔群岛战役

燧发枪行动

1943年11月，美军通过“电流行动”攻占了吉尔伯特群岛。站在马金环礁向西北望去，315公里处就是马绍尔群岛最南端的米利环礁。由大小32个环礁组成的马绍尔群岛位于东经162度—173度、北纬5度—12度之间，陆地总面积181平方公里。其中较大的环礁有夸贾林、埃尼威托克、马朱罗、米利、马洛伊拉普、沃特杰、贾卢伊特和比基尼等。位于群岛中心的夸贾林环礁为世界最大。马绍尔群岛东北方向是威克岛和夏威夷群岛，西边是加罗林和马里亚纳群岛，东南是吉尔伯特群岛，战略位置非常重要。

1521年，大航海家麦哲伦的探险船队曾从马绍尔群岛东北驶过，却并未发现这些岛屿。1529年，西班牙航海家阿尔瓦罗·德萨韦德拉作为第一位西方人访问了马绍尔群岛，拉开了欧洲人涉足群岛的序幕。1686年，西班牙人宣布群岛归其所有，但并未采取进一步的开发行动。18世纪末至19世纪初，俄罗斯、英国和美国航海家在这一带陆续发现了更多岛屿。1788年，途经此处的英国船长约翰·马绍尔以自己的名字为群岛命名。1899年，由于在美西战争中战败，穷困潦倒的西班牙人将岛屿以400万美元的价格卖给了德国人。第一次世界大战爆发之后，1914年10月，趁火打劫的日本人派出一支远征舰队，控制了德属马绍尔、加罗林和马里亚纳群岛。1920年，国际联盟授权日本托管上述岛屿。为守卫和保护托管地区，日本特意组建了南洋守卫部队，民管的南洋厅设在帕劳群岛的科罗尔岛，隶属东京外务省管辖。

取得上述岛屿托管权后，日本立即大兴土木，大力发展当地经济。20世纪30年代，日本在罗伊岛修建了第一个机场。1937年，日本退出国际联盟之后，上述诸岛变成了日本的“封闭领土”，严禁西方人士进入。早在1921年日本托管之初，绰号“皮特”的美国海军陆战队少校厄尔·埃利斯就曾向华盛顿提交过一份针对马绍尔群岛的假想作战计划，提出夺取其中的四座岛礁，作为未来美国海军与日军作战的前进基地。两年后，1923 年，埃利斯在日本控制下的帕劳群岛上神秘死亡，死因扑朔迷离。

拿下吉尔伯特群岛之后，美军下一步的攻击目标，毫无疑问正是日军苦心经营逾 30 年的马绍尔群岛。前文提到，华盛顿最初确定的攻击目标正是此地，只是因为缺乏理想的前进基地，才率先对吉尔伯特群岛下手，目的是取得对马绍尔群岛作战的起跳板。早在“电流行动”发起之前，1943 年 6 月，华盛顿已责成尼米兹海军上将，着手制订攻打马绍尔群岛的作战计划。8 月 1 日，太平洋舰队司令部向参谋长联席会议提交了初步作战方案，行动代号“银行利率”。

在作战方案中，尼米兹指出，夺取马绍尔群岛不但能够保障盟军在太平洋上的交通线，而且可以利用那里的诸多天然良港，为盟军继续向前推进、将战火引至日军“绝对国防圈”的核心地带创造有利条件，进而将盘踞在南太平洋和西南太平洋的日军一举分割，围而歼之。最后，尼米兹高屋建瓴地指出，马绍尔战役将引领美军走向战争的最后胜利。

太平洋舰队提交的作战方案有以下四大要点。一是战役胜利的关键是夺取夸贾林、沃特杰、马洛伊拉普、贾卢伊特和米利五大环礁。二是战役的发起必须建立在吉尔伯特群岛和南太平洋战事顺利及珍珠港做好充分准备的基础上。三是为了获取准确可靠的情报，在夺取吉尔伯特群岛和瑙鲁岛（后放弃）后，美军陆基航空兵将分别从马金、贝克岛等地机场出动，对马绍尔群岛进行空袭和航空侦察。四是鉴于攻击目标较多，且日本人已于此经营多年，参战地面部队不能低于两个整师的 35000 人。

在 1943 年 8 月的魁北克“四分仪”会议上，美英参谋长联席会议做出决定，盟军在中太平洋结束吉尔伯特群岛作战之后，将立即启动对马绍尔群岛的作战。会议结束后，9 月 1 日，金上将正式向尼米兹下达了进攻马绍尔群岛的指令。在原太平洋舰队提出五大攻击目标的基础上，华盛顿还加上了群岛最西部的埃尼威托克环礁，以及威克岛、加罗林群岛东部的库萨耶岛。可能觉得尼米兹起的代号“银行利率”略显市侩，金上将将本次作战重新命名为“燧发枪行动”，发起日为 1944 年 1 月 1 日。

由于陆战二师受命参加即将展开的“电流行动”，陆战一师和陆战三师又远在西南太平洋和南太平洋，分别承担进攻格罗斯特角和布干维尔岛的作战任务，华盛顿决定由正在西海岸整训的陆战四师及刚刚完成阿留申群岛作战的陆军第七步兵师，承担攻打马绍尔群岛的艰巨任务。美军在布干维尔岛登陆之后，日军对斐济、萨摩亚和新喀里多尼亚的威胁已基本解除，原驻萨摩亚的陆战第二十二团奉命北上，协助两个主力师对马绍尔群岛的作战。后来，由于美军“电流行动”攻击目标之一的瑙鲁岛变成了马金，陆军第二十七步兵师仅出动了一个团加一个营，因此该师第一〇六步兵团受命参加“燧发枪行动”，作为战役的总预备队。

针对华盛顿的电令，尼米兹和参谋长查尔斯·麦克莫里斯少将立即召集会议进行专题研究。会议形成以下初步结论：鉴于夸贾林是马绍尔群岛的核心岛屿，而马洛伊拉普和沃特杰距珍珠港较近，战役第一阶段先拿下上述三个环礁，之后出动陆基航空兵对贾卢伊特和米利进行压制，暂不将其纳入第一批攻击范围。

9 月 22 日，尼米兹将上述意见告知第五舰队司令官雷蒙德·斯普鲁恩斯海军中将，责成他按上述思路以 1944 年 1 月 1 日为战役发起日制订详细作战计划。尼米兹同时说明，上述意见只是太平洋舰队参谋部对“燧发枪行动”的总体设想，第五舰队司令部可以根据实际情况进行修正、完善。

斯普鲁恩斯立即叫来了手下的几员大将，第五两栖舰队司令官里奇蒙德·凯利·特纳少将，第五两栖部队司令官霍兰·史密斯少将，第五十八特混舰队司令官查尔斯·波纳尔少将，陆基航空兵指挥官约翰·胡佛少将，第五舰队参谋长查尔斯·穆尔上校。众人对未来作战提出了两种思路：其一，先夺取外围沃特杰、马洛伊拉普、米利和贾卢伊特四大据点，然后围攻中心地带的夸贾林环礁；其二，从吉尔伯特群岛北上，先夺取马绍尔群岛最南端的艾邦环礁，之后一路向北攻击，依次夺取贾卢伊特、马洛伊拉普、沃特杰，最后攻占夸贾林。第二种思路属于典型的逐岛作战战术。斯普鲁恩斯此时已经在考虑跳过其中部分岛屿，实施围而不攻的蛙跳战术。

10 月 12 日，尼米兹正式下发了关于“燧发枪行动”的第一份正式文件——“16–43”号作战计划。这份文件并未明确公布需要夺取的目标，只规定了地面部队的作战任务：陆军第七步兵师将攻打沃特杰和马洛伊拉普，陆战四师和陆战第二十二团攻打夸贾林，米利和贾卢伊特暂不列入攻击范围。计划规定，第七步兵师的行动在新年的第一天发起，次日，海军陆战队将发起对夸贾林的攻势。

由于美军针对吉尔伯特群岛的“电流行动”一再推迟，最终发起日定在了11月20日，虽然承担地面作战任务的部队不受影响，但是在不到40天的时间里，两栖舰队和护航舰队显然无法完成两次大型作战任务。10月25日，尼米兹致电华盛顿：因预定参战部队尚未完成集结，舰队在短时间内无法参加两次战斗，航空侦察也需要一定时间，建议将“燧发枪行动”发起日推迟至1943年1月31日。

11月下旬，美军针对吉尔伯特群岛的“电流行动”如期进行。尽管最终胜利有惊无险，但陆战二师在贝蒂奥的巨大伤亡让美军上下大吃一惊。贝蒂奥的惨痛教训给美国人及时敲响了警钟。所有将参加“燧发枪行动”的人一致认为，针对日军布防可能更加严密的马绍尔群岛，下一步作战必须做好更充分的准备，将伤亡减少到最低限度。

12月6日，美军针对“电流行动”的总结暂时告一段落。霍兰主动找到特纳——这无疑是非常难得的——话题当然是即将开始的马绍尔群岛战役。最近特纳心情一直不太好，因为在萨沃岛和贝蒂奥阵亡人数太多，国内对他的质疑之声不绝于耳。特纳告诉霍兰，同时进攻三大目标会导致兵力分散，给即将展开的作战带来诸多困难。一旦某处攻击受阻，另两处很难给予有效支援。霍兰对此深表赞同。特纳脸上露出了一副不可思议的表情，因为霍兰一贯是反对他的，难得这次赞同一回。

两人一起去找尼米兹，向司令官汇报了自己的想法。霍兰表示，作战最好分两个阶段，先拿下马洛伊拉普和沃特杰，站稳脚跟后，再向日军重兵盘踞的夸贾林发起进攻。尼米兹一时陷入了沉思。在此之前，已有部分参谋人员向他反映过类似意见。他心里觉得，“燧发枪行动”作战计划应该做出一些改变，但他没有当场对两人说出来。

实际上，尼米兹此时心中已经有了新主意。之前金上将曾告诉他，参谋长联席会议有意在“燧发枪行动”结束之后，派快速航母舰队前往南太平洋，支援哈尔西的作战。在同麦克莫里斯和作战处长福雷斯特·谢尔曼少将商议之后，尼米兹断然做出决定，绕过日军重兵布防的沃特杰和马洛伊拉普，直接进攻群岛核心岛屿夸贾林，来个单刀直入，黑虎掏心——此举颇有李愬雪夜入蔡州的味道。尼米兹认为，一旦美军拿下夸贾林，就可以得到两个机场和一个一流的锚地，一举夺得战役的主动权。他的想法得到了麦克莫里斯和谢尔曼的双双认同。

尼米兹敢于如此大胆用兵，并非一时心血来潮。他的想法主要基于以下两点判断。一方面，根据马绍尔群岛在日军整体战略中的次要地位，日本联合舰队是不会贸然前来挑战的，美军可以放手在夸贾林大打出手。另一方面，美军已经从塔拉瓦之战中吸取了诸多经验教训，在装备和训练上做了改进，完全有能力快速夺取夸贾林，达成战役目的。后来的事实证明，尼米兹的判断完全正确，日本联合舰队战役期间始终缩头不出。看来这总司令也绝非浪得虚名啊！

尼米兹还有另外一层考虑。站在日军的角度出发，一旦美军拿下了吉尔伯特群岛，位于马绍尔群岛南部的贾卢伊特和米利将直接处于美军的兵锋之下，米利距马金仅 315 公里。如果美军从珍珠港方向发起进攻，东部的沃特杰和马洛伊拉普将首当其冲。对日军来说，加强上述四岛的防御实属当务之急，位于中心位置的夸贾林暂时没有太大危险。凭借过人的军事素养和战略眼光，尼米兹认为，日军此时可能正在加强外围岛屿的防御。马绍尔群岛距日本本土太过遥远，夸贾林的防御反而会因此被削弱。随后侦察机的报告也印证了他的判断，日军正从夸贾林不断向外围四岛调兵。

12 月 7 日——珍珠港遭偷袭两周年的纪念日——尼米兹主持召开了有关“燧发枪行动”的专题会议。与会众人纷纷发表意见，只有尼米兹一言不发。所有人讲完之后，尼米兹站起身，缓步走到大幅军用地图前，拿起指挥棒向图中央一指：“综合大家的意见，我认为，原计划确实有修改必要。我们的第一个进攻目标应该是这里。”

随着上将的手势看去，除麦克莫里斯和谢尔曼外，其他人无不大惊失色——原来司令官竟然打算直接进攻夸贾林！即使曾有过“蛙跳”的构思，斯普鲁恩斯也没想到尼米兹如此大胆，竟然一下子跳出去这么远。特纳后来回忆说，这是他和斯普鲁恩斯、霍兰首次听到这一计划，之前他们连想都没有想过。

“不，这简直太冒险了。”尼米兹的意见立即遭到了斯普鲁恩斯、特纳、霍兰及与会大多数人的强烈反对，麦克莫里斯和谢尔曼除外。作为战役最高指挥官的斯普鲁恩斯担心，进攻部队一旦在夸贾林登陆，外围岛屿的日军陆基航空兵将群起而攻之。一旦美军伤亡过大或进展缓慢，日军联合舰队再趁机出击，美军势必陷入四面受敌的被动局面。退一步讲，即使美军能迅速拿下夸贾林，快速航母舰队撤走之后，驻岛部队能否守住岛屿也是个大问题。从珍珠港或吉尔伯特群岛通往那里的补给线路势必被日军航空兵切断。

特纳和霍兰完全赞同斯普鲁恩斯的意见，提出先攻打马洛伊拉普和沃特杰，以此为前进基地最后夺取夸贾林。众人展开了激烈辩论，当天的会议并未形成最后决议。现在时间还很宽裕，美国人有大量时间进行争论。而在中途岛战役之前，尼米兹直接将弗莱彻和斯普鲁恩斯叫来下达作战命令就 OK 了。

特纳决定阻止尼米兹的计划。他紧急制订了一套方案，试图说服尼米兹的忠实支持者谢尔曼少将。穆尔将谢尔曼请到了斯普鲁恩斯办公室。谢尔曼是一位意志坚强和有着远大抱负之人——战后他成为美国海军第十二任作战部长，金、尼米兹是第九、第十任。谢尔曼拒绝改变自己的想法，极力维护尼米兹的决定。他在言语中暗示，斯普鲁恩斯和特纳夸大了对日军陆基航空兵的恐惧。虽然在两人的施压下略显圆滑，但谢尔曼后来向穆尔坦承，当时自己承受的压力非常之大。

12 月 8 日、10 日的两次会议沿袭了第一次会议的格调，简直吵成了一锅稀饭。10 日的争吵结束之后，尼米兹将斯普鲁恩斯、特纳、霍兰三人留了下来。

“雷蒙德，”尼米兹说话依然是轻声细语，“你现在是怎么考虑的？”

“打外围岛屿。”斯普鲁恩斯的回答毫不含糊。

“凯利，你呢？”

“打外围岛屿。”特纳坚决支持斯普鲁恩斯的意见。

“霍兰，还有你呢？”

“打外围岛屿！”霍兰回答。

和麦克阿瑟一贯自作主张不同，尼米兹从不是一个主观武断、固执己见之人。但他的观点一旦形成，就绝不会轻易改变。尼米兹在屋里来回踱步，最后他转过身，轻声告诉三位爱将：“但是，诸位先生，我们的第一个目标依然是夸贾林。”

因为曾担任过一年多的参谋长，充分了解司令官性格的斯普鲁恩斯决定放弃争执。但特纳仍然坚持己见，认为直接进攻夸贾林是冒险和鲁莽的。他大声地发表反对意见，霍兰也在一旁擂鼓助威，大有不达目的誓不罢休之势，屋子里充斥着两人的大嗓门。

尼米兹静静地看着两个人吼叫。当两人喊累了停下来时，尼米兹微微一笑：

“情况就是这样。如果你们两人不愿意干，我会立即从那些愿意干的军官中挑选人来代替你们，他们非常渴望得到你们现在的位置。你们愿意去，还是不愿意去？”

特纳和霍兰相视愣神，然后异口同声地大声回答道：“当然愿意去！”几个人都大笑起来，原来问题的解决竟然如此简单。按道理几个人已经够幸福了，他们可以轻松获得发表意见的机会，而且在大多数时候会被采纳。如果换成西南太平洋战区，除了肯尼，很多人想发表意见还必须经过萨瑟兰，他们在大部分时间里只是简单地执行命令而已。

上次“电流行动”虽然经过了精心策划，但最终结果仍不能令人满意。斯普鲁恩斯一向用兵谨慎，他对司令官的大胆举动忧心忡忡。参谋长穆尔提出了一个变通办法。在攻打夸贾林之前，先拿下其东南方向370公里的马朱罗环礁，日军在那里几乎是不设防的。这样，美军在作战海域就有了一个中转基地。如果迅速在马朱罗部署陆基航空兵，就可以保护从珍珠港或马金通往夸贾林的海上交通线。斯普鲁恩斯对此深以为然。

12月12日，斯普鲁恩斯独自来到了尼米兹办公室，将穆尔的建议向司令官做了汇报。毕竟人家已委屈接受了先打夸贾林的方案，尼米兹说，他会认真考虑这一建议。

12月13日，尼米兹将修改后的方案上报华盛顿参谋长联席会议。中途岛战役之后，金一直觉得盟军在太平洋上的反攻节奏太慢，尼米兹的大胆计划正中其下怀。接到计划的当天，金迅速做出回复：“完全同意！”

12月14日，太平洋舰队司令部正式下发了进攻马绍尔群岛的“16-43”号作战计划。“燧发枪行动”的先期目标是夺取夸贾林环礁，将其建成可供大型舰队停泊的海军基地，同时在北部的罗伊—纳摩尔岛和南部的夸贾林岛修建机场。考虑到华盛顿和特纳等人的意见，计划同时将攻打沃特杰和马洛伊拉普作为备选方案。陆军第七步兵师将承担攻打包括夸贾林岛在内的环礁南部诸岛的任务，陆战四师负责夺取包括罗伊—纳摩尔岛在内的北部诸岛。战役发起日预定为1944年1月17日。

经过参谋长穆尔上校的详细测算，斯普鲁恩斯向尼米兹提出，1月17日发起作战时间太仓促，各项准备工作无法完全到位。12月18日，尼米兹再次致电金上将，由于运输兵员、物资耗费时间比预期长，1 月 17 日两个主力师的武器装备无法达到最佳水平，正在维修的“萨拉托加”号等 3 艘主力航母也无法及时归队，请求将登陆日推迟到 1 月 31 日。还没等华盛顿做出回复，特纳在 12 月 20 日再次提出，如果能将登陆日推迟到 2 月 10 日，地面部队不但能得到最理想的武器装备，初出茅庐的陆战四师还可以在登陆前进行一次针对性的演练。尼米兹立即将这一建议发往华盛顿。

金上将一直认为，盟军在太平洋上必须保持持续进攻的势头，防止日军有充裕的时间去整理和巩固防御阵线。他认为，当年林肯和他的将军正是因为没有对南方联盟保持连续进攻，最终失去了缩短战争的机会。斟酌再三，金上将勉强接受了斯普鲁恩斯的意见，回电强调行动发起日“最迟不得晚于 1944 年 1 月 31 日”。

12 月 20 日，尼米兹召集参加“燧发枪行动”的各部指挥官及作战参谋，对行动进行了最后一次研究。与会人员畅所欲言，会议形成以下决议：

一、航母舰载航空兵及陆基航空兵率先对沃特杰、马洛伊拉普、米利等地日军机场发起航空作战，尽快取得作战区域的制空权。

二、对埃尼威托克和库萨耶两大目标发起空袭，同时进行航空拍照，为下一阶段作战打好基础。

三、夺取马朱罗环礁，取得下一步进攻的前进基地。

四、攻占夸贾林环礁，建成可供大型舰队停泊的海军基地，同时在夸贾林、罗伊—纳摩尔岛建立陆基机场。

五、如上述作战进展顺利，立即对埃尼威托克环礁发起进攻。

六、最后阶段，夺取马绍尔群岛除米利、马洛伊拉普、贾卢伊特和沃特杰之外的其他岛屿。

七、战役发起日为 1944 年 1 月 31 日。

会议同时宣布了参战部队编制和各自承担的任务。尼米兹将坐镇珍珠港实施全面指挥。我们可以看到，在整个太平洋战争期间，尼米兹一般不轻易离开自己的司令部。即使外出视察战场，也大都在战前或者战后。这样既可给予战役指挥官充分的自主权，也可不因无线电静默及时向现场传递情报信息，自己舒坦，大家也自由。可能正因如此，他的手下才名将云集，群星璀璨。

战役总指挥依然是第五舰队司令官斯普鲁恩斯海军中将。他将坐镇“印第安纳波利斯”号重巡洋舰统筹指挥战局。除非日本联合舰队前来挑战，斯普鲁恩斯不会插手战术指挥。所有参战部队共分5部分。

第五十一特混舰队：由第五两栖舰队副司令官哈里·希尔海军少将指挥，下辖9个特混大队，共计护航航母2艘——携舰载机47架——重巡洋舰1艘、驱逐舰和护卫舰18艘、扫雷舰5艘、登陆舰艇48艘，负责运送陆战第二十二团和陆军第二十七步兵师第一〇六团。除一个营负责攻占马朱罗环礁，其余部队为战役总预备队，随时准备加入对夸贾林的作战。

第五十二特混舰队，又称南部登陆舰队：由第五两栖舰队司令官特纳少将亲自指挥，下辖7个特混大队，共计护航航母3艘——携舰载机71架——老式战列舰4艘、巡洋舰4艘、驱逐舰21艘、扫雷舰9艘、登陆舰船59艘，负责运送查尔斯·科利特少将的陆军第七步兵师，担负攻占以夸贾林为主的南部诸岛的任务。

第五十三特混舰队，又称北部登陆舰队：由参加过地中海西西里登陆作战的理查德·康诺利海军少将指挥，下辖7个特混大队，共计护航航母3艘——携舰载机96架——老式战列舰4艘、巡洋舰5艘、驱逐舰22艘、扫雷舰13艘、登陆舰船62艘，负责运送哈里·施密特少将的海军陆战队第四师前往夸贾林环礁，负责攻占以罗伊—纳摩尔岛为主的北部诸岛。

第五十七特混舰队，即陆基航空兵：由胡佛海军少将指挥，共有各型战机475架，包括威利斯·黑尔陆军少将指挥的突击大队——下辖11个陆军轰炸机中队、1个战斗轰炸机中队和3个战斗机中队，路易·梅里特准将麾下的海军陆战队搜索大队，主要负责战前侦察和航空火力准备，并支援、协同第五十八特混舰队夺取战区的制空权。

第五十八特混舰队，即快速航母舰队：由波纳尔海军少将指挥——后改为马克·米切尔海军少将——下辖4个特混大队。

第一大队：下辖重型航母“企业”号、“约克城”号，轻型航母“贝露森林”号及3艘新式战列舰、1艘轻巡洋舰和9艘驱逐舰，指挥官约翰·里弗斯海军少将。

第二大队：下辖重型航母“埃塞克斯”号、“无畏”号，轻型航母“卡波特”号及3艘新式战列舰、1艘轻巡洋舰和9艘驱逐舰，指挥官阿尔弗雷德·蒙哥马利海军少将。

第三大队：下辖重型航母“邦克山”号，轻型航母“考彭斯”号、“蒙特利”号及2艘新式战列舰、1艘重巡洋舰和9艘驱逐舰，指挥官弗雷德里克·谢尔曼海军少将。

第四大队：下辖重型航母“萨拉托加”号，轻型航母“兰利”号、“普林斯顿”号及2艘重巡洋舰、1艘轻巡洋舰和8艘驱逐舰，指挥官塞缪尔·金德尔海军少将。

第五舰队直属第十五大队，包括重巡洋舰3艘、驱逐舰4艘、布雷舰2艘，负责承担机动攻击任务，指挥官欧内斯特·斯莫尔海军少将。

第五十八特混舰队的12艘航母共有舰载机710架，它们将与护航的8艘新式战列舰、9艘巡洋舰、39艘驱逐舰一道，消灭日军马绍尔群岛的航空力量，实施海空封锁，随时准备迎击前来挑衅的日本联合舰队。

1943年圣诞节这天，斯普鲁恩斯收到了上司兼好友尼米兹赠予的一份特殊礼物：一条新的卡其布腰带。这位指挥着世界最强大舰队的海军中将实在抠门儿，他总是想方设法将自己的老皮带翻新，以使它能够继续使用，这样他就不必再去花钱买一条新的。

因为在萨沃岛和塔拉瓦两次蒙受“不白之冤”——也不能说没一点责任——特纳对即将展开的“燧发枪行动”格外上心，力争通过此役打翻身仗，改变自己在国民中的糟糕形象。贝蒂奥“躲避的潮流”让陆战二师付出了重大伤亡代价。事实证明，盲目轻敌只会葬送更多年轻的生命。在听取了希尔关于塔拉瓦之战的详细汇报之后，特纳认为，现在自己能做的事，就是在力所能及的范围内进一步强化对可变因素的控制。他的部队即将在马绍尔群岛的多座岛屿展开一次大规模攻势，必须做到有备无患。他麾下的士兵分别来自海军、海军陆战队和陆军，这些人有着各自独特的作战技能，必须将他们更好地融合在一起。

在塔拉瓦的战役总结中，特纳曾经写道：“如果没有掌握水深等详细信息，或者不具备在登陆前消除障碍的能力，我们绝不能再次开展两栖登陆行动。”近期，他对一项特殊军事行动“水下爆破”产生了浓厚兴趣。海军有一批所谓的“蛙人”，他们不但是游泳侦察专家，而且擅长使用炸药清除浅滩或海岸上的障碍物。他们对进攻海滩的侦察被称为“水文侦察”，即测量礁岩以上的潟湖水深，确定士兵在全副武装的情况下是否可以徒步前进不被海水淹没，还能确定坦克从何处经过不至于颠簸或倾覆。如果他们参加了塔拉瓦之役，陆战二师的伤亡无疑会大大降低。此前已有 32 个这样的人被派往英国，为即将展开的诺曼底登陆进行准备。特纳认为，相比主要战斗在陆地进行的欧洲而言，太平洋战场更需要这种有特殊技能的人。

12 月 26 日，特纳向金提出建议，将海军水下爆破队的建制常设化，同时在中太平洋建设 6 支、南太平洋建设 3 支这样的部队。这一建议很快得到了华盛顿的回应。几天之后，第一支“试验性战术水下爆破队”在珍珠港成立。在第五舰队出发前的 6 周里，尼米兹为特纳的第五两栖舰队成立了 6 支这样的爆破队，它们是今天美国的特种部队海豹突击队的前身。

特纳需要解决的第二个棘手问题是后勤补给。在和参谋长罗伯特·霍姆伯格上校进行了数天研究之后，两人对补给物资装卸顺序和补给船的航行次序做出了新规定。规定特别强调装载舰船只能在战区海域后方区域停泊，卸载舰船在前方区域停泊，以保证登陆部队及时得到最需要的物资。杜绝以往所有船只一窝蜂地拥上滩头，造成拥堵并影响卸载。针对瓜岛、新乔治亚岛和塔拉瓦作战时出现的滩头物资运输不畅问题，结合第三两栖舰队司令官威尔金森少将的意见，美军特意做出规定：负责滩头物资的军官至少是中校军衔，避免出现以前负责该项工作的尉级军官谁都指挥不动的尴尬局面。同时，参与滩头卸载的人员也得到了进一步加强。

在对贝蒂奥的登陆行动中，美军两栖运兵车的损失率超过 70%。第五两栖部队司令官霍兰在向海军部出具的报告中强调：“在缺少 LVT 两栖运兵车的情况下，强行实施登陆作战是不可能的。”霍兰进而提出，在接下来的战斗中，美军急需大量能具备近程炮火支援的两栖运兵车辆。美军在塔拉瓦伤亡惨重，一定程度上就是运输工具不足、性能不佳造成的。此言虽然略显夸大，但是参谋长联席会议还是虚心接受了霍兰的建议，勒令唐纳德的生产部门优先生产两栖车，迅速将月产量提高到 500 辆，到 1944 年 6 月更是达到了 1000 辆。在数量增加的同时，这种新型运兵车的性能也得到了大幅度提高，彻底克服了履带易脱落的问题。新出厂的 LVT-2A1 型为火力支援型，装有 1 门 37 毫米火炮和 1 挺 7.6 毫米机枪；LVT-2A2 型为运输型，装甲厚度增加到 6 毫米，可以为车上的人员提供更好的防护，还加装了 12.7 毫米和 7.6 毫米机枪各一挺。根据珍珠港的需要，华盛顿还向夏威夷运去了最新型的 LVT 两栖坦克。这种坦克配备 1 门 37 毫米火炮和 3 挺机枪，可以在突击抢滩过程中提供不间断的火力支援。

塔拉瓦的战斗进程表明，战列舰和巡洋舰块头大、吃水深，驶入近海或潟湖极易触礁，无法为登陆部队提供近程炮火支援。即使用吨位较小的驱逐舰承担火力支援任务，也极易在潟湖中搁浅。到 1943 年底，美军尚无法研制出适合提供近程火力支援的新型舰艇。作为变通，美军对现有 LCI 步兵登陆艇进行改装，增加武备，使之成为战斗支援登陆炮艇。这种炮艇配备 6 门火箭炮，每门可发射 72 发火箭弹，辅助火力为 40 毫米口径炮 3 门、20 毫米口径炮 2 门和 5 挺 12.7 毫米机关枪，足以在浅水区为登陆部队提供近距离火力支援。随着特纳少将一声令下，陆续抵达珍珠港的这些“炮艇”立即投入了紧张的战前训练。

12 月 23 日，原定部署在大西洋的埃塞克斯级航母五号舰“无畏”号通过巴拿马运河抵达珍珠港，随它前来的还有独立级轻型航母七号舰“卡波特”号。至此，美军第五舰队的快速航母达到了 12 艘。非但如此，很快将有更多新出炉的航母陆续加入第五舰队，形势对日本人来说越发绝望。

1944 年 1 月 3 日，特纳下达了第五两栖舰队“A6-43”号作战计划。新计划与原来“电流行动”的老计划相比，有以下新特点：海军舰炮火力准备为登陆前两天，对主要攻击目标的炮击延长为 3 天。与之对应，陆基航空兵及航母舰载机的空中打击同样延长 2 ～ 3 天。

老式战列舰“马里兰”号在贝蒂奥的拙劣表现证明，目前美军急需一种专业的登陆指挥舰。其实早在 1943 年 9 月，盟军在地中海实施的萨勒诺登陆战中，这种新型指挥舰已经投入使用。这种简称为“AGC”的指挥舰的核心作用是充当两栖作战通信中心，负责及时收集、反馈战斗中的各种信息，快速发布作战命令并适时做出变更。在即将展开的“燧发枪行动”中，美军将投入 2 艘这种新型的指挥舰。

美国海军的习惯是用州命名战列舰，以城市命名巡洋舰，用鱼类命名潜艇，用海湾命名护航航母，驱逐舰一般使用海军将领的名字。能用的基本都用完了，现在这种新指挥舰只好用山脉名字命名。特纳、霍兰和第七步兵师师长科特勒少将的指挥部都将在“洛基山”号上落脚，另一艘“阿巴拉契亚”号成为康诺利少将和陆战四师师长施密特少将的旗舰。

随同2艘指挥舰一同来到珍珠港的，还有2艘新式快速战列舰“依阿华”号和“新泽西”号。如果放在战争初期，这种事情不管是美国人还是老酒，都一定会大肆吹嘘一番的。但是现在，第五舰队实力太强大了，2艘战列舰的加入不过是将斯普鲁恩斯麾下战舰的数量由373增加到375而已，简直不值一提。

美军在“电流行动”中吃尽了联络不畅的苦头。现在，一种新型单兵电台研制成功，开始在实战中投入使用。这种电台体积小，重量轻，同时具有防水性能，非常适合在登陆作战中使用。此外，海军航空兵对“复仇者”鱼雷机进行了改装，使之可以携带对地攻击的1000公斤重磅炸弹和集束炸弹。他们还给“海盗”和“地狱猫”安装了火箭发射器，大大提高了它们对地攻击的能力。

在夏威夷群岛的卡胡拉韦岛上，美国海军完全按照日军在塔拉瓦的防御体系“克隆”了大量防御工事，组织军舰和飞机进行炮击和轰炸实验。结果表明，只有在3000～5000米距离使用大口径舰炮发射延时引信穿甲弹，进行排炮俯射才能摧毁那些工事。实验同时证明，不是什么东西都是越快越好，针对敌军坚固工事的炮击速度要慢，保持一定间隔和节奏。根据这一实验结论，特纳下令担负舰炮支援的水面舰艇展开精确对岸炮击强化训练，大大提高了舰炮射击的精确度。海军航空兵也进行了对地攻击强化训练，“无畏式”俯冲轰炸机的飞行员更是专门进行了以250公斤或500公斤穿甲弹对地面点状目标的精确攻击专项训练。后来实战进程表明，这些措施可谓立竿见影，效果极佳。“天上下雨地下滑，哪里跌倒哪里爬”，从以上举措可以看出，说美国人爱学习并善于学习一点也不过分。这也正是日军最欠缺的地方。

在特纳的作战计划颁布两天之后，1月5日，霍兰下发了第五两栖部队“1-44”号作战计划。参战各部具体编制和任务如下。

北夸贾林登陆部队：海军陆战队第四师，第一两栖装甲营，第十两栖运输营，第四两栖运输营，第十一两栖运输营A连，第一联合突击信号连和陆战队第十五守备营。总指挥陆战四师师长施密特少将。

南夸贾林登陆部队：陆军第七步兵师，第七〇八暂编两栖运输营，第七十五信号连，第七六七坦克营，第九十一独立化学连，陆军第三、第四守备营，第五十工兵营，第一四五野炮营，第一六三图像信号连，第三十一野战医院和第九七二信号特供连。总指挥第七步兵师师长科利特少将。

马朱罗登陆部队：第二十七步兵师第一〇六团二营，海军陆战队第一守备营，第五两栖军直属侦察连。指挥官第一〇六团二营营长谢尔顿中校。

总预备队：海军陆战队第二十二团，陆军二十七师第一〇六团（欠二营）。总指挥托马斯·沃特森海军陆战队准将。

以上各部总计兵员 53000 人。夺取指定岛屿之后，随后跟进负责守备的部队为 31000 人。如此美军在“燧发枪行动”中计划投入的地面部队总数为 84000 人。

负责攻打北夸贾林罗伊—纳摩尔岛的陆战四师刚组建不久，目前正在加利福尼亚圣迭戈北部的彭德尔顿军营训练。9 月中旬，该师刚把人数凑齐，9 月 20 日就接到了加入第五两栖部队的命令。按照惯例，海军陆战队司令部特意从老大哥第一、第二、第三师抽调了部分老兵补充陆战四师，以老带新，使他们的训练工作得以顺利进行。1942 年 8 月突袭马金环礁的原第二突击营营长卡尔森中校就是这个师的作战训练副主任。之前安排他到贝蒂奥观摩实战，正是为了更好地组织陆战四师的训练。

起初连师长施密特少将都不知道陆战四师将前往中太平洋作战。10 月底，第五十三特混舰队司令官康诺利少将来到了彭德尔顿训练营，和施密特一起研究将该师输送到战区的运输和战前训练计划。不久，第一两栖装甲营前来会合。12 月 14 日，陆战四师在彭德尔顿海滩的阿里索峡谷进行了一次为期两天的两栖登陆演习。

训练结束不久，第五两栖部队参谋长格雷福斯·厄金斯准将来到训练营，向施密特少将下达了参加“燧发枪行动”的命令。施密特这才知道，他们未来的攻击目标是一个叫罗伊—纳摩尔的鬼地方。12 月下旬，施密特携参谋长威廉·罗杰斯上校、作战训练副主任卡尔森中校飞往珍珠港，向霍兰提交了作战计划，很快得到司令部的批准。霍兰要求他们尽快提供攻打沃特杰环礁的备用计划。经过两昼夜奋战，罗杰斯和卡尔森提交了新计划，霍兰很快予以批准。

1944 年 1 月 2 日至 3 日，陆战四师和第五十三特混舰队在圣克莱门特举行了战前最后一次军事演习，火力支援群和护航航母都参加了。演习结果并不能使人满意，陆战四师的官兵对两栖运兵车的操作远远称不上娴熟。但经过演习，他们至少获得了直观登陆经验，不会因首次参战而手忙脚乱。但是要成为陆战一师、二师那样的精锐之师，他们还有很长一段路要走。

因为目睹了陆军第二十七步兵师在马金环礁的拙劣表现，霍兰对陆军第七步兵师的战斗力一直忧心忡忡。该师曾参加过 1943 年 5 月、8 月对阿图岛和基斯卡岛的登陆，是陆军中为数不多有着两栖作战经验的部队。和霍兰相反，特纳对这个师来到夏威夷之后的表现一直赞不绝口。

一次，在尼米兹办公室举行的小型会议上，霍兰再次表示了自己的担心："'电流行动'时我在马金。第二十七师的战斗情况让我吃惊。他们晚上胡乱开枪，暴露目标。有时候只因某棵椰子树后面发现了日军几个狙击手，他们竟然会向所有椰子树射击一个半小时。我对他们讲：'再乱开枪，我就把你们的枪全丢到潟湖里，并且从此一颗子弹也不发给你们。''燧发枪行动'要使用第七步兵师。愿上帝保佑，他们会比第二十七师那伙新兵要强一些。"

尼米兹告诉霍兰："第七师曾经参加过阿留申作战，他们不是新手。"

霍兰对此不以为然："第二十七师也不是新手，他们在瓜达尔卡纳尔岛也打了半年仗。珊瑚岛作战是新事物，不小心非死很多人不可。"

特纳趁机亮明了自己的观点："我认识第七师师长科利特将军，他可是个厉害的家伙。他不但指挥有方，而且善于学习。第七师从冰天雪地的阿留申调到炎热的夏威夷来，他来不及换装就先找到我，打听两栖作战的情况。他不但认真做了笔记，还把我能找到的资料全要走了。我还从来没见过，哪个陆军军官像科利特将军那样热衷于钻研战术。塔拉瓦战役之后，科利特将军带他的参谋长和情报官亲临贝蒂奥现场视察。他像海军一样，在瓦胡岛的瓦埃平地上模仿即将攻占的海岛，建立了逼真的永远性火力点和其他日本式工事，指挥步兵在坦克、炮兵、火焰喷射器和爆破工兵的配合下协同进攻。每次进攻之后都进行了讲评和讨论。那种认真劲儿，恐怕连你们海军陆战队都比不上。"

"未来战争异常艰巨而残酷，单凭陆战队无法包打天下，陆战队和海军总要学会和陆军配合作战。比起那些平庸之辈来，科利特将军不愧是其中的佼佼者。同他一起打仗，我非常放心。"特纳高屋建瓴的这番话颇有尼米兹讲话的味道，至于能否减少霍兰的担心，那就不得而知了。

因为以刺刀作为师徽，第七师又被称作"刺刀师"，是美国陆军的一支老牌劲旅。在基斯卡岛战斗结束后不久，该师就接到了开赴夏威夷的命令。9 月 16 日，科利特率部来到瓦胡岛，一直到 12 月 14 日才接到进攻夸贾林的命令。像特纳描述的那样，该师准备工作相对从容。科利特面临的最大问题是多头指挥，令他无所适从。后勤主任戴维·安格鲁因中校多次抱怨说："一方是没有战役指挥权的太平洋战区陆军后勤部，另一方是有战役指挥权却不负责物资供应的第五两栖部队司令部。这两个部门权责不清，让我们浪费了大量的宝贵时间。"

因陆战二师在贝蒂奥出现重大伤亡，之前一直反对陆军由海军陆战队指挥的理查森中将特意向尼米兹出具了一份备忘录，提出撤销第五两栖部队，建立一个陆军的军队取而代之。对陆军第二十七师在马金的表现，尼米兹自然心知肚明，他不可能将海军陆战队交给陆军指挥。但出于缓和军种间矛盾的考虑，尼米兹将战区陆军的日常行政、后勤等辅助事项交给理查森负责，这就给第七师的备战带来了诸多麻烦。

不过第七师还是利用驻扎珍珠港较长的有利条件获得了更多训练时间。1 月 12 日，科利特组织在毛伊岛进行了为期 5 天的实战演习。从登陆过程炮火支援的效果来看，他们的情况比陆战四师要好得多，特纳确实没有说谎。

随后再次出现了类似上次行动中的指挥问题。霍兰一直对自己在"电流行动"中沦为海军将领斯普鲁恩斯和特纳的"顾问"一事耿耿于怀。一天，他无意中发现，在即将展开的"燧发枪行动"计划中，竟连自己的名字都未出现。合着自己上蹿下跳，全瞎忙活了。起初他想找尼米兹直接理论，但那人太牛，霍兰有点心虚。有人告诉他，将他的名字从计划中划掉全是参谋长的主意。霍兰气势汹汹地去向麦克莫里斯兴师问罪，后者还真把事儿全揽下来了。麦克莫里斯称，参加登陆的两个师作战区域相距百里之遥，实际上是两个独立的战场，且有各自的师长指挥，没必要再增加一个指挥层次了。换句话说，计划里没你的名字是我故意安排的。

和前任矜持、内敛、喜怒不形于色相反，这位太平洋舰队的新参谋长大胆泼辣，行事果断，甚至敢擅自更改尼米兹亲自下达的命令。在美国海军中，谁都知道麦克莫里斯聪明绝顶——他头顶也的确没有几根毛——但也清楚他脾气暴躁，做事一丝不苟，对人对己要求极严。上任初期，当某天麦克莫里斯走进司令部时，陆军的一位上校军官正好借了一辆海军吉普车出门，麦克莫里斯当场把他拦下来，声明不借。当那名军官询问原因时，麦克莫里斯竟然回答道："因为我是狗娘养的，所以我必须把车扣住。"这话可是儒雅的斯普鲁恩斯打死也说不出来的。

由精力充沛且办事认真的麦克莫里斯主持庞大、复杂的太平洋舰队参谋部，确属尼米兹之福。麦克莫里斯认为自己是司令官的第一助手，他想通过自己的努力将参谋部工作管理得井井有条，使司令官不陷于具体事务和他能处理的日常工作中去。以一个参谋长的职责来说，他显然比前任斯普鲁恩斯更加称职，更加出色。

有人反映，麦克莫里斯揽权之多，远远超过了职权范围，许多送给尼米兹审阅的电报到参谋长办公室就被扣押了，他的办公室因此被戏称为“瓶颈湾”——这倒和萨瑟兰有几分类似。尼米兹对此非常清楚，他非但不讨厌麦克莫里斯的泼辣作风，还多次当着众人的面表扬参谋长工作积极主动，减除了自己的许多压力，大家都像他那样工作就好了。不过，尼米兹还是私下向参谋军官——主要是莱顿——提出，如果他们认为有备忘录必须送他亲自过目时，也可以直接送给他看，同时经过正常渠道向参谋长报一份。这才是一个高明领导的正确做法。

毫无例外，麦克莫里斯对霍兰的抗议置之不理，“号叫的疯子”在“歌剧幽灵”面前终于“号叫”不起来了。霍兰找到斯普鲁恩斯大发牢骚，后者答应，设法把他的名字加到作战指令中去。在整个作战过程中，霍兰和他的司令部成员都被安排在特纳的旗舰“洛基山”号上。

曾有传闻，同在“落基山”号上的第七师师长科利特对海军陆战队一贯盛气凌人地指责陆军战斗力差，非常不满。他觉得自己对两栖作战还有几分研究，完全可以胜任指挥。科利特公然威胁说，如果霍兰胆敢像在马金环礁那样登岛干预战场指挥，他就立即派人把他抓起来“关禁闭”。或许科利特只是开玩笑，但霍兰在“燧发枪行动”中始终未上岸倒是不争的事实。从中可以看出，美军各军种之间的矛盾一点也不比日本人小。

为避免再次发生贝蒂奥登陆期间出现的两栖运兵车严重不足的尴尬状况，经尼米兹多方协调，参与马绍尔群岛作战的两个师都得到了远多于当初陆战二师在贝蒂奥的配备数量。初次上阵的陆战四师得到了 240 辆新型两栖运兵车和 75 辆两栖坦克，被分别编入了第四两栖运输营和第十两栖运输营。太平洋舰队司令部原计划给每件武器配备 5 个基数弹药量。第七师曾有在阿留申的“作战”经验，知道仗一旦打起来，弹药消耗极大，因而特意提出这些弹药可能不够用。1 月 5 日，尼米兹上将亲自干预此事，下令将 105 毫米榴弹炮的配弹量增加到 10 个基数，这一命令也同样发给了在西海岸的陆战四师。

初出茅庐的陆战四师并不领情。他们甚至抱怨说，这样擅自变更补给计划，将给他们的准备工作带来不少麻烦，并反馈“一旦物资装载开始，后勤补给计划不应再随意更改”，5 个基数弹药已经足够使用。他们说带东西太多将使滩头阵地拥挤，影响物资的卸载和堆放。从中可以看出新手和老手之间存在的巨大差别。曾在阿图岛与日军浴血奋战的第七师清楚，充足的弹药供应是保持火力优势的必要条件，还没上过战场的陆战四师就无法体会到这一点。

第七师配备的两栖运兵车少于陆战四师。因为后者在本土训练，近水楼台先得月，能够以最快速度获得最新的装备。为了保证第七师的运输能力，理查森中将专门为他们调配了 100 辆两栖运输车。科利特根据在阿图岛作战的经验，合理编组补给和运输任务，补给工作比条件更好的陆战四师要充分得多。在科利特的亲自调度下，包括口粮、弹药、燃油、工程机械、医疗器材等 4174 种物资全都安排得井然有序。

贝蒂奥的惨重伤亡使美军充分意识到，伤员处置和战地医护工作非常重要。他们为“燧发枪行动”配备了专门的运兵舰，统一收容战场伤兵。如果天气条件恶劣，将抽调部分坦克登陆舰用于收容伤员。登陆行动的第三天，美军向罗伊—纳摩尔岛派去了医疗舰“救济”号，向夸贾林岛派去了“慰藉”号，专门从事救护工作。不说别的，这 2 艘舰的名字就起得非常恰当。

和在吉尔伯特群岛一样，率先向马绍尔群岛日军发起进攻的依然是美军航空兵。这种攻击在“电流行动”准备阶段就已开始了。吉尔伯特群岛战役结束之后，担负阻击和空中支援任务的第五十八特混舰队并未立即撤走。11 月底，波纳尔少将率第一大队和蒙哥马利少将的第三大队依然在马金和塔拉瓦以西海域活动。他们接到命令，在返航珍珠港前对夸贾林和沃特杰发起一轮航空打击，拍摄下一步行动急需的航空照片。美军两支航母大队共有 6 艘快速航空母舰、5 艘重巡洋舰、5 艘轻巡洋舰和 12 艘驱逐舰。

12 月 4 日晨，一路向西南长途奔袭 1300 公里的美军航母舰队抵达夸贾林以北 240 公里海域。在此之前，美军潜艇“海豹”号已对夸贾林进行了抵前侦察，做好了搭救落水飞行员的准备。清晨 6 时 30 分，随着波纳尔少将一声令下，由 246 架飞机组成的庞大机群从 6 艘航母上腾空而起，向日军盘踞的夸贾林环礁隆隆飞去。

出击之前，“列克星敦”号飞行大队长欧内斯特·斯诺登中校向波纳尔建议，在第一波攻击发起前，先进行一次战斗机扫荡，摧毁日军的空中防御力量。波纳尔用兵一贯谨慎，他认为美军此次突击很难达成突然性，航母在航行途中被日机发现遭到反击的可能性极大，便以战斗机需要留下执行航母空中保护为由，拒绝了斯诺登的建议。这是他诸多以防御为主的决断之一，类似决断将使他很快失去快速航母舰队指挥官的职务。觊觎这一热门职位的人实在太多了。

波纳尔悲观地认为，攻击无法达成突然性，实际情况并非如此。当日军雷达发现来袭机群时，美军距目标只剩 64 公里了。当时驻扎在夸贾林的是日军第二八一航空队，他们在头一天刚得到了 20 架零战的支援。日军迅速升空近 50 架零战实施拦截，一场激烈的空战瞬间打响。美军声称战斗中击落零战 40 架，自身损失仅 3 架，另有 3 架日军轰炸机被击毁在地面上。埃贝耶岛附近的日军水上飞机基地同样遭到了围攻，包括 4 架川西二式大艇在内的 11 架水上飞机起火燃烧。但是美军未能识破日军精心设置的伪装，更多日机逃过一劫。

此前，日军轻巡洋舰“长良”号、“五十铃”号，护卫运粮船“杵埼”号刚刚抵达夸贾林。在接到罗伊岛发出的空袭警报之后，两舰迅速驶入开阔水域展开防空阵形，快速机动使两舰仅被命中几发近失弹。“长良”号的 1 条鱼雷被引爆，导致舰上水兵亡 48 人、伤 112 人。“五十铃”号的螺旋桨受损。但两舰都成功躲过了空袭。

不是所有舰船都像它们那样幸运。特设运输船“建武丸”号、猎潜艇“第七拓南丸”号、燃料补给舰“朝风丸”号等 5 舰被美军击沉，运粮船“杵埼”号、特设工作舰“山霜丸”号遭到重创。另有 29 架美机在中午时分空袭了沃特杰环礁，击毁停在机场的日机 5 架，日军机库和兵营中弹起火。凭借空袭的有利时机，美军鱼雷机和轰炸机拍摄了大量极有价值的航空照片。

第一波空袭效果显然不如预计。返航飞行员汇报说：“机场到处塞满了敌军的鱼雷机，因为弹药用尽，没有来得及去攻击它们。”此时日军的反击已经发起。从中午开始，有日军零星鱼雷机和轰炸机对美军舰队发起进攻，无一例外被美军战斗机和防空炮火击落。美军原拟对夸贾林发起持续两日的攻击，但波纳尔忌惮日军的反击，拒绝派出第二波攻击机群。他命令两支特混大队以 24 节航速向东北撤退，尽快脱离日军陆基战机的攻击范围。如果波纳尔咬紧牙关发起第二轮空袭，包括两艘轻巡洋舰在内的众多日军受伤舰船无疑凶多吉少。

但军舰显然是跑不赢飞机的。从 18 时 50 分到次日凌晨 1 时 30 分月亮完全落下为止，美军航母舰队先后遭到日军 37 架飞机的攻击。1 条鱼雷导致“列克星敦”号舰尾轻度受损，舰上水兵 44 人阵亡，不得不进入船厂维修。因担心航母再次遭袭受损，波纳尔断然下令终止空袭行动，乘夜色快速撤退。美军本次空袭行动就这样无疾而终。美军舰队于 12 月 9 日顺利返回珍珠港。

返航途中，波纳尔接到了斯普鲁恩斯发来的电令，抽调部分水面舰艇炮击瑙鲁岛。由威利斯・李少将领衔的炮击舰队立即出击，但并未取得像样战果，驱逐舰“博伊德”号反被日军岸炮击伤。

日军称本次战斗为“马绍尔群岛航空战”。尽管遭受了严重损失，但东京大本营发布的公报依然高调：“击沉包括‘企业’号在内的敌军重型航母 2 艘、巡洋舰 3 艘，重创航母 1 艘。”上次永野汇报击沉“萨拉托加”号时，裕仁曾说“这艘舰被你们击沉 6 回了”，弄得永野当场无法下台。这次被日军用嘴击沉的美军航母换成了“企业”号。颇具戏剧性的是，永野多次宣布击沉的两艘美军航母都顽强挺到了战后。正应了中国的那句老话，“越咒越长寿”。

波纳尔少将在本次空袭中的表现，遭到了海军航空兵诸多高级军官的强烈不满。他们认为，即使夸贾林仍有日军俯冲轰炸机和一式陆攻机存在，凭借美军 6 艘航母的雄厚实力，完全可以以攻为守，通过发起第二波攻击瘫痪敌军的空中力量，而不是狼狈逃跑去和日军攻击机赛跑，最后落得“列克星敦”号被击伤的可悲下场。

一些军官据此提出，波纳尔缺乏积极进取精神，完全不适合指挥进攻性的快速航母舰队。他们中的代表人物当数“约克城”号舰长约瑟夫・克拉克上校。克拉克纠集了一批军官，就波纳尔近期的表现起草了一份“白皮书”，反映袭击马绍尔群岛发生的情况，建议更加积极地使用航母舰载机力量。报告很快就到了太平洋舰队航空兵司令官陶尔斯中将的案头。在“电流行动”期间，以陶尔斯和谢尔曼为首的海军航空兵高层一直对斯普鲁恩斯和波纳尔对航母的使用颇有微词，这回可算逮住了发泄机会。陶尔斯将克拉克的信及上交的航空照片一起交给了谢尔曼，照片上正是空袭行动中未被摧毁的日军舰船和飞机。谢尔曼一路小跑来到了隔壁参谋长的办公室，对麦克莫里斯少将高声喊道：“您想看看漏网之鱼吗？！”

12月23日，尼米兹召集陶尔斯、麦克莫里斯和谢尔曼等人召开了专题会议，讨论快速航母舰队的使用问题。陶尔斯在会上再次提出，要更加积极地使用航空母舰，波纳尔显然已不再适合担任第五十八特混舰队司令官的职务。陶尔斯随即提出了后备人选，美国西海岸舰队航空兵司令官马克·米切尔少将。谢尔曼全力支持陶尔斯的建议，指出米切尔曾在美国第一艘航母“兰利”号上任副舰长，还担任过“萨拉托加”号副舰长和“大黄蜂”号舰长，航空作战经验丰富，完全可以胜任这一职务。

尼米兹对此颇费踌躇。他知道斯普恩斯和米切尔关系一向不太融洽。第五十八特混舰队属于第五舰队的核心打击力量，将帅不和历来为兵家大忌。尼米兹授意麦克莫里斯前去试探斯普鲁恩斯对人事变动的意见。雷蒙德果然反对这次调动，并非海军航空兵出身的他只是模糊了解航母舰队作战中的部分细节，认为波纳尔在战术指挥上并无太大问题。空袭夸贾林的作战虽略显保守，但为了保存实力，也算不上什么大错。和波纳尔类似，斯普鲁恩斯用兵同样以谨慎著称。另外还有一层无法明说的原因。中途岛海战时，时任“大黄蜂”号舰长的米切尔表现欠佳，斯普鲁恩斯对此一直耿耿于怀，两人之间关系微妙。仔细斟酌一番，尼米兹决定不再同斯普鲁恩斯商量，立即将米切尔调来珍珠港工作。

12月27日早上的碰头会之后，尼米兹将波纳尔、斯普鲁恩斯、陶尔斯、麦克莫里斯、谢尔曼和太平洋舰队副司令官约翰·牛顿中将一起留了下来。他用一种和蔼且严肃的口吻告诉波纳尔，部属指责他在作战中过于谨小慎微。为避免矛盾公开化，尼米兹并未出具克拉克起草的那份报告。尼米兹进而指出，对航母舰队空袭夸贾林的结果感到失望。为了给敌人造成最大杀伤，一名指挥官应当做好承受不可避免损失的心理准备。

受到责难的波纳尔显得非常难受，一言不发。尼米兹转而提到，斯普鲁恩斯对他在“电流行动”中的表现表示满意，现场气氛稍有缓和。波纳尔试图对他仓促撤离夸贾林的行为进行辩解，但显然为时已晚。

头一天，哈尔西上将恰好回国途经珍珠港。在听取了他对南太平洋战事的汇报之后，尼米兹向航空兵专家哈尔西提出，请他推荐接替波纳尔出任快速航母舰队的司令官人选，同时说明陶尔斯推荐的是米切尔——他目前正在西海岸赋闲，天天钓鱼。因为和米切尔有过多次愉快的合作，哈尔西立即表示“完全赞同陶尔斯的意见”。尼米兹决定将此事拿到与金上将两个月一次的定期例会上再做决定。

毫无疑问，“燧发枪行动”作战计划再次引发了海军航空兵和水面舰艇部队之间的矛盾。海军航空兵的发言人陶尔斯中将提出，应当允许航母舰队自由行动，它们的任务只是袭击敌军基地，直到把日军舰队引出来加以歼灭为止。但是斯普鲁恩斯认为，航母舰队的首要任务是为两栖登陆作战提供近距离支援。两人之间的积怨越来越深，彼此都认为对方不是战略专家。斯普鲁恩斯认为，陶尔斯是一个纯粹的投机主义者，自私，充满野心。他在日记中这样写道：“要是你不吹捧陶尔斯，不加入他的小圈子，一旦你落到他的手里，就肯定没有好日子过。陶尔斯是个野心勃勃的人。”他称陶尔斯为“敌人”，是自己深恶痛绝的极少数人之一。

1944 年 1 月 3 日，尼米兹和金上将分别从珍珠港和华盛顿赶赴旧金山，参加新年第一次例行会晤。在国内度假的哈尔西应邀参加了会议。会议议题除理顺太平洋舰队的指挥系统之外，还要对下一步作战进行统一谋划。主持会议的金上将率先发言：“海军部副部长弗雷斯特尔提出，随着更多新型航母加入太平洋舰队，应该相应给予海军航空兵军官更多的职权，特别是突出陶尔斯中将的地位。切斯特，对此你有何看法？”

作为一名一战时期的老飞行员，弗雷斯特尔提出上述要求也属正常。金和尼米兹对陶尔斯都不太感冒——当年正是金将他从华盛顿赶到珍珠港的。尼米兹认为，许多海军航空兵军官已经身居高位，如果继续强化他们的职权，势必引起水面舰艇军官的不满。按照海军的惯例，水面舰艇军官的晋升一般从普通水兵、枪炮长或轮机长、驱逐舰舰长、巡洋舰舰长逐渐晋升至战列舰舰长，最后成为分舰队少将司令官，就像弗莱彻、斯普鲁恩斯、金凯德那样。这一过程极其漫长，至少需要二十年乃至更长时间。作为新生事物，海军航空兵军官的晋升则快捷许多，这是大家公认的事实。沉吟良久，尼米兹将头转向了坐在一边的哈尔西：“比尔，你不是说，你的南太平洋司令部需要进一步加强力量吗？你欢迎牛顿将军到你的战区工作吗？”

哈尔西对此颇感意外，但他还是立即回答道："我当然欢迎，但不知道牛顿将军愿不愿意屈就。"

尼米兹微微一笑："我想他一定会乐意的。"在太平洋舰队，尼米兹主抓全局战略和作战，具体行政事务由麦克莫里斯一手包办，贵为太平洋舰队副司令官的牛顿平时几乎无事可干。到南太平洋很可能会捞到仗打，这对牛顿是最大的诱惑。虽然最后并未指挥过一场像样的战斗，但当哈尔西以第三舰队司令官之职回到珍珠港后，牛顿接替了他南太平洋战区司令官的职务，怎么说也算是"位高权不重"的一方诸侯了。

都是常年在江湖上混的，金立即领会了尼米兹的意思："你是说让牛顿去南太平洋，由陶尔斯接替他的职务？"

"如果这样变动的话，陶尔斯的航空指挥权不受人事变动影响，位置又高了一级，我想他和副部长大人一定会感到满意的。"尼米兹微笑着回答道。随后他提议由波纳尔接替陶尔斯腾出的太平洋舰队航空兵司令官的职务。这样，表面上看是晋升了，不至于使波纳尔太丢面子，快速航母舰队司令官的职务就给米切尔空出来了。

哈尔西立即随声附和："这无疑是个绝好的主意。我对米切尔非常了解，他的确是出任这一职务的不二人选。"马绍尔战役结束之后，第五十八特混舰队将前往南太平洋，协助第三两栖舰队对卡维恩、格林群岛或埃米劳岛的作战。另外以哈尔西的身份，他的意见无疑是很有分量的。

"不过，你的老朋友斯普鲁恩斯对米切尔的印象可不怎么样。"尼米兹说。

哈尔西咧开大瓢嘴笑了："这也难怪，因为雷蒙德本身就非常出色。但他毕竟不是飞行员出身，这点小问题肯定不会难住您的。"哈尔西不失时机地拍了领导一马屁。

哈尔西的话一点没错。到珍珠港履职之前，尼米兹是海军航行局局长，干的就是人事的活儿。在太平洋战争第二年临近结束时，尼米兹已经能够预见战争的结局。他和金对进攻方向意见一致，现在例会只是在时间、物资和人员上进行确认。尼米兹的一项重要工作就是把手下杰出的将领安排到最适合他们的位置上。在用人上，他无疑比上司金更加驾轻就熟，犹如指挥作战那样得心应手。

考虑到米切尔只有指挥单艘航母的经历，尼米兹决定先由他出任一个航母大队的指挥官，代行第五十八特混舰队司令官职权。这就意味着“燧发枪行动”对米切尔来说是一次大考。如果考试成绩优异，他就可以顺利去掉“代行”二字，成为世界上最强大快速航母舰队的指挥官。如果考试没能过关，其前景的黯淡可想而知，米切尔很可能就会重回西海岸永远钓鱼了。

在任职海军航行局局长期间，尼米兹同弗雷斯特尔关系紧张。他极力反对弗雷斯特尔把他那些华尔街的朋友安置到海军的重要岗位上去。曾有一次，弗雷斯特尔想任命一个刚刚出狱的朋友担任海军要职，尼米兹根据《海军条令》让这件事儿最后泡汤，弗雷斯特尔对此非常生气。曾经有传闻，这位海军部副部长曾怂恿金直接指挥太平洋舰队，在把尼米兹挤走的同时，把金挤出华盛顿，给自己“大展宏图”留下更大空间。尼米兹提出陶尔斯晋升的同时带走航空兵指挥权，一定程度上是为了堵弗雷斯特尔的嘴。但对明升暗降的波纳尔而言，留给他的就只剩下了行政和后勤事务了。为了给波纳尔以适当安慰，尼米兹答应让他在“燧发枪行动”中出任斯普鲁恩斯的顾问。一方面为他体面离开舰队进行过渡，另一方面如果米切尔在考试中不合格，波纳尔就能立即顶上。

在本次重大人事调整中，看似每个人都有所得，实际上最失意者莫过于波纳尔，最得意者则为米切尔。只要米切尔能够通过大考，波纳尔在过渡性担任斯普鲁恩斯的顾问之后，将不得不接受权限大幅缩减的航空兵司令官一职。而在西海岸无所事事地钓了几个月鱼的米切尔，得以重出江湖，执掌第五十八特混舰队。米切尔难得地抓住了这次咸鱼翻生的机会，凭借战争后期的出色表现赢得了“矮子凶神”的唬人称号，成为二战杰出的航母舰队指挥官。看来想出名，不但要好好干事，还要选好在哪儿干、跟谁干。在美国陆军那边，反面的例子是艾克尔伯格，正面的是巴顿。不过，以巴顿的犟脾气，即使到西南太平洋也无法与麦克阿瑟和谐共事，最终结果可能是和艾森豪威尔那样，背铺盖卷儿走人。

金和尼米兹共同确定了一条原则。太平洋舰队所有非航空兵出身的司令官，必须任命航空兵军官担任副司令官或参谋长；由航空兵军官担任司令官时，则必须由水面舰艇部队军官担任副司令官或参谋长。根据这一原则，米切尔必须选择一名水面舰艇军官做参谋长——他最终选择了在圣乔治亚角海战中有惊艳表现的阿利·伯克上校，两人的友谊一直持续到战后米切尔去世。马里亚纳群岛战役之后，斯普鲁恩斯也不得不物色一名航空兵军官，接替他勤奋工作的好友兼助手穆尔上校。

指挥权问题解决之后，会议开始讨论作战问题。太平洋舰队制订的越过马绍尔群岛东部、南部诸岛，直接进攻夸贾林的方案，得到了金的高度赞许。哈尔西建议，在麦克阿瑟向西进攻阿德默勒尔蒂群岛时，他将先拿下拉包尔以东的格林群岛，然后再攻击西北方的埃米劳岛。通过几次进攻作战，盟军将全面包围拉包尔和卡维恩，只需通过空袭就会使两个基地瘫痪，无须再去攻占它们。

尼米兹对此表示赞同，同时提出，这样第五舰队就无须派出航母舰队前往支援哈尔西的作战。他计划在“燧发枪行动”执行过程中或在此后不久，派出航母舰队在快速战列舰的护卫下进攻联合舰队司令部驻地特鲁克，引诱日本海军主力出战并歼灭之，最终利用空中优势使特鲁克像拉包尔那样无效化。这不啻为一个大胆的设想，金对此立即表示赞同。他只补充说，应该同时向特鲁克外海派出潜艇部队，实施封锁，在航母舰载机逼敌出逃时寻隙发起水下攻击，以争取最大战果。

会议最后，金再次阐述了美国的太平洋战略，强调中太平洋的战术要点是马里亚纳群岛，即将展开的“燧发枪行动”不过是为最终夺取马里亚纳群岛进行铺垫，就像“电流行动”是为“燧发枪行动”做准备一样。金指出，日军正是通过马里亚纳群岛把人员、物资和飞机源源不断地运往加罗林群岛、马绍尔群岛、俾斯麦群岛和新几内亚岛各地。美国夺取马里亚纳的主要岛屿并建立舰艇和航空兵基地后，就能切断日军对各个战场的供应。说到此处，金的声音提高了几度：“阿诺德上将提出，如果你们拿下了塞班岛和提尼安岛，他的 B-29 超级空中堡垒就可以从那儿起飞，直接轰炸日本的心脏东京！”

1944 年 1 月 13 日，美军陆战四师乘船离开加利福尼亚，开始了历史上最长的一次岸对岸远征。本次行程长达 6900 公里。一直到 38 年之后，这一纪录才被英国远征马尔维纳斯群岛的 12900 公里长距离行军打破。1 月 21 日，海军陆战队第十五守备营抵达瓦胡岛，美军最后一支地面部队终于到位，至此，美军前去打架的人手全部到齐。一时间，珍珠港舰船云集，樯桅如林，夏威夷诸岛间的水道几乎都被挤满了。第五舰队规模扩大之后，水兵开始把它称作“大蓝舰队”。一些人甚至开玩笑说，他们可以徒步走过一个钢铁铺成的锚地。可惜对檀香山的居民来说，这是战争结束前他们最后一次看到这支威武雄壮的舰队了。

“是时候再一次为战争而离开了，”在写给玛格丽特的信中，斯普鲁恩斯这样说，“我的信件从现在起将没有规律，但你自己要定期写。我的信件会隔一段时间到达。对我来说，能听到你的声音非常重要。这场战争是一件很有意思的事儿，尤其是当事情很成功时。”

1 月 22 日晚，米切尔少将率 4 支快速航母大队从夏威夷拔锚启航，与他们一同出发的还有斯莫尔少将的第十五独立大队。几小时后，数不清的运输船、护航舰队陆续起航。特纳少将的南方战斗群在前，稍后康诺利少将的北部战斗群取道拉海纳水道驶出军港——他们落后特纳舰队约 56 公里——共同向西南方向的马绍尔群岛迤逦而行。战役总预备队和马朱罗攻略部队比主力部队晚一天出发。美军针对马绍尔群岛的“燧发枪行动”正式拉开了序幕。

最早投入行动的是洛克伍德海军中将的潜艇部队。早在大部队出发之前，美军潜艇已经在作战区域活动月余了——其中 3 艘在特鲁克一带，1 艘在波纳佩岛，1 艘在库萨耶岛附近，另有 1 艘在埃尼威托克环礁，共同执行侦察、巡逻并伺机攻敌等任务。洛克伍德已经发出了最新指令，众多潜艇继续西进，配合主力舰队的行动。

1 月 23 日清晨，在马卡拉帕山的太平洋舰队司令部里，尼米兹俯瞰近乎空旷的珍珠港，感慨万千。现在，他完全不必为夏威夷的安全担心，自顾不暇的日军早已失去了继续进攻的能力。战争结束之前，第五十八特混舰队的大多数主力舰船再未回到过珍珠港，极少数回来的是在战斗中负重伤的“倒霉蛋”。随着太平洋舰队司令部不久之后迁往关岛，珍珠港已变成一个落寞的后方基地，和拉包尔一样失去了应有作用，但其内在含义截然不同。

兵不血刃马朱罗

1933 年 3 月 27 日退出国际联盟之后，日本随即隔断了托管区的对外联系，严禁西方人私自进入。与此同时，东京下令在加罗林、马里亚纳和马绍尔群岛大兴土木，修建机场、锚地等军事设施，对外宣称“一切均非军事目的”。这些所谓的“文化与工业设施”包括机场跑道、导航台、气象观测站、蓄水设备、仓库、瞭望所及灯塔等，很难简单区分其到底是军用还是民用。施工总指挥吉田秀吉对外宣称，上述设施是为了保障航海安全，促进经济和商业发展，造福当地，格调不是一般地高。

毋庸置疑，这些设施可以用于商业目的。可一旦形势需要，它们就能立即转为军用。一个不争的事实是，上述设施建设全部由海军省买单，而不是负责行政管理的外务省和南洋厅。仅 1940 年当年，海军省拨付的建设专款就达到了 4637750 日元，这在当时可不是一个小数目。

就在二战爆发的 1939 年，日本海军第四舰队进驻特鲁克，担负内南洋诸岛的防御任务。随着美日关系不断恶化，东京开始逐渐加强第四舰队及诸岛守军的力量。1941 年 3 月，日本海军设立海军第六根据地部队，专职负责马绍尔群岛的防御。随后大批地面部队和朝鲜劳工陆续进驻，开始扩建机场、码头等军事设施。1940 年 11 月 16 日至 1941 年 5 月 31 日，海军省为机场和水上飞机基地建设拨款达到 49526396 日元，占总预算的 70%。太平洋战争爆发之后，第四舰队迅速出兵占领了美属关岛和英属吉尔伯特群岛等地，将之纳入日军的管辖范围。

与机场配套的其他设施也同时开工。到 1941 年底，日军在马绍尔群岛的沃特杰、罗伊—纳摩尔、埃尼威托克、夸贾林等地修建了包括弹药库、油库、加油站在内的大批设施。太平洋战争爆发之后，东京对马绍尔群岛的防御不断加强，在上述诸岛增建了供水设施、指挥所，驻军开始构筑地面防御工事。

随着各项基础设施的不断完善，日军守备部队开始源源不断地进驻。1941 年 8 月，海军第六根据地部队司令部由沃特杰移驻夸贾林。战争爆发之后，距离吉尔伯特群岛最近的米利环礁不但增设了机场设施，还建起了海军观通站。当年 9 月，第六根据地部队下属三个警备队受命进驻贾卢伊特、马洛伊拉普和沃特杰环礁，担负起当地的守备任务。

1942 年 8 月，卡尔森突击营突袭马金环礁之后，日军在迅速加强马金、塔拉瓦、瑙鲁和大洋岛防务的同时，也开始向马绍尔群岛大举增兵。11 月 3 日，中尉富田良治率上海海军特别陆战队一部约 600 人乘运输船“明天丸”号登上米利环礁。5 日，富田与先前驻扎于此的横须贺海军第三特别陆战队一部完成换防，被命名为海军第六十二警备队。随着当年 12 月夸贾林机场投入使用，海军少将吉良俊一——1943 年 11 月 1 日晋升中将，1944 年 1 月 1 日回国履新，侥幸逃过一劫——率第二十二航空战队的部分战机随即进驻。1943 年 3 月 13 日，第六根据地部队直属陆战队第一中队进驻米利。1943 年 7 月，为准备入侵美军占据的埃利斯群岛、斐济和萨摩亚等地，日军再次向米利增派了第六十六警备队司令官志贺正成率领的 600 名官兵。但随着美军夺取吉尔伯特群岛，当地驻军的任务由攻转守。

1943 年 7 月，因原拟增援马绍尔群岛的南海第四守备队临时奉调北所罗门群岛地区，大本营陆军部转令驻菲律宾的第六十五旅团第一二二步兵联队联队长大石千里率联队主力 1900 人，乘两艘运输船在驱逐舰“曙”号、“汐风”号护航下前往马绍尔群岛补缺。在特鲁克稍作停留后，船队于 9 月 7 日顺利抵达马绍尔群岛。大石率联队本部和第六中队驻守夸贾林，其余第一和第二大队分派各岛。9 月 9 日，第二大队第七中队在“那珂”号轻巡洋舰护航下登上了马洛伊拉普，归属海军第六十三警备队指挥。9 月 20 日，第一大队乘“日枝丸”号运输船来到米利，归属海军第六十六警备队管辖。9 月 22 日，与第一大队一同来到米利的第二大队主力 503 名官兵转赴沃特杰，归属海军第六十四警备队指挥。相对于岛上原有的海军部队来说，这些新到的陆军部队战斗力更强。

1943 年 11 月中旬之后，美军加大了对吉尔伯特群岛的空袭力度。大本营海军部据此判断，美军很快会大举进犯。联合舰队司令官古贺峰一电令第四舰队司令官小林仁进驻夸贾林，靠前指挥。为了增援马金和塔拉瓦守军，以第一〇七联队为基干组成的甲支队奉命对贝蒂奥实施反登陆作战。随着与当地守军的联系中断，甲支队继续前行已毫无意义，他们受命就近转往夸贾林驻守。11 月28 日，日军以甲支队第三大队为基干，编成有 1800 名兵员的南洋第一支队，进驻米利环礁。12 月 2 日，该部在米利登陆后归第六十六警备队指挥。如此日军在米利环礁驻军总数达到了 5400 人，其中海军 2900 人，陆军 2500 人。12 月 9 日，甲支队指挥部和第一大队共 1600 名兵员进驻库萨耶岛。

随着马金和塔拉瓦接连失守，小林仁于 11 月底径直从夸贾林返回特鲁克，留下副手秋山门造任第六特别根据地部队司令官，统一指挥马绍尔群岛的所有日军。如此，秋山和贝蒂奥的柴崎惠次一样，捞到了尽快入住靖国神社的机会。

鉴于“电流行动”日海军航空兵损失较大，在甲支队进驻马绍尔群岛的同时，联合舰队司令部命令原驻此地的第二十二航空战队撤往马里亚纳群岛休整，其防务由山田道行的第二十六航空战队接替。11 月 22 日至 27 日，山田下属第七五二航空队的 37 架战机分四批次进驻罗伊—纳摩尔。27 日，第二八一航空队 38 架零式战斗机和 10 架运输机，第七五二航空队 3 架一式陆攻机在队长所茂八郎的率领下，分两批从本土馆山飞行基地起飞，经硫黄岛、提尼安岛、特鲁克和埃尼威托克转场，12 月 8 日全部进驻罗伊—纳摩尔。28 日，第五三一航空队 20 架俯冲轰炸机和 6 架运输机在队长佐佐木健儿的率领下，分三批进驻贾卢伊特和沃特杰环礁。同日，山田亲率 3 架一式陆攻机抵达前线。山田的地勤人员本拟在月底前运抵上述各地，但因美军提前对马绍尔诸岛发起空袭，上述人员滞留特鲁克未能成行，他们中的大部分人因此保住了小命。

随着美军攻取吉尔伯特群岛并不断加大对马绍尔群岛的空袭力度，12 月 5 日，联合舰队司令部再次从第二十三航空战队下属第七五三航空队抽调一式陆攻机 16 架，在平田种正的率领下飞赴马绍尔群岛。12 月 15 日，古贺下令将第五五二航空队的战斗机划归第四舰队指挥。至此，马绍尔群岛的日军战机达到了 145 架。

空中力量在频频调动，海上增兵也在同步进行之中。12 月中下旬，日海上机动第一旅团、独立混成第一联队、第十六坦克联队等陆军部队相继归入第四舰队麾下。12 月 30 日，西田祥实率海上第一机动旅团司令部及下属第十一、第十五、第十六等三个机动大队共 3942 名官兵抵达马绍尔群岛。这是美军发起进攻之前，日军最大规模也是最后一次增兵。1944 年 1 月 10 日，根据秋山的命令，西田各部分别被派往埃尼威托克、沃特杰、马洛伊拉普和夸贾林等地。

到美军发起攻击前，1944 年 1 月 15 日，日军在马绍尔群岛驻军，包括陆军、海军、后勤和工兵部队，达到了 29000 人，另有 5900 人正在前往库萨耶岛的途中。区区一个海军少将能指挥如此多的陆海军部队，秋山最后把命搭上也不枉了。

总人数看起来不算少，但往诸多岛屿上一撒胡椒面，似乎任一处兵力都不宽裕。日军不知晓美军的主攻方向，如此分散部署，就会导致每一局部都兵力不足。迫于无奈，秋山只得将夸贾林、米利、沃特杰、马洛伊拉普、贾卢伊特和埃尼威托克六大环礁确定为防御重点：沃特杰驻军 3990 人，贾卢伊特驻军 2466 人，埃尼威托克驻军 3500 人，马洛伊拉普驻军 3488 人。外围诸岛中，距马金环礁最近的米利驻军最多，达到 5328 人。在核心基地夸贾林，包括第六根据地部队司令部在内共有 8782 人，其中超过 6000 人的主力驻扎在北方的罗伊—纳摩尔岛和南方的夸贾林岛，2000余人分散在其他小岛上。

秋山判断，如果美军前来进攻，不是从吉尔伯特群岛出发进攻米利和贾卢伊特，就是以珍珠港为基地进攻马洛伊拉普和沃特杰。特别米利距美军刚刚占领的马金很近，位置暴露，首先遭攻的可能性最大。于是他决定将米利作为重中之重，不惜从主岛夸贾林抽调部分兵力前往增援。这恰好印证了尼米兹之前的判断，给美军实施“黑虎掏心”、轻取夸贾林创造了极为有利的条件。

最要命的问题是，由于错误判断美军的进攻方向是南太平洋和西南太平洋，自秋山以下驻马绍尔群岛的日军并无多少紧迫感——这点秋山和未雨绸缪的柴崎存在巨大差距。罗伊—纳摩尔的防御工事聊胜于无，铁丝网拉得稀稀拉拉，海滩上敷设的地雷和近海水下障碍物严重不足，工程质量之差简直无法形容。

日军在罗伊—纳摩尔的主要火力是两个炮兵中队，有4门127毫米高平两用炮。其中两门部署在罗伊岛西北角，另两门在纳摩尔岛北端。日军还有37毫米速射炮2门，在罗伊和纳摩尔各部署1门。此外还有28门20毫米小口径炮和为数不多的12.7毫米机枪。日军在岛上共修建了19座机枪碉堡，还有直径12米的圆形大碉堡4座。罗伊岛的4个、纳摩尔岛的3个加强火力点全部位于面临大海的北岸一侧，潟湖沿岸兵力和火力配备有限，连7.7毫米机枪都没有几挺——美军攻打贝蒂奥正在从潟湖一侧发起的。岛上像贝蒂奥那样的坚固工事几乎没有，根本无法抗击美军航空兵和海军舰炮的持续打击。

美军登陆之前，驻扎罗伊—纳摩尔的日军共有2900人，半数以上属于海军航空兵地勤人员，另有800名工兵和后勤人员，200名航空工厂的机械工程兵，正儿八经的地面作战部队仅第六十一警备队罗伊—纳摩尔分队近400人，他们全部署在纳摩尔岛，罗伊岛上正宗地面作战部队一个都没有。即使能够领到武器，那些地勤人员和工兵的作战能力是完全不能指望的。

“燧发枪行动”结束之后，美军第五两栖军参谋文森特·威尔逊工兵中校评价说，日军在夸贾林环礁的防御准备“糟糕得简直一塌糊涂”。一向还算内敛的第七师师长科利特少将对敌人的评论还算客气：“只有环礁南端夸贾林岛的防御工事勉强还算可以。”

正如科利特少将所言，日军在夸贾林的防御稍强于罗伊—纳摩尔。2门127毫米炮被安置在岛两端，后方各配置了1门80毫米高平两用炮。前者正对海面，后者控制潟湖，如此部署还算合理。岛上另有5门75毫米炮和2门37毫米反坦克炮，16座碉堡和地面工事部署有18挺7.7毫米机枪，火力覆盖范围较大。环形壕沟从海岸线后方开始挖掘，三条反坦克壕从海岸延伸到机场跑道一带，部分一直延伸到潟湖，但仍未能横贯全岛。海岸线部分地段布置了铁丝网，但海岸和近海水下防御与贝蒂奥仍不可同日而语。内线阵地外围建有一些防空洞和弹药库，但施工质量差，许多工程尚未完工。一方面，日军判断美军定会先打外围，对美军直接攻打夸贾林的估计不足；另一方面，美军不间断的空袭也极大影响了日军的施工进度。

美军对马绍尔群岛的进攻依然是航空兵打头阵。夺取马金和塔拉瓦之后，11月24日，美国陆军第七航空队——美军西南太平洋和中太平洋海军舰队和陆军航空兵编号刚好掉了个个儿，麦克阿瑟那里是海军第七舰队和陆军第五航空队，尼米兹这里是海军第五舰队和陆军第七航空队——11架B-24重型轰炸机从贝克岛机场出发，对距离最近的米利机场发起空袭。8架日机升空拦截，并未能阻止美机投弹。从11月24日到12月19日，黑尔从坎通岛、纳诺美亚、努库费塔乌和富纳富提机场共出动B-24轰炸机106架次，对米利日军机场跑道和军事设施投弹122吨。其中12月4日单日派出战机达到34架。虽有零星日机起飞拦截，但日军零战无法对B-24这种体形庞大的四引擎轰炸机造成致命伤害，大部分时间只能围着人家不停地绕圈儿。

鉴于米利仍有少许日机，12月18日，黑尔变更作战方式，出动12架A-24战斗轰炸机在13架P-39的护航下再次飞临米利上空，与升空拦截的8架日机展开空战。6架日机在空战中被击落，另有7架被摧毁在地面上。次日，黑尔再次出动B-24空袭米利机场，遭到25架日机的拦截，效果不佳，仅在空战中击落7架日机。

从12月18日到25日，美军不间断的空袭行动几乎将米利日军燃料库和地面建筑悉数摧毁，11架日机被摧毁在跑道上——日军最害怕这种消耗战。12月25日之后，美军的空袭行动再也见不到升空拦截的日机了。由于日军防空炮性能低劣，美军的轰炸变得更加肆无忌惮。

随着马金、贝蒂奥和阿帕玛玛机场相继投入使用，美军陆基战机的空袭距离进一步缩短。从12月25日开始，前来投弹的美军轰炸机已经可以得到战斗机的全程护航，形势对日军来说更加绝望。1944 年 1 月 3 日，美军发现米利机场停有 3 架飞机，黑尔立即出动打击机群将之全部摧毁。1 月 8 日，1 架美军侦察机发现米利机场再次出现了 4 架日机。1 月 10 日，大批美机再次蜂拥而至，4 架日军飞机当即报销。

到 1 月 10 日，米利日军机场完全陷入瘫痪。美国人仍不肯就此罢休，每天都派出战机前来扫荡，向日军修复的跑道和能够发现的所有设施投下炸弹。在美军持续不断的航空打击下，日军米利机场成为摆设，寥寥几门防空炮全被摧毁，潟湖里停泊的少数小型舰艇也被悉数击沉。12 月 22 日之后，偶尔有少量日军潜艇和小型渔船借夜色掩护向米利送来少许粮弹。但在美军的严密封锁下，它们很快就不见了踪迹。米利日军与外界的联系几乎完全断绝。

将日军米利基地打瘫之后，美军盯上了下一个目标马洛伊拉普。日军在主岛塔罗阿建有机场，航空和防空设施相对完善，驻机数量也是各岛中最多的。11 月 26 日，从纳诺美亚机场起飞的 10 架 B–24 轰炸机首次光临塔罗阿，在 3000 米高空向机场跑道投下 22 吨炸弹。美军此次空袭完全达成了突然性，等日机匆忙升空拦截时，完成投弹的美机已经绝尘而去。气急败坏的日军零战玩命追击，终于将 1 架 B–24 击落海中。

在 11 月 26 日到次年 1 月 10 日的 46 天里，空袭塔罗阿的任务完全由陆军第七航空队的 B–25 承担。纳诺美亚机场距塔罗阿 3200 公里，努库费塔乌为 3900 公里，坎通岛机场竟有 5000 公里之遥。即使减少载弹量，美军轰炸机也必须经贝克岛机场中转才能执行作战任务。日军战机每次都会升空拦截，美机不得不独立应对 30 ~ 50 分钟的空战，导致投弹效率大打折扣，轻微受损的日军跑道往往当天就能修复。虽然在战斗中击毁日机 59 架，美军自身也付出了损失 9 架飞机的惨重代价。其间，美军的一项战果是将停泊在潟湖里的两艘日舰击沉。携弹量不足且在塔罗阿上空滞留时间太短，使美军的空袭行动效果不佳，日军塔罗阿机场仍然可以使用。

从 1 月 11 日开始，黑尔改变了战术，改派中型 B–25 轰炸机对塔罗阿实施空袭，效果仍无多大改观。到 1 月 26 日，日军最多仍可升空 25 架飞机与美军缠斗。从 1 月 11 日到 25 日，美军中型轰炸机从超低空向塔罗阿投弹近 70 吨。这种空袭方式尽管冒险，但可以提高投弹命中率，机载机枪也可以对地面目标进行扫射。虽然美军以损失 6 架飞机为代价击毁日机 15 架，并使地面设施遭到比以往更为严重的破坏，但塔罗阿机场仍然可以使用。此时，美军第五十八特混舰队正在为参加“燧发枪行动”进行准备，短时间内无法出动，黑尔必须对作战方式做出变更。

1 月 26 日，黑尔再次派出 B-25 在 P-40 的护航下执行空袭任务。这次美军变更战术，9 架 B-25 先对塔罗阿机场实施低空轰炸，摧毁停在跑道上的 9 架日机。日军飞行员冒着美军的弹雨升空拦截，其中 5 架受伤迫降时被炸毁。机场控制塔和两座建筑物中弹起火，油库及周边地区也落下了 4 吨炸弹。完成投弹的美军 B-25 掉头返航，15 架日机穷追不舍。在马洛伊拉普以南 48 公里处，美军 12 架 P-39 突然杀出。11 架日机被击落，另有 2 架重伤返航。

这是一次决定性胜利，塔罗阿机场日军的航空力量损失殆尽，基地设施损坏严重，几乎丧失了继续反击的能力。黑尔决定趁热打铁，次日派出了 7 架 B-24 从马金起飞，向塔罗阿机场投弹 17 吨，日军残余燃油全部被引燃，机场跑道损毁严重。1 月 28 日，美军再次出动由轰炸机和战斗机组成的混合编队前来攻击。仅存的 5 架日机试图升空拦截，1 架在升空过程中被击毁。美军轰炸机故技重施，试图将 4 架日机引入 P-40 的伏击圈。日机识破了美军的计谋，竟不追击，任由美军轰炸机飞远。1 月 29 日，美军 B-25 对塔罗阿机场进行了最后一次投弹，将外围岛屿的弹药库和建筑物全部摧毁。至此，马洛伊拉普陷入了类似米利的尴尬境地。

对日军马绍尔群岛航空基地的进攻，美国人就像某部电影那样“一个都不能少”。第三个挨炸的轮到了贾卢伊特。日军在此部署战机较少，美军对这里的关注度远不如米利和马洛伊拉普。11 月 23 日，从努库费塔乌机场起飞的 8 架 B-24 首次空袭贾卢伊特，在日军头顶扔下 8 吨炸弹。当地日军防务空虚，停在潟湖里的 3 架水上飞机明知不敌，直接向美机来袭的相反方向逃逸。在马金和塔拉瓦航空基地竣工之前，美军仅对贾卢伊特实施过两次空中打击，没 1 架日机起飞拦截，地面防空炮火寥寥。

马金和贝蒂奥航空基地投入使用之后，从 12 月 12 日至次年 1 月 29 日，美军以轰炸机和战斗机组成的混合编队对贾卢伊特发起了 13 次空袭。既然并无日机阻击，美军的空中打击统统以低空方式进行，日军油库、弹药库、通信站和其他地面设施几乎被夷为平地，潟湖里停泊的3艘小型船舶也被击沉。空袭期间，美军还对贾卢伊特周围航道实施航空布雷。在未来美军对夸贾林的攻击行动中，贾卢伊特沦落为尴尬的看客。

美军对沃特杰的空袭力度仅次于贾卢伊特。一直到12月13日，从坎通岛起飞经贝克岛转场的10架B-24才对这里发起首次空袭。23日，经相同航线的另一批美机对沃特杰进行了第二轮投弹。在之后半个月里，从坎通岛起飞的美机转场马金机场又对沃特杰发动过三次空袭。从1944年1月8日开始，美军逐渐加强了对沃特杰的轰炸力度。进驻马金和塔拉瓦机场的B-24、B-25在21天时间里对沃特杰投弹10次，其中仅12月26日遭到6架日机的抵抗，其余时间，天空完全是美军的天下。在为期48天的行动中，美军共向沃特杰投弹325吨，导致日军机场设施、仓库和码头完全消失，对外联络几乎中断。

除埃尼威托克环礁之外，夸贾林环礁距美军陆基航空基地最远，胡佛和黑尔对如何实施攻击颇费踌躇。12月4日，波纳尔少将和蒙哥马利少将的两支快速航母大队对夸贾林发动的空袭非但效果不佳，还直接导致了美国海军高级指挥官的重大人事变动，变相促成米切尔少将东山再起，重出江湖。

12月21日，黑尔派出纳诺美亚机场的4架B-24和4架携带照相设备的“卡塔琳娜”，前往空袭夸贾林。美机共投弹6吨，水上飞机借机拍摄了大量宝贵的航空照片。9架日机升空拦截，因美机来去匆匆毫无收获。

从1943年12月下旬到次年1月，美军陆基航空兵先后出动9次，对夸贾林投下200吨炸弹，对岛上建筑物和潟湖里的船舶造成一定损害。因为距离较远，航程较短的战斗机无法提供护航，B-24在缺乏掩护的情况下只能在2400米高空实施水平轰炸，打击效果大打折扣。即便如此，从1月22日开始，夸贾林再无日机起飞迎战。从美军日益密集的空袭行动中，日军嗅到了大战来临的味道。

截至美军进攻发起的1月31日，日军在马绍尔群岛仅剩一式陆攻机30架、俯冲轰炸机10架、战斗机55架和水上飞机4架，合计99架。抛开双方战机性能和飞行员素质差距较大的客观因素，凭两位数战机就想与美军四位数的战机抗衡，显然不太现实。相对美军由多达375艘舰艇组成的庞大舰队，日本海军在马绍尔群岛只剩下4艘扫雷艇和5艘猎潜艇，几乎可以忽略不计。

1月29日清晨，米切尔少将率4支快速航母大队及直属第十五大队抵达指定海域。当天天气恶劣，天空能见度极差。随着第一大队司令官里弗斯少将一声令下，从“企业”号、“约克城”号和“贝露森林”号上起飞的上百架舰载机对马洛伊拉普的塔罗阿机场展开了地毯式轰炸。美军重巡洋舰“旧金山”号、“新奥尔良”号、“明尼阿波利斯”号索性驶抵近海，向塔罗阿岛上所有可见的日军设施倾泻炮弹。空袭和舰炮打击持续了整整一天，日第二五二航空队的零星几架战斗机奋力起飞拦截，面对美军庞大的攻击机群根本无济于事。日军塔罗阿机场被完全摧毁，潟湖里的两艘运输舰被美军重巡洋舰击沉。其间，日军岸炮的准确反击曾迫使美军3艘重巡洋舰稍稍后撤。随后重巡洋舰“彭萨科拉”号、“盐湖城”号和“切斯特”号再次出列，炮击一直持续到2月3日方才罢休。马洛伊拉普日军自顾不暇，更不要说向夸贾林派出增援了。

负责空袭罗伊—纳摩尔的是蒙哥马利少将的第二大队。日军在此处尚有数十架飞机。面对“埃塞克斯”号、“无畏”号和“卡波特”号派出的攻击机群，山田道行第一时间放飞第二八一航空队的20架零战起飞迎战，它们甫一升空，就被彪悍的“地狱猫”击落11架。上午8时之后，天空中再无日机的踪影。占据压倒性优势的美军已完全取得了罗伊—纳摩尔上空的制空权。

趁双方战斗机缠斗之际，美军一众俯冲轰炸机和携带炸弹的鱼雷机从容向岛上投弹。日军机场跑道、滞留的部分飞机、机库、燃料库、弹药库和通信站及部分炮兵阵地遭到毁灭性打击。1月30日，蒙哥马利少将得到了北方战斗群3艘护航航母“圣卡门”号、“苏威尼”号、“切南格”号的支援——它们完全可以不来凑热闹的。从当天夜间到登陆日，美军对罗伊—纳摩尔实施了连续三天轰炸。其间，美军快速战列舰及护航巡洋舰、驱逐舰也不甘落后，纷纷驶抵近海向岛上倾泻炮弹无数。舰炮首轮打击目标是罗伊岛的飞机跑道和航空设施，之后开始对岛北岸的防御工事和西岸127毫米岸炮阵地进行炮击。纳摩尔岛的127毫米岸防炮及岸防工事同样遭到舰炮打击。岛上设施悉数被摧毁之后，美军舰炮又对纳摩尔岛东南方向的恩努比尔等小岛发射了若干炮弹。

1月29日日出前一小时，谢尔曼少将的第三大队来到了夸贾林岛西南海域。“邦克山”号、“考彭斯”号、“蒙特利”号随即升空舰载机发起空袭。美机投弹和机枪扫射持续了整整一个白天。在美军的猛烈攻击下，夸贾林一带的日军航空兵几乎被全歼，残存9架飞机仓皇西窜特鲁克。傍晚时分，谢尔曼回收舰载机率队驶向西北，将在次日对埃尼威托克环礁发起空袭。

29 日，金德尔少将第四大队“萨拉托加”号、“普林斯顿”号、“兰利”号的舰载机对沃特杰环礁的空袭几乎未遭任何抵抗，美军投弹和扫射恰似实战训练。谢尔曼大队离开之后，1 月 30 日，得到南方战斗群“马尼拉湾”号、“珊瑚海”号和“科雷希多”号 3 艘护航航母增援的金德尔大队接过了空袭夸贾林岛的任务。一众高速战列舰、巡洋舰和驱逐舰前来助威，将岛上日军防御工事、雷达站、水上飞机基地和防空炮炸得支离破碎。

看着航母舰载机大打出手，近段时间劳苦功高的陆基航空兵也来凑热闹。29 日 13 时，7 架 B-24 向罗伊—纳摩尔投下 15 吨炸弹，在夸贾林投弹 3 吨。夜间舰载机无法起飞，从马金和塔拉瓦出发的 7 架 B-24 再次向夸贾林投弹 20 吨，3 架B-24在沃特杰投弹7吨，将岛上机场跑道彻底炸毁。之后黑尔又派出9架B-25对沃特杰实施低空轰炸，停泊在潟湖中的 1 艘日军运输船被炸沉。当天美军的最大损失来自误伤。由于最后 9 架 B-25 夜间出动时没有及时通知金德尔的第四大队，其中 2 架在返航时被夜间巡航的“地狱猫”误认为敌机，爽快击落。

当天马洛伊拉普、贾卢伊特和米利同样遭到美军的轰炸。B-25 在塔罗阿机场投弹 2.5 吨。陆军战机前脚刚走，航母舰载机就接踵而至，继续对岛上日军进行轰炸。因距离马金环礁最近，米利一直是美军陆基航空兵重点关注的对象。当天，又有 12 架 B-24 将携带的炸弹全部投向了岛上的日军。可惜这群美机返航时遭遇恶劣天气，只好在海上临时迫降。机组成员被很快赶来的搜救人员成功救回。

就在第五十八特混舰队对日军基地发起空袭、炮击的同时，美军南部和北部战斗群已经抵达夸贾林以东 320 公里海域，之后向各自负责的攻击目标缓慢行进。1 月 30 日上午，为登陆舰队护航的巡洋舰和驱逐舰忙里偷闲，协助航母部队一起对马洛伊拉普和沃特杰进行炮击，之后继续向夸贾林环礁挺进。

30 日 16 时 50 分，谢尔曼少将第三大队开始对埃尼威托克环礁发起了首轮空袭，19 架日机被摧毁在地面，岛上建筑毁坏殆尽，机场跑道和防御工事也因战列舰和巡洋舰的炮击损毁严重。完成空袭任务之后，谢尔曼大队将一直在埃尼威托克以南海域滞留到 2 月 6 日，监视并迎击可能从特鲁克出击的日军舰队。完成对马洛伊拉普和沃特杰攻击之后，金德尔少将第四大队将在 2 月 3 日前来和谢尔曼会合，一同等待新的命令。

就在美军陆基航空兵和航母舰载机发起空中打击的同时，由希尔少将领军的第五十一特混舰队已渐渐逼近“燧发枪行动”首个攻击目标。马朱罗环礁由50多个珊瑚礁组成，众多珊瑚礁围成了一个长38.5公里、宽8公里的潟湖，稍加改造就是一个优良的深水锚地，完全可以容纳一支规模庞大的舰队。早在战争之初，1941年12月，日本海军就向马朱罗派出了驻岛部队，修建了水上飞机基地和营房等设施。1943年11月，日军放弃马朱罗，将岛上驻军全部调往米利，只留少许人看守设施。即使如此，惯于杀鸡用牛刀的美军还是派出了一支强大的攻击力量。

负责攻打马朱罗的是第五十一特混舰队第二大队。鉴于之前航空侦察显示岛上日军寥寥，奉命出击的登陆部队是第二十七步兵师第一〇六团第二营和第五两栖部队直属侦察连，合计1600名兵员，总指挥为第二营营长谢尔顿中校。登陆行动空中支援由护航航母“拿骚”号和“纳托马湾”号承担，重巡洋舰“波特兰”号，驱逐舰“布拉德”号、“基德”号将提供舰炮炮火支持。

早在1月23日，琼斯上尉的侦察连就乘“凯恩”号驱逐舰从珍珠港启航，前往马朱罗实施侦察。由于在“电流行动”中主动化侦察为进攻一举拿下阿帕玛玛环礁，琼斯侦察连声名大噪。

1月30日，“凯恩”号安全驶抵马朱罗近海。琼斯派哈维・韦克斯中尉率第四排和迫击炮排组成先遣队出动，乘登陆艇对潟湖入口处的加拉林岛和埃洛杰岛实施侦察。当天23时，韦克斯率队成功在加拉林岛东端登陆。这次名不见经传的登陆具有非凡历史意义，他们因此成为第一支登上战前日本“领土”的美军部队。半小时后，韦克斯遇到了一名土著，被告知驻守主岛达利特的日军足有三四百人之多。

土著的话把韦克斯吓了一大跳。如果他提供的情报属实，侦察连必须变更作战计划。为核实上述情报，韦克斯率队一路横跨加拉林岛，31日凌晨1时进入一个原始村落。经与土著反复沟通，韦克斯得知岛上确实驻扎过不少日军，但几个月前已经撤走。随后迫击炮排对埃洛杰岛的侦察证实了土著的说法，那里连个日本人的影子都没发现。

琼斯于是率连部和其余三个排向达拉普岛进发，3时30分顺利在岛西南端登陆，随即向东北方移动。在该岛和邻近的乌里加岛，他们都未发现日军的踪迹。琼斯幸运遇到了一个会说英语的混血儿迈克尔·麦迪逊，他用清晰的英语告诉美国人，目前马朱罗环礁一带没有日军成建制的部队。

琼斯必须将这一情报及时通知希尔少将，但通信设备出现故障，一时竟然联系不上。按预定计划，海上舰队和航母舰载机将在6时37分对达利特岛实施炮火准备。糟糕的通信使希尔直到6时45分才收到琼斯发来的电报。等他下令取消炮火准备时，美舰舰艇已经发炮8分钟了，455发炮弹就这样白白浪费了。护航航母舰载机接到命令后立即返航，但从“波特兰”号起飞的1架侦察机没有及时接到命令，对正在达利特岛侦察的二排进行了扫射。所幸并未造成人员伤亡。

从岛上遗留的大量建筑、窄轨铁路及设备器材来看，岛上确实曾有一支为数不少的日军部队活动。根据土著提供的情报，马朱罗岛上只有1名日军和少量平民。侦察连四排受命从马朱罗岛西端登陆向东搜索前进。在土著的帮助下，他们成功找到了日本人的住所。正在吃饭的几名日本人迅速遁入丛林。美军在附近找到了两挺美制12.7毫米机枪和一些子弹，它们应该是从1架坠落的B-24轰炸机上拆下来的。1小时后，日军海军准尉中田被美军抓获，其余3人成功逃脱。1月31日9时50分，希尔致电斯普鲁恩斯和特纳：“现在，马朱罗环礁是我们的了！”珍珠港很快收到了前方发回的好消息。

根据现场缴获和土著提供的情报，琼斯判断可能有1架B-24在马朱罗以东16公里外的阿诺环礁坠毁。为了救助可能幸存的飞行员，在得到希尔少将、谢尔顿中校批准之后，2月1日午夜，琼斯派一支小分队乘“凯恩”号在阿诺环礁登陆。当地人汇报说，这里没有日军部队，只有4名日本商人。曾有美军飞机在这里坠毁，但机组成员已被押到马洛伊拉普去了。当天11时50分，美军小分队乘驱逐舰回到马朱罗，与主力会合。

就在琼斯侦察连各排在各岛来回穿梭之时，希尔已率第五十一特混舰队众多舰船浩浩荡荡驶入马朱罗潟湖。1日9时53分，谢尔顿中校率第二营先锋连登陆达利特岛。在听取了琼斯的汇报之后，谢尔顿认为美军不需要再派出更多登陆部队。2日，美军坦克登陆舰开始将守备部队、工兵和大批设备、物资送上乌里加岛和达拉普岛。当天，海军水上飞机进驻马朱罗。达利特岛日军遗留的最大建筑物被临时改建成野战医院，2艘扫雷舰在潟湖中进行测量，标出航道及船只锚地。环绕潟湖的一条礁脉形成了天然防潜防雷障碍，美军对其加以修葺，形成了长56公里的珊瑚堤道——这条堤道直到今天还在使用——大大提高了舰船停泊的安全性。

2月3日，又有超过30艘舰船驶入马朱罗潟湖，计划进入此处锚泊的舰船还有50多艘。工兵开始在达拉普岛修建临时机场。2月4日，斯普鲁恩斯宣布美军在马朱罗的军事行动胜利结束。当天清晨6时，埃德加·克鲁斯海军上校接过了岛上守军的指挥权。希尔和他的第五十一特混舰队当然不会就这样回珍珠港，还有更艰巨的战斗任务在等着他们。

2月上旬，美军驻岛守备部队和后续工兵部队陆续到达。长1200米的机场跑道、机库、油库及其他设施陆续竣工，马朱罗成为美军距夸贾林最近的航空基地。一星期之前，土著还从未见过一辆汽车甚至一个车轮，短短一个月后，他们中帮美国人干活儿的人已经坐着吉普车在岛上来回兜风了，嘴里还不停地嚼着口香糖。

黑虎掏心

美军第二个攻击目标夸贾林，是地球上最大的环礁，大小97个珊瑚岛围成的潟湖面积达839平方公里。美军选择的主攻目标是环礁北部的罗伊—纳摩尔岛和南部的夸贾林岛，两地相距81公里。罗伊和纳摩尔岛位于夸贾林环礁北部，紧挨在一起的两岛，由一条天然的沙洲相连，一般被合称为罗伊—纳摩尔，是日军马绍尔群岛最重要的航空基地。三条呈“又”字形分布的机场跑道占去了罗伊岛大半部分，纳摩尔岛则建有大量营房、油库和弹药库等军事设施。罗伊岛的西南方向有梅鲁、恩努宾、恩努加莱特、恩努蒙内特、恩努比尔等一连串小岛，其中梅鲁岛南北各有一条通往潟湖的水道，分别被称作南水道和北水道，其他小岛之间没有可供航行的水道。

负责攻打罗伊—纳摩尔的是康诺利少将的北部战斗群和施密特少将的陆战四师，夸贾林作战则由特纳少将的南部战斗群和科利特少将的第七步兵师承担。夸贾林岛上有一座臭名昭著的监狱，许多被俘盟军飞行员及水兵就被关押于此，他们中的很多人被日军残忍杀害。

“电流行动”发起之前，陆战二师师长朱利安·史密斯少将曾经多次提议，在主攻目标邻岛建立炮兵阵地，为登陆行动提供炮火支援。这一合理建议当时被以时间仓促为由搁置。后来美军在贝蒂奥的惨重伤亡证明，朱利安的意见是完全正确的。在即将发起的“燧发枪行动”中，美军很快做出了改变。1 月 31 日，美军两大战斗群的首要任务，是夺取主目标外围岛屿，迅速建立炮兵阵地。在北方，陆战四师选择的目标多达 5 个：罗伊岛西南方向的梅鲁和恩努宾岛，纳摩尔东南海面的恩努加莱特、恩努蒙内特和恩努比尔岛。施密特将夺取梅鲁和恩努宾岛的任务交给了克拉伦斯·奥唐奈中校的陆战二十五团第一营，第十四坦克营 D 连配合他们作战。陆战二十五团其余部队则负责攻打纳摩尔一侧的另外三岛。

1 月 31 日清晨，作战海域狂风大作，巨浪滔天，风速高达每秒 9.5 米，给美军的登陆行动带来了诸多困难。日出之前，美军火力支援群率先抵达罗伊—纳摩尔东南外海。战列舰“田纳西”号、“科罗拉多”号，重巡洋舰“路易斯维尔”号、轻巡洋舰“莫比尔”号及 2 艘驱逐舰负责炮击主岛，“波特菲尔德”号驱逐舰负责炮击恩努蒙内特岛，“哈拉登”号驱逐舰则炮击恩努比尔岛。第五舰队司令官斯普鲁恩斯中将坐镇“印第安纳波利斯”号重巡洋舰，率“马里兰”号战列舰，“圣达菲”号、“比洛克希”号轻巡洋舰及 2 艘驱逐舰在罗伊岛以西海面展开，密切关注日军动向，并随时加入炮击行列。

与贝蒂奥之战相比，美国人的舰炮火力打击效率大大提高。在“电流行动”中使用的多是高爆炸弹，炮击频率过快导致烟雾弥漫，造成炮击效率不高。此次，美军各舰携带的多是装备了延时引信的穿甲弹，且规定每轮炮击之间留出一定时间，使烟雾消散。这样看上去虽然不太热闹，却极大提高了对日军工事的打击精度和破坏力。

尽管之前已经进行了长达两天的空袭和舰炮火力准备，但鉴于贝蒂奥的教训太过深刻，美军依然不敢有丝毫懈怠。6 时 51 分，康诺利少将下令各舰做好炮击准备。7 时 15 分，来自护航航母的舰载机开始对罗伊—纳摩尔实施当天的第一轮空袭。8 时，康诺利宣布登陆梅鲁岛和恩努宾岛的时间为 9 时，对恩努比尔岛和恩努蒙内特岛的登陆时间为 11 时 30 分，对恩努加莱特的登陆时间为 16 时。8 时 25 分，来自护航航母“切南格”号的 17 架舰载机对罗伊西南角和纳摩尔东南角进行了第二轮投弹扫射。陆战四师观察员从侦察机上发回了现场消息，“梅鲁岛和恩努宾岛上似乎并无日军活动的迹象”。

9时刚过，美军第一波登陆部队开始向梅鲁岛和恩努宾岛快速挺进。10分钟后，当他们行驶至距岛还有2700米时，来自“埃塞克斯”号的舰载机再次对两岛进行投弹扫射。紧接着美军武装登陆艇开始向预定登陆点“蓝滩”开炮，不断逼近滩头的陆战队员纷纷开火，使用自动武器向梅鲁和恩努宾海滩进行了10分钟射击。马绍尔群岛战前由日本托管，第二十五团团长塞缪尔·科明上校适时发出了激励电报：“祝第一支登上日本土地的海军陆战队好运！”科明显然有些过于激动了，这一荣誉已被登陆马朱罗环礁的琼斯侦察连于10小时前掠走。9时52分，第一营B连全部越过恩努宾岛礁盘顺利上岸。

海浪和狂风给美军带来的麻烦远远超过了日本人。向梅鲁岛挺进的美军两栖运兵车遭到了罗伊岛日军岸防炮的炮击，驱逐舰“菲尔普斯”号立即驶出队列。经8分钟炮战，日军火炮陷入沉寂。侦察连根据科明上校的指示绕过梅鲁水口，在梅鲁岛面向潟湖的东南岸登陆，他们的登陆时间比在恩努宾上岸的B连仅晚了3分钟。未能接到团长命令的C连依然在预定的蓝二滩登陆。因为登陆出现混乱，副营长迈克尔·达维多维奇少校带领该连重新在岛西南海岸登陆。

10时30分，C连尖刀排首次遭日军阻击。刚刚在岛上建起指挥所的营长奥唐奈中校立即组织进行清剿。经一个小时激战，美军击毙日军17人、俘虏2人，顺利占领梅鲁岛。B连在恩努宾岛同样遭遇到一股日军阻击，在一小时内毙敌13人、俘虏3人，结束战斗。奥唐奈中校宣布美军占领两岛。

接到B连成功夺取恩努宾岛的报告，副师长詹姆斯·昂德希尔准将立即下令，炮兵第十四团第三营火速登陆。11时45分，第三营的75毫米榴弹炮上岛，美军成功在主攻目标邻岛建起了炮兵阵地。美中不足的是，因1辆运载火炮的两栖运兵车倾覆，2门榴弹炮沉入大海。

10时45分，科明上校登上梅鲁岛，奥唐奈中校的营指挥所立即升级为团指挥所。13时，第十四团第四营的105毫米榴弹炮登岛在北岸一字排开，炮口全部对准了东北方的罗伊—纳摩尔。

因为两栖运兵车严重不足，美军夺取恩努比尔、恩努蒙内特、恩努加莱特的任务只能推迟到下午进行。负责进攻恩努比尔岛的是陆战二十五团第二营，日军马绍尔群岛地区无线电主发射站就建在这个小岛上。美军第三营负责攻打恩努比尔岛北方的小岛恩努蒙内特。这个面积更小的岛上没有任何军事设施，仅有的10名日军全部龟缩在岛上唯一一座工事里。第三营夺取该岛之后，下一步任务是进攻与纳摩尔紧邻的恩努加莱特岛。航空侦察显示，日军在三岛无多少驻军，师长施密特少将希望科明能在天黑之前结束战斗，然后全力准备次日对主岛罗伊—纳摩尔的进攻行动。

但在第一营完成夺取梅鲁岛和恩努宾岛任务之前，美军现有两栖运兵车仅够第二营使用。11时，接到第一营夺取梅鲁岛和恩努宾岛的消息，康诺利少将下令扫雷艇进入潟湖排雷。扫雷艇很快汇报说，在梅鲁水道及恩努蒙内特和恩努比尔岛计划登陆的"蓝三滩""蓝四滩"没有发现一颗水雷。康诺利随即下令登陆炮艇对两岛实施炮火准备。

就在此时，"无畏"号航母的舰载机群到了。6架"复仇者"和7架"无畏式"负责轰炸恩努比尔，4架"复仇者"和4架"无畏式"则对着恩努蒙内特投弹。驱逐舰"哈拉登"号和"波特菲尔德"号驶向两座小岛以东海面，以127毫米主炮向岛上猛轰。日军那座钢筋混凝土浇筑的无线电站中弹起火，12时19分完全坍塌。主岛纳摩尔也遭到美军炮击。放眼望去，附近诸岛到处都是起火点。

航母舰载机刚刚飞走，美军水面舰艇对纳摩尔的新一轮炮击就接踵而至。"田纳西"号、"科罗拉多"号战列舰356毫米巨炮负责轰击岛南岸，"路易斯维尔"号重巡洋舰203毫米主炮则轰击岛东南角，"莫比尔"号轻巡洋舰的"五英寸机关枪"炮击岛北岸。12时45分和56分，美军炮弹先后命中岛上的两座弹药库，引发一系列连环爆炸，刹那间纳摩尔岛烟尘滚滚，火光冲天。

12时10分，康诺利少将下达了一道非常著名的命令，"马里兰"号对罗伊岛日军工事实施"真正迫近的攻击"——这道命令让他获得了"近战康诺利"的雅称。之前在11时56分，他下令驱逐舰"菲尔普斯"号驶入潟湖，为登陆部队提供火力支援。在猎潜艇上坐镇的副师长昂德希尔准将缺乏必要通信设备指挥部队，美军的登陆行动出现了混乱。13时05分，在航母舰载机又一轮空中打击结束之后，昂德希尔断然下令两个营立即出发。

因登陆行动大大滞后，康诺利将登陆时间由11时30分推迟到14时30分，几分钟后再次推迟到15时。一直到14时20分，刘易斯·赫德森中校的第二营和贾斯蒂斯·钱伯斯中校的第三营终于在出发线完成集结。来自"埃塞克斯"号和“卡波特”号的舰载机，对美军预计登陆的“蓝三滩”“蓝四滩”发起了新一轮空袭。

登陆部队乘两栖运兵车跟在登陆炮艇身后，开始向海滩发起冲击。在驱逐舰、炮艇和舰载机的火力支援下，第三营第一波登陆部队于15时10分登上恩努蒙内特岛。5分钟后，第二营先头连也在恩努比尔岛成功上岸。

第三营登陆后很快遭到日军一支小分队的袭击，1名陆战队员阵亡、7名受伤。但随着美军坦克登陆，日军的零星反击很快被粉碎，岛上10名日军全部“玉碎”。15时30分，钱伯斯中校报告师长施密特，“我军占领全岛”。

第二营在恩努比尔岛遭到的顽抗比友军要稍强一些。但借助坦克的掩护，美军还是很快以伤亡7人为代价全歼岛上24名日军。赫德森中校从预备队中抽出一个排，将邻近小岛奥贝拉一起拿下，岛上一名日军都没有，他们直接走上去就可以了。16时28分，赫德森致电施密特，“恩努比尔和奥贝拉现在是咱们的了”。

钱伯斯中校的下一个任务，是在天黑之前夺取恩努加莱特岛。舰载机和水面舰艇的炮火支援此时已经告一段落，缺乏火力支援和只有4辆运兵车给第三营的下一步行动带来了一些难度。此时团长科明上校恰好赶到现场，直接将团直属重武器连的3辆75毫米自行火炮和一个37毫米反坦克炮排调给钱伯斯，解了第三营的燃眉之急。17时50分，营属迫击炮和团属75毫米自行火炮对预定登陆的“蓝五滩”实施炮火准备，10分钟后先头连出发。到18时30分，美军有两个连成功登岛。他们迅速向纵深挺进，岛上日军在扔下6具尸体和1挺机枪后仓皇撤往纳摩尔。美军唯一的损失是1名陆战队员被友军舰载机机枪弹误伤。19时15分，美军宣布占领恩努加莱特岛。至此，北部战斗群当天的作战全部结束。

就在第三营冲向恩努加内特岛之前，第十四团（炮团）已准备向恩努蒙内特岛和恩努比尔岛上输送重炮。到17时，该团第一营、第二营的75毫米榴弹炮已在恩努蒙内特岛“蓝三滩”和恩努比尔岛的“蓝四滩”就位，将为次日主力部队的登陆提供炮火支持。虽然登陆过程中多次出现混乱，但北部战斗群还是以微弱代价损失完成了当天的所有任务。这对初出茅庐的陆战四师来说，确属不易。

在南方的夸贾林，特纳和科利特也在干着同样的事情。31日清晨，美军南部战斗群抵达夸贾林主岛西南16公里处，他们当天的任务是夺取距夸贾林14.5公里的基亚岛和800米外的宁尼岛，稍后进攻更靠近主岛的恩尼拉贝干岛和埃努布济岛，迅速建立炮兵阵地，为次日主力部队进攻主岛的行动提供炮火支援。

在“曼利”号和“奥沃顿”号运输舰上，各运载着155名陆军士兵。他们分别是第七步兵师师属第七侦察连和第一一一团B连。“奥沃顿”号上的A突击队负责攻打宁尼岛，由第七侦察连连部、第二排和步兵连的61名官兵组成，指挥官是侦察连连长保罗·格里塔上尉。“曼利”号上的B突击队负责攻打基亚岛，由侦察连第一排、第三排和93名步兵组成，指挥官是艾梅特·蒂纳中尉。两支突击队的行动由第十七团团长韦恩·齐默曼上校统一指挥。航空侦察显示，两岛并无多少日军。一旦两岛被美军控制，守备任务将由后续跟进的步兵承担，侦察连将立即出发，夺取宁尼岛西北1600米处的格赫岛。

由于天气极度恶劣，齐默曼上校决定使用橡皮艇运送侦察兵先行上岸。黎明前海上能见度极差。6时20分，B突击队放弃侦察，乘橡皮艇直接在基亚岛南端登陆。经过一番战斗，蒂纳部全歼岛上的26名日军，于9时30分宣布占领该岛。美军顺利取得夸贾林外围的第一个据点。

A突击队在黑暗中找错了目标，5时45分错误地在格赫岛登陆。这里原无日军驻防。但美军对夸贾林发起空袭之后，日军向岛上临时派驻了135名官兵。格里塔上尉组织的快速侦察队很快与一小股日军发生交火，击毙日军4人、俘虏2人。从俘虏口中，格里塔得知，原来自己上错了岛。经请示科利特师长之后，格里塔留下吉尔伯特·德雷克塞尔上尉率步兵和一个机枪班与岛上日军对峙，自己率主力于11时24分在宁尼岛北端登陆。岛上竟然空无一人，美军于11时45分宣布占领该岛。基亚岛和宁尼岛双双落入美军之手，意味着他们已经控制了夸贾林东南方向的重要水道。留在格赫岛的德雷克塞尔随后与岛上日军发生零星战斗，双方一时形成对峙。

攻打恩尼拉贝干岛和埃努布济岛是美军当天的作战重点。前者由阿尔伯特·哈特尔中校的第十七团第一营负责，他们可以得到2辆坦克的支援。攻打后者的是爱德华·史密斯中校的第二营，他们有4辆坦克协助。李·华莱士中校第三营为预备队，随时对其他两个营提供支援。行动总指挥是团长齐默曼上校。

黎明时分，特纳少将已经给舰炮支援大队分配了任务。“爱达荷”号、“宾夕法尼亚”号战列舰，“明尼阿波利斯”号、“新奥尔良”号重巡洋舰及“弗雷泽”号等5艘驱逐舰负责炮击夸贾林主岛。岛北岸及以东诸岛由“新墨西哥”号战列舰、“旧金山”号重巡洋舰负责。夸贾林西南诸岛由战列舰“密西西比”号和2艘驱逐舰负责。“林格尔德”号、“希格斯比”号驱逐舰负责为第一营提供炮火支援，另有6艘武装登陆炮艇为第二营提供炮火支援。

6时18分，随着特纳一声令下，美军所有舰船一起开火。夸贾林及周围诸岛瞬间火光四起。“林格尔德”号将宁尼岛东北海面的2艘日军货船击沉，“旧金山”号也用主炮将潟湖里的1艘日军货船打沉。

登陆部队在换乘时遇到了麻烦，特纳两度将登陆时间推迟到9时10分。8时40分，美军所有重型舰船停止炮击，轮到舰载机出场投弹。来自快速航母的飞机主攻夸贾林，来自护航航母的飞机则对即将登陆的两座小岛投弹扫射。其间，驱逐舰的炮击一直未停。

美军两个营的登陆行动异常顺利。9时10分，第一营第一波部队在恩尼拉贝干岛哈维角附近顺利上岸。到10时40分，已有五波部队依次登陆。日军始终一言不发。第一营的推进仅遭到零星抵抗。16时15分，第一营毙俘日军20余人后宣布占领该岛。

比第一营晚2分钟，第二营第一波部队于9时12分登上了埃努布济岛西北角。在向内陆推进过程中，部队遭到来自夸贾林岛的炮击。特纳立即下令舰载机和舰炮实施压制。虽然后续登陆的坦克因地形复杂未能跟上，但美军步兵在工兵配合下依然进展神速。11时05分，美军先头部队已推进至位于岛中央的日军通信中心。12时10分，第二营宣布攻占埃努布济岛，俘虏朝鲜劳工21名。

从14时50分开始，第七师属第三十一、四十七、四十八、四十九等四个野战炮营的105毫米榴弹炮陆续登岸，一同登岛的还有副师长约瑟夫·雷迪准将。因155毫米榴弹炮太重，到17时，机械登陆艇才将第一四五重炮营的两个连送上岸，第三个连一直到天黑才登上陆地。18时，第七师师部和预备队第三营登岛。至此，第七师首日作战任务全部完成。相对于行动略显拖泥带水的陆战四师，陆军第七师第一天的作战更为顺利。除南部夸贾林天气和海况略好于北部罗伊—纳摩尔外，第七师在阿图岛和基斯卡岛积累的经验同样功不可没。

在当天的战斗中，日军4艘扫雷艇和5艘猎潜艇全部被美军空袭或舰炮击沉。在随后的战斗中，他们已无1艘军舰可以出海作战。鉴于航空兵力之前已被全部摧毁，接下来的战斗日军只能凭借实力孱弱的守岛部队了。对秋山和部下来说，这又是一场“内有粮草但不多，外有救兵来不了”的绝望战斗。

对夸贾林环礁南北两大目标的进攻，两个美军师的作战计划大致相同：首日，派一个团占领外围小岛，建立炮兵阵地；次日，派另两个团对日军重兵盘踞的主岛发起进攻。在环礁北部，2 月 1 日承担攻打西侧罗伊岛任务的是陆战第二十三团，他们将在潟湖一侧的“红二滩”“红三滩”登陆，在最短时间内拿下机场。东侧纳摩尔岛的战斗由陆战第二十四团负责。

由于头一天进攻的目标过多且在登陆过程中出现了混乱，当晚，陆战四师集中两栖运兵车的工作显得异常困难。在首日战斗或回收过程中损失的运兵车有 23 辆之多，给次日主力部队登陆带来了更大难度。

2 月 1 日，天刚放亮，康诺利少将就下令满载运兵车的坦克登陆舰开入潟湖。天亮之前，劳伦斯·杜博斯少将的舰炮支援第二大队已在罗伊岛西侧和西南海面就位。8 时 22 分，康诺利下令登陆时间暂定 10 时。

7 时 10 分，战列舰“马里兰”号的 406 毫米主炮开始对日军炮兵阵地和附近碉堡群猛烈开火，轻巡洋舰“圣达菲”号的 152 毫米炮弹将“红三滩”完全覆盖，“比洛克希”号则轰击罗伊岛西北端日军岸防炮阵地和北岸的防御工事。由斯普鲁恩斯亲自坐镇的“印第安纳波利斯”号同样不甘落后，抵近罗伊岛西岸向日军工事进行炮击。潟湖中的“菲尔普斯”号驱逐舰则炮击了“红二滩”。

美军陆基炮兵当然不会示弱，陆战第十四团两个炮兵营很快加入了炮击行列。驻扎在梅鲁岛的第三营用 75 毫米榴弹炮猛轰预定登陆的“红三滩”，驻恩努宾岛第四营的 105 毫米榴弹炮连同“菲尔普斯”号的 127 毫米炮弹全都落在了长度 500 米的“红二滩”。罗伊岛瞬间被爆炸腾起的硝烟完全笼罩了。

距预定登陆时间越来越近，美军两个团的准备工作还未完全就绪。运兵车数量不足及通信不畅导致数百艘各式车辆在潟湖里乱作一团，急得第四两栖运输营营长考夫曼中校一头大汗。看到这一糟糕局面，康诺利于 8 时 53 分下令将登陆时间推迟至 11 时。一直到 10 时 26 分，美军众多运兵车和登陆艇才勉强在出发线完成布阵。海军舰炮暂停攻击，从“无畏”号、“卡波特”号飞来的 16 架“复仇者”开始向罗伊—纳摩尔海滩投下 908 公斤重磅炸弹。10 时 35 分，鱼雷机刚刚飞走，来自“无畏”号的15架“无畏式”拍马杀到。4分钟后，“无畏”号的一群“地狱猫”也赶来了，飞行员或投弹或扫射，忙得不可开交。10时55分，空袭结束，海军舰炮迅疾接班，继续炮击。

10时45分，第二十三团团长路易斯·琼斯上校乘登陆艇来到出发线，却找不到分配给他的指挥车。11时12分，“菲尔普斯”号终于打出了出发的信号旗。第二十三团第一波登陆部队开始冒着岛上飘过来的硝烟，向罗伊岛海滩猛冲。在5艘武装炮艇和30辆两栖坦克近程炮火的支援下，美军第一波登陆部队用33分钟冲过了4500米距离，登上了仍在不断落下炮弹的“红滩”。

琼斯上校战后提供的报告形象地描述了当时的混乱局面：“各级指挥官都在下达命令，大部分命令自相矛盾。舰队指挥官、各运输船队指挥官、所有两栖运输连连长、各排排长和两栖运兵车驾驶员在命令的传达和执行过程中加剧了混乱。登陆部队靠岸时都不知道岸边的海水深度，不知道在何处会遇上暗礁，也不知道哪里会有日本人布下的水下障碍物。现场简直乱成了一团糟。”

幸好罗伊—纳摩尔海滩不像贝蒂奥那样设置了大量障碍物，美军登陆尽管混乱，竟没遭到多大损失。迪伦中校第二十三团第二营原计划在罗伊岛东段相对狭窄的“红二滩”登陆。之前的航空侦察显示，罗伊岛大部分建筑物、航空设施和机库均位于这一区域，日军肯定布有重兵。迪伦营因此得到了一个中型坦克连和一个轻型坦克排的支援。登陆部队距岸还有900米时，海军舰炮仍在射击，武装登陆艇的114毫米火箭炮也向岸上开火。5分钟后，它们又改用40毫米火箭炮进行轰击。前方依稀出现了罗伊岛海岸，运兵车上的陆战队员开始用手中的自动武器向岸上射击。距岸还剩下350米时，运兵车上的车载机枪也开火了。

11时50分，海军舰炮为避免误伤，停止炮击，将炮口从登陆的南岸转向北岸。2分钟后，登陆炮艇也停止了射击。直到此时，日军子弹才稀稀落落射了过来，根本无法损伤陆战队员分毫。领头运兵车迅速冲上“红三滩”，登陆作业受大风和浓烟影响，异常困难。不过大部分运兵车还是准确抵达预定位置，仅个别车辆偏离方向，登上了第二十四团负责的“绿一滩”。

与柴崎在贝蒂奥的部署相比，日军罗伊岛的滩头防御简直不值一提。登陆区域少数并不坚固的防御工事早被美军舰载机和舰炮火力打得支离破碎。匆匆跳下运兵车的 F 连发现，登陆区域内所有工事都挨过炮弹或炸弹，他们只需应付罗伊岛西南角的一挺机枪和少数步枪打来的子弹。相比陆战二师在贝蒂奥的遭遇，他们实在太幸福了。

日军抵抗极其微弱，美军很快排除干扰向纵深挺进。12 时 02 分，登岛的美军坦克开始越过被填平的坦克壕率领步兵挺进。12 时 15 分，第二营营长迪伦中校登上红三滩，在机场跑道南侧建起了指挥所。在他之前，12 时 04 分，团长琼斯上校已登上陆地。1 架侦察机如此形容日军抵抗的微弱程度：“我军登陆部队甚至都不用寻找掩体。”13 时 11 分，琼斯在“东京”码头西侧 180 米的团指挥所向“阿巴拉契亚”号上的施密特少将发出了第一封战报：“在海滩上没有遭遇日军顽强抵抗。”15 分钟后，第二封电报也发出了：“我已和一线进攻部队取得联系。小菜一碟，我们很快就会拿下这座岛屿！”

赫文·哈蒙德中校的第一营负责攻打罗伊岛西半部。先头部队两个连在 11 时 55 分顺利登上“红二滩”，开始向西南角日军防御工事发起进攻。日军狙击手枪法虽准，却因人数太少无法阻止美军前进。12 时 10 分，哈蒙德中校在西南角建起了营指挥所。在地面部队向前推进的同时，来自“圣卡门”号护航航母的 8 架“复仇者”和 7 架“无畏式”对罗伊岛北岸日军工事又发起了一轮投弹。

日军抵抗软弱无力。美军发现，他们打死的敌军士兵服装各异，有工兵、海军陆战队员、航空地勤人员等。到中午时分，配合步兵作战的坦克已经到位。日军抵抗的微弱让美军如释重负，士气大振，陆战队员开始以排和班为单位在岛上乱糟糟地横冲直撞，试图尽快扫清全岛。12 时 17 分，美军先头部队已顺利推进至预定的 O-1 线——该线自西向东横穿罗伊岛，深入岛内 180～270 米，东端位于连接两岛的沙堤上。海滩上，美军后续部队和作战装备正源源不断上岸。美军第二十三团在罗伊岛的登陆顺利完成，接下来把岛上日军全部干掉就 OK 了。

团指挥所里，团长琼斯上校、副团长约翰·拉尼根中校和作战科长理查德·米利克上尉面面相觑，对前方传回的消息半信半疑。难道传说中日军的彪悍在罗伊岛不存在吗？尽管如此，满腹狐疑的琼斯依然命令两个营越过 O-1 线继续向北推进，不必等待坦克的到来。

即使没有坦克掩护，美军步兵的推进仍然相当顺利。由于地面部队已深入腹地，12 时 22 分，担心误伤友军的美军舰载机和海军舰炮暂停攻击。考虑到两个营在推进过程中队形太散，琼斯下令各部回到 O-1 线，重整队形再发起攻击。

此时第四坦克营C连鲍勃·内曼上尉率领的18辆中型坦克已经抵达O-1线，此处距罗伊岛北岸仅剩 900 米，那里有一大片日军防御工事。内曼认为，自己的坦克如果停下来，将会成为日军反坦克炮的活靶子。他不顾团长的命令，依然带坦克向前攻击。缺乏步兵掩护的坦克攻击凶险异常，哈蒙德中校迅速派出一个连步兵跟进掩护。尽管道路非常糟糕，美军坦克的攻击仍非常顺利。坦克兵不断以车载机枪向隐蔽在壕沟里的日军扫射。13 时 58 分，3 辆美军坦克已冲到了罗伊岛东北角的奈特环。

由于错误估计美军攻击很可能来自大海，日军北岸防御工事比南岸潟湖一侧南岸要坚固得多，这正是美军登陆行动一路畅通无阻的主要原因。岛东北角处的日军主碉堡异常坚固，舰载机轰炸和战列舰的舰炮打击并未将其完全摧毁。内曼上尉的坦克主力部队很快推进至日军北岸主坦克壕，罗伊岛日军残部大部分集结于此，内曼估计至少有数百人。他的坦克缺乏杀伤步兵的有效手段，只能将他们打得抬不起头来。车长乔·拉莫斯试图取得更好观察视野，他的头刚伸出来就被日军狙击手打爆。一时奈何不了日军步兵的内曼只好率队驶向东北角，与先期抵达那里的 3 辆坦克会合。随后他接到了琼斯上校“暂时后撤”的命令。尽管心中极不情愿，内曼还是率队回到了 O-1 线与步兵会合。

15 时，陆战第二十三团已经控制了罗伊岛东西两侧海岸线，岛上仍有不少日军在负隅顽抗，他们誓死不投降。根据第二营的呼叫，“圣达菲”号的 152 毫米主炮对东北角奈特环的日军碉堡进行了五轮炮击。守卫那里的是日军第二三一、第七五二、第七五五航空队的地勤人员，他们与附近几座日军碉堡互相配合，利用 20 毫米高射炮和机枪顽强反击，成为美军夺取罗伊岛的最后障碍。

14 时 50 分，美军预备队第三营顺利登陆，形势对日军来说更加绝望。15 时 30 分，美军右翼第二营率先重启攻势，在 O-1 线休整的第一营也在 16 时重新发起进攻。到 16 时 42 分，罗伊岛西半部日军的抵抗宣告结束。第一营接到的任务是，在岛北岸和西岸就地构筑工事，提防日军可能发起的“逆登陆”。

到 17 时，整个罗伊岛只剩东北角奈特环的少许日军仍在顽抗。内曼率坦克连前来助战。18 时 02 分，日军在罗伊岛有组织的抵抗全部结束。琼斯上校给施密特少将发去了电报：“我军已占领罗伊岛，对机场周围隐蔽日军的扫荡正在进行之中。”第三营因没有取得多少战果感到沮丧，恰好此时传来了第二营 G 连的一名士兵在机库巡逻时被日军打伤的消息。第三营立即派人将机库包围，机库顶端藏着 1 名日军狙击手。所有士兵不分青红皂白，对着机库就是一通胡乱射击，3 名陆战队员反被友军打伤。等营长及时赶到下令停止无谓射击时，超过 3000 发子弹已经打出去了。次日，他们在清查机库时发现了两具日军士兵的尸体。

得知第二十三团在罗伊岛作战顺利，施密特命令配属给他们作战的内曼坦克连撤出战斗，前往支援正在纳摩尔岛与日军激战的第二十四团。17 时 21 分，内曼率队沿连接两岛的沙堤向纳摩尔挺进。

按预定计划，美军将利用罗伊岛日军旧机场建设航空基地，这一任务由工兵第二十团负责。与陆战二师在贝蒂奥的作战不同，罗伊岛日军大部分在登陆前已被美军舰载机和海军舰炮打死。迪伦中校报告说，第二营共发现日军尸体逾 400 具，其中超过 250 人死于舰炮或空中打击。罗伊岛的战果表明，美军针对贝蒂奥之战进行的改进卓有成效。琼斯团顺利完成了作战任务，当晚他们可以睡个好觉了。相对而言，攻打纳摩尔岛的第二十四团就没有这样的好运气了。

因为第一营承担了首日夺取外围岛屿的任务，第二十四团团长富兰克林·哈特上校将攻打纳摩尔岛的任务交给了第二营、第三营。其中弗朗西斯·布林克中校的第二营登陆右翼的“绿二滩”，奥斯汀·布鲁内利中校的第三营负责左翼的“绿一滩”和通往罗伊岛沙堤上的波林角，阿奎拉·迪埃斯中校的第一营为预备队。

清晨，6 时 50 分，霍华德·金格曼少将率第一火力支援大队在距纳摩尔岛 3200 米的海面就位。“田纳西”号的 356 毫米巨炮率先发威，向波林角的日军碉堡猛烈开火。“科罗拉多”号很快加入了炮击行列，重巡洋舰“路易斯维尔”号、轻巡洋舰“莫比尔”号及驱逐舰“莫里斯”号、“安德森”号同样不甘落后，纷纷向岛上的日军防御工事倾泻炮弹。

天刚放亮，第十四陆战团的陆基炮兵就加入了炮击行列。位于恩努比尔岛的第一营和恩努蒙内特岛的第二营所有75毫米榴弹炮猛轰纳摩尔岛东南角和“横滨”码头，刚刚肃清恩努加莱特岛日军的第二十五团第三营也积极为第二十四团的登陆提供火力支援。钱伯斯中校率领官兵用一切射程可以到达东南海岸的武器射击，直到运兵车靠近海岸才停火。这种轻武器射击虽然起不到多大效果，但在一定程度上吸引了日军的注意力，算是为友军的登陆行动提供了力所能及的支持——美国人的子弹真多！

第二十四团遇到的最大难题依然是登陆工具严重不足。到6时30分，原计划使用的110辆两栖运兵车只到位了62辆。经施密特师长批准，哈特上校决定动用登陆艇。因集结工作出现混乱，康诺利只好将登陆时间向后延迟至11时。

当陆战队员乘两栖运兵车向海滩发起冲击时，美军舰炮和舰载机的火力打击达到了最高潮。登陆部队距岸还有700米时，海军舰炮暂停打击。登陆部队继续前进250米后，海军舰炮开始向O-1线后方区域实施了2分钟的炮火准备。

首先登陆的是美军两个两栖坦克连。他们原计划上岸后向前推进100米，由于命令传达出现误解，登陆后的两个连只前进了50米就停下脚步。11时55分和12时整，第二营的两个连陆续登上“绿二滩”，稍稍偏离预定位置。美军在推进过程中只遭到日军机枪和步枪的零星阻击。日军在“绿二滩”的防御和罗伊岛一样形同虚设，少数几个碉堡早被美军航空兵和舰炮火力摧毁殆尽，无法阻止美军推进。12时15分，第二营营部顺利上岸。至13时30分，包括预备队在内的全营官兵在“绿二滩”牢牢站稳了脚跟。

沿“绿二滩”向内陆推进的E连在100米外被一条日军新掘的坦克壕拦住。F连则一口气向前冲出了180米，几乎未遭到任何抵抗。美军在登陆过程中曾遭到萨利角以北两挺日军机枪的射击，但现在那些机枪手已经不知去向。

登陆之前，哈特上校命令各部上岸后直接向内陆挺进，到首日目标位置O-1线后再做休整。随着美军不断深入内陆，日军的阻击逐渐增强。预备队G连推进150米后未能与友军取得联系，正面和侧翼都遭到了日军射击。E连和F连后续部队因前方部队被坦克壕拦住无法前进。一小股日军甚至对美军右翼发起了反击，试图向左后方迂回。由于登陆后建制被完全打乱，美军只能各自为政地与敌混战。在兵力和火力上均占绝对优势的美军还是牢牢占据了上风。

12时，第三营的两个连晚于第二营5分钟在“绿一滩”登陆。空袭和炮击导致岸上烟雾弥漫，登陆时的建制被完全打乱，两个连根本无法判断自己的具体位置，只能盲目向O–1线发起冲锋。他们很快被日军阻击火力死死拦住。

日军的阻击虽然顽强，但同样属于无组织、无协调的各自为战。第二十四航空战队司令官山田道行是海军有名的航空战专家，但对地面作战的了解还不如一个普通中队长。比柴崎在贝蒂奥的境况更糟，美军火力准备阶段的空袭和舰炮打击将罗伊—纳摩尔的日军通信和指挥中心彻底摧毁，山田及司令部成员还没见到美国人的影子就被炸死——山田随后被东京追晋海军中将。登陆当天，美军飞机投下的1颗重磅炸弹将一处防空掩体炸塌，7名日军高级军官全被活埋。战后俘虏的供述表明，日军士兵完全是在没有指挥的情况下自发组织阻击。正因为此，美军登陆滩头的混乱才没有酿成严重后果。

13时，第四坦克营B连的3辆轻型坦克受命前往支援第三营，却错在第二营负责的区域登陆。美军坦克兵觉悟颇高，发现情况不对后，他们试图横穿滩头去找布鲁内利中校的第三营。海滩上到处都是人员和物资，拥挤不堪，步兵就是想让路也让不开。两辆坦克很快陷进软沙动弹不得，第三辆开出25米后掉进了一个大弹坑，在试图爬出时意外抛锚。附近一座工事里的约15名日军士兵乘机逼近，试图爆破坦克。美军坦克兵不但用车载机枪打退了敌人的进攻，还趁机将日军工事一举摧毁。另一股数量大致相当的日军发起的冲锋同样被他们轻松击退。美军坦克兵声称击毙日军30人、俘虏2人，自己仅阵亡1人。如果战果属实，他们遇到的很可能是后勤部队，彪悍的日本陆军断不至于如此。

第三营K连排长约翰·切平少尉——战后以上尉军衔退役后，他成为美国著名的战史专家，出版了多部反映海军陆战队的专著——上岸后发现，前方烟雾弥漫，视野极差。切平回头试图与自己的机枪手联络，他的嘴巴张开后就没能合上——远处一块弹片飞来，机枪手右半部头颅被打得粉碎，瞬间变成了一具尸体。刚才还生龙活虎般的战友，就这样毫无征兆地倒了下去。切平立即招呼全排注意安全。此时身后传来一声闷响，后边的一辆运兵车为躲避日军炮火，直接与切平乘坐的运兵车相撞。陆战队员只好提前下水，切平率部下艰难爬上了沙滩。

刚刚上岸的切平排很快遇到了日军阻击，他们已和两侧友军失去了联系。两翼和前方均有子弹飞来，好在日军人数不多，不过他们连一个敌人影子都看不到。身边的同伴提醒切平，日军就在前方不远处。切平循声望去，前方仅 2 米外就是日军的一道暗壕，他们刚刚登陆就遇到了日军的加强火力点。经过苦战，切平排炸掉了威胁最大的一座碉堡。当切平连滚带爬躲到一棵棕榈树后准备更换弹匣时，前方 5 米之外，一名日军士兵端着刺刀猛冲过来。

开枪已经来不及了。就在切平认为死期将至之时，身边的同伴及时开枪，足足打出去一匣子弹。日军士兵一头栽倒在切平前方 1 米处。在向一座日军工事投掷手榴弹时，1 颗子弹命中了切平脸部。他下意识地捂住了右眼。“哦，上帝！不知道我有没有瞎掉？”他缓缓地移开右手，运气还不错，前方出现了一丝亮光。那颗子弹打在他的颧骨上，切平躺在地上，打开急救包小心将右眼和颧骨的伤口包扎好。随后他们遇到了约翰·波尔中尉带领的另一支小分队。

波尔中尉在向内陆挺进时摧毁了多个日军火力点。在一次爆破时腹部严重受伤的波尔坚持不下火线。在带领部下继续冲锋时，波尔胃部再次受伤。美军两支小分队合力将 7 米外的一座碉堡摧毁。切平发现波尔脸色非常难看，建议他找卫生兵治疗一下。波尔没有答应，带着自己的队伍奔向了另一座碉堡。在那之后，切平再也没见过波尔。波尔在攻克下一座碉堡时不幸阵亡，成为“燧发枪行动”中第一个获授“荣誉勋章”的海军陆战队员。随后切平收到了营长布鲁内利中校发来的命令，各部攻击至 O-1 线后暂停前进，整顿队伍。美军一个连已越过 O-1 线向前推进了 140 米，在接到命令后转身撤回指定位置。

13 时 05 分，纳摩尔东岸突然爆发一连串惊天动地的巨响，冲天而起的大烟柱足足超过 300 米。大量混凝土、棕榈树、木材、鱼雷弹头碎片飞溅而出，距离爆炸点最近的第二营 F 连伤亡惨重。烟雾渐渐散去，美军士兵才发现，爆炸来自一座日军碉堡，那里储存了大量日军鱼雷。此次爆炸导致 20 名陆战队员死亡，包括第二营营长布林克中校在内的 100 多人受伤。损失最重的是弗兰克·格雷森上尉的 F 连，共 14 人阵亡、43 人负伤，该连瞬间失去了继续进攻的能力。

在礁湖上观战的一名美军军官后来如此形容当时的情景：“整个纳摩尔岛都从视野中消失了，眼前只有一片爆炸引起的深色云雾和飞起的大片沙尘！”“我的天哪！整个该死的岛都被炸掉了！”在 300 米的高空，飞机上一名炮兵观察员惊叹道。第二十四团团部一名近距离目睹了爆炸情景的军官说：“棕榈树的树干和被炸飞的混凝土块就像火柴棒一样在空中飞舞，碉堡被炸飞后留下的大坑足足有一个标准游泳场那么大。”爆炸直接导致登岛美军所有通信工具失灵。由此可看出，日军鱼雷的威力到底有多么惊人。

让冲锋中的美军士兵准确区分日军建筑物的具体用途显然不太现实。约瑟夫·洛普雷特中尉和索尔·斯泰因中尉率领的两支爆破队在攻打这座碉堡时，一切都按照标准作业操作。在他们发起冲锋之后，碉堡里的日军仓皇逃走。因为不知其中有无残留日军，美军两支爆破队在碉堡壁上挖了个大洞，将几个炸药包直接投了进去。随后诱发的剧烈爆炸将斯泰因中尉和几名爆破队员当场炸死，更多的人被波及。

鱼雷爆炸腾起的硝烟尚未散尽，附近两个工事里的日军又进行了绝望的自爆。虽然没有刚才那次鱼雷爆炸那么惊人，仍给美军带来了不小的损失和短暂的混乱。对驻岛日军来说，这是一场毫无希望的战斗。但他们绝不会放下武器。

第二十四团团部还算幸运，他们登陆时恰好赶上后两次爆炸，未遭任何损失。13 时 25 分，来到团指挥所的哈特上校得知第二营在爆炸中损失惨重，立即命令预备队第一营派出一个连增援第二营。美军各路人马在 O-1 线附近遭到了日军的顽强阻击，进攻速度明显放缓。

地势平坦的罗伊岛几乎被三条飞机跑道覆盖，没有多余地方修建房屋和其他设施。为修建机场，日军几乎将岛上的树木伐尽，守岛部队找不到更多藏身的遮蔽物。况且那里的日军数量不多，大都是缺乏地面战斗经验的航空部队。但纳摩尔岛遍布茂密的热带丛林，盘踞于此的大部分是日军的战斗兵员，各种防御工事、碉堡和建筑物远远多于罗伊岛。丛林和建筑物不但利于日军藏身，也制约了美军坦克作用的充分发挥。第二十四团要想拿下纳摩尔岛，必须付出更大的代价。

16 时 30 分，陆战四师作战训练主任沃尔特·温塞尔上校率师部先遣队登岛，建起了前敌指挥所。此时美军各部已越过 O-1 线，艰难向北攻击前进。虽然高级指挥官伤亡殆尽，日军依然利用建筑物废墟及丛林掩护，使用有限的武器顽强阻击。得到坦克支援的美军推进速度非常缓慢。

F 连连长格雷森上尉在坦克掩护下快速推进到距北岸仅 30 米处。负责掩护的坦克分成两队，前队以 37 毫米炮向丛林和灌木丛实施炮击，后队及跟进步兵协助将现身的日军击毙。格雷森在北岸成功占据了一块阵地。由于在之前的大爆炸中损兵过多，格雷森要守住这个突出部异常困难。营长命令格雷森暂时后撤向主力靠拢，或者右转与第三营取得联系。格雷森不愿轻易放弃艰难取得的阵地，率手下数十人就地挖掘散兵坑，准备过夜。

17时刚过，师长施密特少将登岛。在视察了哈特的团部和温塞尔的师指挥所后，施密特于18时宣布接过岛上美军的指挥权。鉴于罗伊岛作战已接近尾声，施密特命令琼斯上校将第二十三团预备队第三营和坦克连速派来纳摩尔增援。步兵到来没那么快，内曼上尉的坦克连很快通过连接两岛的防波堤抵达战场，向布鲁内利营长报到。

19时30分，施密特少将下令各部停止前进，就地挖掘散兵坑过夜。夜晚通常是日本人的天下。陆战队员罗伯特·格拉夫如此形容在纳摩尔度过的第一个夜晚："舰队几乎整夜发射照明弹，点亮了海岛的夜空。信号灯远看上去酷似鬼火。我和另一位弟兄蹲在散兵坑里，紧张注视着四周，耳朵一直在分辨敌我的声音。我们的散兵坑仅6英尺长，2英尺深，宽度只够我俩并排躺下。吃完干粮，我俩决定两小时一换班，一人放哨，一人睡觉。虽然知道周围都是自己人，但我们还是必须时刻保持警惕。"

由于缺乏统一指挥，日军前半夜发起的夜袭多为数名士兵进行的零星袭扰，毫无章法，依然给美军带来了极大的混乱。一些士兵反应过度，稍有动静就胡乱开枪，给同伴带来的威胁往往比日本人更大。最后施密特亲自下令，在海滩一带放哨的机枪手不准向丛林树梢盲目射击。

黎明之前，美军迎来了日军最后一次大规模夜袭。大约300名日军集中向I连的阵地发起了冲锋。兵力居劣势的I连渐渐支持不住，节节败退。营长布鲁内利立即向师部请求增援，施密特命令内曼上尉的坦克连火速驰援。傍晚时分抵达纳摩尔的内曼连面临一个难题。因为已在罗伊岛激战了一天，他的坦克普遍缺乏弹药燃料。内曼刚刚把所有燃料弹药集中到4辆坦克上，师长要求快速增援的命令就到了。在坦克的支援下，I连逐渐稳住了阵脚。日军转向I连和B连的接合部发起冲锋，将美军阵地撕开了一个大口子。B连连长一边向营长救援，一边带领全连战士与日军展开了白刃格斗。在得到布鲁内利派来一个连的增援之后，美军终于将日军的夜袭击退。

哈特上校决定在2日结束纳摩尔的战斗。9时，美军三个营全部出动向北岸发起进攻，日军隐藏在丛林和废墟中且战且退。11 时，第三营左翼的一个连已推进至纳摩尔西北的诺拉角一线，右翼与迪埃斯营的先头部队取得联系。12 时 15 分，美军顺利攻占岛北岸战术要点娜塔莉角。

美军的进攻将残余日军合围在北岸反坦克壕一带。走投无路的日军残兵纷纷跳下壕沟，用机枪和步枪做困兽之斗。美军坦克索性迂回到坦克壕两端，压低炮口对准壕沟一通猛轰。沟底日军被炸得血肉横飞，鬼哭狼嚎，却没有一个人放下武器向美军投降。

“这已不能算战斗，而是单方面的杀戮。”第一营营长迪埃斯中校对日军誓死不降的举动很不理解。在指挥部下绕过壕沟向娜塔莉角挺进时，迪埃斯被日军的流弹击中身亡。在胜利前的最后一刻倒下，迪埃斯成为美军北部战斗中阵亡的最高军衔军官，他后来被追授“荣誉勋章”，改建后的罗伊岛机场也被更名为“迪埃斯机场”。

12 时 15 分，美军东西两路部队在娜塔莉角胜利会师，纳摩尔的战斗进入最后清扫阶段。14 时 18 分，施密特少将宣布，经过 28 小时激战，日军在纳摩尔有组织的抵抗宣告结束。随后美军举行了升旗仪式。

激战后的罗伊—纳摩尔完全变成了一片废墟，几乎没有一棵像样的树，数以百计的建筑物被摧毁。美军工兵的施工能力确实惊人，仅两周之后，岛上的瓦砾就被清除，无处不在的弹坑被填平。胡佛少将的陆基战机已经可以从罗伊岛机场起飞，为美军下一步的行动提供空中支援了。

在罗伊—纳摩尔的战斗中，陆战四师共歼敌 3563 人，其中击毙 3472 人，91 名俘虏中有 40 人是朝鲜劳工。美军付出的代价是亡 190 人、伤 547 人。施密特向斯普鲁恩斯和特纳抱怨说，如果有足够的两栖运兵车，陆战四师登陆日当天就能全部拿下罗伊—纳摩尔岛。

和陆战二师在塔拉瓦的激战相比，美军在北夸贾林的作战相对轻松，伤亡数字完全在可接受范围之内。一方面，尼米兹黑虎掏心，直取夸贾林的战术，完全出乎日军预料，他们在夸贾林的防御准备远远称不上完备。另一方面，美军吸取了贝蒂奥的惨痛教训，战前海军舰载机的空袭和舰炮打击不是原来的一大，而是整整三天，发射或投下的炸弹超过了 6000 发。据统计，包括山田在内的日军高级军官和 50% ~ 75% 的士兵在美军登陆前已经死去。对初出茅庐的陆战四师来说，这不能不说是一种幸运。

作为一支从未对敌人放过枪的部队，陆战四师军官的指挥并非完全得当，士兵经常胡乱开火。虽然顺利完成了任务，但想成为陆战一师、二师那样的精锐之师，施密特和他的弟兄需要学习和改进的地方还有很多。

就在陆战四师攻打罗伊—纳摩尔的同时，美军第七步兵师在南部夸贾林岛的作战也在紧锣密鼓地进行。1 月 31 日下午，在第十七团第一营刚刚夺取的埃努布济岛上，人声鼎沸，热闹非凡。要在这个仅长 820 米、宽 140 米的小岛上依次摆开多达 15 个炮兵连——其中 105 毫米榴弹炮连 12 个、155 毫米榴弹炮连 3 个——美国人非精打细算一番不可。科利特少将下令，师属炮兵必须在天黑前全部就位。第四十九野战炮营被安排在岛东南端，第五十七营阵地设在临海一侧西北部，第三十一营选择在码头以西扎营，第四十八营被安排在无线电发射塔南面的狭窄地段。最后上岛的第一四五营携带的 155 毫米炮射程最大，只能在距夸贾林最远的两条主干道中央就位了。

可能觉得小岛上还不够拥挤，第七师师部后勤人员也挤了上来，在岛上部署通信设备、弹药库等设施。工兵在恩尼拉贝干岛修建了运兵车维修所，随时为故障车提供服务。岛南弹药库也临时建起，运输船开始将供当晚和次日使用的炮弹源源不断地送上岛去。刚刚完成扎营的炮兵部队立即对夸贾林岛和邻近的埃贝耶岛进行炮火试射。16 时 45 分，听到熟悉炮声的科利特少将大喜过望，命令从此时开始，岛上炮兵必须一刻也不停歇地向夸贾林主岛进行炮击，一直持续到第二天步兵登岛再接受新命令。当晚，战列舰“新墨西哥”号、“爱达荷”号，重巡洋舰“旧金山”号及护航驱逐舰对夸贾林岛，驱逐舰“海利”号对埃贝耶岛的炮轰持续了整整一夜。

格赫岛上，那一小股日军仍在和美军小分队对峙，现在美国人还没工夫去收拾他们。这些人到底能活几天，就看主岛夸贾林的日军能够抵抗多久了。当天美军扫雷艇已将水道和潟湖中的水雷全部清除，确保第二天登陆行动畅通无阻。天黑之前，除科利特少将率师部部分人员继续留在“洛基山”号上外，副师长约瑟夫·雷迪准将率师部先遣队挤上埃努布济岛建起了前敌指挥所。一时间，小小的埃努布济岛人满为患，几乎没有立足之地。如果当晚日军航母舰队前来攻击，随便向岛上扔上几颗炸弹，都会取得不俗的命中率。

当天上演处女秀的还有一支特殊部队——由特纳少将力主创建的水下爆破队。10时和16时，爆破队员两次出击，抵近至距岸仅280米处执行任务。在此期间，“宾夕法尼亚”号和“密西西比”号战列舰为他们提供火力支援。可惜夸贾林日军的防御非常差劲，爆破队员近海的行动一无所获。在未伤一人安全返回之后，他们报告说“礁盘和水文条件非常适合登陆”。虽然第一次出击略显乏味，但这支新队伍总算开张了。接到爆破队发回的消息，特纳在16时22分发布命令：对主岛的登陆时间为次日9时30分。

2月1日5时30分，8艘坦克登陆舰率先驶抵预定海域，美军对夸贾林的进攻正式拉开了序幕。之后半小时里，运输舰和火力支援舰船纷纷就位。头天夜晚，陆基炮兵和海军战舰的零星炮击彻夜未停。7时45分，美军大规模炮火准备正式开始。战列舰“密西西比”号负责炮击夸贾林岛东南角和埃贝耶岛，战列舰“宾夕法尼亚”号、“新墨西哥”号，重巡洋舰“明尼阿波利斯”号、“新奥尔良”号、“旧金山”号及8艘驱逐舰对美军预定登陆地点夸贾林西南角实施齐射。停泊在潟湖里的驱逐舰“林格尔德”号、“希格斯比”号暂时保持沉默，它们将对来自岛上的反击或调动的日军实施近距离精确打击，随后为登陆部队提供近程炮火支援。

美军炮火准备的强度前所未有——平均每秒钟有超过2发炮弹落在预定目标区域。仅炮火准备期间，预定登陆的“红滩”就落下了超过7000发炮弹。埃努布济岛的陆基炮兵不甘落后，当天向夸贾林打出的炮弹超过了29000发。从快速航母“企业”号、“约克城”号、“贝露森林”号和护航航母“科雷希多”号、“珊瑚海”号、“马尼拉湾”号出动的“复仇者”“无畏式”，对夸贾林岛西部狂投454公斤和908公斤重磅炸弹。因无一架日机起飞迎战，众多护航的“地狱猫”实在无聊，对准登陆区域所有可见的目标肆意扫射，反正美国人最不缺的就是子弹。陆军航空兵同样不甘示弱。8时10分，从阿帕玛玛机场起飞的第三九二轰炸机中队的6架B-24飞临夸贾林上空，对日军防御工事和岛西北端的岸防炮阵地投下了15颗重磅炸弹。包括随后飞来的第三九二轰炸机中队的B-24，美军当天出动投弹的战机达到102架次。倾泻在夸贾林岛的炸弹和炮弹达到了12000吨，足有贝蒂奥的4倍之多。

在美军海陆空立体炮火的打击之下，预定登陆点“红滩”及邻近地区几成废墟。日军零星防御工事支离破碎，成片椰子树被拦腰折断，只剩光秃秃的枝丫，地面到处都是爆炸留下的巨大弹坑。侦察机上一位美军观察员慨叹道："整个夸贾林岛好像被抛到两万英尺的高空，然后又重重跌落下来！"

相比在北部作战的陆战四师，第七师的登陆准备井然有序——这正是成熟部队与"菜鸟"部队之间的最大差别。夸贾林岛西南海岸长仅460米，靠近潟湖的北半部为"红一滩"，靠近大海的南半部为"红二滩"。柯蒂斯·奥沙利文上校第一八四团的73名军官及1489名士兵将登陆"红一滩"，"红二滩"则由马克·洛吉上校第三十二团的84名军官和1628名士兵负责。第七六七坦克营A连、B连将分别配合两个步兵团行动，C连留作师预备队。

9时，驱逐舰准时打出了出发信号。第一波登陆部队威廉·沃克中校的第一八四团第三营、欧内斯特·比尔斯中校的第三十二团第一营同时向"红滩"发起冲击。运兵车不但配备了车载机枪，其中20辆还配备了火焰喷射器，在车辆迫近海滩时副驾驶可以直接向滩头喷射火焰。在登陆部队两侧和中央，都安排有两栖坦克保驾护航。每隔两分钟一个波次，第一攻击波刚刚出发，美军第二、第三、第四波登陆部队依次启动。

滩头一片狼藉，但部分活着的日军士兵依然顽强进行反击，试图阻止美军靠近。1发炮弹准确命中1辆两栖运兵车，导致2名美军士兵负伤。但日军稀疏的炮弹根本无法打乱美军阵形，美军车与车之间18米、波次之间90米的间距始终未变。"地狱猫"对滩头的扫射一直持续到运兵车靠岸前的最后一分钟。

9时05分，美军陆基炮兵和海军舰炮再次对滩头发起炮击。运兵车抵滩头2分钟前，炮火开始向夸贾林内陆延伸。支援登陆炮艇在两支登陆部队中间向海滩逼近，在距岸1000米处开始用114毫米火箭炮开火，向前推进270米后改用40毫米和20毫米火炮射击。埃努布济岛的陆军火炮对海岸的炮击一直持续到两栖运兵车距岸仅30米时，才将炮弹射向内陆180米附近区域——美国人的炮打得实在太准了。炸弹所到之处，一切建筑物都不复存在，海滩上遍布弹坑瓦砾。比起在贝蒂奥的炮火准备，美军在夸贾林的表现堪称完美。

随着滩头越来越近，运兵车上的美军士兵也开始用车载机枪和手中的轻武器向岸上射击，日军反击造成的损害微乎其微。9时30分，美军第一攻击波成功上岸。一名士兵问带队军官："长官，岸上的日本佬应该都被我们的火炮送回老家了吧？”军官白了士兵一眼：“千万别大意，你没有听说我们友军在贝蒂奥的血战吗？”

军官话音未落，日军子弹已嗖嗖嗖地射了过来。尽管比不上贝蒂奥，但日军在夸贾林的防御还是比罗伊—纳摩尔高出不止一两个档次。“红二滩”有相当数量的地下掩体躲过了美军炮击，刚刚靠岸的第三十二团第一营很快就遭到了轻武器的射击。部分日军士兵不顾死活，蹿出掩体向滩头投掷手榴弹，给美军第一波登陆部队造成了少许伤亡。

“红一滩”海堤几乎与水线重合，第一八四团第三营的运兵车凭借它们恰好可以挡住日军的子弹——由此可见，日军的防御部署是多么蹩脚——还可以趁机向日军还击。“红二滩”海堤远远高于水线，第三十二团第一营的运兵车在水线附近被迫停住，步兵只能冲下海堤藏身。随着残留的少许工事接二连三被成功爆破，美军步兵开始向内陆快速突进。11 时 22 分，第一波登陆部队报告说，他们已向内陆推进了 135 米，遇到的抵抗极其轻微。

由于美军的炮火准备极其有效，随第一波攻击部队登陆的爆破工兵几乎无事可干，索性随步兵一起向内陆挺进。同样随第一波部队登陆的两栖坦克上岸后直插内陆，车载火炮和机枪频频向可疑目标开火。虽然后续部队的登陆遇到了一些小麻烦，但到 9 时 45 分，美军两个团前四波登陆部队均顺利登岸，第三十二团前敌指挥部已在“红二滩”内陆不远处建立。相比之下，第一八四团稍显谨慎，其前敌指挥部直到12时35分才建立在“红一滩”。美军已在滩头牢牢站稳了脚跟。

9 时 47 分，美军坦克冲上海滩。工兵部队很快爆破清除海滩一带的残留日军工事，在距岸 45 米处设立了弹药补给仓库。午前，7 辆运输车将大量手榴弹、75 毫米炮弹和机枪子弹输送上岛。11 时 15 分，第三十二团军需人员在岛上建立了补给站，美军的后勤供应工作井然有序。重型装备或因登陆点错误或因机械故障出现了一些小麻烦，但到 13 时 30 分，第一八四团炮兵连就打出了登岛后的第一发炮弹。截至 19 时，美军两个团的全部炮兵均在岛上就位。伤员救治工作同样有条不紊，到 12 时 30 分，美军两个团分别在滩头建立了伤员收容站。

第三十二团第一营从“红二滩”向前攻击前进，日军防御之薄弱，出乎所有人预料。航空侦察显示，原来那里的一个炮兵阵地上竟然连一门炮都没找到。攻击过程中，只有左翼B连遭到了轻微抵抗，跟进的工兵甚至连出手机会都找不到。

不过日军单兵作战能力依然很强，少数幸存者躲在小型地下掩体中一言不发，等美军士兵走到跟前才突然开枪。为避免出现意外伤亡，美军攻击速度逐渐放慢。

负责夸贾林岛北部区域的第一八四团第三营比友军更早遭遇敌人，他们推进没多远就发现了几座日军碉堡。美军趁日军士兵换弹间隙向碉堡中投掷白磷烟幕弹，然后用火焰喷射器和自动武器将被白烟熏出来的日军击毙。17时，美军暂停进攻，就地组织防御，准备过夜，其先锋部队已推进至中央码头附近。当天第一八四团仅10人阵亡、13人负伤。第三十二团的进攻也在18时停下脚步。洛吉上校向科利特少将报告说，当天其部7人阵亡、32人受伤。美军估计，当天击毙的日军约有500人，抓获俘虏11人，日军大部分是被美军飞机、舰船和陆基炮兵的炮弹炸死的。第七师在夸贾林的首日战斗非常顺利。毕竟是有实战经验的部队，他们登陆过程中的表现比北部的陆战四师要有序得多。

在埃努布济岛炮兵阵地上，美军每门炮平均以每分钟3～4发的频率向夸贾林岛上日军阵地发射炮弹，当天共打出105毫米榴弹炮20949发，155毫米榴弹炮759发。由于人手紧张，连炮兵营炊事员、文书和司机都加入了装填行列。每门炮分配8人负责装填和清退弹壳，每进行一轮炮击就换一半人下来休息，以保持炮击频率不变。第一四五野战炮营营长乔治·普雷斯顿中校如此夸赞自己的兄弟："炮兵部队的好汉在阵地上站立的时间比他们的大炮还长。"美中不足的是，接连出现两次炮弹出膛就炸事故，导致士兵死1人、伤16人。10时，海军首席空中观察员乔治·泰森上校乘威廉·塞耶斯少尉的侦察机从"明尼阿波利斯"号上起飞，飞抵战场低空观察时被从埃努布济岛射出的一发炮弹命中。因飞行高度过低来不及跳伞，泰森和塞耶斯双双阵亡。

19时，师参谋长勒罗伊·斯特沃特上校向"洛基山"号上的科利特少将汇报了当天战况："截至夜间宿营，我军两个团已推进至横贯全岛1/4强的位置。两个团的6个步兵营、第七六七坦克营四个坦克连的44辆中型坦克、18辆轻型坦克全部上岛，5辆75毫米自行火炮和两个107毫米口径化学迫击炮连全部登陆。红一、红二滩的日军已被全部剿灭，通往岛东的各条道路基本畅通。"

科利特对上述结果表示满意，并询问是否已将上述战果报告了霍兰，斯特沃特的回答是肯定的，同时说明"'号叫的疯子'对我们的表现非常满意"。霍兰一直对陆军的战斗力表示怀疑，能够得到他的认可，证明第七师登陆日的表现确实可圈可点。

当天战斗接近尾声时，科利特率师部留守人员登上埃努布济岛，与副师长雷迪准将会合。霍兰和他的司令部仍留在“洛基山”号上，和特纳一起指挥战斗。

第三十二团情报科长查尔斯·马诺夫少校从俘虏口中得知，岛上日军至少还有 1500 人，除 127 毫米岸防炮被摧毁之外，仍有部分火炮可以使用。团长洛吉上校于是和埃努布济岛上的副师长雷迪准将联系，请求炮兵当晚对岛上日军盘踞的 3/4 地区实施整夜不间断炮击。为防止日军惯用的夜袭，停泊在潟湖里的“希格斯比”号打开了探照灯，灯光一直照射到机场东端。在灯光指引下，埃努布济岛上的美军炮兵及登岛炮兵不断向日军盘踞的地区进行炮击，让累了一天的步兵好好休息一下。从 1 日 20 时到次日 6 时，陆基炮兵共向日军阵地发射炮弹 4556 发。海军同时打出炮弹 6574 发：4 艘战列舰发射 356 毫米炮弹 1342 发，3 艘重巡洋舰发射 203 毫米炮弹 397 发，战列舰、巡洋舰以副炮配合驱逐舰发射 127 毫米炮弹 4835 发。

美军的猛烈炮击让守军总指挥秋山坐卧不安。20 时许，他带司令部成员走出地下掩体，用望远镜观察岛西及潟湖中的情况。恰在此时，美军 1 发重磅炮弹在附近炸响。满脸是血的副官挣扎着爬起来，发现包括秋山在内的其他人都已死亡——随后秋山被东京追晋海军中将。和贝蒂奥和罗伊—纳摩尔类似，岛上日军在登陆日就失去了统一指挥。美国人的误打误撞将“擒贼先擒王”的中国古训发挥到了极致，他们的运气实在太好了。如果日军能把指挥官死亡的消息通知美国人，那就更完美了。

当天晚上，登岛美军的精神高度紧张。他们清楚，白天蛰伏的日军一定会利用暗夜悄悄出击。在瓜岛、阿图岛和贝蒂奥，日本人的夜袭让美军吃尽了苦头。果不其然。傍晚时分，南夸贾林守备队指挥官阿苏太郎吉指挥所部，从掩体和防空洞中钻了出来。他们将主攻方向对准了美军两个团的接合部。

“希格斯比”号的探照灯是日军首先要打掉的目标。诺布码头日军 1 门高射炮向驱逐舰突然开火，很快被美舰的 127 毫米主炮打哑。埃贝耶岛的日军炮兵同样向驱逐舰开炮，未获命中。夸贾林北端日军 3 门双联高平两用炮和仅存的几门迫击炮也趁机向美军占据的“红滩”开火。尽管美军舰炮、埃努布济岛和滩头炮兵竭力发炮封锁日军可能出击的路线，但日军步兵还是顽强地向美军两个团的接合部渗透，试图与敌展开近战。少数侥幸冲入美军阵地的日军士兵很快被轻武器击毙。但日军的一次冲锋将第三营 L 连防线撕开了一个大口子。团部立即派出第一营的一个连前往增援，双方在大雨中展开混战。2 日凌晨，1 时 58 分，师属重炮兵受命向 L 连阵地前方猛轰。由于日军突入兵员过少且缺乏后继增援，美军付出 6 人阵亡的代价顽强将敌人的夜袭击退。

2 日凌晨，2 时之后，日军的夜袭逐渐减弱。阿苏知道越接近天亮，美军炮火的立体打击就越猛烈。外援注定毫无希望，如果想多活几天，就不能将有限兵力全部葬送在希望不大的夜袭中。

因第一八四团第三营当天出现了一些伤亡，奥沙利文上校命令第二营在次日清晨越过第三营阵地担任主攻。2 日清晨，科利特少将命令两个团在 7 时 15 分同时发起进攻。步兵出发之前，战列舰“爱达荷”号、重巡洋舰“明尼阿波利斯”号和 4 艘驱逐舰及埃努布基岛的 5 个炮兵营陆续开火，隆隆炮声拉开了美军 2 日进攻的序幕。7 时 15 分，准时出发的第三十二团第二营遭到了日军双联高平两用炮和迫击炮的阻击，致 2 人阵亡、1 人受伤。但他们在舰载机和坦克的支援下很快打开局面，前进过程中只遭遇到日军的零星抵抗。在推进至机场到华莱士路之间时，第二营前方出现了一道地图上未标注的反坦克壕。先锋连在迂回时遭机场左侧一座日军碉堡的侧击，阿尔伯特·彭斯上尉的 G 连出动 5 辆坦克才将之攻克。地图上标示的一个火力强点已被日军提前放弃。虽然因换防比友军晚出发一个多小时，但第一八四团第二营的推进更加顺利。到 11 时，齐头并进的美军两个团联手占领了机场。

第三十二团第三营受命接替第二营出任先锋。当天下午，美军进攻的启动时间原定为12时 45 分，但因换防及协调炮兵支援，战斗一直到 14时才正式发起。岛上无处不在的弹坑和反坦克壕给美军坦克和步兵进攻带来了一些难度。陆军部队再次表现出其惯有的风格，一遇阻击就停止前进，等待支援炮火将敌消灭后再继续前进。说实在话，陆军对付火力点特别是半埋入式地堡的水平远不及海军陆战队，勇敢精神更逊一筹。对此陆军的解释是，他们长期接受的就是这样的训练。陆军同陆战队战术最大的区别在于：陆军多打堂堂之阵，一般使用坦克和炮兵多打炮，少死人，时间长短无所谓；陆战队则争分夺秒，为此不惜一切代价，他们善于绕过敌人孤立的据点留待后续部队解决。海军陆战队打法的优点是在最短时间里结束战斗，让海上支援舰艇尽快撤出危险海域。除夸贾林日军的防御略强于北部罗伊—纳摩尔的客观因素之外，这种战术差别也是第七师拿下夸贾林比陆战四师多花两天时间的主要原因。幸好霍兰一直待在船上，未能登岛。否则看到陆军部队这样打仗，他一定会像在马金那样暴跳如雷的。

接下来的战斗变成了岛屿作战的翻版：冲锋，遇到火力点，卧倒，调来坦克和炮兵，使用炸药、火焰喷射器或迫击炮攻下火力点；再冲锋，再卧倒。循环往复，步步前进。

在清除日军科恩强点的碉堡群时，美军的诸兵种协同几乎达到了无懈可击的地步。在坦克和步兵掩护下，工兵爆破队用高爆炸药将日军工事直接解决。美军拿下这一强点仅用35分钟，消灭日军逾百人，抓获俘虏1人，自己竟无一伤亡。能将进攻战打到如此程度，第七师的“老鸟”称号确实不能算浪得虚名。

前方又有子弹射来。日军这组工事建在一个反斜面上，地面及舰炮火力无法将其摧毁。地面部队呼叫航空支援，随后赶到的舰载机向日军工事投下穿甲弹，战斗机则以机关炮进行扫射。美军战机投下的炸弹几乎擦着步兵头皮呼啸而下，吓得距离工事最近的美国大兵大喊大叫。但他们很快发现，这不过是一场虚惊。经过战前的强化训练，海军飞行员的对地攻击技术炉火纯青，炸弹异常准确地将日军工事摧毁。刚才还在大喊大叫的那些步兵禁不住对飞行员的高超技术连连喝彩，频频向空中伸出大拇指。当天美军舰载机共出动70架次，对夸贾林投弹40吨，打出机枪弹20800发。第三十二团第三营因推进太快，当天夜幕降临时，他们不得不暂时后撤与友军拉平阵线。当天美军仅亡11人、伤241人。伤亡数字似乎不成比例，由此可见，美军的伤兵救治工作非常有效。

为提防日军战机或水面舰艇寻隙偷袭，米切尔少将命令出动侦察机，对夸贾林周边海域实施大范围搜索，毫无发现。驻扎在特鲁克的日本联合舰队主力自始至终龟缩不出。

科利特烟瘾很大，有洁癖。他风格稳健，办事认真，是陆军中不可多得的将才。平时虽然非常严厉，但在特定场合，他也会谈笑风生。2日进攻太过轻松，科利特确信岛上日军主力已大部被歼。他估算当天日军的损失超过1000人，甚至可能达到1200人，剩余可战之兵不会超过300人。但日军的濒死一击实在有名，第七师在阿图岛已亲自领教过。科利特向登陆部队发出命令：“从现在开始，必须高度警惕日本佬的反击。当日本佬发现他们临近灭亡时，最易发起自杀式反击。切记，最危险的时刻是明天早上。”

日本人好像故意和科利特作对，2日夜晚平安无事，日军只偶尔向美军野营区域打上几炮以示存在，造成的伤亡几乎可以忽略不计。头天进攻的顺利和夜晚的相对平静加深了科利特之前的错误判断，他在部署次日战斗时一脸轻松："明天7时15分准时发起最后进攻，最迟在15时结束全部战斗。"话到此处，科利特的语调忽然变得严肃起来，"我们必须再加把劲儿，北方友军陆战四师已经拿下了罗伊—纳摩尔！"

也难怪科利特乐观，3日美军的出发线距夸贾林岛东南端只剩1800米，大部分地段位于岛屿的大弯角部分。夸贾林岛像一根一头粗一头细的弯香肠，粗头向西，细头朝北。当天美军的攻击方向将由东北转向正北，拿下"香肠"最后的细头部分。出发线一带宽约550米，然后逐渐收窄，到中途的内森路就只有280米了——内森路正是美军3日要拿下的第一个目标。

航空侦察显示，需要夺取的最后区域丛林密布。战俘供述表明，岛北端是日军坚固的钢筋混凝土工事最密集之处，盘踞在那里的日军大大多于300人。在例行的炮火准备之后，前两天处于待命状态的第一八四团第一营越过第二营阵地，来到了攻击出发线。第三十二团当天率先攻击的依然是第三营，他们的前100米推进平安无事，在进入一片面目全非的树林180米后才遭遇阻击，被从一个大型混凝土碉堡里射出来的子弹拦住了去路。

师长严令必须在当天结束战斗，第三营留下一个排和两辆坦克与日军纠缠，主力迂回绕过，继续快速前进。第三营这种进军方式受到了科利特的表扬。但是由于跑得太快，他们与左翼第一八四团第一营之间的缺口逐渐拉开。9时，第三十二团第一营奉命快速向前推进，补上了两个先锋营之间的缺口。

科利特本来预计左翼第一八四团第一营的推进会更加顺利。因为协调出现问题，该营没能等来配合作战的坦克就直接出发。最初140米正如师长预料，他们只遇到日军零星子弹的射击。8时06分，营长罗伊·格林中校满怀喜悦地向师长和团长报告说："我们遇到的抵抗极其微弱。"

话刚说完，格林就有些后悔了，前方突然冒出一大片日军碉堡。尽管附近建筑物已经不复存在，但这些碉堡并没受到多大破坏。在这片大型碉堡群的右翼，还有几个小型工事与主阵地遥相呼应。美军的进攻刚刚起步，日军碉堡的射击孔就吐出一条条火舌。美军调来一门37毫米炮进行轰击，毫无效果。虽然查尔斯·怀特上尉的B连很快得到了坦克支援，但是激战一小时后仍毫无进展。第一八四团只好变更部署，出动第二营协助进攻。14时，推进到海军营地的第二营被前方的大火挡住了去路，三个连只好分头绕过。借助坦克掩护，他们于16时30分越过了威尔路。被合围在公路和海滩之间的日军残部负隅顽抗。

左翼第一八四团遇到了麻烦，右翼第三十二团却相对顺利。虽然中路两个连因道路密布弹坑推进缓慢，但到13时55分，沿海岸进军的I连已推进至内森路。因后方友军落后太多，该连只好暂停进攻，就地蹲坑据守。

到17时30分，I连终于看到身后跟进的友军。各处战斗仍在持续，进展缓慢，美军两个团的主力部队均未按计划推进到内森路。看来，科利特当天结束战斗的希望已化为泡影。美军当天仅推进了900米，付出了比前两天更惨重的伤亡代价，亡54人、伤255人。第三十二团报告说，他们当天在右翼击毙的日军超过300人。在左翼遭遇日军主力的第一八四团粗略估计，消灭日军至少800～1000人。在一个大型碉堡里，数出的日军尸体就超过了200具。

让科利特欣慰的是，岛上日军已出现了自杀现象，说明他们的精神已濒临崩溃。美国人尚不知道的一个事实是，除总指挥第一海上机动旅团第二大队大队长阿苏之外，夸贾林岛大部分日军高级军官已在10时集体自杀，其中还包括一名皇族。

当天中午，科利特登上了夸贾林岛。16时40分，他和副师长雷迪准将、第一八四团团长奥沙利文上校、第三十二团团长洛吉上校开了碰头会。鉴于内森路以北还有大量日军碉堡需要拔掉，师部决定在随后的进攻中呼叫海军实施精确打击。就在此时，科利特收到了一条坏消息：18时57分回收所有舰载机后，里弗斯少将已率第一大队撤出战斗，前往马朱罗加油补给。继续为地面部队提供空中支援的只剩下3艘护航航母。虽然面临一些困难，但从目前形势看，美国人最终夺取全岛只是一个时间问题。

当晚，美军依然不敢有丝毫大意。双方阵地犬牙交错，一旦发生激烈战斗，极可能出现误伤事件。美军在前线多个地点和后方区域点起了篝火。每隔5分钟，潟湖里的军舰和岛上的迫击炮就会发射照明弹。第三十二团第一营C连的宿营颇具戏剧性。因为匆忙加上摸黑，他们扎营后才发现地盘里竟有日军3座大型碉堡和一个锥形帐篷。连长罗伯特·克雷泽中尉拒绝了三排长实施夜间爆破的请战报告，大家就这样挤在一起，度过了战战兢兢的一晚。

日军当然不会放过任何夜袭的机会，反正第二天也是死路一条。当晚，阿苏组织的5次夜袭均被美军顽强击退。仅第一八四团A连阵地前就发现日军尸体27具。清晨，5时30分，30～40名日军对第一八四团E连阵地发起了第六次夜袭，全被机枪打成筛子。这是日军在夸贾林组织的最后一次反扑。随着黎明来临，岛上残余日军的末日就要到了。

为降低步兵的攻击难度，从3日18时到4日6时，埃努布基岛美军炮兵和岛上的团属炮兵共向日军盘踞的岛北区域发射炮弹3708发。在那里，阿苏聚集了所有残余兵力，躲在建筑废墟、地下掩体和碉堡等一切可以藏身的地方，欲与美军做最后一搏。经过头天的殊死搏斗，美军再不敢小看敌人了。

4日是夸贾林战斗的第四天。在北方，陆战四师两天前就已经拿下了罗伊—纳摩尔，科利特心中可谓五味杂陈——这下子那个可恶的霍兰更有吹嘘资本了。科利特发布了措辞严厉的命令，必须不惜一切代价在今天拿下全岛。前三天战斗美军已夺取全岛80%以上地区，日军最后盘踞的内森路以北区域全长不超过1000米，最宽处仅400米，大约有30栋近乎废墟的建筑物。

4日7时，美军两个团发起了最后攻击。双方阵地犬牙交错，美军攻势一开始就陷入混乱。日军的抵抗近乎疯狂，但美军在坦克的带领下逐渐粉碎敌人的抵抗，顽强推进。第三十二团G连的进攻被一个有众多日军把守的防空掩体拦住，当前来支援的坦克抬起炮口准备开炮时，美国人眼前出现了诡异的一幕，掩体入口处伸出了一面白旗。

“日本佬要投降了？”

“先别放下枪，这种亏我们的人可没少吃。日本佬是誓死不降的。”一名军官叫喊道，不过坦克还是停止了打炮。

在美军士兵惊讶眼光注视下，一个接一个日军士兵高举双手从掩体里爬了出来。他们个个衣不蔽体、蓬头垢面。这是“燧发枪行动”中日军最大规模的一次投降，从里边走出来的32人中，31人是朝鲜劳工。在G连身后，C连左翼的一个排也从一个地下掩体里俘虏了5名朝鲜劳工。他们迅速被一辆坦克送往后方。

14时35分，从诺布码头到“绿四滩”礁湖沿岸日军有组织的抵抗已经结束。不断有日军士兵——其中绝大部分是朝鲜劳工——走出碉堡向美军投降，仍在负隅顽抗的少数日军被分割包围。为劝降日军，第一八四团情报科长杰克逊·吉利斯少校可谓绞尽脑汁。他先带领一名翻译，用扬声器向顽抗的日军喊话，承诺只要他们放下武器出来投降，就能得到食物和饮水，伤病员也可以立即得到救治。由于喊叫过于频繁，扬声器很快坏掉了，吉利斯索性让俘虏和掩体里的日军直接对话。尽管曾有2名前往劝降的朝鲜劳工回到掩体后被日军虐杀，但吉利斯的招降工作仍具成效。当天上午，第一八四团成功劝降的日军超过90名。越过内森线之后，吉利斯的经验被成功推广到第三十二团。

13时45分，美军对岛北端发起了最后进攻。日军士兵尸体和残肢断臂遍地皆是，地面到处都是战壕，给坦克的通行带来了很大难度。美军士兵急于通过这片散发尸体恶臭的地段，但不时从各个方向射来的子弹使他们始终无法快速前进。日军残存的碉堡和掩体数量众多，美军用了几十个炸药包和数百颗手榴弹，甚至动用火焰喷射器才将它们逐个清除。15时15分，第三十二团第二营最左翼的G连报告说“抵达夸贾林最北端的内洛角”。黄昏时分，美军调集坦克清剿岛北最后130米区域。19时20分，美军完全占领内洛角。包括当天在埃贝耶岛作战的第十七团，美军在第四天的战斗中亡65人、伤252人。斯蒂芬·霍普金斯一等兵在战斗中阵亡，他是罗斯福的特别顾问、“影子总统”霍普金斯的儿子。在华盛顿，躺在病床上的霍普金斯很快收到了前线发来的噩电。

16时10分，科利特少将宣布占领夸贾林。在发给特纳的电报中，他说：“所有日军有组织的抵抗已经结束，我部正在进行扫荡。”

由于在夸贾林战斗到最后的是阿苏的陆军部队，大本营陆军部在公布“夸贾林守军全员玉碎”的战报时特意指出，“我守备陆军部队英勇奋战，击退了敌人2月1日的登陆。但因人数太少，终究未能挡住敌人2日的强行登陆，后转为激烈的地面作战，最终全员玉碎”。陆军高层对海军在本次战役中的表现极为不满，揶揄从开战之前就吆喝“海上决战”并进行了长期准备的他们，竟然在“狼真来了”时龟缩不出，将内南洋门户拱手让与美国人。

为保证夸贾林岛的绝对安全，南部战斗群还必须拿下邻近一些小岛，如距夸贾林北端仅4800米的埃贝耶岛。日军在岛上驻有重兵，设置有炮兵阵地。另外，留在格赫岛与日军对峙的美军小分队也不能扔那里不管。早在2月1日，发现美军人数不多的日军已主动发起进攻，留守部队在打退日军进攻后向“奥沃顿”号驱逐舰发出了求援信号。

特纳闻讯勃然大怒，这是岛上日军急着找死呀！他立即下令“奥沃顿”号接应留守部队撤离。2日清晨，“奥沃顿”号运载第七侦察连在格赫岛西北角登陆，第一时间排开4门60毫米迫击炮对日军藏匿的丛林进行猛轰，驱逐舰的127毫米主炮很快也加入了炮击行列。随后美军侦察连发起攻击，岛上65名日军被合围歼灭。在附近一艘拖船上，他们又发现了12具日军的尸体，他们很可能是被“奥沃顿”号的舰炮击毙的。在这艘船上，美军收获了无价之宝：75张日本占领区海岛礁湖及礁脉的详细海图。在中太平洋作战，珊瑚礁海情非常复杂，船只稍有不慎就会触礁或搁浅，这些海图比打死岛上所有的日军都珍贵。今后一段时期，美军登陆行动再也不用为暗礁和浅滩发愁了。美军一个排在乘橡皮艇沿海岸巡逻时，在那一带发现35具日军尸体，推测他们可能丧生于舰载机的空袭。在格赫岛进攻作战中，美军14人受伤，无人阵亡，这战果看上去有点诡异。

早在战役准备阶段，美军就认为埃贝耶岛的重要性仅次于夸贾林主岛。从珍珠港出发前往战场的航途中，美军已制订了详细的作战计划。夺取该岛的战斗由负责外围作战的第十七团承担。1月31日，在为建立炮兵阵地攻克埃努布基岛和恩尼拉贝干岛之后，第十七团并未立即动手，而是静观夸贾林的战斗。鉴于前两天主岛作战进展顺利，作为总预备队的第十七团已无登岛增援的必要。2日傍晚，科利特少将向齐默曼上校下达了3日进攻埃贝耶岛的命令。

埃贝耶岛南北长1600米，东西宽900米，日军在岛上建有仓库、码头和水上飞机基地。从2日下午开始，美军埃努布基岛的155毫米榴弹炮、“明尼阿波利斯”号、“旧金山”号重巡洋舰就开始对小岛轮番炮击。3日7时30分，海军巡洋舰和驱逐舰率先对小岛实施火力准备。半小时后，埃努布基岛的师属炮兵开始轰击，日军纷纷躲入掩体。从8时45分到9时06分，美军舰载机向岛上投弹33吨，发射12.7毫米机枪弹88000发。9时33分和51分，陆基炮兵再次对步兵预定登陆的“橙四滩”实施炮击。9时35分，由哈特尔中校率领的第一营两个连在“橙四滩”成功上岸。

在两栖坦克的带领下，登陆美军由南向北攻击前进。10时35分，先头部队在“橙四滩”北方界线处遭到日军机枪阻击，在坦克的支援下干掉敌人继续前进。当天的进攻在19时暂时停止。当晚，美军炮兵和舰炮不断对日军盘踞的北部地区进行炮击，日军发起的几次小规模夜袭均被轻松击退。4日7时，美军在炮火准备后重启攻势。根据俘虏提供的情报，上午美军舰载机对岛北日军进行了两轮空袭。12时10分，美军抵达岛东北角。经过短暂的扫荡战后，美军于13时37分宣布占领全岛。战斗中，美军亡7人、伤82人，击毙日军450人、俘虏7人。

在南夸贾林战斗中，美军共亡142人、伤845人、失踪2人，击毙日军4938人、俘虏206人——其中127人是朝鲜劳工。日军战史丛书记录阵亡4900人，双方数据大致吻合。除第六根据地部队司令官秋山门造、第六十一警备队司令官山行政二、南夸贾林部队守备队司令官阿苏之外，阵亡人员中还有皇族成员、第六根据地部队参谋音羽正彦，他是4日10时随司令部成员一起自杀的。音羽他爹就是战后侥幸逃过审判的南京大屠杀幕后元凶朝香宫鸠彦亲王。

至此，“燧发枪行动”宣告结束。美军在“落基山”号举行了盛大宴会。一向挑剔的霍兰对海军在战斗中的表现赞不绝口，“他们的轰击效率是如此之高，使地面作战部队在征服一个有8000多人据守的日军要塞时只牺牲了这么少的人。夸贾林战斗是迄今为止最令人满意的一次”。特纳显然赞同霍兰的观点，“也许我们为完成任务投入的人员和舰只太多了，但我情愿这样，这会使我们少死很多人”。

马歇尔上将的目光一直紧盯欧洲和北非，对太平洋上的战斗极少发表意见。这次他难得地张开了嘴，“马绍尔群岛之战，是进攻日本25年以来一直苦心经营的各大据点的第一步。战况之顺利和我军伤亡之轻微，预示着盟军已逐渐迫近了日军防线的核心地带”。

千里奔袭

夸贾林战事之顺利完全出乎美军预料，幸福似乎来得太快了。2月4日傍晚，尼米兹上将乘一架陆军B-24轰炸机从珍珠港起飞，翌日清晨7时在贝蒂奥机场降落。第五十七特混舰队两位指挥官胡佛和黑尔少将早已在跑道旁恭候多时了。为纪念在“电流行动”英勇牺牲的霍金斯中尉，贝蒂奥机场现已更名为“霍金斯机场”。

尼米兹高兴地看到，上次登岛时的一片狼藉已不复存在。除了众多棕榈树依然光皮没毛之外，这里已看不出刚刚发生过一场恶战的影子。这充分证明，他信任有加的“海蜂”部队所做的工作卓有成效。在听取了两位将军略显平淡的汇报之后，尼米兹当晚在胡佛的旗舰“柯蒂斯”号水上飞机供应舰上美美地睡了一大觉。6日清晨，尼米兹一行乘水上飞机前往夸贾林。他此行的目的不仅仅是慰问将士，更是为与斯普鲁恩斯、特纳、霍兰等人商定下一步的作战行动。

早在“燧发枪行动”启动之前，尼米兹已和参谋长麦克莫里斯商定，若夸贾林战斗可以尽早结束，就提前发起对埃尼威托克的进攻。那里距日本联合舰队司令部驻地特鲁克及下一步要夺取的目标马里亚纳群岛更近。之前对这一环礁的航空侦察显示，日军在那里的防御非常薄弱，总驻军不超过800人，基本部署在恩格比岛机场附近。同时另一份情报显示，日军正在向那里调集多达数千人的守备部队。

根据参谋长联席会议的指示，马绍尔群岛战役之后，第五十八特混舰队将南下支援麦克阿瑟在新几内亚岛的作战。一去一回势必耗费大量时间，届时日军在埃尼威托克的防御势必大大加强。尽管对快速航母舰队南调非常不满，但华盛顿的命令不能违背，斯普鲁恩斯准备向尼米兹提出，夸贾林之战结束后第五舰队不再返回珍珠港，立即发起对埃尼威托克的进攻。刚刚结束的作战为美军提供了一个有利条件，他们手中有刚缴获的日军基地的最新海图。

斯普鲁恩斯的意见得到了特纳和霍兰的大力支持，三人一起致电尼米兹：抢在日军增援到达之前尽快拿下埃尼威托克，不但可以节约大量人力、物力，尽可能减少人员损失，还会给日军组织防御带来更大难度，从而加快战争进程。这次，美军的一众大腕儿终于想到一块儿了。

2月2日，接到斯普鲁恩斯发来“前线战况进展顺利”报告的尼米兹很快复电：“夸贾林战役结束之后，你的部队能否派航母舰队空袭特鲁克，同时向埃尼威托克发起进攻？”此时战役总预备队的近万官兵正躺在马朱罗海滩上晒太阳。依当时战场形势判断，他们已经无须出战。在和特纳、霍兰碰头之后，斯普鲁恩斯立即给司令官回电：“完全可以！”这一沟通不打紧，驻埃尼威托克数千日军的性命已经进入了倒计时。

埃尼威托克环礁位于马绍尔群岛西北角，距罗伊—纳摩尔 604 公里，40 个岛礁围成一个直径 35 公里的圆，陆地面积 5.85 平方公里。环礁几乎无人居住，主要岛屿为北部的恩格比岛、东南部的帕里岛和南部的埃尼威托克岛。恩格比岛有一条长 1200 米的跑道。环礁以西 1240 公里，就是日本联合舰队司令部驻地特鲁克。在密克罗尼西亚语中，“埃尼威托克”本意是“位于东西方之间的一块土地”。对那些乘独木舟航海的土著来说，这里是他们重要的歇脚地。因过于偏远，独居一隅，它往往被称作“马绍尔群岛的孤独者”。正因为此，战后美国在此进行了多达 43 次核试验，其中包括首次氢弹爆炸试验。

在乘驱逐舰从夸贾林前往罗伊—纳摩尔的航途中，尼米兹印象最深刻的是夸贾林号称世界第一的潟湖。即使以超过 20 节的高速行驶，驱逐舰穿越它也需要两个多小时。在视察了夸贾林和罗伊—纳摩尔之后，尼米兹认为，第五舰队已经找到了两栖作战的正确方法，美军在贝蒂奥的牺牲是完全值得的。斯普鲁恩斯和特纳重点表扬了米切尔的第五十八特混舰队，它们在登陆前已摧毁了马绍尔群岛的日军战机。海军水面支援舰艇同样受到赞扬，它们卓有成效的炮火准备使美军避免出现在贝蒂奥那样的重大伤亡。希尔已于 2 月 3 日赶到罗伊。在夸贾林环礁停留的 42 个小时中，尼米兹召开了作战会议，同手下众多高级将领共同商讨进攻埃尼威托克岛的方案。

有人提出，在夸贾林作战尚未完全结束时就发动新战役，是比较冒险的行为。之前斯普鲁恩斯、特纳、霍兰一致反对率先攻打夸贾林，尼米兹还能力排众议，坚持己见。这次三员大将一致赞同，那些微弱的声音就更没有市场了。

斯普鲁恩斯提出，目前地面部队拿下埃尼威托克很有把握，但所有参战美军舰艇均处在日军陆基航空兵的打击范围之内，战役成败关键在于首先出动快速航母舰队，在地面部队发起登陆作战之前瘫痪（至少压制）日军的航空力量。压制特鲁克日军的任务责无旁贷地落在了米切尔和他的第五十八特混舰队头上。另外，日军在库萨耶、波纳佩、威克岛等地也驻有少数战机，只能由胡佛和黑尔的陆基航空兵进行压制了。

会议决定，希尔少将率“燧发枪行动”总预备队第五十一特混舰队远征埃尼威托克，登陆日为 2 月 17 日，战役代号“法警行动”。在此之前，米切尔将率第五十八特混舰队对特鲁克发起攻击，作战代号“冰雹行动”。斯普鲁恩斯将亲自参加后一行动。如果日军联合舰队主力胆敢前来迎战，拥有9艘快速航母和6艘新式战列舰的斯普鲁恩斯和米切尔完全可以战而胜之，确保登陆部队的安全。

尼米兹对快速航母舰队提出了新要求：如条件允许，第五十八特混舰队部分舰艇将向马里亚纳群岛出击，出动舰载机实施轰炸，最大限度地削弱日军的空中力量，并对下一步行动的主要目标塞班岛、提尼安岛和关岛实施航空拍照。关岛战前由美军占据，航拍主要为了获知日军新建设施的情况。现在的尼米兹逐渐变得贪得无厌，碗里的饭还没吃完，就已经开始惦记锅里的肉了。他最后指出，太平洋舰队联勤部队司令官卡尔霍恩中将、潜艇部队司令官洛克伍德中将将为本次行动提供全力支持。

因“阿巴拉契亚”号和“洛基山”号已被康诺利和特纳占用，希尔只好以“坎布里亚”号武装运输舰作为旗舰。为了让这艘运输舰具备更好的两栖指挥功能，美军已提前为其加装了必要的通信设施。希尔手下共有8艘运输舰、1艘船坞登陆舰、3艘驳船、9艘坦克登陆舰、2艘猎潜艇、6艘登陆炮艇及10艘护航驱逐舰。杰西·奥尔登多夫海军少将的海上火力支援大队由战列舰“科罗拉多”号、“田纳西”号、“宾夕法尼亚”号及3艘重巡洋舰、7艘驱逐舰组成。3艘护航航母的72架舰载机将为登陆行动提供空中掩护。

上述海上力量显然无法保证登陆船队的绝对安全，斯普鲁恩斯特意抽调金德尔少将的第四大队——重型航母1艘、轻型航母2艘、重巡洋舰2艘、轻巡洋舰1艘及驱逐舰8艘——参与护航，以应对作战海域可能出现的任何威胁。此外，希尔还得到一支由5艘扫雷艇组成的扫雷大队、由2艘拖轮和2艘油船组成的后勤大队、由2艘拖轮和1艘驱逐舰组成的远洋拖轮大队的临时增援。

参加“法警行动”的地面部队被统编为第一战斗群，由托马斯·沃特森海军陆战队准将指挥。这支部队是霍兰1943年11月16日临时编组的，由约翰·沃克上校的陆战第二十二团、第二独立榴弹炮营、第二独立坦克连、第二独立工兵连、第二独立机械化运输连、第二独立医疗连和海滩工作组等部组成，仅执行阶段性特定作战任务。如果放在日军那里，肯定就叫沃特森支队了。

早在战争爆发后的1942年初，陆战第二十二团就已在加州的圣迭戈组建，一直隶属沃特森准将的陆战第三旅。第三旅编制撤销之后，他们来到珍珠港，开始了紧张的两栖作战训练。12月23日，太平洋战区司令部将陆军第二十七步兵师第一〇六团（欠二营）临时划归沃特森节制——该团原拟随师主力一起参加“电流行动”，后因美军缺乏足够运输装备攻击目标由瑙鲁变为马金未能成行，暂时划入“燧发枪行动”总预备队。因美军兵不血刃而下马朱罗，美军两个主力团没放几枪，正好可以充当“法警行动”的主攻部队。

这美国人实在太小心了。按说派两个团及众多辅助部队已足够了，但并不直接参与行动的特纳仍然嫌兵力太少，“当部队准备出发时，夏威夷无法调集任何一支地面部队对第一战斗群进行加强。我们不得不从原计划驻守夸贾林和罗伊—纳摩尔的守备部队中抽调人马，为更加迫切需要的埃尼威托克基地准备守备部队”。受命随沃特森出征的还有第五两栖部队直属侦察连——琼斯上尉那支总是最先出发的部队，海军陆战队第四坦克营 D 连，第七〇八两栖运输营（拥有两栖运兵车 102 辆）、第七步兵师下属一个临时两栖运输连（拥有两栖运兵车 34 辆）及水下爆破队一部，作战部队共 7997 人。

鉴于战斗几乎毫无悬念，美军索性连夺岛后的守备部队也一并派出了：海军陆战队第十守备营、陆军第三守备营和第四十七工兵营。如此，参加“法警行动”的美军官兵共海军陆战队 5820 人、陆军 4556 人，总计 10376 人。

第一战斗群存在的最大问题是训练不足，大部分士兵是首次乘坐两栖运兵车，部队从未进行过海陆空立体火力掩护下的登陆演练。尽管如此，作战训练主任华莱士·格林尼中校——他在 1967 年接替肖普，成为海军陆战队第 23 任总司令——对未来的战斗依然信心十足，“陆战二十二团对以一个基本火力单位小组为主的小规模作战训练水平相当高，这是我们在萨摩亚丛林中刻苦训练的结果。除此之外，可以帮助我们取胜的还有旺盛的士气”。

2 月 6 日，沃特森准将正式接到了远征埃尼威托克的命令。2 月 15 日 7 时，由坦克登陆舰、支援登陆炮艇等速度较慢的舰船组成的南部战斗群率先驶出夸贾林潟湖。14 时，由主力运输舰、战列舰和巡洋舰组成的北部战斗群也起航了。超过 70 艘舰艇组成的美军舰队朝埃尼威托克隐秘驶去。

虽然战前日本对马绍尔群岛进行了开发，埃尼威托克却因过于偏远并未受到足够重视。日军仅化费 1416000 日元在此处建立了一座油库、加油设施和部分生活设施，驻军只有海军第六十一警备队的一个 6 人小分队，他们在岛上修建了一个观察所。

战争爆发之后，战略位置日显重要的埃尼威托克逐渐得到了东京的重视。1942 年 11 月，海军第四舰队工程部 300 名施工人员登上恩格比岛。一个月后，又有 500 名朝鲜劳工到来。日本人的基建水平比美国人差了不止一两个档次。一直到 1943 年 7 月，恩格比岛机场跑道才勉强完工。8 月至 10 月，负责机场守卫的第六十一警备队下属 54 名官兵陆续进驻。其中主力部队 45 人驻恩格比岛，配备有两门 120 毫米炮，高射机枪和轻机枪各 2 挺及轻武器若干。

日军并未向恩格比机场派驻战机，只将它作为飞机往来特鲁克的中转站，派出了 39 名地勤人员。随着美军对马绍尔群岛东部地区空袭力度不断加大，第四舰队将驻沃特杰等地的部分航空兵力退往此处，以保存实力。到 1944 年 1 月 11 日，从罗伊—纳摩尔、沃特杰、米利、塔罗阿等机场逃亡到此的航空兵达到 110 人。这些人大部分是空手而来，带来的几架飞机近乎报废，逃来的人不断增加。美军发起进攻之前，日军试图将滞留在此的 150 名飞行员或机组成员撤往特鲁克，这些人显然比飞机更宝贵。可惜他们的行动慢了半拍，美国人已经气势汹汹地杀过来了。

1943 年 11 月，陆军参谋本部抽调关东军一部共 3942 人组建了海上第一机动旅团。旅团长西田祥实得到的指令是：进驻夸贾林，充当马绍尔群岛守军的机动预备队。12 月 27 日，西田率部抵达特鲁克。第四舰队司令官小林仁命他将麾下各部分别进驻沃特杰、马洛伊拉普、夸贾林和埃尼威托克等地。这种分散部署实非上策，但对兵力严重不足的日军来说也只能如此。1943 年 12 月 30 日，西田率部从特鲁克出发，次年 1 月 4 日抵达埃尼威托克。看到当地几乎没有多少防卫力量，西田决定率主力部队 2586 人留守此地，其余 1300 多人派往其他各岛。

在西田到来之前，三岛已有日军约 900 人：第六十一警备队埃尼威托克支队 59 人，一个考察组 50 人，等待撤退的飞行员 150 人及部分朝鲜劳工。与罗伊—纳摩尔和夸贾林类似，岛上几乎没有像样的防御工事。西田来得匆忙，而美国人来得太急，如此，在未来战斗中，岛上日军只能沦为美军舰载机和舰炮的活靶子。

美军根据常识判断，日军在机场所在地恩格比岛的防御最强。实际上，西田第一机动旅团司令部设在帕里岛，这里有陆军士兵 1115 人，另有飞行员改行的步兵和其他人员 250 人，加上辅助兵员共 1476 人。岛上武备有 10 门 81 毫米迫击炮、4 门 20 毫米火炮和 3 辆轻型坦克，还有掷弹筒 36 具、轻机枪 36 挺和重机枪 6 挺，在三岛中实力最强。

恩格比岛守军主要由第一机动旅团第三大队 692 人、海军第六十一警备队埃尼威托克支队 44 人及改行的航空兵组成，加上非战斗人员共 1276 人，指挥官为矢野俊雄。除随身携带的轻武器外，矢野还有 2 支火焰喷射器、13 具掷弹筒、12 挺轻机枪、4 挺重机枪、2 挺双联高射机枪、2 门 120 毫米岸防炮、19 门小口径炮和轻型坦克 3 辆。

防守埃尼威托克岛的是桥田正弘第一大队的 779 人，另有海军观察所 5 名观察员和 24 名志愿者，总计 808 人。后来西田从预备队抽调 129 人加强桥田所部。在武备方面，桥田有 2 支火焰喷射器、13 具掷弹筒、12 挺轻机枪、2 挺重机枪、19 门小口径炮及 3 辆轻型坦克，与矢野部装备大致相仿。凭这些武器与美军舰载机和舰炮对抗，只能是找死。

日军甫一登岛，西田就严令各部加紧构筑防御工事。恩格比岛的新建工事以战壕和防空洞为主，通常覆盖轻质原木和金属板，上边再撒上树叶和珊瑚砂。此外还布置了一些陷阱，并在其中灌油。因钢筋、水泥等材料极度缺乏，这些匆匆构筑的工事远远称不上坚固，与柴崎在贝蒂奥修筑的碉堡完全无法相提并论。埃尼威托克岛上的工事大多是战壕和散兵坑，但伪装隐蔽得很好。战后希尔少将说，相对而言，恩格比岛防御工事是三岛中最好的。

岛屿面积小，无纵深，西田认为决胜地点就在滩头。帕里岛超过一半兵力部署在礁湖沿岸，他们将得到山炮、自动火炮和机枪火力的支援。西田下令，“一旦美军登陆，每个作战单位就地阻击敌军登陆艇”。为部署火炮和重机枪阵地，西田下令将近岸的椰林全部伐倒。美军要来，肯定带有坦克，西田指出，“当敌坦克遇到障碍物被迫停车时，我部立即用反坦克枪或榴弹射击。除此之外，近距离攻击、地雷、水雷和燃烧瓶等手段都要用上。尤其在夜间，务必使用敢死队对美军坦克实施有力打击”。

尽管做出了上述部署，但西田清楚，一旦美军登上陆地，他的部队毫无希望在对抗中取胜。西田下令，“最后全部守军将集中至中央地区与美军决战，无法继续作战的伤病员集体自杀”，必须战至所有人员“光荣玉碎”。美国人马上就会赏赐给他们这样的“光荣”机会。

从2月12日开始，胡佛少将派陆基航空兵——主要以从霍金斯和阿帕玛玛机场起飞的B-24重型轰炸机为主——对埃尼威托克环礁以南的波纳佩、库塞耶等日军基地实施了多轮轰炸，共投下炸弹118吨和燃烧弹6000余颗。到2月16日，上述两基地日军战机损失大半，机场遭到严重破坏无法使用，大大削弱了邻近基地日军航空兵对“法警行动”的威胁。

2月17日黎明时分，执行“法警行动”的美军舰队抵达埃尼威托克东南海域。清晨5时，随着金德尔少将一声令下，从“萨拉托加”号、“兰利”号和“普林斯顿”号上起飞的舰载机群飞抵埃尼威托克环礁上空，对三岛进入视野的所有目标进行轰炸。驻扎在恩格比机场的14架日机和岛东北角的1门岸防炮被摧毁，少数日军士兵在空袭中丧命。

美军航母舰载机刚刚飞走，海军支援大队就登场亮相了。6时59分，奥尔登多夫少将麾下众多水面舰艇在毫无阻碍的情况下抵近海滩猛烈开火。战列舰“科罗拉多”号和重巡洋舰“路易斯维尔”号炮击恩格比岛，打击帕里岛和雅普坦岛的任务由重巡洋舰“波特兰”号和驱逐舰“特拉森”号负责，重巡洋舰“印第安纳波利斯”号——此时斯普鲁恩斯已不在舰上，他已换乘新式战列舰“新泽西”号前往执行更具挑战性的“冰雹行动”——和驱逐舰“霍埃尔”号则对埃尼威托克岛倾泻炮弹。海军舰炮打击一直持续到7时50分，之后第二轮执行轰炸任务的舰载机立即接上了茬儿。

空中和海上炮火准备的同时，美军扫雷艇已寻隙驶入潟湖水道，发现并清扫了近海28颗水雷。9时15分，美军众多舰艇鱼贯而入，途中未遭遇任何抵抗，就像在自己家里航行一般。到10时34分，美军舰队已全部进入潟湖。西田并未下令开火，只向东京拍发了一封略显凄凉的电报：“敌舰队进入潟湖，请速派增援。”援兵注定是毫无希望的。

11时19分，“田纳西”号和“宾夕法尼亚”号的356毫米主炮再次向恩格比岛发出怒吼，“波特兰”号和驱逐舰“希尔曼”号、“麦克考德”号则对准美军首日的登陆目标卡梅利亚岛和坎纳岛发射炮弹。第一战斗群是首次参战，美军登陆行动出现了混乱，希尔无奈将原定登陆时间推迟，第二独立榴弹炮营营长埃德温·弗格森中校因此被沃特森战场免职。但琼斯上尉的侦察连已有多次实战经历，他们在13时18分未遭抵抗，顺利登上了卡梅利亚和坎纳岛。13时55分、

14 时整，琼斯向希尔报告说，“两岛已被我连成功攻占”。

美军夺取两个无人防守的小岛不为别的，只为建立炮兵基地，为主力部队次日的登陆行动提供炮火支援。13 时 44 分，沃特森准将命令炮兵部队登岛。火线晋升营长的阿尔弗雷德·马霍尼少校率陆战队第二榴弹炮营的 75 毫米榴弹炮和陆军第一〇四野炮营的 105 毫米榴弹炮火速上岸。到 19 时 02 分，美军所有火炮均已就位。从 19 时 52 分开始，它们开始配合海军舰炮向恩格比岛日军阵地进行炮击。与此同时，水下爆破队适时发回了侦察报告，“近海无任何水雷和水下障碍物”。为防止守岛日军寻隙向西逃逸，爱德华·卡岑巴赫上尉的海军陆战队第四坦克营侦察连奉命出击，他们乘橡皮艇占领了恩格比岛以西的齐尼亚岛，将岛上日军的退路彻底切断。

建有机场的恩格比岛是美军第一个攻击目标。2 月 18 日，攻打该岛的任务由陆战第二十二团承担，登陆时间预定为 8 时 45 分。当天清晨，率先向预定登陆海滩开炮的是战列舰“科罗拉多”号和重巡洋舰“路易斯维尔”号。看到日军毫无反击，“宾夕法尼亚”号和“田纳西”号索性推进至距岸仅 1000 米处实施精确打击，打破了战列舰对岸射击的近距离纪录。“距离近得像用手枪在两英寸外对准一个人的鼻子开火。”希尔说。驱逐舰“麦克考德”号、“希尔曼”号和“菲利普斯”号一起抵前炮击。“霍埃尔”号因位置不佳一炮未发，不过这已无关大局。7 时 40 分，炮击暂停，从 3 艘护航航母上飞来的舰载机开始对登陆滩头投弹扫射。8 时 11 分，舰载机飞走之后，海军舰炮和卡梅利亚岛、坎纳岛陆基炮兵联合发威，炮击一直持续到两栖运兵车抵近滩头才向纵深延伸。因缺乏坚固的防御工事，岛上日军在美军的猛烈轰击下伤亡惨重，各部之间联系断绝，陷入孤立分散状态，难以组织有效的抵抗。

8 时 15 分，美军登陆车辆已经做好了出发准备，登陆场位于岛屿中部西南海岸。威尔弗雷德·弗朗霍尔德中校第一营登陆点为“白一滩”，唐·哈特中校第二营为“蓝三滩”，克莱尔·希勒斯少校第三营为总预备队。尽管出现了一些混乱，美军两个营仍提前 2 分钟登上了陆地。日军步枪、机枪和迫击炮的零星阻击给美军造成的损伤轻微。

登陆后的美军各部迅速向纵深挺进，随后赶来的坦克轻易将埋在地里充当固定火力点的日军坦克敲掉，之后带领步兵挺进。10 时 30 分，第二营已肃清岛西大部分地区，那里多为飞机跑道占据，仅“黄鼬角”和“蝾螈角”的日军仍在负隅顽抗。日军用两头打穿的汽油桶串联成交通壕，上面覆盖沙子，人像鼹鼠似的从里面钻来钻去，单等美军冲过后从身后开枪。岛东北岸遍布日军防御工事，美军欲快速拿下全岛，还必须下一番苦功夫。13 时 10 分，沃克上校向沃特森准将报告说，“岛上作战进展顺利”。14 时，沃特森率指挥部登岛。他竟在 50 分钟后发布了“美军占领全岛”的正式公告，简直比麦克阿瑟还要急三分。

事实上战斗远未结束。“黄鼬角”在 6 分钟后被夺取，“蝾螈角”一带的日军残部直到 18 时 30 分才被肃清。美军在岛上的第一个夜晚险象环生。由于白天推进太快，许多暂时无法攻克的碉堡被迂回绕过。整个夜晚，从里边钻出的日军残兵对美军发起了多轮夜袭，虽给对手造成了一定混乱，却已无法改变大局。19 日 8 时，沃克上校在岛上升起了星条旗。当天，第二独立工兵连爆破队使用火焰喷射器扫荡日军残兵的战斗持续了整整一天。岛上日军自大佐矢野以下共 1276 人被歼，仅 16 人被俘虏。美军代价是亡 85 人、伤 166 人。琼斯上尉侦察连和坦克营侦察连对周围小岛进行了搜索，除抓获 1 名日军外并无太大收获。

按原定计划，美军拿下恩格比岛后将在第三日同时发起对埃尼威托克和帕里岛的进攻。但 17 日琼斯连从卡梅利亚和坎纳岛上的土著处得知，上述两岛日军均超过 1000 人，大部分属于精锐部队。从恩格比岛缴获的文件中，沃特森得知，日军主力盘踞在埃尼威托克岛。美军原拟以第一〇六团两个营登陆埃尼威托克，两小时后撤下一个营，支援陆战第二十二团对帕里岛的作战。鉴于岛上守军实力较强，希尔临时决定变更计划，让埃尔斯上校的两个营和陆战队第二坦克连全部登陆埃尼威托克，陆战第二十二团第三营留作预备队，以兵力优势尽快结束战斗。帕里岛留到最后再解决——美国人的用兵实在太谨慎了。

19 日 7 时 10 分，重巡洋舰“波特兰”号、“印第安纳波利斯”号率 2 艘驱逐舰率先开始了炮火准备。半小时后，另一艘驱逐舰对登陆点以东区域开火。美军对埃尼威托克岛的炮击力度明显不够，战列舰大口径主炮均未加入，向岛上发射炮弹仅 205 吨，而向恩格比岛和帕里岛打出的炮弹分别达到 1180 吨和 944 吨。受自然条件所限，埃尼威托克岛周围并无适合建立炮兵阵地的小岛，陆基炮兵要等登陆部队在岛上占据一定区域后才能登岛展开，协助步兵地面作战。

8 时 10 分，美军舰炮打击暂时告一段落，航母舰载机对登陆滩头再次进行了15分钟投弹扫射，之后舰炮打击重新开启。9时09分，第一波登陆部队在支援炮艇和两栖坦克的掩护下向滩头发起冲击。8分钟后，第一波登陆部队抢滩成功，随即向内陆挺进。日军一部居高临下，依托“黄二滩”附近未被美军火力摧毁的隐蔽阵地向美军第一〇六团第一营近距离开火。

在“黄二滩”东侧登陆的第一营左翼B连遇上了日军一个隐蔽防御强点，连长亚瑟·克莱恩中尉率主力迂回通过，留下拉尔夫·希尔斯少尉第一排断后爆破碉堡。在“黄二滩”右侧登陆的A连穿过茂密的茅草丛快速向西推进。在得到坦克支援后，他们消灭了一股凭借工事顽强阻击的日军，继续前进。罗伯特·贝茨中尉的C连在登陆时遇到了大麻烦，5艘登陆艇在距岸尚有140米时就遭到日军机枪射击。因地形对日军非常有利，从这5艘登陆艇中走出的53名士兵中有20人阵亡、15人负伤。幸亏A连沿海岸向西推进，及时赶来支援，才没有酿成更大灾祸。

哈罗德·米佐尼中校的第三营在“黄一滩”登陆时出现混乱，沙滩上的工事虽已被炮火摧毁，但沿岸其他地区的日军阵地几乎完好无损。左翼L连被日军两座碉堡死死拦住，美军两个排立即组织爆破，另一个排10时10分已冲到了对面海岸。

美军士兵向一个芭蕉叶覆盖的岩洞中投掷了一颗手榴弹，洞中竟然传出了熟悉的基督赞美诗朗诵声。他们在洞中发现了7名土著。在一位长者的引领下，他们在附近一个隐蔽处又发现了26名当地人。土著向美军送上了纪念品，美军士兵则以随身携带的香烟回赠。这些土著很快被送回滩头妥善安置。

团长埃尔斯上校计划在登陆后建立一条防线，隔断东西两部日军的联系，先扫清岛西建立炮兵阵地，之后在炮兵掩护下向岛东发起总攻。埃尔斯的命令尚未下达，日军突然向第一营B连、C连阵地发起反击。眼见最终难逃一死，桥田组织了一支300 ~ 400人的机动兵力，在迫击炮和重机枪的掩护下一举突破了B连阵地，部分区域甚至上演了白刃格斗。在得到一个连增援之后，美军在12时45分顽强将日军击退。预计敌人很快将会卷土重来，第一营营长科内特中校立即向团指挥部请求增援。

凭两个营不但无法拿下全岛，反而屡遭日军反击，损失惨重。埃尔斯上校火速命预备队陆战队第二十二团第三营登岛增援。营长希斯勒少校请求带自行火炮登岛，被埃尔斯以岛上重武器够用、第一营急需增援为由拒绝。13 时 30 分，希斯勒率部在“黄一滩”登陆。因缺乏攻坚重武器，他们只能迂回通过日军阵地，向第一营左翼靠拢。16 时 05 分，他们终于与友军取得联系。前方是纵深达 270 米的一段日军阵地，因双方距离太近无法呼叫舰炮支援，希斯勒再次请求让自己的自行火炮登陆助战，遭到埃尔斯的断然拒绝。希斯勒请求派坦克支援，依然无果。由于缺乏对付日军地下工事的有效武器，希斯勒只能率部在灌木丛中艰难推进。他感觉在陆军指挥下打仗憋屈死了。

日军的殊死顽抗导致缺乏炮兵支援的美军推进缓慢。16 时 35 分，沃特森通知埃尔斯，“天黑之前绝对应该让你的炮兵上岛，这样明天我才能放心对帕里岛发动进攻”。17 时 40 分，第一〇四野炮营的一个连艰难登上“黄一滩”。

18 时 50 分，埃尔斯命令登岛的三位营长，“到达岛最东端之前，你们必须继续前进，必要时可以呼叫照明支援”。第一〇六团第三营在 20 日凌晨 2 时与日军发生激烈交火，在击毙约 40 名日军后继续前进。凌晨 4 时 30 分，他们再遭日军炮火阻击。海军舰炮适时发射照明弹。到 7 时，第三营两个连才将阻击日军剿灭。

接到夜晚继续进攻的命令时，希斯勒的陆战队第三营和温斯洛·康内特中校的陆军第一营距岛东端只剩 570 米，前方地段密密麻麻布满了日军碉堡。直到此时，希斯勒才得到几辆轻型坦克的增援。但匆匆赶来的坦克兵拒绝在夜间发动进攻，直接向后撤了下去。缺乏坦克支援和探照灯的希斯勒只好下令各连就地挖掘散兵坑，据守过夜。当晚，日军几支不到 10 人小分队的袭扰都被美军轻松击退。

当东方渐渐放亮时，起身观察的希斯勒少校大吃一惊。阵地右翼的第一〇六团第一营不知所终，阵地上只留下了 1 名哨兵负责警戒。他们没有通知友军，竟擅自向后撤退了 280 米。这一缺陷很快被机敏的日军发现。近 50 名日军士兵穿越美军阵地空当直接杀入希斯勒营部。营作战参谋雷顿·克拉克上尉率通信员和文职人员拼命阻击，希斯勒也拔出手枪加入战斗行列。危急关头，约翰·纳加齐纳军士长率一队陆战队员及时赶到，合力将日军进攻击退。战斗中，包括克拉克上尉在内的 8 人阵亡、8 人负伤。

当天上午，希斯勒营和康内特营继续向西南方向攻击前进，日军的抵抗变得越发顽强。多次请求坦克增援的希斯勒终于看到 4 辆坦克慢吞吞地开了上来，却从他身边隆隆驶过，前往支援康内特营去了。在他多次呼叫之后，埃尔斯总算给他派来了 2 辆陆军 105 毫米自行火炮，希斯勒营才得以继续向前推进。

14 时 45 分，美军两个营终于推进至岛屿西南端。15 时整，沃特森准将再次提前宣布占领埃尼威托克，此时美军对岛西日军残部的清剿仍在激烈进行之中。沃特森的做法自有他的好处。两个月后，他得以提前晋升少将，接替朱利安·史密斯出任陆战二师师长。

当天上午，美军第一〇四野炮营登岛，准备为进攻帕里岛的登陆部队提供炮火支援。由于埃尼威托克战事迟迟无法结束，美军对帕里岛的进攻被迫延迟一天。无所事事的野炮营受命为第一〇六团在岛东北区域的进攻提供炮火支援。在得到炮兵和海军舰炮支援之后，米佐尼的第三营在 21 日 16 时 30 分推进至岛东北端，此时距沃特森宣布占领全岛已过去了一天多。17 时 21 分，美国星条旗终于在埃尼威托克岛徐徐升起。

美军用时两天半，付出阵亡 37 人、伤 94 人的代价，击毙中佐桥田以下日军约 800 人，俘虏 23 人，完全占领埃尼威托克。其中陆战队第三营在岛上的作战时间约 24 小时，他们负责攻打的是日军防御最强的区域，得到的炮火支援几乎没有。多次拒绝希勒斯合理建议的埃尔斯上校，过于偏袒两个陆军营，引起了海军陆战队的强烈不满。沃特森如此评价陆军第一〇六团的作战："他们在进攻埃尼威托克岛时从海滩向内陆推进太慢，从而造成了严重交通堵塞。在进攻过程中也未能与坦克部队密切协作，没有最大限度地利用海军舰炮和航空兵的支援。"三岛中日军在埃尼威托克驻军最少，美军拿下它花费时间却最长，还得到了一个陆战队营的增援，实在不能算出彩。第二十七师在马金和埃尼威托克的拙劣表现大大毁坏了陆军的声誉，他们被认定为训练差、执行力弱的部队。这为后来霍兰在塞班岛战场解除拉尔夫师长职务进而引起军种间的激烈冲突埋下了伏笔。

在岛上战斗激烈进行的同时，清剿周边岛屿的作战已经展开。琼斯上尉侦察连负责东侧岛链。2 月 19 日，他们乘"凯恩"号武装运输舰先后占领了 10 座无人小岛。18 时，他们在中央旗杆上飘着一面太阳旗的雅浦坦岛登陆，上边也仅有这一面旗帜。雅浦坦岛和帕里岛仅一水之隔。一旦美军在岛上建立炮兵阵地，将会给随后的登陆作战提供极大便利。这道理帕里岛上的西田肯定也懂，但他实在分不出兵力前往防御该岛。2 月 20 日 10 时，美军第二独立榴弹炮营已在雅浦坦岛上建起了炮兵阵地。

埃尼威托克西侧岛链由卡岑巴赫上尉第四坦克营侦察连负责。他们在 2 月 18 日乘“施莱”号运输舰出动，占领了岛链北部几个无人小岛。19 日，他们在里吉利岛遭遇日军，经激战后将 9 名日军全部击毙。当天下午，他们又陆续占领了 7 座小岛。

2 月 19 日 21 时，在确定陆军第一〇六团次日无法全部占领埃尼威托克之后，沃特森准将将攻打帕里岛的任务交给了正在恩格比岛休整的陆战第二十二团。沃克上校受命率团直属部队及第一、第二营在 20 日 16 时前赶到帕里岛潟湖一侧的指定区域。恩格比岛的防务暂由陆军第三守备营和第一一一团的两个连承担。

对帕里岛的进攻预定在 22 日 8 时 45 分发起。21 日上午，团长沃克上校发布第 10 号—第 11 号作战命令：登陆地点为帕里岛北部“绿二滩”“绿三滩”。在帕里岛北部 1/3 和南部 2/3 间画出 O–1 线，登陆部队首要任务是占领该线以北区域。在“绿三滩”登陆的第一营从西向东横贯全岛，随后快速南下夺取岛南东半部分。在“绿二滩”登陆的第二营扫荡 O–1 线北部地区后暂留作总预备队，同样在“绿三滩”登陆的第三营将攻打岛南部西半部分。第二独立坦克连随第四波登陆部队上岛，先协助步兵拿下 O–1 线以北地区，之后南下协助第一营、第三营的作战。负责运送登陆部队的是詹姆斯·罗杰斯少校的暂编第七〇八两栖运输营。22 日上午，奉命从埃尼威托克来到帕里岛近海的第一〇六团第三营充当总预备队。

之前由于炮火准备不足，第一〇六团在埃尼威托克岛的进攻遭到顽强抵抗，希尔少将决定加大对帕里岛的炮火打击力度。20 日，“田纳西”号、“宾夕法尼亚”号抵近到距岛仅 800 米——刚刚创下的世界纪录又被打破——以主炮实施精确打击。21 日，“宾夕法尼亚”号主炮的炮击从 7 时 40 分一直持续到 16 时 30 分。17 时 30 分开始，两艘战列舰又进行了 90 分钟炮火准备。当晚，刚刚登上雅浦坦岛的陆战队第二独立榴弹炮营和埃尼威托克岛上陆军第一〇四野战炮营加入了炮击行列，海军 4 艘驱逐舰也参加了当晚的炮击行动。

22 日 6 时，美军两个陆基炮兵营开始加大炮击力度。7 时，战列舰“田纳西”号、“宾夕法尼亚”号，重巡洋舰“印第安纳波利斯”号、“路易斯维尔”号率一众驱逐舰陆续向岛上开火。8 时 45 分，美军第一波登陆部队乘两栖运兵车在登陆炮艇和两栖坦克的掩护下向滩头发起冲击。掩护右翼的 3 艘炮艇因位置比计划偏南遭到驱逐舰误击，酿成亡 13 人、伤 46 人的惨祸。9 时，右翼第一营首批登陆部队在瓦伦蒂尼码头以南靠岸。8 分钟后，第二波登陆部队在码头北侧 180 米处登陆。9 时 11 分，第三波登陆部队在前两波部队的中间上岸。

美军登陆行动再次出现混乱。“绿一滩”登陆的第一营很快遭到日军迫击炮和机枪火力的阻击，伤亡惨重。9 时 30 分，日军炮火甚至威胁到潟湖里的“宾夕法尼亚”号和 1 艘猎潜艇。一小时后，第一营 B、C 两个连先头部队迎着日军炮火，顽强推进至岛东岸，主力部队依然在和道路两旁的日军激战。迎面开过来日军 3 辆轻型坦克，正当步兵惊慌失措之时，前来增援的美军谢尔曼坦克到了，很快将日军的薄皮铁盒打扁。营长弗朗霍尔德中校判断右翼前方有日军 75 毫米炮阵地，遂呼叫海军舰炮实施打击。美军驱逐舰主炮的 127 毫米炮弹虽然成功将日炮打哑，却有部分炮弹误中自家坦克。第二独立坦克连连长哈里・卡尔库特上尉对此牢骚满腹，“当时我还以为是遭到了敌人的反击呢。如果他们能让舰炮向别处射击，我将不胜感激”。另有部分炮弹打向地面部队，导致 10 名陆战队员伤亡。在坦克的协助下，第二营在 11 时后顺利推进到东岸，将盘踞在该处的约 200 名日军歼灭。

在“绿二滩”登陆的第二营遭到的抵抗稍弱一些。在海滩整合队伍之后，营长哈特中校率三个连依次排开向对岸冲击。沿途他们并未遭遇像样的抵抗，只有日军狙击手射出了几发子弹。11 时后，第二营已顺利推进至“哈茨圈”附近。

10 时整，预备队第三营在全团最北端登陆。他们遭到日军迫击炮、重机枪火力的联合打击，加上误入雷区，伤亡较重。营长希斯勒少校命令主力向南推进，接过第一营防区。10 时 45 分，团长沃克上校登上“绿二滩”，一小时后在滩头建起了团指挥所。中午时分，沃特森准将命令琼斯和卡岑巴赫两个侦察连登岛支援作战。

11 时，陆军第一〇六团的轻型坦克登岛，协助第二营一路向北挺进。14 时，哈特中校致电团长：“我部已抵达岛最北端，清剿日军残兵的战斗正在进行之中。”

13 时刚过，第一营和第三营已在 O-1 线附近做好了准备，他们将分别进攻南半部东西两大区域。在陆基炮兵15分钟炮火准备之后，13时30分，美军两个营在第二独立坦克连的协助下同时向南进发，随后赶到的卡岑巴赫连配属给第一营，琼斯连则北上协助第二营的作战。日军依托蛛网式战壕和残余工事，负隅顽抗，美军在坦克的引领下稳步向南推进。部分坦克因弹药油料告罄停止前进，美军迅速调集两门炮跟进以补充火力。第3营I连推进320米后，遇到日军一处由地下工事和大量坑道组成的防御强点，美军坦克蜂拥而上协助步兵将其摧毁。

整个下午，美军陆基炮兵和海军舰炮都在向步兵推进的前方开火，地面部队推进速度不断加快。傍晚时分，美军先头部队距最南端的斯伦博角仅剩420米。由于日军最后盘踞的区域太过狭窄，黑暗中贸然前进极易造成误伤，美军决定就地宿营，让岛南端的日军残部再活最后一夜。

岛上大局已定。19时30分，沃克发给沃特森的电报略带戏谑："我正在帕里岛与您通电，我请求您让我的部队明天上午就乘船离开。"沃特森欣然回电："干得好，约翰尼（沃克昵称），我向第二十二陆战团和各支援部队致以诚挚祝贺，你们出色地完成了作战任务。"

虽然岛南的战斗尚未结束，沃特森依然在20时高调宣布："随着今天19时30分我军占领帕里岛，埃尼威托克环礁全是我们的了。我谨向第一战斗群全体军官和士兵献上最诚挚的祝贺，你们在战斗中体现了高度的进取精神和出色的作战效率。干得漂亮！"

当晚的帕里岛注定不会平静。虽已无力向美军发起大规模夜袭，但岛上日军仍三五成群地从白天被绕过的坑洞中钻出来，向美军阵地发起自杀式冲锋。当晚，潟湖中美军军舰发射的照明弹将小岛照得如同白昼，协助地面部队将日军的反击轻松击溃。

23日上午，美军第一营、第三营、第四坦克营侦察连及第二独立坦克连的谢尔曼坦克继续向南挺进，将沿途顽抗的日军击毙。9时刚过，美军先头部队已顺利抵达斯伦博角，仍有零星日军在顽强抵抗，清剿工作还需持续一段时间。10时45分，星条旗在帕里岛升起。历时5天的"法警行动"宣告结束。美军以亡348人、伤866人为代价，全歼日军3400人。战死的西田后被东京追晋陆军中将。

早在帕里岛作战结束之前，美军换防工作已经展开。22日，海军陆战队第十守备营接过了埃尼威托克的防务。23日，第一〇六团第三营登上帕里岛，执行扫荡和清剿残敌的任务。25日，沃克上校率陆战二十二团乘船返回夸贾林，他们将从陆战第二十五团手中接过夸贾林环礁的防务。第一〇六团（欠二营）留守当地，3月2日该部脱离第一战斗群，成为驻防部队的一部分。3月4日，沃特森准将乘飞机抵达珍珠港，他将于次月晋升少将并出任陆战二师师长。3月22日，第一战斗群的临时编制被撤销。

2月26日，刚刚回到夸贾林的陆战第二十二团就接到了地区司令官阿尔瓦·博纳德海军少将的命令，执行“小燧发枪行动”，清剿马绍尔群岛其他小岛可能存在的日军，陆军第一一一步兵团将协助他们作战。

3月7日，陆战第二十二团第一营副营长克劳福德·劳顿少校率两个连为基干的一支350人队伍，乘1艘坦克登陆舰在1艘驱逐舰、2艘登陆炮艇和1艘扫雷艇护航下从夸贾林出发，向正西方向驶去。3月9日，劳顿派一个连在沃特霍环礁主岛登陆，驻岛12名日军自知不敌，逃到附近一个小岛上集体自杀。10日，劳顿派人登陆乌贾耶岛，驻守当地气象站的6名日军5人自杀，1人投降。13日，美军登陆拉耶环礁，土著反映岛上从未来过日本人，毫发无损的劳顿支队在3月14日顺利返航，权当做了一次海上旅游。其间，3月10日，沃克上校奉调第五两栖部队司令部，第二十二团团长职务由副团长默林·施耐德上校接任。

3月19日，施耐德上校以第三营营长希斯勒少校和副营长威廉·斯佩林少校各率一支300人队伍，乘坦克登陆舰向夸贾林东南方向进发。美军第一个目标是艾林拉帕拉普环礁。土著向导介绍说，主岛有数十名日军驻守，配有步枪和重机枪。3月20日，斯佩林支队率先登陆艾林拉帕拉普，次日希斯勒率队登岛。21日，美军与岛上日军发生战斗，以负伤3人为代价击毙日军37人，俘虏2人，另有数名日军逃脱。美军搜索未果后回到登陆舰转向其他目标。

3月24日，斯佩林支队在纳努环礁俘虏7名日本人，其中包括1名妇女和4名儿童。同日，希斯勒支队与艾邦环礁的日军发生战斗，以亡2人为代价，全歼岛上17名日军。希斯勒支队随后对纳摩里克和基利环礁的侦察没有发现任何日军，两支部队于3月28日顺利返回夸贾林。

3月30日，厄尔·库克少校率第三营一个加强连对夸贾林东北方向的塔卡、杰摩和艾鲁克环礁实施侦察，没有发现日军踪迹。4月2日，他们登上梅吉特岛，击毙日军气象站人员 6 名。3 日，在确定最后一个目标里基艾普环礁上没有日军后，库克下令返航，4 月 5 日回到罗伊—纳摩尔。

第三营各部外出“旅游”，第二营同样没有闲着，马绍尔群岛环礁实在太多了。3 月 30 日，第二营副营长罗伯特·费尔克少校率一个加强连登上了一个当时默默无闻而后来世人皆知的小岛——它以美军核爆实验基地和一种新潮的女性泳装著称。战后，美军航母“萨拉托加”号、战列舰“内华达”号，日军战列舰“长门”号，德军重巡洋舰“欧根亲王”号等名舰都是作为靶舰被击沉于此的。驻比基尼岛的 5 名日军在美军登陆前已经自杀。

4 月 2 日，费尔克支队在龙格拉普环礁登陆，并未找到土著汇报的 6 名日军。费尔克此行的唯一战斗发生在乌迪里克环礁。5 日，他们在那里打死了 14 名日本兵。6 日，费尔克支队回到了夸贾林。清剿任务结束之后，施耐德率第二十二团开赴瓜达尔卡纳尔岛。经“法警行动”磨砺，第二十二团已成为一支精锐之师，后来以他们为基干组成的一支部队叫陆战六师。

4 月 17 日，驻马朱罗的陆战队第一守备营派出一支小分队，对沃特杰和马洛伊拉普实施侦察，他们先后登上距马洛伊拉普仅 16 公里的奥尔环礁和距沃特杰 8 公里的艾利库布环礁，完全失去制海权和制空权的日军对此毫无反应，任由敌人在眼皮底下自由出入。22 日，陆军第一一一团第三营一个加强连登上了夸贾林西南 260 公里的乌杰朗环礁，全歼岛上 18 名日军。

美国人纯属“吃柿子捡软的捏”，此时日军在沃特杰、马洛伊拉普、贾卢伊特和米利四大环礁仍有超过 13000 人驻军。但是尼米兹认为，岛上日军既无飞机，又无舰艇，已无法对美军下一步行动构成威胁，不必再花费人力物力去进攻他们。美国人的眼睛盯着东京，没有工夫再搭理他们了。相反，留着这些岛礁还有用处，一来可作为“菜鸟”飞行员的实战练兵场，二来日军维持守军补给倒是一个不小的包袱。在美军严密的海空封锁之下，日军只能利用潜艇进行数量有限的补给。在缺粮少弹的情况下，岛上日军一直坚持到战争结束，这里成为被人遗忘的角落。在之后的岁月里，美军共向四岛投弹 13000 吨，造成 2564 名日军死亡。另外，因患病和饥饿而死的日军士兵高达 4876 人。1945 年 8 月 22 日，米利环礁日军部队在海军大佐志贺正成的率领下向美军投降。1945 年 9 月 2 日，其余各岛幸存日军在少将升田仁助率领下向美军缴械。

2月12日，负责罗伊岛机场扩建的美军第一二一、第一〇九工兵营遭受重大打击。从塞班岛起飞的日军6架川西二式大艇经停波纳佩岛当晚进入罗伊岛上空，向岛中央的美军弹药燃料库投下炸弹。由此诱发的一系列连环爆炸造成85%物资和35%的建筑设备被毁，30人丧生，逾300人受伤。这是日军在“燧发枪行动”前后发起的唯一也是最成功的反击。

但是美国人实在太有钱了。凭借出色的后勤补给能力，美军很快恢复了施工。3月中旬，“海蜂”部队在马朱罗环礁达拉普岛建设的机场宣布完工，除一条长1500米、宽140米的跑道外，各项基础设施应有尽有，极为完善。海军陆战队两个俯冲轰炸机中队和一个侦察机中队随即进驻。马朱罗环礁成为第五舰队的临时泊地，潟湖里停满了维修船、油轮和补给舰，能够随时为远征舰队提供后勤支援。从此以后，美军舰船再有头疼脑热就不必回“珍珠港医院”了，在马朱罗开点草药冲剂喝下去就OK了。5月15日，罗伊岛机场投入使用——它现在名字叫迪埃斯机场——之后陆续进驻的美军战机超过100架。随着美军距日本本土越来越近，昔日快将我们耳朵磨出茧子的珍珠港、瓜岛、所罗门群岛等名词出现的频率将大大降低。

与此同时，海军第七十四、第一〇七工兵营在夸贾林岛的施工也在紧张进行之中。新建机场完全符合起降B–24重型轰炸机的要求。日军原来的临海设施被改建为船舶维修站，美军还新建了2000吨级的浮动船坞，埃贝耶岛水上飞机基地成为众多“卡塔琳娜”的栖息之地。恩格比机场条件较好，3月5日，经简单扩建的机场已可供B–25中型轰炸机使用。3月8日，美军出动3架B–25，对日军盘踞的库萨耶岛进行了第一次空袭。3月20日，埃尼威托克岛1800米跑道竣工，帕里岛修建了水上飞机基地和小型船舶维修基地。美军占领马绍尔群岛，为下一步进攻日军绝对国防圈的重要一环——马里亚纳群岛奠定了坚实的基础。

在提交的战役报告中，第五两栖部队司令官霍兰·史密斯少将给予本次作战极高评价：“我军根据吉尔伯特群岛战役的教训进行了改进并立即用于实战，经过马绍尔群岛的系列战斗，我们的登陆战技术日臻完善，需要改进的地方越来越少。”

占领埃尼威托克环礁之后，美军已基本控制了中太平洋。今后在南太平洋和西南太平洋，再也未对其他珊瑚礁之类的小目标发起过攻击。通过“电流行动”

和“燧发枪行动”两大行动，美军成功取得了登陆战的制胜之钥。尼米兹上将的话似乎更具代表意义，“通过马绍尔群岛战役，我们牢牢掌握了战争的主动权”。

战后，1949 年，联合国将马绍尔群岛置于美国的控制之下。1979 年 5 月 1 日，马绍尔群岛共和国宣布成立，首都设在马朱罗。因位置过偏且进行过多达 67 次核试验，来此参观的游客很少。目前没有任何纪录片或博物馆纪念当年那次战斗，只有日本人在马朱罗岛西端建起了一个大型花岗岩和平公园纪念碑，纪念在战争中死去的日本人。

第二章 空袭特鲁克

冰雹行动

1944年2月4日，日本联合舰队司令部驻地特鲁克上空8000米的云层中，突然闪出2架美军B-24重型轰炸机的魅影。日军地面高射炮立即开火，但美国人飞得实在太高了，日军炮兵即使踮着脚尖放炮也够不着人家。航空部队升空零式战斗机实施拦截。通常情况下，零战的20毫米炮对B-24、B-17这种四引擎轰炸机是无能为力的。幸好没有战斗机护航的美机只是侦察，并未投弹。面对零战的驱逐，它们毫不慌张，大摇大摆扬长而去。

这已经是近段时间特鲁克上空第二次出现敌机的影子了。一个月前的1月7日，就有美机前来“参观”，不过那次只来了1架。随着吉尔伯特和马绍尔群岛相继失守及战略前沿拉包尔的逐渐弱化，特鲁克已处在美军舰载航空兵的直接威胁之下。说不定哪天，美军攻击机群就会黑压压地出现在上空呢。

看来特鲁克的安全已经无法保证。第一次美军侦察机前脚刚走，一向谨慎的古贺就下达了舰队主力西撤的命令：战列舰“大和”号、“伊势”号、“日向”号、“山城”号、“金刚”号、“榛名”号及重巡洋舰“高雄”号撤回本土，对外宣称“升级改造”，实为避战。1月25日，古贺再次下令战列舰“长门”号、“扶桑”号，重巡洋舰“熊野”号、“铃谷”号、“利根”号及驱逐舰“秋月”号、“浦风”号、“矶风”号疏散到位于新加坡以南的林加锚地。东西宽37千米、南北长92千米的林加锚地邻近巨港油田，用油绝对不成问题。那里水浅，舰队训练可以免遭美军潜艇的威胁。

列位看官可能发现，以往与“长门”号形影不离的“陆奥”号不见了。1943年6月8日12时10分，停泊在广岛湾柱岛基地的“陆奥”号后部三号炮塔突然发生剧烈爆炸，重达360吨的炮塔几乎飞到与舰桥相同的高度上，舰体一瞬间断为两截，前段向右翻转沉没，舰艉于次日2时沉没于主残骸南方数百米处。虽然邻近的“长门”号、“扶桑”号立即展开营救，但只有353名水兵幸免于难，包括舰长三好辉彦、副舰长大野小一郎在内的1121人随舰同亡。

由盐泽幸一海军大将任组长的调查小组迅速成立。经详细调查，最终仅给出了“只要没有非人为的证据就可以说是人为”的模糊结论。有人说“陆奥”号遭到了美军潜艇的偷袭，有人说是“共产国际特工破坏”，也有说是舰上三式弹自爆或附近“潮”号驱逐舰掉落的深水炸弹引爆等。这艘在华盛顿会议上费了九牛二虎之力才保留下来的战列舰就这样未经一战，含恨而逝，日本人真是说多沮丧就有多沮丧。不过沮丧仅局限于军方。为防止国民信心动摇，海军下达了封口令，严格隐瞒爆炸事件，死亡水兵的工资仍然照常通过汇款发到家属手中，以防他们生疑。二战结束后，1945年12月9日，日本NHK广播电台才首次向国民报道了“陆奥”号沉没的相关情况。第一舰队司令官清水光美为“陆奥”号的沉没买单，他被解职编入预备役。日军曾试图打捞“陆奥”号，但由于舰体损坏严重，最终放弃。1944年7月，资源匮乏的日本海军还从“陆奥”号的燃料舱中回收了600吨重油。1970年，深田船只打捞株式会社将约70%舰体打捞上来，部分遗物在各地展示。

时间刚刚过去一个月，美军B–24就再次飞临特鲁克上空，还一次性来了2架。重型轰炸机肯定无法在航母上起降，这说明特鲁克周边1500公里的范围内，美军已经有了可供这种飞机起降的空军基地。如此看来，下次来的很可能不是2架，而是攻击机群了。小泽治三郎的第一航空战队在布干维尔岛海空战中被打成了半身不遂，不久前回到本土重建，半年内无法恢复战斗力。城岛高次的第二航空战队目前在拉包尔苦苦支撑，自身难保。如果美军重型轰炸机大举来袭，仅凭高射炮和基地的少许零战肯定是应付不了的。念及此处，古贺顿觉后脖颈冷风飕飕。

2月7日，东京与夸贾林守军的联络完全中断，预示着以往作为后方基地的特鲁克瞬间变成了第一线。美军随时可能前来攻击，侦察机频频出现就是最好的预兆。虽说目前水面舰艇仍颇具实力，但若没有航母出战，与美军决战根本无从谈起。思忖再三，古贺觉得无论如何不能再在特鲁克待下去了，“舰队主力停在特鲁克无所事事，恰似授敌以饵”。2月10日，古贺亲自坐镇旗舰“武藏”号，在重巡洋舰“爱宕”号、“鸟海”号，轻巡洋舰“大淀”号和驱逐舰“白露”号、“满潮”号的护航下出港，重巡洋舰“妙高”号、“羽黑”号随后启航前往帕劳。古贺率主力舰队出海，不是前往激战正酣的马绍尔群岛，而是向本土的横须贺军港绝尘而去，美其名曰“和军令部研究制订下一步的作战计划”。在特鲁克，古贺只留下了2艘轻巡洋舰和8艘驱逐舰，以保护当地的海军部队和基地货船。这基本属于政治表态，证明特鲁克“还在我们的防御范围之内”。如果一下子将舰船撤空，世界第三大海军这老脸往哪儿搁?

特鲁克属于火山岛群和环礁混合形态，1528年对它的最早记录来自西班牙人。70个珊瑚礁围成直径60千米、面积2129平方千米的潟湖，内有14个侵蚀严重的火山岛，陆地总面积127平方千米，可以建设足够的设施以容纳更多的人员，宽阔水深的潟湖可供大型舰船停泊。虽然国际联盟明确指出，不得在委任统治地范围修建军事设施，但日本对外严密封锁，通过20年苦心经营将之打造成海外最大的军事基地——特鲁克因此被西方誉为“日本的珍珠港”或“太平洋上的直布罗陀”。开战之后，日军迅速夺取拉包尔且围绕所罗门群岛展开的系列战斗，目的就是保证特鲁克的绝对安全。现在美国人还未杀上门来，仅侦察机前来晃悠一圈就吓得主力舰队仓皇撤走，特鲁克守军士气因此一落千丈。

美军已经夺取了吉尔伯特群岛，马绍尔群岛的陷落也是一个时间问题。在这两场战役期间，联合舰队几乎毫无作为，古贺承受的压力之大可想而知。不到万不得已，他是不会轻易跑回东京自找没趣的。综合古贺的汇报和国内的实际状况，大本营海军部通报陆军：驻特鲁克的战机目前有70 ~ 80架，3月末可达130架，5月末为700架。正在训练的第一、第二、第三航空战队到5月上旬舰载机数量分别可达230架、137架和90架。军令部判断，美军来袭兵力为航空母舰12艘及护航航母30艘，合计舰载机1700架左右。考虑到每次可出动攻击的战机约为总数的2/3，因此在1944年6月，日本海军可以集中900架战机与美军放手一搏。换句话说就是，“给我一点时间，还你一个奇迹”。

虽然驻守吉尔伯特和马绍尔群岛的大部分是海军，但陆军对古贺擅自撤退的过度反应仍然极度不满。2月13日，参谋本部《机密战争日志》上记载：“松谷城大佐（战争指导班班长）从海军部队当前呈现的气氛中得知，海军内部很多人对战争结局感到悲观，同时希望能借机通过妥协来实现和平。很多内阁大臣持海军同样的态度，他们没有打算在战争中进行反抗。现在陆军必须明确，对外要抵抗美英的压迫，对内要敦促那些意志薄弱者坚持战斗。”

古贺率主力绝尘而去，特鲁克只剩下第四舰队的十余艘作战舰艇，总数174架各型战机分别隶属第二十二、第二十三、第二十五、第二十六、第二十八等多支航空战队，实际可战飞机仅70架左右。它们中大部分是刚从拉包尔、卡维恩等前方基地撤回来的，兵无战心。近期水上飞机母舰“千代田”号陆续运来了161架补充飞机，准备分配到前线各机场。地面守备部队除海军第四十一警备队外，还有陆军中将麦仓俊三郎第五十二师团第六十九步兵联队（缺第二大队）、第一〇五步兵联队第三大队，后续兵力正在陆续调运之中。古贺及众幕僚离开之后，特鲁克基地最高指挥官是第四舰队司令官小林仁。特鲁克是南洋厅东部支厅所在地，末任行政长官兰原有孝负责管辖东加罗林群岛和马绍尔群岛地方行政事务，并不参与作战指挥。

古贺的判断非常正确。2月4日跑来观光的两架B-24是从布干维尔岛以南莫诺岛美军机场飞来的。由于航程实在太远，斯汀森少校和耶赫上尉的2架飞机并无载弹，承担的任务只是侦察。飞机在特鲁克上空仅停留了20分钟，且飞得太高，被乌云挡住了大部分视线，所以两名美军飞行员拍下的照片价值不大，只能看出30余艘舰船泊在港内。前文说过，日军长时间的严密警戒使美军对特鲁克的详细情况一无所知。米切尔少将坦承，自己对特鲁克的少许了解全来自数年前的一本《国家地理》杂志。

就在希尔少将准备率第一战斗群前往埃尼威托克的前三天，2月12日，米切尔少将率第五十八特混舰队下属三个航母大队浩浩荡荡驶出了马朱罗环礁，他们的攻击目标正是日军“重兵”把守的特鲁克。本次作战代号“冰雹行动”。米切尔阵中有重型航空母舰5艘、轻型航空母舰4艘、新式战列舰6艘、重巡洋舰5艘、轻巡洋舰5艘和驱逐舰28艘，9艘航母拥有舰载机570架。为了迷惑日军，米切尔率舰队先向西北航行，从埃尼威托克北方绕过，之后折向西，驶往特鲁克。根据尼米兹上将的命令，潜艇部队司令官洛克伍德中将提前派出10艘潜艇前来助战，密切监视日军动向，随时歼灭可能出现的“漏网之鱼”。

可能觉得跟希尔去埃尼威托克只对岸上放炮没多大意思，斯普鲁恩斯亲自参与了本次行动。新式战列舰“新泽西”号上，飘扬着第五舰队司令官的中将将旗——本次作战返航之后，它将被一面新的四星上将将旗取代。旗舰与“邦克山”

号、“蒙特利”号、“考彭斯”号围成了一个巨大的圆圈。在它们北方，是以“企业”号、“约克城”号、“贝露森林”号组成的第三大队，它们右侧是“埃塞克斯”号、“无畏”号、“卡波特”号3艘航母。这种部署可以使航母根据需要随时分散或会合。通常情况下，它们只有在靠岸停泊时才全部集中。如果日军主力舰队前来迎击，“大舰巨炮派”的忠实拥趸斯普鲁恩斯将亲自出任战术指挥。如果战斗以空战为主，战术指挥将由米切尔少将全权负责。

航途中，斯普鲁恩斯与参谋长穆尔、航空顾问波纳尔、米切尔一起商定了为期两天的作战计划。首日即17日的战斗主要由“地狱猫”担纲，旨在夺取作战区域制空权，摧毁或削弱日军的航空力量。18日，三支航母大队的俯冲轰炸机和鱼雷机将倾巢而出，对港内停泊的日军舰船发起攻击。斯普鲁恩斯将率战列舰、巡洋舰提供支援。潜艇在附近水域待机，随时营救落水飞行员或伺机攻敌。

2月15日夜，在拉包尔空袭中严重受损的日轻巡洋舰“阿贺野”号在撤回本土途中，于特鲁克以北300公里遭到美军潜艇“鳐鱼”号的攻击。本已受伤的巡洋舰右舷被两条鱼雷命中，在海上苦苦挣扎了一天后沉入大海。大规模空袭之前派出潜艇在目标海域游弋搭救落水飞行员并截杀逃亡敌舰已成为美国海军的标准战术。“阿贺野”号被潜艇击沉，预示着一场大规模空袭已经迫在眉睫。

同日，日军第四舰队情报人员准确捕捉到美军“埃塞克斯”号舰载机之间的通话，说明美军正在不断迫近。毕业于海兵第三十八期、吊床号高居第四位的小林仁之前长期负责对美谍报工作，是海军中久负盛名的情报专家。2月16日一大早，小林仁下令放飞6架一式陆攻机和3架鱼雷机，对美国人最可能出现的东北海域实施搜索，一无所获。17日凌晨3时，小林仁下令全军进入一级警戒状态。但到6时35分，看到并无美军来袭的小林仁下令将警戒状态降至三级，允许水兵自由外出。开战以来，特鲁克还从未遭遇过战火，岛上建有大量休闲娱乐设施如饭店、酒吧等。小林仁本人则拿起一根钓竿，前往一处漂亮的珊瑚礁垂钓。

小林仁的判断非常准确，美国人的确已经来了。但钱多不怕费油的美军没有走最经济的东北航线，而是向北绕了一个大圈，掉头向南杀来。由于绕路耽误了一天时间，日军派出侦察机的16日，美军没来，而他们放松警惕的第二天，美国人到了。17日日出前90分钟，美军舰队抵达特鲁克以东170公里水域。5艘重型航母上依次排开了70架“地狱猫”。飞行员个个神情肃穆，静候司令官发出的攻击命令。

6时40分，随着米切尔少将一声令下，第一架“地狱猫”从航母甲板上腾空而起。第一攻击波出动飞机最多的是“邦克山”号的战斗机中队，放飞的“地狱猫”多达22架，中队长山姆·西尔伯海军少校接到的命令是在6100米高度制空。“邦克山”号飞行大队长罗兰·戴尔海军中校驾驶1架“地狱猫”起飞。作为首日战斗的总指挥，他负责协调各个攻击波次并及时向米切尔少将汇报战况，职责类似日军偷袭珍珠港时的渊田美津雄。“企业”号、“无畏”号、“约克城”号的战斗机中队各起飞“地狱猫”12架，“埃塞克斯”号只起飞了11架。

航母舰队的空中掩护由4艘轻型航母“贝露森林”号、“考彭斯”号、“蒙特里”号、“卡波特”号的战斗机中队负责，它们可视战场情况随时转为进攻。美军航母舰队的惯例是，重型航母负责攻击，轻型航母专注防守。这让轻型航母上的飞行员非常恼火，他们抱怨通常坐镇重型航母的司令官一碗水端不平，总把掌勺、炒菜的好活儿留给身边的飞行员，让他们只干些洗菜、刷碗的无聊事儿。随着日军航空兵日渐式微，美军航母几乎很少遭遇攻击，他们基本捞不到什么露脸的机会。在更多时间里，他们只能在舰队上空盘旋白白耗费燃油，成为王牌飞行员的希望几乎为零。

第一攻击机群指挥官是绰号“杀手”的“企业”号战斗机中队中队长威廉·凯恩海军少校，他领军的中队绰号“死神”。“企业”号和“无畏”号的24架飞机在450米高空编成了6个小队，每队4架。绕舰队盘旋一周后，他们直接飞往环礁北部空域。为避开日军雷达，起初机群飞行高度仅300米，距目标一半航程时逐渐爬高。当特鲁克宽阔的潟湖在晨曦中清晰可见时，凯恩率队开始盘旋上升，以便在战斗打响之前占取最有利的高度。他看到下方“约克城”号的同伴正在进入，高空已看不到“邦克山”号战斗机的身影。岛上日本人对他们的来袭似乎毫无察觉。

凯恩率机群飞向西南，8时05分到达目标附近，高度约4900米。“地狱猫”开始绕摩恩岛盘旋，吸引了不少毫无准头的日军防空炮。“无畏”号的飞行员看到跑道上有2架一式陆攻机正欲起飞，凯恩率“死神”中队已经冲到机场上空开始扫射。

“无畏”号的战斗机紧紧跟在“企业”号的同伴身后。当最后一个双机组准备俯冲时，分队长亚历山大·弗拉丘海军中尉——这个在芝加哥长大的24岁罗马尼亚小伙子是美国传奇飞行员、荣誉勋章获得者奥黑尔的得意门生，奥黑尔则是“萨奇剪”的发明者约翰·萨奇的嫡传弟子——忽然大叫起来：“左前方760米有敌机出现！”可惜其他人并未听到弗拉丘的呼叫，继续朝着机场俯冲。弗拉丘认出对面飞来的是零战，于是带僚机飞行员卢·利特尔少尉无所畏惧地迎了上去。

他们很快遭到一大群零战的围攻。两人利用大幅度转弯爬升，转向尾随他们的1架日机。零战失速后爬升转向，却发现2架“地狱猫”在身后急剧滚转飞行。两名美军飞行员继续俯冲避开上方和后方日机，接着连续作交叉飞行，以防可能来自两侧的攻击。日机滚转飞行俯冲向水面，这是一个致命错误。零战在长时间俯冲过程中根本跑不过“地狱猫”。利用这种战术，弗拉丘在潟湖上空连续敲掉了2架零战和1架二式水上战斗机，利特尔也击落了1架零战。

在重新获得高度后，弗拉丘在一块浮云附近又咬住了1架零战。日机飞向一团厚积云，弗拉丘在后紧追不舍，猎物在云隙间时隐时现。一连串毫无结果的机动之后，弗拉丘放弃了云中追击的想法，驾机迎着太阳爬升，利用耀眼的阳光隐蔽自己。当那架零战再次出现在视野中时——日军飞行员可能认为美国人已放弃追击了——弗拉丘俯冲到敌机4点钟位置，在近距离猛烈开火，零战拖着一道黑烟坠入潟湖。“我想日军飞行员根本不知道我在哪里。”战后弗拉丘回忆说。当天弗拉丘共击落日机4架，使个人战绩达到9架。但他认为，最过瘾的还是4个月后的“马里亚纳猎火鸡”之役，那次他单枪匹马击落了6架日机。

在执行预定的扫射任务之前，凯恩和僚机飞行员弗恩·伍德中尉在短短5分钟内就击落了5架零战。当凯恩率两个中队朝摩恩岛机场俯冲时，日军紧急起飞了40～50架战机。47架低空飞行的美军“地狱猫”全部投入了战斗。天空中随即爆发了一场混战。在接下来的几分钟里，几乎每隔半分钟就有飞机在某处坠落。几位美军飞行员发誓说，看见有日军飞行员在跳伞时开伞失败。一名穿花睡衣跳伞的日军飞行员显然是刚从被窝里钻出来就登机了。这同时说明美军的空袭完全达成了突然性。

体格粗壮的“地狱猫”和均匀脆弱的零战彼此不断咬住对方，拼命开火。美军飞行员很快发现，对面的日军同行大都勇猛善斗，但技术欠佳。由于同一空域互相射击的飞机太多，不时有误伤事件发生。弗拉丘眼睁睁地看着 1 架“地狱猫”在混战中被友机击落。

在一次短暂的交手之后，绰号“法国佬”的鲁勒特上尉使 1 架零战起火燃烧，接着咬上了 1 架二式水上战斗机。日机翻跟头试图逃脱，但由零战改型的这种飞机灵活性不够，鲁勒特将飞机拉起急升到敌机上方，在“地狱猫”失速的一瞬间猛烈开火，日机中弹坠入大海。几分钟后，他的僚机飞行员沃克尔少尉如法炮制，将 1 架咬上鲁勒特的二式水上战斗机揍得凌空爆炸。

但更多的二式水上战斗机围了上来。杰克・法利上尉在一次急转后击中 1 架日机，但他的机舱也被日军 20 毫米航炮击中。爆炸不但损坏了飞机仪表盘，法利的手和腿部都受了伤。他驾机摆脱 1 架敌机的追击，成功逃脱。当他试图寻找伙伴林顿・考克斯少尉时，天空已变得空空荡荡。他猜想正是赶跑他的那架日机击落了自己的同伴。

零战在性能上逊于“地狱猫”，日军飞行员的技术也比对手差了一大截，空战呈现一边倒状态。朝阳将云彩染成了红白色，双方战机翻飞格斗，曳光弹拖着烟雾漫天飞舞，战斗场面蔚为壮观。“企业”号战斗机中队穿越日军战斗机群和稀疏的高射炮火，断然向跑道上的 17 架日机进行扫射，它们很快起火燃烧。他们还声称在空中击落敌机 4 架。“邦克山”号战斗机中队运气欠佳，他们一直在 6100 米高度飞行，在 3 个小时空战中只看到 16 架敌机，与其中的半数交火，声称击落 1 架、疑似击落 1 架。西尔伯对取得如此惨淡的战绩颇觉尴尬，他自嘲道：“我们的伙伴干得实在漂亮，他们在日机飞到 4600 米高度时就将其击落，根本没给滞留高空的我们留下多少猎物。”

与其他几个中队类似，“埃塞克斯”号战斗机中队在距目标还剩 15 分钟航程时就已爬升至 4300 米高度。蒙托特上尉、比尔・邦诺上尉和尤金・瓦伦西亚少尉组成的三机小组在飞行中发现，头顶出现了一队战机，机腹和机翼下的涂装是浅色。起初他们误以为那是高空掩护的友机。几分钟后，当 6 ～ 8 架零战向他们发起俯冲时，完全失去位置的三人大惊失色，只好暂时分散逃逸。蒙托特高速俯冲到水面再拉起爬升，在寻找友机的过程中遭到日机围攻，只好再次俯冲逃跑。其间，他侥幸击落了 1 架零战。

随后的战斗被邦诺形容为自己最惨烈的一段经历：“我能看见的每架飞机上

都涂着大红太阳，1 架敌机打坏了我的液压系统，我只能用海军最经典的机动来解决他们——不要命地逃跑。”日机开始射击时，邦诺向左急转然后翻滚向右转，零战从他旁边一掠而过。在从 3600 米下降到 1800 米的过程中，邦诺接连几个点射将日机击落。在向前飞行了 10 分钟后，他的头顶出现了 6 架二式水上战斗机。邦诺迅速爬升，将最后 1 架敌机斩落马下。其余 5 架敌机转身对邦诺展开围攻。邦诺甩掉对手后做了一次爬升转向，从侧面再次将 1 架日机击落。此时又有 1 架零战赶来增援，邦诺只好俯冲到 600 米低空逃离战场。

因为飞机伤势很重，邦诺决定直接向“埃塞克斯”号返航。飞出 24 公里后，他再次与 2 架二式水上战斗机遭遇。邦诺从侧面向长机俯冲并将它打得冒了火。看到日军飞行员跳伞逃生，邦诺这才驾机转身离开。当天的 4 个战绩让他步入了王牌飞行员行列。

瓦伦西亚少尉同样在这一天成为王牌。在与长机分开后，他击落了 3 架零战。这位 22 岁的加利福尼亚小伙子口才极佳，回到航母后他向舰长汇报说：“日军飞行员在攻击时似乎不怎么清楚如何应对我们的对抗性反攻动作，如果不把大象给他们拴好，他们根本就打不中。”瓦伦西亚对“地狱猫”的性能倍加赞赏，他的下述一段话在国内被广为报道，集中反映了飞行员对“地狱猫”的看法：“我十分喜爱这种美丽的飞机。如果她能做饭，我就娶一架回家当老婆。”瓦伦西亚可能不知道，这种战斗机有时还被称作“泼妇”。

美军几个中队宣称，在战斗开始前 20 分钟就已击落大量日机，总数接近 50 架。“约克城”号中队长爱德华·欧文少校看到跑道上有日机滑行，“我们到达目标时拥有一切优势，清晨、战术情报、日本人遭到了突袭，飞机很多停在地面上。当我们扫射机场时日机开始升空，很快就爆发了一场大空战。情况极其混乱，你很难选择一个目标追着它打一直到把它击落为止。仅仅几分钟后，就找不到一片干净的天空了，每个角落里都有日军飞机在燃烧坠落，还有很多直接被摧毁在跑道上。机场设施爆炸起火，将黎明的曙光烧得金光闪耀。大概就是这种景象让我把这次战斗称作‘好莱坞战争’，有时看起来简直就像在拍摄一部场景恢宏的战争影片”。欧文在战斗中取得了 2 个战绩，同样达到了王牌标准。

第一次扫荡战中，成绩最好的“埃塞克斯”号战斗机中队声称击落日机 21 架，其他中队宣称共击落 48 架。空战就这样以美军一边倒的胜利暂时告一段落。

美军仅损失 4 架飞机，其中亨利·席布勒少尉的飞机很可能是被友军击落的，弗拉丘远远看到了那不幸的一幕。

这么多舰船费那么多油大老远跑来了，美国人当然不会这样就走。时过正午，米切尔下令舰队改变航向，继续起飞战机，前往摧毁岛上的机场跑道。由于在夸贾林几乎没有日机迎战，米切尔在“中考”中找不到合适的表现机会。此刻，他急于通过战斗为自己正名，赢得斯普鲁恩斯信任的同时，顺便将自己特混舰队司令官前面的“代理”两字去掉。“企业”号的 5 架“地狱猫”奉命各挂上 1 颗 450 公斤炸弹轰炸摩恩岛机场，它们将炸弹全投在了机场跑道上。接踵而至的是 14 架“无畏式”，它们将炸弹投向了可以发现的一切设施，还顺带炸毁了 12 架日军轰炸机。为轰炸机护航的“地狱猫”无事可干，就对着停机坪肆意扫射，导致 11 架单引擎日机燃起大火。

17 日的战斗中，美军许多飞行员进行了两次甚至三次出击。“邦克山”号西尔伯少校出击两次，飞行时间逾 5 小时。“无畏”号弗拉丘起飞 3 次，飞行时间长达 8 个半小时。“企业”号的沃尔特·哈曼中尉在 2 次飞行中执行了不同任务。上午他声称击落 2 架零战和 1 架二式水上战斗机，在下午攻击摩恩岛时他遭到 4 架零战围攻。哈曼选择与其中 1 架 PK，双方棋逢对手，难分高下。最后哈曼开炮命中日机座舱，那架飞机一头撞毁在山坡上。

在飞回战场试图帮助战友时，哈曼看到 1 架零战击中了拉瑞·理查德森中尉的飞机。“地狱猫”风挡玻璃被炸飞，发动机中弹，机翼和机身各被打出一个大洞，方向舵一部分消失无踪，液压系统失灵。但“地狱猫”实在耐揍，即使被打得血了呼啦，理查德森还能驾机返回，在自家 1 艘驱逐舰附近迫降。巡逻艇迅速冲上前去将他救起。

伍迪·汉普顿上尉遇到的麻烦比理查德森更大。在驾驶受伤飞机返回“企业”号途中，他遭遇到 3 架敌机——其中 2 架零战、1 架二式水上战斗机。日机向受伤“地狱猫”猛扑过来。汉普顿竭力躲避并适时发起反击，他认为日军飞行员射术很差，“地狱猫”被打得满身窟窿，但是仍可飞行。1 架零战从左上方逼近，企图爬高发起进攻。汉普顿当即拉起，瞄准目标一通乱射，零战拖着一团浓烟栽向海面。另 2 架日机死死咬住汉普顿不放，试图为被击落的同伴报仇。虽然 6 门炮仅 3 门还能开火，汉普顿还是奋勇将那架零战击落。

剩余那架二式水上战斗机单枪匹马继续作战，企图结果这个可恶的美国人。水上飞机从尾部飞来，汉普顿猛收油门，使受伤的“地狱猫”突然减速。日机一冲而过，落在汉普顿的炮口前方。“地狱猫”不平稳的后坐力干扰了汉普顿的瞄准，日机趁机仓皇逃逸。汉普顿找到1艘驱逐舰并在附近迫降，飞机着水时巨大的冲击让他一头撞上瞄准器昏死过去。随后赶到的营救者将他从徐徐下沉的飞机座舱内成功捞出来。

“约克城”号头号得分手是和丘吉尔一样烟不离手的罗伯特·邓肯少尉，他共击落4架日机。13时，他奉命出击为轰炸机护航。他发现有10 ~ 15架零战在6100米高度背阳发起攻击。“约克城”号攻击机群在日机下方1800米。“地狱猫”迅速迎上前去，构成了一道严密的防御网。

1架零战冲向邓肯小队，射击前做横滚倒飞。尽管僚机座舱已经中弹，邓肯仍带僚机转向零战，以防它扑向领队长机。零战从前方一掠而过，邓肯转向180度从右侧猛烈开火，零战瞬间中弹起火。第二架零战突然出现在邓肯眼前，邓肯本能地开炮射击，未能命中。敌机很快转向，朝他扑来，邓肯及时开炮将之击落。

邓肯击落的第三个目标并非平庸之辈。双方上下翻飞，斗得难解难分，谁也占不到半点便宜。零战曾两次向他开火，都因提前量不足未能命中。当日机试图中断作战离开时，邓肯跟踪俯冲在2400米高度击中对手，日机拖着一条浓烟坠向海面。

当邓肯试图重新提升高度时，第四架零战在上方100米偏右方向突然开火。邓肯用右侧机炮进行还击，同时陡直拉起，大坡度转弯寻机再次开火。此时他看到那架零战慢慢滚落，撞碎在杜伯伦岛的山头上。邓肯估计，自己在迎头开火时打死了日机飞行员。这样，他就成为当天第五位击落4架零战的飞行员。1943年10月，空袭威克岛时，他就击落过2架零战，目前他的总战绩达到了7个。

当天下午，菲利普·托里中校再次率队从“埃塞克斯”号上起飞，为攻击机群护航。分队长亚米斯德·史密斯遭到1架零战攻击，炮弹擦着机身飞过。史密斯收回油门并踩舵让飞机侧滑，零战从他身边一掠而过。史密斯射出的炮弹击中敌机左翼，日机翻转着落了下去。几分钟后，飞临摩恩岛上空的上尉连续击落2架零战。三次击落使他成功变成王牌。但他的飞机也被日机击伤，在飞回航母途中燃油耗尽，只好迫降，随后被驱逐舰成功救起。梅奥·哈登当天同样获得3

个战绩，成为中队的第七个王牌。

汉密尔顿·麦克沃特上尉带领自己的小队为轰炸机护航时，前方突然出现了3架不明身份的飞机，在5000米距离上，看上去相当友好。但是当“无畏式”开始俯冲时，它们突然转向，朝美机直冲过来。麦克沃特率僚机迎上前去，在距离仅剩1000米时，他确信来者是敌非友。那3架零战不同寻常，机身被涂成橘黄和黑色——日军连训练机都派出来了。

日军长机有一次绝好的射击机会，却莫名其妙没有开火。麦克沃特转向，飞到1架敌机身后，僚机巴德·金豪则咬上了日军长机，一次开火就将之击落。麦克沃特一次射击同样将第二架日机从空中抹掉。第三架零战落入麦克沃特的瞄准线，他当即开炮将它揍得凌空爆炸。10秒钟内他们一举敲掉了3架日机。又一架零战扑了上来，距离2000米。像上次一样，敌机可以开火却未动手。这位来自佐治亚州的小伙子一次射击就使零战中弹起火，日军飞行员弃机跳伞。这次短暂的激战使麦克沃特创下了击落敌机10架的纪录，弗拉丘以9架排名第二。

当天，“约克城”号飞行大队长埃德加·斯特宾斯少校也击落了1架日机。他在装有照相设备的“地狱猫”上视察战况时，被1架落单的零战咬上。对这位老鸟来说，眼前的战斗简直就是小菜一碟。1942年，在老“大黄蜂”号服役时，他作为俯冲轰炸机飞行员就曾击落过3架敌机。12月，攻击夸贾林时，他又摧毁陆攻机1架，这架零战很快成为他的第五个猎物。

“地狱猫”在空战中大显神威，但对舰攻击并非所长。“无畏”号战斗机中队的乔治·布拉德上尉率小队攻击了摩恩岛机场，在将6架陆攻机和4架零战打起火后绕道返航。一头红发的大个子布拉德已有4个空中和5个地面战果。杀得兴起的小伙子发现前方海面上有1艘日军轻巡洋舰，冲过去对准舰桥一通扫射。用战斗机攻击重型水面舰艇显然是愚蠢的行为，他的飞机发动机被日军防空炮火打坏，布拉德只好迫降水上。由于迫降点距岸很近，日军1艘小艇迅速驶来，赶在美军救援人员到来之前将钻出驾驶舱的上尉俘虏。

在岛上，布拉德遇到了一个好伙伴。海军陆战队王牌飞行员——第二一四战斗机中队中队长波因顿少校于1月3日在拉包尔上空取得第二十六个战绩后被日机击落，被潜艇俘虏后羁押于此。日本人准备将他押往马里亚纳群岛，押送他的飞机正欲起飞时，空袭降临了。波因顿和日军一些地勤人员躲进防空洞，避开了友军投下的炸弹。这两名美军飞行员都幸运活到了战后，波因顿之前获得的荣誉勋章也由“追授”改为实授。在回忆录中，他对美军空袭特鲁克曾有过生动的描述。

“约克城”号战斗机中队声称击落日机35架，是几个中队成绩最好的，多达7名飞行员当天晋升王牌。即使成绩略带水分，也足够美国人自豪了。不久之前，他们对零战还是那么忌惮，现在却可以玩弄对方于股掌之间，那口恶气总算出了。当天早上，特鲁克共有365架日机，现在这一数据已大大减少。据统计，在空中和地面被摧毁的日机有204架，其中近130架毁于空中的格斗。战后日方记录被击落飞机仅70架。虽然双方记录出入较大，但不争的事实是，美军已经完全统治了特鲁克的天空。现在，终于轮到“无畏式”和“复仇者”闪亮登场，大开杀戒了。

米切尔不愿让日军得到片刻的喘息机会，源源不断地向战场输送飞机。17日当天，美军每艘重型航母均发起了6轮打击，每轮之间间隔很短。黎明时分，执行扫荡任务的战斗机刚刚离开甲板不到半小时，执行攻击任务的轰炸机就升空了，它们攻击的目标是港湾内的日军舰船。美军每轮攻击出动“地狱俯冲者”或“无畏式”19架，“复仇者”9架，由12架“地狱猫”护航。飞行员接到的指令是：攻击次序为航空母舰、战列舰、重巡洋舰、轻巡洋舰、潜艇、油轮、辅助船只，最后是驱逐舰。如果实在找不到舰船，就对机场设施和舰船维修设备投弹。

此时，港内尚有日军舰船逾40艘。让美军飞行员失望的是，诸如航空母舰、战列舰、巡洋舰那样的大家伙，一个都没——古贺的撤退行动是多么及时。10时，美军对停泊在中部岛屿附近的日军辅助舰船发起攻击，爆炸产生的大量碎片飞进了旁边的疏散机场。美军特意将对油库的攻击放在最后，以免燃油起火升起的浓烟影响视线。戴尔中校通知“邦克山”号的攻击机群，环礁西南32公里发现敌巡洋舰和驱逐舰各一艘。一群美机立即蜂拥而上，向戴尔提供的目标发雷投弹，眼看敌舰舰首和前炮塔被水淹没，才恋恋不舍地离开。被击沉的是日军轻巡洋舰“那珂”号和驱逐舰“追风”号。它们刚刚执行救援任务回来，“追风”号上装载着之前被潜艇击沉的“阿贺野”号的523名水兵。

下午，逃往北关的日军舰船大部分被击沉，块头最大的当数训练巡洋舰“香取”号。在驱逐舰“舞风”号、“野分”号和扫雷舰“昭南丸”号的护卫下，“香取”号和载有600多人的“赤城丸”号企图夺路而逃。美军及时监测到敌舰发出的无线电信号，10时38分，米切尔通知空中指挥官组织追击。

作为一名传统大舰巨炮主义者——虽然他的赫赫威名大多来自中途岛和马里亚纳两次航母大战——斯普鲁恩斯人生的崇高理想是指挥一支威武雄壮的战列舰舰队。他喜欢战列舰，并且已做了30多年准备引导它们进入战争。但当战争真的爆发时，它们作为舰队主宰的可能性已不复存在。战列舰在舰队中的影响力已日渐式微，逐渐沦为海上新贵航空母舰的贴身保镖，这怎能不让他黯然神伤？不过一旦出现可能，他还是急于给这种战舰提供表演的机会。突袭特鲁克可能是他最后一次与日军水面舰艇作战的机会，他希望至少能率2艘新式战列舰亲自参加战斗。后来他在写给玛格丽特的信中说：“不幸的是，日本人在特鲁克没有留下任何有价值的海军船只，我们希望找到并击沉它们——但只有小渔船和商船。”

航空兵忙得不可开交，坐镇“新泽西”号的斯普鲁恩斯早已饥渴难耐，他亲自率领战列舰“衣阿华”号，重巡洋舰“明尼阿波利斯”号、“新奥尔良”号及第四十六驱逐舰中队的4艘驱逐舰驶出队列，全速追击“香取”号等敌舰，他要直接指挥一场毫无悬念的水面作战。参谋长穆尔和一众参谋认为，再也找不到比让司令官亲自指挥一次水面战斗更糟糕的事情了。此举完全是一种不必要的冲动行为。

并非海军航空兵出身的穆尔认为，美军航空兵实力强大且已牢牢控制了局面，米切尔的飞机可以处理该地区的所有敌舰，没必要再让战列舰和巡洋舰去冒险。他认为这种只图一时痛快的做法纯属策划失当，比怠惰和懒散更加糟糕——他一向认为司令官痴迷散步，过于懒散，对很多他该管的事情都不加理睬。斯普鲁恩斯此时的做法惊得他目瞪口呆。

穆尔站在舰首左舷，看着这支分舰队逐渐接近特鲁克岛。他猜测斯普鲁恩斯此举与其说是为了击沉敌舰，不如说是出于对富有神秘色彩的特鲁克军港的好奇。珍珠港事件发生之后，尼米兹多次信誓旦旦，有朝一日，一定要将自己的将旗插到特鲁克岛的最高处。这里是日本海军联合舰队的司令部驻地，斯普鲁恩斯此举是为尼米兹还愿，还是向偷袭珍珠港的日军复仇？

体形硕大的“新泽西”号一马当先，率舰队以25节高速破浪前进。50公里开外，“埃塞克斯”号的攻击机群正在对日舰展开群殴。在遭到一群“地狱猫”扫射之后，船身漏油的“舞风”号开始在海上跛行。不远处，几架“复仇者”正对“香取”号和“赤城丸”号投弹。2 颗重磅炸弹落在“香取”号后甲板，从甲板内部升腾而起的黄色浓云足足超过 150 米。此时，由斯普鲁恩斯亲自领军的战列舰已快速迫近。

“新泽西”号很快被日军 1 名飞行员发现，几架日军轰炸机穿过云隙，悄悄逼近美军舰队，之后断然向“衣阿华”号俯冲投弹。炸弹落入战列舰右舷 30 米外的海水中，激起了几条冲天水柱。突然出现的险情使穆尔提醒司令官，是否将目前的一字长蛇阵换为环形阵，以抵御日军的空袭。“我们到这里来，不是为了和日本人的飞机较量，而是和水面舰艇作战，我希望继续保持一路纵队。”斯普鲁恩斯断然拒绝了参谋长的建议。意识到一旦雷蒙德下定决心，争论再无意义，穆尔只好不再吭声。此时这支美军小舰队的阵形是，旗舰“新泽西”号冲在最前，“衣阿华”号、“明尼阿波利斯”号、“新奥尔良”号依次跟进，驱逐舰“伊泽德”号、“伯恩斯”号负责护卫旗舰舰首两侧，“夏洛特”号和“布拉德福”号则护卫两舷。

潟湖内大部分日舰或燃烧，或正在下沉，或已经下沉。美军战机对仍浮在水面上的日舰投弹扫射。“企业”号一名飞行员发现环礁北部仍有几艘燃烧的敌舰，立即呼叫空中指挥官：“袭击行动指挥官，潟湖正北方有 1 艘日军巡洋舰遭到重创，我将前往此处将之击沉。”他很快听到了一个低沉的声音：“山猫队长，我是秃鹰。不准行动，重复一遍，不要击沉这艘军舰，听到请回答。”

发出命令的正是米切尔少将。马克的意图非常明显，不要去挡斯普鲁恩斯的路，老大要亲自出手结果这艘敌舰。

“伊泽德”号和“伯恩斯”号快速冲向“赤城丸”号。日舰舰长驾船忽左忽右，试图避开美军驱逐舰。但这种“之”字形的行进方式影响了速度，对方借机快速冲了上来，可怜的“赤城丸”号竟被活活撞沉。随后“伯恩斯”号和“布拉德福”号开始向“香取”号猛烈开火。有一群“大哥”在旁边罩着，两位“小弟”可算逮着了发威的机会。那艘日军轻巡洋舰舰尾下沉，船身逐渐向右倾斜。斯普鲁恩斯显得极不耐烦，下令重型舰只抵前加入炮战。

“新泽西”号快速超过港口附近的“昭南丸”号，在 700 米距离上用 127 毫米副炮对这艘扫雷舰一通猛揍。“昭南丸”号在大炮和炸弹轰然爆炸后缓缓下沉，水面上只留下孤零零的一艘小艇。一名日军水手拼命扒着船舷，不远处还有两人紧紧搂着浮在海面上的一段木梯子。

濒死之际，“舞风”号向“新泽西”号射出了鱼雷。穆尔看到，水面上4条翻滚的白线疾驰而来，最终从舰尾一掠而过。他建议司令官将战术指挥权交给“明尼阿波利斯”号上的巡洋舰分队司令官罗伯特·格里芬少将，因为他的参谋更习惯在流畅的战术态势下指挥水面舰艇。斯普鲁恩斯回答道：“等打完这一仗，立即就交。”作为1940年服役的新舰，被冠以训练巡洋舰的“香取”号各项性能均不逊于其他一线舰艇。但它显然不是吕布，最多只能算“上将潘凤”。在“衣阿华”号、“明尼阿波利斯”号、“新奥尔良”号和一众驱逐舰的群殴下，2分钟后，“香取”号在海面上完全消失，舰上水兵无一幸存。

斯普鲁恩斯下令“新泽西”号以副炮攻击仅存的“舞风”号。日舰一边以尾炮还击，一边试图快速溜走。此时“舞风”号舰体中部突然发生剧烈爆炸，燃起的大火迅速向舰首和舰尾蔓延，驱逐舰最终断为两截，沉入大海。一艘驱逐舰同时对抗一支排水量达12万吨的分舰队，“舞风”号也算死得其所，它的火炮直到海水漫过炮塔才停止射击。

看着“舞风”号沉入大海，穆尔禁不住慨叹道：“这是我生平第一次看到如此精美的舰艇被炸掉、烧毁、沉没，丝毫没有还手机会。这种情况即使不能说令人恐怖，也多少有些压抑。正如雷蒙德所说，这是战争最糟糕的一面。”

三大祥瑞之一“野分”号果真名不虚传。虽然“新泽西”号以其406毫米主炮频频向它开炮，“野分”号还是凭借快速机动避开了所有炮弹，很快在海面升起的雾霭中消失得无影无踪。到16时，雷达屏幕上已没有它的任何踪迹。在美军发起空袭之前，另一祥瑞“时雨”号已和“村雨”号提前一步逃出生天。此外，日军水上飞机母舰“秋津洲”号、测量船“宗谷”号、驱逐舰“松风”号均成功逃脱。

当斯普鲁恩斯手下舰船开始在各自战位上发放三明治时，悲惨的一幕出现了。1架“无畏式”从相反方向接近。站在驾驶台左侧的“衣阿华”号舰长约翰·麦克雷上校认出那是友机，立即传令晓谕众人：“友机，请勿开火！”但显然已经太晚了。战列舰左舷的几门高射炮已经开火，打得真准！“无畏式”一侧机翼朝下在战列舰右舷500米处坠毁，飞行员保罗·塔帕斯上尉和机枪手哈罗德·利奇阵亡。

一小时后，“衣阿华”号观察哨发现西侧出现了一个不明目标。“伯恩斯”号立即上前察看，那是1艘450吨的日军猎潜艇。以76毫米前炮向“伯恩斯”号猛烈开火的日舰很快被击沉。海上漂浮着大约60名日军水兵，“伯恩斯”号舰长埃勒少校放下了1艘救生艇，日军水兵拒绝接受。经过一番劝说之后，最终有6人改变主意，愿意成为美军俘虏。在将6人救上船后，埃勒下达了一道命令：“鉴于日方极有可能对幸存者实施营救，他们返回后必将继续参加战斗，况且他们拒绝接受我方营救，因此我们向幸存者所在区域50英尺下方投放了3颗深水炸弹，将其彻底消灭。”

在“约克城”号上，米切尔少将收到了“刺尾鱼”号潜艇艇长理查德·奥凯恩少校发来的紧急电报，“特鲁克以北发现日军运输船队”。潜艇发现的是由“晓天丸”号、“辰羽丸”号、“瑞海丸”号组成，由驱逐舰“藤波”号护航的一支船队，运输船上运载着第五十二师团第六十九、第一五〇联队的1200名官兵。一直尾随跟踪的“刺尾鱼”号已在16日晚寻隙击沉了“晓天丸”号。米切尔立即呼叫空中指挥官协调战机前往攻击。当天傍晚，日军两艘运输船被击沉，“藤波”号和扫雷舰“羽衣”号救起少数官兵后匆忙逃遁。

事实证明，“坚不可摧的特鲁克”不过是一种假象而已。日本在长达20年的托管期间，并未像许多人想象的那样把海军投资用于修建海上的“马奇诺防线”，而是用于舰队建设。第五十八特混舰队歼灭特鲁克日航空兵主力，既支援了第一战斗群在埃尼威托克的战斗，也使拉包尔完全陷入孤立无援的境地，同时证明，航母舰队无须陆基航空兵的支援也能使日军的重要基地陷于瘫痪。

夜幕降临，美军三支航母大队在特鲁克以东海域待机，酝酿第二天的战斗。“无畏”号雷达捕捉到西南方向1架飞机低空掠海而来，在蒙哥马利第二大队周围兜了几圈后消失在正西方向。很快东侧又出现了1架飞机，同样在防空射程外一闪即走。那无疑正是日军的飞机。敌人的意图非常明显，他们正在对美军舰队实施定位。“企业”号战斗机引导官试图为“约克城”号1架装备雷达的“地狱猫”导航，前往猎杀黑暗中的不速之客，未果。虽然当天的空战战果显赫，但日军显然仍具备反击能力。米切尔下令各大队保持高度警戒。

首日的战斗令人满意——“企业”号打破了由自己创下的单日投弹吨数最高纪录。20 时 30 分，洛克伍德中将给在特鲁克附近海域游弋的 10 艘潜艇发报说：“今天大的战斗仍在继续，虽然还未收到取得重大战果的消息，但一切迹象表明，目前战况似乎是令人乐观的。”

太平洋舰队司令部里的尼米兹一脸轻松——这与中途岛海战之夜上将的焦灼不安形成了鲜明对比。参谋部在当天的作战纪要中如此写道：“虽然没有收到特混舰队发回的详细报告，但情报部门截获的电报表明，航母对特鲁克岛的空袭 18 日仍将按计划进行。敌人有效反击不多，说明他们可能已损失了大部分航空部队，包括那些新训练的后备力量。”

日军肯定不会束手待毙。小林断然派出仅存的 5 架一式陆攻机和 4 架俯冲轰炸机发起反击，对美军舰队实施夜袭。子夜刚过，1 架执行夜间巡逻任务的“地狱猫”发现，6 公里外一个不明目标突然消失在雷达屏幕上。蒙哥马利做出了最坏打算，下令所有舰艇紧急转向，进行规避，但显然为时已晚。海面上突然蹿出的一条鱼雷准确命中“无畏”号右舷舰尾。剧烈爆炸导致航母舵机失灵，海水从鱼雷撕开的 6 米大洞汹涌灌入，甲板上 2 架“无畏式”被掀向空中又重重跌下，1 门 20 毫米高射炮跌入大海。白天忙了一天的弗拉丘正在休息，爆炸把他从铺位震落到甲板上。舰上水兵 6 人阵亡、6 人失踪。

舰长托马斯·斯普拉格上校竭力控制方向。米切尔下令受伤航母向埃尼威托克返航，派出“卡波特”号轻型航母，“旧金山”号、“威基塔”号巡洋舰及 4 艘驱逐舰为之护航。2 月 24 日，“无畏”号踉踉跄跄驶入珍珠港船厂，损坏的舰舵被完全拆除，舰体破洞进行了暂时修补。2 月 29 日，“无畏”号准备在无舵的情况下返回旧金山大修。航母出港不久，再次失控，尼米兹当即派出 8 艘辅助舰只前往救护。“无畏”号在返回珍珠港时遭遇强风，直到 3 月 3 日才回到港内。5 日，这艘倒霉的军舰驶入干船坞，被临时安装了人工操控的舰舵。“无畏”号于 16 日再次离开珍珠港，22 日终于回到了旧金山海军船厂。

这艘航母可谓命运多舛。1943 年 12 月，“无畏”号在通过巴拿马运河前往阿拉米达基地时就曾触礁搁浅，舰首受损，经维修才于次年 1 月 10 日来到珍珠港。这次回国维修算是“二进宫”了。正因为此，它被美国水兵起了很多不雅的绰号，如“不幸者”“离水者”，甚至“老弱者”等。

“无畏”号突遭鱼雷重创，米切尔之前的愉快心情瞬间全无。他立即下令出动攻击机还以颜色。受命出击的是12架装备雷达的“复仇者”。攻击机群于18日凌晨2时起飞。考虑到是夜间进攻且日军航空力量已被大大削弱，米切尔并未派出护航战斗机。美军机群在距海面仅数百米的低空飞行以避开日军雷达，等抵达攻击海域时高度仅60米。当晚，它们的进攻击沉击伤日舰多艘。日军高射炮盲目向高空射击，等发现进攻来自海面调低炮口时，完成攻击的美军飞机早已绝尘而去。

破晓时分，过足了瘾的斯普鲁恩斯率分舰队汇入大队。天亮后，米切尔再次发起了三轮空袭。因港内日军船只或逃逸，或已被击沉，美军攻击目标换成了机场跑道、储油库、弹药库等军事设施。日机在前一天的战斗中损失殆尽，地面防空炮火同样损毁严重，美军遭到的抵抗微乎其微。如入无人之境的美机可以从容选择目标进行投弹。驱逐舰“太刀风”号2月4日在距离特鲁克9公里的海域触礁搁浅，日军虽多次出动拖船前往营救，均未成功。该舰在17日已被命中数弹，18日上午再遭攻击后沉没。正在船厂维修的驱逐舰“文月”号也被击沉，其余被击沉的还有油船“富士山丸”号、“第三图南丸”号等11艘辅助船只。美国人显然很守规矩，标示红十字标志的海军医疗船“天应丸”号始终未挨一弹。

在两天的空袭中，美军共出动舰载机1250架次，投掷炸弹、鱼雷500吨。日军损失轻巡洋舰“那珂”号、“香取”号，驱逐舰“舞风”号、“文月”号、“追风”号、“疾风”号和“太刀风”号，运输和辅助船舶47艘，总计21.3万吨。航空兵力损失飞机200架、受伤70架，可升空作战的飞机仅剩6架。岛上军事设施和海军船厂一片狼藉，1.7万吨燃油和大批军用物资被焚毁，阵亡官兵600名。加上随运输船沉海的1100名陆军士兵，日军共损兵逾1700人。“冰雹行动”大获成功，特鲁克已变成一片废墟，和当年遭袭的珍珠港毫无二致。在此之前，美军闻特鲁克一词色变，突如其来的打击使其完全丧失了昔日的威风。美军快速航母舰队成功瘫痪特鲁克，为第一战斗群轻取埃尼威托克创造了有利条件。

美军在战斗中损失飞机25架，其中“地狱猫”8架、“复仇者”6架、“无畏式”3架，另有8架毁于事故，官兵阵亡41人、受伤17人。美军戏称空袭特鲁克是“对日军1941年12月7日对珍珠港‘贸然访问’的回访，并回赠了部分礼物”。事实上两者存在本质差别。美军在珍珠港损失的大多是主力战列舰，而他们在特鲁克未能击沉 1 艘日军主力舰。日军无疑得益于古贺的理智和及时的撤离行动。

金上将对“冰雹行动”给予高度评价。第五舰队的作战纪要上有这样的记录：“斯普鲁恩斯制订了出色的计划，他的部队在执行命令时几乎无可挑剔。金对作战大加赞赏，认为本次行动堪称榜样，足以引起所有人重视。因为良好的参谋工作和高效的作战行动再加上杰出的指挥，必然会产生令人满意的结果。”

从严格意义上说，当时特鲁克日军的最高级军官并非小林仁。2 月 13 日，军令部次长伊藤整一、参谋本部次长秦彦三郎、作战课长服部卓四郎、作战参谋濑岛龙三从东京前往拉包尔视察，恰好经停特鲁克加油。几人目睹了特鲁克遭蹂躏的全过程。眼前的悲惨情景更加深了陆军对海军“失去斗志”的印象。连特鲁克都这样，再去拉包尔还有何用？那边美国人前脚刚走，几人就登上一架还能起飞的飞机直接返航东京。

日军瞭望哨佐藤太郎如此记述当时的情景：“海上损失惨不忍睹，这个连接南北的战略要冲已面目全非，犹如当年被我军蹂躏的珍珠港。我方损失惨重及低落的士气使海军出尽了洋相，简直让人悲恸欲绝。”服部卓四郎在《大东亚战争史》中这样写道：“特鲁克的损失在数字上是如此庞大。在瞬间遭受如此损失，为历次战役中所罕见，这真是空前之大不幸。此战使特鲁克完全陷入孤立，对今后作战产生了重大不利影响。”2 月 18 日，东京广播电台低调播发了一条消息：“特鲁克遭美军空袭，战局已变得空前严重。敌人的进攻速度表明，他们很快就会威胁到本土。”

特鲁克在战战兢兢地等待美军第三天的进攻。满目疮痍的特鲁克显然已勾不起美国人的进攻欲望了，斯普鲁恩斯不想在此花费太多力气。未能歼灭日本联合舰队主力让他颇觉遗憾，他将下一个目标锁定为特鲁克以东 580 公里的波纳佩岛，日军在那里有一处水上飞机基地。恰在此时，珍珠港的电报到了。尼米兹对第五舰队近期的表现给予了充分肯定，同时指出，特鲁克基地功能尽失，已使美军可以越过加罗林群岛，直接对马里亚纳群岛发起进攻。如有可能，快速航母舰队可以于 2 月 21 日对塞班岛、提尼安岛和关岛发起一轮进攻，削弱敌军的航空力量，同时取得宝贵的航空照片。情报显示，日军驻扎在那里的飞机有数百架。

斯普鲁恩斯和米切尔在各自的旗舰“新泽西”号和“约克城”号上用灯光信号交换了信息。自1942年4月18日杜立特空袭东京以来，美国人还从未如此深入过西太平洋。尽管头天“无畏”号遭遇重创，斯普鲁恩斯对快速航母舰队近期的表现还算满意：“我很尊重那些飞行员，从海军少将到海军少尉，他们都知道自己的职责，而且能够尽到责任，毫不犹豫且无所畏惧。毫无疑问，日军飞行员已被他们压倒。”考虑到空袭马里亚纳再无带战列舰出去潇洒的机会，斯普鲁恩斯命令米切尔率3支快速航母大队向马里亚纳群岛进发，他本人则返航马绍尔群岛，接受海军四星上将的晋升，同时筹备下一步的进攻行动。18日傍晚，完成加油的“新泽西”号驶出“邦克山”号特混大队行列，在1艘驱逐舰的护卫下返航夸贾林。

之后数月里，美军对特鲁克进行过多轮空袭，出动战机规模和持续时间均未超过首次。3月16日凌晨，从吉尔伯特群岛起飞的13架B-24向特鲁克投下炸弹若干。3月29日，从布干维尔岛起飞的B-24再次空袭特鲁克。3月29日至4月1日，从夸贾林起飞的美军战机对特鲁克连续发起了4轮空袭。得知特鲁克生命垂危，古贺下令将原驻拉包尔的部分战机调回特鲁克，这又导致几成空城的拉包尔完全失去了战略价值。

4月29日、30日，米切尔率快速航母舰队支援西南太平洋霍兰迪亚登陆作战返航时，顺路将剩下的炸弹投向特鲁克，第二十二航空战队司令官长谷川喜一在空袭中阵亡，第六舰队司令部被迫撤回本土。由于几乎未遭反击，美军的空袭行动变得更加从容。他们竟派侦察机与攻击机一起出动，在轰炸后极短的时间里从航拍照片中找出未摧毁的目标，立即实施补充轰炸。美国人始终未发起登陆作战，特鲁克和拉包尔一样沦为美军“菜鸟”飞行员的训练基地。到战争后期，连可恶的英国人也来凑热闹。1945年6月13日至17日，英国太平洋舰队第一次空袭特鲁克，他们竟将这里作为首次参战的“怨恨”号航母的实战训练场，日本人别提有多憋屈了。

特鲁克自身资源缺乏，“冰雹行动”结束时，岛上守军还有15000人。空袭过去几个月后，岛上粮食定量开始削减，到年底已降至定量的30%。战争结束时，岛上官兵大多处于营养不良状态。1945年9月2日，中太平洋日军投降仪式在美军重巡洋舰“波特兰”号上举行。第三十一军司令官兼第五十二师团师团长麦仓俊三郎、第四舰队司令官原忠一代表日本在投降书上签字，美军受降代表是马里亚纳群岛驻军司令官、原“企业”号舰长默里少将。开战之初，“企业”号的水兵曾说“哈尔西将军将带领我们参加战争，默里上校将带着我们终结战争”，这次总算落到了实处，虽然是默里极不喜欢的一种方式。

鉴于美军航母舰队不断壮大，自家海军航空兵日渐式微，为打赢未来的海上决战，1943 年 7 月，大本营海军部以陆基航空兵一部重组了第一航空舰队——并非开战之初由南云忠一领军的那支同名舰队，该舰队现已更名为小泽治三郎的第三舰队。舰队司令官同样是咱们的老熟人，原第三航空战队司令官角田觉治。

东京将这支部队看作未来与美军决战的希望，在人员配备上给予了重点关注。部队中出现了多张老面孔，参谋长是原联合舰队航空参谋三和义勇，作战参谋是大名鼎鼎的渊田美津雄。下属各飞行队长均是精心挑选的海航精英，如战斗机队长指宿正信，侦察队队长千早猛彦，银河飞行队队长江草隆繁，陆攻队队长布留川泉等，都是第一流的飞行军官。一眼看去，参加过偷袭珍珠港，现在还活着的人几乎全在这儿了。为了不至于在训练中途被投入战场，大本营海军部并未将这支力量划入联合舰队，而是归自己直接指挥。当吉尔伯特、马绍尔群岛激战正酣之时，角田部队正在国内拼命练兵。

仅从上述人员来看，这的确是一支不容轻视的作战力量。可惜的是，作为飞行队核心的飞行员大部分是刚从航空学校毕业的新手，之前他们只驾驶过过时的教练机。如今要熟练驾驶最新型的实战机参与作战，必须有一个漫长的过程。航空兵完全不同于地面部队，不是随便找个有胳膊有腿的人，发支枪就能上去顶一阵子的。他们中的大多数人并未接受过任何空中射击或格斗练习，唯一能做到的就是保持队形。当这些新手从本土经硫黄岛前往马里亚纳群岛时，还必须靠老手在前面导航。2 月 28 日，12 名飞行员驾驶零式战斗机从本土松山市出发，最终顺利到达塞班岛的只有 1 个人。

为了尽快集中兵力，在圣克鲁斯海战中表现出色的角田特别强调了部队轻装，包括他本人在内的司令部成员衣食住行都极为简朴。角田、三和、渊田等高级军官均采用普通士兵伙食标准，携带物品标准化。身为中将司令官的角田以身作则，他的背包和乞丐没啥两样，餐具自带，那两只海军搪瓷碗和一只茶碗格外显眼。

角田手下有 10 支航空队，编有各型战机 1644 架。因飞机和机组成员得不到及时供应，这支部队一直到 1943 年 8 月才勉强完成了基本训练。三和和渊田一致认为，要形成真正战斗力，部队至少还需要训练半年以上。鉴于前线特别是马里亚纳形势危急，大本营匆忙决定将第一航空舰队编入联合舰队，下属各飞行队自 2 月 10 日起，向马里亚纳至西加罗林群岛的 9 个机场依次展开。可以看出，角田部队一开始就陷入了兵力分散、零敲碎打的不利局面。

上述机场大多尚未建成，基地设施异常简陋。角田对此大为不满，那里仅有跑道、机库和简单宿舍，缺乏分散和隐藏飞机的掩体。通信设备简单地插在一座混凝土结构的二层楼上，美军一颗炸弹就可以让它们全部报销。大量航空炸弹、鱼雷和汽油桶横七竖八地堆放在机场的各个角落。机库狭小，许多飞机只能停在停机坪上，拥挤得快要摞起来了。地勤人员个个吊儿郎当，四处晃悠，他们中的很多人刚从拉包尔等前线撤回，斗志全无。渊田发现，午休时间竟有人吹箫、吹口琴，一点都看不出马上要打仗的样子。

角田在办公楼顶升起了将旗，大喊大叫颁布了一系列命令：破飞机要尽快疏散，废燃料要倒出来，暂时不用的燃料、弹药和鱼雷要集中到地下仓库去，即使容纳不下也要送到远处树林中隐藏起来。所有人必须行动起来，从次日起修筑掩体和挖防空壕。

角田认为，即使分秒必争，至少也要到 5 月才能完成兵力部署。但美国人肯定不会给他从容部署的机会。2 月 17 日晚，角田接到前线发回的报告，特鲁克遭美军航母舰队空袭。角田清楚，美军很快将对马里亚纳群岛或西加罗林群岛采取进一步军事行动。22 日一早，斗志昂扬的角田派出了 7 架一式陆攻机，对提尼安岛东北方向 1300 公里范围实施搜索。他的这一举动竟然收到了意想不到的效果，美军正从那个方向猛扑过来。

空袭特鲁克的成功极大鼓舞了美军士气。第五十八特混舰队威力之大，足以打开任何禁区的大门，并安全停留一段时间来发起持续不断的进攻。至于两栖部队能否拿下诸如关岛、塞班那样的大岛，另当别论。米切尔麾下的飞行员从待命室鱼贯而出，准备登机向神秘莫测的马里亚纳群岛发起第一轮空袭，这正是斯普鲁恩斯、特纳和霍兰正在讨论的事情。

第一轮打击除摧毁日军战机和基地设施之外，还必须取得下一步作战急需的航空照片。美军现在手头上的照片的年头和飞行员的年龄差不多大。因此，米切尔出动的攻击机群中包含了数架执行航拍任务的“复仇者”，后座机枪手由摄影师取代。当飞机进入低空时，摄影师就会对关岛之外诸岛——关岛战前为美国所有，情况相对清楚——海岸线、防御工事及军事设施进行拍照，并对空袭效果做出评估。

2 月 19 日下午，“新泽西”号驶入了夸贾林锚地。从目前掌握的情况来看，希尔少将对埃尼威托克的攻击一切顺利。对此斯普鲁恩斯并不十分担心，希尔带去的舰船和兵马够多了，拿下埃尼威托克只是一个时间和人员伤亡多少的问题。他更关注米切尔对马里亚纳群岛的空袭行动。接下来的几天里，他准备去拜访特纳、霍兰和胡佛等人，研究下一步可能采取的行动，同时处理已摞了很高的个人信件。

22 日下午，斯普鲁恩斯突然收到了米切尔发来的紧急电报：“我部已被敌人发现，将用现在的方式发起进攻。”由此看来，此次空袭的突然性已不复存在，米切尔肯定将受到日机的攻击。穆尔对此非常担心，在特鲁克，他曾亲眼看到一条鱼雷对“无畏”号造成的伤害有多大。他建议司令官取消攻击，命令米切尔率队撤退，遭到斯普鲁恩斯断然拒绝。

当天 14 时，正在两处新建机场督促施工的角田和渊田看到一辆摩托车飞速驶来，传令兵跳下车后递上了一封电报：“提尼安岛以东 480 公里海域发现敌机动部队。”

虽然手头兵力不足且缺乏准备，逢敌必战的角田还是果断向渊田打了个手势：“太好了，开始战斗吧！”

两人乘车向司令部飞奔。途中渊田突然产生了“暂时避让”的想法。日军远未做好准备，被冠以“猛虎部队”的第二六一航空队当天刚刚飞抵硫黄岛，次日才能飞抵塞班。如果他们刚好在美军发起攻击时抵达那就糟了。中佐松本真实被冠以“蛟龙部队”之名的第七六一航空队刚刚到达，立即迎战锐气十足的美军把握不大。渊田认为，第一航空舰队是东京为未来与美军决战特意准备的秘密武器，目前还是暂时保存实力为好，让上田猛虎的“猛虎部队”暂时滞留硫黄岛或飞往帕劳，方为上策。对渊田的提议，角田头也不回地训了他一句：“胡说八道，要打！”

两人回到司令部时，参谋长三和已向各部下达了警戒命令，松本“蛟龙部队”受命随时出发进行暗夜雷击。已穿上飞行服的布留川正在与飞行员一起研究侦察机发回的报告。整个基地看不到一丝退让气氛，显然大部分人都支持角田的观点。

角田决定先下手为强，立即组织夜航机实施攻击。17 时许，角田先派出 5 架装备雷达的陆攻机，锁定美军舰队位置并与其保持接触。19 时 30 分，他下令 16 架陆攻机从提尼安岛机场起飞攻敌。途中虽有 5 架因故障返航，但其余 11 架陆攻机还是于当天 22 时 10 分锁定了美军舰队。美军航母已经很久没有在视野中出现了，日军飞行员断然发起了鱼雷攻击。

美军新型雷达在很远距离上发现了来袭日军机群，引导高射炮进行射击。近炸引信炸弹的高杀伤力导致 7 架日机坠海，美舰无一损伤。1 架日机返航着陆时坠毁，日军首次攻击损失飞机 8 架。

22 时 30 分，角田放飞第二攻击波，5 架攻击机于 23 日零时发现了美军舰队。日军飞行员投出的鱼雷均被美舰成功规避，自身反被击落 4 架。凌晨 2 时 30 分，角田出动 8 架陆攻机发起第三轮进攻，在损失 3 架后一无所获。天亮之后，日军出动 18 架零战护卫 19 架陆攻机前往攻击。美军“地狱猫”提前占据有利阵位，击落日机 31 架。“老鸟”布留川被击毙。

日军飞行员勇则勇矣，却技术欠佳，很难在对美军舰队构成实际威胁。其间，美军的损失全部来自自己人。战列舰“阿拉巴马”号 9 号 127 毫米副炮开火时误中 5 号 127 毫米副炮，造成水兵 5 人阵亡、11 人受伤。友舰 127 毫米炮弹同样导致“莫比尔”号 13 名水兵负伤。美军飞行员认为，“前来进攻的只是些二流角色”。美军原拟采用空袭特鲁克的办法，先派“地狱猫”夺取制空权，之后出动鱼雷机和轰炸机攻击机场、舰船。角田的连续攻击使米切尔拂晓前发起攻击的计划被迫延迟。

23 日，天气恶劣，云低仅 100 米左右。7 时 45 分，美军舰队驶抵马里亚纳群岛以西 185 公里处，攻击机群开始起飞。蒙哥马利少将的第二大队负责攻击关岛和塞班岛，谢尔曼少将第三大队攻击提尼安岛和罗塔岛。美军派出飞机对上述诸岛进行侦察，但恶劣天气使飞行员根本无法看清地面。日军零战在雨雾中起飞迎击，同样因恶劣天气无法集结。当天在空中进行的都是零星战斗。

中队长赫伯特·霍克少校率10架“地狱猫”从“埃塞克斯”号上顽强起飞，在5500米高度飞抵塞班岛上空，没有发现任何敌机。当他们降低到2400米高度时，发现机场停有许多完好无损的飞机。霍克命令哈登上尉、弗朗格中尉带僚机在高空掩护，率另5架飞机向机场俯冲扫射，有5～6架日军起火燃烧，它们很可能是一式陆攻机。

留在高空的哈登遇到了可能从提尼安岛飞来的几架零战。1架日机攻击未果拉起时恰好飞到哈登前方，哈登立即开炮将它击落。在追逐击落另一架零战时，哈登和僚机飞行员科恩中尉分开了。他发现1架日机正向提尼安岛返航，俯冲过去，轻松将它击落。科恩在掩护哈登第一次攻击时，看到2架零战在后下方飞行，冲过去对准飞得较低的那架猛烈开火，零战很快冒出了火焰。科恩扣着扳机不放，同时快速拉起操纵杆，子弹顺势将上方那架零战点燃。稍后他又从侧面击落了1架零战。弗朗格和僚机飞行员弗兰克斯也联手打掉了3架零战。现在美军“地狱猫”击落日军零战显得非常轻松。

“埃塞克斯”号飞行大队长菲利普·托里中校率护航战斗机飞进一块云层笼罩的区域，地图显示那里应是塞班岛。“上帝突然在一锅汤里开了个洞，”托里说，“我朝下望去，上帝保佑，那里就是日军机场。”他呼叫俯冲轰炸机队前来投弹，并认为随后的轰炸至少毁掉了跑道上的20架敌机。攻击行动结束后，托里在战斗报告中这样写道：“战斗中遇到的日军飞行员看起来蠢得出奇，战术训练相当差，他们几乎不进行规避。一名日军飞行员直接和我们迎头对射，试图这样赢得空战。但很遗憾，零战是打不过‘地狱猫’的。”

由于导航出现失误，“邦克山”号战斗机中队竟然被引导到关岛上空。幸运的是，他们恰好飞过一个日军机场，于是俯冲下去将停在跑道上的11架敌机摧毁。随后在与升空零战的交锋中，他们又击落日机4架。

因天气状况不佳，美军“复仇者”只好使用机载雷达定位塞班岛和提尼安岛。“蒙特利”号攻击机群在进攻时发现，大约50架崭新的飞机在机场跑道北段两侧和停机坪上一字排开，其中大部分是轰炸机。美军投下的炸弹摧毁了其中的6架，随后腾起的浓烟挡住了飞行员的视线，导致之后的轰炸效果大打折扣。

到15时，美军3轮攻击共出动飞机281架次，投弹95吨，损失飞机6架。伍迪·麦克维上尉和戴维斯中尉在扫射阿斯利托机场钻入了云层，再也没有出来。负责舰队空中掩护的马修斯少尉在追击1架日机时，误被友舰防空炮火击中，飞机迫降海面后神秘失踪。接到有飞行员迫降的消息后，正在提尼安岛以北巡逻的“太阳鱼”号潜艇高速前往指定地点，实施救援。当天下午，大雨倾盆，他们只救起6个机组中的5个。当战斗结束，救起的机组成员被送回航母时，乐队一般在甲板奏乐向脱险者表示庆贺，同时赠送冰激凌给施救者。这已成为海军的一种传统礼仪。

美军飞行员声称在攻击中摧毁日机168架。米切尔为人还算低调，对外仅宣称摧毁135架。攻击还击沉港内的数艘货轮。当天潜艇部队收获颇丰：理查德·奥凯恩少校的“刺尾鱼”号击沉2艘日军货船，次日“太阳鱼”号干掉2艘日军货船后，“刺尾鱼”号又一口气干沉了3艘。美中不足的是，恶劣天气导致美军拍摄的照片质量不高，不足以构成可测量精确海拔的真实映射，只能为未来作战提供大致方向。

日军记录为损失飞机94架。整备中的第一航空舰队刚刚投入战斗就遭受重大损失，似乎预示着未来他们的不幸命运。美国人很快将卷土重来，一个月后，他们攻击帕劳的行动将直接导致联合舰队司令官古贺毙命。

到1944年2月底，美军完全控制了马绍尔群岛，取得了为数众多的海空军基地，中太平洋的特鲁克已完全失去作用。在南太平洋，哈尔西基本无事可干，近乎失业，拉包尔已处于美军的四面包围之中。在西南太平洋，麦克阿瑟的部队正沿新几内亚岛北岸推进，前进步伐越来越快。战争进行到第三年，盟军已完全掌握了太平洋战场的主动权。随着美国战时生产进入快速轨道，越来越多舰船、飞机、坦克被投放战场，日军完全丧失了翻盘机会。

就在夸贾林战斗激烈进行之时，尼米兹已经给华盛顿的金发出了一封电报：“鉴于特纳少将尽忠职守、精通两栖登陆战术，在新乔治亚岛、吉尔伯特群岛及夸贾林作战中指挥有方，建议晋升他为海军中将。”

特纳曾在金身边工作多年，他很快复电：“同意。但我看来，在吉尔伯特和马绍尔群岛战役中表现出色的斯普鲁恩斯将军更应该得到晋升。你对此有何意见？”尼米兹闻听此言，心花怒放，一贯吹毛求疵的金怎么忽然变温柔了？他第一时间做出回复：“完全同意！”

1944年2月16日，美国国会正式批准斯普鲁恩斯晋升海军四星上将，生效日为2月4日。回到夸贾林的斯普鲁恩斯接到通知，尽快接受一次全面身体检查，这是军衔晋升前必不可少的一道程序。如果身体无大碍——这对酷爱散步且常年征战海上的斯普鲁恩斯来说绝对不成问题——他将成为现役第六位海军上将，其他五位分别是斯塔克、金、尼米兹、英格索尔和哈尔西，参谋长联席会议主席莱希上将已退出现役。

在写给玛格丽特的信中，这位未来的上将说："我要找时间进行提升前的体格检查。如果检查成功，我将成为四星上将。我告诉医生，这是我最后一次麻烦他对我进行提升前的体格检查。得到这个军衔，超出了我从军以来的最高期望。"

本次晋升创下了海军的一项纪录——从中将晋升上将用时仅8个月。在和平时期，这是8年都不一定能完成的事情。斯普鲁恩斯晋升也在情理之中，如果无坚不摧的第五舰队一直由中将任司令官，他们的同行英国人一定会笑话的。

特纳的晋升遇到了麻烦。在美军引以为耻的萨沃岛海战中，一名参议员的儿子阵亡。为阻止特纳晋升，此人在参议院四处奔走呼号。另外，海军陆战队在贝蒂奥的重大伤亡也成为反对者质疑特纳的主要罪证。海军部长诺克斯为此特意派康诺利少将到国会陈词，称特纳总体上表现良好，理应得到晋升。当有人提到萨沃岛海战时，康诺利说："至于此事是否完全由他负责，历史自有公论。我不会在这里说长道短，因为我对此所知有限。但是，他从那之后所做的一切，以及想方设法登陆瓜达尔卡纳尔岛等，无疑取得了杰出成就。即使他曾经犯过错误，我们也有许多肯定的因素需要加以考虑。"

金为此特意给海军作战处长哈罗德·斯塔克少将写了封信，为特纳和克拉奇利在萨沃岛的表现辩解："两人虽然身处险境，但已竭尽所能，利用了他们所能利用的一切手段。"一直到3月7日，特纳的晋升才艰难获得批准。一周后，3月15日，霍兰·史密斯同样获晋海军陆战队中将。

米切尔平时待人亲切，沉默寡言，从不显山露水。虽未表现出史密斯或特纳那样高超的指挥艺术，或类似斯普鲁恩斯的超凡智慧，但他30年来为美国海军航空兵做出的突出贡献，使他成为"活动航空基地"的最佳人选。"燧发枪行动"及空袭特鲁克、马里亚纳群岛的作战表明，他是一位精明、积极、能干的快速航母舰队司令官。没有斯普鲁恩斯的反对，米切尔的晋升一路绿灯。3月21日米切尔晋升海军中将，正式出任第五十八特混舰队司令官。

既然米切尔的职务去掉了“代理”二字，在“燧发枪行动”中充当斯普鲁恩斯航空顾问的波纳尔只能收获苦涩了。随后他将弃船登岸，接任职权已大大缩水的太平洋舰队航空兵司令官职位。波纳尔曾坐上那个人人羡慕的位置，却出于种种原因失之交臂，殊可惜也。

还有一个人比波纳尔更失意。尼米兹和斯普鲁恩斯曾多次向海军部报告，将第五舰队参谋长穆尔晋升少将，华盛顿一直不肯答应。现在斯普鲁恩斯晋升上将，他的参谋长再是上校就有点说不过去了。另外根据金和尼米兹达成的协议，舰队司令官和参谋长必须交叉换位。司令官是水面舰艇军官，参谋长必须由航空兵出任，反之亦然。斯普鲁恩斯和穆尔都属于水面舰艇军官，华盛顿不会因为留下穆尔而撤掉斯普鲁恩斯，这样，穆尔必须走人，或出任新参谋长的助理。金已向斯普鲁恩斯推荐了三个少将参谋长人选。

人生在世，不如意者，十之八九也。

海军乙事件

马绍尔群岛失守，特鲁克、马里亚纳群岛连续遭美军大规模空袭。消息传到东京，群情激愤。吉尔伯特群岛毕竟是开战后才抢占的，上述地盘儿可是不折不扣的“日本领土”——其实不过是“委托统治”而已——美国人这种“侵略”行为“极大伤害了日本人民的民族感情”。看来这日本人民的感情承受能力也太弱了。当年入侵中国台湾、琉球再到朝鲜、中国东北已半个多世纪了，怎么偶尔反串一下就承受不了呢？

老百姓上街游游行、示示威、喊喊口号不算大事，喊累了自己回家洗洗就睡了，东京大本营却不能等闲视之。美军的胜利使日本企图凭借吉尔伯特、马绍尔群岛削弱美军战力、迟滞敌人进攻的希望完全化为泡影，“绝对国防圈”核心阵地马里亚纳群岛直接暴露在美军的兵锋之下。战局急剧恶化使陆海军矛盾进一步加剧，双方在选择保卫帝国对策上争执不下。山本欲通过“海军决战”定胜负的梦想虽在中途岛遭遇重大挫折，但他的同僚和继任者并未就此放弃这种构想。联合舰队虽得到削弱，仍是一支不可轻视的强大力量。海军军令部确信，如果充分发挥众多岛屿上陆基航空兵的作用，配合机动部队引诱美军第五舰队打一场类似对马海战的决战，就能一举扭转乾坤。陆军参谋本部对此不以为然，认为既然海军无法守住外层岛屿诸如马里亚纳和加罗林群岛，不如暂时做战略退却，集中兵力，在菲律宾或中国台湾与美军决战。

未来战争谁唱主角儿，集中体现在对战争经费、战略物资特别是飞机的争夺上。有一点双方意见一致，陆海军都认为决定未来胜负的关键是空中力量。经过 1943 年底的多轮博弈，双方同意均分下一年度生产的 45000 架飞机。但 1944 年 1 月上旬，海军提出，要把他们应得的飞机增加到 26000 架，因为陆军兵力主要部署在中国，抵御美军来自太平洋上的迅猛攻势主要靠海军。

海军的理由看似非常充分，东条代表陆军表示默许。他的首席高参、陆军省军务局长佐藤贤了却提出了相反的观点。“这个问题太大，不能过早做出决定，”佐藤说，“凭借海上决战扭转战局的希望渺茫。今后，陆军要担负起主要任务，大部分飞机应该划拨给陆军。”

当初东条那样决定主要是想和海军搞好关系，他认为佐藤的意见是正确的。东条派佐藤去和海军沟通，遭到海军断然拒绝。2 月 10 日，在皇宫召开的一次御前会议上，陆海军矛盾公开化了，双方发生了激烈争吵。军令部总长永野认为，同敌人的关键性战役还是要在海上进行。参谋总长杉山翻着白眼揶揄海军：“如果把你要的飞机如数给你，你能打赢和美国人的战争吗？”

永野气得双手哆嗦：“我当然不能做那样的保证！你敢不敢保证，如果把飞机都给你，你就能打赢美国人？”

事关重大，一众重臣——曾经当过内阁首相的人——应邀列席了会议。眼看会议陷入僵局，一向敦厚的海军大将冈田启介站起来圆场，建议大家喝茶休息，冷静下来再继续讨论。最后佐藤别出心裁，提出一个令人可笑的解决办法：飞机制造厂不再生产轰炸机，集中生产战斗机。战斗机块头小，省料，这样便能多生产出 5000 架，使飞机总数达到 50000 架。如果两军平分的话，只比海军的实际要求少 1000 架。作为补偿，佐藤提出从陆军定额中拨给海军 3500 吨铝。海军对此表示同意，风暴总算暂时平息。

但使风暴加剧的军事问题依然存在，日军挡不住美军在中太平洋的快速挺进。特鲁克遭袭损失惨重的消息传到东京，东条怒不可遏，拍案而起。目前不管前线还是国内，最稀缺的就是船只。瓜岛战役后期，因为几万吨船，东条甚至被原作战部长田中新一当面骂了“八嘎”。而今，海军居然听任 21.3 万吨宝贵的船被敌人炸了，损失是短期内绝对无法弥补的。

接二连三的灾难促使佐藤主动向东条建议：“我们应该撤退到菲律宾，在那里与美国人决一死战。”

“这是参谋本部的意见吗？”东条黑着脸发问。

“不，只是我个人的意见。”

“你跟参谋本部沟通过吗？”

“问题就在这里。参谋本部肯定会反对这一计划。我个人认为，我们应该压倒军方。现在，首先要做的就是放弃加罗林和马里亚纳群岛，一直退到菲律宾构筑防御。”

东条的脸瞬间涨得通红：“在去年的御前会议上，我们把最后防线定在了马里亚纳和加罗林。你的意思是不是说，仅仅半年之后，我们不打一仗就将之放弃？”

佐藤的回答是肯定的。他继而解释说，那一地区仅有 7 个机场，美国人很容易在发动入侵前将它们瘫痪，之后肆无忌惮地发起两栖登陆。但在菲律宾有几百个岛屿可以用作航空基地：“如果在菲律宾战败，我们就没有能力再打下去了。这就是我们为什么要集中力量打这一仗的原因——然后就展开和平攻势。”佐藤所谓的“和平攻势”是指，在尽可能保全面子的前提下与美国媾和。

东条不耐烦地打断了徒弟的话：“你别再提‘和平攻势’了。如果你我一提‘和平’，部队士气就会一落千丈。”不过东条内心还是赞成这一做法的。头年夏末，他特意宴请了用格鲁大使从美国换回来的野村吉三郎大使和来栖三郎特使。席间东条把来栖拉到一边，当着参谋总长杉山的面告诉他：“请尽快安排，早日结束战争。”面对东条的幼稚说法，来栖只能苦笑着，说了一句富有哲理的话：“发动容易结束难。”

思前想后，东条将当下困境归咎于两总部作战指挥不力，必须下决心解决指挥权的统一问题。乱世用重典，特殊时期必须使用特殊办法。2 月 18 日，东条进宫找到内大臣木户幸一，提出建立陆海军一元化统帅体制，解决诸如船舶统筹之类的政略和战略问题。具体方案如下：他本人取代杉山兼任参谋总长；解除永野军令部总长职务，由海军大臣岛田繁太郎兼任或由海军大将丰田副武接任。

19 日，木户拜谒天皇，上奏了东条的意见。裕仁担心此举将影响统帅权独立。1878 年参谋本部设立以来，从未有过陆军大臣兼任参谋总长之事。东条自荐使裕仁想起了幕府时代，那时幕府将军就是通过集军政大权于一身架空天皇的。直到明治维新时期，这种尴尬状态才得以结束。但目前美军进攻势头不减，确实需要统一政府、军队的领导，依靠集权渡过难关。

得知东条进宫面圣要罢免自己，杉山使用统帅部的帷幄上奏权单独觐见天皇。杉山提出，身为首相兼陆军大臣的东条再兼任参谋总长，将会导致军事和行政混淆不清。他说东条如德川再生："这是倒退到幕府时代，是绝对不能允许的。"在参谋本部任职的天皇长弟秩父宫支持杉山的意见。

但裕仁深深意识到陆海军对立，特别是围绕军需资材的分配、作战思想不统一等，严重削弱了战争能力。之前他刚指示两总长，不要让在前线"拼命奋战"的将士和在后方"正在增产或忍受重税负担"的国民失望，要发挥互让精神。裕仁觉得，一元化如果能消除矛盾和提高效率，还是比政府和统帅部各自为政要强。考虑到上述因素，裕仁以"下不为例"为由压制了所有反对意见。

2 月 20 日晚，东条单独约见杉山，让他主动辞职避免尴尬。东条解释说，在此"严重局势"下，最好的解决办法就是由他本人兼任陆相和参谋总长。

"这是违反帝国长期传统的，"杉山还想做最后努力，"不应由一人既做出政治决定，同时又做出军事决定。德国人在斯大林格勒的灾难正是希特勒集军政大权于一身的结果。"

"希特勒是兵卒出身，"东条对此不屑一顾，"我是陆军大将。"他要杉山放心，对军务和政务他会给予同等关注，"请你放心好了。"

"说来容易。如果一人负责两项工作，两者利益发生冲突时，试问他将重视哪一项？"

"在这样一场史无前例的大决战中，必须采取一切措施，即使打破先例也在所不惜。"东条不愿做丝毫让步。

"如果你这样干，"一向缺乏主见的杉山终于按捺不住了，"陆军内部秩序就无法维持！"

"绝对不会，"东条的回答更加坚定，"如果有人有意见，我们就立即撤换他。"次日，东条正式出任参谋总长，杉山改任教育总监。

作为陆军大臣的东条在陆军中影响力较大，迫使杉山辞职还算顺利。但永野在海军根深蒂固，一手扶持了大批心腹，将他赶出军令部绝非易事。特鲁克遭袭事件成为东条逼迫永野下台的绝好借口。东条立即下令启动对“海军丁事件”的调查。最初，东京将特鲁克遭袭以英文名称“Truk”的第一个字母称作“海军T事件”，后来为了和山本阵亡的“甲事件”和古贺失踪的“乙事件”对应，就更名为“丁事件”。特鲁克遭袭次日，东条就撤换了主管船舶的运输通信大臣八田嘉明，以五岛庆太取而代之，算是给永野一个下马威。

由岛田主导的海军省认为过错全在现场，立即撤换了喜欢钓鱼的小林仁，对外宣称是身体原因。小林仁是永野的铁杆亲信，鉴于东条启动调查可能会牵扯更多亲信，永野只好以进为退，主动让出军令部总长的宝座，改任半赋闲的天皇海军最高顾问。永野辞职当天，副官吉田俊雄感慨地说：“海军的一个时代结束了。”海军史上唯一担任过三大职务——海军大臣、军令部总长、联合舰队司令官——的显赫人物从此淡出了历史前台，像他的名字一样永远下野了。永野再次露面时，已是在东京国际法庭上了。

根据东条的意见，军令部总长由海军大臣岛田繁太郎兼任。海军省和军令部在同一栋楼上，但不是同一层。每逢上下楼，岛田就要把参谋绶带戴上又取下，快成模特换装大赛了。这一现象成了海军内部的一大笑话。

至此，从明治时代以来一直保持分离状态的军政、军令两大系统，终于实现了统一。日本最重要的四大军职完全集中在两个人身上。岛田有个人人皆知的雅号叫“东条副官”，私下里人们更喜欢叫他“东条裤腰带”，这样，所有事儿都是东条说了算了。在东京做出重大决策时，陆军本来就占据主导地位。随着海军强势人物山本毙命、永野下野，日本海军的处境更加窘迫。

鉴于东条和岛田既管军政，又管军令，实在太忙，大本营决定对两总部实施双次长制。除原来的参谋次长秦彦三郎和军令部次长伊藤整一之外，又增补了塚原二四三为军令部次长，后宫淳为参谋次长。

安排后宫出任次长颇有深意，因他与皇室关系密切，一定程度上对东条是一种牵制，避免东条因专断而威胁皇权。殊不知后宫和东条关系更近，两人不但是同学，还是好友。当年东条遭皇道派打压，前途迷茫之时，时任陆军省人事局长的后宫给了东条很大帮助，使他免于被打入预备役而到关东军出任了宪兵司令，东条后借“二二六事件”清肃皇道派，东山再起。原东条侵华的察哈尔兵团改编为第二十六师团后，后宫是第一任中将师团长。作为太平洋战争爆发后晋升的首位陆军大将，东条还在 3 月 22 日让他兼任了航空总监和航空本部部长。实际上，东条并无篡位的想法。再过几个月，他就会下台变成重臣了。

闻听师父快刀斩乱麻抢过了参谋总长职位，佐藤旋风般冲进了东条办公室：“首相阁下，您干得实在太棒了！”东条已经戴上了象征参谋总长的绶带，在佐藤面前，他无须避讳。东条志得意满地对徒弟微笑了片刻，“如果某些少壮军官为此闹事，”他迅速沉下了脸，“我不会让他们为所欲为，‘下克上’是绝对不容许的，给我盯紧点。”东条并非杞人忧天，此时在海军和陆军内部，各有一个小组在筹划刺杀东条，后文详叙。

天皇长弟秩父宫向东条提出了和杉山一样的问题：“当参谋本部和陆军省在战争问题上持不同意见时，你怎么办？”

东条对此做出了书面答复：“在目前阶段，摆在我们面前的重要任务是用全部国力去争取胜利。所以在战争结束之后，我将感谢你与我讨论个人问题。目前这个行动引起许多批评和反对意见是很自然的，因为之前没有类似先例。这一步是对是错，让我们留给未来的历史学家去评判吧。我的良心绝不允许我违反日本的基本原则。如果你对这点有什么疑问，我将乐于回答。如果我感到自己不再忠于天皇，我将真心诚意地谢罪，并在陛下面前切腹。”

那些曾身居高位的重臣有秩父宫一样的担心。他们认为，日本目前的困境正是东条瞎胡领导的结果。众人主张解除东条的职务。这其中表现最积极的当数近卫文磨和冈田启介，他们主张选择合适的新首相，与盟国洽谈“和平”。近卫特意走访了木户，后者虽表示理解但拒绝出力，因为“利用他对天皇的影响力是轻率的”。不过这并不说明木户对东条满意。“他每天早上仅用 1 小时左右处理参谋总长的工作，其余时间都在处理陆军大臣的事务，好像首相只是兼差似的。”木户愤愤不平地说。

3 月初，东条授意组织的调查团飞抵特鲁克，调查团团长是水雷学校校长大森仙太郎，就是在奥古斯塔皇后湾海战中战败被免职的那位。大森对当初被莫名其妙解职心存不满，现在奉命调查也不过是装装样子。现场事实显而易见，小林仁作为第一责任人毫无疑问。但深查下去，古贺自然脱不了干系，甚至连军令部都难辞其咎。既然永野已经下野，东条的目的已经达到，大森也就没必要去深究了。况且就在大森调查期间，古贺意外“殉职”，再追究他的责任，于情于理都说不过去。大森出具的最后结论是：“从大局上看，以如此少的兵力应对如此大规模的攻击，谁来进行战争指导，结果都是一样的。”也就是说，“不怪皇军无能，而是美军太厉害”。此事也就没人再提起了。

与小林一起被撤职并打入预备役的还有，驻特鲁克海军第四根据地部队兼第二海上护卫队司令官若林清作，其职务由有马馨取代。小林的继任者同样是咱们的老熟人，前文多次亮过相的原忠一。于是有了前文他作为代表与默里签署投降书的那一幕。

永野下野挡住了陆军射来的所有炮弹，古贺得以在这场风波中侥幸过关。联合舰队司令官老待在本土肯定不是个事儿，在离开横须贺军港重返前线之际，海军破例向陆军开放了豪华旗舰“武藏”号，同时答应给驻帕劳的陆军捎去5000吨物资。虽然是顺路，但堂堂联合舰队旗舰竟干起了运输船的活儿，对海军和古贺本人都不是什么光彩事儿。好在古贺此次出海，一去不返，丢人也丢不了几天了。

东乡平八郎在对马海峡史诗般的胜利给海军留下了不值得羡慕的宝贵财富：一战定乾坤的决战思想。与前任山本不同，古贺冷静保守，是个勤勤恳恳、按规矩办事的司令官。既然与美军打持久战死路一条，不如毕其功于一役，赢则全胜，输则一了百了。早在1943年8月，古贺就组织制订了海上决战的“Z计划”，准备在美军进攻马绍尔群岛时，投入机动部队和陆基航空兵与美军一决雌雄。后因所罗门群岛战事吃紧，古贺提前将航母舰载机调往拉包尔陆上机场参与“吕号作战”，非但未能改变战局，损失惨重的小泽部队还不得不返回国内重建。“Z计划”尚未发起就胎死腹中。

目前特鲁克绝对不能去了。2月25日，“武藏”号驶抵帕劳，古贺纠集参谋长福留繁及作战参谋神重德等人，对原有“Z计划”做出调整：引诱敌军进入菲律宾海，一旦第五舰队进入帝国以海岛为基地的陆基飞机的攻击范围，它们就将在进行水面作战前因空袭丧失大部分战斗力，全力出击的联合舰队，在一次传统的水面对决中取得决定性胜利。

事实上，日军根本无力取得作战区域的制空权。即使双方水面舰艇接近到可以发射鱼雷或炮弹的距离，日军也无法在与充实了大批新型战列舰的美军第五舰队的水面交锋中取胜。战后，参与“Z 计划”制订的航空参谋千早正隆坦承：“这是一份不可能取得成功的计划。”千早明白的事儿古贺心里当然清楚，这一计划不过是为了敷衍刚兼任总长的岛田而已。新计划很快得到军令部批准，并在 3 月 8 日以“机密联合舰队电令作第 73 号”正式颁布。古贺也算对新上司有所交代了。

在 3 月上旬华盛顿召开的太平洋战略会议上，美国参谋长联席会议做出了两项决策：首先，对特鲁克围而不攻，使它像拉包尔那样完全无效化；其次，第五舰队进攻马里亚纳群岛的时间从 10 月提前至 6 月。3 月中旬返回珍珠港后，尼米兹召回了斯普鲁恩斯，要求第五舰队在南下支援荷兰迪亚登陆战之前，对日军占据的帕劳群岛发起一次攻击，削弱敌人的航空力量。3 月 20 日，斯普鲁恩斯责成参谋长穆尔组织制订作战计划。

斯普鲁恩斯决定亲率米切尔的三支航母大队出征，包括重型航母“企业”号、“邦克山”号、“大黄蜂”号、“约克城”号、“列克星敦”号，轻型航母“蒙特利”号、“贝露森林”号、“考彭斯”号、“卡波特”号、“普林斯顿”号。护航舰只包括 6 艘新式战列舰、13 艘巡洋舰、48 艘驱逐舰。因马朱罗距帕劳有 3000 公里之遥，随主力舰队出征的还有一支补给舰队，包括 4 艘大型油轮、4 艘护航航母、3 艘重巡洋舰和 12 艘驱逐舰。美国人真是财大气粗！

第五舰队对帕劳群岛的基本情况几乎一无所知，甚至连机场和港口位置都不清楚。尼米兹将侦察任务安排给了哈尔西。3 月 26 日，南太平洋战区将派出远程轰炸机，对帕劳实施航空拍照，将照片发给航行中的第五舰队。

3 月 23 日，美军第五舰队主力浩浩荡荡驶出马朱罗，预定对帕劳的空袭将在 4 月 1 日发起。为避开加罗林群岛日军巡逻机的侦察，斯普鲁恩斯选择沿赤道向西行驶，在特鲁克以南 900 公里、拉包尔以北 280 公里处通过。但是 3 月 26 日，行驶至特鲁克以南 550 公里的美军舰队还是被 1 架日军侦察机发现，此时他们距帕劳尚有 1600 公里。3 月 28 日，日军另 1 架侦察机再次发回了“发现敌机动部队大举来袭”的消息。

鉴于行踪已过早暴露，斯普鲁恩斯认为日军主力很可能正从帕劳撤出。为避免帕劳成为特鲁克那样的“空城”，美军必须在最短时间里发起进攻。斯普鲁恩斯决定不再等哈尔西的航空照片，攻击时间提前至 3 月 30 日，同时下令舰队开足马力快速前进。

3 月 28 日，出港警戒的“武藏”号遭美军潜艇“金枪鱼”号伏击，一条鱼雷准确命中战列舰舰首。虽然美军鱼雷的威力比以前大有提高，但区区一条鱼雷还不至于对皮糙肉厚的巨舰造成致命伤害。“武藏”号进水 2600 吨，舰上水兵 7 人阵亡、11 人受伤。鉴于特鲁克已不再安全且不具备维修战列舰的客观条件，古贺下令“武藏”号在驱逐舰护卫下返回吴军港维修。刚刚离开东京不久的古贺不敢随舰回国，临时决定将司令部搬到岸上。古贺登岸屁股还没挨着凳子，美军“机动部队大举来袭”的情报就到了。

从感情上讲，古贺还真想与嚣张的美国人放手一搏。但此时他身边只有受伤的“武藏”号及为之护航的驱逐舰“矶风”号、“谷风”号、“浦风”号、“滨风”号，第二舰队重巡洋舰“爱宕”号、“高雄”号、“鸟海”号、“妙高”号、“羽黑”号及驱逐舰“白露”号、“满潮”号、“藤波”号。即使美军航母坐山观虎斗，这支舰队也不是美军众多新式战列舰的对手。古贺用兵一向谨慎，他清楚现在不能赌气出战，必须暂避锋芒，保存实力。29 日上午，古贺急令以“武藏”号及护航四舰与第二舰队临时编成“游击部队”，急匆匆如漏网之鱼逃离帕劳，撤回吴军港。辅助舰艇仍留在原地挨炸。

由于任期内表现平平，有人形容此时的古贺“就像一缕轻烟无声无息地飘入‘武藏’号司令官舱室，之后又无声无息飘走了”。海军后来解释说——古贺本人已没有机会解释——让辅助船只在帕劳等待一天，是为了撤离驻岛的第三十根据地部队。但从后来的情况分析，古贺此举无疑是在丢车保帅：以辅助舰只吸引美军，为作战舰艇逃出生天争取宝贵的时间。当天黄昏，角田第一航空舰队出动 10 架陆攻机和 5 架俯冲轰炸机，对美军舰队发起“薄暮攻击”，在美军“地狱猫”和高射炮的双重阻击下一无所获，自身反损失陆攻机 6 架和轰炸机 3 架。为挽回面子，角田高调宣称夜袭“击沉敌重巡洋舰 1 艘，重创战列舰和航母各 1 艘”。

即使角田的战报属实，这点损失对庞大的第五舰队来说也不过是九牛一毛，丝毫不伤筋骨。3 月 30 日清晨，6 时 30 分，驶抵帕劳以南 160 公里海域的美军航母放飞了庞大的攻击机群。当时由“藤”号驱逐舰护卫的 4 艘货轮正欲前往巴厘巴板，由驱逐舰“若竹”号、“菊”号护卫的另 8 艘货轮正准备到台湾高雄暂避。美军飞行员因找不到大型舰艇而恼羞成怒，这些平时根本看不上眼的小虾米全被他们拿去塞了牙缝。停泊在安加尔岛的 9 艘巡逻艇也被全部击沉。上次特鲁克遭袭时，排水量 10500 吨的海军工作舰“明石”号冒着弹雨逃到了帕劳。躲过初一躲不过十五，美军一通轰炸，干脆利落地将“明石”号击沉在港内。持续两天的攻击美军共出动舰载机 600 架次，击沉日军驱逐舰 1 艘、小型舰艇 5 艘，包括 5 艘油轮在内的 18 艘辅助舰只沉没。找不到攻击目标的美军飞行员开始对岛上的军事设施肆意投弹扫射，并首次尝试使用舰载机对帕劳港区主要航道布雷。

30 日傍晚，在防空洞里憋了一天的古贺命令角田，驻塞班岛、关岛的陆基航空兵倾巢而出，利用黎明时分视线不佳的有利时机偷袭美军舰队。对角田那些初出茅庐的飞行员来说，这是根本不可能完成的任务。他们三三两两飞抵美军舰队上空，在“地狱猫”和防空炮火的打击下，不但一无所获，反倒付出了惨重代价。出击的 70 架战机，30 架未能返航，另有 25 架在暗夜起降时严重受损。连续遭遇两轮打击，作为决战部队的第一航空舰队元气大伤。角田高调宣称“击沉美军重巡洋舰 1 艘，重创战列舰 1 艘、重巡洋舰 2 艘”。

4 月 1 日中午，斯普鲁恩斯率队向马朱罗返航。汇总战果，美军共击沉日军辅助舰船 29 艘，另有 17 艘遭严重损坏，在空中和地面摧毁日机 214 架。美军仅损失飞机 25 架，阵亡飞行员和机组成员 18 人，所有舰船无一损失。

美军撤离当然不会通知日本人。一时间日军帕劳基地人心惶惶，似乎美军的两栖登陆就在眼前。继续在帕劳待下去无疑是非常危险的。如果联合舰队司令官被美军打死或俘虏，那人可就丢大了。“咱们一起出击，一起捐躯吧！”古贺对参谋长福留说，“山本死得正是时候，我羡慕他。”

早在特鲁克遭空袭之前，古贺已向永野汇报，请求为联合舰队司令部寻找新址，增建必需的军事设施。军令部提供的候选地点有三个：塞班岛、新加坡或棉兰老岛达沃。马绍尔群岛失守之后，美军下一步的攻击目标无疑是塞班岛所在的马里亚纳群岛。如果将那里当作驻地，估计很快就要再次搬家了。新加坡倒是个理想场所，靠近油田，用油方便，且那里水浅，美军潜艇不易潜入。但那里距主战场太远，从顾全脸面和鼓舞士气两大因素出发，搬那里实在说不过去。这样，新址就只剩达沃一地。

古贺原定 4 月 1 日起程。角田从塞班岛派出 3 架水上飞机前往帕劳，准备送古贺一行前往达沃。由于不知道美军舰队已经撤走，联合舰队司令部判断美军次日仍会前来攻击，古贺遂将撤退时间提前到了 31 日晚上。

当天 21 时 30 分，前来接应的 3 架飞机在科罗尔水上基地降落。司令部成员乘橡皮艇驶向飞机。就在众人准备登机之时，岸上突然有人高喊：“敌机来了，快起飞吧！”古贺等 8 人、福留繁等 11 人分别登上一号机、二号机后，水上飞机就匆匆起飞了。

古贺乘坐的川西二式大艇是日军当时性能最好的水上飞机，满载燃油 14000 升。但这两架飞机在塞班岛起飞时并未加足燃油，只加了 8000 升。理由是如果加满，飞机起降时易出事故。8000 升燃油在正常巡航情况下可以飞 3500 公里，从塞班经帕劳再到达沃仅 2500 公里，看上去似乎足够了。如果能在帕劳再补充一次燃油，那就更保险了。但因预料美军空袭即将来临，两架飞机来不及补油就起飞了。

飞机起飞不久就遭遇恶劣天气，天空乌云密布，大雨倾盆。不过帕劳实在危险，福留和航空参谋小木一郎一言不发，飞行员只能继续向前飞行。一号机飞行员是第八五一航空队难波正忠，他曾多次飞过这条航线。二号机飞行员第八〇二航空队冈村松太郎却是首次飞这条线路。当听到“敌机来了，快起飞吧”的喊声之后，冈村立即启动发动机准备起飞。此时给参谋长等人安排座位的副驾驶今西善久赶回了自己的位置。冈村笑着对今西说：“嘿嘿，空速管盖忘打开了。”今西听后，吃惊地说：“哎哟，那可糟了！”冈村却没在意，一踩油门便升空去追赶早 5 分钟起飞的一号机去了。其间，今西曾几次试图打开空速管盖，未获成功。

二号机起飞两个半小时后，来自一号机的无线电信号中断。古贺所乘飞机就此神秘失踪，机上人员无一生还。没人知道那架飞机上究竟发生了什么。根据推算，一号机失踪地点距棉兰老岛约 180 公里。日军很快组织对飞机可能失事水域进行了搜索，连飞机碎片都没发现一块。几天之后，日军认定一号机上的人员已全部遇难。

古贺的命运至今仍然是一个谜。关于他的死因，有几种不同说法。一说他和山本一样遭到美军伏击，座机被美机击落，身受重伤的古贺被 1 艘美军潜艇救走。这种说法显然不太可信，美军没有关于伏击和打捞古贺座机的任何记录。况且此事如果属实，即使战争期间美军暂时保持沉默，战后也一定会对外大肆宣扬的。一说古贺因对战局绝望，选择了自杀，坠机不过是欺骗公众的谎言而已。一说古贺座机因油料耗尽坠落大海。现在大家普遍认可的是这种说法。

不管哪种说法属实，反正古贺已经不知去向。在不到一年时间里，联合舰队失去了两位司令官，都是乘机在前线阵亡的。巧合的是，两位参谋长都非常幸运。在飞行了 3 小时之后，二号机怎么也找不到此时理应出现在机翼下边的棉兰老岛，看到的只是茫茫大海。一阵忙活之后，他们竟发现了一座小岛。在对照地图仔细检查岛的形状后，冈村和今西发现，原来飞机已向北偏离了近 300 公里，还要再飞行 1 小时才能到达沃，机上燃油只够飞半小时了。

4 月 1 日凌晨 2 时，二号机油料告罄。今西通知参谋长准备紧急降落。借着微弱的月光，福留看到左前方有一个狭长的岛屿，那应该是宿务岛。飞机降落时，月亮突然隐入云层，茫茫大海上一片漆黑。飞机很快失去了控制。福留本人是一个老练的飞行员，他摸黑向前，手里还提着装有“Z 计划”的公文包。他伸手越过驾驶员肩膀，抓住操纵杆用力向后一拉，企图阻止笨重的飞机下冲。但他用力显然太猛了，飞机侧身翻跟头，坠入大海。

海水很快淹没了福留。但他此时并不惊慌，反正仗已打败了，这样死去也许最好。此时他尚不知古贺一号机已经失踪。福留本能地抓着那个公文包，和其余人艰难地从飞机残骸中爬出来。几个人试图取下救生艇，但飞机已经起火燃烧，火光把海面照得通红。除一名二等飞曹因着水时右腿被切断失血过多而死、福留腿部受轻伤、通信军官山形手部负伤之外，其余人竟毫发无损。落水者游到一起，面向飞机敬礼并唱起了军歌，副驾驶今西为未能取下空速管盖造成如此重大的事故流下了眼泪。随后，众人以北斗星为指引向北游去，不多时便分成了三伙。最年轻的谷川和下地体力最好，对大家说了声“给自已人送信去”就率先游走了。

公文包很重，福留带着它浮在水面非常困难。他伸手抓住了一块坐垫，朝隐隐约约的宿务岛游去。不知与激流搏斗了多长时间，也许几个小时吧，拂晓时分，他身边一个人都没有了。其余人年龄小一些，可能早游到前面去了——可见福留平时人缘也好不到哪里去。他瞥见远处好像有一根高大的烟囱，仔细辨认，那里是阿萨诺水泥厂——它现在被日本人改名为小野田水泥厂。该厂位于菲律宾中部日军司令部所在地宿务市以南 10 公里。尽管岛上可能有菲律宾游击队出没——前第十四军司令官山下奉文说过，“每一个菲律宾人都可能是游击队员”——但知道友军就在前方不远处，福留还是长出了一口大气。那个黑色公文包还被他紧紧地抓在手里。

福留在水中又挣扎了一个小时，体力几乎衰竭——早知道有今天，平常加强锻炼就好了。就在他近乎绝望之时，前方隐约出现了几条渔船。他们落水处距马格塔里赛村不远，村长里卡多·保罗平时看上去老实巴交，却是一名地地道道的游击队员。那天晚上，他先是听到了飞机轰鸣声，然后看到海上出现火光，但不久就熄灭了。第二天清晨，他带弟弟埃德尔贝尔特一起来到海边，发现海面上有好几个人在游动。两人叫来了邻居帕拉德罗，各驾一条小渔船将这些人救上了岸。

福留不知道来人身份，如果是游击队那就糟了。他知道手中公文包的重要性，即使自己被俘虏，公文包也不能落到敌人手里，这点觉悟福留还是有的。在被救上渔船之前，福留用尽力气将公文包摔到尽可能远的地方去，他相信沉甸甸的包一定会沉入水中的。当他被拉上第一艘渔船时，一个渔民看到了正在缓缓下沉的公文包，纵身入水，将它捞了上来。

在东南亚日占区中，菲律宾属于一个特殊区域。美国在战争前已答应让其独立，这与英国人统治的缅甸、印度、马来亚及荷兰人治下的爪哇岛截然不同，日本人是殖民解放者的概念在大多数菲律宾人头脑里并不存在。最具体的表现是，菲律宾各岛都活动着诸多听命于美国人的游击队，俘虏福留等人的就是其中一支。

福留和另外 8 人被带到巴鲁德，最年轻的谷川和下地已逃往宿务市日军司令部求援去了。俘虏被送到距离最近的一个游击队驻地。马塞利诺·埃里迪亚诺上尉曾在东京大学读过一年书，审问俘虏的任务由他承担。福留等人告诉上尉，“我们只是一般参谋人员，到这里来是例行检查”，试图以此蒙混过关。

埃里迪亚诺发现，俘虏中的一人特别受其他人尊敬，他显然是“带头大哥”。之前他已看到了渔民捞上来的公文包，里边文件全用红笔标明了“绝密”，其重要性不言而喻。埃里迪亚诺派人向宿务地区游击队——正式番号第八十七团——总指挥詹姆斯·库欣中校做了汇报。爱尔兰与墨西哥人混血儿库欣战前是一位矿业工程师，当过拳击运动员，喜欢喝烈酒，在当地名气很大。作为一个纯粹的个人主义者，库欣本可以带着自己的菲律宾老婆和孩子到山里享受天伦之乐，坐等战争结束后出山。但他毅然担起了责任，因为只有他才能将争吵不休的游击队员团结在一起。

库欣起初以为，抓到的可能是望嘉锡基地的日军普通军官。当得知俘虏中好几个人会说英语且来自帕劳时，库欣意识到这回发大财了，这些人来头肯定不小。事关重大，库欣立刻用他的小型发报机向棉兰老岛游击队总司令温德尔·费蒂格上校做了汇报，说自己抓到了几个日本人，其中 1 名很可能是级别很高的军官，还有“一整包”重要文件，标题为“联合舰队第七十三号密令”。费蒂格转发的电报在布里斯班引起了“巨大骚动”。一向不太积极的金凯德竟主动提出，派 1 艘正在执行作战任务的潜艇前往宿务岛西面的内格罗岛，以最快速度把俘虏和文件押过来。

福留在坠机时腿部受伤，加上身体肥胖实在走不动，游击队员就让他坐在一个大油桶上抬着走。埃里迪亚诺用了整整一周时间，到 4 月 8 日才把他们送到库欣位于曼加洪山南麓托帕斯高地的游击队总部，这里位于宿务市以西 16 公里。在埃里迪亚诺的连续审讯下，福留终于“承认”自己是日本海军高级将领，名叫古贺峰一，海军大将。他还说自己能讲一点英语。福留说话的声音可能不高，否则让真古贺听到了，他一定会从海底下钻出来掐死他的。

福留前脚刚到库欣处，日军后脚就到了。早晨，5 时前后，游上岸的谷川赶到了附近的小野田水泥厂，向值班负责人尾崎治郎技师报告了飞机失事的情况。尾崎立即用卡车送他到宿务市第三十一警备队求救。警备队火速派出机帆船于 7 时 30 分赶到出事地点进行搜索，毫无发现。福留等人在 7 时左右已被游击队带走了。

两架飞机预定飞抵达沃的时间是 4 月 1 日 0 时 30 分。时间早过去了许久，两架飞机一架都没来。驻菲律宾海军第三南遣舰队预感到大事不妙，立即命令下属部队全力对宿务岛一带海域进行搜索，一无所获。驻马尼拉陆军第十四军司令部颁布紧急命令，不惜一切代价，搭救可能落入当地游击队之手的“我方海军要员”。受命从宿务出发，前来进攻的是距游击队驻地最近的独立步兵第一七三大队。大队长大西精一释放了一个关押在监狱里的游击队员，让他给库欣捎回一封要求归还俘虏的信。大西扬言，除非把俘虏立刻交还给他，否则将焚烧村庄，把宿务岛杀得鸡犬不留。库欣身边只有区区 25 人，显然不具备和日军正面对抗的实力。他一边组织向深山撤退，一边紧急致电麦克阿瑟："文件可以送到内格罗岛。至于'古贺将军'及其他日俘能否送去，没有把握。"

虽然军种不同，打交道不多，但"古贺大将"的名头老麦还是知道的，就像日本海军同样知道麦克阿瑟的大名一样。如果联合舰队司令官被他的陆军部队俘虏，今后在可恶的金和尼米兹面前，可是有吹牛资本了。他迅速给库欣回电，"必须不惜代价留住俘虏"。这对库欣来说是不可能完成的任务。步步逼近的日军已经对游击队形成了包围。库欣先派两个人把公文包送往内格罗岛，随后电告麦克阿瑟，为避免敌人进行报复，他只能将"古贺大将"释放。麦克阿瑟怒不可遏，一纸电令将库欣从中校降为普通士兵，但显然已于事无补了。

已被解除职务的库欣仍在行使职权与大西谈判。他要求"古贺"写个字条，请大西解除对游击队的包围，不要采取惩罚性行动，作为交换他本人及其他日俘的条件。字条上的内容由游击队副队长曼纽尔·塞古拉上尉起草，然后译成日文，福留签上了古贺的名字——反正古贺不在了，这样做也不算冒充领导滥用职权。字条通过一个平民送到大西手中。考虑到保证俘虏的安全比"围剿"游击队更重要，大西答应库欣的条件并出具了书面保证，据说还支付了一笔赎金，具体数目不详。

福留被再次抬上担架。库欣热情地同他握手，两人似乎已成了要好的朋友。库欣那只见了日本人就狂吠的凶猛猎犬，竟然允许福留去抚摸它的头。在佩德罗·比里亚雷亚尔上尉的带领下，一排不带武器的游击队员护送"古贺"等人沿小道下山。4 月 10 日 11 时，在一棵高大的杧果树下，比里亚雷亚尔将福留等人交给大西，连同航空参谋山本佑二——当初强烈反对中途岛作战并为此哭鼻子的那位——携带的文件。福留的公文包没有交回，它被金凯德的潜艇取走，之后辗转来到麦克阿瑟手中。包里装的，正是古贺生前精心制订的"Z 计划"。

人总算活着弄回来了，但随后就出现了一个新问题。堂堂大日本帝国联合舰队参谋长竟然成了美国人的俘虏，这是所有人都无法容忍的事情。当初由陆军大臣东条英机、教育总监本部长今村均亲自起草的《战阵训》中明确写道："生不受虏囚之耻，宁死不留罪祸污名。"既然位高权重的福留被美军俘虏，就应该自杀向国民谢罪。回京之后，前往劝告福留切腹的人络绎不绝。但福留说来说去就一句话，太疼，坚决不切。《战阵训》是陆军颁布的，对我海军毫无约束力。

谁想切，谁自己切去。所有人都傻眼了。

通常情况下，觉悟高的人一般不用劝就主动切了。但现在福留厚着脸皮，就是不切，你还真不能上前一刀把他戳死。福留是海军的人，他真不切，海军面子上实在难堪。海军就拿出了一个变通的说法：所谓俘虏，是指被正规军抓走的人。现在福留只是被游击队临时拘留，按国际法不属于战俘，人家不自杀虽不合理，但完全合法。殊不知，日本人根本不认可这一法律，只是现在临时需要拿来搪塞一下。大敌当前，安定团结压倒一切，陆军也只好认可了海军的说法。

人保住了，但那只重要的公文包怎么办？海军为此专门成立了级别很高的调查小组，组长由海军次官泽本赖雄亲自出任。面对泽本的询问，福留的回答非常干脆，“着水以后全部干净处理掉了”。这是死无对证的事情，总不能叫美国人来做证吧？泽本原本就没打算深究——事闹大了陆军又该来掺和了——于是非常干脆认可了福留的说法。如此重大的事情同样没有告诉陆军。

列位看官可能认为，反正古贺已经死了，他制订的“Z 计划”不就随之失效了吗？事实绝非如此。虽然并未投入实施，但这绝不意味着这份计划就无足轻重。实际上，后来日军在马里亚纳的“阿号作战”、在菲律宾的“捷一号”作战都脱胎于这个计划。作战计划落入敌手，其实等于向美国人公开了日本海军最后的一点秘密——密码早被人家破译了。一年内损失两任司令官，对日本海军不啻为毁灭性打击，作战计划被对方缴获，更是雪上加霜。本来实力就远逊对手，这仗接下来还怎么打？

一直到死——战后福留仅作为乙、丙级战犯被短暂关押，未被起诉，最终释放——福留都不承认公文包落到了美国人手中。但美国人以实际行动打了福留一记响亮的耳光。战争结束之后，和麦克阿瑟的情报官威洛比少将打得火热的服部卓四郎，非但未作为战犯受到审判，反而纠集了一帮军官成立了一个叫“服部机关”的临时机构，专门编写太平洋战史，三卷本的《大东亚战争全史》正来源于此。军令部作战参谋吉田俊雄也是服部机关的一员。在编写马里亚纳海战时，吉田很想参考一下大名鼎鼎“Z 计划”。因当时未来得及销毁的文件已被美军收缴封存，吉田抱着试试看的心情，向占领军总部提出了参阅“Z 计划”的申请。

吉田认为，拿到文件的可能性不大，人家美国人凭什么让你看，也可能他们手里根本就没有。出乎吉田意料，一周之后，一封来自华盛顿的航空挂号邮件就放到了他的案头，里面正是当年由福留亲自保管的那份“Z 计划”原件。铁证如山，福留也不再坚持自己销毁了文件的说法。福留一直苟活到 1971 年才死，比老同学兼前任宇垣差远了。抛开战略战术水平，宇垣显然比福留要硬气得多，他是日本宣布投降后驾特攻机战死的，被称作“最后的特攻队员”。人家宇垣还忙里偷闲，写出了文采斐然且极具历史参考价值的《战藻录》。

为了与山本阵亡的“海军甲事件”对应，古贺失踪及福留被俘之事被东京合称为“海军乙事件”。战后，日本著名作家吉村昭写过《海军乙事件》一书，对事件过程有详细记述。可惜这本书没中文版，老酒想看极了。

最后来看看库欣的命运。麦克阿瑟重返菲律宾后，对库欣进行了严厉处罚。后来由于美国情报局局长考特尼·惠特尼将军的努力，库欣才得以恢复名誉。战后，为了表彰他对胜利做出的贡献，美国人给他发了一大笔奖金，足够他在菲律宾过一辈子的。但库欣到处开宴会庆祝，宴会甚至开到了加利福尼亚，这笔钱几个月内就被他花得精光。二十年后，库欣死于菲律宾，他一直坚称自己俘虏的是“古贺大将”。

得知从游击队手中赎回的是福留而非古贺之后，5 月 5 日，东京大本营正式对外发布公告：“联合舰队司令长官古贺峰一海军大将，本年 3 月在前线飞机上进行整体作战指导时，不幸殉职。”按照海军的意见，死于战场的古贺应该算“战死”。但此时永野已经下台，海军大臣兼军令部总长岛田提出，古贺从帕劳去达沃属于临阵脱逃，只能算“殉职”。这一微妙差别在海军中引起了不小震动。鉴于岛田平时唯唯诺诺的形象，大家普遍认为这是陆军乃至东条本人的意思，陆海军矛盾进一步深化。

在不到一年时间里，联合舰队先后损失了两位司令官，这使本已渺茫的战争前景变得更加暗淡。深信天佑神助的日本海军不能不感到一种难以名状的不安。上回山本的尸体还有着落，至少大家还能开个会念叨念叨。这回可好，古贺干脆玩起了“藏猫猫”，尸骨无存。“军中不可一日无帅”，况且现在是战争年代。根据海军《军令承行令》，1944 年 4 月 2 日，西南方面舰队司令官高须四郎——他刚于 3 月 1 日晋升大将——在爪哇岛泗水军港升起了将旗，临时代理司令官职务。高须虽然和稳健派的米内光政、山本五十六交往甚密，政治立场却相对中立，也非永野系核心人物，出任派系交替期间的过渡人物是再合适不过的了。

之前高须负责的区域主要是荷属东印度群岛和马来亚方面，作战局限于中国南海和印度洋，对主战场太平洋了解不多。幸好仅是临时代理，高须不会在短时间内采取大的动作。此时盟军在西南太平洋战区异常活跃，高须命令负责荷属东印度方向的第二十三航空战队加入第一航空舰队，同时令角田加强新几内亚西部的空中力量，仅此而已。

后来由于日军航母舰队在与美军第五舰队的交锋中遭遇挫败，高须暂时代理期间的上述举动同样遭受诸多非议。批评者纷纷指责高须本末倒置，只重视自己“西南战区”的局部利益，错误将部署在塞班、关岛等地的海军航空兵调往新几内亚西部，削弱了中太平洋的防御力量，最终酿成了日军在马里亚纳海战中的惨败。

新司令官的选拔异常简捷，因为同样的事情一年前刚刚干过一次。上次是古贺和丰田双雄争霸，现在古贺驾鹤西去，司令官职务非丰田莫属了，况且他还有海军元老米内光政的极力推荐。以前丰田与陆军不团结、海军元老伏见宫说他“饶舌有破坏作用”等缺点，现在统统不存在了。不是丰田太优秀，实在是找不到更合适的人选了。

对出任司令官一事，丰田一点都不开心——换成老酒，先坐上去威风几天再说。在他看来，一年前山本死了就该由他接班，最终你们选择了古贺。现在古贺死了，你们才让我来顶班，老子就那么好说话？况且现在战场形势近乎绝望，谁上去干也白搭，司令官职务与一烫手山芋无异，这是谁都清楚的事实。当海军大臣兼军令部总长岛田找到他时，丰田直截了当地表示：“开战以来就没上过战场，和这场战争没有关系，不适合出任司令官职务。况且现在战争进行得莫名其妙，前方一直在后退，战局悲观。现在接受这一重任，没有打开难局的胜算。我看算了，岛田君还是另请高明吧。”

丰田的话一点不假，岛田也只能暂时装糊涂：“我知道丰田君的意思。但现在肯定能扭转战局的人一个都没有，联合舰队司令官总要有人当。我本次前来，不是在和丰田君商量，仅仅是告知。此事已得到伏见宫元帅的确认。”岛田的话很清楚，现在你当也得当，不当也得当，反正就是你了。

丰田还想做最后的努力：“偌大一个海军，难道就找不出一个人来当司令官？”随后他推荐了南云忠一，指出南云一定会积极来还清中途岛欠下的债。岛田当即否决了他的意见，海兵第三十六期的南云资历太浅，不足以服众。4 月 30 日，赖都赖不掉的丰田戏剧性地坐上了联合舰队司令官的宝座。

因开战之后一直在岸上任职且缺乏航空战经验，丰田需要一位长年征战海上且具有航空战经验的人出任参谋长。有俘虏嫌疑的福留肯定不能用了。况且根据联合舰队惯例，参谋长、首席参谋通常是和司令官同进同退的。这样，咱们的老熟人——前第一航空舰队参谋长草鹿龙之介，就成为当然人选。丰田选择的首席参谋是海大第二十八期军刀组的高田利种。

此时草鹿正在拉包尔的堂兄手下听差。离开拉包尔之前，草鹿任一特意为堂弟举行了告别宴会。餐桌上难得地摆上了两个鲤鱼罐头，两片豆酱烧茄子，还有海带汤和掺大麦的大米粥，这在拉包尔已算得上“饕餮盛宴”了。陆军也热情赶来为草鹿饯行，第八方面军司令官今村均为此特意贡献了珍藏的 6 瓶米酒。

拉包尔已成为一个没有舰船和飞机的海空基地，但草鹿要走，只需要 1 架飞机就够了。这点问题，他堂兄还是有办法解决的。乘潜艇走太浪费时间，东京催促草鹿尽快返回履新。如此，草鹿就必须冒山本和古贺遇到的风险。

拉包尔已被美军围得如铁桶一般。为安全起见，草鹿座机只能在夜间起飞。登机之前，人们再次向草鹿祝酒，这次喝的是一种约翰尼·沃克牌的威士忌。当天，清晨 4 时，草鹿乘坐的轰炸机低空掠过港口，喷出长长的烟雾以掩盖火光。危险很快降临，一队美军战斗机从草鹿座机不远处飞过，相隔之近，甚至可以看见美军飞行员的面孔。令人难以置信的是，那队美机大摇大摆继续向前飞去，并未向联合舰队新任参谋长射击。

飞机在特鲁克加油后飞往塞班，草鹿在这里遇到了“老战友”南云，他现在已是中太平洋舰队司令官，两个月前刚刚到任。中太平洋舰队司令官听起来似乎很牛，表面上和他的老对手斯普鲁恩斯相似。实际上，南云手下只有残缺的第四舰队和第十四航空战队，早被美国人打成半身不遂了。大部分飞行员因为没有飞机，被配发步枪后转行成了“特别陆战队”。南云基本是一个草头司令。

现在，草鹿需要站在更高角度来看问题，他对战略要地塞班岛薄弱的防御感到惊讶。他建议南云加强本地的防务。南云笑笑，不置可否。次日，草鹿飞往硫黄岛，趁飞机加油时视察了岛上阵地。岛上工事虽建得很好，但缺少机枪和火炮。草鹿答应给驻岛指挥官和智恒藏增加装备，并预祝他在未来战斗中打得出色。看来草鹿也认为，美国人迟早会打到硫黄岛。不过，美军真来时，这里的最高指挥官已经换成陆军的栗林忠道了。

1944年5月3日，丰田在轻巡洋舰“大淀”号上升起了大将将旗。有人说，丰田这样选择，某种意义上是为了避山本、古贺两任司令官的晦气。事实上，在此之前，海军已对“大淀”号进行了现代化改造，诸如拆除水上飞机弹射器、将机库装修成指挥部、改善通信系统等，该舰完全可以胜任旗舰的任务。但在外行看来，此事端的非同可小。从1894年组建联合舰队以来，历任旗舰“松岛”号、“三笠”号、“敷岛”号、“朝日”号、“金刚”号、“山城”号、“长门”号、“陆奥”号乃至最后的“大和”号和“武藏”号，无一不是舰队中块头最大的。从某种意义上说，旗舰已成为日本海军的精神所在。

可是现在，这种精神只剩下不到一万吨了。

第三章

英帕尔战役

只听楼梯响，不见人下来

1942年5月，日第十五军占领缅甸全境及中国云南怒江以西地区。缅甸失守对中国抗战的影响最大，唯一一条“输血管道”滇缅公路被完全切断，接受国际援助的渠道只剩下了代价高昂、效率极低的“驼峰航线”。中日两国军队沿怒江形成对峙，大后方昆明遭到严重威胁。一旦日军突破怒江天险向东攻击，陪都重庆势必陷入腹背受敌的尴尬境地。中国抗战进入最危险的一段时期。

香港、马来亚和新加坡相继沦陷，缅甸再次落入敌手，大英帝国颜面尽失。其远东最核心的殖民地印度直接处在日军的兵锋之下，朝不保夕。印度不仅是英国远东的最后防线，也是盟军未来西线展开反攻的主要基地，其地位与东线的澳大利亚颇有几分相似。一旦日军重启攻势拿下印度，就可直下印度洋，切断盟军的海上交通线，进而向西攻击前进，与盟友德国会师中东，进而影响北非、地中海和欧洲战场。

相对而言，失去缅甸虽然对美国的直接影响不大，但战略上同属遭遇重大挫折。美国在二战中一直奉行“先欧后亚”的总体战略，在远东的策略是通过援助中国拖住日本，使日军无力从中国大陆抽调陆军主力，减轻美军在太平洋上的压力。况且在美国人眼中，中国距日本比印度更近，作为未来的反攻基地更加合适。缅甸陷落对美国的远东战略产生了重大负面影响。

颇具戏剧性的是，英国对夺回自己的殖民地缅甸并未表现出应有的热情。欧洲和大西洋是英国人关注的焦点，江河日下的大英帝国已无力抽调更多部队反攻缅甸。对他们来说，保住印度才最重要。如果日军不主动来攻，维持当前对峙局面也未尝不可。丘吉尔还有一种不能一洗了之的难言之隐：英国人不希望通过美国和中国的努力最终达到收复缅甸的目的，他们将两者视为在战后恢复远东殖民统治的潜在对手。丘吉尔多次明确指出，未来中国人在缅甸的作战不能进入曼德勒以南地区。

反攻态度最积极的，是在缅甸蒙受了奇耻大辱的史迪威中将。早在 1942 年 5 月撤往印度的艰难征途中，史迪威已开始酝酿反攻缅甸的计划。5 月 25 日，他在发给马歇尔上将的电报中说："我坚信，中国在战略上具有决定性意义，因此我认为美国不向这一地区派出地面部队是一个严重的错误。"随后，他要求史汀生和马歇尔派遣一个或更多的美国师归他指挥，和重新装备训练的中国军队一起将日本人赶出缅甸。但史迪威也清楚，美国啥都不缺，就是缺人，而中国除了有人，啥都没有，他在电报中着重强调了对中国军队的改造计划。

马歇尔把史迪威关于派遣美国部队的请求转达给总统，同时提出，目前人力和运力无法满足上述要求。马歇尔进而向总统建议，不妨采用陆军部制订的"使中国继续待在战争中"的计划，向他们运送足够的物资。目前业已开启的空中航线远不能达到这一目的，必须重新打通滇缅公路或另辟蹊径。罗斯福对此深以为然。

1942 年夏天的燥热就像史迪威的火暴脾气，这位美国人不得不在德里和重庆之间来回穿梭，劝说韦维尔和蒋介石同意他在即将到来的旱季发动联合进攻的计划，开辟一条从阿萨姆邦利多通往缅北的道路，尽快恢复通往中国的陆上交通线。6 月 3 日，飞抵重庆的史迪威强忍黄疸病的折磨去见蒋介石，提出了改革和整编中国军队方案及反攻缅甸的设想：在印度训练 10 万中国军队，在云南装备 30 个师，两部东西对进收复缅甸，重新打开滇缅公路。

考虑到装备如此多的部队肯定能争来大量美援，蒋介石对此慨然允诺。6 月 29 日，他委托史迪威向罗斯福转达，维持中国战场的三点最低要求：一是美军于八九月间派遣三个陆军师到缅甸，与中国军队并肩作战；二是从 8 月起，应维持中国战区空军 500 架战机的规模，以保卫重庆；三是从 8 月开始，"驼峰航线"的运输量每月不能低于 5000 吨。

对中国提出的三点要求，罗斯福根据马歇尔之前提出的建议，一直到 10 月 14 日才给予明确答复。在重申对史迪威支持的同时，他向蒋介石保证：美国对中国承担有义务，但由于其他战场的压力，不能立即满足所有要求。短期内美国无法向远东派出地面部队。从 1943 年起，陆续向中国战区调集战机 265 架。5000 吨物资完全没有问题，到 1942 年底将有 100 架运输机飞越驼峰。这相当于否决

第一点、部分答应了第二点、完全答应了第三点。

为了给中国抗战输送必不可少的重要物资，罗斯福亲自干预，于 1942 年 5 月正式开通了在年初就开始试飞的“驼峰航线”——因航线要翻越喜马拉雅山绵延起伏的山峰，航线随山峰高度不断起伏，恰似驼峰而得名。它是世界上最危险的航线，飞机在那儿几乎达到最高升限，恶劣天气、缺氧以及不时出现的日军战斗机使每一次飞行变成对神经、勇气和飞行本领的严峻考验，飞行员因此将它称为“通往地狱的航线”，将自己形容为“罐头里摇晃的鸡蛋”，飞行任务则被称作“呕吐运动”。因沿途坠毁飞机太多，航线有了另外一个绰号“铝之道”。

“驼峰航线”起点是印度迪布鲁格尔、杜姆杜马等机场，终点包括昆明、宜宾、泸州和重庆等地。初期航线从迪布鲁格尔经葡萄、云龙到昆明，全长 802 公里。日军占领缅甸之后，为避开日军战机的拦截，航线被迫北移，航程增加到 1150 公里。1944 年，盟军收复密支那之后，航线可经保山直接到昆明，全长缩短到 885 公里，飞行高度降低使运输效率有所提高。即使如此，空运效率比起海上或陆上交通依然是最低的。据测算，美国人每运送 1 加仑燃料到中国，需要的消耗同样是 1 加仑。每运送 18 吨物资，才能保证陈纳德的飞虎队向日军投掷 1 吨炸弹。

7 月 19 日，史迪威将他长期以来思考的收复缅甸的备忘录送交中国战区总司令官蒋介石。备忘录中，他提出由中国提供 15 ~ 20 个师，由东向西从云南发动进攻。由美英出动 5 ~ 10 个师及空降部队，由西向东从印度阿萨姆邦发起进攻。盟军同时提供 3 ~ 4 艘战列舰和 6 ~ 8 艘航空母舰，夺取印度洋和孟加拉湾的制海、制空权，进攻安达曼群岛并从仰光一带发起两栖登陆。上述各部从东、西、南三面夹击，一举收复缅甸，此即“安纳吉姆”计划。

8 月 25 日，美国参谋长联席会议向美英参谋长联席会议提出，反攻缅甸的时间大致在 1942 年 10 月到次年雨季来临的 5 月前展开。英军不予认同，理由是无法调集足够部队和作战物资，反攻作战最早要到 1943 年雨季结束后也就是 10 月才能发起。似乎作为缅甸原主人的英国人，对夺回殖民地并不热心，美国人颇有些皇帝不急太监急的味道。由于暂时无法派出除空军之外的作战部队，美国人也无可奈何。这也成为随后无数次会议上双方就缅甸作战激烈争吵的根本原因。

1942 年 5 月底，中国远征军新编第三十八师随英军溃兵越过印缅边境，来到位于英帕尔附近的普拉村。他们受命来到阿萨姆邦东北端的利多，这个偏僻小镇是一条铁路终点站。英国人让中国军队到此驻扎出于两方面考虑：既可以让他们协助兵力不足的英军堵住日军沿胡康河谷进入印度的通道，又让他们距印度核心地区很远，不至于对印度方兴未艾的民族解放运动产生不利影响。7月6日，孙立人少将接到了蒋介石从重庆发来的命令：新三十八师改为独立师，暂时脱离国内部队建制，开始整训。

7月下旬，孙立人的救援部队在距印度边境100公里的大洛一带开始零星接收从野人山走出的远征军人员。在随后一个月里，杜聿明中将及新二十二师廖耀湘少将率余部几经周折前来会合。第五军军部及直属部队加上新二十二师幸存人员共约6000人，基本保留了一个师的架子。杜聿明到印度后不久便被蒋介石电召回国。8月，中国驻印军正式成立，由史迪威任总指挥，罗卓英任副总指挥，美军海登·博特纳准将任参谋长。但两个月后，史迪威就把罗卓英赶回去了，因为他“终日绕室彷徨，对军队训练和教育毫无帮助”。

史迪威开始为中国驻印军寻找合适的训练基地来回奔波。在提出的条件毫不例外地被韦维尔拒绝之后，史迪威搬出了马歇尔上将。在华盛顿的斡旋下，丘吉尔指示韦维尔为中国军队寻找一处合适的训练基地，最终选择了蓝姆迦。这里原是关押意大利战俘的场所。随着双方协定的达成，新三十八师于1942年7月23日开赴蓝姆迦。史迪威和韦维尔达成协议，中国驻印军由美国人出装备、管训练，英国人负责生活供应。8月26日，蓝姆迦训练中心举行了正式开训典礼。

与国内部队相比，驻印军装备和生活条件只能用“奢侈”来形容。每名士兵配备的用具有战斗服、作训服、夹克、T恤、内衣内裤、毛衣、胶皮雨衣、作战背包、钢盔、软帽、便帽、防毒面具、带帆布套的野战水壶、S腰带从林靴、帆布护腿、袜子等。伙食以面包、大米和罐头食品为主。军官每餐有面包、水果、火腿、牛奶和鸡蛋，士兵包括一个牛肉罐头、两包麦片、饼干、茶叶，甚至有一包香烟。士兵在操场上排队，出列并验明身份后由美国人亲手发放薪资，消除了军官贪污和克扣军饷的一切机会。良好的营养使中国士兵的体重在3个月内平均增加了近10千克，一些人反映吃牛肉、喝牛奶腻烦得要吐了。“我从未见过一个人的恢复状况能像中国士兵那么快，”史迪威说。在蓝姆迦的所有中国人都接种了霍乱、伤寒和天花疫苗——这在国内是想都不敢想的事。良好的医疗卫生条件使患病者甚少，更重要的是逃兵几乎为零。部队士气，尤其是新建的炮兵部队，士气极高。

史迪威对中国士兵推崇有加，认为他们“是世界上最杰出的战士”。但他对国军将领和军官深恶痛绝，认为他们“毫无用处、缺乏斗志、没有纪律、腐败成风”。蓝姆迦天高蒋介石远，他可以实施真正彻底的改革。史迪威从美国调来了300多名负责训练的军官——其中甚至包括他儿子小史迪威和女婿布鲁克。他甚至想让美军军官出任所有营长以上的重要职务，这遭到以孙立人为首的中国军官的坚决抵制，未能成行，当然蒋介石也不赞成。后来这些美国军官，被按军衔派驻印军各师、团、营出任联络官，权力极大。

根据重庆的命令，新三十八师和新二十二师被合编成一个军——大名鼎鼎的国军五大王牌之一新一军。蒋介石本拟委派绰号“疯子”的邱清泉出任军长，但何应钦担心与史迪威一样性格暴躁的小邱与美国人闹出矛盾，进而影响援华物资的供应，就改派了温厚纯朴的郑洞国中将。来到印度的郑洞国遭到了史迪威的冷遇。他认为所有来自重庆的高层都是蒋介石派出的掣肘之人。新一军军部只有可怜的40人，郑洞国连个警卫班都没有。部队指挥、训练、人事等重大事项他均无权参与，仅仅负责军容风纪。

史迪威计划在印度建设一支由若干个师组成的全美械部队，代号“X部队”。驻印军全部换装美式装备，各种轻重武器一应俱全。一个步兵师满员12500人，下设三个步兵团。每师装备汽车300辆、骡马1000匹、105毫米榴弹炮12门、75毫米山炮24门、37毫米反坦克炮12门、81毫米迫击炮36门、60毫米迫击炮162门、重机枪108挺、轻机枪360挺、火箭筒108具、火焰喷射器85具、冲锋枪和卡宾枪400支，士兵人手一支步枪。史迪威特意把炮兵和步兵比例从原来的9∶1提高到3∶1，使他们拥有不弱于日军的火力。实际上，如此装备的新三十八师和新二十二师火力和机动能力已全面超越日军一个甲种师团。

训练全部是真枪实弹，一个最重要的考核指标就是耗弹量。一名炮兵军官要指挥打出400发炮弹才算合格。美国人的训练方法多种多样，包括讲解、示范、实习、考核等多个阶段。吃饱了饭的中国人学习能力之强，让美国人叹为观止。那些来自农村、从未见过大炮的青年很快学会了使用榴弹炮，原先连ABC都不认识的通信兵操作野战电话和无线电台驾轻就熟，他们训练7周比美国人训练

13 周的效果还好。教官斯利勒上校对此慨叹道："天哪，我们不会说中国话，而且也没有翻译。我们示范，他们仿效，他们是世界上最伟大的模仿者，学起来简直快极了。"史迪威经常戴着一顶一战时期的硬边帽，在中国士兵身边走来走去，不时伏下身子，甚至卧倒给他们做示范、校正瞄准点。

起初新三十八师仅 7000 人，新二十二师 1500 人。史迪威到重庆后，把蓝姆迦训练中心拍摄的照片给蒋介石看。非常满意的蒋介石立即批准增派部队前往印度。1942 年 8 月，军政部开始向驻印军补充兵员。每天空运 400 人，全部精选体格健壮、认字的青年，利用"驼峰航线"空载返程飞机将他们空运至迪布鲁格尔基地，然后再乘车经利多前往蓝姆迦。中国人实在太穷了。国内有人认为美国人会提供新制服，就将只穿短裤甚至全身赤裸的士兵送上飞机，一直到有人因高空寒冷冻死才停止了这种做法。即使经过精心挑选，出现在美国人面前的新兵依然个个面黄肌瘦，营养不良。美军军官将他们集中在训练场上，剃头、洗澡、换装，换下的旧衣服和鞋袜全部烧掉。到 1942 年底，中国驻印军规模已达 32000 人。后来根据战场需要，又陆续向印度空运了新三十师、第十四师和第五十师。

与此同时，蒋介石指示在云南昆明设立基地，训练代号为"Y 部队"的 30 个师。1943 年 2 月 1 日，陈诚出任云南军司令官。因滇缅公路被日军切断，许多美式装备囤积印度，近水楼台先得月，大部分美式武器得以先装备驻印军。云南军装备水平虽在国内属于一流，但与驻印军存在较大差距。两支部队最终在缅北会师时，驻印军眼中的云南军简直就是游击队。史迪威本拟在广西桂林再训练 30 个师的"Z 部队"，后因被蒋介石赶走未能执行。

史迪威还要为拟订缅甸反攻计划来往奔波。10 月 15 日，韦维尔告诉他，凭目前英国远东海军的力量，根本无法取得孟加拉湾的制海权，对仰光实施两栖登陆无从谈起，只能在印缅边境发起有限攻势。对中国人在缅甸的作战，韦维尔只同意驻印军从缅北胡康河谷进军密支那和八莫，拒绝中国军队越过曼德勒一线，这是丘吉尔多次强调过的。史迪威在日记中沮丧地写道："英国人不想中国军队参与收复缅甸。韦维尔说得很明白，他们不欢迎中国人。"

11 月 3 日，史迪威飞抵重庆，向蒋介石汇报了和韦维尔的会谈结果：反攻缅甸时间大约在 1943 年 3 月 1 日前后，英军投入反攻的兵力约 7 个师；中国军队若干个师渡过怒江从云南向腊戍出击；驻印军从利多经胡康河谷向密支那挺进。蒋介石指出，从云南出击的中国部队可以达到 15 个师，1943 年 2 月前可以做好准备。但中国军队出击的前提是英国投入足够的海空力量，取得孟加拉湾制海权和制空权。蒋介石特别强调，此次出征，战则必胜，绝不能接受第二次失败——远征军第一次出征的惨重损失太让蒋介石刻骨铭心了。

经中、美、英三方多轮协商，以史迪威备忘录为蓝本的“安纳吉姆”计划艰难出台。即在 1943 年春季从印度利多向缅北进军，打开一条与原滇缅公路连接的通道，下一步开通中印公路。反攻计划分三部分：一是中国驻印军沿胡康河谷向密支那方向进攻；二是中国驻滇部队渡过怒江进攻缅北；三是英军向缅甸若开地区发起一次有限攻势，策应中国军队在缅北的行动。

对英军何时出动海空力量沿仰光海岸发起两栖登陆，计划并未明确。由此可见，“安纳吉姆”充其量只是局部反攻，而不是从总体上收复缅甸。方案充分考虑了英国人的意见。对中国来说，只要能在缅北打开一条接受外援的陆上通道，缅南收复与否，并不重要。华盛顿对这一方案给予了充分重视，马歇尔积极表态，给史迪威增拨 6.3 万吨物资，并派两个团 6000 人工兵部队，参加中印公路的修建。

1942 年 12 月 7 日，韦维尔通知史迪威，英军将沿缅甸西南海岸做有限推进，计划投入 3 个师兵力攻占若开地区，沿钦敦江一线构筑防线，确保战略要地吉大港的安全。除此之外，英军对 1943 年在缅甸可能采取的军事行动不做任何承诺。史迪威对英国人的做法嗤之以鼻：“从印度传来了不好的消息，英国佬在考虑收缩战线。他们的目标简直是个笑话，若开、钦族山区、阿恰布，总之他们想在缅北维持现状，等明年秋天再考虑下一步行动。我和‘花生米’同处在一艘救生筏上，只有一块三明治，救援船正在逐渐远去。”“花生米”是史迪威给蒋介石起的绰号。

史迪威并不愿轻易放弃反攻缅北计划。12 月 23 日，他向宋子文和何应钦出具了一份备忘录，提议中国驻印军和云南军同时行动，在 1943 年 3 月 1 日向缅北发起进攻，以英军向若开地区的进攻作为策应。不过英军在孟加拉湾的两栖登陆肯定指望不上了。

史迪威的提议并未得到重庆的认可。蒋介石在 12 月 28 日致电罗斯福，提出若英国不能在孟加拉湾实施两栖登陆，中国军队反攻缅北的行动就不可能发动。

中国在那里已经历过一次失败，在国内战局不断恶化的情况下，不可能独立发起大规模军事行动。罗斯福对此不置可否。盟军 1943 年全面反攻缅甸的计划就这样付之东流，只剩下一些零星的局部战斗。

1942 年 5 月 4 日，日军第三十三师团第二一三步兵联队第二大队第一中队在一个机枪小队配合下，占领了战略要地梅宇半岛，与随后赶来的第二大队第五中队共同担负起当地的防务。缅甸战役结束之后，第二大队大队长砂子田长太郎率另三个中队赶来，正式组建起梅宇守备队。为加强这一战略要地的防御，9 月中旬，日第三十三师团师团长樱井省三命令第二一三步兵联队联队长宫胁幸助，率联队本部及第三大队进驻阿恰布，当地所有部队被合编为宫胁支队。驻缅甸第十五军司令官饭田祥二郎给宫胁下达的指令是：在确保阿恰布一带地区的基础上，以一部兵力占领印缅国境线附近要地，搜集情报，搜索敌情，为下一步展开大规模进攻做好准备。“敌之急所即我之急所”，他们很快将成为英军第一次反击的进攻目标。

就在中国编组军队积极备战的同时，英军也重组了自己的指挥系统。韦维尔将所有驻印部队改编为三个集团军，其中东印度集团军负责邻近缅甸的阿萨姆、孟加拉、奥里萨、比哈尔等四邦防务，肩负对日作战第一线的职能。缅甸沦陷敌手之后，该集团军的首要任务是阻止日军通过印度接壤的若开邦，尤其是北部战略要地阿恰布向西北入侵印度，同时防范日军从孟加拉湾渡海进犯胡格利河河口地区。东印度集团军包括第四军和第十五军——前者辖英印第七十师和第二十三师，后者辖第十四师和第二十六师，直属集团军的还有驻阿萨姆邦的一个旅。

1942 年 7 月，诺埃尔·埃尔文中将出任东印度集团军司令官，其第四军司令官职务由杰弗里·斯库恩斯中将接替。第十五军司令官就是组织了缅甸大撤退的威廉·斯利姆中将。埃尔文和斯利姆素来不睦。1940 年，英军在苏丹作战时，埃尔文曾服役的第一埃塞克斯团被对手击溃，斯利姆将该团上校团长撤职，此人恰好是埃尔文多年的好友，两人由此结下梁子。1942 年 5 月，当斯利姆历尽艰辛率英军残部撤回印度时，当时负责印度东北部防御的第四军司令官埃尔文对他的态度极端恶劣，冷嘲热讽不断。斯利姆对此非常不满：“我从不认为，一位与我会师的指挥官可以用如此粗暴的态度对待我。”埃尔文的回答完全没有英国人一贯标榜的绅士风度：“你不能这样冒犯我，我是你的上级。”从之后的进程看，埃尔文显然属于被过高提拔的平庸人物，习惯以盛气凌人来掩饰自己的无能。

英军发起反攻作战的时机并不成熟。当时印度政局动荡，英军在缅甸的军事失败带来了一系列政治灾难。8月8日和9日，印度国大党在孟买召开代表大会，通过了“要求英国撤出印度的决议”，全面展开非暴力不合作运动。日本人趁机火上浇油，于1942年8月22日出台了对印具体政策，大力支援印度人的民族解放运动。英印当局当即宣布国大党为非法组织。在甘地、尼赫鲁及数以百计的支持者被投入监狱之后，印度人争取独立的民族运动逐渐蜕变为一场流血事件。英印当局不得不从前线调回部队，控制蔓延的骚动和数不清的爆炸事件。包括英军第七十师在内的57个步兵营不得不化整为零，四处平暴。正因为此，英军用于东部防御的部队其实只有3个师外加1个旅。缅甸惨败导致官兵士气低落，兵无战心，听见日本人腿就软。

从国大党分裂出去的民运领袖钱德拉·鲍斯导演的“自由印度运动”得到了东京的大力支持。鲍斯曾在1940年逃亡柏林，向希特勒寻求帮助。但是现在，他发现东京的态度比柏林积极得多。东条不仅在首相官邸热情接待了鲍斯，还特许他从马来亚和新加坡被俘的40000名印度人中招收5000名士兵，成立所谓的“印度国民军”。这支可以用“乌合之众”来形容的部队将在之后的英帕尔战役中协助日军一起作战。

此外，缅甸战役刚结束半年，英军的训练和装备还未改善到适合进行丛林战的程度。英军在若开拟发起的作战是由北向南进攻，右为大海，左为丛林。当时英国在远东没有值得一提的海军力量，孟加拉湾制海权还在日军手中。如果日军从进攻部队背后登陆，很容易将敌人的后路一举切断。就算日本海军全力以赴专注于太平洋上的美国人，他们的陆军也能抽出兵力越过左侧丛林，出现在英军侧后，后来实战正是如此。最重要的一点是，英军的战役组织拖拖拉拉，给日军从容集结兵力，实施辗转腾挪，提供了充裕的时间。

正如11月史迪威访问新德里时看到的那样，韦维尔对战事准备进展缓慢异常焦虑。“英国佬阵容实在惊人，你在每个楼层都能遇到至少一名中将，他们大多在干上尉的活儿，或者什么都不干。”史迪威愤怒于英国人总是使用这样的模式，当皇家空军采取行动时说“英军飞机”，当美国空军上天时则说“盟军飞机”，就像麦克阿瑟对待澳大利亚人那样。英国人对史迪威的印象也好不到哪里去，戏称事必躬亲的他是“美国陆军最杰出的三星连长”。

1942年9月17日，韦维尔正式下发了代号“食人者”的作战计划，命令埃尔文以英印第十四师的四个旅为主力从陆路夺取梅宇半岛，之后从半岛南端福尔角跨海突击阿恰布，从那里就可以对日本人占领的仰光进行轰炸。战役发起日为12月21日。

韦维尔原拟以完成马达加斯加作战的英军第二十九旅在空军掩护下直接从海上登陆阿恰布，因该旅未能如期抵达，且无法取得作战地域的制空权而取消。原定的两路夹击简化成了陆上的单方面作战，“整个计划变成了一团临时拼凑起来的乱七八糟的东西”。在北非登陆的“火炬计划”对盟国人力物力的要求占据压倒地位，原计划运往中国的物资被转运俄国，剩下的残羹冷炙全被送往增援瓜达尔卡纳尔和新几内亚的战斗。史迪威向陆军部提出强烈抗议，最终只换来马歇尔的一句安慰：“对你的过度反应深表同情。”

按道理说，若开作战应该由第十五军司令官斯利姆中将指挥，但与其不睦的埃尔文以该军军部人员几乎全被抽调用于后方维稳为由，直接越级接管了指挥权。第十四师师长维尔福瑞德·劳埃德少将发现，自己直接指挥的部队竟达9个旅之多，几乎是一个师的3倍。而埃尔文分管区域太大且远离前线，很难参与具体准备和战术指导。后来英国史学家如此评价埃尔文在第一次若开战役——也被称作“阿拉干战役”或“阿恰布战役”——中的表现，“他是有着独裁且以自我为中心的一个人，对待下属就像他们是既不应该相信也不应该体谅的契约劳工”。另一位专家更不客气地称，“他除了自己，不相信任何人”。

印缅边界交通条件极差，铁路运输只通到吉大港以南32公里的多哈扎里，再往南是一条宽仅1.2米的碎石泥土公路。越往南走道路越糟，一场大雨就可使之变成泥浆，无法通行。有人戏称，这是一场沿石器时代道路进行的现代战争。

埃尔文曾向韦维尔提出用飞机运兵，得到的答复是，“英国的飞机补充严重依赖美国，美国同样面临飞机短缺，根本没有余裕为缅甸战场提供多达150架运输机”。来自旁遮普干旱平原的士兵在沿海地带行军迟缓，浓密的灌木丛和无处不在的沼泽阻碍了他们的快速前进。这支部队几乎花了一个月时间，才走完到达梅宇半岛颈口不足160公里的路程。12月7日，一场大雨使所有小径变成了无法通行的烂泥塘，劳埃德不得不将进攻梅宇半岛西北布迪当—孟都一线的时间推迟至中旬。

12 月 17 日，英军终于启动了攻势。哈蒙德准将的第一二三旅沿梅宇河东岸向拉代当挺进，布莱克准将的第四十七旅向南直下梅宇半岛福尔角，第五十五旅留在吉大港充当预备队。劳埃德占有绝对兵力优势，宫胁手下只有 2/3 个步兵联队。

12 月中旬，日军侦察机发现英军有大规模集结兵力的异常迹象。此时驻守孟都和布迪当的砂子田距支队主力有 80 公里之遥。鉴于英军兵力强大且来势凶猛，在请示师团长樱井之后，宫胁于 22 日下令砂子田撤离孟都和布迪当，据守梅宇岭东侧贡丹一线。英军因此不战而得孟都、布迪当。继续推进的英军在贡丹一线遭到日军顽强抵抗，劳埃德判断对面日军不会少于 800 人，实际当地日军仅一个小队，共有五六十人。因宫胁支队主力盘踞在阿恰布，英军第四十七旅几乎未遇抵抗，一路推进至福尔角。

英军气势汹汹，两路来攻，其志肯定不在小也。1943 年 1 月 2 日，第十五军高级参谋片仓衷飞抵阿恰布。在和宫胁商议之后，片仓电请军司令官饭田迅速派出增援。1 月 3 日，饭田命令宫胁支队暂归军司令部直接指挥，同时电令第五十五师团师团长古闲健抽调一个步兵大队前往增援。饭田给宫胁的命令是：务必死守战术要点栋拜和拉代当，固守待援。为便于战场指挥协调，饭田随后改令宫胁支队归古闲指挥，军部负责宏观调控。

接到命令，宫胁当即命砂子田率部进驻拉代当，另以伊藤新作第三大队第十一中队为基干，第十、第十二中队及第三机枪中队各一部组成加强中队，在中队长渡边贞南的率领下火速前往栋拜据守。行军途中，渡边部与英军一个营迎头相遇，激战中，渡边战死。余部在浅野源次郎的带领下击退英军，在背靠栋拜、左临孟加拉湾、右倚梅宇岭山脚处占领了一块阵地。此后浅野率部打退了英印第四十七旅三个营的数十次进攻，以弱势兵力据守阵地达 50 天之久。英军攻坚力之弱由此可见一斑。

英印第一二三旅在梅宇河东岸的推进同样举步维艰。在多次进攻拉代当失败并付出惨重的伤亡代价后，英军 1 月 9 日出动空军对日军阵地进行投弹。在两个山炮连炮火支援下，英军一个营的进攻在白天取得了少许进展，但当晚即被日军夜袭赶回原地。布莱克准将用上了所有预备队也无法打开局面。到 1 月 10 日，英军两路部队的进攻全部陷入停滞状态。

前线战事陷入困境。1 月 10 日，韦维尔和埃尔文双双来到了劳埃德少将的指挥部，指示“夺取栋拜至关重要”。这道理连个中尉连长都懂！一脸愁云的劳埃德向上司请求派坦克增援，得到的回答是“会来的”。要调集坦克上阵必须经过第十五军司令部。斯利姆告诉埃尔文派来的联络官：“要派出更多坦克，仅派一个连不如不派。”联络官提出作战区域狭窄，大队坦克不便展开。斯利姆提出即便如此，至少也要派一个坦克团。但人家埃尔文毕竟官大腰粗，最终奉命前往栋拜前线的坦克只有区区 8 辆。即便如此，它们抵达战场也是 1 月底了。

坦克来到前线之前，英印第四十七旅的进攻一直未停。1 月 18 日，英军进攻达到高潮，炮兵每小时发射炮弹超过 500 发。布莱克准将利用退潮时机派装甲车沿海滩从侧翼迂回，日军的顽强阻击使英军持续三天的猛攻以失败告终。兵力居绝对劣势的宫胁曾试图发起反击，英军的殊死进攻使他打消了这种念头，下令各部据险死守。1 月中旬，浅野部队得到了第二一三联队第八中队、一个工兵小队和速射炮小队的增援。

古闲的最大难题是兵力不足。他的第一四四步兵联队被抽调太平洋作战——以其为基干组成的部队就是前文屡次露脸的南海支队——兵力只剩 2/3 的第五十五师团入缅以来，转战 2600 公里，历大小战斗逾 50 次，部队极度疲劳。师团主力赶往战场行军超过 1000 公里，还要翻越海拔 2400 米的阿拉干山脉。考虑到上述因素，饭田指示古闲，军司令部已派第三十三师团第二一三联队一个大队先往增援，为第五十五师团主力赶往战场争取时间。

后方的饭田和古闲急得像热锅上的蚂蚁，坐镇前线的宫胁却颇有几分大将风度——不，是大佐风度。他气定神闲地向师团长保证说，梅宇半岛的栋拜守备队一步都不会撤退，因为“英印军战斗力如此之差”，有如此多的兵力和炮火优势竟无法撼动日军匆忙构筑的防线分毫。宫胁指出，只要师团向梅宇半岛投入增援，就一定能击败敌军并趁势围歼之。

饭田和古闲很快做出了增兵梅宇半岛的决定。驻木各具第二一三步兵联队第三大队本属宫胁部下，大队长有延严受命穿越渺无人迹的 300 公里原始森林和阿拉干山脉——英国人认为那里只有猴子才能穿越——穿插到加拉丹河谷百力瓦一线，一举切断英军后勤补给线。与此同时，第五十五师团决心发起第三十一号作战。1月24日，古闲率参谋长久保及众幕僚飞抵阿恰布，亲自坐镇前线指挥，同时命伊藤新作率第二一三联队第二、第三大队余部开赴梅宇半岛增援。当时缅南日军第五十五师团主力已循陆路进至洞鸽一带，欲从此处循海路使用舟艇进行机动。

和英国人的情况类似，困扰日军的最大难题同样是运输。古闲手头的运输工具只有7艘机动艇，据测算，到2月底，第五十五师团只能运过去1/3的兵力。苦于舟艇不足和美机的疯狂活动，而拉代当、栋拜一线战斗日趋激烈，古闲提议放弃这条战线，遭到了军司令部断然拒绝。饭田严令守军坚守这一重要地区。

在得到8辆坦克增援之后，劳埃德少将在2月1日重启对栋拜的攻势。担任主攻的是亨特准将的第五十五旅，他们将得到坦克和师属炮兵的全力支援。初次出击的坦克确实把日军吓了一大跳，但他们很快冷静下来，利用手头有限的武器实施反击。英军"瓦伦丁"坦克装甲最薄处仅9毫米，3辆坦克被日军速射炮命中主要部位，瘫在小溪前动弹不得。1945年，英军收复梅宇半岛后，在3堆废铁旁发现了5具坦克兵的尸骨。但英军炮火迅速将暴露位置的日军速射炮阵地摧毁。在英军潮水般的进攻面前，日军发起了肉弹反击，将英军攻击击退。在拉代当方向，缺乏坦克支援的英军第一二三旅发起的数次进攻同样无果而终。

为鼓舞前线将士士气，2月8日至9日，古闲下令第一一二联队联队长棚桥真作、第二一三联队联队长宫胁将联队军旗插上了栋拜和拉代当的前沿阵地，以示高级军官与前线官兵并肩作战，誓于阵地共存亡的决心。1月29日开始，英印军的进攻持续了整整10天，日军阵地岿然不动。2月18日，英印军发起的第四次攻击虽然逼近了联队军旗，但在日军的濒死反击下再次退回进攻前的位置。2月25日至28日，英军又一轮持续4天的进攻被日军粉碎之后，劳埃德彻底泄气了。

宫胁支队的顽强抵抗为主力迂回穿插争取了时间。就在英印军发起正面猛攻的同时，日第五十五师团两个主力联队——第一一二、第一四三联队逐渐抵达预定位置。2月28日，古闲命令宫胁支队暂时退却，吸引英军南进，与宇野节第一四三联队主力会合后向加拉丹河一线运动。3月2日，栋拜守备队与杉山直一第一一二联队第三大队换防，撤向阿恰布之后，古闲下达了全线反击的命令。

战役成败关键在于1月从木各具出发的有延支队能否及时穿插到英军后方。

日军果然是丛林战高手，有延支队长途隐秘行军 40 天，穿越英军认为完全不可能逾越的高山丛林，于 2 月 21 日抵达加拉丹河上游，与随后赶到的第一一二联队第二大队会合。他们迎来了宫胁支队乘舟艇溯加拉丹河而上，前来会合的一个中队。3 月 6 日，宫胁下令各部对英军侧后发起反击，正在实施正面进攻的英军后院起火。

2 月底，在新德里宫殿般的英军司令部里，到处弥漫着一种焦灼不安的气氛。韦维尔确认必须放弃若开远征计划。但是丘吉尔不为所动，在卡萨布兰卡，美国人是把缅甸作为对“安纳吉姆”行动的一种信任考验，再次撤退将损害印度军队的士气，达到不能恢复的地步。万般无奈之下，韦维尔只好下令继续向首相屡次所说的“虽在抵抗，但数量上微不足道的敌人”发起进攻。3 月 7 日，他给埃尔文发出了激励电报：“确信前线部队能够应对可能从加拉丹方向实施的远程突破，取得一场真正的胜利会比任何行动对改善目前的形势更有意义。我希望你能以一场胜利来结束战役，这场胜利将向我军和日军证明，我们才是真正的赢家！”殊不知，劳埃德对面全是身经百战的日本老兵，羸弱的英印军根本无法与之相比。

日军在大范围穿插迂回，英军对身后可能出现的危机却浑然不觉。久攻不克的劳埃德撤下了损失惨重的英印第五十五旅，准备派最精锐的英军第六旅发起新一轮攻势。此时日军在加拉丹河谷发起反攻，拉代当以北的英印第一二三旅遭到当面日军的疯狂反扑。仅一周之后，劳埃德发现形势已恶化到必须将英印第七十一旅从沿海平原调回梅宇河谷，协助拉代当方向英军撤退的危险境地。恰在此时，埃尔文的电报到了，命令他集中兵力在 3 月 18 日对栋拜发起第五轮攻击。此时驻守加拉丹以北蒂兹维的英印第五十五旅已率先遭到日军攻击。3 月 14 日至 16 日，由三个步兵大队组成的棚桥支队重创英印第一二三旅，于 18 日控制了梅宇河东岸的关键区域。同日，英军第六旅对栋拜的进攻损兵逾 300 人，毫无进展。旅长凯文迪许准将甚至使出了日军惯用的夜袭战术，被擅长此道的日军轻松击退。

3 月 10 日，斯利姆奉命到孟都一线视察。他发现官兵士气低落，劳埃德根本无力指挥多达 9 个旅的部队，他犯了导致前一年失败的同样的战术错误，即离不开交通线，又太依赖正面进攻。由于并无前线战事指挥权，劳埃德对斯利姆的建议不予采纳，他和手下的旅长都认为战场地形无法实施穿插迂回——日军正是这么做的——因缺乏船只也无法从海上包抄。斯利姆只好悻悻而返。

3 月 20 日，韦维尔和埃尔文再次来到劳埃德的指挥部。三人各执己见，会谈毫无结果。韦维尔要求在雨季之前肃清栋拜日军，劳埃德坦言无能为力。韦维尔向埃尔文提出解除劳埃德的职务，由洛马克斯少将取而代之。战况形势急剧恶化，两人都想让劳埃德充当替罪羊。

日军宇野支队虽奋力击退了英军进攻，但也被第六旅死死缠住，无法机动。古闲欲打破僵局，只能靠棚桥支队的穿插突破了。在拉代当击破英印第一二三旅的阻击之后，棚桥支队在外贺忧一第五十工兵联队主力、第四船舶工兵联队第三中队配合下，于 3 月 25 日 0 时 30 分强渡梅宇河，26 日拂晓攻占了梅宇岭东侧的战术要点阿泰特·南拉，一举夺取了战场主动权。

接到日军突破梅宇河向西快速挺进的噩耗，劳埃德不禁倒吸了一口凉气，这意味着英印第四十七旅的退路随时可能被敌人切断。他紧急下令该旅迅速与英军第六旅会合，向北撤退。但埃尔文撤销了劳埃德的命令，下令第四十七旅就地坚守，同时派刚抵达战场的第二十六师第四旅快速驰援。3 月 29 日，埃尔文宣布从劳埃德手中接管前线的指挥权。匆忙赶到孟都的洛马克斯少将从劳埃德手中接过了第十四师师长职务。

3 月 26 日，接到棚桥支队占领阿泰特·南拉消息的古闲异常兴奋，电令宇野在宇贺武第五十五山炮联队的支援下快速西进，将梅宇半岛英军的退路彻底切断。虽然粮弹严重不足，侧翼还面临英军第四旅的威胁，棚桥依然无所畏惧，率部进入渺无人烟的原始丛林。经 8 昼夜急行军，棚桥支队 4 月 3 日抵达梅宇半岛西海岸，完成了切断敌军退路的艰巨任务。

4 月 5 日，在因丁地区，快速推进的棚桥支队与匆忙撤退的英军第六旅狭路相逢。两支精锐部队的厮杀以英军完败告终，第六旅旅长凯文迪许准将被日军活捉，此即日军对外大肆渲染的“因丁歼灭战”。战场俘虏一名将军——虽然只是准将——对第五十五师团属于至高无上的荣誉，古闲致电棚桥，立即派专人将敌旅长押解回来以备吹牛之用。但他很快接到了前线发来的电报：“联队司令部遭英军炮击，棚桥联队长负伤，5 名军官伤亡。英旅长及几名俘虏全被炸死。”

旅长不幸被日军俘虏，现场军衔最高的西奥博尔兹上校毅然接过了第六旅的指挥权，下令炮兵对因丁村日军阵地进行炮火压制，然后率部向北突围。凯文迪许就是被这一通炮火打死的，棚桥胳膊也被绷带吊了起来。前来会合的英印第四十七旅无法绕过日军阻击阵地，旅长温布利准将下令丢弃迫击炮等重装备，全旅化整为零，寻隙逃命。由于日军来得仓促，并未堵住所有路线，他们中的大部分人侥幸跳出了包围圈，4 月 14 日与第六旅余部会合。这个损失了所有重装备的旅立即被遣返印度重建。

英军两个旅遭遇重创，前线乱成一团糟。斯利姆终于接到埃尔文发来的紧急命令，立即接管前线战斗的指挥权。战后，在回忆录《转败为胜》一书中，斯利姆用低沉的语调形容他在前线看到的那一幕凄凉情景："我几乎从未在一个战场见过如此悲惨的场面。很多事情都在变糟，非常糟糕。我们应该控制事态，避免变得更加糟糕。"斯利姆开始执行一项不会有人羡慕的任务，沿若开海岸夺路逃回吉大港，就像一年前他率余部从缅甸逃回印度那样。日军各部大胆穿插迂回攻击，打得英军落花流水，溃不成军，丛林里到处都是阵亡官兵的尸体，在默默腐烂。

经过 4 月中旬短暂休整，4 月 20 日，古闲下达了攻占孟都和布迪当的命令。担任主攻的是宇野支队。此时饭田已奉调回国，第十五军司令官由原第十八师团师团长牟田口廉也接任。新官上任三把火，牟田口特意将小川忠藏第三十三师团第二一四联队第二大队配属给宇野，加强一线的进攻力量。另外松木平直行第一一二步兵联队第一大队、宫胁支队、棚桥支队及师团炮兵部队分头出击，配合宇野支队的作战。

在吉大港的第十五军司令部里，接过指挥权的斯利姆一脸愁云。他和第十四师师长洛马克斯少将一致认为，日军很快会向孟都和布迪当一线发起进攻。他们能使用的部队无一不是遭遇新败、被追得屁滚尿流的惊弓之鸟，士气低落，战意全无。两人策划在日军主攻方向上用 6 个营扎个口袋——其中两个部署在梅宇山岭山脊，两个沿梅宇河部署，另外驻守孟都—布迪当以南山区的两个营形成口袋底部。一旦日军进攻部队进入口袋，英军一个旅就会迅速封住袋口，聚而歼之。

斯利姆的策划几乎获得成功。4 月 24 日，宇野支队沿梅宇岭向北攻击前进，矛头直指战略要地布迪当。日军先头部队一头扎进了斯利姆精心部署的口袋阵。如果换成德国人或美国人防守，宇野支队凶多吉少。但英军南方两个营无力守住阵地，日军轻松将袋底捅破，趁势冲了下去。英印第五十五旅在飞机的助阵下发起反击，被宇野和棚桥联手击破。5 月 4 日，日军切断布迪当—孟都公路。

战况对英军极端不利。5 月 5 日，斯利姆授权洛马克斯在必要时放弃布迪当，但必须守住孟都。5 月 8 日 19 时，日军宇野支队攻占若开邦首府布迪当。松木平第一大队从高杜萨拉快速北进，直趋孟都。

“这实在太像 1942 年失败的重演了，”斯利姆说，“更令人痛苦的是，我们这次是被兵力远远少于我们的敌人打败的。”凭溃兵守住孟都毫无希望，斯利姆不顾埃尔文的反对断然命令洛马克斯放弃孟都。航空侦察显示，一支日军正从北方快速迂回。为避免孟都守军被日军合围，洛马克斯断然下令守军弃城北撤。经过半年令人失望的战斗，全部英军撤回头一年 10 月他们出发前的位置。

5 月 14 日，日军松木平大队攻克孟都，标志着“第一次若开战役”以英军完败告终。战斗中，日军伤亡 1776 人；英军亡 916 人、伤 2889 人、失踪 1252 人，总损失高达 5057 人。东京大本营高调宣布“歼敌逾 20000 人”，明显属于夸大其词。

“在战争中，你必须为自己的错误付出代价。”斯利姆颇具哲理性地对第一次若开战役进行了总结。当他回到新德里的司令部时，发现韦维尔和幕僚都极度沮丧。本次失败坚定了韦维尔的信念，在缅甸丛林地带发动任何大规模攻势都是徒劳无益的，更坚定了他对“安纳吉姆”行动本来就抱有的偏见。对战役倾注了无限希望的韦维尔只好自嘲：“我们在战役中的最大收获，是了解了敌人的作战方式，以及我们在训练和组织上的欠缺。我军声誉和士气严重受损。总的来说，尽管各种资源匮乏，但我永远不会后悔下令发动了这次战役。”

大英帝国首都伦敦，丘吉尔对日本人竟如此轻易地再次战胜占绝对优势的英军大为光火：“这次战役越打越糟，日本人完全战胜了我们，他们比我们更有谋略。幸运的是，这些战斗规模很小，而且其他事件的吸引力阻止了舆论被引向这种悲惨的场面。”盟军在北非和斯大林格勒的胜利，让英国人在缅甸的失败更加难堪。

埃尔文竭力为自己开脱，拒绝承担一丁点儿责任。他在写给韦维尔的长信中责怪了除自己之外的所有人，尤其是部队的胆怯行为。劳埃德已被撤职，埃尔文试图将责任转嫁到斯利姆头上。他发电报给伦敦，建议解除斯利姆第十五军司令官职务。韦维尔决定将失败交由埃尔文承担。斯利姆很快接到了到埃尔文处报到的电话，他坦然告诉身边的参谋，这意味着自己很快将被解职。就在他准备出发时，埃尔文的又一封电报到了：“你没有被解职，被撤职的人是我。”斯利姆告诉身边的人：“我想我们需要开一瓶酒，不管什么酒都行，如果我们有的话。”多年小媳妇总算熬成婆婆了。

1942 年，盟军在印缅地区的最大成果是逐渐恢复了空中优势。到年底，盟军新建机场达到 150 座。除英军外，在该战区服役的美国空军也超过了 1 万人，B-24 重型轰炸机首次在这里露面。1942 年 11 月，美军发起了首次长途空袭行动，B-24 往返 4400 公里轰炸了曼谷。圣诞节前后，盟军相继轰炸了曼谷、仰光和曼德勒，空中优势将成为决定未来战役成败的关键性因素。

相对太平洋主战场的精彩纷呈，印缅战事确实乏善可陈。如果一定要寻找一个亮点的话，则非奥德·温盖特和他的“钦迪特”远征队莫属。丘吉尔的宠儿温盖特 1903 年 2 月出生在印度的纳伊特尔，父亲是一位严谨的陆军军官。他两岁时随父亲回到英国，1923 年从伍尔威奇皇家军事学院毕业，成为一名炮兵少尉。从 1928 年开始，温盖特在苏丹服役 5 年。1936 年到巴勒斯坦出任情报官之后，他很快成为一名狂热的犹太复国主义者，尽管他并非犹太人。在任盟军中东司令官期间，韦维尔对温盖特一直青睐有加，支持他建立了一支“夜间别动队”，专门对付阿拉伯人的游击队。温盖特的手下几乎全是狂热的犹太人，他指示他们假扮阿拉伯人进入市场进行射击，肆意处决阿拉伯人并严刑拷打他们。毫无疑问，他在巴勒斯坦犯下了不可饶恕的战争罪行，给他本人和大英帝国脸上抹了黑。不仅如此，他还将英军的绝密情报随意泄露给自己的犹太人“朋友”。1938 年，他与犹太复国运动反英势力勾结的行为，实际上已背叛了国家，继而演变成公开的丑闻。韦维尔对此已经无能为力，温盖特很快被免去了所有职务。

但温盖特总是不乏贵人相助。1941 年，他在陆军总参谋长埃德蒙·埃恩赛德爵士和韦维尔的支持下，东山再起。韦维尔当时正在非洲同意大利人作战，他邀请温盖特重组“夜间别动队”。1941 年 1 月至 5 月，他集结起一支由埃塞俄比亚和苏丹人组成的游击队，在对意大利人的作战中屡立战功。一次，他亲自率领 300 人战胜了数倍于己的敌人，与埃塞俄比亚皇帝海尔·塞拉西一起进入亚的斯亚贝巴。但是，出于干预当地政治和蔑视上司等原因，温盖特很快被再次解职。1941 年 7 月，回到开罗的温盖特试图自杀。因为枪支在离开时被没收，他选择的自杀工具是一把锈迹斑斑的刀。可能在切断颈动脉时活儿干得不够利索，他倒地的声音被邻居听到，邻居迅速赶来将他送入医院。温盖特的经历和卡尔森有几分类似，两人都热衷政治运动和游击战术，颇得两国最高首长丘吉尔和罗斯福的青睐。但温盖特的成就比卡尔森要高得多。

温盖特为人粗鲁无礼，咄咄逼人，固执己见，脾气暴躁，妄自尊大，始终以自我为中心，信奉“你要么站在我的一边，要么就是我的敌人”。他性格中最大的不足是缺乏团队精神，这对一名职业军人来说是致命的缺陷。他蔑视等级和权威，往往肆意顶撞上级，却又要求下属不折不扣地执行自己的命令。温盖特酗酒，极爱出风头，不修边幅，衣着邋遢，外出从不带肥皂、剃刀、牙刷等洗漱用品，偶尔还将脸盆当尿壶使用。他手腕上戴着的闹钟会在任何时候和任何场合突然响起，搞得大家一头雾水。他脖子上总挂着一串当零食的生洋葱头，喜欢光着身子走来走去，或蹲在马桶上和人谈话。在他眼中，洗衣绝对没有必要，所以就难得换一次衣服。一次，他头戴一顶肮脏的软木遮阳帽，身穿满是污迹的丛林短装，走进司令官办公室，被衣着考究的奥金莱克当场轰了出去。

当缅甸 1942 年初面临重大危机时，韦维尔想起了在伦敦赋闲的温盖特，认为缅甸的复杂地形很适合他倡导的游击作战。2 月 27 日，温盖特应邀来到德里。当他 3 月 19 日见到韦维尔时，仰光已经陷落。韦维尔授予温盖特上校军衔，由他负责针对日军的所有游击行动。4 月 24 日，温盖特在德里明确了自己的想法，抛却以往的游击作战而专注于远程渗透。缅甸领土面积之大，超过了大部分欧洲国家，日军在这里只有 4 个师团，大部分驻防在边境地区。温盖特认为后方的日军必定比前线低劣，一支英军部队应该迂回到敌人身后，用无线电和基地联系并从空中获得补给，通过切断敌人交通线或摧毁军火库牵制数倍于己的敌军。他要求韦维尔给他 3000 人，但陆军只给他凑出了原属第七十七旅的 1300 名士兵，其余由他自己想办法。温盖特吸收了部分廓尔喀人、缅甸人甚至印度人，凑齐了一支 3000 人的队伍，组织他们进行严格的丛林战训练。

温盖特很快被晋升准将，他的突击部队仍使用第七十七旅番号。他将手下的部队编成 7 个支队，各由一名少校指挥，配备 300 ~ 400 名士兵、15 匹马和 100 头骡子。除士兵随身武器之外，还有两门迫击炮和两挺机枪，重装备靠骡马运输，补给品全部依靠空投。爱出风头的人一般重视宣传，他问一名缅甸军官：

“缅语中‘狮子’怎么念？”对方回答“cheninthe”。温盖特把这个词写成“钦迪特”——这是一种守护缅甸圣祠石狮子的名字。从此，这个拼错的单词将作为一种特殊战法的象征被记入军事史册。

英军发起第一次若开作战时，“钦迪特”终于等来了亮相机会。韦维尔本拟以“钦迪特”深入敌后扰乱日军后方，以第二十九旅在阿恰布发起两栖登陆，配合第十四师的正面作战。后因缺乏运输工具，两栖登陆被取消，温盖特也于2月3日接到了推迟出发的命令。埃尔文认为，这种毫无战略目标的出击，不但起不到多大效果，反而可能暴露盟军在缅北的战略意图。之后日第十五军司令官牟田口的过度反应说明，埃尔文的说法并非凭空捏造。但温盖特强烈要求带队出击，即使两栖登陆已经取消，“如果不出动的话，远程破袭战就永远是纸上谈兵，我们可以把日本人的注意力从若开引开”。他们将由驻英帕尔的第四军提供后援，军司令官斯库恩斯中将认为出动“钦迪特”的时机远未成熟。但韦维尔支持温盖特，认为这支部队要尽快接受日军的考验。当劳埃德的第十四师在栋拜陷入苦战时，“钦迪特”隐秘出征了。

2月8日，温盖特率“钦迪特”从阿萨姆邦英帕尔出发，13日夜隐秘渡过钦敦江。韦维尔下达的命令是：破坏曼德勒到密支那的铁路，切断缅北日军两个师团的补给线；如果条件允许，进一步东进切断曼德勒至腊戍的铁路——变成铁道游击队了。温盖特将部队分成两部分：由两个支队组成的南部战斗群负责干扰日军视线，为由旅部和其余5个支队组成的北部战斗群实施破袭创造条件。前者诱敌成功后主动摆脱敌人，渡过伊洛瓦底江，在孟密一带丘陵地区与主力会合。

英军出师不利。行军途中，第四支队与日军第五十五联队第三大队狭路相逢，缺乏重武器的英军被对手轻松击溃。支队长布罗姆黑德少校下令分散突围，自寻道路返回出发地，疏散中，连电台和密码本都遗失了。毕竟接受过专业丛林战训练，他们中大部分人安全潜回了钦敦江。3月3日，北部战斗群的第二支队被日军巡逻队发现，被当晚赶到的一个日军中队击溃，余部大部分撤回钦敦江，仅少数人前往伊洛瓦底江，试图与主力会合。行动尚未全面展开，温盖特所部已七去其二。

幸好第三、第五支队在平梨铺一带略有斩获，为温盖特挽回了一些脸面。3月5日，第五支队成功伏击了日军一辆运兵卡车，战斗中，英军阵亡2人、受伤

6 人。伤兵让支队长博纳德·弗格森少校头大无比，温盖特严令不准携带伤员行军影响机动性。被迫留下的 6 名伤员最终仅 1 人生还。之后他们成功爆破了一座铁路桥。3 月 6 日，詹姆斯·卡尔弗特少校的第三支队在南坎一带炸毁了两座铁路桥，伏击了 2 辆日军卡车，击退了前来增援的一小股日军。幸运的是，第三支队没有出现人员伤亡。

温盖特下令各支队向伊洛瓦底江隐秘前进，力求取得更大战绩。第三支队在渡口遭到日军追击，付出阵亡 7 人、受伤 6 人的代价艰难渡江。伤员被交给当地的缅甸人，卡尔弗特给随后肯定会来的日军留下一张字条："按照贵国武士道精神，你们是应该善待伤员的。"日军显然对英国人推崇他们的武士道精神感到惊讶，不仅没有伤害伤员，还将他们送往后方医院救治。至于他们后来转入战俘营，是否活下来，就不得而知了。

"钦迪特"突入的地段属于日军第十八师团第五十五步兵联队防区。2 月 17 日，联队长木庭知时最早接到第一大队大队长长野重身的报告："根据地方人士报告，3000 ~ 4000 名敌军正从庞宾地区向东推进。"木庭最初心怀狐疑，青天白日，朗朗乾坤，从哪儿钻出来这么多英军部队？他们一年前挨的打还不够惨吗？之后接二连三的情报表明，多处都出现了英军踪迹。木庭这才重视起来，命令第一、第三大队出动寻歼英军并向师团长牟田口——他一个月后才晋升军司令官——做了汇报，同时将联队本部从杰沙前出至平梨铺。

在眉谬的第十八师团司令部里，牟田口和参谋长横山明一脸蒙。2 月底两人刚去杰沙和平梨铺走过一趟。从俘虏——很可能来自布罗姆黑德第四支队——口中牟田口得知，这股英军人数不多，任务仅仅是扰乱后方，并不会构成太大威胁。感觉一个联队对付他们绰绰有余，牟田口带参谋长返回眉谬，现场敌情由木庭自行处置。

很快就有新消息传来，负责杰沙以南防务的第三十三师团第二一五步兵联队第二大队同样遇到一支人数不详的英军——他们正是执行佯动的南方战斗群。第二大队大队长那须一郎在与敌的遭遇战中阵亡。随后又有情况表明，英军各部正在向伊洛瓦底江一线运动，其志肯定不在小也。驻仰光第十五军司令部综合各项敌情判断：来犯英军分为两支，主力正通过第五十五步兵联队第一大队防区向平邦推进；靠南的那支规模较小，正向东沿两师团接合部运动。英军详细兵力和作战意图暂时不明。

3月5日到6日夜，从平梨铺转移至因多的日军第五十五联队第三大队与弗格森第五支队遭遇，声称毙敌超过百人。木庭亲率两个中队快速驰援，英军丢弃大量弹药补给，强行渡过江去，在丛林中消失了行踪。木庭从俘虏口中得知，这股英军正式番号第七十七旅，位于北方的主力部队正在一个叫温盖特的准将率领下从因育瓦强渡瑞丽江，从俘虏口中挖出的东西仅此而已。

最初第十五军司令部按照常规判断，英军可能通过陆路获得补给。但沿途丝毫未发现运送补给的痕迹，日军逐渐意识到这支部队的补给完全来自空投。饭田顿觉事态严重，立即下令第十八、第三十三师团合力围歼来敌。得到英军一路向西的消息之后，饭田命令松山祐三第五十六师团加入“围剿”行列。当时驻缅日军仅4个师团，其中就有3个投入了“围剿”行动：驻八莫第五十五联队第二大队负责扫荡八莫西南地区，第五十六联队第二、第三大队沿瑞丽江两岸搜索，驻南坎第一四六联队第三大队快速南下，欲围歼英军于瑞丽江沿岸。

温盖特和手下毫无遮掩地暴露在酷热、尘埃飞扬的缅中地带，纵横交错的道路上，日军巡逻队频繁出没。他们只能用仅有的几门迫击炮抵御日军的进攻。之后几个星期成为对“钦迪特”最严酷的考验，他们不但面临日军的围追堵截，还要与疟疾、痢疾、丛林疮和饥饿战斗。骡子被宰杀填进肚子，视野中出现的动物无一例外遭到猎捕，包括猴子、蟒蛇、老鼠、蚂蚱甚至蟑螂，人人身上爬满了虱子和水蛭。

面对日军的多路“围剿”，温盖特只好下令各部化整为零，避其锋芒，不与敌发生正面战斗。温盖特原拟向东挺进到克钦山地，那样他们就将超出补给空投的范围。3月24日，温盖特接到了斯库恩斯的命令，放弃前往克钦山区，撤回印度。3月底，温盖特忍痛撤销了要求弗格森和卡尔弗特炸毁谷特高架桥的命令，下令各部掉头，向西撤退。日军在后紧追不舍。

当时位于包村附近的温盖特身边只有两个支队，几乎弹尽粮绝。温盖特不顾附近有日军的危险，向后方申请了一次空投。他们打死了一名哨兵，惊动了日军，随后就爆发了包村战斗。原定的空投无法在开阔的稻田中进行，只好在丛林中点燃火把为飞机导航。空投受到干扰导致许多物资被放弃，温盖特只好带着1000人空肚子踏上了艰难的返程。追兵从四面八方猛扑过来，温盖特做出了一个匪夷所思的决定：从因育瓦沿原路再渡瑞丽江，他赌日军不会想到他从一个地方两次渡河，大部分驮畜和6吨装备被丢弃在江东岸。

肯·吉尔克斯少校的第七支队率先渡江，他们只搜集到20条小船。他们到达西岸时遭到日军炮火袭击。温盖特下令各部自行返回印度。分散之前，温盖特在平梨铺东南偏东16公里处联系了一次空投。处境最艰难的是第五支队。在之前的战斗中，骡子中弹掉进溪谷，驮运的电台损坏无法修复，弗格森无法用电台联系空投。找不到船的弗格森判断水深只有1.5米，于是决定涉水渡江。成功到达对岸的只有74人，46人被遗弃在江心的沙洲上。日本人已经赶到岸边，弗格森没有时间也没有能力去营救他们。两天之后，他们在一座村庄寻找食物时被日军发现，无力战斗的英国人只能选择快速逃逸。4月9日，他们渡过伊洛瓦底江，24日渡钦敦江后于第三天进入英帕尔。支队出发时319人，现在只剩95人。

温盖特的主力部队在一名老僧的带领下，向西撤退，靠极少的大米和水牛肉维持体力。部队抵达钦敦江时，老僧前往打探消息，发现日军就在附近村子里。温盖特决定尽快渡江。旅部原有220人，现在只剩43人。温盖特带5名会游泳的士兵涉水过江，凭借威尔肖中士的救生背心才勉强游到对岸。当他们找来渡船接上同伴过江时，日军距他们只有800米了。幸运的是，虽然船周围被打得水花四溅，日军的迫击炮和机枪没能打中一个人。肯·吉尔克斯少校第七支队一路向东逃往云南，150名幸存者辗转通过"驼峰航线"飞回印度。

此即史称的"钦迪特第一次远征"。温盖特取得的战绩远非辉煌，遭破坏的铁路和桥梁虽有30余处，"但几天内就修复了，并未能对日军兵力部署造成多大影响"。当初渡江进入缅甸的"钦迪特"超过3000人，回来的仅2182个，所有骡马和重装备都不知去向。未能返回的队员约450人阵亡，约120名缅甸队员脱下军装潜入普通民众之中，约430人被俘虏。回来的人中，仅600人还能参加战斗，其他病残者解甲归田。

印度史料评价这次远征"战略价值几乎为零"。廓尔喀史书赞成这一观点："从来没有付出那么多而得到这么少的情况。"许多西方将领对游击战并不热衷，认为那不过是哗众取宠的小打小闹，难登大雅之堂。斯利姆的话一定程度上代表了大多数人的看法："作为一次军事行动，这次袭击是一次代价高昂的失败。它造成的伤亡和资源消耗没有带来显而易见的回报。日本人被破坏的交通线在数日内得到修复，对敌人造成的伤亡几乎可以忽略不计，对他们的部署和计划没有产生直接影响。”

但是比起英军第一次若开战役的惨败，温盖特的行动已属难能可贵，毕竟大部分人活着回来了。4 月 3 日，韦维尔给埃尔文发出了一封标有“高度机密”的电报：“一旦温盖特能从缅甸活着回来，必须对外封锁消息，他本人不能停留，直飞德里。”抵达德里的温盖特心中一直忐忑不安，部队减员近 1/3，主要装备全部丧失，他认为自己将被送上军事法庭。他绝不会想到，自己竟因此成为国民英雄，成为英国家喻户晓的人物。英国人为保全颜面煞费苦心。5 月 21 日，在德里的记者招待会上，难得穿上一身干净衣服的温盖特高调亮相。

“这次远征是按计划进行的吗？”记者问。

“在战争当中，没有任何一次战斗能够完全按计划进行！”温盖特适时引用了德国战略家克劳塞维茨的名言，“一场战役应精心策划，但战斗过程中会出现各种变化，你所能做的，就是在制订计划时准备好各种应变措施。”

此前，温盖特曾强烈批评伦敦总是习惯于将明显的失败说成光荣的胜利，如著名的敦刻尔克大撤退。但当宣传机构粉饰他个人的失败时，他却能够坦然接受。在记者招待会末尾，温盖特高屋建瓴地指出：“我对本次作战的战果非常满意，远征对我们来说是一次完胜！”承受着巨大压力的韦维尔和埃尔文对温盖特的话照单全收。

事实上，本次行动的结果仅使曼德勒到密支那的铁路四周内无法正常运行，日军启用了一条经八莫的备用线路，行动对第一次若开战役的牵制作用几乎可以忽略不计。局外人的意见暂时抛开不论，第五支队支队长弗格森少校的话也许更具实际意义：“我们到底完成了什么丰功伟绩？没多少事情有实际意义。我们刚回师不久，这次行动在公众形象中就被扭曲了。我们炸毁了一些铁路，但不用多久就能修复。我们搜集了一些有用的情报，我们让日军在一些小规模行动中手忙脚乱，没准也干扰了他们进行一些大规模的行动。我们打死了几百日军，但那个国家有 8000 万人。我们还证明了纯粹依靠空投维持一支作战部队的办法是切实可行的。”可能弗格森最后那句话才是远征的最大收获，它的另一大间接成果，后文详叙。

丘吉尔敏锐地觉察到温盖特身上蕴藏的巨大宣传价值，特别是在第一次若开战役遭遇惨败的敏感时刻。有关温盖特和“钦迪特”的相关报道让丘吉尔欣喜若狂，他在7月24日亲自给韦维尔发出电报：“毫无疑问，在印度前线，我们自己的军事行动形成了低效和倦怠的特征。温盖特和他部队的成就脱颖而出，鹤立鸡群。在这场战争中，资历问题肯定不能阻碍真正有个性的人在适合他们的位置上取得长足发展。”首相公开宣称“他是一个富有天才和胆识的人”。

《每日邮报》将温盖特誉为“缅甸克莱夫”——克莱夫是为英国独占印度奠定局面的“国民英雄”。专栏作家阿拉里克·雅各布在《每日快报》上的文章对温盖特赞誉有加。温盖特被召回伦敦，和丘吉尔一起讨论未来的战争及任命他为一个军司令官的可能性。丘吉尔无疑想让美国人瞧瞧英国人的勇敢精神，他的提议遭到众多高级将领的一致反对。总参谋长布鲁克认为虽然报界大吹大擂，温盖特所为实际“损失巨大，收益甚少”。毫无疑问，两次行动的失败使得英国人更坚决地反对在缅甸展开任何军事行动。

就在第一次若开战役期间，1943年1月14日至23日，美英首脑召开了卡萨布兰卡会议，中国人并未在受邀之列。从本次会议开始，缅甸问题都会作为重要议题进行研究。英国人不愿在缅甸打仗，尤其不愿在中国人的帮助下打仗，这点在本次会议上第一次凸显出来。丘吉尔对修建中印公路一直都不感冒，认为工程量太大，到建成时很可能已经用不上了。况且即使能够建成，通过它提供的物资也不会对中国军队战斗力的提高有太大帮助。

金在会议上提出，将盟军对太平洋战场的投入比例由15%提高至30%，同时在太平洋和缅甸发起攻势。马歇尔指出，英国必须在缅甸采取强有力的军事行动，以帮助中国，逐步在年内发展成大规模的“安纳吉姆”战役。尽管英军在第一次若开战役中尚未呈现败相，他们依然不愿过早地将注意力转向远东。布鲁克指出，如果将兵力和物资分散到像缅甸那样的鬼地方去，“盟军就不可能获得最后胜利”，远东问题只能等打败希特勒以后再说。在英国人眼中，能否打通向中国运输物资的通道无关紧要，能守住印度就一切OK。

马歇尔坚持通过实施两栖登陆夺取仰光，重新打通进入中国的国际交通线。这样不但可以推动中国对日本采取进一步军事行动，还可以在中国建立空军基地，轰炸日本的工业设施和海上交通线。金指出如果不打缅甸战役，蒋介石就可能退出战争，日军就能腾出手，来将主力投入太平洋，这对盟军是极其不利的。针对英国人提出实施“安纳吉姆”计划缺乏登陆艇的说法，金当场承诺，如果英军愿意发起进攻，登陆艇要多少给多少。马歇尔要求英国人确定缅甸作战的具体时间，布鲁克支支吾吾，不愿答复。

在马歇尔“美国有必要遗憾地放弃对欧洲承担义务”的威胁下，英国人最终勉强同意扩大在缅甸的军事行动。会议关于缅甸的决议只有不疼不痒的一句话，“英国同意接受为1943年11月15日进攻缅甸的‘安纳吉姆’行动制订计划，最终决策不能晚于7月15日做出”。

会议之后，罗斯福和丘吉尔派代表前往重庆，将会议情况向中国人通报，寻求蒋介石对反攻缅甸的支持。美国代表是陆军副参谋长阿诺德中将——他将在次月晋升上将——后勤部队司令官布里恩·萨默维尔中将，英国人派出了驻华盛顿特别代表迪尔元帅。阿诺德一行在途经印度时与韦维尔做了沟通，初步确定战役发起时间为1943年11月到次年5月。盟军地面部队以夺取曼德勒为目标，海军力争封锁孟加拉湾，切断日军增援缅甸的海上通道。

2月5日，阿诺德一行飞抵重庆。对阿诺德提出的反攻缅甸计划及召开专题军事会议的建议，蒋介石欣然赞同。2月9日，中、美、英三方高级将领在加尔各答召开军事会议，商定具体战术细节。中国与会代表是宋子文和何应钦，美方为阿诺德和萨默维尔，英方为迪尔和韦维尔。史迪威以美国代表和蒋介石参谋长的双重身份出席了会议。何应钦在会上向盟友承诺，中国除驻印军从利多出发沿胡康河谷向密支那进军之外，还可以从滇西出动超过10个师，越境向密支那和八莫进军，准备工作将在10月前全部完成。根据蒋介石的授意，何应钦反复强调海空军协同作战的重要性，说明缅甸作战必须有足够的海空力量，实施海陆夹攻方能胜利。

韦维尔表示英军投入的兵力为9个师——英军2个师、英印军或英缅军7个师——其中3个师用于曼德勒方向，5个师进攻缅南地区，1个师留作预备队。他后来在回忆录中这样写道：“大家一致同意，剩下的事情就是尽最大努力进行战役准备，雨季结束后发起进攻。”很明显，会议结果让皇帝不急太监急的美国人非常满意。阿诺德看到了史迪威为反攻缅甸所做的努力。“你应该得到一顶桂冠，”他告诉“醋性子乔”，“你的差事真他妈的难。如果你认为我能帮上什么，但说无妨。”

何应钦回渝后，将会议情况向蒋介石做了汇报，“蒋很满意，随即着手调动第二军、第七十一军向滇西集中，准备 11 月的反攻作战”。

事情很快发生了变化。加尔各答会议后不久，丘吉尔向罗斯福表示，盟军在西西里岛的军事行动导致英军无力分兵在缅甸作战。美国考虑，如完全放弃反攻缅甸，对太平洋战场十分不利。但如实施“安纳吉姆”方案，又缺乏足够的物资，只有暂时放弃缅南两栖作战，仅在缅北发起有限进攻。在取得一致意见后，罗斯福和丘吉尔授意英美参谋长联席会议拟订单独进攻缅北的作战计划，并决定该计划暂时不向中国通报。

驻华盛顿的宋子文还是听到了风声，迅速向重庆做了汇报。蒋介石电令他立即求见罗斯福，力争维持卡萨布兰卡和加尔各答会议决议。宋子文向罗斯福表示，中国已按两次会议的要求在滇西集结部队欲反攻缅北，如果英军放弃进攻缅南，中国不会单独发起缅北作战。罗斯福认为对缅作战势在必行，只是在计划上做一些变动。他表示将尽量说服丘吉尔，使中、英、美三国采取一致行动。宋子文将会谈结果电告重庆，蒋介石表示，如英军放弃在孟加拉湾的两栖登陆，中国绝不单方面发起反攻，同时指示何应钦“在滇西集中部队一事不必急于进行”。中英联合反攻缅甸的计划就此暂时搁置。

在 1943 年 5 月 12 日华盛顿召开的“三叉戟”会议上，反攻缅甸作为一项重要议题被重新提出。会议特意邀请了中印缅战区的韦维尔、萨默维尔、皮尔斯及史迪威、陈纳德及中国驻美代表宋子文出席。第一次若开战役惨败使丘吉尔痛下决心，绝不在缅甸发动“一根刺一根刺啃豪猪”的无聊攻势，他将缅甸作战形容为“跳到海水里追鲨鱼”。韦维尔此行目的是根据丘吉尔的意见向会议陈述放弃“安纳吉姆”计划的理由，将盟军在东南亚的努力转移到苏门答腊和新加坡方面。在英国人眼中，缅甸只对中国人有利，他们在新加坡丢的面子太大了。

宋子文在会上提出，中国正在全力准备反攻，驻印军与云南军已集结完毕，要求严格执行卡萨布兰卡和加尔各答会议决议。他的提议遭到英方的严词拒绝，他们表示，盟军在欧洲取得胜利之前，不可能在缅甸投入更多部队。丘吉尔坚持英国不会在缅甸“为安抚中国人而做任何蠢事”。以马歇尔和金为代表的美国军方依然力主反攻缅甸。金趁机提出，如果英军不做出努力，美军将扩大在太平洋上的攻势，以减轻中国的压力。这是英国人一向反对的。会议再次陷入僵局。

最终罗斯福亲自出马斡旋，形成了一个折中的办法：缩小缅甸作战范围，战斗仅局限于缅北一隅，尽快打通缅北通往中国的公路。蒋介石对此不予认可，他通过宋子文向会议表示：“倘反攻以占领缅北至曼德勒为止，不特无补于中国战场且徒牺牲兵士，中国决不再蹈去岁之覆辙。”

在罗斯福的压力之下，丘吉尔被迫做出让步，同意在1943年雨季之后发起进攻，将英军进攻缅甸海岸、控制孟加拉湾制海权作为中国军队进攻缅北的前提条件，但目前仅限于“暂时在印度继续进行后勤行动和为最终发动‘安纳吉姆’计划做好准备”。

5月25日，罗斯福将征得丘吉尔同意的方案发给蒋介石，要点如下。一是先集中物资于阿萨姆邦和缅甸区域，建立并加强通达中国的地面设备，期望秋初每月运输量达1万吨。扩大阿萨姆邦航空设备，增强对缅作战空中力量，增加驻华空军补给。二是反攻将在雨季结束后展开。中美军队由阿萨姆邦经利多、英帕尔进攻缅甸，重庆军同时从滇西发起进攻。三是以陆海军进攻缅甸海岸。四是阻遏日军在缅甸的海上交通，采取必要手段夺取孟加拉湾的制海权。方案对英军何时发起对仰光的两栖登陆并无明确，相当于一个缩水的“安纳吉姆”。7月12日，蒋介石以书面形式回复罗斯福，同意做出上述变更，同时希望美国能派出地面部队协助中国作战。

在8月14日的魁北克会议上，反攻缅甸依然是各方无法回避的话题。除以往与会人员之外，丘吉尔还特意带上了温盖特，希望以“远程突破”替代“安纳吉姆”计划，或者在苏门答腊和马来半岛发起代号“卡尔维林”的两栖作战。美国人对此强烈反对，认为打败日本离不开中国的参与，打通援助中国的陆上交通线至关重要。会议最终达成妥协：1944年2月发动以夺取密支那、若开和兰里岛的作战，在缅南的两栖登陆视上述作战随机而定——说了半天等于没说。

本次会议终于有了两项实际成果。为加强对未来作战的指导，美英参谋长联席会议决定成立东南亚战区，美国同意英国海军中将路易斯·蒙巴顿出任战区总司令，以换取英国增派部队参加缅甸攻势的保证，史迪威出任副总司令。英国远东舰队司令官萨默维尔上将任海军司令，乔治·吉法德中将任陆军司令，空军司令为理查德·皮尔斯空军上将。丘吉尔一直看不顺眼的韦维尔转任印度总督，这在战争时期属于典型的明升暗降。克劳德·奥金莱克上将出任驻印军总司令，他能获得这项任命是丘吉尔希望缅甸能有一名“会打仗的将军”。奥金莱克是斯利姆一向敬重的人，史迪威也非常尊敬他：“如果他们让奥金莱克放手去干，拥有真正权力，情况很快会有所好转。”战争打了两年多，盟军在东南亚总算有了一个像样的办事机构。

按道理由曾任 ABDA 四国联军司令官的韦维尔出任战区总司令才顺理成章，但丘吉尔对他在主持印缅战场期间造成的被动局面十分不满，韦维尔当然心知肚明。若非布鲁克的规劝，丘吉尔将会在 1943 年 5 月收到韦维尔的辞职报告。当年 6 月，英国三军参谋长已将候选名单提交首相决定，排在首位的仍是韦维尔。不但丘吉尔不满意，印度事务大臣莱奥·埃默里爵士及史迪威对韦维尔同样颇有微词。丘吉尔曾试图提拔温盖特，遭首相参谋长伊斯梅中将和埃默里爵士的坚决反对，认为那简直就是一个笑话。中东战区空军司令肖尔托·道格拉斯上将一度被视为最佳人选，但美国人不赞同，反对者甚至包括罗斯福本人。美国人认为不能调离地中海战区空军司令亚瑟·特德上将，接下来的人选是空袭塔兰托的海军英雄坎宁安。但他即将接替庞德出任海军大臣，丘吉尔这才想起了年仅 43 岁的蒙巴顿，这显然符合他提拔年轻人的想法。

新人选遭到了所有人的一致反对。在英国，蒙巴顿属于褒贬不一的人物。他长于协调，却被指责爱慕虚荣。布鲁克对他印象很糟，庞德也认为这是丘吉尔对皇家海军光荣传统的又一次亵渎。副首相艾德礼及外交大臣艾登爵士亲自找到坎宁安，希望他能勉为其难到东南亚上任，把蒙巴顿顶替下来，三人的谈话长达 11 个小时。但坎宁安不愿因此打乱自己的职业计划。一定程度上，陆军大臣格里格爵士的话更为现实，他向所有来访者公开抱怨：“一个十足贵族家的纨绔子弟得到了荒唐可笑的晋升，然而，一旦丘吉尔做出了‘漂亮决定’，就没有什么能够阻止他了。”

事实的确如此，丘吉尔认定的事情是不会轻易改变的：我提出的温盖特被你们否掉了，这个人再被否决，我这老脸往哪里搁？丘吉尔解释说，蒙巴顿到东南亚一定能和美国人合作得很好。但除了他本人之外，几乎所有英国人都不看好蒙巴顿此行的前景。作为盟军东南亚战区最高统帅，蒙巴顿的主要任务是战略指导和与盟国搞好关系，并不负责作战指挥。

1943 年 10 月，东南亚战区盟军总司令蒙巴顿到任。他将战区陆军部队统编为第十一集团军群，由吉法德中将统一指挥。斯利姆升任东方集团军——不久改称第十四集团军——司令官。该集团军下辖的第四军驻防印缅边境中段英帕尔地区，司令官为斯库恩斯中将。印缅边境南端若开地区由菲利普·克里斯蒂森中将的第十五军负责。

在 11 月的一次军事会议上，蒙巴顿提出将史迪威驻印军及美军“5037”部队统一纳入吉法德的指挥体系。对英国人一向反感的史迪威表示反对，理由非常充分：作为东南亚战区盟军副总司令，他的级别高于蒙巴顿之外的任何人，不可能接受下属陆军司令官的指挥。史迪威同时指出，重庆的蒋委员长打死也不会让中国军队接受英国人指挥。史迪威打心底瞧不起吉法德，认为他之所以能得到如此高位，是“因为这种人可以确保在自己管辖范围内不发生任何战斗”，今后他肯定会千方百计阻挠自己的作战行动。蒙巴顿和吉法德虽然不满，面对财大气粗的美国人也只能让步。

让英国人想不到的是，史迪威竟然主动提出：“在率中国军队到达加迈之前，我很乐意接受斯利姆将军的战术指挥。”此言让蒙巴顿目瞪口呆，吉法德的脸直接变成了猪肝色。斯利姆是吉法德的直接下属，哪有不愿听上级甘愿听下级指挥的道理？蒙巴顿询问这种安排如何运作，史迪威和斯利姆一致要求让他们单独来讨论这一问题。虽然“醋性子乔”素来以难相处著称，却和斯利姆非常投缘，两人可谓惺惺相惜。他们的默契源自 1942 年那次狼狈的撤退。从那之后，两人彼此将对方看成“真正的战士”。史迪威曾将一支美国 M11 卡宾枪当作礼物送给斯利姆，后者一直将它带在身边作为武器，尽管他使用这支枪的机会几乎没有。

会议临近结束时，史迪威立正向斯利姆敬礼：“先生，作为第十四集团军司令官，您有任何命令下达给我吗？”“没有，先生！”斯利姆回礼并回答道，“那么，作为战区副总司令，您有任何命令给我吗？”“一点也没！”两人说完，握手大笑，留下蒙巴顿和吉法德在一边气得吹胡子瞪眼。

在后来的战斗中，斯利姆只在必要时向史迪威发出简要指示，大部分时候是飞往史迪威驻地当面协商。听起来不合逻辑的指挥体系实际运作中非常顺畅。两人对缅北作战意见一致，斯利姆的意见史迪威大都能坦然接受——与麦克阿瑟和哈尔西倒有几分相似。斯利姆很讲究领导艺术，从未在公众场合公开自己拥有对史迪威的指挥权，这和韦维尔的四处卖弄形成了鲜明对比。斯利姆向史迪威保证，在新的指挥系统下，美国人将完全拥有自主权。正如史迪威后来所说："我会在一名下士指挥下战斗，只要他会让我战斗。"

现在盟军总算有了一个还算和谐的指挥机构。两位主要野战指挥官斯利姆和史迪威都是经验丰富、意志顽强的斗士，两人之间相互支持，相互信任。最高司令官蒙巴顿虽然年轻，却具有丰富的外交经验和政治技巧，个人魅力出众，是折冲樽俎的最佳人选。这种架构为盟军取得英帕尔战役的胜利提供了组织保证。

"三叉戟"会议还取得了另一项成果。受"钦迪特"影响，美国决定在印缅战区组建一支 3000 人的特种部队。罗斯福甚至做出承诺，必要时美国可以出兵两个师参加缅甸作战。这一许诺打破了美国传统的亚洲政策。英国人对此反应冷淡，理由和反对中国人过多参与缅甸作战相同，"不甘心使解放缅甸的功劳归于美国人或中国人"。

在魁北克会议上，英国长期以来力图缩小"安纳吉姆"计划的愿望得以实现。因会议与中国有关，而中国没有出席，罗斯福和丘吉尔致电蒋介石，说明成立东南亚盟军司令部的必要性及刚确定的战略，并派蒙巴顿赴渝向蒋介石面陈会议精神，共商反攻缅甸大计。

1943 年 10 月 9 日，蒋介石在黄山官邸召开了研讨反攻缅甸的专题会议。英方代表为蒙巴顿，美方代表是萨默维尔，史迪威仍以双重身份出席会议。中方另外出席会议的还有宋美龄、何应钦、商震、刘斐、林蔚等人。会议商定：反攻将于 1944 年 1 月 15 日发起，总指挥为蒙巴顿。中国驻印军在抵达甘马因前归英军指挥。缅北作战以中国驻印军和云南军为主，英军为辅。因暂时不能发起对仰光的两栖作战，英军将出动超过两万人——包括温盖特的"钦迪特"——破坏日军交通线、攻击日军后方，策应中国军队的缅北攻势。萨默维尔承诺，进一步加大"驼峰航线"运输量，维持每月 1 万吨的规模。

蒋介石在会上一再强调，战役成败关键在海上，希望英美能出动强大舰队控制缅甸和新加坡外海，阻止日军从海上增援。蒙巴顿表示，随着大西洋和地中海战况不断改善，不久将有大批皇家海军舰船前来远东。日军在太平洋三线告急，不可能将海军主力调往印度洋方向，未来盟军取得孟加拉湾制海权的难度不大。虽然三方口头上都表示了积极态度，但从仰光发起两栖登陆的问题一直没有落实。远征军第一次出征的惨败让蒋介石刻骨铭心，会后他指示何应钦：“云南军要谨慎从事，英美不控制孟加拉湾并从缅南发动作战，我军决不单独发起进攻。”

1943 年 11 月的开罗会议是首次也是唯一一次有中国领导人参加的会晤。中国在会上取得了大国地位和巨大的政治利益，但反攻缅甸的问题依然毫无结果。东南亚盟军司令部已将“安纳吉姆”计划改变为在 1944 年发动打开缅北陆上通道的作战。史迪威驻印军的三个师将从利多向东进攻，云南军渡怒江向南推进，英军则重启向若开的攻势。这一系列作战被命名为“人猿泰山”，它将由英军在安达曼群岛实施两栖登陆的“海盗计划”给予支持。

蒙巴顿的计划既没有提到英军在缅南的两栖登陆，也没提到中国军队在夺取杰沙、密支那之后的下一步行动，距中国人希望打通海陆交通的目标十分遥远。在随后举行的军事会议上，史迪威和商震表示强烈不满，提出缅北进攻必须与缅南两栖登陆同时进行，另外英军应向曼德勒一线挺进。英国人对此反应冷淡。

11 月 24 日晚和 25 日上午，蒋介石就缅甸问题与丘吉尔进行了两次讨论。丘吉尔认为缅甸是“作战时间拖得最长、情况最复杂和不重要”的一个次要战区，只答应两栖登陆在 1944 年 5 月之后进行，具体地点届时再定。中方通过马歇尔向英方提出英军进攻曼德勒的问题，被丘吉尔以缺乏足够的运输机加以拒绝。

26 日，蒋介石与罗斯福举行会晤。罗斯福单方面向蒋介石保证：美国可以拨出足够的登陆艇，支持英国数月后在孟加拉湾进行一次大规模的两栖登陆，缅南海军与缅北陆军同时发起攻势。得到上述承诺之后，蒋介石接受了蒙巴顿提出的“人猿泰山”计划，同意驻印军和云南军共 14 个师共同发起缅北作战。

事情很快发生重大变化。蒋介石率队回国之后，罗斯福和丘吉尔前往德黑兰与苏联人会晤，以敲定“霸王行动”为代价获取了斯大林在欧洲胜利后参加对日作战的承诺。丘吉尔为确立“霸王行动”而放弃地中海怒不可遏，以登陆西欧需要大量登陆艇为由坚决反对在缅南发起两栖登陆。虽然遭到莱希、马歇尔和金的一致反对，罗斯福仍然对英国人做出最后让步，做出取消“海盗计划”的决定。12 月 7 日，罗斯福致电蒋介石：“由于盟军将在 1944 年晚春发起在西欧的登陆作战，不能为英军登陆仰光的行动提供足够登陆艇，‘海盗’行动无奈取消。下一步要么继续单独发起缅北作战，要么将反攻缅甸的行动推迟至 1944 年 11 月以后。”

蒋介石对此非常失望。在和史迪威商议之后，12 月 17 日蒋介石致电华盛顿，接受延期反攻缅甸至 1944 年 11 月的意见。如此，从 1943 年初开始，三方无数次商议的缅甸反攻计划再次无果而终。同样感到失望的还有史迪威，他认为罗斯福“上了英国佬的当”。此时中国驻印军已经发起了胡康河谷战役，虽然意识到罗斯福收回许诺意味着这一行动无法得到云南军的呼应，史迪威还是决定攻击继续，后文详叙。

不甘心的还有上任不久、急于展示才华给反对者看看的蒙巴顿。他希望在若开发动一场有限攻势，提出了“狩猎野猪计划”：在梅宇半岛南部登陆，切断日军通往阿恰布的交通线。伦敦那些老人一点没给年轻人面子，三军参谋长以不容置疑的口气回复说，所有能抽调的资源都将被用于地中海而不是缅甸。布鲁克严令蒙巴顿立即归还 3 艘快速坦克登陆艇，将之用于盟军在意大利安齐奥的行动。蒙巴顿还想保留另外 2 艘较慢的坦克登陆艇，它们很快被宿敌坎宁安调走了，再想登陆，只能游泳过去了。

上述决定意味着在今后一年时间里，东南亚战区将无所作为。蒙巴顿试图做最后努力，赶制出一个规模较小的针对若开地区的“推土机行动”，同时威胁若伦敦不批准就愤而辞职。但当出手枪毙该计划的是首相本人时，蒙巴顿彻底熄火了，辞职的事儿也闭口不谈了。

从卡萨布兰卡、华盛顿、魁北克、开罗再到德黑兰，盟军无数次关于缅甸的反攻计划都在争论中归于沉寂。近两年时间里，缅甸上空只打雷、不下雨，只听楼梯响、不见人下来。让盟军一众大佬意想不到的是，日本人将用主动进攻破解他们在谈判桌上永远无法解决的难题。

乌号作战

1942 年 5 月，日第十五军占领缅甸全境。他们进行的只是一场击溃战而非围歼战，英军主力和中国远征军一部突围撤往印度，远征军主力撤往云南，与敌隔怒江形成对峙。未来一旦条件具备，他们随时可能发起反攻。

1942 年中期，盟军在印缅边境几乎处于不设防状态。日军大兵压境导致印度民众人心惶惶，数十万军队和难民的涌入更加剧了这种混乱。日南方军总司令寺内寿一认为，如果能趁英军立足未稳之际发起一次进攻作战，夺取印度东部地区，不仅利于缅甸局势稳定、切断“驼峰航线”，且对印度的反英解放运动也是一种莫大鼓舞，可谓一石三鸟之妙招也。寺内计划投入进攻的兵力为两个师团：其中一个师团进攻曼尼普尔邦，另一个突入胡康河谷作为策应。

8 月 11 日，南方军司令部向东京提交了“关于向印度东北部扩大防区的意见书”，以“敌于加尔各答增强航空势力威胁我占领区，且为封锁援蒋路线亦有必要将航空基地向前推进”为由，提出“在印缅边境发起攻势”。根据南方军的判断，英军在印度东部的兵力不超过 5 个师，以日军的彪悍和敌军的孱弱，夺取印度东北部地区如探囊取物，易如反掌。大本营陆军部对印度东北部的战略地位给予肯定，对南方军进攻阿萨姆邦等地也无异议，只提出寺内上报的方案略显粗糙。8 月 22 日，东京以“大陆指第 1237 号”向寺内发出指示：使用第十五军半数兵力，攻占并确保阿萨姆邦东北部及吉大港一带地区，以利于空军作战并切断援蒋路线；战役发起时间预定 10 月中旬之后，代号“第二十一号作战”。东京要求南方军根据上述指示于 9 月下旬上报详细作战计划。

9 月 1 日，南方军作战参谋林璋飞抵仰光，向第十五军司令部传达了东京的指示。军司令官饭田祥二郎面有难色。日军驻缅部队仅 4 个师团。牟田口廉也第十八师团司令部设在东枝，印度利多地区与他们对抗的中国驻印军至少 2 个半师；樱井省三第三十三师团司令部驻仁安羌，钦敦江对岸英帕尔一带与他们对峙的英军有 3 个师；竹内宽第五十五师团司令部位于曼德勒，若开和阿恰布一带与他们对抗的英军是 4 个师；渡边正夫第五十六师团司令部位于龙陵，与他们隔怒江对峙的中国云南军有 14 个师。因为兵力严重不足，日军司令部所在地仰光一带只有静川真浏第七十三兵站地区队驻守。至于泰国北部、萨尔温江以东缅泰争议三角地区，只能由战斗力几乎为零的泰国部队驻守了。日军兵力的捉襟见肘由此可见一斑。

饭田认为，日军士兵再能战斗，以 4 个师团在 4 个不同方向对抗盟军的 23 个半师也是远远不够的。目前防御尚且吃力，更不要说主动进攻了。况且英国皇家海军远东舰队就驻扎在锡兰，日本海军并未取得印度洋和孟加拉湾的制海权。为运送兵员补给仓促上马的泰缅铁路尚在修建之中，短期内不具备使用条件。上述因素决定日军在短期内不适合发起进攻作战。

大本营的命令不能置之不理，饭田召集参谋长谏山春树及下属几位师团长，到仰光共商战事。印缅边境是举世闻名的不毛之地，宽千米以上的钦敦江和海拔超过 2000 米的明京山脉，即使当地人也难以逾越。那里是世界上雨量最大的地区之一，每年 6 月至 9 月暴雨如注，河流溪谷泛滥奔流，大树漂浮，道路坍坏，交通几乎完全断绝。地形如此险恶，连以勇猛著称的牟田口和樱井都连连摇头。牟田口索性向饭田提出，行军难度太大，“在遇到英印军之前，我们很可能已经被大自然干掉了。不管如何，这一计划都不可能取得成功”。与会众人一致赞同牟田口的说法。饭田决定派参谋长亲往东京，向参谋本部面陈前线将领的意见。

回到东京的谏山被带到了参谋总长杉山元办公室，当时次长田边胜武也在。谏山如实汇报了第十五军研究意见，指出作战太过勉强：“这个命令，不论怎么考虑都无法执行。虽然之前第十五军一直都在接受不合理的命令，但那些命令在认真研究之后，好歹还能找到突破口，最终还是勉强完成了任务。但本次任务无论是谁，无论如何研究，结果都是无法执行。恐怕在渡过死亡溪谷的过程中，超过 90% 的士兵都会倒下去。”

“那就是说，第十五军参谋长要求大本营收回命令？”田边的脸瞬间拉长。

“是的。因为是不可能完成的任务，再怎么努力也无法完成。”谏山分辩道。

杉山勃然大怒：“勉强作战的不仅仅是第十五军。将不可能化为可能，是大日本帝国皇军的神圣使命。退下！”几天之后，谏山被解除了军参谋长职务。

1942 年第四季度，日军在瓜达尔卡纳尔和新几内亚双线告急。如前所述，英军也发起了“第一次若开战役”，中英在缅印、中印边境的防御力量不断加强。基于上述变化，东京大本营于 11 月 23 日指示南方军司令部，暂停“第二十一号作战”，可先期进行道路整修及作战计划制订等工作。

在此之前，日军对缅甸的补给一直以海上运输为主，陆上只有一条环境极差的山间小道，每天勉强可运送物资 10 ~ 15 吨，连一个步兵大队都供应不上。很难想象，在印度和缅甸两个人口大国长达 1000 公里的国境线上，连一条像样的道路都没有。当时日本海军主力在太平洋，西南方面舰队以第一、第二、第三南遣舰队及第二十一、第二十三航空战队为主，主力仅 1 艘重巡洋舰、3 艘轻巡洋舰、1 艘训练巡洋舰和 15 艘驱逐舰，140 架作战飞机。而英军东方舰队拥有战列舰和航母，日军无法确保中国南海及印度洋的制海权，海上补给风险极大。

为解决驻缅日军的增援和补给问题，东京决定，在最短时间内修建一条泰国通往缅甸的铁路。

早在 20 世纪初，英国就为修建这样一条铁路进行了初步探勘，因难度太大，无奈放弃。日本决定使用英国人的探勘路线，工程从泰国和缅甸两端同时开工。泰国起点为北碧府，缅甸起点为丹彪扎亚。铁路在缅甸战事稍告停顿的 1942 年 6 月已经开工。按正常进度，铁路至少要 6 年才能完成。但为了战争需要，东京要求工期必须控制在 18 个月之内。

泰缅铁路——当时称暹缅铁路——是一项无比浩大的工程，需要大批施工人员。在日本人眼中，劳动力问题不难解决。东条在 1942 年 5 月发布一项命令，对 30 万盟军战俘实行“不劳动者不得食”的临时政策。至于《海牙公约》关于禁止强迫战俘从事工业劳动的规定，日本人根本不予理睬。1942 年 10 月，首批来到现场的是 3000 名澳大利亚战俘。他们先受命在泰国修建机场，之后被船运到毛淡棉，然后被塞进车厢，运至丹彪扎亚，开始艰苦的劳动。在日军卫兵的监管下，战俘开始用铲子和斧头在潮湿的雨林中开辟道路。施工机械几乎没有，偶尔有大象前来帮助拖运巨大的柚木树干。起初盟军战机时常来空袭，但当日军通过游击队告知对方修路者大多为战俘时，盟军主动停止了轰炸。

几星期后，更多英军战俘被源源不断地运往泰国，从铁路另一端开始施工。成千上万吨泥土被挖起，一筐一筐用肩膀抬走。为加快施工进度，防止战俘逃跑，日军特地从中国东北调来了以凶残著称的关东军监工。战俘稍有懈怠，轻则鞭打，重则直接用刺刀捅死。食物远远不足以果腹，饥饿的劳工差不多吃光了铁路沿线的蛇和蜥蜴。泰国北碧府西部荒无人烟，气候炎热，瘴气笼罩，大批战俘和劳工因饥饿和劳累纷纷倒毙，铁路沿线尸横遍野，惨不忍睹。战后，一名曾在泰国作战的日军士兵回忆说：“1944 年 3 月 11 日，我第一次走这条路。火车以每小时 20 公里的最高速爬行，走完全程用了三天四夜。看到战俘在丛林中没日没夜地干活。他们光着身子，白种人特有的粉红色皮肤上满是血污，我们的军官在后边挥舞着鞭子驱赶他们。”

“钦迪特远征”促使东京发出新指令：铁路完工限期从 1943 年 12 月提前至 8 月。此时尚有一半以上的路还未修好，盟军战俘处境更加艰难。陆续有 6 万战俘和 30 万劳工加入了筑路队伍，每一班次工作时间惩罚性地延长到 16 个小时，流行性霍乱席卷了所有临时窝棚。因过度劳累、饥饿和疟疾，本就很高的死亡率直线飙升。1943年10月17日，“死亡铁路”通车。这意味着仰光港海运压力大大减轻，日军通过陆路向缅甸增兵和运送物资成为现实。为扩大铁路输送量，日军在沿线修建了几条辅助公路。1943年12月至1945年8月，约22万吨物资通过铁路运往缅甸。

415公里长的泰缅铁路“每一公里都付出250人的生命代价”。参与施工的62000名战俘——英国6318人，澳大利亚2815人，荷兰2490人，其余来自美国和其他国家；加上数万泰国人、180000名缅甸人、8000名马来亚人和45000名印尼人，累计施工人员超过400000人。13000名战俘和90000名劳工因此丧生。今天的北碧战俘公墓埋葬有6982人，主要是英国人、美国人和荷兰人。北碧郊外的澳大利亚战俘公墓埋葬有1750人。超高死亡率使“泰缅铁路工程”与“南京大屠杀”“巴丹死亡行军”并称日军在太平洋战场犯下的三大罪行。

1958年3月26日，在第三十届奥斯卡颁奖典礼上，以拍摄历史题材闻名的英国导演大卫·里恩，凭借一部特殊电影《桂河大桥》获得最佳影片、最佳导演等七项大奖，电影讲述了一名美国军官与日寇斗争的故事，发生地就是泰缅铁路桂河大桥的建造现场。这部电影是根据参与铁路建设的著名作家皮埃尔·布勒的同名小说改编的。今天因桂河大桥每年光临北碧府的游客达400万人之多。

1942年的最后一天，裕仁召开了决定瓜岛弃守的御前会议。会议临近结束时，参谋总长杉山突然上奏：“缅甸战局同样蕴藏着巨大风险。为防止盟军空袭本土，应摧毁中国桂林、柳州等航空基地，同时在缅甸战场实施灵活作战。”

杉山的前半段话裕仁一清二楚，后半段含糊其词，他没有听懂，立即追问：“灵活作战，你指的什么？有何含义？请进一步明确。”

杉山的脸瞬间涨得通红：“我的意思是，放弃以往国境全线防卫，让敌人从部分国境进入缅甸，然后在境内歼灭敌人。”

裕仁沉思良久，把头转向了首相东条：“放敌人入侵国境，在战略上姑且不说，在政略上是否合适？会不会给缅甸民众带来不利影响？”

瓜岛和新几内亚难局已经够东条焦头烂额的了，他有气无力地回答道：“虽然政略方面会有影响，但目前情况下战略应优先于政略，我觉得杉山总长提出的方针是切实可行的。”裕仁一脸茫然。

为了加强缅甸防御，东京大本营于 1943 年 3 月 27 日颁布命令，在第十五军之上新设立缅甸方面军。3 月 18 日，原中国派遣军参谋长河边正三接到了出任方面军司令官的命令。河边 1886 年出生于富山。作为陆大第二十七期军刀组次席，河边仕途可谓一帆风顺，先后赴瑞士、德国、美国学习或出任使馆武官，后任大正天皇御前侍卫官，围棋棋力不俗——估计至少在老酒之上。1936 年 3 月 7 日，河边晋升少将，4 月 18 日任中国驻屯军步兵旅团旅团长，所部发动“卢沟桥事变”。1939 年 3 月，河边晋升中将，翌年 3 月出任关东军第十二师团师团长。1941 年 3 月，河边升任第三军司令官，次年 2 月转任中国派遣军参谋长。赴仰光上任之前，河边于 3 月 22 日拜访了首相官邸。东条破例请河边共进晚餐，向他全盘托出了自己对缅甸的作战构想。

“你知道印度民主斗士钱德拉·鲍斯吗？最初我也觉得他没什么。但在见了两三面之后，我发现他是个难得的人才，能够在印度执行我们的政策。”

河边认真聆听，一言不发。

东条继续侃侃而谈：“当然这不仅仅是我个人的见解，也是内阁的意见。一定要让他带领印度独立，恐怕他是那个上天特意派来带领印度走上独立的人。我希望河边君能明白，我们未来在缅甸的作战目标，就是支援鲍斯领导的独立运动。你要铭记，下一步目标就是印度。”

“明白。”河边终于吐出了两个字。

“鲍斯会全力支持我们的军事行动，现在他的印度国民军约有两个师团。我坚信，当我们向印度发起进攻时，他的军队一定会协助我们。虽然目前只是设想，但未来会有一天，河边君的缅甸方面军会占领英帕尔地区，在那里插上帝国太阳旗和印度临时政府国旗，如何？”

东条的一番话，深深印在河边的脑海里：“缅甸今后的作战方针就是支援印度独立，我明白首相阁下的意思。”河边说完，躬身告退。

因对进攻印度态度消极遭受牵连的绝非谏山一人。虽然在对中英军队的作战中取得完胜，且在与泰国和缅甸人的“合作”中表现出不俗的政治能力，但饭田显然缺乏今村均那样的好运气，他很快被以“战意不足”调回国内，从此淡出战争一线。第十五军司令官职务由原第十八师团师团长牟田口廉也顶替。随着此人的高升，未来缅印地区的作战将发生一系列重大变化。

这位牟田口诸君肯定不会陌生。在卢沟桥，悍然下令向中国军队发起进攻的正是这货。接任第十五军司令官后，牟田口顿感压力倍增。当时英军正在发起“第一次若开战役”，缅北突然出现了温盖特的“钦迪特”。侦察机发回的情报显示，中国正在印度利多和云南怒江东岸集结兵力，英军也在印缅边境英帕尔地区大量囤积物资。这意味着盟军向胡康河谷、滇西、钦敦江一线的进攻随时可能发起。他们正在各个方向整修道路，一切预示着雨季之后，已丧失制空权的日军将面临敌人多个方向的进攻。

缅甸战场广阔。牟田口认为，应对兵力绝对占优的中英联军，仅依靠防守是没有出路的。与其坐等敌军来攻，顾此失彼，不如主动出击先发制人，通过夺取敌军的核心前进基地，将他们可能的反攻扼杀在襁褓之中。英军在新加坡、缅甸及“第一次若开战役”中表现出的脆弱性使牟田口确信，发起进攻作战一定能取得辉煌胜利。在他眼里，中国军队的战斗力是无须考虑的。牟田口的思想随着屁股的挪动发生了大逆转。

“钦迪特”首次远征的一个隐形“成果”，是为牟田口的攻势防御提供了间接支持。在“围剿”温盖特的过程中，牟田口对缅甸中北部的地形有了更深入的认识。尽管那里地形险恶，但绝非不能作战之地。如果能够整修道路，进一步改善通信条件，重启“第二十一号作战”将完全成为可能。况且对兵力、火力和空中力量均居劣势的日军来说，在地形艰险、丛林密布的恶劣环境下作战，反比在缅中平原地带更为有利。牟田口特意进行了自我反省，认为当初任师团长时反对进攻是丧失了“必胜信念”，是有损皇军军威的。必须变消极为积极，重启“第二十一号作战”。在经过一番思量后，牟田口认为，必须将缅西防御前出至钦敦江一线，寻隙夺取英军的反攻基地英帕尔，才是解决问题的根本办法。

印度东部边境城市英帕尔位于吉大港通往阿萨姆邦的交通干线上，近郊是长 60 公里、宽 30 公里的英帕尔平原，一条长 240 公里的公路穿越城北隘口，经那加山区科希马山村最终到达曼尼普尔邦铁路总站迪马普尔。兵败缅甸之后，英军将这里建成了巨大的后勤补给基地。现在的英帕尔小镇是繁忙军营、柏油碎石路、乡村医院、给养站、军火仓库和工程园区的复合体。“在英帕尔，一切看上去井井有条，各项工作组织完善。这里具有供未来反攻部队使用基地所应具备的所有条件。”这是蒙巴顿第一次视察英帕尔时，给出的高度评价。

群山环抱的英帕尔地势低洼，易攻难守。日军若能攻占此地，不仅可以重创英军，且能长驱直入印度腹地，进而夺取整个南亚次大陆也并非完全不可能。此外，日军通过作战还可以夺取储存在那里的大批军需，弥补第十五军作战物资的不足。

从军事上讲，牟田口的作战构思确有可取之处。他在日记中这样写道："发动'卢沟桥事变'的是我牟田口，该事件后来扩大为'支那事变'，之后才有了大东亚战争。今后，我会力主实施印度进攻计划，该作战将对大东亚战争产生决定性影响。我对战争爆发的原因负有不可推卸的责任，现在，是该表现出男儿本色的时候了！"一副天将降大任于斯人、天下苍生尽在我手的不凡架势。鼠目寸光的牟田口显然缺乏战略眼光，日本的失败绝非一个英帕尔作战所能挽救。

4 月 1 日，凳子还没坐热的牟田口急匆匆赶往仰光，拜访了同样刚刚到任的方面军司令官河边，向老领导一五一十地汇报了想法。两人可谓老相识了。说来也巧，当年"卢沟桥事变"时，河边就是牟田口的顶头上司。事发时河边在外视察，牟田口擅自决定向中国军队动手后，返回北平的河边很快追认了牟田口的命令。两人可谓狼狈为奸，一丘之貉。时隔 6 年，在遥远的缅甸，两人再次碰面，还是同样的上下级关系。

因上任前曾接受过东条的聆讯，河边对牟田口的提议表示赞同，责成他尽快制订作战计划。两人共同追忆了过去的"甜蜜往事"，对牟田口提出的"大东亚战争责任论"，河边高度认可，两人约定一起"为打开大日本帝国的国运而挺身奋斗"。正应了中国那句俗话，"鸡找鸡，鸭找鸭，乌龟专找老王八"。

但眼下牟田口还顾不上此事，他要组织部队"围剿""钦迪特"部队。借此机会，牟田口针对钦敦江两岸地形进行了一次全面勘察，发现在缅印边境地带作战并不像以前想象的那样困难。只要有充足时间准备，交通不便、补给困难等问题还是能够解决的。

4 月 15 日，牟田口率同样上任不久的军参谋长小畑信良进驻眉谬。恰好参谋本部作战部长绫部橘树在缅甸视察，牟田口向他提出给准备西进的第十五军增加两个师团兵力的可能性，同时明确表示"英帕尔将是我军下一步的主攻方向"。第一次从牟田口嘴里听到"英帕尔"字样，参谋长小畑惊得目瞪口呆。

作为日本陆军少有的后勤补给专家，辎重兵出身的小畑上任之初就曾乘侦察机对缅印边境地形地貌进行过详细考察。小畑认为，在失去制空权的前提下，在那种环境下维持一支大部队的补给供应几乎不可能，缅甸恼人的雨季更增加了这种困难。从内心讲，小畑不赞成发起进攻作战。不过他知道牟田口脾气暴烈，不敢把想法如实说给上司。小畑认为，相比自己的参谋长身份，野战部队指挥官的意见可能更易被牟田口接受。小畑寻隙拜访了前参谋本部作战部长、新任第十八师团师团长田中新一——他因怒骂东条“八嘎”被贬到缅甸，接替了牟田口的职务——希望田中能找机会，劝说军司令官放弃对英帕尔的进攻作战。当时第十八师团驻扎在胡康河谷，防备中国驻印军东侵。因为熟悉那一带的地形，田中非常认可小畑的看法。

4 月 20 日，牟田口在眉谬军司令部召开了第一次作战会议。第十八师团师团长田中、第三十三师团师团长柳田元三、第五十六师团师团长松山祐三，刚刚抵达缅甸的第三十一师团师团长佐藤幸德等人率参谋长及作战参谋参加了会议。牟田口第一次在会上公布了自己的设想：以军主力三个师团越过钦敦江，突破英军英帕尔至科希马的防线；第十八师团同时从缅北胡康河谷经利多南下阿萨姆邦，一举攻占印度东部的广大地区。

参加未来英帕尔作战的三个师团长中，第三十三师团的柳田还是初次露面。作为陆军大学军刀组成员，柳田在陆军享有“稀世秀才”之誉，排兵布阵颇有心得。他打心底里看不起成绩平平的牟田口。第三十一师团的佐藤之前已经露过脸。当年日军在张鼓峰和苏联人大打出手时，佐藤任驻朝鲜第十九师团第七十五联队联队长，以部队损失过半依然死守山峰换来了“刚勇之将”的名声。在参谋本部履职时，统制派的佐藤与同派的东条过往甚密，与皇道派的牟田口发生过多次争吵。时间过去了十多年，两人辗转来到缅甸，变成了上下级关系。这为后来佐藤公开抗命并引发一系列口舌官司埋下了的伏笔。

听了牟田口的高调发言，与会众人面面相觑。毕竟是刚刚从东京下放，且之前与小畑有过沟通，田中于沉默中爆发，率先打响了第一炮。在讲述了自己的担忧之后，田中谏言：“希望军司令官能够慎重考虑这一计划。”牟田口丝毫不为所动：“我知道这一战非常勉强，但维持现状迟早都会完蛋。现在敌人不过穿插过来一个旅的部队，就把我们的防御搞得乱七八糟。他们正在谋划反攻，以我们现有兵力，如何守得住 1200 公里国境线？主动攻击夺取敌人的大本营，才是最根本的解决办法。”

“我明白军司令官的意思。但连参谋长也认为，这一作战取胜可能性实在太小。”田中随口将小畑供了出来。

“什么？参谋长？谁？他什么时候说这话了？”牟田口勃然大怒，用双拳不停地擂着桌子，“不知道该攻该守时，毫不犹豫发起进攻才是大日本帝国皇军的做法！”

会议不欢而散。散会之后，几个师团长聚在一起闲谈。一向与牟田口不睦的佐藤不屑地说：“这种进攻构想，简直是在开玩笑。”柳田同样表示，进攻作战根本就不可能成功。田中在会上已经发表过类似意见，这会儿就没再多说什么。

在另一个房间里，牟田口正对小畑大发雷霆：“参谋长，你到底是谁的参谋长？你不知道祖国正处在危急关头吗？东京竟然把你这样一个阴谋家派到缅甸来！有你这样的参谋长，根本就没有办法打仗。有意见不直接向自己长官提，反而怂恿师团长在会议上唱反调，怎么会有这样的浑蛋事儿？如果我是古代武士，现在就拔刀劈了你！”自知理亏的小畑低着头，耐心听着司令官的怒骂，一言不发。

4 月 27 日，河边方面军司令官在高级参谋片仓衷陪同下首次视察了第十五军司令部。在正式场合，牟田口将自己的想法再次做了详细汇报。河边牢记东条的嘱托，明确指出他的想法是符合缅甸实际的。但他指示，雨季之前发起进攻实在太急，方面军需要贵军提供更详细的作战计划，才能最终做出决定：“目前贵军各部可逐渐完成防线西移，同时进行其他准备。”牟田口也觉得眼下进攻条件还不成熟，便接受了河边的意见。

5 月 3 日，牟田口在前往新加坡参加南方军会议的途中经停仰光，正式向河边提出了更换参谋长的意见。看到牟田口态度坚定，河边答应就此事向东京汇报。5 月 20 日，刚刚上任一个半月的小畑接到调令，赴中国东北出任关东军情报部部长。参谋长职务由陆军士官学校干事久野村桃代接替。东京认为久野村个性温和，应该不会和性情暴躁的牟田口发生正面冲突。

小畑被免职在第十五军内部引起了强烈反响。官兵私下纷纷议论：“如果进攻印度的话，最大难题就是补给。东京却把精通补给的小畑调走了，真不知道上峰怎么想的。”更多人在回忆牟田口发怒的样子：“实在没法伺候了，司令官发怒的样子简直太可怕了！”

5月6日，到新加坡参加会议的河边与南方军总参谋长黑田重德——原参谋长塚田攻奉调汉口出任第十一军司令官——和副总参谋长稻田正纯一起商讨了新设立缅甸方面军的战略问题。和前任塚田一贯主张进攻不同，黑田属于提倡防守的稳健派。对河边提出将防线前出至钦敦江一带的想法，两位南方军参谋长均不认同。两人提出，缅甸防御可以实施局部进攻，大规模进攻并不可取。对河边提议的进攻印度东部问题，黑田提出可以到6月中旬南方军兵棋推演后再做定夺。这种场合，河边也不能将东条饭桌上的指示公布出来，只能暂时接受南方军的意见。

5月13日稻田视察仰光，从高级参谋片仓口中得知了牟田口的作战计划。稻田问片仓："对此你怎么看？"片仓不假思索地回答："第十五军主张的英帕尔作战完全是一项无谋的计划。牟田口君如此执迷不悟，实在令人困惑呀！"作为上级下来的视察人员，稻田不便当场表明态度，他觉察到片仓的看法在方面军参谋人员中还是很有代表性的。从早期的饭田、谏山，再到此刻的黑田、稻田以及田中、佐藤、柳田、小畑、片仓等人，都不赞成在缅甸采取大规模攻势。可见在视野相对狭隘的日本陆军中，不赞成河边和牟田口的大有人在。

5月17日，稻田走访了眉谬第十五军司令部，与牟田口就进攻英帕尔问题进行了面对面长谈。在陈述了自己的作战构想之后，牟田口向稻田慷慨陈词："我请求您让我能够在为国捐躯的地方死去。我很清楚我应该怎么做，让我去阿萨姆和孟加拉，就让我死在那里吧！"

陆大第二十七期军刀组的稻田曾任参谋本部作战课长，指导过徐州和武汉会战，战略眼光还是有一点的。稻田觉得，牟田口的做法非常危险，很可能酿成一场惨祸。他认为印缅作战应以内线防御为主，将补给和地形困难甩给敌人，在条件有利的情况下伺机发起局部进攻。狡猾的稻田并未将上述想法直接说出来，只是轻描淡写地说："能否占领那加山区的要道尚未可知，从那加山区突进阿萨姆的话，还是不要说那么满为好。"

6月6日，小畑在飞往中国东北就职的头一天向河边进言："第十五军的攻略计划实属无谋之举。阻止牟田口的莽撞行为，全靠方面军司令官阁下了。这是我离任前的最后一句话。"河边沉默不语。小畑肯定想不到，河边和牟田口的想法是完全一致的。虽然战后被苏联人押往西伯利亚做了11年苦工，但比起死在关岛的哥哥、第三十一军司令官小畑英良来说，这个小畑还算幸运。毕竟他最后回到了日本，一直活到了1976年。

6月24日，缅甸方面军关于防线前移至钦敦江一线的兵棋推演在仰光举行。河边及主要幕僚，第十五军司令官牟田口、参谋长久野村及各师团长、参谋长和作战参谋与会。会议特别邀请负责缅印作战的第五飞行师团参谋长与会。南方军副总参谋长稻田到会。东京对本次推演高度重视，希望借此消除南方军、缅甸方面军和第十五军之间的分歧，就未来作战达成一致。大本营陆军部特意派作战参谋竹田宫恒德王、近藤传八飞往仰光，现场指导观摩。

军演由刚到任不久的方面军参谋长中永太郎主持，特意对第十五军提出的“第三十三师团和第十五师团南北夹击英帕尔、第三十一师团攻取科希马”的计划进行了演示。结果显示，三个师团的后勤补给均面临严重困难，这在现代战争中是致命的。参谋长中永太郎代表方面军提出一种替代方案：进攻英帕尔方案不变，进攻科希马的兵力削减至4个步兵大队，第三十一师团主力留作总预备队，随时投入某一方向作战。

中永太郎的设想得到了稻田的全力支持，他认为依靠从敌占区获取粮食的做法与“抓到狐狸之前就打算剥皮”无疑。第十五军作战构想弦绷得太紧，缺乏弹性。一旦作战出现困难，部队能否顺利撤回都成问题。但牟田口认为方面军的方案太过消极，违背了兵贵神速的兵家原理。现场情景颇为尴尬。

6月26日晚，牟田口特意拜访了大本营参谋竹田宫，希望取得他的支持，并由其帮助在东京甚至天皇面前进行疏通。贵为皇族的竹田宫毫不讳言：“仅从补给方面来看，我军目前不适宜在缅甸展开如此大规模进攻作战。”对此牟田口深感失望。回京之后，竹田宫将推演及在前线见到的情况向顶头上司、作战课长真田穰一郎做了汇报。真田只简单表示，缅甸局面至少需要7个师团以上兵力才可勉强维持。如果实施第十五军力主的英帕尔作战，除了补充部队之外，大本营至少还要再向缅甸派出40个汽车中队，目前完全无法解决。

6月30日，日军再遭重大打击。第十八师团参谋长横山明、第五十六师团参谋长黑川邦辅及随行人员在参加完军演返回驻地途中，所乘运输机在勃固山区坠毁，机上人员无一幸存。这些参加过之前作战的老手意外身亡，对日军未来在胡康河谷和滇西的作战带来了不可估量的损失。

虽然多数人对英帕尔作战持有异议，但少数赞成者中就有关键人物河边，他在上任前是经过东条面授机宜的。可惜大家都不知道这一细节，河边又无法向大家公布。8 月下旬，参谋本部下令将第五十四师团调往缅甸，驻缅日军兵力恰好达到了真田预测的 7 个师团。

面对多方质疑，牟田口坚持认为拿下英帕尔势在必行，在战略和政略上都具非凡意义。反对者提出最多的问题是补给困难。虽然内心并不赞同，方面军参谋长中还是组织人员对这一问题进行了研究。研究越深入，心里也就越忐忑。甚至连稻田和大本营的兵站参谋都感受到了压力，尤其在失去制空权的前提下。

根据牟田口的计划，第十五军兵站参谋薄井诚三郎、高桥岩经详细测算，向方面军司令部开具了实施英帕尔作战所需补充后勤部队清单：150 个汽车中队，60 个辎重兵中队，3 ～ 4 个输送兵司令部，4 个兵站地区队，3 ～ 10 个兵站医院，4 个兵站卫生队，4 ～ 5 个野战道路队，至少 5 个独立工兵联队。

上述清单发往仰光，方面军负责后勤补给的参谋个个目瞪口呆。他们相信，如果将上述数字原封不动发往新加坡或东京，南方军和大本营参谋的表情跟自己不会有什么两样。当时日军在缅甸只有 30 个汽车中队，整个南方军的汽车中队加起来也不超过 90 个。在原有基础上再增加 150 个，难道大东亚战争就局限于你缅甸不成？思忖再三，方面军参谋部向南方军汇报时将第十五军的数字基本上打了个 6 折：汽车中队 90 个，辎重兵中队 40 个，2 个输送兵司令部，3 个兵站地区队，6 个兵站医院，3 个兵站卫生队，3 个野战道路队和 3 个独立工兵联队。

谈起补给问题，兵站参谋薄井一脸冤枉："第十五军曾研究过以野草充当食物的替代方案。在向英帕尔和科希马推进的过程中，个人携带的粮食可以与野草一起食用。"此言引起了方面军作战参谋不破博的嘲笑和责备："作为兵站参谋，你怎么能想出如此不负责任的办法？"薄井正颜回答说："按军司令官提出的方针，除此之外别无办法。"不破只能报之以苦笑。

能否如期发起英帕尔作战，关键看东京的态度。7 月 3 日，稻田飞往东京，听取大本营对南方作战的指导意见。由于竹田宫和佐藤两参谋已就军演情况做过汇报，陆军部一众大腕对缅甸的情况已有了解。对是否实施英帕尔作战的讨论尚需一段时日，但中英军队在厉兵秣马，虎视眈眈，加强缅甸方面战力已成当务之急。3月，参谋本部已经下令将驻中国南京的第十五师团调往缅甸，却苦于船舶紧张一直不能成行，仅师团长山内正文和参谋长冈田菊三郎先行飞往仰光，参与对英帕尔作战的讨论。师团主力部队何时才能到达，就没人能说清楚了。

稻田向东京高层坦承，他本人对英帕尔作战十分担忧，“这是牟田口单独强调勇往直前精神的作战构想，令人不安。如果不能对兵力动向及到达目标的过程进行严格监督，进行公正妥当的限制，南方军绝不同意这次作战”。事关重大，东条破例接见了稻田。在听完稻田与自己本意相悖的汇报之后，东条只淡淡应了一句：“原来那样不行啊。”

让稻田意想不到的是，他8月回到新加坡不久，大本营陆军部就于9月3日向南方军发出了进行英帕尔作战准备的重要指示。随后，南方军遵照东京指示向缅甸方面军发出命令。

一、缅甸方面军为加强缅甸防卫，向英帕尔方面采取攻势并将防线推进至该线。其他方面设法保持持久态势，战役代号“乌号作战”。

二、“乌号作战”准备完成后即主动实施之。战役发起日预计在10月之后，详细时间另行通知。

三、如敌在我行动之前率先发起进攻，即在准备进攻点予以迎击，之后进至英帕尔一带。

四、如敌在我行动之前从海上发起两栖登陆，则立即叫停“乌号作战”，集中部队围歼来犯之敌于沿海地带。

早在东京指示下达之前，牟田口已经下令各项准备工作全面展开。鉴于内部反对者众，为进一步统一意见，8月25日，牟田口于眉谬军司令部又一次举行了兵棋推演。第十八师团师团长田中、第三十一师团步兵指挥官宫崎繁三郎及各师团作战参谋参加了演习。缅甸方面军派出的代表是参谋长中永太郎和作战参谋北泽正一。虽然第十五师团主力尚在上海待运，师团先遣部队刚抵达泰国，但先期飞抵缅甸的师团长山内和参谋长冈田按时参加了会议。

兵演由第十五军高级参谋木下秀明主持。木下说明了军司令部总体构想之后，兵站参谋薄井就大家普遍关心的补给问题做了重点介绍。薄井的发言立即引起了与会者的强烈不满。率先发难的仍然是田中：“作为主管后勤的兵站参谋，薄井你一定要对本次作战的后方补给负起责任啊！”本来就憋了一肚子火的薄井不假思索地回答：“如此重大责任，我一个小小的少佐参谋可担当不起。”田中的嗓门瞬间提高了八度，他将对牟田口的不满全部撒在了薄井身上：“作战计划已讨论到如此程度，一线作战指挥官最担心的就是补给。如此困难重重的作战，补给责任竟然无人承担，这仗还怎么打？”会场气氛骤然紧张起来。

牟田口清楚田中名义上在指责薄井，实际上是对他这个军司令官有意见。对作战倾注了无数心血的他霍然起立，慷慨陈词：“原本本次作战就不能用常规思维来思考，作战之初不可能万事俱备。粮食问题，从根本上要靠夺取敌人的补给来解决，各部队必须抱有这种觉悟去参加战斗！”牟田口越说越激动，话题渐渐脱离了作战本身：“一旦与英军相遇，你们只要对空放上三枪，敌人就会立即四散奔逃或缴械投降。”与会众人面面相觑，不知道军司令官是在开玩笑，还是心里真就那么想的。

代表方面军的参谋长中永太郎并未发言，等于默许了牟田口的方案。中永太郎最初是反对这项冒险的。他心中也有难言之隐。此前，河边在谈及英帕尔作战时多次向他表示，要放手将具体作战交给积极大胆的牟田口去做。河边平时沉默寡言，难得张一回嘴。他三番五次如此强调，实际上是在向参谋长表明，他本人是赞成英帕尔作战的。在会议上，中永太郎只能违心以沉默做出表示。

回到仰光之后，北泽参谋将会议情况向片仓做了汇报：“参谋长默许了第十五军的作战方案。”片仓闻言，勃然大怒，认为自己的反对意见没有得到充分重视。脾气暴烈的片仓立即提出辞职。河边对片仓的直爽性格非常欣赏，认为在目前情况下需要不同的声音，对他的辞职置之不理。翌年 4 月，河边为应对中国军队在缅北的两路夹击仓促成立了第三十三军，片仓得以晋升少将，出任军参谋长。

9 月 11 日，方面军参谋长中永太郎及第十五军参谋长久野村飞赴新加坡，参加南方军定期召开的作战会议。中永太郎就英帕尔作战准备情况向会议做了专题汇报。敏感的稻田立即意识到，中永太郎提出的作战构想完全出自牟田口那个激进方案，并猜测河边的意见和牟田口是完全一致的。随后稻田看到了久野村提交的作战计划，心中不悦的他当场表示：“我不认可这一作战，方案必须重新修改。”

中永太郎指出，他本人也曾提出从北路进攻英帕尔和科希马难度极大，同时表示既然第十五军决心已下，不妨就按他们的设想去做。稻田拒绝做出任何让步，认为即使东京认可发起英帕尔作战，主攻方向也应该放在南路。为尽快获得南方军批准，河边曾建议第十五军放弃北路进攻的想法，但牟田口坚信自己的方案是最合理的，拒绝做出任何变通。这一复杂决策过程，使我们想到了中途岛战役之前联合舰队和军令部之间的博弈。

缅甸的雨季10月底即将结束，交战双方都期待在旱季来临之时率先发起进攻，占据主动。日军最大的担心是英军在缅南仰光一带或安达曼群岛实施两栖登陆，同时地面部队向若开地区发起进攻，中国军队再从利多和怒江果断出击，缅甸方面军势必陷入四面受敌、首尾不能相顾的境地。可惜盟军在无数次扯皮中浪费了大量时间，丧失了绝佳的进攻机会。

10月15日，主管作战的南方军副参谋长稻田奉调履新，职务由参谋本部作战部长少将绫部橘树接任——同月29日绫部晋升中将。绫部到新加坡上任之前，东条向他面授机宜："英帕尔作战能否实施，你到任之后，可要进行充分研究呀。"此时将反对牟田口的稻田调离由自己取而代之，绫部再不明白东条话里的含义那就是傻子了，这表明东京对实施英帕尔作战的态度是积极的。绫部离任之后，东条亲信、"三奸四愚"之一原作战课长真田穰一郎接任作战部长并晋升少将，作战课长再次由服部卓四郎出任。

稻田当然明白节骨眼上将自己调走原因何在。离任之前，他向南方军总司令寺内寿一进言："对缅甸方面军提出的英帕尔作战，总军一定要三思而行！"心有不甘的稻田交代原来的手下山田成利和甲斐三夫两位参谋："对第十五军的作战计划，必须进行切实修正。"稻田此举纯属不自量力，自己副总参谋长都无法改变的事实，凭两名小参谋就能改变吗？继谏山和小畑之后，又一位还算理智的参谋长因反对英帕尔作战倒下了。

由于在南方作战中立下"丰功伟绩"，寺内已于1943年6月21日被授予"元帅"称号，与他老爹寺内正毅成为陆军中仅有的父子大将和父子元帅。本来他们还有可能成为父子首相的。1944年7月，东条下台之后，寺内曾被推荐出任首相，被内大臣木户幸一以在前线作战无法脱身为由否决，这才有了小矶国昭内阁。寺内对稻田的忠告无动于衷。寺内对"乌号作战"的看法是："当地部队说要做的事情，就让他们放手做吧。”一副事不关己、高高挂起的样子。

在此期间，大本营作战参谋近藤传八再次走访了新加坡、仰光和眉谬，会见了河边、牟田口等人。在返京提交的报告中，近藤指出，南方军和缅甸方面军对实施英帕尔作战很有信心，河边和牟田口两位将军希望作战计划能尽快得到东京的正式批准，而不仅是进行准备。作为东条的铁杆亲信，新任作战部长真田并不赞成在缅甸发起进攻作战，认为应采取柔软而强韧的防御战略。但自己刚晋升，真田决定看看风向再说，并未将内心想法说出来。

12 月中旬，南方军作战参谋榉田正夫专程回东京，就英帕尔作战再次与大本营交换意见。根据参谋本部测算，如按期实施“乌号作战”，为防止中国驻印军和云南军借机反攻以及英军在若开地区或沿海发起两栖登陆作战，缅甸至少需要 9 个师团兵力才足以应对。目前河村手中只有 7 个师团，如以 3 个师团投入英帕尔作战，以第十八师团用于防备利多的中国驻印军，第五十六师团驻怒江一线，第五十五师团防守若开地区，正在陆续进入战场的第五十四师团负责若开以南海岸线的防务，缅甸方面军连一支师团级的预备队都没有了。一旦某一方向告急，河边只有干着急搓手的份儿。

大本营随即做出决定，将第五十三师团和完成重建的第二师团——在瓜达尔卡纳尔岛被美国陆战一师打残的那支部队——调往缅甸。东京对英军可能发起的登陆作战最为忌惮，这两个新增师团被指定部署于沿海一线。

12 月 22 日至 26 日，缅甸方面军关于英帕尔作战的最后一次军演在第十五军司令部驻地眉谬举行。除参战各师团有关人员之外，南方军新任副总参谋长绫部、兵站参谋今冈丰、作战参谋山田成利，缅甸方面军参谋长中永太郎、作战参谋不破博、兵站参谋上村泰藏等人悉数到会。负责缅甸天空的第五飞行师团师团长田副登、参谋长铃木京列席会议。

军演完全按第十五军的设想进行，其间没出现任何偏差。军演结束后，牟田口站起身慷慨陈词：“本人从军 30 年来，历经大小作战数十次，从未有过今天这样对英帕尔之战的必胜信心。对本次作战，我已考虑得非常周全，英帕尔作战皇军必胜是毋庸置疑的。诸位只要坚持必胜信念，就一定能克服各种困难，向着胜利的目标迈进！”稍作停顿之后，牟田口对英军战斗力再次给予评价：“他们就像中国军队一样孱弱，之前你们在各个战场应该深有体会。我们有融化钢铁的热情和意志，只要我们果断包围，然后实施迂回穿插，英军必然就会溃退。对大家提出的补给问题，当然应给予高度重视，但一味强调补给困难是不可取的。帝国陆军在马来亚和新加坡的巨大成功表明，果敢突进乃胜利之捷径。诸位无须心存危惧，只要向目标突进便是。”

针对少数人提出的制空权问题，牟田口同样不屑一顾，认为地面部队仅在强渡钦敦江时需要空中掩护，之后的突击作战有无空军影响不大。这话说得坐在一边的田副和铃木一脸没趣儿。

牟田口的话逐渐上升到战略层面：“鼓舞我军士气、扭转不利战局的唯一手段就是英帕尔作战。诸位是上天选拔出来的帝国武士，难道你们不想为祖国献出宝贵的生命吗？”与之相对应，一些参谋开始在下边小声嘀咕：“在军司令官讨论的细节里，好像并未将敌军的抵抗计算在内。”

参会众人面面相觑，都不愿当众扫牟田口的兴。中永太郎毕竟代表方面军，在会后私人场合，他仍向牟田口说出了自己的担心：“贵军在作战构想上，还是应该多考虑一些潜在危险。仗一旦打起来，就没有反思余地了。”此时正在兴头上的牟田口听不进任何不同意见，他怫然告诉中永太郎：“你缺乏实战经验，才会有这样的担心，凭空担心是没有用的。我多年的实战经验表明，战役准备不可能面面俱到，我有信心在‘天长节’（4 月 29 日）拿下科希马和英帕尔，作为献给天皇陛下的生日礼物！”牟田口这番话极不礼貌，虽然两人同为中将且牟田口资历较深，但中永太郎毕竟代表上方机关。牟田口背后有河边甚至东条撑腰，根本没把中永太郎放在眼里。对此除了表示愤慨，中永太郎也无可奈何。

南方军代表绫部履新前曾接受过东条聆讯，他本人打心底里赞成英帕尔作战。不过他还想听听一线人员意见，赞成的说法从他们嘴里说出来岂不更好？因第三十一师团佐藤、第三十三师团柳田未能参会，绫部找到了第十五师团山内师团长。山内曾任日本驻美使馆武官，在美国堪萨斯陆军军官学校深造过，他思维敏捷而严谨，注重每项决策的理论背景和量化分析，他对牟田口倡导的“乌号作战”毫无信心。目前他的部队还在调动之中，何时抵达战场尚无定数。对绫部的询问，山内以刚到缅甸、不了解前线情况为由拒绝发表意见。事实上，牟田口与下属三个师团长别说默契，连最起码的尊重都做不到。他本人也无意进行改善，反而讨厌与师团长一起开会，更多时候让参谋长或作战参谋代劳。

牟田口不让师团长参会自有他的原因。田中唱反调是出了名的，此时他正在胡康河谷指挥第十八师团抗击中国驻印军的进攻，不来参会情有可原。佐藤和柳田不来参会纯属牟田口“以权谋私”。佐藤与牟田口一向交恶。第一次看到“乌号作战”计划时，佐藤心中非常不爽。他认为让成立时间最短的第三十一师团承担正面攻打科希马的艰巨任务，而让齐装满员的另两个师团南北夹攻英帕尔——其实柳田第三十三师团才是正面进攻部队——纯属牟田口公报私仇，报复自己。从接到命令那一天起，佐藤就一直叽叽歪歪，怪话连篇，在不同场合大唱反调，到处宣扬在补给如此困难的情况贸然出击属无谋之举。他甚至将师团高级军官组织起来，公开训诫“诸公之中大半要在英帕尔大山里饿死了呀”，如果让他来开会，作战就更难通过了。

绫部只好带山田参谋走访了第十五师团冈田参谋长。冈田说话倒毫不避讳：“看过本次军演之后，我个人感受是英帕尔作战根本就行不通。”绫部继续走访第三十三师团作战参谋堀场库三和第十五军作战参谋平井文，两人同样不看好本次作战。

绫部接下来征求了山田和今冈的意见。山田直言应考虑撤销“乌号作战”。今冈的话稍稍含蓄一点，只对战役后勤补给表示了担忧。绫部终于说出了内心的想法：“一线军司令官进攻欲望很高，这是东京喜闻乐见的事情呀。我们南方军如果扼杀这种欲望，难免会有掣肘之嫌，应当竭力避免出现这种情况。牟田口司令官热切期盼的这次作战如果被中止，很可能在军中引发混乱，这是必须认真考虑的问题。”绫部的话说到这个份儿上，两人再不明白就是憨子。次日，两人一起找到绫部，提出撤销头天的反对意见，赞成发起英帕尔作战。

12 月 28 日，回到新加坡的绫部将军演情况向寺内做了汇报，同时表明自己是支持英帕尔作战的。寺内授意他立即就发起作战向东京正式请示。

为改变战场被动局面，1943 年 12 月末，大本营陆军部举行了为期一周的图上军演——日本人军演简直上瘾了，好像多演几次就能打赢仗似的。代号“虎式演习”由作战课长服部卓四郎主持，除作战课下属参谋及各课课长外，总长杉山、次长秦、作战部长真田等大腕儿悉数到会。会议还特意邀请了海军军令部的有关参谋列席。演习结论表明，1944 年盟军主要反攻方向如下：一是从阿留申群岛指向千岛群岛方向；二是由中太平洋指向日本本土及中国台湾、菲律宾方向；三是从新几内亚经澳北指向菲律宾方向，同时海军进攻爪哇和苏门答腊；最后一条是从印度东部指向缅甸、泰国和马来亚方向。

根据 1943 年中期后的战局判断，参谋本部认为，上述反攻路线中需特别重视的是美军在太平洋上的海上攻势，以及中、英、美联军从缅甸的大陆攻势。为应对日益增大的威胁，会议决定南方军司令部由新加坡遣往马尼拉，迅速加强菲律宾的防务，同时发起打通中国大陆交通线和向印度东部的进攻作战。

在这种形势下，1944 年 1 月 4 日，绫部抵达东京。南方军关于实施英帕尔作战的报告可谓一路绿灯。绫部一行备好了汽车，计划一旦得到批准就立即驱车前往机场，以最快时间飞回新加坡。当晚，首相秘书西浦来到首相官邸。当时东条正在洗浴，得知此事十万火急，破例在浴室接见了西浦。

“请等一下，”浴缸里的东条说，“虽然我知道你们肯定认真研究过很多次，但保险起见，以下问题你还是打电话问问作战部吧。”西浦迅速记下东条提出的五大问题。

一、必须慎重防备英军可能在孟加拉湾发起的两栖登陆，如在实施英帕尔作战时出现这种情况，是否已制定了相应对策？

二、如能顺利拿下英帕尔，是否还需向缅甸继续增加兵力？是否会给缅甸防卫带来不利影响？

三、目前印缅地区的制空权在敌人手中，将对地面作战造成多大影响？

四、后勤补给能否跟得上？

五、第十五军作战设想是否可靠？

对东京可能提出的问题，绫部早进行过充分准备，立即向东条做出了“一切均有把握”的答复。绫部特别指出，通过实施本次作战，将来缅甸的防御就可以借助英帕尔一带有利地形，反倒能节省大量兵力。

既然东条已经点头，1944 年 1 月 7 日，大本营陆军部以“大陆指第 1776 号”向南方军下达正式命令：“南方军总司令官为防卫缅甸，可适时击破当面之敌，占领英帕尔附近印度东北部要域。”虽然命令已经下达，东京对“乌号作战”还是不能完全放心。意大利退出战争之后，英国势必以地中海的海上力量充实印度洋，在缅南发动两栖登陆的可能性陡然增大。1 月 8 日，参谋本部发出补充指示：“关于发动‘乌号作战’，本部曾反复进行研讨。必须指出，当指挥本次战役时，务须保证缅甸西南海岸防御万无一失，防止英军可能发起的登陆作战。以上请妥善考虑，是所切望。”

至此，从 1942 年夏季以来反复讨论的进攻印度作战终于有了决断。颇具讽刺意味的是，同一时期，盟军也在就反攻缅甸来回扯皮。前文提到，英军已有了绕过缅甸进攻新加坡和苏门答腊岛的想法。日军一旦对印度发起进攻，无论从确保盟军东南亚大后方，还是从维护对印度的殖民统治来说，丘吉尔都必须打起精神，起立迎战。在日军的进攻面前，中、英、美原有的分歧都不复存在。大家必须团结起来投入战斗，打跑了敌人回头坐下来再吵不迟。

参加英帕尔之战的日军为第十五军下属三个师团，按进攻方向由南到北依次是柳田第三十三师团、山内第十五师团和佐藤第三十一师团。1943 年 3 月 22 日，佐藤师团已被纳入第十五军作战序列，但师团直到 5 月才最终编成。从 6 月，该部陆续进入钦敦江东岸布防。第三十三师团一直属第十五军管辖。根据牟田口的命令，柳田从 1943 年 10 月 4 日开始逐步向钦敦江一线靠拢。其下属第二一三步兵联队因为参加第一次若开战役，很长一段时间未能随主力一起行动。

麻烦最大的是山内第十五师团。该师团原驻中国南京地区，因船舶紧张，师团主力需要分十批从上海海运。他们从 7 月 16 日到 10 月上旬陆续离开吴淞港，经越南西贡转入泰国境内。在从泰国开赴缅甸的过程中，大部分人需长途跋涉上千公里。其中第六十七步兵联队竟被南方军留在缅甸修路。这其实是不赞成英帕尔作战的稻田暗中捣鬼，以此防止或牵制第十五军过早发起作战。等稻田调走南方军改变态度时，离开战已没有多少时间了。事实上，直到战役打响，山内只集结了师团 2/3 的兵力。

对进攻印度比牟田口更积极的还有一人，“自由印度政府”首脑钱德拉·鲍斯。此前东京做出决定，将南方军已占领的安达曼群岛和尼科巴群岛作为鲍斯政府的管辖区。1943 年 10 月 24 日鲍斯对英美宣战时，他手下有 13000 人，基本来自日军在马来亚和新加坡抓获的俘虏。为协助鲍斯从俘虏中挑人，日军在新加坡成立了一个叫“岩畔机关”的临时机构，负责人是开战前赴美协助和谈的岩畔豪雄。

根据鲍斯和东条的约定，这支部队将很快充实到 30000 人，还将组建 20000 人的“义勇军”。这支部队战斗力几乎可以忽略不计，更多在于政治意义。在 11

月上旬召开的大东亚会议上，鲍斯声泪俱下向东条恳求，“尽快发起对印度的攻势，进军德里”。东条向鲍斯承诺，他将会领导一个由日军解放的印度。不过德里实在太远，眼下我们先拿下英帕尔再说。东条预言，经过一年严重内乱和灾难性饥荒，大英帝国远东“灿烂的宝石”将不堪一击。

鲍斯并不赞成进攻英帕尔，主张从若开地区沿孟加拉湾进攻吉大港，因为那里是印度国大党势力雄厚之地，这样不但可以鼓舞印度国民的士气，也更便于将来进攻加尔各答。事实上鲍斯太把自己当盘菜了，日军根本不可能因为他的反对擅自更改计划。缅甸方面军和南方军告诉鲍斯，现在进攻吉大港船舶严重不足，且今后难以有效保持这一地区的水上交通。不过寺内和河边表示，允许鲍斯率部参加“乌号作战”，以扩大其在国内的政治影响。1944 年 1 月 7 日，鲍斯进入缅甸，在仰光开设了临时办事处，与河边共同策划对英军的作战。

中国有“兵马未动，粮草先行”的古训。但在日本陆军中，轻视后勤补给的做法非常盛行，辎重兵和兵站参谋一般被看作没有前途的职位——“辎重如果能算兵，蜻蜓也能变老鹰”。作为一名具有丰富实战经验的高级将领，说牟田口丝毫不重视补给略显偏颇。参与英帕尔作战的部队近 10 万之众，印缅边境地形险恶，交通不便，给弹药和粮草供应带来的极大困难。缅甸是著名的产米大国，粮食不成问题，难题在于运输。当初缅甸方面军向南方军上报补给计划时，已将牟田口的数字主动削减了 40%。但是南方军砸锅卖铁也无法满足这一要求，东京同样无法解决。最终仰光答复眉谬的数字是（括号内为第十五军提出的数字）：汽车中队 26 个（150 个），辎重兵中队 14 个（60 个），输送司令部 2 个（3 ~ 5 个），兵站地区队 1 个（4 个），兵站医院 3 个（3 ~ 10 个），兵站卫生队 1 个（4 个），野战铁道队 2 个（4 ~ 5 个），独立工兵联队 2 个（5 个）。为支持牟田口，南方军将下属第四十五独立汽车大队、第二至第五特设汽车中队悉数派往了缅甸。

看到仰光发来的数字，第十五军司令部里阴云密布。牟田口对此毫无办法。但他认为，只要各部坚决执行作战计划，补给难题就能迎刃而解。英帕尔是英军最重要的补给基地，科希马以东不远处的迪马普尔储存着供中国驻印军缅北作战的大量物资。只要攻击部队能在规定三周时间内完成任务，就能实现“打下英帕尔，坐吃丘吉尔”，即“就食于敌”。据说英国人的牛肉和威士忌味道不是一般地好。牟田口命令各部只需研究维持三周补给的办法，其他无须多虑。第十五军的参谋可没司令官那么洒脱，他们认为前线进攻受阻，以方面军提供的条件，绝对无法解决 10 万大军的弹药供应和吃饭问题。穷人的日子实在不好过呀！

后来英军在战役总结中这样写道："由于对后勤供应需要估计不足，加上对英军部队战斗素质估计过低，最终导致了日军的毁灭。"日军的总结与对手不谋而合，承认"对后勤保障重视不够是造成劫难的重要原因，我们在英帕尔打了一场忽视后勤的无谋之战"。

兵站参谋开始寻求新的办法，大量搜集大象、牛、马、羊甚至猴子，准备以畜力弥补汽车运量的不足。牟田口为此找到了理论依据，指出成吉思汗能横扫欧亚大陆，最成功的就是蒙古人的补给办法，就是所谓的"成吉思汗智慧"，日军必须效仿游牧民族最大限度地使用畜力。初看这不失为一个可行办法。在之前的作战中，英军同样经常使用畜力充当山间运输工具。就连财大气粗的美军"5307 部队"在胡康河谷渗透作战时，也大量使用骡马取代车辆作为交通工具。在钦敦江西岸那加山区，很多地形的确更适合畜力运输。况且这些牲畜一旦完成运输任务，就可就地宰杀充当军粮，可谓一举两得。

据统计，第十五军征集的畜力包括战马 12000 匹，牛 30000 头，大象 1030 头，羊和山羊总数不详，但仅第十五师团就征集了 10000 头左右。参谋薄井为此操碎了心，他之前曾提到以野草补充军粮，甚至研究过调理烹饪的办法。但因出动兵力实在太多，日军的补给问题还是无法得到根本解决。

参战三个师团长均对补给问题表示出极大担忧，只有和牟田口性格相近的佐藤把话说到了明处。一次作战会议之后，佐藤来到牟田口的办公室，拍着胸脯向军司令官保证。

"本师团一定能够在三周内拿下科希马。不过，请您无论如何也要答应我一件事！"

"什么事？"牟田口问。

"在我部渡过钦敦江 25 天之内，无论如何也要给我提供 200 吨粮食弹药。在得到上述物资后，我的部队一定能再坚持 25 天。"

"好！ 25 天内一定送去 200 吨。"

"一言为定，拜托了！"佐藤笑着告诉牟田口，"我不会向部下说什么化不可能为可能的大话，有可能取得胜利就一定取得胜利。战场上没有必胜不败的军队，如果想发挥出士兵十成的力量，让他们发挥八成就足够了。只有十成力量却要求发挥出十二分，这样的要求只会令人失望，部队也可能全军覆没。比起这种糟糕的结果，还是先保证不失败为好。”

牟田口顿时面露不悦，佐藤的话明显是对他时刻挂在嘴边的“化不可能为可能”的绝佳讽刺。此时正值用人之际，牟田口极力压制愤怒：“好吧，你不用担心，25天内一定送去200吨，你的部队努力坚持50天。在此以后，你要多少粮弹我同样给你。君子一言，驷马难追。”

军司令官做出了保证，佐藤依然不能放心。牟田口太忙，到时很可能顾不过来。他转身找到了参谋薄井，将刚刚对牟田口说的话重复了一遍。薄井可不敢像军司令官那么大包大揽，只是唯唯诺诺，表示“一定尽一切努力去办”。

除了补给，日军还有一个致命缺陷是空中力量严重不足。在与盟军长期的空中角力中，第五飞行师团损失日增。田副虽声称在1943年7月2日到1944年7月30日累计击落敌机135架，但自身也损失83架。让田副颇感无奈的是，他的损失不但得不到半点补充，还要抽出部分力量前往增援江河日下的太平洋战场。“乌号作战”打响之前，日军在印缅地区仅有战机221架——重型轰炸机30架、轻型轰炸机47架、战斗机129架和侦察机15架。第五飞行师团凭此兵力要在四面八方作战，可真够他们忙活的。

根据日军推算，同期英国皇家空军在印缅战场战机超过700架，到1944年春天将超过1000架。除此之外，美国航空队在印度和中国战场部署战机超过400架，随时可以前来增援。在如此悬殊的兵力对比面前，田副别说争夺制空权，连自保都非常困难。制空权丧失给日军后勤供应带来了更大难度，汽车、火车等交通工具极易遭到空中打击。1944年1月底，盟军战机持续发起航空作战，一度将牟田口在钦敦江一线三处兵站好不容易囤积起来的宝贵物资炸毁一半，薄井急得快哭出来了。

为更好支援英帕尔作战，1942年2月中旬，田副下令主力进驻缅甸中部机场。这一动向很快被盟军捕捉到。英军东线航空队下属第三战术航空队频频出动，对日军缅甸中部机场发起航空打击。持续不断的空战导致田副的飞机因得不到补充越打越少。据盟军统计，1944年3月日军日均出动飞机41架次，到4月已降至34架次，5月进一步下降到28架次。到6月初地面战斗最关键的时候，出现在英帕尔上空的日机每天不超过 3 架。6 月 17 日之后，天空中再也见不到日机的影子了。

除了粮草，第十五军弹药储备也严重不足。到 1944 年 1 月 15 日，缅甸方面军拥有弹药可供 6 个师团一次会战需要，燃料可用 40 天，粮秣 4 个月，医用卫生材料 6 个月。初看上去似乎不少，但受运力所限，前线能够集结的弹药和补给严重不足。在第十五军司令部所在地眉谬和曼德勒一带，积攒的弹药只够 5 个师团 0.2～0.3 个会战份，燃料够 10 日份，粮秣仅 5 日份。在钦敦江东岸三个主力师团的集结地带，各处弹药不过 0.2 个会战份，燃料 10 日份，粮秣 10 日份。这还是日军重点照顾的方向，其他方向更不用提了。由此看来，日军根本不具备发起大规模进攻战的条件，有那么多人反对也就不足为奇了。

1944 年 1 月 18 日，缅甸方面军正式向第十五军下达了进攻英帕尔的命令。1 月 27 日，牟田口命令三个参战师团向预定出发地隐秘移动：第三十一师团集结地为钦敦江西岸的平邦和霍马林，第十五师团集结地为平梨铺到贝贡一带，1943 年底已进入钦敦江西岸的第三十三师团在葛礼瓦、吉灵庙一线待命。

牟田口认为，为避开恼人的雨季，攻击越早发起越好。但是第十五师团主力还在路上。先锋部队松村弘的第六十联队 1 月 2 日刚抵达钦敦江东岸，尾本喜三雄第五十一联队尚在行军途中，他们需要徒步走完从泰国到钦敦江的 1200 公里路程，最快 3 月初才能到达前线。柳泽宽次第六十七联队远在泰国境内，竟被南方军留下用于修路。牟田口为此在 2 月 11 日朝南方军大发一通脾气。参谋们私下里说，怒吼已成为军司令官的一种习惯。

2 月上旬，心急如焚的牟田口来到第十五师团司令部，告诉山内：“3 月 7 日，不能再拖后了！不能因第十五师团导致全军士气低落，最终使大日本帝国陷入危机！ 3 月 7 日，第十五师团不管集结了多少人，都必须按时发起进攻！”

山内患疟疾高烧不退，事实上他患上了严重的肺结核，病情正在急剧恶化：“我非常清楚军司令官的意思，可是，我希望能够再等一周。”

“不行！”牟田口拍着桌子大吼道，“你应该知道雨季到来的时间，3 月 7 日是最后期限。正因为你们师团，才要推迟到 3 月 7 日。”

“柳泽联队还没从泰国出发，尾本联队可能在 3 月 5 日到 7 日抵达，”参谋长冈田解释道，“从离开南京以来，我们还从未见过自己的士兵，能不能让我们激励一下他们呢？”

山内和冈田陪同牟田口来到了第五十一联队的临时驻地。帐篷里的士兵都在熟睡，他们的破军靴扔在一边，刚刚走完上千公里的脚涂满了碘酒。带兵多年的牟田口阻止了一个挣扎起来欲向他行礼的中队长，慌忙转身走出了帐篷。

山内解释：“这是今天早上刚赶到的一个中队，最后一支部队 3 月 5 日才能到达。我们想让他们休息一周，恢复一下体力。师团目前可控兵力不足六个大队，为了能够保持正常的战斗力……”

牟田口挥手打断了山内：“原来是这样！为了天皇陛下这些忠勇的将士，好吧，3 月 15 日，绝对不能再推一天！”

回到眉谬的牟田口正式发布了作战命令：3 月 8 日，第三十三师团率先从南路发动进攻；3 月 15 日，其余两师团强渡钦敦江，向既定目标攻击前进。第十五师团配合第三十三师团南北夹击英帕尔，第三十一师团直取英帕尔北部重镇科希马，切断英军增援通道。若该方面进展顺利，佐藤将抽出有力一部沿科希马—英帕尔公路南下，配合友军对英帕尔的作战。

到了这时候，第十五师团第六十七联队才刚从泰国出发，无论如何赶不上参战了。牟田口只好下令该联队暂时归军司令部直接指挥，山内只能用两个联队发起攻击。因运输能力严重不足，参战部队无法带上重武器，大部分火炮被留在后方，携弹数量严重不足。第三十三师团行动区域路况稍好，相对携带弹药较多。参战三个师团携带粮食的情况是：第十五师团 25 日份，第三十一师团 21 日份，交通条件稍好的第三十三师团仅 14 日份。

为使第十五军专注于“乌号作战”，河边下令驻怒江西岸的第五十六师团由方面军直接管辖。胡康河谷方向第十八师团与“乌号作战”地区毗连，仍归第十五军指挥。在此以前河边已向寺内申请，在方面军以下增设第二十八军和第三十三军，前者负责孟加拉湾沿海防御，后者专事缅北胡康河谷和滇西的作战。

东京对英军可能在沿海一带发起的两栖登陆最为忌惮。1944 年 1 月 30 日，随着参谋本部一纸电令，缅甸方面军下属第二十八军率先成立，司令官为原第五十五师团师团长樱井省三，参谋长即刚刚提到的岩畔豪雄，他已晋升陆军少将。该军下辖冈崎清三郎第二师团、片村四八第五十四师团、花谷正第五十五师团。樱井得到的指令是，加强缅甸西南部及孟加拉湾沿海地区的防御。

这样，河边身边就只剩竹原三郎第四十九师团和和林义秀独立混成第二十四旅团了。河边很快制定了以“乌号作战”为中心、指导缅甸全局的作战纲要：

一、为隐蔽“乌号作战”企图，保证第十五军作战顺利进行，在发动英帕尔战役之前的 2 月上旬，新成立第二十八军在阿恰布方面发动代号“哈号作战”的有限攻势，歼灭驻若开地区英第十五军，吸引英第十四集团军尽可能多预备队南下，削弱英帕尔地区的防御力量。该项作战预计在“乌号作战”启动前 10 天结束。

二、第十八师团于甘马因以北、第五十六师团于怒江西岸分别与中国驻印军、云南军对峙，暂取守势。

三、第十五军先以第三十三师团一部从东南方向发起攻势，尽量将英帕尔方面敌第四军引向该方面，军主力第十五、第三十一师团强渡钦敦江，一举攻占科希马和乌克鲁尔，切断英军的增援路线。随后以主力第三十三、第十五师团包围并歼灭英帕尔之敌。

根据缅甸方面军同“自由印度政府”达成的协议，鲍斯下属第一师主力约 7000 人将随第十五军一同作战，“乌号作战”夺取印度领土的行政管理由鲍斯负责。

烽烟南北起

在史迪威多方斡旋下，1942 年 10 月，中印公路境外利多至密支那段开土动工。这条后来以史迪威名字命名的公路长 1730 公里，经密支那后分成南北两线：北线经八莫、南坎、畹町与滇缅公路相接，南线越伊洛瓦底江经腾冲、龙陵与滇缅公路相连。公路修建得到了华盛顿的高度重视，罗斯福一度认为“中印公路工程的重要性仅次于北非战局”。虽未向远东派出大规模地面部队，但马歇尔亲自出面协调向印度派出了美军第四十五、第三三〇工兵团、第八二三航空工兵营等部共计 6000 人。中、美、印三方参与施工总人数近 20 万。到 1943 年 12 月 27 日，公里已从利多向前延伸 166 公里，征服了印缅边境最艰险的地段。让史迪威颇感头疼的是，随着公路不断延伸，需要派出保卫和维护的部队日增，相当于减少了前线战斗人员的数量。

早在二战爆发之前，英国人就有修建这样一条公路的打算，出于对大自然的畏惧刚动手就退缩了。眼下丘吉尔对修建这条公路一直持保留意见，认为工程量太大，工期太长，很可能到建成时已经用不上了——后来事实验证了丘吉尔的说法是基本正确的。通过航空侦察得知中美联手修路的消息后，东京广播电台大加嘲讽："美国人修筑这条公路，只会促成两件事情：一是教英国人向中美学习如何筑路，二是为帝国陆军未来进攻印度铺平道路。"话虽如此，参谋本部还是命令第十五军——当时缅甸方面军尚未成立——密切关注公路的修建进度。饭田命令驻胡康河谷日第十八师团派出一部兵力，对那加山东麓实施武力搜索。驻边境的几支英军小分队不战而逃。为了保护道路施工，史迪威命令已完成整训的孙立人率新三十八师由蓝姆迦前出至利多。

1943 年 3 月初，驻印军新三十八师第一一四团开始向胡康河谷方向搜索前进，与日军搜索队多有接触。零星战斗一个月后，中国军队占据了预定修建机场的新平洋地区。雨季来临，日军全部撤往 200 公里外的孟拱河谷。10 月，新三十八师第一一二团从友军手中接过了防务。

1943 年 3 月 18 日，参谋本部原作战部长田中新一接替牟田口出任第十八师团师团长。被东条逐出东京决策中心的田中急欲通过战斗挽回颜面。上任伊始，他就筹划向中国军队发起反攻。当时他手头兵力只有五个步兵大队，另四个大队正在怒江东岸协助第五十六师团执行扫荡江东少量云南军的任务。此时缅甸方面军正在筹划进攻英帕尔的"乌号作战"，为确保主攻方向的行动不受影响，河边要求其他各部不要主动发起进攻，暂取守势。田中对此大为不满。更让他恼火的是，师团有限的少数汽车也被抽走支援第十五军，导致部队机动能力大大降低。

随着外出支援友军的四个大队逐步归建，田中再次派侦察队向那加山区搜索前进。日军动向很快被盟军侦察机发现。史迪威正欲前往参加开罗会议，驻印军参谋长博特纳准将随即下达作战命令，第一一二团全力出击，歼灭日军搜索队并夺取胡康河谷边缘战术要点大洛。10 月 24 日，第一一二团兵分三路进入胡康河谷。驻印军在缅北首开战端，拉开了印缅战区一系列大规模作战的序幕。

1943 年 10 月，新三十八师第一一二团占领新平洋，随即进入胡康河谷在拉家苏、于邦、临干一线展开。发现中国军队越境进入缅甸之后，田中立即调整部署，以第一一四联队驻守密支那，以山崎四郎第五十五联队、长久节郎第五十六联队抵前增援，田中亲率师团司令部随后跟进。此时史迪威开会未归，驻印军暂由参谋长指挥。博特纳对日军的兵力判断有误，认为胡康河谷出现的只是日军小股部队。孙立人声称那里的日军实力强大，但博特纳告诉他："我亲爱的伙伴，你根本不需要战斗，直接走进去就可以了。"当时驻印军进入胡康河谷的仅一团兵力，缺乏重炮，甚至连团属迫击炮连亦未被允可前往。11 月 22 日，日军集中第五十五联队主力于中路于邦一带包围了第一一二团。按照日军以往的习惯，对付中国一个师只需一个步兵大队，现在用一个联队对付一个团纯属浪费。但此后的作战大大出乎他们的预料。

在此后一个多月里，第一一二团依靠砍芭蕉树藤取水及美军运输机的空投补给，与日军 1 个联队对峙长达 50 日之久。占尽火力优势的日第五十五联队伤亡近千人，竟无法攻克仅两个营把守的驻印军阵地。第一一二团将前线危机情况速报师长，孙立人派兵增援的请求遭到博特纳断然拒绝。后者认为，出兵太多势必造成补给困难。12 月 21 日，史迪威返回利多后，发现整体进度已落后计划达一个月之久。起初他认为孙立人在耍滑头，试图掩盖从蒋介石那里得到的缓慢进击的密令。在和孙立人一同飞往战场上空观察之后，史迪威立即同意了孙立人的意见。孙立即率师主力前往增援，急行军 20 余日穿过野人山赶到胡康河谷。另外第一一四团第一、第二营同样被派往于邦方向。

12 月 24 日上午 9 时，新三十八师向日军据守的于邦发起全线进攻。在炮兵部队 1 个小时炮火准备之后，中国步兵开始向日军发起进攻。经 6 天激战，新三十八师攻克于邦。驻印军以亡 315 人、伤 429 人的巨大代价，换回了在缅甸的第一次胜利。何况他们面对的是日军最精锐的部队——田中第十八师团有"丛林战之王"的盛誉。

于邦之战随后还引发了一段公案。据传战斗结束之后，孙立人悍然下令处决了 1200 名日军俘虏。他这样命令师部参谋："这些狗杂种！去审问一下，凡是到过中国的一律就地枪毙，今后类似事情均如此办理。"据说当时唯一没杀的是一个叫山田进一的下士，因为审讯后发现他原来是中国台湾人。

上述情节听起来非常解气，但后来发现那不过是出于义愤的一种杜撰。首先，不管远征军、英军或者美军，甚至日军的官方记录，对此事均无只字介绍，包括孙立人后来的口述资料和史迪威日记同样如此。其次，受过武士道熏陶的日本兵不会轻易投降，即使到了战争后期的冲绳岛战役，参战日军逾十万之众，俘虏才超过了四位数。现在与孙立人对抗的不过是日军两个联队，一次局部作战是不可能抓到千余俘虏的。一个不争的事实是，我军在抗战中极少抓住日军俘虏。从一些军、师对日作战的告捷电报中可以看出，生俘日军十数人都已算了不起的成就了。最后，孙立人曾有不短时间的留美经历，枪毙一两个日本人尚有可能，大批枪杀战俘可能性不大。

在之后 7 个月里，除偶尔参加战区司令部一些无聊会议之外，史迪威一直指挥驻印军在丛林中穿行，就像头一年 5 月他选择步行撤出缅甸那样，“美军最佳三星连长”的绰号可能来源于此。史迪威的战术是在前线压制敌人，真正的攻击来自侧翼，在更远的地方设置路障。他喜欢使用一系列短勾拳，认为这比远程渗透更加有效。在某种意义上，他效仿了日军 1942 年使用的战术，斯利姆夸赞他“是从 1942 年撤退的痛苦经历中吸取最多教训的盟军指挥官”。驻印军的目标是分割包围歼灭敌人，为此不得不经常采用杀鸡用牛刀的战术。即使面对日军一个中队，也往往会派出一个整团的兵力，赢了就行。

中国驻印军来势凶猛，火力强劲。到 1944 年 1 月初，日军第五十五、第五十六联队被迫退守达罗和太白加一线。史迪威下令兵分两路向南追击。左路孙立人新编第三十八师从于邦出发，向太白加方向攻击前进。右路廖耀湘新编第二十二师从新平洋出发，进攻达罗。1 月中旬，孙立人部已夺取了日军部分外围阵地，开始进攻太白加前沿。廖耀湘部渡过塔奈河进至达罗以北地区。1 月 28 日拂晓，从新平洋机场起飞的美军战机开始对达罗日军阵地实施轰炸扫射。8 时，新二十二师战车营出动坦克撕裂了日军防线，掩护步兵夺取日军工事和阵地。1 月 31 日，一队坦克冒着炮火冲进了位于达罗镇的第十八师团司令部，田中的大印被驻印军缴获，可见撤退之狼狈。

1 月 31 日，左路新三十八师向太白加发起总攻，美军第十航空队出动战机 30 余架前来助战，日军不得不再次后撤。2 月 1 日，新三十八师占领太白加。达罗—太白加战斗的胜利使驻印军在缅甸境内牢牢站稳了脚跟，取得了向纵深地区进攻的前进基地。

史迪威亲临前线指挥战斗，他的司令部设在丛林中的竹棚屋或简易帐篷里，他和普通士兵一样拿饭盒排队打饭。史迪威鼓励一向“吝啬”的中国士兵不要节省弹药，告诉大家美军飞机很快将送来更多物资。他要求所有负责空投的飞行员必须到前线待一段时间，了解地面部队作战的艰辛。经历过前线的“苦难”之后，空军的小伙子开始冒着极大风险为地面部队提供给养，在任何气象条件下都坚持起飞。史迪威大量签发嘉奖令并颁发勋章。他无疑是了解中国人心理的，很多作战勇敢的部队得到了锦旗。驻印军面临的最大麻烦是糟糕的天气。2 月 1 日，史迪威在日记中这样写道：“上帝呀，请赏赐我们几个晴天吧，那样我们就能快速前进了。”即使是旱季，缅北 1 月下雨的日子也达到了 12 天，2 月达到 18 天，3 月和 4 月各 10 天，4 个月总降雨量达到 4400 毫米，而雨季尚未真正来临。

日军自达罗、太白加撤退之后，田中适时改变了防御策略，将第五十五、第五十六联队做梯次配置，分别据守胡康河谷中心地带的孟关和瓦鲁班地区，上述两地相距 12 公里。日军完全放开正面，试图引诱中国军队进攻工事坚固、地势险要的师团司令部所在地孟关，而以主力部队从右翼包抄中国军队侧背，试图前后夹击打一场歼灭战。史迪威调整作战计划，以新二十二师配属军重炮团和战车营从正面猛攻孟关，以新三十八师第一一二团、第一一三团掩护主攻部队左侧背。战斗打响之后，新三十八师在大比河南岸截住了日军迂回部队。虽然侧后威胁得以解除，但新二十二师面对孟关日军的拼命防守苦无良策，激战一周伤亡惨重，毫无进展。

驻印军随即调整部署，留下第一一二团在大比河与日军对峙，第一一三团迂回包抄孟关背后的战术要点瓦鲁班。3 月 5 日，第一一三团向瓦鲁班发起猛烈攻击。之前在 3 月 1 日，战场上又闯入一支装备精良、人高马大的盟军——美军“第 5307 混合部队”。这支部队是弗兰克·梅里尔上校仿效温盖特“钦迪特”建立的。美军士兵不喜欢官方授予的正式名称，认为它听起来像“洛杉矶的街名一样令人讨厌”，而赞成使用“梅里尔的劫掠者”这一富有侵略性的新名字。这支 3000 人的部队是美国陆军部为“特别危险和需要自我牺牲精神战斗”而招募的志愿兵，其中许多人是参加过所罗门群岛和新几内亚战斗的老兵。在同“钦迪特”一起进行为期三个月的丛林战训练期间，他们获得了意志坚强的好名声。现在，他们正向孟关和瓦鲁班之前的咽喉要道——南比河渡口快速疾进。

发觉后路即将被截断，田中只留下少量部队据守孟关，集中主力向瓦鲁班发起反击。梅里尔部队在第一一三团的支援下与敌展开激战。后路不稳导致孟关日军军心大乱，新第二十二师乘势发起攻击，配备了 87 辆斯图亚特轻型坦克的战车第一营趁势突破日军防线。斯特亚特轻型坦克放在苏德战场是不起眼的小玩意儿，但在日军眼中是不折不扣的钢铁巨无霸。3 月 4 日，新二十二师克复孟关。

田中下令各部向瓦鲁班收缩。此时另一支中国军队新三十师已抵达新平洋。从 3 月 5 日开始，在温盖特的率领下，已大大扩编的“钦迪特”——英印第三师下属六个旅开始在缅中“百老汇”和“乔林基”空降，严重威胁到第十八师团的后勤补给线，田中瞬间腹背受敌。

3 月 8 日中午，新三十八师第一一三团、战车第一营及“劫掠者”部队发起攻击，次日上午 9 时攻克瓦鲁班。让史迪威愤怒的是，田中竟然率主力寻隙溜掉了。尽管如此，瓦鲁班战斗仍是驻印军取得的第一次重大胜利，他们击败了日军一个精锐师团，使他们伤亡了数千人。史迪威陪战区司令官蒙巴顿视察了战场，他在日记中这样写道：“那里有相当多日军士兵和战马的尸体，到处都是杂七杂八的丢弃物品。”蒙巴顿是由 16 架“喷火式”战斗机护航飞到战场的。史迪威对参谋们说，蒙巴顿来回一次消耗的油料足以让他自己的战斗进行一个星期。蒙巴顿抱怨尸体的臭味，让史迪威感到厌恶：“我越看这些英国佬就越恨他们，这些该死的伪君子不放过任何机会，尽其所能危害我们，这些王八蛋！”他认为蒙巴顿是一个浑浑噩噩的浑蛋，“孩子气的路易斯热衷于抛头露面，是一只夜壶。”尽管如此，他还是把一位叫廖耀湘的中国将军介绍给英国人。

3 月 18 日，新二十二师第六十六团沿山路正面向日军据守的坚布山发起攻击，经 10 多天战斗，将当面之敌逐次击溃。3 月 26 日，新二十二师第六十五团接替友军继续向高鲁阳方向攻击前进。同时，第六十四团主力翻越隘路以东山地突袭日军侧背。28 日，新二十二师两个团联手攻克高鲁阳。

与此同时，新三十八师第一一三团及“劫掠者”部队已到达沙都渣以南的拉班，向北突袭坚布山侧背。日军陷入南北受敌的被动局面。29 日，新二十二师在新三十八师第一一三团的策应下发动最后攻势，一举攻克沙都渣。伤亡惨重的日第十八师团全线溃退。中美联军合力打开了通往孟拱河谷的门户。

虽然战役规模不算太大，但胡康河谷之战毕竟是盟军 1943 年下半年率先发起的进攻。1943年12月底，斯利姆曾飞往利多视察战况，见到了史迪威和他的司令部成员。可惜的是，他最欣赏的孙立人将军因在前线指挥作战未能见到。斯利姆对胡康河谷的战况表示满意，但那毕竟是美国人和中国人在联手作战，胜利没英国人什么事儿。斯利姆已领导过两次狼狈的撤退。虽然失败的责任并不完全在他，他总是在战局不可收拾时才介入指挥。现在，他急需一次胜利洗刷耻辱，振奋英印军低迷的士气。英国人将目光盯上了梅宇半岛，恰好日军也拟发起配合第十五军的"哈号作战"，第二次若开战役爆发。

在开罗和德黑兰会议上，盟军已做出了不在缅南及安达曼群岛登陆的决定。蒙巴顿和史迪威一致认为，英印军在若开地区发动一次进攻作战意义不大，即使能够获胜，也无法进一步扩大战果。但斯利姆依然信心十足，他急需一次胜利提升英印军低迷的士气。斯利姆计划进攻横跨梅宇岭的日军防线。这道由连锁防御工事组成的防线分为三个堡垒群：西部堡垒一路延伸至拉扎比尔，东部堡垒直达莱特维特，最坚固的中部堡垒是日军依据第一次若开战役时的各处要隘修建，号称坚不可摧。斯利姆计划以斯库恩斯中将的第四军守卫英帕尔地区，克里斯蒂森中将的第十五军先推进至布迪当—孟都一线，之后兵分两路，英印第五师进攻拉扎比尔，英印第七师夺取布迪当，从后方进攻莱特维特。随后两个师合兵一处，共同夺取最坚固的中部坑道，将日军完全逐出梅宇半岛。英军为本次作战进行了精心准备，甚至为此专门修建了一条道路。斯利姆对取胜信心十足，英军不但握有制空权，且在兵力上有2∶1的绝对优势，坦克和火炮方面优势更加明显。

经历了两次令人痛心的失败之后，擅长学习的斯利姆思考了许多问题，逐渐摸索出一套丛林作战的基本原则，并在日常训练中加以贯彻。诸如让步兵学会在丛林的复杂环境下进行单兵或组成小分队作战，改善后勤供应，在进攻中实施步坦协同等。他从失败中总结出两大教训：一是尽量避免攻击一个狭窄的正面阵地；二是必须做出纵深部署，时刻提防日军迂回包抄，一旦被包围不能慌乱，必须就地据守等待增援。他将这套理论形象地比喻成"铁砧和铁锤"：被围部队形成一个支点，牵制日军进攻兵力，形成"铁砧"；一旦反击时机成熟，则调遣强有力的预备队充当"铁锤"，向敌军发出致命一击。

斯利姆认为日军并非不可战胜，他们存在以下致命弱点。首先，他们经常孤注一掷，习惯投入所有兵力，不保留足够的预备队；其次，日军执行力虽然很强，但不愿意承认错误，及时叫停无谓的战斗来减少损失，就是说战术死板和缺乏韧性；最后，日本人有一个非常不好的习惯，他们的军官愚蠢地习惯带作战计划和标示好的地图作战，一旦文件被缴获，英军就能详细了解敌人的作战意图。

曾作为小说家的斯利姆想尽办法提升官兵士气，他用的方法与蒙巴顿截然不同。后者往往是自吹自擂或虚张声势，这与他皇室成员的身份相匹配。斯利姆总是不厌其烦地将自己的意图讲给下属听，从一个排到另一个排，有时甚至讲解到个人。这种方法在士兵中取得了良好的效果。斯利姆能够通过共同的语言、文化和幽默去打动他们。第十四集团军中英国人只占 1/3，其余 2/3 是印度人、廓尔喀人或缅甸人。为了让不会说英语的人理解他，斯利姆学习了乌尔都语、普什图语、印地语和尼泊尔语。士兵经常说：“他总是像一个人对另一个人说话，而不像大官向部队训话。”这可能是斯利姆能够和史迪威成为好朋友的主要原因。

就在史迪威发起胡康河谷之战的 1943 年 10 月，第十五军司令官菲利普·克里斯蒂森中将下令英印第二十六师撤回吉大港，作为第十四集团军总预备队，弗兰克·梅瑟维少将的第七师和哈罗德·布里格斯少将的第五师向前集结，接到命令后立即出击。与此同时，伍尔纳少将的西非第八十一师受命在吉大港以南 80 公里的齐加林集结，一旦执行进攻任务的两个师进入梅宇半岛，伍尔纳则立即率部进入加拉丹河谷，堵住日军惯用的迂回包抄，确保进攻部队后方及侧翼的安全。

11 月 30 日夜，随着克里斯蒂森一声令下，英军两个师开始向梅宇半岛攻击前进。位于梅宇岭东侧的第七师向日军外围阵地发起猛烈进攻，粉碎了小股日军的零星抵抗后向莱特维特快速挺进。到 12 月 20 日，英印第五师已进入拉扎比尔对面的孟都平原。其间日军抵抗轻微，英军顺利推进至布迪当—孟都公路一线。

经过 10 天短暂休整，英军于 1943 年最后一天重启攻势。虽然遭到的抵抗越来越强，但英军凭借兵力优势，在坦克和飞机的支援下快速推进。1 月 9 日，第五师顺利拿下孟都。到月底，第七师已攻占包括布迪当在内除拉扎比尔之外梅宇岭西侧的所有地区，控制了战术要点纳杰多克山口。

纳杰多克山口从辛兹维亚通入山谷处有一片 1000 平方米的干涸稻田，第十五军于此建立了前敌指挥所，随后陆续建成了军火库、停车场、补给仓库、骡马站、战地医院等设施。英印军官兵给它起了一个响亮的名字叫“行政区阵地”。

谁也不会想到，这里很快成为第二次若开战役双方殊死争夺的核心战场。

接到英军大举进攻梅宇半岛的报告，河边起初并未在意，只命令1943年11月接任第五十五师团师团长的花谷正严加防范，组织所属部队击退英军进攻。随着第十五军针对英帕尔的"乌号作战"获得批准，河边拟以新成立的第二十八军发起一次对阿恰布的进攻行动，代号"哈号作战"。军司令官樱井省三接到的命令是，歼灭入侵若开的敌第十五军，尽可能吸引驻英帕尔的英印第四军主力南下，为牟田口实施"乌号作战"创造有利条件。

1944年2月初，英军已拿下了大半个梅宇半岛。日军第五十五师团土井元武率第一四三联队拼命抵抗，英军推进速度明显放缓。2月4日，樱井下令启动"哈号作战"，命令第五十五师团向当面英军展开反击，穿插包围英军后卫部队并一举围歼之。日军的作战计划分成两期：第一期南北夹击，消灭梅宇岭东侧的英印第七师；第二期师团主力回调，歼灭孟都一带的英印第五师。

日军采取的战术依然是惯用的迂回包抄。花谷抽调第一一二步兵联队三个大队（欠一个步兵中队和一个机枪小队）、第一四三步兵联队第二大队（欠第五中队）、第二一三步兵联队第一大队（欠三个中队）等部，辅以第五十五工兵联队主力、第五十五山炮联队第二大队一部及第三大队主力，总计3500名兵员，山炮、迫击炮各4门，组成反攻部队。带队者为师团步兵指挥官樱井德太郎——他与军司令官樱井省三并无亲戚关系——因此又称作樱井兵团，这回不知为何没叫支队。樱井的任务是迂回穿插，切断进攻英军的退路，与守军南北夹击歼灭之。樱井对英印军的战斗力根本不屑一顾，出征前他口出狂言："英军的进攻根本就属于小孩子的把戏，现在我将带你们去梅宇半岛消灭他们。给我一个步兵大队，我马上就能打到吉大港去。"

陆士第三十期、陆大第三十七期的樱井此时已47岁，曾参加过侵略中国东北的战争。1937年，樱井出任驻平津地区宋哲元第二十九军军事顾问及冀察政务委员会顾问，当时军衔为陆军少佐。1937年7月26日的广安门事件中，樱井为逃命，纵身跳下城墙，脚部负伤。虽曾以"中国通"身份在中国派遣军司令部工作并出任多个师团参谋长，参加过上高会战和鄂西会战，但总体讲，樱井仕途并不顺利，一直到1943年8月才晋升少将，出任的还是师团步兵指挥官这样一个冲锋陷阵的危险角色，比同学佐藤贤了差远了，人家抱住东条的粗腿早在东京混得风生水起了。樱井最推崇所谓“突破后反转”战法——利用夜袭突破敌军薄弱环节，然后掉头攻击敌人心脏部位，在天亮前将敌击溃。接到进攻命令的樱井踌躇满志，急于通过本次作战为之前的郁郁不得志正名。

2月3日，樱井兵团从布迪当东北角英印军第一一四旅和日军第一四三联队第一大队之间的缝隙隐秘通过，次日黎明突袭攻占英军补给基地通巴扎。樱井下令兵分三路。右路第二一三步兵联队第一大队大队长久保正雄率该大队第四中队、机枪中队和一个工兵小队，翻越梅宇山岭直取布里亚斯克桥，切断英印军沿公路南下增援的通道，同时确保兵团右翼安全。中路主力棚桥真作第一一二联队沿梅宇岭东麓南下，寻求英军主力决战。左路松尾正武第一四三步兵联队第二大队向奥兰宾西侧推进，进攻正与土井第一四三联队相持的英印第八十九旅侧背。樱井率兵团指挥部随松尾大队前进。

樱井兵团出发后，花谷命令据守布迪当、孟都一线的日军转守为攻，试图包围英印第七师的三个旅和第五师的一个旅于辛兹维亚盆地。接令之后，布迪当方面黑冈金四郎第一四三联队第三大队、加藤幸吉第一一四联队第二大队立即北上接应。

兵团司令部出发不久，樱井就与北方的三路日军失去了联系，也不清楚黑冈、加藤两支部队的具体动向。5日上午10时，缺乏战斗兵员的兵团指挥部遭遇英印军一部，激战至黄昏将之击退。当晚推进途中仍有零星战斗发生，日军伤亡逐渐增加。因身边缺少战斗人员，樱井给辅助人员包括译电员都配发了手榴弹。次日上午9时，约200名工兵前来会合，樱井暂时摆脱了“光杆司令”的尴尬。

第一一二联队主力渡过梅宇河后，松平直行率第一大队西进，负责截断辛兹维亚方面英印军的退路。在前开路的星光第二大队与英军发生遭遇战，报告缴获英军一座大型电台。联队长棚桥命令无线电班班长村濑去将电台搬回来。抵达现场的村濑发现电台太大，无法搬运，只好就地将其炸毁。在返回联队本部途中，村濑不经意向山谷中望去，眼前的景象让他大吃一惊：那里出现了一大片营房，甚至部署有许多坦克，分明是英军一座大型基地。村濑不经意发现的正是英军的“行政区阵地”，其北部3公里的朗姜是英印第七师师部所在地。

接到村濑的情报，大吃一惊的棚桥立即派人寻找星光第二大队。此时杉山直一第三大队尚未跟上，棚桥身边只有200名本部人员，仅军旗中队60人战斗力较强。英军巡逻队同样发现附近有日军出现，和棚桥的境况类似，师长梅瑟维少将身边除师部文职人员和通信兵外，只有一个工兵分队。随后两支非战斗部队的交火表明，日军勇敢精神远胜对手，棚桥率部顺利攻占英印第七师师部。匆忙撤退的英军烧毁了密码本和重要文件，梅瑟维少将的军帽在撤退中丢失，其狼狈程度可想而知。一名日军士兵将捡到的帽子扣在头顶上，大摇大摆四处炫耀。

2月6日，从布迪当北上的黑冈大队已推进至纳杰多克村以南2000米处。在攻克129高地的战斗中，黑冈声称击毙英印军80人，炸毁汽车128辆。但其右翼的加藤大队在西诺宾一带遭到英印军的顽强阻击，进展缓慢。2月8日，樱井终于与正向纳杰多克村推进的松尾大队取得联系。2月10日，樱井得报第一一二联队主力正在围攻辛兹维亚。当天14时，樱井率兵团司令部与棚桥顺利会合。至此日军逐渐形成了对“行政区阵地”的合围。

根据以往惯例，樱井简单判断包围圈中的英军肯定惊慌失措，匆匆忙忙寻隙突围。在本次作战中，斯利姆强调的固守待援和一年多的丛林战训练终于收到了实效：被切断退路的英军没有丝毫慌乱，就地从容组织防御。斯利姆严令守军坚守，同时使用以空运为主的一切手段为被围部队提供补给。前线战况突变使斯利姆别无选择，只能将驻英帕尔的预备队投往若开方向。他希望新增援部队形成“铁锤”，如果“行政区阵地”能够充当“铁砧”的话。斯利姆清楚日式运动战意味着他们必须轻装上阵，给养不足。如果战斗能够持续一段时间，形势肯定会发生有利于英军的变化。

2月7日9时30分，刚刚到英印第九旅上任的旅长杰弗里·埃文斯准将收到了第五师师长哈罗德·布里格斯少将打来的电话：“今天一早，日本佬在朗姜打垮了梅瑟维少将的第七师师部，现在还不知道他和师部人员是否安全撤离。显然敌人一支部队已迂回到了第七师后方。军司令官克里斯蒂森中将希望你带一个营速速前往‘行政区阵地’，接管那里的指挥权。你必须不惜一切代价守住此地。”埃文斯随即带一个营兵力前往，同时命令第二十五龙骑兵团副团长休·莱伊少校率一个坦克营前来“行政区阵地”会合。

2月7日晚，日军杉山大队一部已攻至“行政区阵地”东出口，遭到英军炮火的猛烈轰击伤亡惨重。随后英印军一个营的反击将日军的进攻击退。当晚，松木平第一大队攻进了英印军战地医院。情况紧急，尚能行动的轻伤员纷纷拿起武器，协助西约克郡团第二营一部顽强阻击，但医院最终还是被日军攻陷。在日军的逼迫下，印度军医巴苏中尉无奈交出了所有药品。次日凌晨，日军将被俘军医和伤病员赶出病房，集体射杀，实在无法移动的重伤员统统被刺死在病床上。身中两枪的巴苏中尉倒地时，恰好压在一名遇害的战友身上，满脸鲜血的他幸运地躲过了日军的补枪，和两名战友侥幸活了下来。2 月 9 日，当西约克郡第二营前来打扫战场时，发现了 4 具军医和 31 具伤员的尸体。

同一时期，久保第二一三联队第一大队抵达布里亚斯克桥一带，在英印军退往印度的要道上设置了路障。

2 月 8 日，一度与樱井失去联系的松尾大队和黑冈大队——他们都隶属第一四三步兵联队——顺利会合。两个大队长见面还没寒暄几句，松尾就被英印军炮火炸伤，被担架抬往后方治疗。10 日，棚桥终于和据守拉扎比尔的土井联队取得联系。至此日军初步完成了对英印第七师的包围。远在后方的花谷闻讯大喜，电令樱井尽快发起总攻，全歼包围圈中的英军部队。

但日军前线兵力严重不足，包围本身就潜伏着巨大风险——用二两面就想包个一斤的包子，这包子绝对是薄皮大馅了——孤军深入的樱井兵团与后方联系几乎断绝。梅瑟维紧急调集第七师的两个营，越过日军包围圈的罅隙进入“行政区阵地”，在其东南方向是英印军第八十九师主力，西诺宾地区还有英印第三十三旅。日军松尾、黑冈和加藤各部欲突入“行政区阵地”，不仅要突破层层阻截，还要预防来自后方和侧翼的不断袭扰。之后 18 天里，双方围绕“行政区阵地”的战斗“突冷突热”，日军始终无法取得突破性进展，哪怕他们用上了惯常的夜袭和残酷的白刃格斗。

英军能顽强守住阵地，得益于他们握有战场的制空权。盟军空军的行动分作三部分：运输机对包围圈中的部队实施空投，轰炸机对地面作战提供支持，战斗机四处拦截企图阻止前两类任务之一的敌机。日军第五飞行师团竭尽全力，试图对樱井的地面进攻提供支持，但因数量不足及性能上的劣势，日机在与英国皇家空军的格斗中渐渐落入下风。英军三个“喷火式”战斗机中队在战斗中表现出色，在前 13 天空战中击落日机 65 架，自身仅损失 13 架。到 2 月中旬，日机基本已退出了若开的天空。正因为此，包围圈中的英军可以得到源源不断的空投补给。

为表示对斯利姆的支持，蒙巴顿紧急协调史迪威从“驼峰航线”调来了25架运输机，对“行政区阵地”累计空投超过60次。

空投物资中，有粮食、弹药、医疗用品，甚至牙刷、牙膏等生活用品，独缺一顶梅瑟维少将急需的新军帽。幸好一天晚上，英军歼灭了一群身穿英军制服的夜袭队，从一具日军尸体头上找回了师长丢失的帽子。2月11日、12日，星光第一一二步兵联队第二大队、杉山第三大队从南北两个方向对“行政区阵地”发起夜袭，在英军的顽强阻击下无功而返，伤亡惨重。

英军的表现完全出乎日军预料，他们始终保持着高昂的斗志顽强阻击，耐心等待援军的到来，哪怕战斗带来的伤亡极其惊人。2月14日，棚桥将联队本部前出至“行政区阵地”西侧的1033高地，集中所有三个大队的兵力，准备在两日后发起孤注一掷的进攻。就在日军兵力集结之时，樱井发现背后已出现了英印军活动的迹象。15日夜，英军坦克突破日军在辛兹维亚以东的封锁线，向日军侧背发起进攻。根据斯利姆下达的增援命令，星夜兼程南下的英印第二十六师已经抵达布里亚斯克桥一带，向久保大队发起了一轮接一轮猛烈攻势。一旦久保大队的阻击阵地被英军突破，来自英帕尔的英军部队将源源不断地进入战场，樱井必须在最短时间内拿下“行政区阵地”。

2月16日22时20分，棚桥三个大队的进攻终于发起。无数日军士兵吼叫着冲向英军阵地。第一次若开战役的“英雄”棚桥发现，对面的敌人已今非昔比。被包围的英军以绝对占优的火炮和坦克构筑圆桶阵，用自动武器和火焰喷射器封闭了阵地间的所有空隙。英军阵地上每隔30米就有一辆坦克或一挺重机枪。为了守住阵地，英军用尽了吃奶力气，炮兵不仅在200米距离上向日军开炮，甚至端起刺刀像步兵一样发起反冲锋。照明弹将暗夜照得如同白昼，在英军机枪、火炮和坦克的联合绞杀之下，蜂拥而上的日军士兵成群扑倒。棚桥寄予厚望的夜袭以失败告终。双方激战战至19日，辛兹维亚山谷东隘口已被英军攻占。棚桥严令黑冈大队不惜一切代价夺回隘口，战斗力已严重削弱的黑冈攻击未果，只能率部暂时后撤。

据守布里亚斯克桥的久保大队实际上只是一个加强中队，他们顽强顶住了英印第二十六师的多轮进攻。眼看正面无法取得突破，洛马克斯少将派两个营迂回至久保大队北侧和东侧，对日军阵地多方施压，双方阵地最近处仅50米。面对久保的频频呼救，无兵可派的樱井只好命令他让开道路。久保本人在战斗中受伤，只能由人用担架抬着后撤。英军南下增援的通道打开了。

数日激战导致双方伤亡惨重。英军西约克郡第二营的两个连损兵过半，可战之兵不到百人。2 月 11 日棚桥联队还有 2190 人，到 21 日只剩 400 人，每个步兵中队只剩四五十人。由于粮食弹药即将告罄，日军士兵开始沿途收集稻田里未脱壳的稻谷充饥。樱井命令棚桥在 22 日晚再发起一轮夜袭，提出“只要不怕牺牲，就一定能够战胜敌人取得胜利”。樱井兵团的任务本来是穿插敌后包围敌人，实际上他们此时已经陷入英军的重重包围之中，依赖骡马和缅甸挑夫维持的补给线已完全被英军切断。

到 2 月下旬，损兵折将的樱井未能歼灭任何一支英军部队，战术上已完全失败——此时他再也不叫嚣用一个大队就能打到吉大港了。棚桥精疲力竭，他明白现在理智的做法不是继续进攻，而是撤退。22 日 14 时，棚桥主动关闭了电台，叫停了原定当晚的夜袭行动。24 日，棚桥下令各部向南撤退 2000 米，主动解除了对“行政区阵地”的包围。撤退命令下达之后，棚桥再次打开电台向樱井发报：“非常遗憾，但是我们别无选择。我已决定在今晚撤退。”

正如斯利姆预料，遭遇挫折的日本人拒绝承认失败。后方的花谷不顾一线的实际情况，电令一线部队继续发起进攻。虽然与石原莞尔、板垣征四郎合谋发起九一八事变并因此被并称为关东军“三羽乌”，但后来事实证明当时是那两位一谋一断，花谷不过是个跑腿的角色。花谷不仅不善用兵，个人品质也极为低下。从接任师团长起，他便对官兵实行体罚政策，导致多人自杀或精神失常。依仗自己是陆大毕业生，花谷经常欺负那些“无天组”军官。第五十五师团从参谋长到普通士兵，没一个人不讨厌他，甚至有人谋划从背后打他黑枪。花谷严令前线不顾死活发起进攻，他个人却极端怕死。他规定每到行军休息时，必须有一小队士兵负责为他挖掘单人防空掩体。

此时樱井兵团的处境已经非常危险。费斯汀少将指挥英印第三十六师的一个旅正沿梅宇岭以西公路快速南下，英印第二十六师在梅宇岭以东从通巴扎快速驰援，伍尔纳少将的西非第八十一师正沿加拉丹河谷推进，2 月中旬已进至皎道地区，严重威胁樱井兵团的右翼。克里斯蒂森中将已制订出作战计划，待上述三部抵达预定阵位后，将与第五、第七师同时发起反攻，合围并一举歼灭樱井兵团。

危急关头，第二十八军司令官樱井适时做出了合理决定。既然英军各路增援纷纷南下，意味着旨在牵制的“哈号行动”已经达成战略目的，再以劣势兵力与英军硬拼显然不太明智。樱井随即向前线下达了撤出战斗的命令。

2 月 24 日，英印第七师率先转入反攻，一度被日军包围的第五师与友军恢复联系。陆续抵达战场的英军各部向日军发起猛烈反击。3 月 11 日，英军夺回了一片废墟的布迪当，炮兵在 10 分钟内就打出超过 7000 发炮弹，平均每秒近 12 发。战至月底，英军将日军逐出布迪当—莱特维特地区。经过三天寸土必争的激斗，3 月 12 日，英印第五师攻占梅宇岭西侧战术要点拉扎比尔。

英印第三十六师攻打中央隧洞的战斗遇到了麻烦。为确保孟都—布迪当最后一块阵地，日军开始做困兽之斗。军司令官樱井命令第五十四师团片村四八中将抽调部队前往增援，显然已经来不及了。事实证明，日军挖下的众多坑道的确是难啃的硬骨头。英印第三十六师于 3 月 27 日夺取西翼坑道，当他们付出重大伤亡代价攻下东部坑道时，已经是 4 月 6 日了。5 月 4 日，洛马克斯少将率英印第二十六师经四轮猛攻，攻克日军最后据点 551 高地，报了第一次若开战役被追着屁股打的一箭之仇。

日军并非一味败退。伍尔纳少将西非第八十一师在加拉丹河谷的作战起初进展顺利，攻占战略要冲恰库特。鉴于此地位于第五十五师团后方，严重威胁日军侧后，樱井迅速抽调第一一一步兵联队第三大队、第一四三步兵联队第二大队、第五十五骑兵联队和第五十五师团补充兵员共 1200 人临时编队，在第一一一联队联队长木庭知时的带领下发起反击。一路高歌猛进的西非第八十一师猝不及防，竟被日军打乱阵脚，一直败退到皎道西北地区。木庭支队一路穷追不舍，将英军彻底赶出加拉丹河谷。凭借此战胜利，木庭得以晋升少将并出任第五十四师团步兵指挥官。

本次作战史称“第二次若开战役”。面对规模大致相当于自身 1/3 的日军，英军先后投入的兵力竟达到 6 个师之多。战斗中日军损失约 5000 人，仅第一一二步兵联队就战死和失踪 2452 人，包括第一四三联队联队长土井、第一一二联队第一大队大队长松木平等多名军官殉命。战斗结束之后，“积劳成疾”的棚桥很快被送进了医院。

即使进了医院，棚桥也不得消停。对东京“为何在合围敌军后却无法将之歼灭”的严厉质问，花谷将责任一股脑儿推在樱井支队身上。不过花谷一贯有吹捧陆大、贬低其他学历军官的传统，对昔日的师弟樱井德太郎还是网开一面，病床上的棚桥成了替罪羊，他被冠以“擅自撤退”的罪名。在撤退时，棚桥曾说过不忍让天皇陛下的赤子白白送死之类的话，但说他擅自撤退确属勉强，因为撤退是经樱井支队长认可过的。4 月 11 日，病床上的棚桥被解除联队长职务。

在印缅战场，自战争爆发以来从不知道胜利为何物的英军扬眉吐气，趾高气扬。蒙巴顿和斯利姆高调宣称，英军取得了第二次若开战役的“辉煌胜利”，报纸上甚至将之吹嘘为“第二次滑铁卢战役”。胜利毋庸置疑，但远称不上辉煌。投入兵力是敌军 3 倍以上且处于以逸待劳有利地位的英军仍然付出了损失近 8000 人的巨大代价，伤亡远远高于对手。但这毕竟是英军第一次正面击败了号称不可战胜的日军，证明他们确实找到了对付敌人迂回渗透的有效办法。日军不可战胜的谣传寿终正寝，第十四集团军士气大振。战役再次证明，依赖空运完全可以保障一支大部队的后勤供应，这才是弥足珍贵的财富。战役期间，盟军向若开地区共派出运输机 714 架次，空投物资 2300 吨，这是英军赢得胜利的根本所在。

蒙巴顿称第二次若开战役“像阿拉曼战役那么重要，只不过方式不尽相同”。这明显在为自己的脸上贴金。阿拉曼战役众人皆知，知道第二次若开战役的又有几人？即使就印缅战场而言，若开也仅仅是一个次要战场。斯利姆对蒙巴顿说法表示赞同，但言语之间有所保留，“这是一次无可争议的胜利，它的影响巨大，不仅是对参战部队，还是对第十四集团军来说。从参战部队数量来看，它并非规模巨大的战役，但它仍是英国人获得的决定性胜利之一”。

战役失败的日军在战略上并未失势，他们在次要战场的一次作战，成功调走了斯利姆的所有预备队。英军投入若开战役的部队达到了 6 个师，在未来主战场英帕尔和科希马，能够对抗牟田口的只剩 3 个师了。这就为日军随后发起“乌号作战”创造了非常有利的条件。

早在战役激烈进行的 2 月 13 日，斯利姆从一名日军军官尸体上缴获的文件中发现，他们在若开的行动不过是佯攻，旨在从英帕尔尽可能多地吸引资源。此前，他已觉察到日军在谋划一次针对英帕尔的进攻行动——多达 3 个师团的兵力正向印缅边境集结，肯定逃不过英军侦察机的眼睛。此时第十一集团军的预备队第二十六师、第三十六师已南调梅宇半岛，无法脱身，斯利姆急令第五师返回吉大港，充当临时预备队。第七师很快接到了同样的命令。斯利姆认为，一旦日军发起新的攻势，这两个师可以经铁路或空运至作战区域——后来的英帕尔和科希马。

四路出击

1944 年 3 月 5 日 18 时 12 分，日军第三十三师团第二一四步兵联队奉命前往卡包河谷亚扎久一带地区集结。部队途经坎撒村时，骑在高头大马上的联队长作间乔宣听到空中传来飞机引擎的轰鸣声。作间抬头望去，只见一群大型飞机闪烁着红色或绿色导航灯向东方飞去。“这些飞机，可能是去轰炸仰光的吧？”作间嘀咕道。这显然不是他现在要关心的事情，作间继续策马向集结地奔去。

几天后的一个夜晚，同样的飞机轰鸣声将在行军帐篷中酣睡的第十五师团第六十步兵联队联队长松村弘惊醒。松村钻出帐篷望向空中，只见四五架大型运输机在约 750 米高空向东北方向飞去。松村同样满腹狐疑：“它们飞往我们后方，到底是去干什么呢？”

日军两位联队长发现的不是别个，正是温盖特亲自领军的第二次“钦迪特远征部队”。这支部队规模已扩大了许多，对外正式番号是英印第三师。现在温盖特手中有多达 6 个旅，逾两万名兵员。第一次钦迪特远征“失败”之后，温盖特多次面见蒙巴顿，希望能得到更多部队和装备。奥金莱克、蒙巴顿、吉法德和斯利姆均认为温盖特傲慢自负，令人难以忍受，对他的要求不予理睬。参加魁北克会议归来之后，温盖特变得更加肆无忌惮，张口丘吉尔闭嘴罗斯福，对自己在印缅地区的上司指指点点，横加指责。奥金莱克等人不得不活在“温盖特春风得意时恶毒批评的气氛之中”。果不其然，得不到支持的温盖特直接找到了丘吉尔。在首相直接干预之下，温盖特如愿以偿得到了刚在中东完成集训的英军第七十师。该师师长乔治·赛姆斯少将虽心存不满，但迫于伦敦的压力，最终不得不屈尊答应出任温盖特的副手。奥金莱特认为，将一个精锐步兵师拆散放到敌后去打游击，纯属扯淡，远不如将他们整体投放战场更加有效。但谁也不敢得罪温盖特背后的丘吉尔，除非他今后不想在江湖上混了。

吉法德欲将美军“劫掠者”部队划归温盖特指挥，这令史迪威暴跳如雷。他好不容易才有了这支3000人的美国武装：“经过长期争取，我们终于有了一支美国步兵部队。可是上帝呀，他们告诉我，这支部队将在温盖特的指挥下作战！好呀，我们不知道该如何使用这支部队，只有那些爱逞能的家伙才懂。温盖特什么事都干不成，只到杰沙进行了一次糟糕的短途旅行，装模作样地切断了一些我们的人已经切断的铁路，在伊洛瓦底江被日本人逮住，脱困时损失了40%兵力。现在他倒成了专家。这事儿可真是连耶稣基督都泄气了。”史迪威拒绝放行“劫掠者”部队，而让他们协助中国驻印军接下来在孟拱河谷和密支那的作战。

2月5日，在钦敦江最上游西岸的辛加林·卡姆第，温盖特下属伯纳德·弗格森准将的第十六旅隐秘渡江南下，他们是第三师唯一一支走陆路的部队，其余部队全部实施空降。温盖特在杰沙一带选择了3个空降点，分别命名为“皮卡迪利”“百老汇”和“乔林基”。但一名美军飞行员的航拍照片显示，“皮卡迪利”已被人用树木刻意覆盖。温盖特认为，这是中国人泄密给日本人的恶果。3月5日18时12分，运载卡尔弗特准将第七十七旅的运输机从英帕尔起飞，降落地点为“百老汇”。6日清晨，6时30分，温盖特收到了卡尔弗特发回的信号“猪肉肠”，预示空降行动获得成功，尽管61架滑翔机仅35架平安降落在指定地点。

利用两台推土机，随卡尔弗特一起空降的美军工兵部队迅速平整简易跑道。当天傍晚，美国陆军航空兵第一批运输机在“百老汇”安全降落。随后几天里，这里每天起降的飞机达到百余架，野战火炮、高射炮及大量补给随机运达。6日夜间，伦泰恩准将第一一一旅空降在“乔林基”。7日，温盖特乘机抵达“百老汇”，他的任务是扰乱日军后方，使他们无法专注英帕尔作战，同时切断日军缅北第十八师团、滇西第五十六师团的对外联系，协助中美联军早日打通中印公路。

到3月11日，盟军600架次运输机已将9250名英印士兵和1400头骡马，连同两支炮兵部队运达“百老汇”和“乔林基”。当晚温盖特发布作战命令：“我们已经攻进了敌人的心脏，将利剑刺进了他们的肋骨，给了日军意想不到的打击。感谢上帝赐予我们成功。敌人很快将发起反扑，我们将以决心和毅力与他们作战，收复我们的缅北领地。名垂青史的时刻已经到来，这是每个参与者都会为之骄傲的行动。这使我们无论在什么时候都能大声说出来的——它是由我们创造的：当时我们就在那里！”

在“乌号行动”即将发起的节骨眼上，英军突然在缅中杰沙地区空降，着实让日军大吃一惊。3 月 8 日，缅甸方面军作战参谋不破博收到第十五军发来的紧急电文：约 80 架滑翔机在第十五军辖区降落，估计进入我战区的英军约 1000 人，最多不超过一个旅的规模。河边据此认为，英军空投的不过是一支小规模骚扰部队，凭当地驻军即可轻易扫平。

此时在缅北胡康河谷，田中第十八师团在中国驻印军的进攻下渐渐不支，正向孟拱河谷节节败退。在东南若开地区，樱井第二十八军发起的“哈号作战”陷入僵局，英印军已发起了全面反攻。在东北方向怒江西岸，中国云南军数十万大军枕戈待旦，随时可能发起渡河作战。即使战场危机四伏，河边和牟田口的决心也未有丝毫动摇，“敌情有变，但决心不变”，仍决定按计划发起“乌号作战”。

对此持反对意见的是第五飞行师团师团长田副登。3 月 6 日上午，田副特意从瑞保飞往眉谬，面见牟田口。他发现自己降落的眉谬机场一片狼藉，半小时前，盟军战机刚刚轰炸过这里。田副直奔牟田口的军司令部，在呈上侦察机侦察报告的同时开门见山地说：“敌军空降部队在杰沙一带着陆，茂卢的铁路线已被切断，地面战斗正在激烈进行之中。如果司令官阁下不立即出动部队实施围剿，他们将在我军后方积聚起强大兵力，切断我密支那部队的对外联系。如此，我们就再也没办法阻止中国人打通中印公路了。”

田副的意思非常明显，立即叫停即将发起的英帕尔作战，稳定后方方为上策。牟田口对田副的劝告不以为然：“你多虑了。通过空运的英军不可能有多少人，他们的补给如何维持？当他们在杰沙一带搞破坏时，我们的部队就会拿下他们的后方基地英帕尔，切断通往利多的交通线。他们不过是口袋里的老鼠，最终只能徒劳无功，坐以待毙。在战斗打响之前敌军放出空降部队实属万幸。我深切体会到我们的好运来了，这是上天在保佑我们。”

田副提醒，盟友德国人在地中海已有大规模空降夺取克里特岛的成功案例，然后不厌其烦地向牟田口介绍盟军运输机的强大运力：敌人一个月的运量就能达到三四万吨，在第二次若开战役期间，英军已开始使用空降钢板来铺设跑道，24 小时就能实现飞机在简易机场临时起降。对田副的苦口婆心，牟田口感到极不耐烦：“那也没什么，就让敌军空降部队干他们想干的事情去吧，我将在利多将他们连根拔掉。你要知道，我从军以来未有败绩，这只能说是神灵保佑，一切事情只管交给我处理即可。你的任务是保证我的部队安全渡过钦敦江。其他事情，你就无须多虑了。”

悻悻而去的田副还不甘心，他并未返回驻地格劳，而是直接飞往仰光，面见方面军司令官。河边对英军在后方空降显然比牟田口重视一些，但提出“乌号作战”已运作两年，不可能因为后方出现一支数量不明的空降部队就贸然终止，南方军和东京也不会同意。念及此处，河边颇觉无奈地说：“这个时候取消作战，简直不可思议。还是把一切事情交给牟田口去处理吧。”

事实上，攻克瓦鲁班之后，史迪威的驻印军暂时停下了脚步，空降在杰沙附近的“钦迪特”已成为一支孤军。河边如果能审时度势及时叫停“乌号作战”，集中兵力“围剿”空降部队，不仅可能全歼对手，对据守孟拱河谷的第十八师团也是一种策应，缅甸战局对日军来说远不至于绝望。

但这一切只是假设。郁郁寡欢的田副回到格劳之后，只好硬着头皮下令出动战机，对英军空降区域实施轰炸。3 月 10 日，日军 20 架战斗机和 2 架轰炸机空袭“乔林基”。让田副无比震惊的是，当 13 日他派出 55 架战斗机和 3 架轰炸机前往轰炸“百老汇”时，地面高射炮火已轰然打响，英军“喷火式”战斗机升空迎战。

到 3 月中旬，英军先期空降的第七十七、第一一一旅已在因多地区构筑了一条长 50 ~ 60 公里的弧形防线，第十六旅经过一个多月艰难行军逼近因多，“钦迪特”对日军后方构成的威胁越来越大。此时日军第三十三师团从南方进攻英帕尔的战斗已经打响，第十五、第三十一师团正在强渡钦敦江，牟田口一时抽不出整建制部队实施“围剿”，只好于 10 日派出长桥次六率驻扎在曼德勒的两个中队前往攻击。3 月 17 日，长桥部队与卡尔弗特第七十七旅发生夜战，日军在英军的炮火打击下伤亡惨重，长桥重伤身亡。得知友军遭到攻击，驻密支那铁路沿线的第五铁道联队联队长佐佐木万之助集结两个中队的 250 名士兵前往救援，经苦战于 18 日晨救出了仅剩数十人的长桥残部。

长桥残部带回的情报显示，英军部队数量远远超过预期，且携带有大量重武器。因多是缅中日军最重要的补给基地，囤积的物资包括：第三十三师团 20 日份口粮，第三十一师团、第十五师团 10 日份弹药，8500 发炮弹，胡康河谷第十八师团所需弹药及渡河用具等，不容有失。牟田口发布命令，第十五师团第五十一步兵联队武村垄之助的第二大队前往因多助战。鉴于那一带有多支英军出没，11 日，牟田口再次下令正准备归建的第十八师团第一一四联队第三大队主力掉头转向茂卢东北高地，攻打约一个营的英军部队。3 月 18 日，该部收容长桥残部，于 21 日向卡尔弗特旅的阵地发起进攻，付出亡 30 人、伤 70 人的代价后狼狈后撤。

其间，因多地区陆续爆发多次小规模战斗。3 月中旬，缅甸方面军终于做出清晰判断，英军空降部队规模超过一个师，实力强大。3 月 14 日，正从若开战场开赴英帕尔的第三十三师团第二一三步兵联队接到了转往因多的紧急命令。此后，第十五师团第二十一野炮联队三村亀太郎第二大队、第五十六师团第一四六步兵联队肋山博雄第二大队及第十二中队均奉命转往因多地区。牟田口派军部作战参谋桥本洋火速赶往因多，统一指挥上述各部。3 月下旬，第二十四独立混成旅团的两个步兵大队及炮兵、通信部队进入因多地区后，旅团长林义秀从桥本手中接过指挥权。他手下的 6 ~ 7 个步兵大队和两个炮兵大队被合编为“武兵团”。

第二十四独立混成旅团不过是以第五十四师团补充兵临时拼凑的一支二线部队，林义秀长期从事特务和情报工作，缺乏实战经验，要他“围剿”兵员逾两万的英印第三师确属勉为其难。3 月 25 日和 26 日，“武兵团”连续两天的进攻均以失败告终。主战场战事未开，后方就出现如此大变故，牟田口的“乌号作战”凭空蒙上了一层阴影。

早在 1944 年 1 月下旬，英军已发现日军部队有在钦敦江东岸大规模集结的反常迹象。1 月 27 日，印军第十二边防团第九营营长杰弗里・米曾中校率一支巡逻队隐秘渡江侦察，在打死两名日军后快速返回。从缴获的文件中，米曾发现当面日军隶属第十五师团。同期，英军多支巡逻队陆续在钦敦江东岸发现数起类似情况。随后空中侦察显示，在英印第二十师钦敦江防线对岸及第十七师曼尼普尔河防线对岸，隐约有大批日军出没的迹象。

斯利姆据此做出判断，日军将至少以三个师团兵力，在“印度国民军”约一个师配合下大举进攻印度，歼灭位于曼尼普尔的三个英军边境师，即斯库恩斯中将第四军下属第十七、第二十、第二十三师，夺取英帕尔战略要地。根据缅甸敌后谍报人员发回的情报，日军的攻击大约在 3 月 15 日前后发起。

目前局势对英军有利有弊。有利的是，英军熟悉作战区域地形，内线作战使他们易于获得补给。斯利姆原拟在年初派两个师对缅中地区发动一次有限攻势，策应史迪威驻印军在胡康河谷的行动，为此已在当地储备了 3070 吨物资。不利的是，此时双方正在梅宇半岛大打出手，斯利姆已将预备队第二十六、第三十六师陆续调往若开地区，英帕尔地区只剩奥弗利·罗伯茨少将的第二十三师，防务空虚。英军公路交通线呈南北方向，210 公里公路完全暴露在日军攻击之下，很容易被一举切断。另外由于地形所限，驻英帕尔以南迪登地区科恩少将的第十七师与驻德穆东南道格拉斯·格雷西少将的第二十师无法相互提供支援，只能各自为战。如果让他们继续留驻原地，很可能被日军分割包围，各个击破。斟酌再三，斯利姆决定，上述两个师放弃钦敦江沿岸阵地，退守英帕尔周围山地。不战而撤当然会影响士气，但如此他们就能随时得到第二十三师的增援。日军如果一路来追，他们的补给线势必相应拉长。如果英军能坚守一段时间，战局势必发生有利于己方的变化。

第四军司令官斯库恩斯中将认为，日军进入英帕尔平原的道路主要有两条：一条沿迪登公路向北，另一条沿德穆公路从东南方向逼近。另外，日军很可能会以一个联队的兵力逼近至科希马一带公路。根据斯利姆的指示，斯库恩斯迅速下达命令：一旦日军向迪登发起进攻，科恩少将第十七师立即回撤英帕尔，留一个旅把守英帕尔南大门比申普尔，其余部队与第二十三师及第二五四坦克旅会合，共同驻守英帕尔平原。在东南方向，格雷西少将第二十师退至莫雷和谢南山口，据险死守。

牟田口的计划是兵分三路入侵曼尼普尔。柳田第三十三师团的两个联队进攻位于迪登的英印第十七师，切断从曼尼普尔河谷向北通往英帕尔的道路，第二一四步兵联队将在同藏截断英印第十七师的后方公路。第二一五步兵联队（欠第五中队）将迂回这条公路向西推进，在第 100 里程碑处切断公路，阻敌北逃。牟田口认为，柳田师团将迅速围歼英印第十七师，沿迪登公路一路冲入英帕尔平原。

牟田口判断，柳田师团的正面进攻势必吸引英帕尔守军南下增援。正面进攻打响一周后，由第三十三师团步兵指挥官山本募领军的山本支队将向英印第二十师发起进攻。山本支队兵力只有 7 个步兵中队，却是四路日军中唯一的重装部队——配有坦克 30 辆，105 毫米加农炮、155 毫米榴弹炮各 8 门，山炮 12 门及速射炮 8 门。德穆公路条件较好，短时间内炮弹供应不成问题。一旦山本支队顺利拿下谢南高地，就可俯视英帕尔平原，随时冲出协助南北两路日军的进攻。

日军上述两路攻击必然打乱英军节奏。一旦斯利姆将预备队调出，牟田口就会打出最有力的两记重拳。山内第十五师团将一路翻越群山，从北面向英帕尔发起猛攻。在山内的北方，佐藤第三十一师团全部兵力将在霍马林和德曼迪之间强渡钦敦江，向西北方向快速推进：南翼第一三八步兵联队攻取乌克鲁尔，切断科希马—英帕尔公路；中路第五十八步兵联队直趋科希马；北路第一二四步兵联队将夺取那加山区，保护第十五军右翼安全。

牟田口认为，日军多路进攻必将使英军顾此失彼，陷入被动挨打的尴尬境地，最终被全歼在英帕尔平原地区。日军取得成功的要诀是速战速决，必须在最短时间内结束战斗。牟田口和下属三个师团长非常清楚，日军补给严重不足，后方交通条件恶劣。鉴于英印军战斗力低下，牟田口希望通过猛冲猛打重现马来亚和新加坡的辉煌，在 4 月 10 日前拿下英帕尔，向天皇裕仁 43 岁生日献礼。双方都为未来战斗进行了精心策划。斯利姆希望诱敌深入，将战线拉长拖入持久战。牟田口则希望速战速决，在最短时间内取得胜利——这恰好与战争中盟军和日军的总体战略吻合。

撤退方针已定，斯利姆授权斯库恩斯根据战场形势自主决定两个师的撤退时间。从 2 月底开始，斯库恩斯已开始组织前线非战斗人员撤离，同时对日军可能进攻的区域实施巡逻，加强戒备。3 月 8 日，英印第十七师第六十三旅一支侦察队在迪登南方 20 公里木阿尔本巡逻时，突然发现大队日军正在渡河，“足有 2000 人之众，随行有大批驮畜”。英帕尔大战终于拉开了序幕。

英军巡逻队发现的不是别个，正是柳田师团笹原政彦第二一五步兵联队主力。他们的任务是从木阿尔本出发，沿迪登公路西侧北上，攻占辛格尔村附近的曼尼普尔铁桥，切断英印第十七师向北撤往英帕尔的退路。3 天后，3 月 11 日，英军侦察机发现笹原部已向北推进了 32 公里，但飞行员发回的敌情斯库恩斯到第二天才收到。英国人节奏慢了显然不止一拍。13 日，在肯定日军已出现在公路西侧时，斯库恩斯不由倒吸一口冷气：日本人的行军速度实在太快了。毫无疑问，3 天延误已使英军错失先机，第十七师的撤退之路凭空蒙上了一层阴影。情况紧急，斯库恩斯立即向科恩少将下达了撤退命令，同时命令军属机枪营前往曼尼普尔桥增援当地守军。为确保撤退顺利进行，他急令驻英帕尔第二十三师师长罗伯茨少将，速派第三十七旅、第四十九旅沿迪登公路快速南下接应。这样，本就异常空虚的英帕尔只剩一个旅的守军了。

遗憾的是，斯库恩斯的紧急命令并未引起科恩的警觉。一直到14日13时，他才慢吞吞地下达了17时撤退的命令，一天宝贵时间被这样白白浪费了。一切多余装备和物资被就地销毁，所有人仅带上几天干粮——行军途中补给完全依赖空投——上路。在迪登通往英帕尔的公路上，英印第十七师16000名官兵、3500头骡马组成的队伍浩浩荡荡，头尾足足有40公里。

英军先头部队行进至同藏时，发现前方已出现了对己极端不利的变化。日军第三十三师团中路突击部队——作间第二一四步兵联队挡在了面前。作间命令小川忠藏第二大队攻击同藏以南地区，斋藤满第一大队夺取同藏以北图伊特姆，掐断公路。他本人则率主力北上，试图夺取辛格尔，在英军北撤道路上再加上一道保险。就在英军撤退当天，由第三十三工兵联队联队长八木茂率领的联队主力，外加一个步兵中队、第十四坦克联队一个中队、第四独立工兵联队组成的正面突击队，已从英军背后追赶上来。3月14日，柳田接到前线的电报："敌第十七师已被我军包围！"

虽然内心并不赞成英帕尔作战，但前线传回的喜讯仍使柳田非常开心。他下令师团司令部迅速跟进，靠前指挥。驻第三十三师团特派员、第十五军情报参谋藤原岩市看到前线进展顺利，决定先回军司令部当面向牟田口报喜。早在藤原返回之前，牟田口已从前方得到包围敌一个师的好消息。眉谬第十五军司令部里，到处洋溢着欢乐气氛：军司令官说英国人不经打果非虚言呀！好消息迅速传到东京，本土报纸上甚至出现了"缅甸前线歼灭战达到高潮，被完全切断退路的数万敌军在烈火中挣扎"的大幅标题。日本人显然高兴得太早了。

3月14日黎明，登上图伊特姆山的斋藤大队发现，当地并不适宜修建野战工事。当晚，他们遭到曼尼普尔河北岸和同藏英军的猛烈炮击，损失较大。次日，英军一个营的进攻被日军击退。16日，伯顿准将第六十三旅开始向图伊特姆山发起猛攻。在"飓风式"战斗机的低空支援下，损兵过半的斋藤大队被迫放弃阵地。由于携带炮弹太少——日军每门炮每天只能打6发炮弹，在英军顽强阻击下，小川大队对帕伊图的进攻同样以失败告终。沿迪登公路追击的正面突击部队面临着类似的难题，每门炮携带炮弹只区区20发，在英军顽强阻击下裹足不前。

三路部队攻击受阻，头脑发热的柳田被兜头泼下了一盆冷水。他旋即下令，正面突击部队下属轻装甲中队抵前增援，师团参谋长田中铁次郎和作战参谋堀场库三亲临小川大队，坐镇督战。即便如此，小川于18日晚间组织的夜袭同样无法突破英军防线。在得到空投补给后，科恩少将于18日率部通过同藏，快速北撤。3月22日夜，得到轻装甲中队增援的小川大队对英军断后部队守卫的图伊特姆山阵地发起进攻，英军凭借有利地形拼命顽抗，将进攻日军6辆装甲车悉数击毁。至此，第二一四步兵联队在图伊特姆截住英军的行动告吹。能否在更北面辛格尔堵住英军，就看笹原第二一五联队的表现了。

起初，沿曼尼普尔河西岸推进的笹原联队进展顺利。3月13日，前锋第一大队第四中队在一个机枪小队配合下，在辛格尔公路旁占据了一处阵地。该部随后与斯库恩斯派来增援的军属机枪营发生激战。次日，从英帕尔南下接应科林里奇准将第三十七旅的两个营赶到，第四中队很快遭到英军优势兵力的两面夹击。英军队列中出现了斯图亚特坦克。即便如此，英军连续三天的轮番攻击，均被人数占绝对劣势的日军死死挡住。

3月18日，在"印度国民军"一个连的配合下，末木荣第二一五联队第三大队付出亡40人、伤70人的惨重代价，攻下了第109号里程碑处一个英军补给站。那里储藏着大量军需品，还有数百辆遭英军破坏无法开动的车辆。还没等末木享用战利品，英军战机已经飞临头顶，对地面日军肆意扫射投弹。此时英印第十七师先锋部队第四十八旅距他们已不到2公里，北面科林里奇准将第三十七旅在不断逼近，他们背后还有第四十九旅和第二五四坦克旅，遭到夹击的末木大队陷入苦战。

兵力和炮火绝对占优的英军在战机支援下猛攻日军阵地，笹原联队第一大队大队长入江增彦被英军投下的炸弹撕成碎片——日军记录他是被地面炮火炸死的。战至3月25日，日军第三大队伤亡过半，3名中队长战死。陷入英军包围的末木尽管仍在苦苦支撑，但显然已无力阻止南北两路英军的会合。奉命当晚撤退的第四中队逾百名官兵活着离开的不到20人。末木向笹原联队长发出了令人沮丧的电报："我大队已烧毁密码本，捣毁无线电台，决心战至最后一兵一卒！"此时日军第一大队和第三大队已经放松了对公路的控制。次日上午，弹药所剩无几且断粮数日的末木意识到，手下残兵肯定挡不住英军下一轮攻势，遂率部撤出可以俯瞰英军补给站的3299高地。清点人马，他的兵力已锐减到出发前的1/3。

面对英印军5个旅的夹击，笹原联队处境险恶，随时面临全军覆没的危险。仅辛格尔之战，笹原联队阵亡就达276人，占总兵力的15%。如果加上近3倍负伤人数，联队战斗力损失过半。笹原召集身边人员发表了重要讲话："现在已经到了最关键时刻。当敌人进攻时，我们就要投入战斗，本联队长将会冲在最前面。我相信你们都会勇敢地战斗到最后。"说完，他取出一壶酒，让每人都喝上一口以示激励。随后笹原向柳田师团长发出了诀别电报："我联队已做好了烧毁军旗、密码本、全军覆没的准备，决心与敌死战到底！"

3月25日夜，收到笹原决死电报的柳田大惊失色。阴差阳错，他只收到了笹原电报中准备烧毁军旗、密码本的前半部分，"决心战至最后一人"的后半部分没有收到。柳田判断，第二一五联队随时可能被英军围歼，本来就对英帕尔之战信心不足的柳田情绪更加低落。他认为，握有制空权的英印军已经做好了充分准备，3周之内拿下英帕尔绝无可能。鉴于日军在缅北和若开双线失利，且温盖特"钦迪特"部队已空降至缅中地区，严重威胁到作战各部的后方安全，柳田认为，当前最明智的选择是转攻为守，保存实力将战线拉长。

当晚，柳田给眉谬的牟田口发出了电报："非常遗憾。中突击队（作间联队）进攻受阻，左突击队（笹原联队）噩耗频传，今后攻击将更加困难。估计已经不可能在3周内拿下英帕尔。雨季到来和补给困难招致了这样的悲惨结果。我军装备低劣，与敌军相比，综合战斗力严重不足，只是一味地损失人力，即使攻占成功也无法守住。为其他师团不再遭遇同样挫折，希望军司令部能重新考虑变更作战计划。本职建议，停止进入英帕尔平原的行动，确保目前占领地区，进一步强化防卫态势。"这就是日本陆军战史上著名的"反省电报"。

客观讲，柳田的建议并非毫无道理。战局发展到这一步，日军已经完全丧失了利用印缅边境复杂地形、充分发挥自身轻步兵优势展开"鹎越"战术，快速渗透突袭对手的最佳时机。柳田转攻为守的建议不仅合理，也是日军所能做出的最佳选择。如果柳田师团能够利用英军匆忙撤退的有利时机掉转矛头，配合随后成立的第三十三军"围剿"英军空降部队，同时对节节败退的第十八师团实施增援，缅甸战局对日军来说尚可勉强维持下去。

接到柳田的电报，牟田口怒不可遏，拍案而起。他当即给柳田回了一封措辞严厉的电报，命令第三十三师团必须严格执行进攻命令，加快进军。为防止柳田消极怠工，牟田口命藤原再次返回第三十三师团，将前线战况随时电告军司令部。柳田清楚，此时如果再不前进就是抗命，只好下令各部“谨慎前进”，尽可能避免被英军包围。前方只要占领一个村庄，柳田便命令部队停下来休息，派出侦察队确认敌情，随后慢吞吞地向下一目标推进。占领之后再休息，再侦察，再推进，循环往复。柳田似乎并未违抗牟田口的命令，但实际做法等于完全无视之。

就在柳田和牟田口电文往来之时，英军完全打通了迪登公路。当负责殿后的第六十三旅撤过曼尼普尔铁桥后，英军工兵引爆了早已埋放的炸药。随着一声惊天动地的巨响，铁桥轰隆隆坠入河中。科恩命令车队先到补给站集结，随后飞来的“飓风式”战斗机空投下急需的汽车备件，先前趴窝的众多汽车重新发动，英军撤退速度大大加快。

军司令部命令“快速推进”，柳田却只是“统制渐进”，这种战法引起了参谋长田中等人的强烈不满。脾气暴躁的田中和牟田口性格相像，一向对柳田的沉稳和缺乏决断心存不满。两人发生了多次激烈争吵。战役后期，牟田口索性跳过柳田直接向田中下达命令。面对藤原参谋的质问，柳田指出英军已经有所准备，他的部队缺乏足够的弹药粮食，一味猛追简直就是发疯。藤原提出，此时第十五师团正从北方进逼英帕尔，第三十一师团也在向科希马快速挺进，“作为主攻部队，第三十三师团如果逡巡不前，势必让友军陷入万劫不复的危险境地”。参谋长田中支持藤原的意见，“我必须为已经发生的事情向军司令官道歉。但作为参谋长，我什么事情也做不了”。

经数日激战，柳田师团官兵疲惫不堪，几乎断粮。作间提出，先撤退到可以得到弹药粮食的法兰休整，之后再做定夺。柳田虽然态度消极，但也不会答应这种要求。3 月 29 日、30 日，日军两个联队才勉强出发进行追击，作间一直没能等来他急需的大米。

日军行动迟缓，给英军撤退带来了绝佳机会。3 月 30 日，快速撤退的英印第十七师与南下接应的第三十七旅、第四十九旅顺利会合，这两个旅受命暂时归科恩指挥。此时英军尚未完全脱离险境，柳田做出了最后努力。右翼突击队砂子田长太郎第二一三联队第二大队主力（欠第七、第八中队）经蒙比从东面一路翻山越岭，于24日直插迪登公路第72号里程碑，构筑了阻止英军撤退的最后防线。

会合后的英军士气大振。鉴于很快将有友军来援，第四十八旅旅长卡梅伦准将索性不留预备队，下令三个营全部投入进攻。一年前在梅宇半岛大出风头的砂子田发现，眼前英军已今非昔比，日军根本挡不住兵力、火力占绝对优势的英军一轮接一轮的猛烈冲击。到4月2日，砂子田的最后防线被英军冲破。在留下第三十七旅断后迟滞日军的追击之后，英军其余3个旅秩序井然撤入英帕尔平原，连一具尸体都没给日军留下。砂子田残部与随后追来的两个联队会合，暂归笹原指挥。4月6日、8日，日军两个主力联队加一个大队才推进到第38号里程碑，前方不远处就是英帕尔南大门托邦。

到4月5日，双方第一轮交锋暂时告一段落。科恩英印第十七师全部撤入英帕尔城郊，负责接应的两个旅完成任务后顺利归建。斯库恩斯对第一阶段作战表示满意。在历时3周的战斗中，第十七师16000名官兵、2500辆机动车辆及3500头骡马在第二十三师两个旅的接应下，连续闯过了日军4道封锁线。和之前那两次狼狈的撤退相比，英印军在应对日军沿途封锁时的表现可圈可点。两个主力师顺利撤入指定区域，为斯利姆诱敌深入，在英帕尔地区围歼敌军主力奠定了基础。从作战进程可以看出，英军的指挥并非高明，只是因部队战斗力提高，且日军因内部矛盾行动迟缓，才侥幸成功。

就在英印第十七师迎战柳田师团主力的同时，位于莫雷和德穆地区的英印第二十师同样迎来了生死考验。比第十七师幸运的是，格雷西少将对日军可能发动的大规模进攻早有准备，最初发觉日军钦敦江东岸集结的正是他们。格雷西当时的部署是：第一〇〇旅驻卡包河谷，以西邦为基地的第八十旅防守莫雷至德穆的公路——这条公路向东通往钦敦江，向西直通英帕尔东大门谢南山口。第三十二旅沿钦敦江东岸巡逻，随时对日军可能发起的进攻做出积极反应。更庆幸的是，格雷西部队可以随时得到英军第九野战炮团和第三骑兵团——现在的骑兵相当于装甲部队——16辆格兰特中型坦克的增援。

按照斯库恩斯的命令，一旦日军进犯卡包河谷一线阵地，格雷西所部三个旅应立即退守莫雷到谢南山地公路沿线的三处阵地，形成防御纵深，打一场迟滞日军进攻的持久战。斯库恩斯命令格雷西，“必须死死守住英帕尔东大门谢南山地”。格雷西告诫手下的旅长，一旦接到军司令部的撤退命令，第一〇〇旅退守莫雷地区山脚地带，第八十旅防守莫雷后方24公里处的西邦地区，驻守东大门谢南山地的艰巨任务由第三十二旅承担。格雷西相信，只要能得到充足的补给，他的部下一定能比英印第七师在辛兹维亚打得更好。从3月9日开始，格雷西已安排工兵和后勤部队陆续向英帕尔平原撤退。

英军预料的进攻没有来自东面，而来自东南方向。3月8日，山本支队——由第三十三师团第二一三联队（欠第一大队）、第十四坦克联队（欠轻装甲车中队）、独立第一速射炮大队、第三十三山炮联队第二大队、第三野战重炮联队主力、第三十三工兵联队一个中队组成——从茂叻一路北上，3月14日开始对英印军维托克周围阵地发起猛攻。令英军颇为惊讶的是，日军竟然采取了原始的集团冲锋战术，军官挥舞军刀冲在最前面，步兵随后一拥而上。在英军炮兵和机枪的联合阻击下，山本支队伤亡惨重。几天下来，山本的攻击毫无效果。其间，日军发起的数次穿插迂回同样被早有防备的英军击退。

3月16日，与山本支队激战数日的格雷西收到斯库恩斯发来表示撤退的暗语“威灵顿”。在销毁无法携带的物资之后，英军且战且退逐步向莫雷集中，奉命断后的坦克部队使日军追击不敢过于迫近。大卫·麦肯齐准将第三十二旅22日顺利撤入莫雷，原驻此地的第一〇〇旅向后退入谢南山地。随后几天里，山本下令对莫雷英军一线阵地发起攻击。日军频频发起夜袭，甚至调来150毫米重炮抵前炮击，英军阵地巍然屹立。英印第二十师按预定计划顺利撤入三道预设防御阵地。

至此，日军南路两支进攻部队均未达成预定目标，双方陷入僵持，战局被拖入日军最忌惮的持久战模式。对英军来说，更大的危险还在后面。牟田口从未指望英军在正南和东南方向防守出现重大失误。稍具军事素质的人都可以看出，日军一旦向英帕尔发起进攻，最佳行军路线无疑正是沿德穆和迪登的两条公路，英军在公路沿线布下重兵、层层设防是毋庸置疑的。牟田口具有丰富的实战经验。他认为如果英军在英帕尔正南和东南重点布防，势必在北方山区丛林地带露出破绽，这就给第十五师团从北方进攻英帕尔创造了有利条件。之后的战斗进程表明，牟田口这着险棋几乎得逞。

英军沿迪登和德穆公路阻击之顽强远远出乎日军预料，柳田和山本两部队双双受阻，进展缓慢。对南线战况，牟田口虽极不满意，却并不特别担心。在他眼中，南线攻击只为吸引英印第四军注意力，使其将预备队尽可能多调往南方，为日军第十五师团从北方进攻英帕尔及第三十一师团长途奔袭科希马创造有利条件。牟田口将北方部队的进攻放在南方战斗发起一周之后，正是为了给英国人调走预备队留出宽裕的时间。

在英国人看来，日军如果进犯英帕尔，主攻方向只能选择交通条件较好的南方，从北方或东面入侵的可能性几乎为零。如果他们从那里进攻英帕尔，除需强渡天堑钦敦江外，还需跨越数道海拔千米以上的山脉及绵延不断的原始丛林。英国人认为，除派出小股骚扰侦察队外，大部队在那里根本无法行军。他们显然太小看对手了。早在1943年9月，牟田口就已派出侦察队寻找北方群山间的道路，测量桥梁和渡口的各种数据。他从“钦迪特”身上受到启发，确认一个师团兵力携带少许物资，完全可以克服困难进抵英帕尔和科希马。但是日军必须速战速决，克服补给上的巨大困难。

就在柳田师团主力和山本支队沿迪登、德穆公路的攻击发起一周之后，1944年3月15日，骑在高头大马上的牟田口亲自来到钦敦江畔，对正在蜂拥渡江的日军口吐狂言：“现在，大日本帝国皇军已经达到天下无敌的地步！太阳旗宣告我们在印度取得胜利的日子为期不远了。”

日军中路进攻部队是山内的第十五师团，他们的渡江地点是当都和锡当。北路佐藤第三十一师团则在霍马林、考亚和德曼迪过江。21时30分，佐藤所部开始渡江。每名士兵携带步枪子弹240发，手榴弹6颗，够吃20天的“一斗二升大米”。第五十八联队第十一中队中队长西田将命令排列在岸边的士兵统统右转，面朝东京方向：“一起向祖国告个别吧，鸣枪！”一阵清脆的枪声过后，所有人都默默眺望着东方的天空，他们中的大部分人将不再回来。

虽然时值缅甸旱季，但江宽也达到了300～800米。尽管如此，日军还是乘折叠汽艇成功渡江，牟田口一直担心的空袭并未降临。英军主力全被吸引到若开和英帕尔以南地区，日军的强渡取得完全成功。出乎他们预料的是，那些驮着粮草的动物进入水中就四散逃跑，给渡江行动增添了不少麻烦。虽然驮畜队的士兵拼命吆喝，仍不断有动物淹死在水里或卧倒在对岸，各部队渡江时损失了1/3的牛，在随后山间行军中损失更多。缅甸水牛基本只从事水田耕作，并不擅长长途跋涉，加上它们行动迟缓，驮畜队与作战部队之间的距离不断拉大。心急如焚的日军士兵将燃烧的焦炭绑在牛屁股上，它们就惊叫着向前奔跑。有些被烧死，有些直接冲下山谷尸骨无存，连牛肉也吃不上了。

总体来讲，日军渡江还算顺利。加上后勤支援部队，数万日军加成千上万的民夫、骡、马、牛、象、猴子、山羊翻山越岭，踏上了通往桑夏、科希马和英帕尔的山间小道。随行印度士兵渡江之后，激动得跪下来亲吻故乡的土地，同时高喊："印度胜利！印度万岁！"鲍斯随身携带了大量准备发行的新钞，仿佛胜利就在前方不远处。

战场上出现了极不协调的一幕。从中国几乎步行到缅甸的第十五师团大部分士兵都是带伤行军，第十五军司令部的汽车和他们走的同一条路线。其中一辆汽车上坐着 20 多名艺伎，车中不时传来女人的说笑声。士兵中迅速有了"脂粉部队上前线"的传言。"哼！他们可真行。伤病士兵徒步行军，陪酒的女人却有汽车坐！"

听到上述传言的佐藤黯然失色，他此时还顾不上这些。与牟田口的豪情万丈相反，佐藤对未来作战并未抱多大信心。渡江之前，他对师团广大官兵做出"饥饿训示"："诸位，今夜我们就要横渡钦敦江了。在此之前，有些话我要对大家说明白，请好好听着！只要没有奇迹发生，诸位的性命将会在即将发起的战斗中丧失。但不是倒在枪弹之下，你们中的大部分人将会饿死在阿拉干大山里。请做好心理准备！"佐藤此举不是激励，纯粹属于拔气门芯儿。

3 月 16 日开始，钦敦江西岸的多支英军巡逻队陆续遭到日军先锋部队的攻击，仅第十二边防团第九营伤亡就超过 200 人。山内第十五师团的任务是以最快的速度前出至康拉同比英军大型补给站以北 24 公里，切断科希马到英帕尔的公路，之后沿坎江、桑夏、利坦一路南下，与南路的柳田师团南北夹击，围歼英印第四军主力于英帕尔平原地带。温盖特部队的空降彻底打乱了山内的节奏，其下属第六十七联队因泰国到缅甸的铁路线遭到破坏，无法按时抵达出击位置。山内只好率第五十一、第六十联队先行出发，实际上他手中只有 6 个步兵大队，战斗力仅半个师团弱。进军道路大部分是仅容一个人通过的险峻山道。为便于在山区和林间快速行军，第十五师团并无携带多少重武器。携带 18 门山炮中的 12

门还是明治时代的老爷炮，势必大大影响部队的攻坚能力。

日军“像一团烈火似的穿越群山前进”。轻装的山内以惊人的速度穿越丛林，越过河道，快速向英帕尔以北山地挺进。后来连英国人也坦承：“这些亚细亚式的纳粹冲锋队员，作为徒步行走的步兵来说，也许算世界上最顽强的了。他们在丛林中一天行军所走的路程的确惊人，他们在英帕尔北部和科希马周围出现的时间比原先预计要早得多。”

战役之初英国人的手忙脚乱来自高层的判断失误。事实上，即使再给一个月，斯利姆也不会刻意加强北部地区的防御。正是因为英军的疏忽，山内师团的进军道路几乎无人驻守。3 月 16 日前，这里属于英印第二十三师第四十九旅的防区。为了接应英印第十七师的撤退，埃瑟准将受命于 16 日撤防南下，防区暂时由蒂姆·霍普 – 汤姆森准将第五十伞兵旅的两个营负责。这是一支刚刚组建的部队，他们接到的命令是清剿英帕尔以东地区的日军侦察队或密探，维持地方治安。在斯库恩斯眼里，英帕尔以北险峻山区是最不可能发生战斗的地方，伞兵旅到那里不过是训练。他们并未携带重武器，也未配备构筑工事的必要工具和铁丝网等物。初来乍到，第五十旅对当地地形几乎一无所知。16 日当天，伞兵旅一个营进驻乌克鲁尔。

此时日军悄悄摸了上来。3 月 19 日 14 时，第一五二伞兵营 C 连 170 人驻守的前方阵地突然遭日军第三十一师团第五十八联队第三大队 900 人包围。当天下午和晚间，日军对包围圈中的英军发起了多轮进攻。到次日清晨，包括连长约翰·富勒少校在内的 44 名英军阵亡，弹药告罄。C 连仅存的 1 名军官率 20 名士兵撤至 B 连守卫的谢尔顿角。日军在进攻中伤亡超过 160 人，一名中队长和两名小队长被毙。鉴于分散防守容易被日军迂回包围各个击破，霍普 – 汤姆森下令各部向桑夏集结，同时频频向第四军司令部求援。

率先进攻的是师团步兵指挥官宫崎繁三郎率领的第三十一师团左突进队，包括第五十八步兵联队主力、第三十一山炮联队第二大队一部、第三十一工兵联队第二中队共 2180 人。宫崎的攻击目标是科希马而非英帕尔，桑夏地区原属山内师团的作战范围。但估计到桑夏英军可能对佐藤师团漫长的后勤补给线构成威胁，宫崎先后派出第五十八联队第三、第二大队向桑夏发起了进攻。

在日本陆军中，宫崎绝对属于特立独行的人物。宫崎平时沉默寡言，曾参加过热河和诺门坎战役。因在英帕尔战役中作战理性，打法聪明，被公认为野战指挥能力优秀的人物，在日本有“名将”之称。日本陆军军官以残忍、无人性者居多，宫崎是个例外。他对手下极其爱护，会以少将之尊亲自下马抬担架，宁愿自己饿肚子也要把口粮分给伤病员。他严禁部下虐俘，甚至会将奇缺的药品用在俘虏身上。和日本外相重光葵类似，战后到远东法庭为宫崎求情的盟军将领络绎不绝。最终他未被判刑蹲监，也就不足为奇了。

因英军防务空虚，日军第五十八联队第二大队轻松拿下乌克鲁尔。大队长长家义照对英军战斗力极为轻视，不等后续炮兵到位就贸然对桑夏发起进攻。23日1时30分，伴正巳第八中队率先发起冲锋。虽然英印军炮火和机枪将日军一片片扫倒，但伴正巳还是带少许残兵冲入英军前沿阵地。在挥刀砍倒4名印军士兵之后，伴正巳身上被英军机枪打出十几个血窟窿。短短15分钟之内，120人的第八中队就剩下不到30人。恼羞成怒的长家命令第五、第六中队快速跟上，欲亲自上阵抢回伴的尸体。部队还没走出多远，长家的下巴就被英军子弹击中，他很快被担架抬了下去。日军三个中队的进攻被桑夏守军击退。

打扫战场的英军有了一项重大收获。从一名日军军官尸体搜出的一份文件上，日军两个师团进攻英帕尔和科希马的作战计划和时间表赫然在目。第五十伞兵旅情报科长艾伦上尉带上文件，寻隙穿越日军封锁线来到英帕尔军司令部。斯库恩斯这才明白，英军部署出现了严重失误：日军主攻方向原来在这儿！之前他估计，即使敌人向科希马发起进攻，出动兵力也不会超过一个联队，而今日军竟派出了整整一个师团。霍普－汤姆森很快收到斯库恩斯的命令：“守住桑夏至关重要。军司令部正在设法为你们调集援兵，但短时间内无法到达。”

23日白天，桑夏英军接受了一次空投。因地形不利，很多弹药和物资落入深谷和山岭下方，部分甚至落入了日军阵地。空投期间，霍普－汤姆森命令第一五三伞兵营向山下日军发起了一次反冲锋。尽管得到火炮和战斗机的增援，但英军的进攻还是被日军轻松击退。24日，下巴枪伤未愈的长家重返前线，亲率第六中队打入了英军的西南角阵地。两天激战过后，接连损失3名中队长的第二大队无力再战。

同日，福永转亲率第五十八联队第三大队加入桑夏战场。随着日军炮兵投入战斗，英军阵地的缺点暴露无遗。山上没有水源，火山岩地质无法挖掘战壕，日军炮火造成的伤亡骤然增加。霍普－汤姆森开始限制官兵用水，弹药粮食即将告罄。

桑夏本属山内师团的作战区域。早在 3 月 23 日上午，第十五师团第六十步兵联队已推进至桑夏以东地区。联队长松村命令福岛银市第三大队前往支援友军的进攻，同时命令内堀次郎第二大队迂回进攻桑夏后方阵地。包括后勤人员在内，霍普－汤姆森集结的兵力仅 2100 人，无法挡住 4 个日军大队的轮番进攻。英军阵地上到处都是阵亡官兵的尸体在腐烂，令人作呕。80 人救护队收容的伤员超过了 450 人，第一五二伞兵营减员超过 80%。

26 日 18 时，濒临绝境的霍普－汤姆森收到了第四军司令部的电令："率残部突围向英帕尔撤退。"150 名无法移动的重伤员只能留给日本人，300 名轻伤员随大部队一起行动。22时，第五十旅阵地上所有火炮和机枪朝山下疯狂倾泻弹药，给日军造成即将发起一轮反攻的假象。半小时后，英军残部分多股遁入西南方向丛林。由于日军包围圈尚未收紧，化整为零的伞兵旅依靠少量食物穿越 50 公里丛林山地，一周后成功撤入英帕尔。殿后的 100 名官兵被日军俘虏。

几天攻击未果且伤亡惨重，恼羞成怒的福永决定，27 日亲自高举联队军旗带队冲锋。但当日军两个联队冲入桑夏英军的阵地时，只发现了 150 名无法移动的重伤员。经审问俘虏得知，根据一名英军营长的命令，数日前一名英勇作战阵亡的日军军官尸体已得到了妥善安置。下巴裹着纱布的长家立即带人前去挖掘，发现伴正巳的尸体被裹上毛毯安放在一处墓穴之中，身旁放着那把砍死 4 名英军士兵的军刀。福永见状，颁下命令，善待英军重伤员，严禁虐俘。

桑夏之战英军伤亡 750 人，被俘 100 人。日军记录为伤亡 499 人，英军统计日军损失超过 700 人。虽然伤亡不算太多，但宫崎支队在桑夏滞留长达一周，给英军从容调配兵力、加强科希马地区防御争取了宝贵的时间——此时斯利姆紧急调动的 3 个旅已向北方顶了过来。鉴于南路日军未能在短时间内打通德穆和迪登公路，一切预示着牟田口 3 周内拿下英帕尔的美好愿望彻底化为泡影。

3 月 25 日，英印第二十师师长格雷西少将接到了第四军参谋长贝利准将的电令，抽调一个旅加强英帕尔防御薄弱的东北地区，防止日军从北方打开通往英帕尔的通道。格雷西认为自己的 3 个旅刚刚完成进入莫雷到谢南山地之间 3 道防御阵地的部署，此举纯属"拆东墙补西墙"。他向军司令部回复了一封措辞严厉的电报，反对因调走一个旅而放弃莫雷。此时兵力捉襟见肘的斯库恩斯已别无选择，他回电指出，如果日军第十五师团从东北方向攻入英帕尔平原，英军整个防御体系将彻底崩溃。第二十师不但随时有被敌人迂回包围的危险，且据守谢南山区的行动也将变得毫无意义。格雷西只好服从大局，下令销毁无法携带的物资撤出莫雷。第二十师第三十二旅转为军预备队，第八十旅和第一〇〇旅在距伯莱尔 15 公里、谢南和滕诺帕尔一线构筑防御阵地。久攻不下的山本支队轻松而得莫雷空城，向英军构筑的新防线快速挺进。

战况危急，斯利姆同样在调兵遣将。看到斯库恩斯几乎将守军全部调出，英帕尔近乎一座空城，斯利姆当即下令将若开地区的英印第五师空运英帕尔。最难办的是科希马。那里地处纵深地带，位于易守难攻的高原之上，却只有一个营兵力防守。科希马以西 50 公里的战略要地迪马普尔——那里囤积着史迪威驻印军的弹药补给及待运中国的大量物资——守军只有可怜的一个连。斯利姆同样未曾料到，牟田口竟然向科希马派出了一个师团。一营加一连兵力肯定挡不住日军，必须尽快向科希马派出强有力的增援，援兵能否及时到达将成为决定战役成败的关键。在面见顶头上司、第十一集团军群司令官吉法德，请求更多增援之后，3 月 14 日，斯利姆飞往库米拉机场，找到了战区司令官蒙巴顿和第三战术航空队司令官约翰·鲍德温空军少将，希望他们能够协调史迪威，将“驼峰航线”的美军运输机调来执行运兵任务。斯利姆坦承：“如果我们输掉了英帕尔—科希马战役，驼峰航线也只能关闭！”

蒙巴顿此时是带伤工作。3 月初，他访问了史迪威的前线指挥部。当他驾驶吉普车在林间小道飞速行驶时，汽车前轮轧住了一根毛竹，反弹的竹子将他的左眼打成重伤。蒙巴顿后来回忆说：“当时我不敢确认，我的眼球是否还在眼眶里，证实这一点需要相当的勇气。后来我发觉它仍然在里边，为此松了一口大气。但我接着发现，我的左眼完全瞎了。”一名在现场照料他的美国传教士说：“年轻人，这非常严重。你必须尽快飞往利多去。”幸亏利多陆军医院有一位杰出的美国眼科专家沙伊上尉。他诊断说，蒙巴顿左眼严重内出血，但只要不用眼过度，很快会痊愈。蒙巴顿双眼扎上绷带在病床上躺了 5 天，不准动头和侧卧。3 名护士每人 8 小时轮班喂他吃饭，帮他梳洗，给他念小说。直到 3 月 19 日，沙伊宣布他脱离危险。在一个星期天，史迪威飞来探望了蒙巴顿。

接连来自英帕尔和科希马的坏消息使蒙巴顿心急如焚。他不顾医生劝阻，离开医院飞往库米拉机场。他知道这样做有失明的危险，但他必须到前线部署作战。看来危急关头，养尊处优的皇族成员也会变成真正的战士。

对斯利姆的请求，脸上缠满绷带的蒙巴顿爽快予以答应："我同意立即调拨飞机给你！"实际上他根本无权这么做。"驼峰航线"的美军运输机虽建制上隶属鲍德温指挥，但使用权归华盛顿参谋长联席会议。罗斯福总统特意强调，没有华盛顿批准，谁也无权调走飞机。鉴于第十五军主力被拖在若开地区无法脱身，第四军独立支撑危局，险象环生，蒙巴顿命令吉法德出动驻印度的总预备队，蒙塔古·斯托普福德中将第三十三军驰援科希马和英帕尔。该军下属的英军第二师——注意，士兵都是清一色英国人——下辖第四、第五、第六等三旅，是英国陆军精锐，仅看番号就知道是一支历史悠久的老部队。

经测算，斯利姆向蒙巴顿提出，至少需要 260 架次 C-47 运输机，才能完成将英印第五师从若开运往英帕尔的任务。但当他 15 日飞抵英帕尔时，发现斯库恩斯已下令英印第二十三师的两个旅南下，接应第十七师撤退。目前英帕尔守卫部队仅剩可怜的一个旅。驻地后勤和辅助人员倒有不少，但除了吃饭浪费粮食外，他们对作战起不了太大作用。斯利姆立即致电蒙巴顿，在 3 月 18 日和 4 月 20 日之间，急需 25 ～ 30 架飞机运兵或空投补给。得到蒙巴顿许诺之后，斯利姆在 17 日向英印第五师下达了全员空运英帕尔的命令。

3 月 23 日，斯利姆再次致电吉法德。鉴于通往英帕尔的公路即将被切断，需要安排大批运输机为英帕尔守军及前线部队空投弹药补给。虽然蒙巴顿对此满口答应，但他调不动"驼峰航线"的美军运输机。为此他硬着头皮致电华盛顿，请求为被围困的第四军紧急提供不少于 70 架的运输机。英帕尔在英国人眼中比天都大，但在美国人那里不过是一个地名而已，欧洲和太平洋上比这儿重要的地方多了去了。看到华盛顿迟迟不予答复，蒙巴顿搬出了首相大人。3 月 25 日，他致电伦敦的丘吉尔："预料难以长久占据英帕尔街道和迪马普尔到科希马之间的道路，很可能与第四军和史迪威的驻印军失去联系。唯一的希望在于，通过有效防御来扭转不利战局。为此，必须将英印第七师迅速空运至英帕尔。"

还是首相面子大些。丘吉尔亲自给罗斯福打电话，总算帮蒙巴顿要来了急需的运输机。但美国人提出只是暂借，6 月 15 日前必须归还，要不史迪威和蒋介石肯定会暴跳如雷的。

幸运的是，第十四集团军几个月前已经进行了充分准备。尽管之前印缅战场从未有过一次性空运一个整师的先例——第一次“钦迪特远征”只一个旅，第二次是分批运输，其中还有一个旅走陆路——但英军的运输行动进展顺利。为了节省空间运送更多人员，运输机机舱挤得好像沙丁鱼罐头。英军为这次前所未有的空运行动取名“火球”，但第五师官兵更喜欢称它“火烧屁眼行动”。不管怎样，3月29日之前，第五师官兵还是乘运输机顺利抵达英帕尔或迪马普尔，斯利姆总算压住了心慌。

鉴于北方科希马地区危机加剧，3月27日，斯利姆致电吉法德，请求将原定空运吉大港的英军第二师直接运往迪马普尔。约翰·格罗弗少将的师已经前出至加尔各答。但由于运输机眼下主要用于运输支援英帕尔的部队，他们最快要到4月第一周才能赶到迪马普尔。斯库恩斯已将英帕尔的补给规模缩减了1/3，并让返程运输机将大量非战斗人员和伤病员捎回印度腹地，减轻前线补给压力。

值得庆幸的是，盟军战机牢牢控制了战场制空权，使空运行动得以顺利进行。渡河或行进中的日军经常遭到英军战机轰炸或机枪扫射。3月初，英帕尔机场有皇家空军6个战斗机中队的48架飞机，第二二一大队大队长文森特少将不断调飞机进入英帕尔一线机场。3月5日，为支援温盖特的第二次远程，它们一直在缅甸上空战斗。日军第五飞行师团多次出动战机空袭英帕尔周围机场，3月12日参与攻击的日机达到了60架。3月17日凌晨，2架日军轰炸机黑暗中投下的炸弹命中第四军军部，造成32人伤亡。当天上午，日军战机扫荡了图里哈尔和伯莱尔机场，摧毁盟军运输机、轰炸机、战斗机各1架。3月22日，格雷西少将第二十师放弃德穆，英帕尔失去了最重要的预警机场。部署在德穆的英军雷达可以为英帕尔提供8分钟宝贵的警报时间。不幸的是，3架皇家空军“飓风式”战斗机降落后才知道机场已被日本人占领，他们作为战俘被日军枪决。

三面遭攻的英帕尔已经够英国人手忙脚乱的了，就在同时，更大的危机在北方悄然出现。印度那加兰邦首府科希马位于迪马普尔—英帕尔公路的交通要道上，西北距迪马普尔74公里，南方160公里就是英帕尔平原。作为印度东部仅次于英帕尔的第二大补给基地，迪马普尔不但承担着为史迪威驻印军缅北作战供应弹药补给的重要任务，还储存着大量欲经“驼峰航线”运往中国的物资。

那里有超过 5000 名医院、行政、后勤等非战斗人员，却只有一个连兵力护卫。一旦小镇陷落，对盟军的打击将是致命的。但一支部队要想入侵迪马普尔进而突入印度东部地区，科希马山岭是必须逾越的一道障碍。由于地形关系，这道山岭极易被包围，且因缺乏水源难以长期固守。第三十三军司令官斯托普福德中将曾如此评价说："夺取科希马山岭，就像从瓶子里掏出一枚软木塞那么困难。"如果拿一个中国地名做比喻的话，科希马恰似让马谡先生丢了脑袋的要地街亭。

科希马距钦敦江 260 公里，其间隔着数道山岭和密密匝匝的原始丛林，大部队穿越难度极大。斯利姆据此认为，日军即使向科希马方向投入兵力，最多也不过一个联队。从这点看，牟田口的战术设计是成功的。直到 3 月下旬日军突入那加山区之后，斯利姆才突然意识到，科希马地区面临着极大风险。后来他在回忆录中说，获悉敌军一个师团进攻科希马时，"我心灰意懒了，当我努力纠正错误并用铁路和飞机火速运送援军时，我知道一切都取决于首当其冲的部队是否能顶得住。如果他们能坚持到援军赶到，一切都还好办，否则我们就要遭到惨败"。

考虑到斯库恩斯的第四军正在全力与南路、东南两路日军周旋，斯利姆将迪马普尔和科希马一线防务暂时交给了第二〇二交通线地区司令官兰钦少将。3 月 22 日，休·理查兹上校奉命率一支临时拼凑的小部队进驻科希马。50 岁的理查兹刚被温盖特赶出"钦迪特"队伍，理由是他的年龄太大，无法胜任敌后的艰苦行军。殊不知正是此举成就了理查兹在科希马的一世英名。3 月 29 日，在若开经受过严峻考验的第一六一旅赶到科希马地区。斯利姆提醒旅长，绰号"老爸"的沃伦准将，日军前锋部队很可能在 4 月 3 日进抵科希马，一周后就能到达迪马普尔。同日，佐藤师团先头部队在第 72 号里程碑处切断科希马—迪马普尔公路。

3 月 29 日，斯托普福德飞抵英帕尔，在与斯利姆和斯库恩斯简单会面后于次日飞赴迪马普尔。除随后赶来的英军第二师外，他还受命临时指挥即将从若开空运过来的英印第五师和第七师。但是目前，他手头仅有第一六一旅三个营和理查兹的杂牌军。斯托普福德坚信，日军攻击目标无疑是油水最大的迪马普尔，遂令第一六一旅撤出科希马，向迪马普尔靠拢。这一错误决定遭到兰钦、理查兹和地方税务官波西爵士的一致反对。兰钦甚至越级打电话给斯利姆，请他直接命令将这个旅留在科希马。可能以前被埃尔文越级指挥折磨惯了，斯利姆不愿干预下属的指挥，对斯托普福德的命令予以默认。4 月 3 日傍晚，英印第一六一旅沿科希马—迪马普尔公路后撤至尼楚加德。这样，理查兹指挥的科希马守军就只剩下两个连和后来布朗少校撤回来的260名阿萨姆步兵，以及后勤、医院、库管等辅助人员近千人。在日军一个主力师团面前，战术要点科希马近似一座空城。

此时日军第三十一师团正翻越那加山区的茫茫丛林，向科希马快速逼近。随部队行军的牛群严重影响了速度。牛背上的粮食在登山时会自然滑落下去，不听话的牛还经常低头将粮食甩在地上。一旦遇到盟军空袭，它们就会乱作一团，嘶叫着直接冲下山谷。看到这一情景，佐藤只有苦笑："几千年来，从未有人用牛来拖运军用物资，哈哈！化不可能为可能的皇军，也改变不了牛的习性呀！"佐藤并不十分担心，他坚信牟田口会兑现承诺，在25天内给他送来200吨补给物资。

要说我们先人实在智慧。咱们经常会说这样一句表示感恩的话："来生来世做牛马来报答你。"我们为什么不说做猪、做羊、做鸡呢？主要原因可能在远古时代，牛、马对人类贡献太大。牛作为生产工具从事稼穑，战马则是重要的作战武器。但是两者之间有明确分工，不能混淆。如今牟田口将牛送上战场，焉能不败？

预料到恶劣地形不利于大部队行军，在科希马以东地区，英军仅在耶萨米和卡拉索姆各部署一个步兵连，他们隶属英印阿萨姆团第一营，在一些山顶小村落布置了少许瞭望哨。战役发起之前，佐藤派出熟悉当地地形的"印度国民军"，对那加山区进行大范围侦察，标示道路及可以找到食物的地方。3月27日，卡拉索姆遭日军进攻，次日耶萨米战斗也打响了。日军进攻主力是鸟饲恒男第一三八步兵联队，另有第一二四联队两个大队、第五十八联队第三大队协助进攻。面对十倍于己的强悍日军，巴斯特·布朗中校阿萨姆团第一营的新兵毫无惧色，成功挫败了敌人第一轮攻势。驻守卡拉索姆的一个连抵抗日军两个大队的轮番进攻达三天之久。连长约翰·杨上尉下令尚能移动的士兵撤出阵地，撤往科希马，自己率无法移动的重伤员断后阻击。3月31日，日军攻占卡拉索姆。英帕尔战役结束之后，英军在阵地一角找到了杨上尉的尸体，将他厚葬在科希马公墓。

布朗中校的营主力在耶萨米同样挡住了日军多次进攻。31日22时，他们幸运等到了沃伦准将的撤退命令。布朗决定4月1日晚上撤出。可惜飞行员空投的撤退命令被日军缴获，他们1日发起的敢死冲锋在17时撕开了英军防线。布朗断然下令立即撤退。到4月3日，该营有260人撤回科希马，立即投入保卫科希马的战斗。

在卡拉索姆和耶萨米，日军阵亡超过250人，数百人受伤。更重要的是，阿萨姆团第一营的阻击拖住日军达6天之久，为斯利姆调配兵力驰援科希马争取了无比宝贵的时间。战役结束后，佐藤感慨地说："如果宫崎少将不在桑夏耽误时间，鸟饲大佐也没有在耶萨米被拖住，科希马之战结局将会大大不同。"

战况紧急，斯利姆不得不认真考虑，截留"钦迪特"预备队第十四、第二十三旅投入英帕尔和科希马作战。温盖特是丘吉尔的宠儿，一般人不敢轻易得罪他。斯利姆私下将想法告诉了第三师参谋长塔洛克准将，并特意叮嘱他暂时别告知温盖特。塔洛克一向讨厌斯利姆，扭头就把他的想法电告了温盖特。这可捅了马蜂窝，怒不可遏的温盖特立即飞往库米拉机场和斯利姆当面辩论。最终两人达成妥协，斯利姆留下第二十三旅，第十四旅继续留作"钦迪特"预备队。

温盖特告诉斯利姆，他会直接与丘吉尔联系说明此事——这是他对付上司的一贯策略。斯利姆最后一次看到温盖特是3月22日："我向他道别，和他握手。当他走向门口时，他再次转向我随口说了一句，'在东南亚，你是唯一不希望我死的高级军官'。"看来温盖特也知道，几乎所有人都讨厌他。

温盖特通过蒙巴顿给丘吉尔发出电报，声称自己将消灭日军4个师团，"如果你给特种部队4个运输机中队，你将得到北纬24度以北的所有缅甸领土，还有一次决定性胜利"。虽然蒙巴顿、吉法德、斯利姆都认为温盖特在吹牛，但丘吉尔却完全相信。他回电答应给温盖特提供飞机，同时承诺在下次向全国演讲时提到他。对此，估计小温的几位上司不会太高兴。

3月24日，温盖特飞往"百老汇"和战术强点"白城"，鼓舞第七十七旅士气。之后，他乘美军飞行员布赖恩·霍奇斯中尉的B-25轰炸机于18时23分飞抵英帕尔，加油补给后的飞机于20时起飞前往海拉坎迪机场。半小时后，这架飞机在英帕尔以西山区坠毁。机上5名机组成员，连同温盖特、副官和两名记者无一幸存。

很多人引用莎士比亚的一句名言形容温盖特："其一生，唯其死，得其所。"对此事最伤心的非丘吉尔莫属："在飞机里面，一团明亮的火焰熄灭了！"他哀悼英国失去了一位古怪的军事天才。不管讨厌还是喜欢他的人，大家有一点看法一致，温盖特在最不该死的时候死了。他的死讯公布之后，牟田口很是开心了一阵子，日本媒体免不了再大肆吹嘘一番。

虽然温盖特的死可能使包括蒙巴顿在内的大多数英军高层感到欣慰——至少今后不会再有人动辄拿丘吉尔唬人了，但他们至少还在脸上装出一些遗憾和忧伤。英帕尔和科希马的危机让斯利姆焦头烂额，他必须抽时间寻找一个人顶替温盖特。3月26日，斯利姆打通了第三师参谋长塔洛克准将的电话。后者说："温盖特生前曾许诺，一旦他本人出现意外，就让我接任他出任'钦迪特'指挥官。"斯利姆没有吱声，另外两名军官告诉他温盖特向他们说过类似的话。塔洛克以从未在战场上指挥过哪怕一个支队为由否定了自己。斯利姆的最终做法是将第一一一旅旅长伦泰恩晋升少将，出任第三师师长。

在此之前，第七十师师长赛姆斯少将为给温盖特腾出位置，强忍不满，退居次席。温盖特意外身亡，师长职务还没轮到他，赛姆斯干脆撂了挑子，向陆军参谋长布鲁克发出一封抗议电报后直接飞回伦敦去了。事实上，伦泰恩内心根本看不起温盖特，认为他不过是个自命不凡的暴发户而已，对他的军事理论也不屑一顾。斯利姆起用伦泰恩，使这次人事变更及第二次"钦迪特远征"后半程行动备受争议。

4月3日，伦泰恩到乔尔哈特参加了盟军高级军官会议，蒙巴顿、史迪威、斯利姆、斯托普福德、鲍德温都在。会议主要研究如何应对日军对英帕尔和科希马的大规模攻势。史迪威担心迪马普尔一旦有失，日军将沿铁路线北上进攻利多，进而影响驻印军缅北作战的补给供应。他大度地提出，可以调一个中国师南下增援科希马战场。斯利姆并不领情，他以前线问题太复杂为由婉拒了史迪威的好意，决定以第三十三军和佐藤师团作战。根据之前和温盖特达成的协议，英印第二十三旅将脱离"钦迪特"战斗序列，专事在那加山区袭扰佐藤师团的补给线。"钦迪特"其他部队继续支援史迪威的缅北作战。

4月4日上午，日军第五十八联队第二大队对科希马以南战术要点GPT岭发动进攻，于次日成功占领此地。寒河江恒第三大队第十二中队成功突入科希马山村，在杀死两名酣睡士兵后将来不及拿起武器的少许守军俘虏。消息传到迪马普尔，斯托普福德大惊失色。日本人来得如此之快，完全出乎他的预料。一切表明，他之前将第一六一旅撤出科希马的决定是多么愚蠢。斯托普福德下令该旅立即掉头重返科希马，但显然已太晚了：只有断后的约翰·莱弗蒂中校第四营 446 名官兵趁日军尚未合围之际乘卡车冲入科希马山岭，其余两个营和炮兵连全被堵在外边。

让理查兹和莱弗蒂颇感无奈的是，由于从未想到日军会大举来攻，科希马山岭几无防御。两人只好抖擞精神，带领大家在适当位置构筑临时防御工事。山岭守卫部队加起来有 2100 人，其中 1000 人是未来得及撤走的非战斗人员。理查兹命令所有能动的人必须拿起枪，文书、给养员、轻伤员被全部组织起来。守军阵地呈现出一个三边分别为 1000 米、870 米和 640 米的三角形。除最后进入的莱弗蒂营属于正规军外，其余人员来自多支杂牌部队。他们将独立面对佐藤师团 15000 名彪悍士兵的猛烈进攻。

因为斯托普福德的失误，沃伦准将只好率其余两营士兵和炮兵连，在约特索玛岭后方 3200 米处的普雷巴泽岭支峰建起炮兵阵地。从这里不但可以清楚观察科希马山岭的详细战况，汉弗莱·希尔中校炮兵连的 8 门山炮还能为友军提供炮火支援。由于背靠迪马普尔，英军的炮弹供应不成问题。战斗进程表明，这 8 门山炮成为英军守住科希马山岭的制胜利器。

4 月 6 日，佐藤致电第十五军司令部："我烈兵团（第三十一师团代号）先头部队于今晨攻占科希马。宫崎支队正在科希马至英帕尔之间公路浴血奋战，我部士气旺盛。渡过钦敦江第二十一天。"众参谋欣喜之余，对佐藤最后一句话颇感纳闷，只有牟田口和薄井心知肚明。这分明是在提醒他们，4 天之后，军部必须为第三十一师团送去 200 吨物资。佐藤所部几乎吃光了所带的 20 天干粮。

事实上，寒河江第十二中队只是占领了几乎无人防守的科希马山村，尚未对英军"重兵"把守的科希马山岭发起进攻。牟田口接电大喜过望，立即向佐藤发出指示："希贵师团再接再厉，以最快速度向迪马普尔攻击前进。"日军轻松占领科希马更坚定了牟田口对英军不堪一击的看法，他意气风发地告诉众人："插在科希马的太阳旗，预示着我们在印度取得最后胜利指日可待了。"

牟田口的命令同时被抄报仰光缅甸方面军司令部，河边当即皱起了眉头。如果佐藤师团向迪马普尔发起进攻，第十五军的作战就将超出预定范围。根据之前的计划，占领科希马的佐藤师团将沿公路南下，与山内师团合力从北方进攻英帕尔，而不是向西深入印度腹地，将战事无限制扩大。河边立即以方面军司令部名义致电佐藤，撤销牟田口的西进命令，“迪马普尔不在战略目标范围之内”。佐藤与牟田口素来不睦，他认为牟田口要他进攻迪马普尔的举动纯属炫耀。相对而言，河边的命令似乎更合他的胃口。佐藤随即电令召回已向迪马普尔推进 5 个小时的一个步兵大队。

当时是否立即攻击迪马普尔，成为战后日军争论不休的一大话题。斯托普福德后来坦承：“如果日军派出一支小部队牵制科希马守军，主力向迪马普尔推进，我们将被置于更为严峻的困难局面。一旦战斗在迪马普尔附近爆发，科希马就会像熟透的苹果一样自然落下。”

斯利姆同样认为日军错失了取胜的最佳机会：“我一直感到困惑的是，佐藤为什么没有向迪马普尔发起坚决进攻，这是典型的日军作风。”他从此将佐藤视为无能之辈，甚至请求空军不要轰炸第三十一师团司令部，以免把佐藤炸死，日本人换上一个精明货色。

牟田口战后所做的辩护与斯利姆不谋而合。他在接受记者采访时说：“因为预计佐藤师团补给困难，在当时已经占领科希马的情况下，进攻迪马普尔可以让佐藤得到他急需的弹药补给，整个战局将会朝有利于我军的方向发展。但河边方面军司令官越级干预前线作战，下令终止进攻迪马普尔，对此我感到非常遗憾。战后我方才得知，英军在迪马普尔防御空虚。如果我们断然发起攻击，定会打他们一个措手不及，取得重大战果。如果我军能够顺利拿下迪马普尔，将对 1944 年缅甸战局产生决定性影响，迫使英军接受类似 1942 年那样的惨败。”

当时事实并非如此。第一，佐藤电报中所说的拿下科希马只是“山村”，而不是控制交通要道的科希马山岭。后来战斗进程表明，第三十一师团用尽吃奶力气，也未将科希马山岭这块硬骨头啃下来。佐藤本来就对自己孱弱的后勤补给线忧心忡忡，他不可能容忍自己身后有这样一支英军存在，之前宫崎进攻卡拉索姆和耶萨米也是同样道理。第二，佐藤即使留下小部分兵力牵制科希马山岭守军及约特索玛英印第一六一旅主力，师团主力径直向西进攻，也不一定就能拿下迪马普尔。就在牟田口发出进攻迪马普尔的命令两天之后，英军第二师第五、第六两旅已相继抵达迪马普尔，第四旅在 4 月 10 日赶到。即使佐藤按照牟田口的命令于 4 月 6 日当晚出发，根据他们从钦敦江推进至科希马 21 天行军 260 公里计算，就是没有英军阻击，他们推进到74公里外的迪马普尔至少也需要6天以上的时间。第三，假设英军后续部队英印第五师和第七师未能及时赶到，已在迪马普尔展开的第三十三军直属部队和完整的第二师，一定能够顶住日军的进攻，坚持到后续两个师来到。日军花费月余，连仅有千余名战斗兵员的科希马山岭都拿不下，又怎能奢望他们拿下数万人驻守的迪马普尔？一个基本前提是，既然迪马普尔是盟军重要补给基地，佐藤怎会知道那里的防御如此薄弱？

随着日军后续部队陆续到位，4月6日，第五十八联队第二大队开始向科希马山岭最南端的监狱山发起进攻。日军利用步炮协同很快占据上风，守军指挥官诺埃尔·伦恩中尉阵亡，英军余部向北撤往货栈山。彼得·布朗中尉率一个排试图收复监狱山，未果，布朗也在战斗中阵亡。看到前线进展顺利，宫崎命令鸟之江第三大队绕过山岭，向科希马以北战术要点切斯威玛迂回。

6日晚，第二大队大队长长家亲率一支侦察队攀上了货栈山，摸到一处英军阵地正前方。急不可待的长家下令立即发起进攻。虽然顺利拿下了英军前沿阵地，长家本人却被击中面门的一颗手雷当场炸死。大队副官龟山切下长家的手指，准备带回家乡交给他的家属，尸体只能就地火化。代理大队长佐藤四郎率两个中队向英军阵地发起猛攻。在约特索玛炮兵连的支援下，英军顽强将敌人击退。当天21时，日军第二轮攻击同样无果而终，伤亡惨重。眼见前方战事胶着，宫崎急令向北迂回的鸟之江大队原路返回，投入科希马山岭的作战。

当晚，日军进攻彻夜未停。7日清晨，双方阵地完全搅在一起。莱弗蒂中校下令伊斯滕少校率一个连预备队前往增援，对闯入英军阵地的日军发起反击。战至上午9时，登上山顶的日军第六中队全军覆没，捎带抓获的10名印军俘虏也在激战中丧生。英军同样伤亡惨重，当晚连长连换了三任，可战之兵仅剩40人。

南线攻击受阻，佐藤立即变更部署：以左突击队攻击科希马山岭最北面的加里森山，中突击队推进至迪马普尔—科希马公路主干道西北地区，切断约特索玛英印第一六一旅的增援路线；右突击队向约特索玛以西实施远距离包抄，切断迪马普尔英印军东进增援路线。4月10日，迪马普尔—科希马公路被日军切断。同日，鸟饲第一三八联队主力（欠第一、第三大队）在36号里程碑的祖步扎村设置路障，驻约特索玛英印第一六一旅主力与迪马普尔和科希马的陆上交通完全中断。

就在货栈山阵地遭日军轮番攻击之时，在迪马普尔，斯托普福德会见了兰钦少将和刚刚赶到的英军第二师师长约翰·格罗弗少将。他命令第二师在最短时间内打开通往科希马的公路。维克多·霍金斯准将第五旅受命次日清晨出发，尽快与第一六一旅取得联系，随后合力向科希马攻击前进。约翰·沙普兰准将第六旅随后跟进。

4 月 8 日，日军继续猛攻英军货栈山阵地。佐藤下令，岛之江第五十八联队第三大队、渡寿夫第一三八联队第一大队在炮火支援下，从北面夹击加里森山，科希马山岭腹背受敌。岛之江大队于当日占领加里森山以东的宝库山。9 日清晨，在一轮炮火准备之后，无数日军蜂拥而上，向加里森山东北角的地方税务官居馆区发起猛攻。驻守当地的一个英军混编连苦苦支撑一天之后，当晚被兵力和火力绝对占优的日军以大胆穿插和迂回击败，居馆区落入日军之手。

英军余部退守网球场阵地。日军在后紧追不舍，双方阵地最近处仅 20 米，士兵隔着球场互相射击并投掷手榴弹。清晨，放眼望去，球场上到处都是士兵膨胀腐烂的尸体，为数百万只苍蝇提供了丰盛的自助餐。苍蝇数量是如此之多，以至于它们覆盖在尸体上时，就像是一张厚厚的毯子。

当天，英军南面货栈山阵地同样险象环生。战至 10 日凌晨，阵地上英军官兵已不到 50 人。莱弗蒂中校用光了所有预备队，已派不出任何增援。18 时 15 分，英军焚烧了山上茅屋，主动撤往身后的补给山。连日激战使日军同样伤亡惨重，当晚，他们仅以零星炮火骚扰补给山，并未连夜发起攻击。

理查兹上校认为，现有阵地必须进一步收缩。数日激战使科希马山岭英军可战之兵不足 600 人。援兵迟迟不到，理查兹和莱弗蒂只能四处给弟兄们打气。地方税务官查尔斯·波西爵士同样没闲着。他不但拒绝随伤员撤往相对安全的约特索玛，而且每天在自己不断缩小的管区内晃来晃去，丝毫不畏惧日军狙击手的子弹。只见他不时停下脚步，给趴在战壕里那些蓬头垢面、胡子拉碴的小伙子打气："援兵一定会打破敌人的包围圈，前来救援我们，日本佬没什么可怕的。"人家文官都这么有信心，咱当兵的一定要比他强才行——英军士气顿时提升了不少。

在双方炮火联合打击之下，山岭上树木全都没了叶子，地面植被被悉数扫平，守军阵地和行动路线毫无遮拦地暴露在日军视野之中。最大难题是缺水，日军截断了守军的唯一水源，英军只能依靠空军低空投下的装满饮水的车轮内胎。大量伤员和非战斗人员无法撤走。森本德治第五十八联队第一大队已从南面向约特索玛发起进攻，英军炮兵阵地不得不到处转移，山岭守军得到的炮火支援不断减弱。

11日凌晨，日军重启北方攻势，南部补给山阵地压力反而减轻了。从12日傍晚开始，久攻不下的日军开启了劝降模式。令英印军士兵诧异的是，喊话的人英语说得相当流利，与以前日本兵蹩脚的英语形成了鲜明对比，竟然还有人用当地土话对英军喊话。这说明鲍斯的“印度国民军”已抵达前线。12日晚，日军对补给山的冲击一浪高过一浪，双方多次上演白刃格斗，英军阵地巍然屹立。在山坡和山谷里，到处躺满了双方士兵的尸体。一定程度上说，斯利姆说佐藤是无能之辈不算冤枉。作为一个典型的武士道军人，佐藤刚毅勇猛，冷酷无情，擅长硬拼蛮干。在称得上“一夫当关，万夫莫开”的几条羊肠小道上，佐藤不惜士兵生命，把手下人马一批接一批往上驱赶。

4月13日，盟军C-47运输机首次出现在山岭上空。因守军阵地已缩得很小，空投变得异常困难。第一批3架运输机飞到日军占据的宝库山上空，尽管科希马山岭上的英军及时打出了红绿信号灯做出提醒，但空投物资还是全部落入日军之手。物资中有双方都急需的英制3英寸迫击炮弹和大量手雷。日军立即用缴获的火炮和落下来的炮弹回敬它们的真正主人。幸好第二、第三批空投获得成功，其中有守军急需的饮水和医药用品。

为了使空投更加准确，德莱尼空军中尉的飞机飞得很低，这在山区非常危险。他的飞机多次被日军打出弹洞。令他感到欣慰的是，在接下来的3周里，共15次执行空投任务的中尉都能看到，山岭上的伙伴在浴血奋战。部分飞行员还寻隙对日军阵地进行扫射，以鼓舞守军士气。4月18日，在对日军阵地进行扫射时，曾在北非征战多年的加拿大皇家空军飞行员吉米·沃伦上尉的飞机被日军高射炮火击中，当时飞行高度仅6米的飞机一头栽向地面，机毁人亡。虽然空投改善了守军糟糕的补给状况，但如果没有援军及时赶到，理查兹和他的弟兄坚持不了太久。就在运输机出现的同一天，英军补给山阵地多次告急，科茨上尉手下只剩14名官兵。在北方居馆区，英军一个混编连顶住日军轮番冲锋达五天之久。

科希马山岭十万火急，坐镇迪马普尔的斯托普福德当然也没闲着。当初正是由于他的失误，山岭英军陷入绝境。4月8日，第三十三军头号主力英军第二师开始从迪马普尔向东攻击前进。4月10日，最后被空运到迪马普尔的第四旅跳下飞机，就立即编队向科希马方向推进。

在此之前，英军第二师接受的大多是两栖作战训练，他们必须尽快适应新的作战环境。先遣第五旅第一营因日军设置的多处路障进展缓慢。沃伦准将向师长提出，鉴于科希马山岭局势急剧恶化，第二师抵达还需一段时间，是否让守军放弃现有阵地，撤回约特索玛与第一六一旅主力会合。格罗弗认为，守卫迪马普尔的前提是守住科希马山岭，当即否决了他的建议。4月12日，霍金斯准将第五旅旅部和第二营抵达祖步扎，与先头部队会合。他们被日军第一三八联队第一大队第三中队的55名士兵在一个叫“碉堡山”的地方死死拦住。

4月14日，约翰逊中尉带领一支巡逻队从约特索玛出发，寻隙潜入科希马山岭。他们向疲惫不堪的守军报告了一个令人惊喜的消息，援军第二师已抵达约特索玛以东3200米处碉堡山，很快就将前来会合。山上守军顿时士气大振。

当天12时30分，英军攻打碉堡山的战斗正式打响，在全歼日军一个中队后继续前进。次日，英军第五旅抵达约特索玛，与沃伦第一六一旅会合。沃伦强烈要求立即向科希马山岭派出增援，但格罗弗以通往科希马的道路两旁可能有日军炮兵存在，行军会遭到炮击为由不予采纳。他告诉沃伦：“解围固然重要，但我必须保证第二师行军途中的安全。既然守军还保持着高昂斗志，就应该还能再坚持一段时间。解围时间暂定17日，给第二师留出充裕的准备时间。”沃伦气得吹胡子瞪眼，但也无可奈何。斯托普福德多次收到蒙巴顿和斯利姆的催促电报，“不惜一切代价，尽快打破日军对迪马普尔—英帕尔公路的封锁”。斯托普福德只能把电报转发格罗弗，催促第二师快速前进。

根据斯托普福德的命令，格罗弗迅速制订出增援科希马、围歼日军第三十一师团的作战计划：威利·戈申准将第四旅一路扫荡科希马西南地区，在阿拉杜拉支峰一带控制迪马普尔—英帕尔公路主干道；霍金斯准将第五旅在科希马以北地区东进，经梅雷玛山岭向科希马山村挺进；沙普兰准将第六旅在师属坦克部队和第一六一旅配合下沿迪马普尔—英帕尔公路南下，扫清沿途障碍，打通科希马—英帕尔公路。预计很快将空运过来的英印第七师第三十三旅暂时纳入第二师战斗序列，充当总预备队。

科希马的山岭状况远非格罗弗想象的那么乐观。日军当然清楚英军增援在不断迫近，急于在最后时刻取得突破的他们进攻更加疯狂。17 日晚，补给山失守，日军趁势于 18 日凌晨攻占了补给山以北的库奇 · 皮克特山阵地。理查兹此时据守的地盘儿仅剩长、宽各 350 米的一块正方形区域，缩小到最初的 1/8。狭窄的阵地上人满为患，到处都是痛苦呻吟的伤兵和阵亡官兵的尸体。尸体、人类排泄物臭气和刺鼻的火药味儿混合起来，形成了一种难以名状、令人作呕的恶臭。日军每发炮弹都伴随着大量死亡，局势确实到了最危急的关头。幸好当天上午，驻守加里森山的英军已经能清楚看到，在不远处的皮克特山上，友军第一旁遮普团第一营士兵的长头巾了。

4 月 19 日，日军最后的攻击近乎疯狂，皇家空军“飓风式”战斗机也加入了阻击行列。C–47 运输机准确将弹药、食品和饮水投放到英军控制的狭小区域内。部署在祖步扎第二师炮兵的 25 磅炮一刻不停地将炮弹向冲锋日军倾泻。包围圈中的斯特里特二等兵禁不住仰天长叹：“如果友军再不到来，我们绝对撑不过今天！”援军来得虽慢，但毕竟还是到了。20 日上午，威尔伯 · 比克福德中校伯克郡团第一营撕开日军包围圈，奋力冲上了硝烟弥漫、弹坑累累的加里森山顶。第二天，大批食品、饮水和药品纷纷送来，宣告英军对科希马山岭的解围获得了成功。

理查兹上校以伤亡 1375 人为代价，带领一支临时纠集的力量，牢牢拖住佐藤第三十一师团，使牟田口速战速决的愿望彻底落空。迪马普尔有惊无险，史迪威驻印军缅北作战的后勤补给无忧了，运往中国的大量军援安全了。

解围英帕尔

北方科希马和迪马普尔面临的危机暂时缓和，在南方主战场，日军正从北、南、东南三个方向向英帕尔发起迅猛攻势。3 月上旬，印度总督韦维尔元帅曾亲临英帕尔视察。虽然打仗水平一般般，但见多识广的韦维尔战略眼光还是有一些的。在写给伦敦的一封信中，他将纷繁复杂的战场形容为在“零钱包”里打仗。与欧洲那些规模宏大的战斗不同，发生在印缅边境的这些搏杀，大多数时候并不会集中几个旅或几个师兵力，以一种精心策划的连贯的传统模式展开，而是经常以一种堪称混乱的连排级规模进行搏斗。英国战史专家弗兰克·麦克林恩评论说：“英帕尔战役是由数百场遭遇战、数十次形式各异的冲突和肉搏战、正面攻击、孤注一掷的防御、伏击和空袭所组成，它们全都有精确记录，但它们的诸多细节到今天仍然让人觉得不可思议。”斯利姆将战役形容成一部史诗：“展现在辽阔的原野上，某一天它的焦点是地图上没有名称的某个山冈，次日在100英里开外某个悲惨的山庄，它的名字难以正确发音。各纵队、旅、师，或前进，或后退，在血腥的冲突中相遇，然后散开，编织成难以拆解的混乱图案。”这就给老酒写书带来了极大难度，光标记双方各师各旅、各师团各联队的番号，就浪费了两张A4纸。

斯利姆把漫长战斗分成“集中、消耗、反攻、追逐”四个阶段。他试图用轮轴来阐明眼前这种混乱局面。巨大战场以英帕尔为轴心，第一根辐条是通往科希马的北方公路，第二根辐条是伊利尔河谷，第三根辐条是通往乌克鲁尔的东北道路，第四根是通往德穆的公路，第五根是通往正南方向同藏和迪登的公路，第六根从比申普尔通往西尔恰尔。如果简单划分的话，围绕第一根辐条在科希马展开厮杀的是佐藤第三十一师团和斯托普福德第三十三军，第二、第三根辐条则是山内第十五师团和英印第五师，第四根辐条对阵双方是山本支队和英印第二十师，而第五和第六根辐条则构成了柳田第三十三师团主力和英印第十七师苦苦争斗的南方战场。受地形限制，上述四大战场各自为战，没有任何一次较大规模战斗与邻近友军有直接联系。发生在北方科希马，东北方向桑夏、南希关、马帕奥和乌克鲁尔，东南方向德穆到谢南山区，南方迪登到比申普尔的无数次战斗，基本上都是攻守双方单打独斗，相互之间既无配合，也无协同。如果加上中国驻印军在缅北孟拱河谷、英印第二十八军在若开地区、“钦迪特”在缅中的作战，印缅战区几乎所有盟军力量都卷入了互不相关的大规模争斗，只剩中国云南军在怒江东岸“望江观虎斗”了。

3月28日，日军第十五师团先锋本多挺进队——由本多宇喜久郎第六十七联队第三大队（欠两个中队）、一个炮兵中队、半个工兵小队组成——炸毁了英帕尔以北50公里康波科比附近两座桥梁，切断了英帕尔向北通往科希马的道路，英帕尔对外交通完全断绝。牟田口致电山内，必须在天长节前拿下英帕尔，作为献给天皇裕仁的生日礼物。虽然携带的弹药粮秣日渐稀少，考虑到英军很可能会像两年前那样迅速溃逃，山内只好硬着头皮严令各部：“无须侦察，各自寻找突破口，直接向英帕尔平原快速挺进，敌军不可能守住所有通往平原的山头和林间小道。”根据师团司令部命令，松村第六十联队主力负责僧麦一线战斗，尾本第五十一联队主力直取英帕尔东北门户南希关。

日军先锋部队进抵康拉同比，斯库恩斯中将立即命令刚从迪登公路撤回的英印第十七师第六十三旅快速前往僧麦据守——此处距英帕尔平原仅16公里——挡住日军的前进步伐。刚刚从若开地区空运至英帕尔的英印第五师两个主力旅马不停蹄向北疾进。先出发的第一二三旅增援桑夏第五十伞兵旅。但是他们还未出发，伞兵旅已经败下阵来。3月26日，该旅三个营在卡蒙一带与渗透进来的日军发生多起小规模战斗。

4月4日，在康拉同比以北地区，福岛银市第六十联队第三大队与约瑟夫·萨尔蒙斯准将英印第九旅遭遇并发生交火。6日晚，石川虎之助第十一中队奉命对康拉同比以西“狮子”阵地发起夜袭，那里囤积着英军大量军火。夜袭遭到英军坦克部队的顽强阻击，石川中队伤亡惨重，参加进攻的52人除3人重伤外，无一幸存。第三大队本部同样遭到英军攻击，福岛身负重伤，大队长职务暂时由联队副官斋能龙雄接任。12日夜晚，松村以内堀次郎和本多两个步兵大队（合计兵力仅相当于一个大队）突袭英印第六十三旅据守的僧麦阵地，毫无效果，内堀大队伤亡达35人。18日，内堀集中所有残兵约300人强攻僧麦，经两日激战，在付出亡91人、伤103人的惨重代价后败下阵来。损失最大的第七中队只剩17人。连日激斗导致松村联队元气大伤，即使加上配属作战的本多大队，总兵员也仅剩一个大队左右。

负责阻击第十五师团的是布里格斯少将的英印第五师。巧合的是，山内有一个联队滞留后方，布里格斯的第一六一旅被空运到迪马普尔，两人都是以约2/3的兵力参加格斗，算得上势均力敌。两旅兵力显然无法封锁日军可能通过的所有路线。布里格斯认为，最可能遭到日军攻击的肯定是南希关，站在海拔1168米的山顶就可俯瞰英帕尔小镇——该处距康拉机场仅6500米，距斯库恩斯第四军司令部不过10公里。因为兵力严重不足，战术要点南希关只有第九贾特团第三营B连两个排驻守。4月6日黎明，森川优治率第五十一联队第三大队两个中队向南希关发起冲锋，激战一天，将英军逐出。

英帕尔东北门户南希关失守！第三营营长博纳德·戈蒂中校立即派一个连前往夺回。攻击之前，英军向山顶倾泻了超过3000发炮弹，随后步兵在8辆坦克和1架“飓风式”战斗机的配合下发起冲锋。随后赶来助战的英军轰炸机几乎贴着树梢投弹，配合步兵将日军赶下山头。尾本严令森川火速夺回阵地，并于10日将联队直属炮兵推上前沿。森川挥舞战刀亲自督战，日军于11日凌晨再次攻下南希关。天亮之后，戈蒂组织了一次反击，在损失一名连长和多名官兵后无果撤退。与此同时，永田龙三郎第五十一联队第一大队占据了南希关东南方向的4057高地。

战术要点南希关必须夺回。4月12日，布里格斯少将召集负责空中支援的皇家空军第二二一大队大队长阿切尔上校、第一二三旅旅长埃文斯准将、第二五四坦克旅旅长雷吉纳德·斯库恩斯准将——他是第四军司令官斯库恩斯的亲弟弟，一起拟订了反攻计划。13日10时30分，24架皇家空军轰炸机向山顶投下无数炸弹。11时15分，英印军两个连在坦克的带领下从两个方向冲向山顶。缺乏重武器的日军对英军坦克束手无策。第五十一联队指挥部就设在南希关附近一座高地上，从望远镜里看到英军坦克爬上山顶进攻自己的部队，松本急得快要哭出来了。

当天13时，又有20架英军战机向日军盘踞的山顶投弹，爆炸产生的巨响甚至传到了数公里之外卡索姆的第十五师团司令部。15时，第五十一联队司令部闯入一个面孔熏得乌黑的人。松本仔细一看，是配属给第三大队的木平正雄军医。“敌人坦克正在蹂躏第三大队，整个大队已经崩溃了！”木平说完就倒了下去，不省人事。第三大队森川、第三野炮大队大队长多田源孝在战斗中接连被毙。次日，尾本率联队本部向南希关发起了最后一次攻击，在英军炮火阻击下无功而返。尾本只好率余部向永田大队占领的4057高地靠拢。整个战役期间，南希关是日军整建制部队攻至距离英帕尔平原最近的地方。

在卡索姆第十五师团司令部里，身体已极度虚弱的山内心力交瘁。8日，牟田口来电催促加快进攻。山内回电说，部队正在英帕尔以北与敌军激战，消耗极大。参加“乌号作战”的三个日军师团中，山内兵力最弱，第六十联队第一大队还被抽调山本支队参加在伯莱尔的作战。山内请求军司令部，尽快将师团所属第六十七联队主力、第五十一联队第二大队、第二十一野炮联队第二大队归建。殊不知，牟田口早将这些部队留在后方，用来对付温盖特的“钦迪特”了。15 日，牟田口再度致电山内，“17 日天亮之前，南路第三十三师团就可冲入英帕尔平原，与贵师团形成南北夹击之势。从本日起，第五飞行师团将对英帕尔周围敌军主力发动攻击，贵师团只需再进行最后一次努力即可”。看着牟田口的电报，山内欲哭无泪。随着增援不断到来，对面的英印军不但牢牢站稳了脚跟，并在局部地区发起了反攻。第十五师团现在最紧要的不是进攻，而是要认真考虑防守了。

牟田口也清楚山内兵力最少，缺乏攻坚重武器，关键时刻必须给予适当援助以打破僵局。在他看来，佐藤部队很快将粉碎科希马英军的最后抵抗，即使从他那里抽调一个联队，也不过将胜利推后几天而已。4 月 18 日，牟田口电令佐藤，抽调一个步兵联队，由宫崎率领兼程南下，两天之内推进至英帕尔以北地区，支援第十五师团的作战。

接到牟田口的电令，佐藤不由得连连叫苦。在日军三个师团中，第三十一师团行军距离最长，开战以来减员严重。英军死死守住了扼守公路的科希马山岭，日军三路攻击部队逡巡不前。在科希马山岭后方不远处的约特索玛，还驻有英印第一六一旅。侦察机发回报告说，不少于一个师的英军增援正在迪马普尔一带集结，很快将沿公路向东顶过来。因携带量不足，加上“钦迪特”的后方捣乱，佐藤师团的弹药粮秣出现严重短缺。4 月下旬，“钦迪特”部队第二十三旅进入那加山区，在佐藤背后搞起了游击战，第三十一师团想获得补给更加困难。佐藤要求军司令部火速派 100 辆汽车来，让宫崎支队乘车南下。牟田口的回答更绝，汽车一辆都没，想坐到英国人那里缴获去。一句话把佐藤的脸气成了猪肝色。

到 4 月 20 日，佐藤觉得调兵南下尚有可能，遂抽调第一三八联队第一大队、山炮第二大队南下，与宫本薰第一二四联队主力会合，归宫崎统一指挥，具体南下时间另定。就在这一天，英军增援部队奋力冲上加里森山顶，科希马战场形势骤然为之一变。佐藤立即电令宫崎暂时按兵不动，看局势发展再做定夺。对牟田口 20 日发来的“速派一个联队南下”的催促电报，佐藤干脆扔在一边，不予理睬。

英帕尔战役期间，日军一个突出问题是牟田口与下属三个师团长不睦，相互之间别说信任，连起码的尊重都谈不上。第十五师团山内为人低调，处事理性，对脾气暴躁、极富攻击性的牟田口一向看不顺眼，认为他根本就是一个蠢货，担任师团长已属高配，出任军司令官确属勉为其难。第三十三师团柳田对“乌号作战”毫无信心，认为牟田口除了大声吆喝、仗势欺人之外，一无是处。牟田口眼中的这两人也好看不到哪里去。他认为山内个性软弱，不宜带兵，柳田是个“没种的浑蛋”。上述两人都曾在西方国家出任使馆武官，山内还曾短期到美国军校培训。牟田口对英美西方国家极为仇视，认为两人在思想上已经蜕化了，在背后称他们“我部下的美国将军”。

柳田和山内虽然心里看不起牟田口，脸上至少还保持一团和气。和牟田口性格相仿的佐藤就没那么客气了。前文提到，两人本来就派系不同，相互厌恶，这次为调兵南下竟然公开争吵起来。牟田口指责佐藤抗命不遵，出尔反尔，虽然已经集结宫崎支队于阿拉杜拉高地一带，却迟迟不动，坐视山内师团在痛苦中煎熬。佐藤同样怒火中烧，他指出出尔反尔的不是第三十一师团，而是第十五军司令部。出征之前，佐藤曾和牟田口及军参谋长久野村、兵站参谋薄井商定，渡江 25 天后给他送去 200 吨补给。现在一个多月过去了，他连一粒米和一颗子弹都未收到。虽然之前也曾攻下几座英军仓库，但因没有制空权，可恶的英军飞机很快飞来把“丘吉尔的物资”统统毁掉。佐藤部队早已出现了粮荒，他佐藤不得不派出士兵到处搜罗粮食，出发前多次强调的军纪也全然不顾了。为了从当地居民那里获得食品，日军士兵一开始还出具欠条，到后来变成了公然抢劫。后来当兰斯洛特·佩罗恩准将英印第二十三旅进入那加山区时，当地居民主动为他们带路，提供日军的情报。

佐藤不但拒绝派出增援，反而发电询问：“100 辆汽车怎么还没来？”在电报末尾，佐藤以责备的口气质问牟田口：“我烈兵团已在三周内如期拿下科希马，请问，英帕尔何日才能拿下？”看这口气，好像他是河边或寺内似的。当初接到佐藤拿下科希马的电报时，牟田口迫不及待地向方面军、南方军和东京做了汇报，大家为此着实兴奋了好一阵子。到后来才得知佐藤攻下的不过是几乎无人把守的科希马山村，战术要点科希马山岭至今还在英国人手里。这事牟田口还无法明说，自己把牛吹出去了，只能吃个哑巴亏算了。面对佐藤的质问，牟田口的回电没了之前的神气：“大约天长节之前吧。”就在双方频频发报斗嘴之时，科希马战局已经出现了不利于日军的变化。

随着英军第二师兵分三路逐渐逼近科希马，对阵双方攻守易势。22 日傍晚，英军在加里森山已经集结了两个营兵力。虽然此时日军转入守势更为合理，但佐藤仍未放弃进攻打算，准备在23日对加里森山发起最后一次攻击。凌晨1时30分，在一通炮火准备之后，日军第一三八联队一个中队在前，第五十八联队第二大队第七中队30名官兵在后，向英军盘踞的阵地发起了冲锋。激战持续整整一夜，双方均付出了惨重伤亡代价。清晨5时，第一二四联队第十中队对北方居馆区发起了最后一次进攻，损失了包括中队长在内的过半兵力，败下阵来。23日8时，激战暂停。英军亡29人、伤77人、失踪4人。日军第五十八联队第二大队仅剩70多人——人数最多的第七中队16人，第五、第六中队各4人，第八中队连根人毛都找不到了，机枪中队剩35人，炮兵小队15人，完全丧失了继续进攻的能力。之后数日，围绕科希马山岭的战斗双方均未取得突破，暂时陷入僵持。

4月24日，斯托普福德中将率第三十三军司令部进驻迪马普尔。此时他手下兵力包括，英第二师第四、五、六等三旅，英印第七师第三十三、第一一四、第一六一等三旅。此外，佩罗恩准将的第二十三旅已经进入那加山区，开始骚扰佐藤师团脆弱的后勤补给线。英军在兵力上占据了绝对优势。加上他们拥有炮火优势和制空权，形势对日军越发不利。但由攻转守的日军早在科希马地区挖掘了数百个深藏于丛林或地下的防御工事，每组工事位置精心选取，相互之间可以形成交叉掩护。在绝境中，日军擅长的工事挖掘和修建能力及士兵死不投降的彪悍作风得到了充分发挥。英军要想将敌军逐出科希马地区进而打开通往英帕尔的公路，还必须付出血的代价。

4月21日，斯托普福德派特使伍德准将前往第二师司令部，催促格罗弗少将尽快发起反攻。25日夜间，戈申准将第四旅的两个营开始从右翼包抄科希马山岭以南地区，试图在阿拉杜拉高地以南切断公路，阻止日军向英帕尔派出增援。此时佐藤自顾不暇，早已放弃了让宫崎支队南下的打算。300名民夫其中包括少数妇女随英军一起行动，负责运送电台、迫击炮和弹药等，食物完全依赖空投。丛林行军把英军士兵累得够呛，他们花了3天时间才走完地图上标示的6.5公里路程。斯托普福德命令戈申掉头北上进攻GTP山岭。5月1日，英军拿下GTP岭以南海拔1800米的橡树山。此后，他们在5月4日对GTP山岭发起的两次攻击接连受挫，与山顶日军形成对峙。5月7日的进攻战中，戈申准将和第一廓尔喀团四营营长海德威克中校双双被日军狙击手射杀，这天因此被第五旅伍斯特郡团第七营参谋哈里·斯文森上尉形容为“黑色5月7日”。

英军第六旅的中路进攻同样乏善可陈。对库奇·皮克特山和补给山的攻击持续了整整一天，英军在损失包括两位连长在内的60人后未能前进一步。其间，英军1架“飓风式”战斗机投下的炸弹误中第六旅旅部，差点把包括沙普兰准将在内的司令部成员一锅端了。

左翼第五旅推进更慢，梅雷玛山岭久攻不克，旅长霍金斯准将决定留下部分步兵牵制，主力绕山岭直插科希马山村。5月4日晚，英军两个营成功突入科希马山村，占据了一小块阵地，但天亮后很快被日军炮火逐出。英军只好撤至那加山边缘，掘壕据守。战至7日，日军依然牢牢控制着科希马山岭几乎所有要地。4日到7日，英军向日军阵地发射炮弹11500发，皇家空军战斗机和轰炸机频频飞到山顶向敌人扫射投弹，也未能将日军逼退半步。

在之前发给山内的激励电文中，牟田口显然没说真话。柳田师团沿迪登公路的进攻同样进展缓慢，他们离英帕尔平原远着呢！在牟田口的一再催促下，积极性一直不高的柳田终于在4月9日重启攻势。激战近月，柳田损兵2000余人，才抵达英帕尔平原正南的托邦和纳兰加尔地区。前方罗格塔克湖挡道，日军必须沿公路向北推进30公里，越过比申普尔隘口才能长驱而入英帕尔平原。柳田的作战部署是：作间第二一四联队在公路以东，笹原第二一五联队在公路以西，同步向北推进，左右夹击比申普尔。为防止英军从西尔恰尔小道侧击日军左翼，柳田派阿部俊夫率一支配属工兵的挺进队，4月14日炸毁了爱郎河上一座桥梁。

仔细观察了比申普尔一带地形之后，暂归第十七师指挥的第二十师第三十二旅旅长麦肯齐准将认为，如果将部队梯次配置，极易遭到日军迂回包抄。他将下属三个营全部署在西尔恰尔小道两侧通往比申普尔以西的深谷位置，依托南面茂木山和无线山构筑防御阵地。

根据柳田的命令，4月8日晚，抵达楚昌普尔的作间率第一大队、联队本部和第二大队依次出发。16日凌晨在攀登茂木山时，斋藤满第一大队第二中队遭到山顶英印军的火力打击。紧随其后的第一中队在突击无线山时，被英印军优势火力死死拦住。前方两个中队无法前进，位于联队部后方的两个中队遭到比申普尔英军炮火的打击，作间一时进退两难。

次日，作间接到了师团参谋长田中打来的电话。田中谎称，笹原联队正在进攻比申普尔，作间联队必须尽快形成突破，进抵英帕尔西北地区。以谎称一支部队战绩辉煌来激励另一支部队，是战场上一种习惯做法，无可厚非。作间提出，联队遭到英印军优势兵力阻击，无法前进。他的回答换来了参谋长一顿臭骂。当天下午，作间清晰地看到 3 辆英军坦克开上茂木山，虽然途中有一辆翻车滚入谷底，但山上守军的实力无疑得到了加强。作间只好硬着头皮催促进攻。两天战斗过后，斋藤大队第二中队折损过半，第一中队近乎全军覆没。身受重伤的斋藤被用担架抬了下来。作间清点了队伍，出发时 3700 人，目前仅剩千人左右。

18 日傍晚，作间纠集两个中队，在一个炮兵大队的支援下再次进攻茂木山。精心策划的进攻不到 21 时就宣告终结。进攻部队中，情况稍好的第六中队还剩不到 40 人，第二中队仅 6 人生还。根据柳田师团长的命令，作间不得不将情况稍好的第六中队派往农安，以截断英军退路。这样，他在茂木山仅剩 3 个中队，其中第一中队 9 人、第二中队 4 人、联队最后预备队第九中队 80 人。只有总共不到 100 人的队伍，作间觉得自己瞬间变成了一个大佐中队长。他期望右翼笹原联队能取得实质性突破，根据自己这边的状况，他认为那种可能性实在不大。果不其然，4 月 15 日，笹原联队对比申普尔以西、茂木山以东的格兰加尔发动进攻，损兵过半，狼狈而归。

4 月 22 日晚，作间再次接到参谋长田中的电话，严令第二一四联队当晚务必拿下茂木山。作间表示无能为力。田中提醒他“是否还记得天皇陛下的生辰”，作间回答“时刻牢记”。田中问作间身边还有多少人，得知堂堂一个联队长身边不足百人时，田中愣了一下，但依然硬下心肠发布了命令：“有这些人足够了。师团会派 1 门 150 毫米炮和 5 门山炮支援你们，务必于 24 日傍晚发起进攻！”

新一轮进攻发起之前，日军率先进行了炮火准备。那门好不容易运抵前线的 150 毫米炮甫一发力就造成误击，一发炮弹落入准备出击的日军阵中，当场造成 20 人伤亡，这回能参加进攻的人更少了。尽管如此，第九中队中队长斋藤延二中尉还是率 60 名士兵冲向山顶。当他们剪开第一道铁丝网准备向纵深突击时，山顶的机枪响了，随之而来的是雨点般的手榴弹。中队长斋藤当场毙命。看到山上无比悲惨的一幕，作间迅速下令撤退，回到他身边的只有不到 20 人。

左翼作间联队铩羽而归，右翼笹原联队同样屡战屡败。截至 4 月 24 日，日军两路攻击毫无进展。第四工兵联队及第二一三联队砂子田大队 22 日抵达宁索康村，对麦肯齐准将英印第三十二旅左翼构成严重威胁。英军立即派两个连在坦克的带领下发起进攻，在付出一辆坦克被毁、伤亡的85人代价后被迫撤退。25日，英军一个营的反攻同样无果而终，配合进攻的8辆坦克2辆被毁、6辆受伤。英军虽未将日军逐出宁索康，但伤亡惨重的日军同样无力前进。到5月1日，笹原联队总人数已不到500人，柳田师团的三路进攻全线受挫。这就是牟田口电告山内“柳田师团即将突入英帕尔平原”的真实结果。

4月24日，牟田口亲自来到了第三十三师团指挥部。当着一众参谋的面，牟田口像训斥一名士兵那样将柳田骂得狗血喷头，指责他拥兵自重，行动迟缓，错失最佳战机，必须立即整顿兵力发起进攻。颜面尽失的柳田气得双手发抖，但军令难违，也只能强忍屈辱，勉强同意进一步加强攻势。两人本来就很僵的关系彻底决裂。

南北两路日军被死死顶住，牟田口只能把希望寄托在偏师山本支队身上了。为了强化东南方面的攻击，3月23日，牟田口下令山本支队脱离第三十三师团战斗序列，暂归军司令部直接指挥，第十五师团左翼吉冈大队（第六十步兵联队第一大队）划归山本指挥。3月底，格雷西少将率英印第二十师主力由德穆和莫雷撤入滕诺帕尔和谢南山区之后，日军在后穷追不舍。绵长的谢南山区平均海拔超过1500米，由一连串丛林密布的山峰组成，诸如步兵山、侦察山、直布罗陀山、马耳他山、排骨山、东西克里特山、塞浦路斯山和日本山等，德穆到伯莱尔的公路从山间穿过。日军要想沿公路推进，夺取东大门伯莱尔进而冲入英帕尔平原，必须将上述山峰一一攻克。

3月26日，日军第二一三联队第三大队第十一中队拿下了拱卫谢南山口东出口的日本山。英印第八十旅旅长格里夫斯准将派出两个营，在“飓风式”战斗机支援下发起了五次反攻，也未将日军赶下山头。看来战场形势谁进攻谁吃亏。4月8日，山本向第二一三联队代理联队长伊藤新作——联队长宫胁因病2月下旬住院，继任联队长温井亲光6月12日才到任——下达了攻击英军盘踞诸山的命令。上田信夫坦克部队、光井一雄炮兵部队负责提供支援。8日傍晚，在20分钟炮火准备之后，伊藤下令发起进攻，成功夺取了日本山以东多个山头。但4月11日，英印军德文郡团第一营对日本山的第六次反攻取得成功，日军第六中队全军覆没。作为控制谢南山区到滕诺普尔公路的制高点，伊藤部队在坦克和火炮的支援下于 16 日重新夺回日本山高地。

鉴于身后还有诸多山头可供驻守，与日军打对攻战伤亡太大，而英印第八十旅的任务只是阻止日军通过谢南山口，格里夫斯准将决定放弃对日本山的争夺，全力驻防日本山背后的东克里特山和排骨山，和急于求成的日军打一场不急不躁的持久战。

就在双方围绕日本山反复争夺的同时，日军对东克里特山的进攻业已发起。山本为人冷酷，他在进攻中使用的大规模集团冲锋战术在英国人眼中与自杀无疑。在日军四路进攻部队中，山本支队虽炮兵最强，却因炮弹供应不足无法为步兵提供持续炮火支持。4 月 17 日晚，日军集中所有重炮，对东克里特山英军阵地发起了最大规模的一次炮击。山本一度认为，在如此猛烈的炮火打击之后，山上肯定不会有生命存在了。但当日军步兵发起冲锋时，立即遭到山顶机枪和后方炮兵阵地炮火的联合阻击。此后日军的数日攻击，除在山坡和山脚下留下无数尸体外，徒劳无功。

4 月 20 日，山本下令改变进攻方向，对东克里特山和塞浦路斯山之间的伞树山发起进攻。在步兵和坦克的协同攻击下，仅有少数英印军驻守的伞树山失守。21 日，山本下令再次掉头进攻东克里特山。回头看看背后还有许多山头，25 日，格雷西少将下令第八十旅弃守东克里特山和塞浦路斯山，集中兵力守卫西克里特山和排骨山阵地。

从 4 月中旬开始，暂归山本指挥的吉冈大队一直在距伯莱尔山口约 10 公里的东北山地一带活动。14 日凌晨 3 时，吉冈大队对德穆公路以北锡塔山突然发起攻击，遭到守军一个营的顽强抵抗。激战 4 天，吉冈大队付出伤亡逾百人的代价后转道南下，此时山本的命令到了：为配合主力行动，吉冈大队向西前进，28 日抵达伯莱尔东北 8 公里的兰格尔。山本认为，吉冈大队在伯莱尔东北侧翼的行动将极大吸引英军注意力，为主力快速拿下诸多山头创造条件。

在山本的催促下，伊藤对西克里特山的 3 次进攻均以失败告终。伊藤提出，在进行必要侦察和充分准备后再发起下一次进攻。性格暴躁的山本怒吼道：“你这是怯懦，畏战！难道你没有听到我下达的命令吗？这是以天皇陛下的名义下达的命令！”被逼急了的伊藤反唇相讥：“如果天皇陛下在此，绝不会下达如此愚蠢的命令！”山本当即下令解除伊藤代理联队长职务，由联队副官大尉谷津大治郎取而代之。以大尉军衔出任联队长，在日本陆军战史上实属罕见。但换将并不能补充兵员，对前线战况丝毫无补。

到这时候，山本终于想起了配属给他的另一支部队，穆罕默德·基亚尼上校"印度国民军"第一师主力。基亚尼迫切希望能率先冲过谢南山口进入英帕尔平原，亲眼见证大英帝国殖民统治在印度的瓦解。但山本根本看不起印度兵的战斗力，之前只让他们干些侦察、运送补给的辅助活儿。基亚尼部队每人只带了步枪和 50 发子弹，机枪、迫击炮全留在后方。根据山本的命令，基亚尼自兼团长的第二团将在南翼、戴伦上校的第一团在北翼逐次展开，投入战斗。普利塔姆·辛格少校率领一支 300 人的突击队带上一天的干粮，翻越群山突袭伯莱尔机场，攻击发起时间为 4 月 28 日午夜。鲍斯的士兵热情有余，战力不足，他们的攻击白白损失 250 人毫无结果。第二天就是日本天长节了。

最关注前线战事的非牟田口莫属。受"钦迪特"干扰，直到开战 36 天后的 4 月 20 日，牟田口才在葛礼瓦西北的因达英吉开设了前敌指挥部。当他抵达前线时，日军四路攻击部队全线受阻。山内第十五师团在英帕尔东北山地被英军两个师完全压制，科希马第三十一师团逐渐转入守势，东南方向的山本支队距谢南山口还有相当长一段距离，连印度国民军的两个团都派上去了。西南方向，第三十三师团连茂木山都拿不下，不要说更靠北的比申普尔了。牟田口备感沮丧，看来英帕尔是无法当作生日礼物献给裕仁了。此前他曾要求鲍斯在天长节发表演说，以夺取英帕尔的胜利向裕仁祝寿。这下可好，鲍斯不用费尽心思去撰写演说稿了。

截至 4 月中旬，英军奋力顶住了日军第一轮攻势。逐渐站稳脚跟的斯利姆、斯库恩斯和斯托普福德开始积极谋划反攻，彻底消除日军对英帕尔平原的威胁。4 月 10 日，斯利姆向斯库恩斯下达了逐步转入反攻、打通英帕尔—科希马公路的命令。

斯库恩斯拟以英印第五师推进至康拉同比一线，之后沿公路两侧向科希马攻击前进。与此同时，罗伯茨少将英印第二十三师越过日军第十五师团频频出没的群山，迂回攻击其后方的利坦和乌克鲁尔，使山内首尾不能相顾。在英帕尔以南，科恩少将英印第十七师（第六十三旅已归建）继续据守比申普尔，同时对日军第三十三师团迪登公路一带补给线发起局部反击。在东南方向的谢南山区，格雷西少将英印第二十师两个旅暂取守势，堵住山本支队进入英帕尔平原的通道。

虽然多路进攻受挫，但日军战斗力依然彪悍，之前鲜尝胜绩的英军对此保持着清醒的头脑，谁都不敢奢望短时间内结束战斗。4 月 14 日，韦维尔在德里的总督官邸宴请了蒙巴顿和参谋长亨利·波纳尔中将。面对韦维尔的询问，一向高调的蒙巴顿出言谨慎，坦承要 5～6 周才能粉碎日军的进攻，转入攻势。

因为山内师团实力稍弱，英军反攻首先在英帕尔以北发起。4 月 23 日，萨尔蒙斯准将英印第九旅率先对据守马帕奥山地的日军发起了一次局部进攻，战果不大。与此同时，英印军坦克部队沿英帕尔—科希马公路的攻击同样被本多挺进队顽强击退。英印第二十三师对尾本联队盘踞的 4057 高地发起多轮进攻，铩羽而归。事实证明，因为山区地形复杂，进攻一方往往处于仰攻的不利地位，伤亡较大且效果不佳。但到 4 月 21 日，兵力占绝对优势的英印第二十三师对 4057 高地形成了三面夹击之势。趁英军包围圈尚未收紧，在报请山内师团长批准之后，尾本率残部寻隙撤出，退入钦代一带高地掘壕据守。

参战的三个日军师团中，山内师团入缅最晚，兵力最少，且因追求行军速度并未带多少重武器，攻击稍一受挫就呈现颓势。在山内的强烈要求下，牟田口答应让佐藤抽调三个步兵大队和一个山炮大队，在宫崎的率领下南下增援，但他们抵达战场还需相当长的一段时间。

英军正在不断渗透，位于卡索姆的第十五师团司令部随时面临被分割包围的危险。早在 4 月 15 日，师团司令部就遭到了一小股英军的袭击，另一支英军攻占了卡索姆以北仅 2 公里的 5515 高地。当晚，日军试图夺回高地的夜袭以失败告终。次日清晨，远方飞来的英军运输机向高地空投了补给。如此看来，短时间内英国人是不打算走了。16 日晚，山内集结了身边所有力量，在第十五工兵联队联队长河野顺治的率领下发起攻击，试图驱逐近在咫尺的英军，在付出重大伤亡代价后毫无结果。

16 日当天，由师团高级参谋铃田正忠率领的不足一个中队据守的 4241 高地——位于师团司令部以西 5 公里——遭英军坦克部队攻击。3 天激战之后，仅剩 40 人的铃田部队彻底崩溃。师团司令部南侧隘口洞开。鉴于卡索姆危机四伏，山内决定师团司令部向桑夏撤退，试图与柳泽第六十七联队主力会合。对此参谋长冈田提出异议，认为柳泽联队何时归建尚属疑问，师团司令部贸然后撤，势必与正在前方作战的两个联队失去联系，这相当于临阵脱逃。山内采纳了参谋长的意见，率部向伊利尔河谷方向撤退。山内前脚刚走，英印第二十三师第一旅就向卡索姆发起了进攻，师团司令部很快与留守的松村联队第三中队失去联系。

在山中摸索了两天之后，山内在肖维尔西北1公里的丛林中设立了新司令部。其间，牟田口来电说，配属坦克、105毫米加农炮、150毫米榴弹炮各一个中队的第六十七联队即将归建，他们将在歼灭卡索姆的英军后前来会合。山内望眼欲穿地苦苦等了7天，连援军的人毛都没看见一根。4月25日，心急如焚的山内终于倒下了，高烧38度卧床不起。军医部长告诉参谋长冈田，山内胸部另有疾患，必须尽快送往后方医院。但现在四周都有英军出没，就是想送也送不走。冈田只好叮嘱军医，暂对师团长隐瞒病情。山内一直以为自己只是患了感冒，休息一下就会好的。

4月28日傍晚，肖维尔附近出现了英军巡逻队的身影，司令部只好再次转移。10天之后，山内在乌克鲁尔以南4公里处设立了新司令部。此时牟田口的电报又到了，原定配属给第六十七联队的重炮和坦克中队划归山本支队。因科希马战事告急，拟南下增援的宫崎支队无法成行。第十五师团必须依靠现有力量，尽快突破英军防线进入英帕尔平原——牟田口此时闭口不提向天皇生日献礼了，山内本已很重的病情瞬间又加重了几分。

师团司令部连个安全地儿都找不到，前方作战部队的境况肯定好不到哪里去。尾本联队无力阻挡英印第二十三师的迅猛攻势，逐渐撤退到4057高地以北的钦带附近，5月4日再度收缩到4955高地和萨丹古一线。此时他们别说进攻，连防守都守不住了。随着英印第五师和第二十三师相继投入反攻，山内师团节节败退，英帕尔北方压力骤减。罗伯茨成功将第十五师团司令部和第五十一联队逼退到利坦以东32公里一线，各部日军被搅得七零八落，很多部队失去联络。罗伯茨致电军司令官斯库恩斯：“日军已经很难在北方发起值得注意的攻势了。”

5月7日后的数周里，英军第二师第五旅位于科希马山岭左翼，第六旅集中在加里森山正面，已经赶到战场的英印第三十三旅位于科希马山岭最南侧，正配合第四旅逐渐蚕食日军防御阵地，进展之慢，犹如龟步。正如后来斯利姆所言：“我们的部队再次发现，靠近日本人的某个掩体是一回事，进入它是另一回事。”5月11日，第四旅新任旅长西奥博尔兹准将在前线督战时，被日军投出的手榴弹炸成重伤，数日后不治身亡。几天之后，火线接替旅长职务的斯科特中校被日军狙击手打成重伤，旅长职务暂时由彼得·桑德斯中校接任。

5 月 12 日，噩运降临到第五旅头上。旅长维克多·霍金斯准将在科希马山村被日军狙击手打成重伤。霍金斯受伤部位有些尴尬，子弹射穿了他的右手和睾丸。伤愈出院时，霍金斯戏谑地告诉第六旅参谋大卫·威尔逊少校："这事儿能让你学到点儿什么，大卫。记得在前方有敌人时，千万别用手去搔你的关键部位，不管那里当时有多痒。"

连日激战导致日军伤亡惨重。为弥补一线兵员缺额，第五十八联队将尚能移动的伤病员全都推上了一线，缺胳膊少腿和身患疟疾者同样无法幸免。到 5 月 11 日，已无力派出增援的佐藤下令逐次放弃 GTP 山岭、补给山、货栈山和监狱山等要点。12 日，英军坦克顺利通过了货栈山和监狱山之间的公路。13 日，英军多塞特郡团第二营在坦克配合下将日军逐出居馆区，付出的代价是伤亡 75 人，他们在阵地上清点出 60 具日军士兵的尸体。同日，库奇·皮克特山被英军攻克。在日军首次进犯 37 天后，英军全面收复科希马山岭。但佐藤师团仍牢牢占据山岭东北和西南多处阵地——从那加山 5120 高地一直到阿拉杜拉高地。英军想打通科希马—英帕尔公路，必须将上述日军全部逐出。

5 月 19 日，英军第五旅第四任旅长韦斯特准将向 5120 高地发起进攻，不出预料，再次铩羽而归。斯托普福德调整部署，用英印第七师替换下伤亡惨重的第五旅。但他们在 24 日、25 日的进攻依然未能啃下日军一寸阵地，仅第十五旁遮普团第四营就伤亡了 443 人。佐藤给守军下达的命令在英国人眼中简直不可思议："你们要奋战到最后一人。即使战死，你们的灵魂也要继续战斗下去。"

相对而言，英军在进攻和防守中的持续性和忍耐力远远不如对手，他们采取的是相对理智的作战方式。格罗弗少将的话充分表明了这一点："在步兵攻击之前，使用你所有的大炮和炮弹将敌人干翻。一门大炮或一辆坦克在一周内就可以建造出来，但一名步兵需要 20 年的成长时间。一名战士一旦被射杀，他的任何东西都无法重新使用。人一旦死去，一切就会灰飞烟灭。"

面对英军的步步进逼，彪悍的日军渐渐不支。佐藤清楚，如果再无补给送来，他的部队终将迎来全面崩溃的那一天。自渡江以来，第三十一师团只 4 月底接受过少许补给——500 发炮弹和一些烟酒，5 月下旬炮弹即将告罄，更要命的是没有得到一粒米。在携带的3周干粮全部吃光之后，日军现在全靠“现地征发”实际就是抢劫了。向军司令部求援只换回一封毫无用处的电报：“继续执行任务，直到弹药耗尽。如果你们手臂断了，就用你们的牙齿。如果已经停止了呼吸，就用你们的灵魂战斗。缺乏武器和粮草完全不是理由。”跟佐藤下达给士兵的命令基本是一个意思。

万般无奈，佐藤索性跳过牟田口，直接给第五飞行师团田副发去求助电报：“一发子弹一粒米的补给都没有，只能靠夺取敌人的子弹和粮食坚持攻击。恳求贵部实施空投。敌人阵地上不仅空投了粮食、弹药，还有大量补充兵员。对此我们只能感慨！感慨！”

田副对此爱莫能助。他办公桌上还放着山内发来的求助电报：“在前线要发动进攻时，却没有粮食和弹药。在暴雨和泥泞之中，队伍因伤病和饥饿战斗力渐失。正是由于牟田口的无能，才使部队陷入如此悲惨的境地。”电报中如此明目张胆地指责上司，一向还算含蓄的山内也基本礼貌都不要了。

佐藤对山内的说法举双手赞成，战后他在回忆录中这样写道：“本次作战被冠以‘解放印度’的‘大义名分’，那么如此大规模作战至少应由大本营立案，在南方军指导下由缅甸方面军负责执行。现在仅让一个不称职的牟田口担当如此重任，实在可笑至极！”田副手中能出动的飞机不足百架，还必须抽出一部分对付后方的“钦迪特”，保护岌岌可危的后方补给线。凝视着参谋送来的电报，田副一脸严肃，一言不发。

尽管麦克阿瑟已经发起了荷兰迪亚登陆作战，尼米兹第五舰队也对马里亚纳群岛虎视眈眈，东京大本营并未完全忘记“乌号作战”。4月下旬，东京对作战中出现的胶着状况已经流露出不安。4月26日上午，东条在向裕仁面奏战况时，特意陈述了“乌号作战”面临的严峻形势。回到首相官邸之后，东条命令次长秦彦三郎立即出发到前线视察。

当天下午，秦彦三郎在总务课长柴田芳三、作战课参谋杉田一次——就是当年在新加坡给山下奉文和帕西瓦尔当翻译的那位，此人在瓜岛也露过脸，出镜率仅次于大名鼎鼎的辻政信，还是“密苏里”号投降仪式上的日方代表之一，战后以中将军衔出任自卫队陆军参谋长——陪同下飞往新加坡。此外，已晋升大佐的辻政信也已到了缅甸，职务是刚成立的第三十三军作战参谋。

4 月 28 日，秦彦三郎向南方军总参谋长饭村穰——原总参谋长黑田重德已于 3 月 27 日赴马尼拉出任第十四军司令官——了解战况。南方军高级参谋堀场一雄和航空参谋大贺时雄说，英帕尔之战已取得 90% 成功。秦彦三郎非常满意。但杉田认为，开战近两个月来，南方军众参谋没一人到过前线，怎能轻易得出如此乐观的结论？毕竟人家来自上层机关，饭村派兵站主任参谋山口英治、作战参谋甲斐崎三飞往缅甸，了解前方详细战况。

5 月 2 日，秦彦三郎一行来到仰光。缅甸方面军司令官河边、参谋长中和继任高级参谋青木一枝汇报了有关战况。还是现场人说话实在，三人一致认为，英帕尔作战成功率只有 80% ~ 85%。听完汇报，秦直接飞回新加坡，杉田和田中暂时留下，与到过第十五军的方面军参谋后胜交换了意见。

后胜向杉田汇报说："英帕尔作战意义不大，即使获胜也不能改变总体战局。考虑到敌我双方战斗能力、补给能力、敌军抵抗热情高涨等因素，除非奇迹发生，敌军自动撤退或投降，否则根本不可能取得成功。但统帅部不希望看到第十五军撤退。考虑到补给和雨季即将来临，可以再进行一次全力一搏的攻击。但不管成功与否，都必须在 5 月底前结束作战。"在与方面军兵站参谋仓桥和已升任第三十三军参谋长的片仓衷交换意见之后，杉田于 5 月 5 日飞回新加坡与秦彦三郎会合。杉田坦承，英帕尔之战前景暗淡。随后 3 人去了苏门答腊和爪哇岛，5 月 14 日返回东京。

15 日一大早，作战课长服部卓四郎就急不可待地召见了杉田。针对杉田的说法，服部指出，南方军向缅甸派出的山口和甲斐参谋已经向东京递交了相对乐观的报告，此时对前景轻言悲观，实在不妥。杉田认为大可不必，依然坚持自己的观点。

当天上午，首相、陆军大臣、参谋总长东条在作战室听取了秦的专题汇报。参谋本部各部部长、部分重要课长参加会议。为了不刺激众人的神经，秦特意回避了"失败"或"不成功"等敏感词。最后他说："英帕尔之战看来是非常困难的。"

东条对秦彦三郎的汇报失望透顶，脸瞬间拉得比驴脸还长。这是他力主实施的作战，怎能如此轻言失败？东条斥责秦散布失败主义言论："怎能只听了一位年轻参谋的报告就回来了？战争不到最后，是无法预测结果的，如此懦弱怎么能行？”东条还指望用英帕尔的胜利振奋国民的低迷士气，转移公众对马绍尔群岛失守、特鲁克遭袭的注意力，保住自己的首相位置。“这一战必须进行到底！目前英帕尔作战已成为一个世界性问题，缅甸方面军必须不惜一切代价拿下英帕尔，战至最后，绝不胆怯。”作战室里气氛尴尬，秦彦三郎对东条的质问一言不发。

“我要是秦彦三郎，”战争指导班种村佐孝在日记中写道，“就会摘下参谋肩章，冲上去狠狠地揍他一顿！”

即使没有东条的表态，牟田口也不会轻易放弃费尽九牛二虎之力争取来的英帕尔作战。他认为必须尽快改变战术，打破僵局。既然精心策划的三面突击已不可行，不如在某一方向实施重点进攻，形成突破。山内第十五师团兵力最弱，短时间内无法加强，英帕尔北方的复杂地形也不利于大部队展开。东南方向山本支队虽作战积极，但以目前态势来看，快速突破谢南山口难上加难。思前想后，牟田口将突破口选在了柳田师团主力负责的西南方向。那里交通相对便利，便于兵力快速集结和弹药输送。趴在地图上端详了半天之后，牟田口将进攻目标选在了英帕尔南大门比申普尔山口。

眼下还有一个突出问题，即使从山本支队调来重炮和坦克部队，但若仍由懦弱且毫无斗志的柳田指挥，突破毫无希望。思忖再三，牟田口决定快刀斩乱麻，战场免去柳田师团长职务，这在日本陆军史上极为罕见。从之后山内、佐藤被接连免职的效果来看，牟田口此举非但未起到杀鸡骇猴、整肃军纪的目的，相反使第十五军上下离心离德，迅速土崩瓦解。临阵换将素来为兵家大忌，何况在激烈战斗进行之中？指望继任者在同样条件下迅速打开局面，显然不太现实。

5 月 9 日，牟田口同时致电方面军河边、南方军寺内和陆军大臣东条，请求速派人来接替柳田的师团长职务。河边也对柳田的畏畏缩缩非常不满，认为让他继续留任有害无益。既然牟田口已经把话挑明，河边也乐得做个顺水人情，恶人还不用自己背。他立即向新加坡和东京发报，同意牟田口的换人意见。东京办事效率非常之高，5 月 10 日清晨，驻泰国曼谷第二十九独立混成旅团旅团长、一脸大胡子的田中信男就接到了速赴印缅边境，顶替柳田的命令。

河边觉得，以目前牟田口手中的羸兵，打破僵局难度极大。当务之急，是尽一切努力对第十五军实施增援。出于上述考虑，方面军司令部陆续颁布了一系列命令：

4 月 30 日，第二十八军第五十四师团岩崎胜治第一五四步兵联队第二大队，第五十四野炮联队第一中队受命转往英帕尔方向。该部 5 月下旬抵达比申普尔后，归第三十三师团直接指挥。

5 月 5 日，暂归第三十三军指挥用于剿灭“钦迪特”的濑古三郎第六十七步兵联队第一大队（欠第一、第三中队）重归第十五军序列，投入比申普尔方向——山内望眼欲穿盼来的部队归人家指挥了。第三十三师团第二一三步兵联队久保正雄第一大队奉调伯莱尔，归山本指挥。

5 月 14 日，第三十三军第五十三师团桥本熊五郎第一五一步兵联队（欠第一大队）转调比申普尔方向，归第三十三师团指挥。

5 月中旬，南方军从苏门答腊调佐藤源八第四师团第六十一步兵联队（欠第一大队）增援缅甸，该部于 7 月下旬与山本支队会合。

另外，河边还拟将驻守伊洛瓦底江三角洲地区的第二师团主力北调英帕尔地区，因惧怕盟军趁机发起两栖登陆最终作罢。尽管调来了如此多援兵，日军在兵力上仍处劣势。日本作家山冈庄八形象地将日军此时的作战形容为“用一平方米布去包十平方米物品”。

英日双方围绕英帕尔和科希马大打出手，在缅北，中国驻印军和美军“劫掠者”部队也来凑热闹。4 月 4 日，史迪威发布驻印军第十二号作战命令，廖耀湘新二十二师、孙立人新三十八师及战车第一营在总部直属炮兵支援下，向田中第十八师团盘踞的加迈发起攻击。这是继胡康河谷战役之后，中美联军发起的孟拱河谷战役。英国人对史迪威发起的本次作战并不赞成。蒙巴顿向丘吉尔汇报说，占领孟拱河谷及密支那地区至少需要五个步兵师、一个伞兵师外加一个突击旅。即使能得到这么多部队，在年底之前发起反攻也非常困难。史迪威根本不理会名义上司的反对，毅然发起本次作战。面对中美联军的步步进逼，实力已严重削弱的田中师团抵挡不住，且战且退。

进入 4 月，印缅地区几乎所有盟军部队都投入了战斗，只有滇西怒江东岸的中国云南军按兵不动。当英帕尔和科希马危机突然来临时，史迪威答应给斯利姆以最大帮助，尽管他忍不住对此挖苦道：“英国佬在英帕尔终于紧张起来了。”在斯利姆一再敦促下，史迪威决定再飞一次重庆，说服蒋介石从滇西出兵，尽管他知道成功希望渺茫。早在胡康河谷战役发起之前，他已做过类似尝试，毫无效果。此刻如果云南军发起渡江作战，对日军的打击将是致命的，对其他战场也是一种间接支持。史迪威答应去说服蒋介石还有另外一层原因，日军进攻科希马已严重威胁中国驻印军的后勤基地。迪马普尔一旦有失，史迪威发起的缅北作战势必功亏一篑，很可能重蹈1942年悲惨撤退的覆辙。

飞越“驼峰航线”的史迪威心情抑郁：“如果我无法说服‘花生米’，我们为这个季节谋划的所有行动就彻底完蛋了。”但蒋介石在出动云南军问题上毫不妥协，仅同意4月初将第五十、第十四两个师空运印度，支援史迪威在孟拱河谷和密支那的作战。其余问题，等缅甸雨季结束再说。史迪威知道自己在蒋介石眼中的分量，他只能一再敦请华盛顿，催促重庆尽快从滇西出兵。马歇尔发往重庆的电报遭到蒋介石断然拒绝，“如无缅南大军发起两栖登陆，则我驻滇部队入缅作战，只能自取灭亡”。蒋介石对把这样一个战役列为重点提出疑问，他现在更关心的是在中国的日本人。

3月20日，马歇尔在第四次发往重庆的电报中指出：“目前史迪威驻印军正在向日军第十八师团发起进攻，英军‘钦迪特’严重威胁着田中的后勤补给线，此正是云南军发起渡江作战，收复腾冲、龙陵的绝佳机会。”蒋介石、何应钦、徐永昌不为所动，一直拖到28日才勉强给华盛顿回了电报：“目前盟军并无在缅南登陆的打算，日军兵力调动极为方便。此时进攻腾冲、龙陵势必遭受重大损失，影响之后的全面反攻。还是等雨季结束，各方面准备充分后再发动反攻。”

重庆迟迟按兵不动，当然有自己的苦衷。3月下旬军令部收到的情报显示，日本中国派遣军正在武汉和豫北一带集结兵力，似有大举进犯之企图。蒋介石认为，中国应竭力避免两线作战。但他的做法彻底激怒了美国人。4月4日，罗斯福亲自给蒋介石发出一封措辞严厉的电报：“据我观察，贵方火速前进攻占腾冲、龙陵的时机已经成熟，在萨尔温江（怒江）抵抗你的只是日军一个徒有其名的师团，贵军西进必定马到成功。仅仅是为了利用这样一个时机，我们过去一年里一直在装备并训练你的精锐部队（云南诸师）。如果不能为我们的共同事业使用他们，我们有什么理由为空运装备和提供指导人员做出不屈不挠的努力呢？”

蒋介石依然保持沉默。怒不可遏的马歇尔10日颁布命令，暂停援华物资划拨，俟中国云南军出动后再予恢复。史迪威立即做出呼应，原定4月拨给云南军的 734 吨物资全部移交陈纳德“飞虎队”。蒋介石意识到，不能再拖延下去了。如果没有美国的援助，重庆政权维持不了多久。4 月 13 日，军令部终于出台《远征军策应驻印军作战指导方针》，拟以霍揆彰第二十集团军作为攻击部队渡江作战，宋希濂第十一集团军驻守怒江东岸要地，防备日军可能的进攻。

5 月 11 日拂晓，中国第二十集团军 32000 名官兵沿怒江 150 公里 12 个渡口实施强渡，向日军据守的拉孟、龙陵、芒市、腾冲等地发起猛烈进攻。蒋介石致电勉励卫立煌、宋希濂、霍揆彰及远征军将士，“此次渡江出击战之胜负，不仅关乎我国军之荣辱，且为我国抗战全局成败之所系。务希各级将领，竭智尽忠，达成使命”。

5 月 13 日，蒋介石致电罗斯福：“闻近日尊体康复，无任欣慰。中国远征军已于昨日强渡怒江完毕，现正向敌军猛烈进攻之中。中国甚愿竭尽绵薄，能策应盟军在印缅之作战有所补益，以副阁下之殷望。”之后他开始了惯常的哭穷，“惟中国本为贫弱之国，加以今日七年之抗战，其艰辛困苦，甚于其他之盟邦，必为阁下所深悉。而且中国战场，一方面在其战场中心河南平原作战，正在大规模发展之时；而另一方面又欲在怒江作战同时进行，以中国疲弱之身，而担此两面作战之重任，其艰辛之状更倍于往昔，尚望阁下体谅此苦情是荷。”也算是对之前屡次拒绝出兵的一种解释，给自己找个台阶下。电报发出 12 天后，5 月 25 日，老酒的家乡，古城洛阳陷落。

得知云南军终于出动，史迪威表示“深为欣悦，此举将大大激励在缅甸丛林间作坚韧奋斗之中国部队之士气”。丘吉尔致电蒋介石表示“无比欣慰”。一向大力支持中国的陆军部长史汀生说：“滇西中国远征军怒江出击，是过去一周东南亚盟军作战最重要的新闻。”

为了对付中国驻印军和“钦迪特”部队，4 月 8 日，东京下令编成之前悬而未决的第三十三军，任命本多政材为司令官，片仓衷任参谋长。该军下辖第十八、第五十三、第五十六等三个师团，主要负责对中国驻印军和云南军的作战。值得一提的是，该军作战参谋就是我们久违了的辻政信——他已于 1943 年 8 月在陆军大学教官任内获得晋升。在此之前，辻是中国派遣军总部第三课课长。美军飞行员本杰明·帕克被杀掉炖肉吃就发生在辻到缅甸后的 1944 年 9 月 26 日。到 1944 年 5 月，所有印缅战场的盟军部队全部投入战斗，仗越打越热闹了。

云南军发起渡江作战让史迪威备感振奋，但天空浓云密布的不祥之兆又使他担忧，1944 年缅甸雨季提前来临了。史迪威决定孤注一掷，赶在大雨到来之前攻占密支那。这个具有战略意义的铁路枢纽位于中国驻印军东南方向 200 公里，而他的主力部队仍在孟拱河谷的“老鼠洞里埋头苦干”。史迪威要求“劫掠者”部队与中国军队一起奇袭密支那，这需要一次穿过茂密丛林、翻越 2000 米山岭的长途急行军。4 月 28 日，刚刚出院的梅里尔上校集结了自己的 1400 名士兵，准备做最后殊死一搏。史迪威在日记中写道：“事已至此，成败在此一举。”5 月 17 日 15 时 30 分，史迪威收到了“劫掠者”副总指挥查尔斯·亨特上校发回的信号，“威尼斯商人”表示中美联军成功夺取城郊 6 公里处的密支那机场。史迪威享受了欣喜若狂的一刻，他在日记中写道：“这一定会把那些英国佬气死的！”但真正夺取密支那，还需要花费更多时间和精力。

英国人不赞成中国人发起缅北攻势，史迪威并未将奇袭密支那行动告知斯利姆和蒙巴顿。当丘吉尔发来电报，要求知道“美中军队是如何凭借如此卓越的壮举让我们踏上密支那的土地”时，蒙巴顿感到无比愤怒。两天后，他郁闷地给史迪威发出了象征性的祝捷电报，“凭借你的大胆领导，你完全令敌人惊慌失措，实现了夺取密支那机场的丰功伟绩，在军事史上写下了光辉的一页”。蒙巴顿同时指出，正是“钦迪特”在后方大肆破坏日军交通线，才使史迪威的奇袭行动取得成功。史迪威对上司的祝贺并不领情，他的司令部随时欢迎斯利姆，但不欢迎蒙巴顿。后者上次来视察有 16 架“飓风”战斗机护航，“他来往一次消耗的燃料足够我的部队用一星期了”。盟军占领密支那机场意义重大，1944 年 5 到 10 月，有 14000 架次运输机经这里飞往中国，运送物资超过 4 万吨。

5 月 4 日，斯利姆收到了空军参谋长理查德·皮尔斯上将发自伦敦的电报。皮尔斯说，根据 4 月达成的协议，缅印战场借用的预定用于地中海作战的 79 架运输机，须在 5 月 8 日前归还。因公路迟迟无法打通，目前空运是英军调兵及运送补给的唯一手段。从 4 月 18 日起，英军除用 760 架次运输机将英印第五师运抵战场之外，平均每天还向前线运送物资 148 吨，5 月增至 184.8 吨，6 月达到惊人的 362 吨。掌握制空权并大规模实施空运成为英军打赢英帕尔和科希马之战的关键因素。此时如果将运输机调走，后果不堪设想。

斯利姆吓唬蒙巴顿，如果现在调走运输机，势必导致日军迅速进抵迪马普尔和阿萨姆铁路，切断史迪威驻印军及“钦迪特”的补给线，第四军也将丢下大部分装备撤出英帕尔平原。虽然稍有些危言耸听，但这种可能性并非完全不存在。蒙巴顿指示他“可以完全不理会伦敦的命令”，离原定还机时间6月15日还一个多月呢。蒙巴顿直接给丘吉尔发电报，并很快收到了首相回电：“不要让你获胜所需的任何东西离开这场战斗，我不会允许任何方面否定这一切，我会全力支持你！”危机暂时解除。但斯利姆清楚，必须在最短时间内打通陆上通道。

在英帕尔以南地区，河边和牟田口在调兵遣将，谋划实施重点进攻。与此同时，之前一直被敌人撵着屁股打的斯库恩斯和科恩也在策划一次反攻，试图将日军逐出比申普尔地区。5月5日，卡梅伦准将受命，率第四十八旅两个主力营2000人绕罗格塔克湖东南实施大范围迂回。科恩的作战计划是，到达托邦地区的卡梅伦部队突然向北发起攻击——形成斯利姆通常所说的铁砧——伯顿准将第六十三旅——此为铁锤——向南攻击前进，与卡梅伦旅形成南北夹击之势。

5月16日清晨，隐秘行军至托邦的卡梅伦接受了一次补给空投，之后率部在萨洛伊洛克掐断了通往北方的公路。日军第十四坦克联队正在由伯莱尔向比申普尔转移。5月17日，发现身后突然出现一股英军的日军大惊失色。第三十三师团迅速组织迎战。由于并不清楚英军的规模，第三十三辎重联队联队长松木雄吉派出配属的兵器勤务队约50人，向英军据守的托邦隘口发起夜袭，被人数占绝对优势的英军轻松击退，8辆企图强行穿越英军路障的日军汽车被全部炸毁。

5月18日清晨，临危受命的田中信男抵达楚昌普尔。还未来得及与部队会合，他就听到了后方交通线被英军掐断的不幸消息。田中立即发布命令，最早向楚昌普尔靠拢的濑古大队于当天午夜赶往战场，在松木的指挥下向英军发起反击，打通公路。19日晨，濑古投入进攻的150名日军亡52人、伤20人，毫无战果。20日，他们的第二轮进攻同样被英军击退。两天激战下来，濑古大队可战之兵仅剩19人，英军阵地岿然不动。

21日，日军第五十四师团第一五四步兵联队岩崎胜治第二大队、第十四坦克联队一个中队赶到楚昌普尔，随即以坦克开路向英军阵地发起冲锋。英军根本未料到此处会出现日军坦克部队，之前为方便行军，他们并无携带多少重武器。卡梅伦呼叫“飓风式”战斗机前来增援，岩崎大队还是在23日凌晨1时突入英军阵地，岩崎在激战中身负重伤。

陷入重围的卡梅伦苦苦支撑，等待伯顿从北方发起策应攻势。计划中的铁砧已经形成，但铁锤迟迟无法落下，伯顿举锤的手被日军死死拽住了。第六十三旅的进攻一开始就遭到日军顽强抵抗，进展缓慢。一部英军奋力拿下了托克帕·库尔以西的三瘤高地，解除了日军对西尔恰尔小径的威胁，在无意中切断了第三十三师团司令部与前方两个联队的联系。但日军第二一五联队及时回援，将第六十三旅死死缠住。伯顿和卡梅伦无法形成呼应，“铁砧”和“铁锤”只好各自为战。

5 月 23 日，在位于莱玛奈的第三十三师团司令部，柳田将指挥权移交田中，同时表达了对未来战况的悲观，“完全没有任何希望，战况每时每刻都变得对我方不利，全军覆没不过是个时间问题”。田中在日本陆军中以勇猛著称，当年还是第十五联队第二大队大队长时，就因在与东北抗联的战斗中表现“出色”，被冠以“马占山”的绰号。上任途中，田中在日记中写下了豪言壮语：“战争是对阵双方精神意志的较量，唯有以钢铁般的意志积极执行任务，才是报效国家的唯一方式。接到命令就一味哭诉，并且提出软弱意见的行为，应当一律禁止。”对柳田的善意劝告，田中根本不予理睬，蔑称为“秀才的柔弱呻吟”。

田中清点了队伍，发现师团主力已减员 7416 人，作间联队可战之兵只剩 200 人、笹原联队还剩 250 人时，他“钢铁般的意志”瞬间崩塌了。“如果照这样打下去，整个师团很快就将全军覆没！”从此闭口不谈意志论的田中这样告诉在前线视察的军高级参谋木下秀明。那边柳田还没走多远，田中的看法就和他完全一致了。

为了打好可能是最后一次的进攻作战，5 月 13 日，牟田口在第三十三师团司令部后方莫隆开设了前线指挥部，直接插手前线战斗。牟田口计划以笹原第二一五联队攻打格兰加尔东侧高地，作间第二一四联队切断英军增援路线，对比申普尔实施夹击。此时笹原和作间名义上是联队长，手下残兵还不足一个步兵大队。进攻作战预定 5 月 20 日打响。当天凌晨 2 时，作间联队第一大队 380 人在新任大队长森谷勘十——前任大队长斋藤满于 5 月 5 日阵亡——从正北猛攻比申普尔，砂子田率第二一三联队第二大队主力（欠两个中队）从东南迂回波特桑班英军阵地，对比申普尔实施夹击。作间联队重整后的第二大队约 500 人离开农安向东北方向运动，攻打公路靠近罗格塔克湖一侧的2926高地——这是日军在南方最接近英帕尔之处。

在英军顽强阻击下，日军三路攻击全线受挫。日军几乎用光了所有炮弹，英军坦克如入无人之境，在战场上纵横驰骋，撵得日军士兵无处藏身。攻击发起后第三天，身患痢疾的作间强撑虚弱的身体，拿起电话向师团司令部求援，换来参谋长田中的一通臭骂。26日，第一大队70名残兵冲入比申普尔北部英军一处指挥所，一个也没能出来。第二大队至31日全面溃灭。到5月底，作间联队的两个大队只有零星人员逃回：第一大队380人逃回20人，第二大队500人逃回40人。除了从南方公路急速赶来的田中稔200名官兵外，作间联队就剩这么点人了。

笹原联队对格兰加尔以东高地的攻击尚未发起，就接到了师团司令部的新命令，速速夺回被英印第六十三旅占领的三瘤高地，那里距师团司令部仅600米。笹原联队连续两天的猛攻虽未撼动英军阵地分毫，却将伯顿部队死死拖住，使之无法南下与卡梅伦部会合。刚刚来到前线的田中就面临这样一个烂摊子。他下令调宁索康的砂子田大队西进，配合笹原联队发起进攻，先解除英军对师团司令部的威胁。日军攻击因缺乏重炮等攻坚武器，一直到28日都毫无结果。笹原联队各中队可战之兵最多7人，最少2人，加起来每大队兵员不超过40人。和作间联队类似，笹原联队完全丧失了进攻能力。

对日军作战之顽强，即使是痛恨他们的斯利姆也由衷钦佩："一支像第三十三师团这样减员、挨打、疲惫不堪的军队发动如此凶猛的进攻，目标并不在于使自身得到解脱，而是为了实现它最初的攻击意图，在历史上难得有这样的例子。无论人们怎么看待如此追求一个毫无希望的目标的军事智慧，毫无疑问，进行这些尝试的日本士兵有着过人的勇气和毅力。我不知道有哪支部队可以和他们相提并论。"

友军迟迟无法南下接应，英军第四十八旅固守的萨洛伊洛克阵地日益孤立。5月25日，卡梅伦只好率部以紧密队形沿公路北撤。日军紧追不舍，试图合围并歼灭这支胆敢偷袭自己背后的孤军，却始终无法突破英军后卫部队第五廓尔喀团二营的阻击。29日，第四十八旅先头部队第七廓尔喀团第一营进至宁索康，同样无法突破仅有第四独立工兵联队残兵固守的阵地，绕过村庄继续北撤。5月30日，英军"铁锤"和"铁砧"在波特桑班会合。长途行军和持续战斗导致第四十八旅损兵421人，第六十三旅伤亡数字稍小一点。英军两个旅的行动虽未取得显著战果，却将牟田口的反攻计划彻底打乱，本来担负主攻任务的作间和笹原联队全被打成半身不遂。

因为河村前来视察，牟田口将前线指挥甩给田中负责，自己率司令部成员于6月2日赶回因达英吉。让田中稍感欣慰的是，奉命增援的桥本熊五郎第五十三师团第一五一步兵联队（欠第一大队）已逐渐接近战场。

5月的缅甸到处硝烟弥漫，炮火连天，局势对日军来说随时有崩盘的危险。河边认为，为防止盟军趁机在孟加拉湾发起两栖登陆，第十五军必须在最短时间内拿下英帕尔，才能抽调兵力支援其他战场。看到前线战局胶着，河边实在坐不住了，决定带病到前线视察。5月25日，他乘汽车从仰光出发，前往第十五军司令部所在地因达英吉。

5月31日，河边途中邂逅了被战场免职的柳田。谈起目前难局，两人禁不住唏嘘不已——相顾无言，唯有泪几行。当天傍晚，河边在因达英吉并未见到牟田口，他到比申普尔前线督战去了。在听取了参谋人员汇报之后，河边准备趁牟田口未回之际视察山本支队。前线战事之惨烈让河边触目惊心。6月5日，回到司令部的河边终于等来了“老战友”。牟田口脸庞消瘦，全身泥污，双眼布满了血丝。6日上午，两人进行了一小时密谈。牟田口正式向河边提出，更换第十五师团师团长，山内的身体已无法承担繁重的指挥任务。

河边当场予以认可，并答应继续向前线增兵。细心的河边发现，一向快言快语的牟田口总是欲言又止，一反常态字斟句酌。牟田口同样觉得，河边似乎另外有话要说。双方都不愿主动将窗户纸捅破。战后牟田口回忆说：“按照我的揣测，河边中将的真实意图是查探我对英帕尔作战是否继续进行下去的看法，‘尽可能早些停止作战吧’，这句话几次到了嗓子眼，却始终无法说出来。我希望河边能够从我的表情觉察到我想表达的这层意思。”

牟田口不愿说出口，河边也就揣着明白装糊涂。谁愿主动承担作战失败的责任呢？“可怕的阴雨天气中，站在我面前的我军将领，尤其是伯莱尔前线跟我握过手的印度国民军将士的脸庞，一直浮现在我眼前。如果我能冷静客观地分析当时的状况，肯定会下定决心终止作战了。”河边在回忆录中这样写道，“但这次作战在意料之外还有更大价值，它关乎日印两国的前途和命运。只要还有一线生机，就要坚持战斗下去。我必须尽一切努力帮助牟田口，并且不断对自己说，誓与钱德拉·鲍斯一起战斗到底！”下午离开时，河边故作轻松地勉励牟田口：“我很放心。要坚信作战成功，平安归还为要。”然后，他乘吉普车顺着泥泞的道路扬长而去。

事实上，河边一点都不放心。不等回到仰光，6 月 9 日抵达眉谬的河边就向新加坡和东京发出电报，表达了自己对战事的担忧。河边坦言，雨季来临之后，前线进攻将面临更大困难，同时请求增派空军特别是战斗机。老奸巨猾的河边只字未提终止作战。此时东京的注意力集中在马里亚纳群岛和比亚克岛方向，南方军正专注于菲律宾方面第十一号作战准备，“乌号作战”就这样继续朝悲剧发展下去。回到仰光之后，河边收到发自东京和新加坡的多封电报，在表示对英帕尔作战殷切希望的同时给予勉励，河边更不能说出心里话了。

河边亲临前线视察，丝毫无法改变战场上的不利局面。刚刚履新的田中发现，手中兵力严重不足。虽然因交通条件较好，补给状况远好于佐藤和山内师团，依然无法满足实际作战需要。作间联队的两个大队近乎全军覆没，第三大队因为行军耽误了行程，刚刚抵达战场的大队长田中稔被当场免职，接替的星野神当天就被英军炮弹炸伤。6 月 3 日，新任大队长吉冈在争夺农安以西 500 米处“弹痕山”的战斗中被毙，日军损兵逾百也无法穿越英军阵地前密密匝匝的铁丝网。

面对牟田口一封接一封的催战电报，田中纠集两个大队，终于在 6 月 6 日傍晚攻下三瘤高地，解除了英军对师团司令部的威胁。随着桥本联队两个主力大队的到来，田中决定在 6 月 21 日重启攻势。当天上午，桥本联队第三大队 300 名官兵轻松拿下森林山后，立即遭到英军炮火密集打击。大队长仲芳夫以下 205 人被炸死，逃出来的残兵不足 30 人。只剩 18 人的砂子田大队虽奋力拿下格兰加尔以南的裸山阵地，但最后冲上山顶的官兵仅剩个位数，重伤昏死的砂子田被担架抬了下来。其间，无力进攻的作间联队派出多支小分队，沿公路两侧渗透到英军后方实施袭扰。第九中队 47 名士兵竟在敌后活动达一周之久，袭击了比申普尔东北 11 公里布里巴扎的一处炮兵阵地，摧毁英军 4 辆坦克和 6 辆汽车。另一支小分队曾推进到距英帕尔仅 6.4 公里位置，这是整个战役期间日军在南方最接近英帕尔的纪录。6 月 27 日，田中在郁闷中晋升中将，师团长前面的“代理”二字也被去掉。3 天之后，田中再次对手下兵员进行清点，总损失已超过 12000 人。

田中的主力部队伤亡惨重，东北方向，山本支队减员也达到 3426 人。尽管如此，山本依然催促部下不顾死活向英军阵地发起进攻。在谢南山区，双方阵地犬牙交错，部分地段甚至连对方说话声音都听得清清楚楚。山岭和山脚下，无处不在的尸体在雨水淋泡和骄阳暴晒下膨胀腐烂，恶臭难耐，不时有苍鹰飞来啄食。伊藤因违令被解职后，山本命令谷津大治郎临时代理第二一三联队联队长职务，率部于 5 月 7 日重启对西克里特山的攻势，第三大队进攻排骨山。5 月 9 日凌晨 4 时，渐渐不支的英军西克里特山守军冲出包围圈，撤退到相对安全的排骨山阵地。当晚，日军第三大队冲上排骨山，经数日肉搏将英军逐出。到 5 月 15 日，排骨山以东区域全部被日军占据。持续恶战导致第三大队兵员锐减到 35 人。

根据牟田口的命令，从 5 月 11 日开始，第十八野战重炮联队第二大队、第十四坦克联队将陆续脱离山本支队序列，前往支援师团主力在比申普尔的作战。坦克和重炮部队调走导致山本支队战斗力急剧下降。稳扎稳打的罗伯茨少将并未急于收复排骨山，而是率部退守后方的马耳他山、直布罗陀山等要点，通过积极防御消耗日军的有生力量。日军每攻占一个山头，战斗力就要削减百分之好几十。

6 月 12 日，第二一三联队联队长温井亲光终于来到谢南山区。山本命令他从库代库诺迂回进攻伯莱尔。6 月 21 日，温井所部与英军第四十九旅在兰格尔一带展开拉锯战，部分阵地几度易手。英军利用炮火优势迫使温井在 6 月 28 日主动向库代库诺撤退，仅留小股日军对伯莱尔机场进行袭扰。7 月 3 日，井上佐三率一支 13 人夜袭队成功潜入伯莱尔机场，炸毁英军飞机 8 架全身而退，未折一人。数日之后，山田率领的 9 人夜袭队再度得手，全员返回。斯利姆称赞日军这些突袭“非常精巧”。但局部战术成功，对山本支队被迟滞在谢南山区进退两难的尴尬局面丝毫无补。

到 5 月下旬，在科希马作战的佐藤师团粮草几乎断绝。对面英军却能依赖空投得到充足补给。受气流影响，偶尔有少许英军物资飘落到敌人阵地上，日军从中捡到了英军信号弹。英军空投物资按降落伞颜色区分，红色表示弹药，白色为水，蓝色为粮食。狡猾的日军向空中发射捡来的蓝色信号弹，很快有运输机前来投下粮食。这一伎俩很快被英军识破，他们再次发射信号弹时，落下来的就不是罐头而是炸弹了。对佐藤的士兵来说，比饥饿更难忍受的是口渴。由于地处山岭，守军必须从谷底取水，极差的水质导致很多人患上痢疾。士兵中开始传唱一首叫“科希马战记”的歌曲：

> 白天有飞机，黑夜还有迫击炮。
> 冒着枪林弹雨，肉攻班再次出动，高喊着是为了祖国，
> 您真是辛苦了。
> 雨中的若开山脉不管到哪里，都抬着担架一片茫然。
> 大米和补给还没有送来，为了找粮食四处辗转。
> 您真是辛苦了。

5 月 25 日，佐藤的忍耐超越了极限。他怒气冲冲地告诉身边参谋：“看来牟田口不守信用呀！这样一来，搞不好我们要腹背受敌。”随后他向军司令部发出了一封日本陆军战史上非常有名的电报：“我部粮食已经断绝，山炮和步兵武器弹药消耗殆尽。最迟到 6 月 1 日，我部必须从科希马撤退，向能够获得补给的地点转移。”6 月 1 日，当英军向日军阵地发起进攻时，发现对面敌军出现了松动迹象。开战以来，日军战场上最大一次抗命事件发生了。

在德穆的第十五军前敌指挥部里，接到佐藤报告的牟田口大惊失色。此时正值决定“乌号作战”成败的紧要关头，实属全军危急存亡之秋，如果佐藤擅自撤退，英军将迅速打通科希马—英帕尔公路，第十五师团右翼也将完全暴露在敌人面前，局面会很快陷入崩溃。牟田口第一时间以参谋长久野村的名义回电佐藤：“得知贵师团因补给困难意欲抛却至今勇战之成果，放弃科希马一带阵地，甚为担忧。尚需贵部将现有态势维持 10 天，使本军得以完成英帕尔攻略，而后可以军主力增援贵师团。本军自会奖赏贵师团的战功。切记，果敢的行动将会使神鬼让路。”

看到以参谋长名义发来的电文，佐藤仰天大笑。他告诉参谋长加藤国治：“如果继续执行这样无理的命令，我数万将士都将成为他乡饿鬼。雨季即将来临，必须趁洪水切断道路之前尽快撤退！从现在开始，发往军司令部的所有电报都必须由我亲自起草。”说完，他给军司令部回电：“军参谋长之电文，确实表达了体谅之意。然而按照军部意思，是让我师团自生自灭。开战至今，军司令部非但

没派来一名参谋，也未送来任何补给。目前我师团粮食全无，伤病情况持续增加。鉴于上述状况，我认为，军司令部之意就是让师团长自行处理所有事务。”

佐藤此举纯属迫不得已。对面英军第二师和英印第七师已经发起了猛烈攻势。日军剩余炮弹总数不超过200发，对方每分钟打过来的炮弹就超过30发。负责中路防御的第三十一山炮联队联队长白石久康已经发回了诀别电报，他们即将被英军合围在5120高地一带。如果中路防线被突破，佐藤师团将被完全分割，南北不能相顾。如果任由战局如此发展，日军很快将被英军合围。5月31日午夜，佐藤向右路和中路部队下达了撤往杰德玛的命令。次日清晨，佐藤再次向军司令部发出了电报：“占领科希马两月以来，我烈兵团始终在浴血奋战，早已超过人类能承受的极限。目前刀折矢尽，我只能强忍眼泪，下令各部从科希马撤退。待日后再来祭奠阵亡将士之英灵。现在看到这个情况还不流泪的，那他简直就不是人！”

文字虽写得颇为感人，但佐藤擅自撤退、抛弃友军的既成事实无法改变。对与第三十一师团战线相连，同样在苦苦支撑的山内师团而言，佐藤此举将导致他们右翼完全暴露在英军的直接攻击之下。佐藤这种做法竟在战后给他换来了“仁将”的“好名声”。后来作为证人出席东京审判时，佐藤说：“牟田口平时看起来非常厉害，但其实非常胆小。对普通人来说自然无所谓，但作为军司令官不能胆小。失败时必须有承认失败、让部队撤退的勇气。牟田口缺乏的正是这种勇气。”

看到电报中“那他简直就不是人”一句话，牟田口气得话都说不出来了。佐藤你小子竟把老子看成不管士兵死活的畜生了呀！眼看局势无法挽回，牟田口只能强忍愤怒，给佐藤发出一份急电：“万不得已之时，第三十一师团可以向阿拉杜拉—卡拉索姆一线撤退，其间，将有新命令下达。”此时也不再称呼“贵师团”，佐藤瞬间便宜了。

6月2日午夜，佐藤接到了新命令：“第三十一师团以步兵指挥官指挥四个步兵大队和一个炮兵大队，确保阿拉杜拉及索杰玛地区，阻敌南下。师团主力转进至乌克鲁尔一带接受补给。此后与第十五师团左翼取得联系，向英帕尔发起攻击。攻击准备完成时间为6月10日。”

无论如何，佐藤擅自撤退属于不折不扣的违令事件。牟田口连续追加的两道命令，至少部分挽回了佐藤的名誉损失——当然部下违令，牟田口脸上也不好看。对牟田口的好意，佐藤丝毫都不领情。在他看来，在未得到任何补给的情况下，8 天之内完成进攻英帕尔的准备纯属扯淡。佐藤测算，部队撤至乌克鲁尔至少需要 20 天，那里有无粮食尚属疑问。况且让同样缺粮少弹的宫崎支队封锁英帕尔公路，抵挡英军两个师以上兵力的攻击，绝无可能。他认为此时牟田口很可能已疯掉了，殊不知牟田口也正在努力给他寻找一个类似的鉴定。

5 月 31 日午夜，佐藤命令各部依次撤出阵地，向东南方向徐徐退却。还有一点，佐藤并未将擅自撤退的消息告知和他背靠背的第十五师团。首先，战场撤退毕竟不是什么光彩事情；其次，他认为牟田口一定会通知山内的。负责断后阻击并继续执行切断公路的艰巨任务，交给了驻守科希马山岭以南阿拉杜拉地区的宫崎支队。此时宫崎身边的部队包括：石堂惠二第一二四步兵联队第一大队 350 人，竹田正信第五十八工兵联队第一中队 70 人、第五中队 30 人，铃木孝第三十一工兵联队本部及一个中队 120 人，一个山炮中队和一个无线电分队，加上支队司令部成员总共不到 700 人。佐藤对宫崎的兵力非常清楚，他知道以如此兵力对抗数万英军，最终只能是死路一条。但他依然狠下心来，像牟田口对待他那样给宫崎下达了不可能完成的命令。电话最后他告诉宫崎："千万不要死啊！"佐藤留下宫崎执行如此艰巨的任务，一是为应付牟田口，二是让他们迟滞英军追击，为主力撤退争取时间。

我们无法想象，在接到佐藤的阻击命令时，宫崎是什么样一副表情。开战以来，宫崎一直把钦敦江畔一个土著村落村长赠送的小猴"小不点"放在肩上，用以激励手下将士。他心里清楚，师团主力尚难抵御的敌军压力，凭他数百羸兵是万万承担不起的。工兵没有炸药和工具，区区两门山炮只剩数发炮弹，几天后无线电电池也将用完，形势对他来说是绝望的。战后宫崎回忆说，对佐藤断然决定撤退、挽救濒临崩溃的第三十一师团的行为表示理解，但对他关于断后部队的部署给予了猛烈抨击，"对执行这种明显胡来的任务，非常愤慨，我部已做好了全员战死的准备"。那次电话之后，宫崎再未和佐藤联系过。就在宫崎硬着头皮部署防御的同时，英军已穿越科希马山岭东面山谷，陆续占据戴尔山、疙瘩山、大树山等高地。宫崎支队、第一二四步兵联队余部与师团主力的联系被彻底切断。

科希马之战接近尾声。现在英军的任务是一鼓作气，一举打通科希马—英帕尔公路。但他们行动实在太慢，攻击也显得软弱无力，弹尽粮绝的宫崎支队竟然顶住英军一轮接一轮的冲击达 13 天之久。6 月 14 日，英军两个营突破宫崎支队维斯威玛最后防线。6 月 17 日，宫崎率残部向东撤走。在斯利姆多次催促下，斯托普福德派出一支装甲部队姗姗南下。

在吉法德和斯利姆看来，正是英军第二师行动太过迟缓，才搞得科希马之战跌宕起伏，险象环生。7 月 5 日，格罗弗少将被战场解除师长职务。事实上对科希马之战，斯利姆和斯托普福德同样负有不可推卸的责任。前者直到 4 月初才看出科希马是日军主要攻击目标，他们来的是一个师团，而不是预料中的一个联队。后者竟然将先期到达的一个旅撤出科希马派往后方，这是英军在科希马犯下的最大错误。

在科希马战斗中，英军伤亡 5718 人，在桑夏损兵 850 ~ 1000 人。英军记录击毙日军 3384 人，打伤 3931 人，俘虏 87 人，总计 7402 人。英军在科希马的胜利有力支援了第四军在英帕尔的作战。

日军的撤退艰辛异常。随佐藤一同行军的重伤员约 800 人，能够走动的轻伤员超过 1000 人。在崎岖山区，用担架抬一名重伤员需要 8 名健康士兵，此时第三十一师团称得上健康的士兵几乎一个没有。不时有伤员体力衰竭掉队，很多人歪倒在路边再也没起来。到处都有手榴弹的爆炸声，那是绝望的士兵自己引爆的。最可怜的是那些运送重武器的炮兵，骡马大多死去或被当作食物杀掉，腹中空空的他们要用双手搬运那些铁家伙。从科希马到乌克鲁尔地图上仅 100 公里，从师团司令部 6 月 4 日离开查卡巴玛算起，一直到 6 月 19 日部队才接近乌克鲁尔。根据与军司令部的约定，那里应该有为佐藤师团预先备好的粮食。

早已派出打探的巡逻队发回了不幸消息，乌克鲁尔连一粒米也找不到。愤怒的佐藤当即和参谋长加藤商定，不在乌克鲁尔停留，直接向东南 60 公里外军补给站胡麦恩撤退。说牟田口没在乌克鲁尔为佐藤准备粮食也算冤枉。6 月初，在向佐藤发出与山内师团合力进攻英帕尔的命令后，牟田口派薄井前往胡麦恩，协调向乌克鲁尔调运一些粮食。但薄井到胡麦恩才发现，通往乌克鲁尔的道路车辆根本无法通行，少数人力运去的粮食非常有限，还被同样饿着肚子的山内师团抢走了。眼看佐藤师团离乌克鲁尔越来越近，薄井急得一夜白头。

虽然以事后追认方式认可了佐藤的撤退行为，但为确保第三十一师团能够执行进攻英帕尔的命令，牟田口特意派参谋长久野村亲自面见佐藤传达命令。6月21日上午，久野村和薄井在乌克鲁尔东南10公里的龙雄发现了第三十一师团的宿营帐篷。佐藤拒绝“接见”久野村，加藤参谋长听取了军司令部的命令：派出一个步兵大队和一个炮兵大队，沿乌克鲁尔—康波科比公路前往增援宫崎支队；组织900人到胡麦恩搬运粮食；师团主力进入第十五师团左翼，从桑夏西南向英帕尔发起攻击。

加藤提出，如果按军司令部的命令向宫崎派出增援部队和运粮队，能够进攻英帕尔的就没几个人了。他继而提出，宫崎支队自6月19日起已经失去联系，乌克鲁尔通往康波科比的公路很可能已被英军切断，根本无法派出增援。当务之急是找到粮食，让士兵吃上顿饱饭再说。

乘车前来的久野村当然看到了路边残兵的惨状，对加藤所言表示理解。但他此行是来传达命令，职责要求他必须板起脸来。看加藤实在做不了主，久野村再次提出面见师团长。经加藤几次传话之后，佐藤勉强答应“接见”久野村。

久野村刚刚走进帐篷，佐藤对他身后的薄井就是一通连珠炮：“喂！薄井！你实在不是个东西！卡拉索姆一粒米都找不到，乌克鲁尔还是没有，当初你是怎样承诺的？你小子到现在还挂着参谋肩章，你不知道饿肚子没法打仗吗？没东西吃人会死吗？士兵吃饱饭才是勇敢的士兵，不让人吃饭还要他们去打仗，你到底跟谁学的这种战术？”

薄井哑口无言。如此重大责任，绝不是他一个小小的少佐参谋担当得起的。久野村接过了话头：“佐藤将军，有问题可以直接和我交涉，不必为难一介参谋。”

久野村提出和佐藤单独谈谈。加藤和薄井知趣离开，留下两个人单独PK。帐篷里很快传出了激烈的争吵声。佐藤强调，军司令部没有为前线将士准备粮食，是他下令部队撤退的主要原因。久野村解释说，事先准备的粮食可能被第十五师团提前“搬走了”，提议佐藤执行军司令部的命令，在胡麦恩获得补给后向北运动，掩护第十五师团侧翼并一同发起新一轮攻势。佐藤反复说明，部队必须首先得到粮食，除此免谈。久野村最后只好摊牌：“请问，师团长是要执行军司令部的命令，还是拒绝？”

佐藤当然知道战场抗命的分量，他巧妙避开了这一敏感话题：“我没有说拒绝执行命令，但我们必须先吃上饭，要执行命令也要等吃上饭再说！您也看到了我的士兵，他们已经不能算军人了，成了一群光脚赤膊的病人。我看他们只剩向长官行礼的力气了。现在不能再死要面子。我觉得应该珍惜天皇陛下的每一名士兵。只有立即撤退，休养生息，悲剧才不至于进一步扩大。只依靠前进气势是远远不够的，对一名军人来说，也许撤退更需要决心和勇气。”

佐藤话已至此，久野村知道多说无用。在龙雄停留一晚之后，他驱车前往军前线指挥所驻地昆当。久野村本想顺路到第十五师团看看重病的山内，但佐藤拒绝执行命令，他必须尽快去向牟田口复命，看望山内的事儿只能拜托薄井了。在听取了参谋长的汇报之后，气愤难平的牟田口一口断定：“佐藤疯了！”6月25日，他再次给佐藤发出一道命令：“第三十一师团拨出两个步兵大队配属第十五师团，主力在敏达一线集结，之后开赴伯莱尔方向发起进攻，山本支队将配属你们指挥。”此时牟田口完全不打算原谅佐藤了，他已开始启动罢免佐藤职务的程序。

为妥善安置多达2000余伤兵，第三十一师团军医部长常松来到了军司令部，调查沿途医院的收容能力。出发前佐藤告诉常松：“拜托了，看看这些可怜的士兵，他们好不容易才活下来。”常松没想到，自己竟得到了牟田口的亲自接见，他为军司令官百忙之中还惦记伤兵安置感动不已。牟田口给常松递上一支香烟，然后问他：“你和佐藤关系不错吧？佐藤是我的后辈。因为友情，我本不想处罚他。但为了大日本帝国皇军的尊严，我必须以战场违命罪枪毙他。疯了！疯了！没错，佐藤就是疯了！如果他没疯，那就是犯了抗命罪！”牟田口不停地启发常松，“你明白吗？如果佐藤没疯，我就只能枪毙他。不过我觉得他的确疯了，苦战使他疯狂，必须尽快把他送往后方休息。现在，请你尽快出具病情诊断书吧。”常松终于明白牟田口破例召见自己的意思。出于保护佐藤的考虑，常松勉强出具了“中将佐藤精神失常”的诊断书，具体病症为“早发性痴呆症”。

佐藤对自己“被痴呆”一无所知，依然率部蹒跚向胡麦恩挪动，支撑他们前行的动力是“据说那里有可以果腹的粮食”。部队在胡麦恩只发现了18吨粮食，即使师团减员严重，也只够吃上两三天。气炸了肺的佐藤派人到南面打探情况，得到的消息是从胡麦恩一直到德穆都无法找到粮食。佐藤的愤怒到了极点。师团主力在敏达一带依然无法找到粮食，佐藤索性率部逐次经妙奇向塔南撤退，另派一部在钦敦江一线游弋，到处搜集宝贵的粮食。

7 月 9 日，佐藤收到了罢免他师团长职务的电令。他说了一句后来被广为传颂的话：“牟田口、河边、南方军和大本营，是四个浑蛋相乘。”至此，参加“乌号作战”的三个师团长被悉数免职：柳田不称职，山内有病，佐藤患上了“痴呆症”，实则因为抗命。服部卓四郎在《大东亚战争全史》一书中这样写道：“此前第三十三师团长柳田中将已被罢免，现在又接连撤换了两位师团长。在大战过程中更换全部师团长，这种不祥事件在具有光荣传统的日本陆军史上，向无先例。”牟田口自责统帅不当，向河边提出了请予处分的报告。

接替佐藤职务的是原驻苏门答腊岛独立混成第二十六旅团旅团长河田槌太郎。和柳田和山内好歹还见到后任不同，佐藤于次日再次收到一封紧急电文：“佐藤中将无须等待继任到任，可直接前往仰光报到。”在新师团长到任之前，师团长职务暂由步兵指挥官宫崎繁三郎——他已于 6 月 27 日晋升中将——代理。此时宫崎下落不明，且有他已经战死的传闻，第三十一师团实际指挥官是参谋长加藤。

佐藤对自己被战场免职早有预料。离任之前，佐藤致电方面军司令官河边和参谋长中永太郎，直言让第十五军继续留在钦敦江畔将会面临更多困难，同时向师团官兵出具了离任书：“自上任以来，我一直与诸位携手同心，克服了无数困难。我们一起渡过钦敦江，一起翻越阿拉干高山，一举占领了科希马，与敌激战 80 余日。现在我们终于落入必须寻找粮食的悲惨境地。科希马留下了我们无数英灵，负重伤的士兵也分散各地，我觉得上天对我们的考验实在太严厉了。现在我即将离任，把诸位留在暴雨和饥饿之中。去方面军司令部赴任需要更大的勇气。我请求因我德薄能鲜而死在科希马的那些人的原谅。虽然我的身体离开了你们，但我的精神永远与你们同在。没有任何东西能够把在科希马浴血奋战的我们分开。我一定会拯救各位，我的心跟在任时一样一直在诸位身边！”

佐藤离开师团司令部，步行一夜后遇上了前来接他的卡车。抵达昆当之后，佐藤见到了高级参谋木下秀明。木下告诉他，参谋长久野村因疟疾腰疼不能活动，无法见他。佐藤戏称：“病得真是时候，是不是没脸出来见我呀？”佐藤提出见牟田口，木下说军司令官到山本支队视察去了。佐藤大笑道：“我觉得他还不至于因为怕我故意躲着，所以我相信你。不过他这样不见我，你不觉得很奇怪吗？”佐藤直言不讳地对军司令部不负责任的做法提出了严厉批评，要求他们即刻运送给养到钦敦江两岸。7 月 13 日，佐藤离开昆当沿钦敦江一路南下，15 日抵达葛礼瓦，22 日到达仰光。有关抗命之事，他和牟田口还有许多嘴官司要打。

围攻英帕尔的三路日军中，处境最尴尬的还是第十五师团。山内接到通知，宫崎支队即将南下增援。5 月 8 日，阔别主力半年之久的第六十七步兵联队前来会合，但联队长柳泽宽次带来的只有北村将臣第二大队。经与“钦迪特”多次交锋，该大队每个中队只剩不到 80 人。第十五师团缺乏火炮，山内命令炮兵联队联队长藤刚将留在钦敦江东岸的火炮运往前线。在工兵积极配合下，藤刚费尽九牛二虎之力才在 6 月初运来了 8 门火炮。此时北方传来了第三十一师团擅自撤退的不幸消息，第十五师团右翼门户洞开，随时可能遭到英军的侧击。更糟糕的是，后方补给线被英军切断，雨季到来导致粮食几乎断绝，各联队只能派出粮食搜集班四处筹粮。附近土著人村落被洗劫一空，依然无法满足需求。松村感慨地说，堑壕里的士兵不怕打仗，他们的最大心愿是在死前吃上一顿饱饭。

牟田口一直在催促进攻。还未等山内做出部署，6 月 3 日，英军在坦克的带领下率先向本多和内堀两个大队正面阵地发起强攻。5 日、6 日，两天暴雨使英军进攻稍稍放缓，但他们 7 日重启的攻势将松村联队的阵地冲得支离破碎。为阻止英军打通英帕尔—科希马公路，松村下令各部后退 5 公里，重组防线。

3 日，山内接到了军司令部发来的紧急电报：“我军已放弃科希马，宫崎支队目前在科希马南方和东南方阻击英军，第三十一师团主力会在贵师团左翼展开，配合贵部全力进攻英帕尔。第三十一师团抵达之后，贵师团应向拉普拉克方向转移，向钦代高地南方发起进攻。”接到电报，躺在病床上的山内差点晕厥过去，这意味刚刚部署好的炮兵阵地需要进行大范围转移。他迅疾给军司令部回电，“就炮兵使用情况来看，变更作战区域只会增加更多困难。如果我师团进入新的地区，将导致补给完全断绝，全部人员被活活饿死。”军司令部的回电让山内真的晕过去了：“无条件执行命令。你师团除了果断出击之外，不应再向军司令部说一些不相干的话！”

为筹划进攻，山内必须筹集到足够的粮食。从 6 月 3 日开始，师团司令部从一线部队和辅助单位抽调人手，往返三四十公里从后方搬运军粮。饿极了的士兵见到能吃的东西就拉，把薄井在乌克鲁尔为佐藤准备的少许粮食全抢空了。兵站少数辎重兵根本无法制止抢粮行为。他们也许根本就没打算阻止，抢粮的士兵个个面黄肌瘦，衣衫褴褛，活似丐帮。抢就抢吧，反正都是给自己人吃。

6 月 10 日，柳泽联队主力发起的最后攻势再次以惨败收场，不得不在 12 日退回出发位置。躺在病床上的山内不但要面对前线困境，还要应付牟田口一封接一封的催战电报。12 日，牟田口在一封电文中说："认可松村部队的后退行动，今后类似行动必须报经军司令部批准后方可进行。"此举导致山内的忍耐达到了极限，他决定从此不再接受牟田口不切实际的命令，自行决定一切事务。山内回电牟田口："前线正遭受数倍甚至十倍于我之敌的攻击，阵地转移或撤退时机极其微妙。如果事事请示，等军司令部认可再展开行动，他们早已变成尸体了。"牟田口马上发来一封电报："第三十三师团正面英印军正在增加之中，贵师团正面敌军肯定在减少，请尽快发动下一轮攻势。"山内对此都懒得搭理："只有笨蛋才会浪费时间给那个蠢货回电。"

山内不理会牟田口的命令，决定自主指挥作战。13 日，他命令尾本联队主力于 18 日夜再度向 4241 高地北方两公里处的封闭弯曲高地发起进攻。15 日，牟田口的电报又到了："山本支队对面之敌已经退却，第十五师团应击破对面之敌突入英帕尔平原，占领机场和北方高地，阻止英军打通通往科希马的公路。"实际上山本支队已经放弃了对伯莱尔的进攻。连续一周高烧 38 度的山内卧床不起，他对自己的实际病情仍不清楚。

21 日山内烧刚退，牟田口的电报又到了："松村联队必须确保康比科比，转由宫崎少将指挥。另外，拨出 300 名步兵交给乌克鲁尔北兵站地区司令官指挥。"如果按牟田口命令执行，山内身边只剩不到 200 人，他变成一个加强中队的中将中队长了。事实上，第十五师团此时自身难保，松村、尾本两个联队加起来可战之兵不足 500 人，缺量少弹的第十五师团完全丧失了进攻甚至自保的能力。

6 月 23 日，参谋薄井来到第十五师团司令部，宣布了一条令人震惊的消息：从 6 月 10 日开始，山内人事关系暂时转入参谋本部，师团长职务由第十二独立守备队队长柴田卯一接替。参谋长冈田知道，师团长身患绝症依然在坚持指挥战斗，他为山内被战场免职流下了心酸的泪水。6 月 30 日，病床上的山内与柴田完成交接，当晚离开前线回后方治疗。在被抬离战场时，山内已经昏迷不醒了。36 天后，山内病死在眉谬兵站医院，解脱了。

就在新老师团长交接之际，松村联队当面情况急剧恶化。6 月 16 日傍晚，西田将——渡江时集合士兵放枪那位——带领宫崎支队先头部队抵达萨法迈那东北山地，向松村联队长报到。为维持士气，山内并未将佐藤师团擅自撤退的消息告知众人。松村方才得知，原来自己侧背早已直接暴露在南下英军兵锋之下。西田报告说，英军第二师正沿公路快速追击，宫崎支队主力数日内将退至康波科比。当得知宫崎手下只有数百羸兵时，松村绝望了。即使双方合兵一处，也绝对无法完成封锁公路、阻止英军南北两路大军会师的艰巨任务。

6 月 17 日，在英印军坦克和步兵的轮番冲击下，松村联队萨法迈那阵地岌岌可危。19 日夜间，噩耗传来，宫崎支队残部已退至距萨法迈那不到 50 公里的马兰，英军第二师紧追不舍。宫崎来电报说，他的少许残兵在马兰坚持不了多久，即使退至康波科比也最多守两三天。鉴于英印军沿公路一线攻击力度不断加强，宫崎指出，万不得已之时只能放弃现有阵地，任由敌军打通公路，两支部队撤往康波克比东北 10 公里马耶坎地区会合后，再做计议。

6 月 20 日，英印第五师坦克部队向松村联队发起猛攻，另一部英军沿公路实施迂回，进逼本多挺进队后方。为避免被英军合围，松村下令放弃阵地向康波科比方向退却。22 日 10 时 30 分，在英印第一二三旅旅部所在山头的观察所中，一等兵坎宁从望远镜中看到，在英帕尔以北第 109 号里程碑处，北上的英印第五师与南下的英军第二师顺利会合，科希马—英帕尔公路全线贯通。13 时，看到英军数十辆坦克带领数百余辆卡车蜂拥南下，松村只能望洋兴叹。此时他接到师团司令部的命令，“从即刻起，松村部队应尽量避免与敌决战，适时撤出康波科比一线阵地，同宫崎支队取得联系后归其指挥”。松村哪还有能力决战？他的部队已经没有一门炮，内堀大队最后一挺机枪也在战斗中被炸毁了。

在乘车沿路察看时，英印第五师第九旅旅长萨尔蒙斯准将看到了在路边溜达的第二师师长格罗弗少将和第六旅旅长史密斯准将，马上从吉普车上跳了下来。

“看到你实在太高兴了，史密斯。”

“是呀，我也非常高兴。我们干得都很漂亮！”

此时，第三十三军司令官斯托普福德中将和第五师师长布里格斯少将走过来了，大家互致问候，递上香烟点火。英帕尔之围初步告解。达勒姆轻步兵团第二营 A 连连长肖恩 · 凯利上尉看到，包括一些高级将领在内的同伴在阳光下抽烟、吃饭、聊天。公路上英军车辆和步兵络绎不绝地向南驶去或走去，那条望不到头尾的长龙气势恢宏。激斗了多日的凯利心情大好，他抽出一支烟点上，使劲儿吸了几大口：“今天可真是个好日子呀！”当天傍晚，英军第二师先头部队驶入英帕尔平原，两大战场英军胜利会师。

22 日当天，始终以紧张心情关注着缅甸战况的丘吉尔给蒙巴顿发出一封电报：“三军参谋长对英帕尔的形势，特别是关于给养和弹药的储备感到焦虑。你绝对有权要求获得为维持战局所需要的一切飞机，无论是从‘驼峰’或者其他地方调都可以。如果你没有及时提出要求，并在必要时没有要求我予以援助，倘若日后打了败仗，再抱怨就不好了。必须重视这个问题。在我看来，它既严重又关键。祝你成功！”

伦敦的电报刚刚发出——可能还没过多瑙河——丘吉尔就收到了蒙巴顿发来的捷报：“6 月第三周，形势一度非常危险。我们虽然在前两个月中付出了艰辛努力，看来第四军可能在 7 月初耗尽所有储备。但在 6 月 22 日，提前一个半星期，我第五师和第二师在英帕尔以北 29 英里处会合，通往英帕尔的道路打开了。”

丘吉尔曾被戏称为军事家中最杰出的政治家、政治家中最杰出的军事家，战略眼光还是不低的。此时别说老丘，就连蹩脚的冒牌中尉老酒都能看出，公路打通标志着英国人已经打赢了英帕尔战役。

白骨走廊

与日军窘境形成鲜明对比的是，英印军形势正朝着有利方向发展。在度过最艰难的 5 月中旬之后，英军在两大战场逐渐转入反攻。斯利姆认为，凭借第四军业已增强的实力，斯库恩斯足以应对当前局面。目前他唯一需要操心的，是保证英帕尔地区 11.8 万名守军和 1000 头驮畜的后勤供应，如弹药、粮草、燃料等。

英军能够在英帕尔及周边地区坚守数月，得益于他们牢牢掌握了制空权，毫无战力的运输机得以自由出入，将援兵和补给源源不断地送到最需要他们的地方去。截至 6 月 30 日，代号“毅力”的空运行动为英帕尔送去了 19000 名援兵，最高峰时那里兵员多达 15 万名。此外，运输机还运去口粮 14317000 磅、牲畜饲料 1303 吨、燃油和润滑油 835000 加仑、邮件 12000 包、香烟 43475760 支。包围圈内始终保持 15 天以上的粮、弹、药品储备。战役结束之后，当英印第五师炮兵罗恩·邦尼特得知竟有这么多香烟运来时，肺都要气炸了。战斗间隙，当他和伙伴向军需官讨烟抽时，他们的回答大部分时间是“没有”。在英帕尔陆路交通断绝的76天时间里，运输机平均每天运来补给250吨，陆续撤出非战斗人员43000人及伤病员13000人。在4月下半月高峰期，投入空运的飞机达到了15个中队404架——注意，不是架次。据不完全统计，4月至6月，盟军轰炸机和战斗机共出动17183架次，加上运输机飞行记录，合计出动逾30000架次。前线作战人员几乎不需要为弹药和粮食发愁，偶尔还能从空投物资中找到可口的甜酒和崭新的内衣。

围城期间，日军第五飞行师团一直试图维持攻击性。只要天气情况允许，田副就竭力派出飞机到英帕尔平原上空投弹，但往往只能出动数架，为躲避盟军预警雷达还必须保持低空飞行。据日军统计，第五飞行师团3月10日到31日平均每天出动飞机21架次，最多一次83架次；4月减少到每天17架次，最多76架次。进入5月，飞机出动数量急剧减少，平均两天仅11架次，最多41架次，英帕尔上空几乎看不到日军战机的影子了。田副连基本的作战都无法维持，更不要说为前线部队空投补给了。让田副最痛苦的是，他的飞机损失一架就少一架，根本得不到任何补充。相比盟军战机的17183次飞行，日军出动飞机1750架次，仅是对手的1/10。到7月下旬，第五飞行师团能够出动的战机仅剩区区49架。

虽然周围山区和公路沿线一直在发生血腥战斗，包围圈核心的英帕尔小镇却一片“歌舞升平”。即使日军进攻最疯狂的4月，这里的人们始终保持着高昂斗志。所有人都知道，日本人正从多个方向朝这里逼近，他们相信守军一定能守住60公里长、30公里宽的英帕尔平原。英国曼尼普尔政务委员会委员长爱德华·莱德尔爵士抱怨说，守军部署的铁丝网是如此之多，使他打网球极不方便。政务代理官吉姆森烦透了四处传来的炮声：“这些该死的日本佬！他们搞出这么巨大的屁响，我还能听清留声机唱的什么吗？”英国人甚至从伦敦请来了歌唱家诺埃尔·考沃德和乔治·福姆，两人到比申普尔和伯莱尔前线为战壕里的官兵举办了战地演唱会。英帕尔始终处在危机之中，却最终有惊无险，其境遇颇似麦克阿瑟治下的战略要地莫尔兹比港。

由于对前线情况不甚了解，后方一众要员对英帕尔战局一直忧心忡忡。印度总督韦维尔6月1日在日记中写道：“英帕尔、科希马包括‘钦迪特’军事行动都让我无法乐观。任何地方都没有取得突破性进展，公路迟迟无法打通，我们的空运补给情况正在变得令人担忧。”尽管即将展开的诺曼底登陆吸引了几乎所有人的视线，但英帕尔之战仍然得到了伦敦的高度关注。陆军参谋长布鲁克爵士认为，他随时可能收到英帕尔陷落的不幸消息。作为一个天生的悲观主义者——他甚至认为诺曼底登陆不可能成功——布鲁克在 6 月 1 日的日记中写道：“下午，我与波纳尔长时间会谈，以便讨论令人心碎的缅甸局势。我仿佛看到灾难就在眼前，蒙巴顿却认识不到这一点。波纳尔足够聪明，但是太懒，不能理解眼下的危险。至于吉法德，我认为他没有充分的远见，看不到他在走向何方。噢！我多么希望，我们有更多具有远见卓识的人。”相对而言，身处前线的蒙巴顿反倒显得轻松一些。斯利姆想得更远，他现在已不再考虑解围，而是如何通过反击给日军带去最大杀伤了。

进入 6 月，前线传回的都是令人沮丧的消息，牟田口别提多郁闷了。虽然换上了猛将田中，但第三十三师团在比申普尔一线依然无法打开局面。坦克和重炮被中途调走使山本支队上旬已叫停了对谢南山区的正面进攻，之后尝试的多次迂回毫无效果，伯莱尔虽近在咫尺，却似乎永远遥不可及。在实施短暂局部进攻之后，第十五师团再次转入全面防御，负责公路沿线的松村联队节节败退，师团司令部在英军攻击下多次挪窝，狼狈不堪。最让牟田口头疼的是北方科希马，佐藤公然战场抗命擅自撤出战场，对军司令部补发的命令充耳不闻，一路朝胡麦恩撤了下去。另有消息称，负责断后的宫崎战死。6 月 22 日，前方传来科希马—英帕尔公路被英军打通的噩耗，牟田口禁不住仰天长叹：“万事休矣！”

昆当的军前线指挥部里，到处弥漫着一种末日来临般的压抑气氛。失败显然无法挽回，但谁也不愿第一个说出口。6 月 26 日，参谋长久野村打破沉默，授意木下高级参谋起草了一份终止作战意见书，其中写道：“第三十一师团以乌克鲁尔未储存足够粮食为由继续向南退却，已经不可能让该师团按预定计划投入英帕尔战斗。第十五军决定，将该师团转用于伯莱尔方向。第三十三师团将再度进攻比申普尔。倘若方面军认为攻击应该终止，第十五军可以就地转入守势。以我部目前现状来看，可从迪登一线经茂叻西北山区撤往印缅国境线上钦敦江右岸要地。”接过久野村递上的电文，牟田口沉吟良久，同意将电报发往仰光。一年多来，牟田口秉承东京旨意积极策划英帕尔作战，其间之艰辛无以言表。今天竟落得如此下场，怎能不让牟田口肝肠寸断，痛彻心扉？

看到牟田口这样将皮球踢了过来，河边心中一阵愠怒。这是将失败责任让老子背的节奏呀！都是常年行走江湖的老司机，使这一出糊弄谁呀？老奸巨猾的河边立即回电：“接到第十五军如此内容电报，异常震惊。方面军重申，我们目前的任务是进攻。贵军只需一心一意完成眼下任务即可。”河边强调必须严格控制佐藤师团，以免引发更大事端。

看到河边的电令，牟田口想到了中国的一句老话，“姜是老的辣”。英帕尔作战是自己力主发起的，牟田口只好硬着头皮，再筹划一次“死马当活马医”的攻势。牟田口决定，将已撤至胡麦恩的第三十一师团主力调往山本支队右翼，再从第三十三师团抽调三个步兵大队到山本支队左翼，集中兵力对伯莱尔发起一次孤注一掷的进攻，一举挽回败局。

河边发出催战电文实属迫不得已。从接到英军打通公路的那一刻起，肠道病发作、躺在病床上的河村就知道“乌号作战”败局已定。对牟田口发来暗示终止作战的电文，河边发出催战命令只为了维持部队基本秩序，避免出现兵败如山倒的糟糕局面。他将参谋长中和高级参谋青木叫到病床前。三人商定，由青木去一趟马尼拉南方军司令部汇报最新战况，看上峰意思再做定夺。

6 月 29 日，青木从仰光飞往马尼拉。对英帕尔前线的糟糕状况，南方军是非常清楚的。就在青木动身同日，南方军高级参谋美山要藏就以参谋长饭村的名义向东京报告，请求对“是否终止‘乌号作战’做出指示”。7 月 1 日，青木到达马尼拉，向南方军表达了缅甸方面军欲终止“乌号作战”的意图。寺内清楚，不到局面无法挽回，牟田口是不会轻言失败的，他主动示弱说明前线局势已万分危急。寺内下令再次致电东京，主动“建议终止英帕尔作战”。看到局面已无法挽回，大本营陆军部终于回电认可“终止作战”。

7 月 4 日，参谋本部《机密战争日志》写下了这样一句话：“‘乌号作战’被迫中止。东亚局势不利于日本帝国。今秋若不奋起反击，则必成千古之遗憾。”

7 月 3 日凌晨 2 时 30 分，病床上的河边收到了南方军发来的电报：“自即日起，缅甸方面军司令官应制定在钦敦江以西阻击曼尼普尔方面之敌的长久之策，并破坏和封杀怒江西岸地区及缅北敌军打通印度和中国陆上交通线的企图。”

电报虽然含糊其词，但中止英帕尔作战的意思还是很明显的。7 月 5 日，河边向牟田口发出了终止英帕尔作战的命令，同时希望能够守住伯莱尔通往钦敦江公路沿线，以便沿江构筑防御。得知日军做出放弃“乌号作战”的决定，大失所望的鲍斯向“印度国民军”下达了全线撤退的命令，随身携带的新钞也没地儿发行了。

输红了眼的牟田口还欲做最后一搏。他回电河村，目前正组织力量对伯莱尔发出致命一击，第十五师团也将倾尽全力从北方发起最后攻势。但如果按牟田口的计划再从第三十三师团抽调三个步兵大队，田中的兵力将更加薄弱，能否安全撤出都成了问题。河村清楚，目前第十五师团连守住现有阵地都异常困难，何谈进攻？

此时牟田口已失去了对部队的控制。第十五师团司令部决定，效仿第三十一师团做法，无视军司令部的命令自主撤退。山本支队比他们更早，山本已经收容士兵边打边撤。只有南线田中还算实在，率部在比申普尔死撑。河边已经在担心他们能否安全撤出了。

7 月 11 日，河边再次致电牟田口，“终止对伯莱尔的进攻计划”。眼看各部都在自行其是，牟田口只好咬紧牙关，下达了全线撤退的命令。

敌退我进，斯利姆下令英军全线反攻。雨季来临，缅甸恶劣的自然环境严重制约了英军的追击速度。斯库恩斯第四军已苦战近 4 个月，其中参加过第二次若开战役的第五师和第七师连续作战逾 7 个月，疾病和营养不良导致官兵疲惫不堪，力不从心。尽管如此，英印第七师仍勉力越过那加山区，从西北向第三十一师团发起追击。从 6 月开始，英印第二十师第八十旅开始向乌克鲁尔一线移动，试图切断日军第十五、第三十一师团退路，追击中的补给完全依赖空投。6 月下旬，该旅与第十五师团后卫部队发生了零星战斗。6 月底，他们开始遭遇到日军两个师团从西北和正西方向溃散下来的大股残兵。

6 月下旬，日军撤退行动还保持着一定秩序。7 月初正式命令下达后，各部由撤退变成了全面溃散，即俗话说的“兵败如山倒”。日军士兵缺衣少食，一些人打完最后一发子弹，将枪支随手丢弃。大部分人赤足行走，一些人只能以芭蕉叶遮身。即使如此，日军依然奋力冲破了英军第八十旅匆忙设下的封锁线。气息奄奄的日军士兵心中只剩下一个念头，“活着回去”。

肆虐的大雨导致大批日军士兵染上伤寒、疟疾、痢疾、霍乱和流感。由于缺乏药品和医疗器械，军医对此无可奈何。有幸存者回忆说："士兵的皮肤常常布满溃疡和脓疮，他们穿着湿透了的衣服躺在地上，任由蚂蚁叮咬。"不断有伤者倒毙路边，蛆虫在他们眼睛、鼻子和嘴边蠕动，甚至爬进士兵头发里，远看上去雪白一片。秃鹰不时飞来追随，等待啄食掉队倒毙的士兵。上至师团长，下至普通士兵，众人对牟田口的怨恨瞬间爆发，将他骂作"鬼畜牟田口"。无处不在的尸体很快被秃鹰和虫蚁咬成骷髅白骨，撤退之路因此被称作"白骨走廊"。时值雨季高峰，旱季里干涸的河道洪水奔流，被浊流吞没下落不明者不计其数，"鬼哭啾啾，凄惨万状"。

追击途中，英军不断发现倒毙日军的尸骨和随处丢弃的枪支。离钦敦江越近，尸体越多。7 月初，沿乌克鲁尔公路东进的英印第一〇〇旅与第八十旅会师利坦。7 月 8 日，从科希马南下的英印第三十三旅顺利夺回乌克鲁尔，之后继续向南挺进。旅长洛夫特斯－托特纳姆准将如此形容日军的狼狈相，"敌人已不存任何希望，他们得不到食物和药品。他们衰弱不堪，嘴里塞满了野草。到处是赤脚露体的尸体，士兵像骷髅一样躺在泥地上"。与他们一起发起追击的还有"钦迪特"第二十三旅。艰苦行军同样将英军士兵拖垮，英印第九旅 7 月因战斗仅亡 1 人、伤 85 人，因病减员达到 507 人。连斯利姆本人也因被蚊虫咬伤患上疟疾。英军的追击显得小心翼翼，无处不在的日军狙击手和地雷影响了追击速度。7 月中旬，斯托普福德向前线几个旅下达了停止追击的命令。

驻守谢南山区的英印第二十三师得到命令，将山本支队残部赶回德穆一线。罗伯茨少将以第四十九旅实施迂回，试图切断敌人退路，另外两个旅对据守滕诺帕尔的日军发起正面进攻。弹尽粮绝的山本支队士兵每天食物定量已降至 48 克，稍作抵抗即向后撤退。军司令部情报参谋藤原前往支队司令部商谈撤退事宜，一向严守军纪的山本告诉他："至今为止，我都在严格执行军司令部的命令。但从现在开始，我会根据自己的判断自主行事。"按照牟田口的命令，山本支队必须坚守穆雷至 7 月 31 日，为第十五师团的撤退争取时间。但山本在确定穆雷地区已无掉队士兵后，径自在 30 日率部撤出。8 月 2 日，山本支队撤至锡当。按照命令他们应该在此地据守，掩护南路第三十三师团主力撤退。山本实在无力组织阻击，只象征性地留下一个中队继续率主力快速后撤。

沿迪登公路一路南撤的第三十三师团主力同样面临英印第十七师的追击，后来追兵换成了英印第五师。田中率部且战且走。山区的崎岖地形和狭窄公路使英军即使能追上敌人，也只能在狭小区域战斗。直到11月13日，英印第五师同完成卡包河谷扫荡任务的东非第十一师会师吉灵庙，追击行动才告终止。

当初渡过伊洛瓦底江的88000名日军中，有53505人伤亡，其中被毙、失踪或病死达到30502人，驮畜损失17000头。有关日军战役中的伤亡数字，英国历史学家路易·艾伦《缅甸——最长的一战》、日本防卫厅战史室《战史丛书——伊洛瓦底江作战》、斯利姆《转败为胜》等著作中均有差异，这里采用了英国战史专家艾迪·鲍尔《第二次世界大战战役全史》中的数据。如此大规模的一次战役，被俘日军仅600人，几乎都属无法移动的重伤员。除人员之外，日军武器装备损失殆尽。以第十五师团为例，一个步兵大队仅剩1挺重机枪、2挺轻机枪、2具掷弹筒和一个小队步兵装备，步枪仅剩600支。鲍斯“印度国民军”损失1900人，800人投降，714人不知所终，很可能跑回老家去了。

英军参战部队超过150000人，因战病亡、失踪造成永久性减员19200人。需要特别指出的是，如果加上伤病，英军总损失人数甚至超过日军，这一点包括斯利姆在内的英国诸多战史专家均不否认。但英军卫生和医疗条件远好于日军，大部分伤病员经治疗可以重返前线。

从兵员和装备损失情况看，英帕尔战役日军可谓完败。直到今天，“乌号作战”还被日本广播协会评选为“最不负责任的战役”。日本防卫厅战史研究室编纂的《缅甸作战》一书中如此说：“这是驻缅日军进行的一场无谋之战。”

7月22日，前第三十一师团师团长佐藤幸德抵达仰光，遇到了第五飞行师团师团长田副登。佐藤感谢田副前段时期对自己的大力帮助和支持。随后他来到了位于仰光大学的方面军司令部。次日中午，佐藤见到了军司令官。河边看上去比以前更瘦了，脸上几乎没有肌肉。也许为了掩盖，河边特意留了一脸大胡须。佐藤向河边呈上《第三十一师团科希马作战概要》。听完佐藤对牟田口的指责，河边并未当场表态，只说让他先休息一段，去做一次全面身体检查。晚上回到宿舍后，佐藤把高级参谋青木叫到房间，着实讽刺挖苦了一番。

佐藤清楚，三位被免职师团长只有自己被要求在继任者到来之前离开部队，预示着前景十分不妙，等待自己的很可能是军法审判。佐藤毫不畏惧，公开宣称希望到法庭和牟田口当面对质，将英帕尔和科希马的真相公布于世，同时证明自己的决策和行为是完全正当的。

对将佐藤送上军事法庭一事，河边一直顾虑重重。如果佐藤和牟田口上法庭对质，他本人脸上也不好看。但牟田口坚持要审判佐藤，原因倒不是他5月底擅自撤出科希马——毕竟撤退行动事后得到了军司令部确认——而是他没有按照追加命令给宫崎留下足够兵力，也未配合第十五师团发起新的攻势。况且佐藤从未将违令的话说到桌面上，他提出为了作战筹集粮食的理由事实上成立。牟田口认为，这样起诉佐藤还能得到宫崎对己有利的证词。

1944年6月和7月间，日军在马里亚纳、新几内亚西部接连失利，麦克阿瑟的部队已经登陆比亚克岛，尼米兹的中太平洋部队正在猛攻塞班岛。在缅北和中缅边境地区，日第三十三军正与中国驻印军和云南军激战。焦头烂额的河边哪还有心思去搞什么军法审判？况且审判一名师团长的程序极其复杂，连天皇本人也要出席。让牟田口和佐藤当庭互撕脸皮，对陆军来说是一种耻辱，势必被海军耻笑，对眼下战事也不会有任何帮助。出于上述多方面考虑，河边决定淡化佐藤事件的影响，授意下属做出“佐藤因连日激战神经衰弱”的结论。

佐藤拒绝接受这种结果，他明确告诉青木：“军医部长说我得了精神病，我绝对不干！牟田口不是说要召开军法会议吗？我正求之不得呢。就算抗命罪成立我都乐意。我要在法庭上控告牟田口，他虐杀了天皇陛下3个师团的5万名士兵！”

河边定下基调之后，方面军军医部长镰田带着3名军医——其中包括南方军总部派来的精神病专家——来到佐藤住所。佐藤告诉几位军医：“方面军和牟田口都想说我是精神病患者，让我来背英帕尔失败的黑锅。我不会掉进他们的陷阱。牟田口把皇军当成他的私人部队，为了自己的野心大量虐杀他们。河边与牟田口同罪。我要跟这些陆军中的腐败分子斗争到底，希望你们如实反映我的健康状况。”

一众军医非常认真，体检进行了整整3天。他们不但询问了佐藤战斗中的全部经过，甚至提取他的骨髓拿去化验。8月20日，方面军中参谋长带来一道新命令：“现在对佐藤的调查，转由法务部负责。”这说明军医已经做出“佐藤健康”的结论。中永太郎安慰佐藤：“对这次调查，你无须担心。法务部长是曾经和你一起在旭川师团共事的坂口大佐。”

根据河边的授意，坂口很快推翻了法医的结论。他和陆军省派往南方军的官员达成一致意见，以佐藤精神错乱为由免于起诉。仰光很快接到了南方军的命令：10 月 22 日前，佐藤暂时在方面军司令部待命，23 日起编入预备役，即刻到驻爪哇岛第十六军司令部报到。战后初期，英帕尔作战的失败责任还被说成 3 个胆小师团长的阴谋。但后来反战论盛行，佐藤因此成为具有民本思想的代表人物。在他老家山形县编纂的百科全书中，佐藤的行为被美化为“正确决定从而挽救了许多部下的生命”。一直到 1959 年 2 月病死，佐藤都不为抗命后悔，一些幸存的部下在四国给他建了一座纪念碑。

河边做出如此处置，确有不能一洗了之的难言之隐。据他弟弟、陆军航空总监部次长河边虎四郎发来的内幕消息，陆军部将对他的职务进行调整。果不其然，8 月 30 日，东京的新命令到了，河边和牟田口被双双解职。因为东条已经下台成为“重臣”，缺少靠山的牟田口于当年 12 月被打入预备役。由于弟弟多方疏通，河边得以在 12 月 1 日出任本土中部军司令官，负责“本土决战”的准备工作。1945 年 2 月，中部军改编为第十五方面军，河边又成了方面军司令官，于 3 月 9 日晋升大将。同年 4 月，河边虎四郎出任参谋次长，河边调任陆军航空总军司令官，企图以残存的航空兵力和美国人对抗到底。日本投降之后，河边任第一复员军司令官，于 1945 年 11 月 30 日转入预备役。

朝中无人的牟田口从此淡出战争一线。日本投降之后，他作为乙级战犯被移送新加坡，于 1948 年 3 月获假释出狱。回国后，牟田口在东京开了家料理店，起名“成吉思汗屋”。他的余生在反复做着一件事，努力为英帕尔失败辩解，拒绝承担任何责任。参加部下的葬礼时，牟田口借机散发为他个人辩解的小册子。在接受记者采访时，牟田口将责任统统推到部下身上。1966 年 8 月 2 日，牟田口病死。闭眼之前，他叮嘱儿子的唯一一件事，就是千万不要忘记向前来参加葬礼的人发放辩解的小册子，可谓死不瞑目也。

日语中有一个特殊词语叫“愚将”，专门用来形容作战无能的军事将领。纵观太平洋战争期间的日军高级将领，海军井上成美、细萱戊子郎、栗田健男，陆军寺内寿一、木村兵太郎、百武晴吉、本间雅晴等人都曾被归入“愚将”之列。但是不管谁来排行，有两人必然榜上有名。得票高居榜首的即本章主角牟田口，另一位富永恭次的“光辉事迹”后文详叙。日本历史学家半藤一利和保阪正康所著的《昭和之名将和愚将》一书中，更是将牟田口称作“愚将中的愚将”。

与之相对应，半藤和保阪却将宫崎繁三郎列为“名将”，夸赞他作战理性，打法灵巧而不失勇猛。宫崎并未如传言在阻击战中毙命，反带着佐藤留给他的700名残兵，抵抗英军第二师的轮番进攻达3周之久。他们甩开追兵，寻隙逃脱，沿途收容溃兵500多人。宫崎不知道自己在撤退途中已晋升中将。优待俘虏甚至将奇缺的药品给他们使用，为宫崎赢得了不错的口碑，盟军对他同样评价颇高。英帕尔战役后，因片村四八接替牟田口出任第十五军司令官，宫崎得以接任片村出任第五十四师团师团长。

日本投降之后，宫崎被指控为乙级战犯，遭到关押。多位盟军将领出面为他求情，宫崎未被确定为战犯，很快获释回到家中。宫崎在东京开了一家小商店，专门经营家乡岐阜的特产陶瓷，谢绝参加社会活动，也不发表任何言论。虽然一直拒绝和佐藤通话，但宫崎并不记恨他。与之相反，一听到“牟田口”三个字，宫崎就气得浑身发抖。1965年8月，宫崎病重，弥留之际，还在一支一支地念叨着各中队的番号：“×× 中队撤下来了吗？ ×× 中队呢？”守在他身边的老部下知道，一直到死，宫崎都无法摆脱科希马的噩梦。

河边和牟田口被双双免职之后，1944年9月和10月，缅甸日军高层进行了大换血。军事参议官兼陆军兵器行政本部长木村兵太郎出任方面军司令官，前作战部长、第十八师团师团长田中新一任参谋长。片村四八接替牟田口出任第十五军司令官，高射炮部队司令官吉田权八任参谋长。原方面军参谋长中永太郎从田中手中接过了第十八师团师团长职务，原第十五军参谋长久野村桃代到近卫第二师团当了师团长。

经过4个月的浴血奋战，英国人艰难地打赢了英帕尔战役。这支在1942年丢失缅甸，1943年完败于若开的部队，经过一年的磨砺，终于可以与彪悍的敌人一决高下。英印军官兵在战斗中的表现可圈可点，他们的胜利得益于拥有占压倒优势的空中力量。英军的胜利同样是斯利姆的个人胜利。这位之前默默无闻的军事将领，凭借英帕尔之战脱颖而出，迅速成为英伦三岛家喻户晓的人物。12月15日，印度总督韦维尔飞临英帕尔，代表英王乔治六世授予斯利姆、克里斯蒂森、斯托普福德、斯库恩斯爵士头衔，表彰他们在第二次若开战役及英帕尔战役中的杰出表现。次年 7 月，斯利姆晋升陆军上将，率英军将日本人彻底逐出缅甸。1948 年，虽然蒙哥马利提前推荐了接班人，但是首相克莱门特・艾德礼仍然任命斯利姆为陆军总参谋长。他因此成为非英国本土出生者获此职位的唯一一人。

斯利姆的成功离不开蒙巴顿的大力支持。当初丘吉尔力排众议，将这位大家眼中的“纨绔子弟”派往东南亚时，谁都认为他不过是首相的传声筒而已，没人相信他能干出名堂。虽然战役期间蒙巴顿从未到过前线，但他充分信任斯利姆，竭力给他毫无保留的支持。他还多次与伦敦和华盛顿交涉，危急时甚至直接与丘吉尔联系，为最终取胜奠定了坚实的基础。

蒙巴顿高调宣扬英国人的胜利，“这是那些日本佬在其军事生涯中遭到的最惨痛的失败，这里涉及的人数远远大于太平洋岛屿的任何作战”。伦敦一度将英帕尔战役誉为“东方斯大林格勒之战”，老酒认为这牛吹得显然过头了。

英帕尔战役在英国人心目中占有极其重要的地位。2013 年 4 月，英国国立军人博物馆发起投票，从 1645 年内兹比战役到 21 世纪阿富汗战役中，选出有他们参与的 20 场“伟大战役”，再由学者和现场参与者从前五名中选出“最伟大”战役。出乎数人的预料，最终获胜者既非滑铁卢战役或诺曼底登陆，也非决定大英帝国命运的不列颠空战或“狐鼠斗法”的阿拉曼战役，名不见经传的“英帕尔—科希马战役”脱颖而出，独占鳌头，得票甚至超出排第二的诺曼底登陆一倍还多。历史学者罗伯特・莱曼出具的评语说，如果当时英军指挥官斯利姆不能阻止日军入侵印度，可能导致整个远东战局发生不利于盟军的变化，“那场战役关乎这场战争中的一些重大事情，英军面对的是最难对付的敌人，那场胜利十分关键，对日本接受战败事实做出了重要铺垫”。

“乌号作战”的失败，导致日军缅甸战局江河日下。在缅北，中国两支大军同样在加紧进攻。6 月 26 日，中国驻印军攻占孟拱。8 月 3 日，中美联军夺取密支那，日军第五十六师团步兵指挥官水上源藏自杀，第一一四联队联队长丸山房安率 800 名残兵沿伊洛瓦底江向八莫溃退。经过 11 个月的丛林苦战，史迪威终于取得了最后的胜利。占领密支那使飞越“驼峰”的运输机可以避开险峻雪山，向南选择宽阔低平的航线，运往中国的物资因此成倍上升。1944 年 5 月空运量仅 11383 吨，8 月就达到 23675 吨，12 月达到 31935 吨，1945 年 1 月更是破天荒上升到 44099 吨。中国的持久抗战能力不断得到加强。

来之不易的胜利使史迪威得以在 8 月晋升陆军上将。美国人建议蒋介石，让史迪威指挥他的所有军队。蒋介石岂能答应？况且史迪威曾幼稚地想从根本上改造中国军队，向国军每个连补充 20% 的共产党士兵。云南军参谋长萧逸肃嘲笑史迪威："这样整个连不到两周就全是共产党的了。"经过两年多的发酵，蒋介石和史迪威之间的矛盾已到了不可调和的地步。9 月 25 日，蒋介石告诉罗斯福的特使帕特里克·赫尔利，强烈要求华盛顿撤换史迪威，"再来的人只要合格我都支持"。

1944 年下半年，盟军在欧洲和太平洋战场全面展开反攻，各条战线凯歌高奏，捷报频传，唯独中国例外。就在日第十五军发起英帕尔战役的同时，1944 年 4 月，日中国派遣军发起了旨在打通大陆交通线的"一号作战"——我们通常称为"豫湘桂战役"。国军在作战中连番受挫，失地千里。

失败严重损害了美国——当然也包括英国和苏联——对中国军队的观感。史迪威以中国军队在战役中的拙劣表现，与在缅北取得的胜利对比，直指蒋政权腐化无能是导致失败的主要原因。蒋介石则反过来指责史迪威——间接责怪罗斯福——要对这场失败负责，提出灾难是史迪威坚持在缅北发动进攻战造成的："如本人事前所担心的那样，日本人利用这个时机在中国发动攻势，先是河南，然后是湖南，最后是广西。由于缅甸战役，我们没有足够训练有素和充分武器配备的增援部队可调往上述战区。虽然我们攻下了密支那，却丢掉了几乎整个华东。在这方面，史迪威将军负有不可推卸的责任。"蒋介石再次提出："我完全相信，如果总统委派一名合格的美国军官接替史迪威将军，我们就能共事，扭转目前时局，为最后胜利做出更大贡献。"

矛盾已经公开化，罗斯福不顾史汀生和马歇尔的反对，于 10 月 19 日致电蒋介石"同意召回史迪威"，由艾伯特·魏德迈少将接替中国战区参谋长和驻华美军总司令职务。史迪威拒绝接受蒋介石颁发的青天白日超级大勋章："告诉他，将它别在他的屁股上吧。"10 月 21 日，史迪威佩戴战利品———把日本武士刀飞离重庆。宋子文和何应钦冒雨前往送行，史迪威并未同他们寒暄，转身登上了飞机。

1944 年 8 月之后，日军在缅甸战场的颓势越发明显。中国云南军 8 月 7 日攻克松山，9 月 13 日收复腾冲，11 月 3 日攻克龙陵，20 日再克芒市，继而在 1945 年 1 月 19 日收复畹町，宣告日军被彻底逐出滇西。中国驻印军于 12 月 15 日攻占八莫，1945 年 1 月 15 日占领南坎。1 月 27 日，两支中国大军在小镇芒友胜利会师。同日，中印公路通车典礼在畹町举行。蒋介石为此发表了题为“中印公路开辟之意义”的广播演说：“我们打破了敌人对中国的封锁。请允许我以约瑟夫·史迪威将军的名字为公路命名，纪念他做出的杰出贡献，纪念他指挥下的盟军部队和中国军队在缅甸战役中以及修筑公路的过程中做出的卓越贡献。”

经历 1944 年的血腥战斗，在多个战场连遭重创、损兵折将逾十万之众的日军，只能龟缩在曼德勒和仰光一线，等待最后末日的来临！

第四章

破堤之战——马里亚纳群岛战役

双管齐下

日本四岛东南2000公里，从东京湾外海向南延伸的海底火山隆起，形成了16座火山岛，不计其数的珊瑚礁散布其间，从最北端的帕哈罗斯岩岛到最南端的关岛绵延787公里，当地查莫罗人的历史长达4000年。1521年，葡萄牙探险家麦哲伦率船队航行至此。土著划着独木舟，带着刚刚采摘的新鲜水果欢迎远道而来的“客人”。麦哲伦以当地人使用船帆的形状将其命名为“三角帆之岛”。在参观欧洲人的船队时，有人很喜欢船上的铁器，自小在公社文化中长大的他们擅自拿走了它们。盛怒之下，麦哲伦下令发动惩罚性突袭，烧毁了当地的一些村庄。从此，他将这里称作“盗贼群岛”。1565年，这里成为西班牙属地。为纪念国王菲利普四世的遗孀马里亚纳王后——她曾出资向岛上派出天主教士——桑维·托雷斯神父将这里更名为马里亚纳群岛，沿用至今。

查莫罗人曾经揭竿而起，反对西班牙人的殖民统治，叛乱、报复和疾病导致当地居民从45000人减少到5000人。随着时光流逝，西班牙人的影响力逐渐减弱。1898年，美国通过美西战争夺去了关岛。昔日的海上霸主西班牙彼时已成明日黄花，国力日衰，遂向美国提出出售群岛其余岛屿，外加马绍尔群岛和加罗林群岛，总价400万美元。美国本可以轻松得到上述岛屿。但当时的总统威廉·麦金莱认为，这些破岛根本不值那么多钱，嫌贵没买，最终被德国人出钱买去。第一次世界大战爆发，日本加入协约国对同盟国作战，趁机从德国人手中夺走了这些岛屿。“巴黎和会”上，国际联盟以“委任统治地”名义将诸岛交给日本管理。日本在南洋厅之下设立北部支厅，统辖马里亚纳群岛，治所设在塞班岛。太平洋战争爆发后第三天，1941年12月10日，堀井富太郎南海支队几乎不战而下关岛。这样，马里亚纳群岛就全是日本人的了。

相对吉尔伯特和马绍尔群岛而言，马里亚纳群岛的战略地位更加重要。美军攻打吉尔伯特群岛一定程度是为了练手，攻占马绍尔群岛只是为了取得通往马里亚纳群岛的起跳板。美军若能占有马里亚纳群岛，不仅特鲁克、拉包尔等日军据点会因无法得到补给自然枯死，还可以取得进攻帕劳群岛、菲律宾甚至中国台湾的前进基地。更重要的是，从这里起飞的 B-29 超级空中堡垒就能够将日本本土纳入攻击范围。也就是说，即使没有杜立特和“大黄蜂”号，美军轰炸东京也可以成为家常便饭。重要的战略地位使东京将马里亚纳群岛划入须全力确保的“绝对国防圈”核心地带，将之誉为“太平洋上防波堤”。美军针对马里亚纳群岛的进攻作战因此被称为“破堤之战”。

1943 年底，盟军在太平洋两路进军的方针初步确定。麦克阿瑟陆军上将的西南太平洋部队将沿新几内亚北岸向前推进，最终从棉兰老岛进入菲律宾，此即新几内亚—棉兰老轴线。尼米兹海军上将的中太平洋部队——核心打击力量为斯普鲁恩斯海军上将的第五舰队——将依次夺取马绍尔群岛和特鲁克，下一步的攻击目标可能是加罗林群岛，或者是马里亚纳群岛南部的塞班、提尼安和关岛等地。美国两路大军最终将在吕宋—中国台湾—中国大陆三角区会合，切断日本四岛通往南方资源区的交通线，在条件成熟的情况下进攻日本本土。众所周知，这是金上将一直倡导的战略。

金的战略遭到麦克阿瑟的坚决反对。老麦认为，中太平洋反攻路线得不到陆基航空兵的支援，战场离日本本土越近，人员、舰艇和飞机的损失就会越大，甚至导致最终失败。华盛顿锅里的饭就那么多，尼米兹碗里的肉多了，势必影响他的部队供应，迟滞沿新几内亚向菲律宾的推进步伐。如果中太平洋部队攻势过猛，将使他经新几内亚进攻菲律宾的行动失去必要性。尼米兹在 2 月取得的一系列胜利使麦克阿瑟备感担忧，再不加快前进速度，最后进军东京时他将不得不排在海军的后边。尼米兹将成为日本的征服者，而他仅仅是新几内亚的主人，连菲律宾的解放者都称不上。

海军陆战队在塔拉瓦伤亡惨重，为麦克阿瑟反对中太平洋战略提供了充足的弹药。他派参谋长萨瑟兰少将前往华盛顿，敦促参谋长联席会议及时做出改变：尼米兹在攻克马绍尔群岛之后停止前进，将中太平洋部队全部调往西南太平洋，支持他在新几内亚及菲律宾的军事行动。

最近一段时期，麦克阿瑟遇到的烦心事儿特别多。1943 年 3 月，当肯尼代表西南太平洋战区回国参加作战会议时，曾应邀赴白宫与罗斯福做过一次长谈。除了答应向肯尼提供更多的飞机，罗斯福似乎对麦克阿瑟的健康状况非常关心。肯尼拍着胸脯向总统保证，麦克阿瑟身体状况良好，完全可以胜任前线的作战指挥。罗斯福这才犹抱琵琶半遮面地说出了自己的心里话。他问肯尼，麦克阿瑟是否考虑参加 1944 年的总统大选。肯尼当场予以否认："不！麦克阿瑟将军只有一个野心，就是当我们进入东京时，他要在游行队伍的最前方。我的野心，就是坐在他旁边的那辆车上。"

罗斯福的话绝非没有依据，他怀疑麦克阿瑟有政治野心，可能是他竞选连任的潜在对手。肯尼回到布里斯班不久，陆军部长史汀生就发布训令："根据美国陆军条令，严禁任何职业军人在脱下军装前担任政治职务候选人。"这一训令虽未明指，显然是针对麦克阿瑟的。美国国内，为麦克阿瑟成为总统候选人奔走呼号的大有人在，代表人物是密歇根州参议员阿瑟·范登堡。两人虽然并不认识，但大为感动的麦克阿瑟还是主动写信给参议员："万分感谢您诚挚友好的态度，还望将来能予以回报。我希望您了解我对您的富有经验和智慧的指点非常有信心。"美国商界一些头面人物主动提出为老麦的竞选提供资金，甚至联邦调查局局长胡佛都在暗中支持他。鉴于有史汀生刚刚颁发的禁令，麦克阿瑟对支持者无法表示公开鼓励，给他们的信也总是含糊其词。但从他叮嘱回国度假的情报处长威洛比少将和副官锡德·赫夫中校留意国内政治动向的安排来看，说他没有政治野心，鬼才相信。老麦肤浅地认为，国民给予一位常胜将军的最高荣誉，莫过于选举他做自己的总统。麦克阿瑟是一位出色的军事家，但政治上还很幼稚。他获得共和党总统候选人的希望微乎其微，如果纽约州州长托马斯·杜威参选的话。战争时期，美国人希望他们的将军能够把全部精力投入作战，而不是参与后方尔虞我诈的政治斗争。

老麦的支持者暗中使用的策略说多平庸有多平庸。他们幻想在候选人上出现僵局，麦克阿瑟就可借机脱颖而出。国会议员阿瑟·米勒甚至将他和麦克阿瑟的 4 封通信全部发表在自由主义报纸上，在国内引起了不小的轰动。很多人因此指责麦克阿瑟对战区司令官职务不够尽心，把时间和天赋都用在党派政治和个人升迁上了，一位真正的军人应该把这些用在如何打赢战争上。

麦克阿瑟和支持者期盼的情形并未出现。4 月 4 日，威斯康星州共和党候选人的选拔大会上，麦克阿瑟只得了 3 票，杜威 17 票，另一位候选人威尔基一票未得，宣布退出。老麦的美梦破灭了。事实证明，他虽有崇高的声望，但缺乏政治上的支持者。不过，作为一名家喻户晓的英雄人物，政治老手罗斯福必须对老麦加以提防。

其实麦克阿瑟的明智做法是公开发表声明，宣称没有任何政治野心，如果当选候选人也不参选，即使当选也不去就职。但心存幻想的麦克阿瑟并没有那么做，只是羞羞答答地给陆军部发去了一封解释电报。1944 年 1 月，当史汀生的特使弗雷德里克·奥斯本准将到西南太平洋视察时，麦克阿瑟告诉他："请你转告陆军部长，我没有任何政治野心。我的野心只有一个，重返菲律宾，去拯救菲律宾人民，他们是伟大的人民。我要把他们从目前的痛苦中拯救出来，挽回美国的声誉。这就是驱动我的一切。"

麦克阿瑟将个人意见写成一份备忘录，请奥斯本转交史汀生并抄送总统。在大肆吹嘘自己如何减少伤亡、扼制敌人的优点之后，麦克阿瑟指出，如果能够正确指挥，太平洋战区现有兵力已经足够了，他需要的只是指挥权："我不想指挥海军，但必须管制他们的战略，并能在向菲律宾群岛挺进的艰苦跋涉中让他们助一臂之力。海军的正面进攻比如在塔拉瓦是可悲的，使美国人遭到了灾难性的大屠杀，造成了大量无谓牺牲。海军对太平洋战略缺乏了解，不承认海军只有在陆军建立陆基航空兵基地之后，才能在它们的保护下投入战斗。"

老麦再次激烈批评了以金为首的"海军阴谋集团"。他要史汀生说服海军出身的总统，把太平洋战场的指挥权交给他。"只要拥有太平洋地区所有部队的指挥权，我就能在年底拿下棉兰老岛。战争再有一年多一点就可以结束。"最后，老麦痛心地说，"不要再让海军的权势和无知，继续给我们的国家和人民造成更大的悲剧。"

和尼米兹钟情特鲁克类似，麦克阿瑟始终对拉包尔念念不忘，尽管数月前华盛顿已明确指出那里不再是盟军的进攻目标："塔拉瓦把海军吓得够呛，我用断绝粮草的办法会在 4 个月内拿下拉包尔。4 月第一军将进攻汉萨湾，尼米兹必须保护我的右翼。我将让拉包尔弹尽粮绝。"但华盛顿给他的指示是，"利用飞机和舰艇，运载部队沿新几内亚北岸逐步前进，向西一直到鸟头半岛为止"。麦克阿瑟对诸如此类的战略指导非常愤慨，认为远离华盛顿一万英里的战场指挥官应该有权自主决定作战，华盛顿的职责只是挑选一名出色的将军，给他提供足够的人员、装备和物资，支持他在最短时间内打赢战争，节省资金并减少人员伤亡。

安达二十三率第十八军西撤之后，西南太平洋战区将注意力转向了下一个目标汉莎湾，那里有一座天然良港，位于新几内亚北部海岸盟军最前沿阵地赛多尔西北320公里。在过去的4个月里，萨瑟兰等人一直在仔细研究汉萨湾的地图和照片。他们认为，未来麦克阿瑟肯定要攻打此处。但敌人也是这么想的，到1944年3月，日军已在汉萨湾集结了数万人的部队。凭借过人的战略眼光，麦克阿瑟将目光转向了汉莎湾背后的荷兰迪亚，那里有新几内亚最好的港口，肯尼对附近三处机场早已“垂涎三尺”。

初看上去，进攻荷兰迪亚似乎不太可行。赛多尔距那里足有900公里之遥，大大超出了战斗机的攻击范围。麦克阿瑟认为，当日军在韦瓦克和汉莎湾集结强大兵力时，霍兰迪亚的防卫就脆弱了。他认真回顾了两年来的历次作战，从布纳以来，盟军每次胜仗前进的距离都不太远。赛多尔距布纳400公里，距马尼拉还有3200公里路程。按这种速度推进，解放马尼拉只能是1953年或1954年的事儿了。麦克阿瑟想起了马歇尔的一句话：“一个民主国家不能连续打7年仗。”为了不让尼米兹超出太多，他必须加快进攻节奏，现在需要的不是“立定跳”或“跑步跳”，而是打破常规的“三级跳”。

在决定攻击目标的会议上，参谋提出的诸多地名被麦克阿瑟一一否定。会议最后，他的手指在众人的注视下一路向西，最终在荷兰迪亚停下。那里远得超乎人们最大胆的想象，所有人面面相觑，司令官难道疯了吗？昨天我们还在胡翁半岛一寸一寸地向前推进，现在居然想一下子跃进近千公里。如果不是大家已经习惯了绝对服从，会议肯定会炸锅。

肯尼第一个站出来反对：“荷兰迪亚太远，大大超出了战斗机的作战半径。就算从莫尔兹比港起飞的B-17和B-24能够飞越上千公里轰炸荷兰迪亚，也没有任何战斗机可以为之护航。在无法取得制空权的情况下，两栖登陆非常危险。22个月前，日本人脱离了拉包尔陆基战斗机的航程冒险在瓜达尔卡纳尔岛登陆，他们的最终结局是悲惨的。依我之见，我们不如在韦瓦克登陆，那里恰好在P-38的极限航程之内。”

麦克阿瑟对肯尼的说法报之冷冷一笑：“日军安达二十三也会做这种算术题。

毫无疑问，他们正在加强汉莎湾和韦瓦克地区的防御。如果我们悍然进攻韦瓦克，将会比在布纳和莱城流血更多，花费时间也更长。日本人正在那里等着我们去进攻，拱手给他们送上一个大胜利。所有情报显示，荷兰迪亚日军防御非常薄弱。”

包括萨瑟兰在内，所有参谋都闷不吭声，他们无权也不敢同老麦在战略上一争长短。麦克阿瑟的司令部里没有尼米兹和哈尔西那里的民主气氛，几乎所有事儿都他一个人说了算。肯尼笑了笑，打破了略显沉闷的空气：“既然这样，那我们就在荷兰迪亚登陆吧。我这里刚刚到了一批 P-39 战斗机，如果装上从墨尔本空运到莫尔兹比港的特大副油箱，它们就可以保护轰炸机到荷兰迪亚。”

麦克阿瑟非常喜欢肯尼的豁达和及时变通，他向众人挥挥手：“日本人绝对想不到我们敢在荷兰迪亚登陆，两栖作战的关键就在于突然性。各位先生，分头准备去吧，我们荷兰迪亚见。别忘了带上香槟酒，荷兰迪亚可是新几内亚岛上最大最好的港口！”

仅凭肯尼的口头保证，登陆行动依然风险极大。如果金凯德手里有一支像斯普鲁恩斯那样的快速航母舰队就好了。海军对他一向不太友好，这点麦克阿瑟非常清楚。他发电报给华盛顿，请求批准他于 4 月 15 日至 24 日派两个师登陆荷兰迪亚——只有这段时间的海浪条件适宜在白天进攻——同时协调中太平洋快速航母舰队提供必要的支援。

麦克阿瑟为争得先机在积极运筹，在珍珠港，他的最大竞争对手尼米兹同样不会闲着。早在 1944 年 1 月 3 日研究进攻马绍尔群岛的旧金山会议上，金就敦促尼米兹加紧向马里亚纳群岛挺进。根据金的提议，1 月 27 日至 28 日，尼米兹邀请几大战区的高级军官到夏威夷，共商下一步作战方略。

除了尼米兹，中太平洋战区参会的有参谋长麦克莫里斯少将、作战处长谢尔曼少将、航空兵司令官陶尔斯中将、联勤部队司令官卡尔霍恩中将和陆军负责人理查森中将。哈尔西在国内度假，南太平洋战区的参会代表是参谋长卡尼少将和陆军司令官哈蒙中将。麦克阿瑟当然不会亲自前来——就是能来也不会来——西南太平洋战区派出了参谋长萨瑟兰少将、第五航空队肯尼中将和第七舰队的金凯德中将。一下子派出这么多人，老麦意在让他们说服尼米兹放弃中太平洋战略，接受他经新几内亚和菲律宾一路进攻的计划。

麦克阿瑟的谋划险些获得成功。虽然尼米兹同样倾向于一路进攻，但他认为主攻方向应该是自己的中太平洋。美军在塔拉瓦的重大伤亡影响了海军中包括尼米兹在内的大多数人。小小的贝蒂奥就能让陆战队付出如此惨重的代价，攻打诸如塞班、提尼安、罗塔、关岛那样的大岛，遇到的困难肯定更多，付出的伤亡也会更大。太平洋舰队参谋部出具的研究报告表明，对日军经营多年且有重兵把守的马里亚纳群岛发起进攻，可能远比塔拉瓦之战更加血腥、残酷。最重要的一点是，上述岛屿远远超出了盟军陆基航空兵的支援范围。

首先提出放弃中太平洋战略的是陶尔斯中将。在向尼米兹出具的一份备忘录中，陶尔斯对攻打南马里亚纳群岛是否可行表示怀疑。这位海军航空兵先驱者认为——他是海航第三号飞行员——日军在硫黄岛和马库斯岛建有机场，从那里起飞的战斗机可以为重型轰炸机护航，从而将南马里亚纳群岛纳入日军的攻击范围。相反，美军无法利用马里亚纳群岛直接轰炸日本本土，因为战斗机的腿太短，无法提供全程护航。缺乏战斗机护航的轰炸机即使能飞抵日本上空，也会因飞行高度太高导致投弹准确率低下，无法取得令人满意的效果。与其如此，不如绕过防御坚固的中太平洋诸岛，向阿德默勒尔蒂、帕劳和菲律宾群岛挺进。也就是说，陶尔斯完全赞同麦克阿瑟的战略。

陶尔斯的意见得到了麦克莫里斯少将和谢尔曼少将的支持，他们都在陶尔斯的备忘录上签了字。既然手下几位主要幕僚都出具了正式意见，思忖再三，尼米兹也在参谋长签字旁边写上“同意”二字，准备将备忘录发给金审阅。这等于尼米兹主动放弃了自己原先力主的中太平洋进攻构想，预示着美军太平洋战略发生了根本性的变化。

支持麦克阿瑟战略的人不在少数。1 月 27 日的预备会上，理查森和肯尼提议，将太平洋所有盟军部队全部投入新几内亚—菲律宾一线。提议立即得到陶尔斯、谢尔曼和南太平洋战区参谋长卡尼少将的一致赞同。卡尔霍恩也随声附和，声称沿新几内亚一线作战，供应和营建工程问题比攻占一连串敌占岛屿更易解决。

28 日的第一次会议上，萨瑟兰少将正式提出，将盟军全部兵力集中使用在麦克阿瑟管辖地区。他说：“假如中太平洋部队在马绍尔群岛战役后进攻帕劳群岛，并把准备进攻特鲁克的两栖作战部队调到西南太平洋地区，我们就能很快拿下整个新几内亚岛，在年底攻克棉兰老岛。”肯尼趁机火上浇油，提出从马里亚纳群岛出动B-29轰炸日本本土纯属大材小用："那不过是一个噱头而已，毫无实际意义。"麦克莫里斯怀疑像这样的远程轰炸能否迫使日本屈服。谢尔曼指出："如果真的要在马里亚纳群岛作战，可想而知，我们将付出巨大代价，况且那里的港口对海军没有多大用处。"金凯德的话更绝："老实说，一提到马里亚纳群岛我就不寒而栗，任何关于把那里作为基地的主张都使我意兴索然。"

大家都赞同放弃中太平洋战略，转而取道新几内亚或帕劳群岛攻打菲律宾。如果尼米兹继续坚持中太平洋战略，他瞬间就会成为孤家寡人。会议最后，一贯民主的尼米兹说："综合大家意见，我将向华盛顿提出以新几内亚—棉兰老为轴心的单路作战建议。"说句难听话，尼米兹这样等于无形中把金"出卖了"。会议结果让麦克阿瑟的三员大将非常满意，肯尼后来在回忆录中这样写道："这次会议是在大家心情舒畅、决心团结共事、争取尽快结束战争的和谐气氛中结束的。"当天午餐会上，尼米兹说："现在看到结束战争的希望了。"他指定谢尔曼少将前往华盛顿，向参谋长联席会议做详细汇报。

麦克阿瑟对会议结果非常满意。2月2日，他怀着无比激动的心情发电报给马歇尔："太平洋战略研讨会已经达成一致意见。在马绍尔群岛战役之后，将太平洋地区所有部队集中在离菲律宾最近和最直接的新几内亚—棉兰老岛的轴线上来。"老麦继而向马歇尔提出，把现有B-29全部调到他的地区，所有海军部队归哈尔西统一指挥，因为"比尔的能力、军衔、声望和地位足以担此重任"，这势必把尼米兹降到一个不疼不痒的次要地位。他请求华盛顿协调伦敦，让英国派一支特混舰队到太平洋，归他指挥。最后老麦说，由于时间太紧，自己太忙，将委托参谋长萨瑟兰到华盛顿向参谋长当面汇报。

关于哈尔西统一指挥海军一事，麦克阿瑟在上年底哈尔西去串门时，已和他打过招呼。别看哈尔西平时嘻嘻哈哈，看似没心没肺，但人家那是大智若愚，绝不是傻。他对这件事一点儿都不信，因为他知道金绝对不会把海军主力舰队交给老麦指挥的。哈尔西表示"很荣幸"，但"自己没有资格"，一切听从领导安排。但他扭脸就把上述情况告诉了尼米兹和金。

麦克阿瑟提出的要求远远超出了会议的讨论意见。事实上，在战争期间，华盛顿不可能同意这样大规模地转移权力。果不其然，谢尔曼和萨瑟兰在华盛顿双双碰壁。金坚决反对，他为珍珠港会议做出的结论"愤怒而惊讶"。金不同意绕过马里亚纳群岛，更不同意把B-29全部调往西南太平洋，“麦克阿瑟的话是极其荒谬的”。此时金比以往任何时候都更坚持沿中太平洋发起攻势，让尼米兹在6月进攻马里亚纳群岛。金有绝对把握在和马歇尔的博弈中取胜，因为陆军中出了“叛徒”，他倡导的战略得到了陆军副参谋长、航空兵总司令阿诺德上将的大力支持。

如果单从投入资金来看，二战中最大的项目并非令人闻之色变的“曼哈顿工程”——它仅耗资20亿美元——而是耗资23亿美元的B-29“超级空中堡垒”。这种需要11名乘员的四引擎重型轰炸机长30.1米，翼展43.1米，高8.45米，空机重33800千克，最大起飞重量60560千克，最高时速574千米，有效作战航程5230千米（载弹4吨可飞5630千米），实用升限9710米。这意味着一旦这种飞机批量装备部队，就能空袭2800千米范围内的目标。即使考虑安全因素和效率最大化问题，B-29作战半径也足以达到2400千米。该机的遥控炮塔内装有10挺12.7毫米航空机枪，尾翼装有两挺12.7毫米机枪和1门20毫米航炮，强大的武备使其在遭遇战斗机拦截时足以自卫。这种飞机飞得很高，日军防空炮蹦起来都够不着。日军战斗机对付B-17已非常吃力，就不要说更牛的B-29了。

阿诺德在这种超级武器身上押下了很大赌注。第一号飞机试飞刚成功，他就狮子大张口向波音公司下了1644架的巨型订单，通常大批量生产是在反复试飞后才进行的。早在1943年8月的魁北克会议上，阿诺德就提出了“从空中击败日军的计划”。他断言使用超级空中堡垒，有可能使美国不必对敌国本土诸岛发动代价极大的入侵就能使其屈服，从而改变陆军航空兵在战争中的配角地位。1942年盟军在欧洲对德国实施的千机战略轰炸表明，这种办法是行之有效的。阿诺德预计到1944年10月，他将有10个各配备28架B-29的飞行大队可以参加对日作战。

得知国内研制成功并量产了一种新武器，尼米兹和麦克阿瑟都坐不住了。尼米兹提出尽快给海军装备这种飞机，用于侦察和海上攻击。B-29比狗熊还耐揍，腿比长颈鹿还长，用作侦察比几乎毫无战力的“卡塔琳娜”强多了。麦克阿瑟同样饥渴难耐，肯尼第一时间向华盛顿提出申请，将B-29全部给他的第五航空队，让它们从澳大利亚东北部的达尔文基地出发，轰炸日本人荷属东印度的油田及设施，从根本上掐断日本的供血管道。甚至连东南亚战区的蒙巴顿也提出申请，给他配备几个 B-29 中队。

无一例外，上述建议遭到阿诺德的断然拒绝。他明确回复尼米兹："陆军航空部队不打算向海军提供 B-29！"阿诺德决定亲自指挥这支部队，以陆航总司令兼任第二十航空队指挥官，阿诺德可谓用心良苦，他绝不允许它们可能带来的巨大荣誉落到他人头上。

还有一点，阿诺德憋在心里谁都没说。如果能够在打败日本的战争中做出决定性贡献，陆军航空兵就可能在战后赢得独立地位，这是前辈先驱米切尔、阿诺德本人、肯尼、杜立特等几代飞行员的梦想。现在他迫切需要的，就是在日本本土 2400 公里范围内为 B-29 找到前进机场。根据前线战事进展情况，目前对日本的战略轰炸只能从印度和在成都专门修建的机场发起，直到海军夺取马里亚纳群岛为止。塞班岛和提尼安岛距东京仅 2200 公里，B-29 的航程足够从那里起飞轰炸东京。金对此满口承诺，海军可以向那里运去要多少有多少的燃料和炮弹。现在对夺取马里亚纳群岛，阿诺德比金还猴急。

在此之前，美国人原打算使用中国空军基地发起对日本的战略轰炸。B-29 需要的超长跑道预定 1944 年 1 月中旬在成都地区修建。蒋介石下令，在华盛顿满足他的要求，为 4 个机场付款 8 亿美元前不得动工，同时提出为陈纳德的"飞虎队"提供更多的战斗机，加大"驼峰航线"运输量。战机和物资归军方管，美金必须由财政部出。财政部长摩根索得知蒋介石趁机勒索的消息时异常愤怒："告诉他们，跳扬子江去吧。"同中国人的讨价还价持续了很长一段时间，到 3 月中旬，由 50 万四川农民组成的施工队伍陆续进驻现场，修建 2750 米的超长跑道。这支劳工大军苦干了两个多月——他们使用的是原始工具、双手、竹篮和大批吱吱作响的手推车——机场终于宣布竣工。

成都机场存在诸多先天性不足。从这里起飞的 B-29 只能轰炸日本南部，无法覆盖到包括东京在内的核心区域。飞机需要的炸弹、燃油必须从印度空运中国，后勤补给压力巨大。史迪威的中国驻印军正在胡康河谷和日军激战，打通中印公路绝非一时半会儿的事情。还有一点，美国人心里清楚嘴上没说。军方一致认为，蒋介石的部队无法保证机场的绝对安全，日军一次进攻就能使之前的所有努力付之东流。从后来"豫湘桂战役"的结果来看，也不能怨美国人有这种轻视友军的想法。

一般来说，在参谋长联席会议中，阿诺德属于马歇尔的忠实下属。两人毕竟同属陆军，人家是正参谋长咱是副的。但1944年初阿诺德突然发现，自己在这场关于战略的争论中戏剧性地变成了主角，成为左右最终决策的关键人物。参谋长联席会议的成员中，主席莱希和金属于海军，马歇尔和阿诺德属于陆军。但莱希是麦克阿瑟的铁杆粉丝，这就使金在代表海军与陆军的辩论中往往处于劣势地位。局面尚可维持的原因，一方面来自金的蛮不讲理和钢铁般的意志，另一方面，他往往可以得到“出身”海军的罗斯福的背后支持。况且太平洋战场海军是主角儿。金虽然几乎不过问欧洲事务，但在太平洋问题上寸步不让。阿诺德承认，除了经常面带微笑之外，自己对大战略几乎一无所知。但他清楚，关键时刻自己应该如何表态。阿诺德被金以提供轰炸东京的基地为诱饵成功“策反”，决定走一条属于自己的道路，最终成为金坚定不移的支持者。最近一段时期，阿诺德对有关中太平洋的作战非常关心，尼米兹的方案他越听越入耳。与之相反，他对麦克阿瑟的计划越来越不感兴趣，因为空军在老麦那里仅仅起到了支援地面作战的辅助作用。

在阿诺德“反水”和金的联合施压之下，马歇尔同意做出让步。这一方面在于他比较有见识，在决策时不愿和海军闹得很僵。另一方面，他很想保持海军对他的好感，在法国登陆必须由海军提供帮助——欧洲才是马歇尔真正关注的焦点。最后一点属于老酒瞎胡猜测：以马歇尔的战略眼光，肯定能看出沿中太平洋进攻更易把战火尽快烧到日本本土。

珍珠港会议结束后不久，美军就以微弱的代价取得了马绍尔群岛战役的胜利。第五十八特混舰队空袭特鲁克取得的辉煌战果表明，北纬10度以北的西进路线已经畅通，北纬10度以南加罗林群岛上的日军根本无力阻挡美军西进。尼米兹感到异常兴奋，顿觉腰杆硬朗了许多。他叫来了麦克莫里斯和情报参谋莱顿中校，一起认真核对了海图，最终觉得直接跨越中太平洋才是取胜的最佳捷径，即使必须攻打南马里亚纳诸岛也在所不惜。莱顿根据“燧发枪行动”最终结果推算，这一战不一定折损多少人，尼米兹有点后悔在会议上做出让步了。

还未来得及把重新考虑的意见向华盛顿汇报，尼米兹就收到了金一封措辞严厉的信。马绍尔群岛的胜利同样使金信心倍增，他认为无论目标是特鲁克或帕劳，抑或是马里亚纳群岛，中太平洋部队都应该立即采取行动。在信的开头，金用寥寥几句话对尼米兹率领太平洋舰队在马绍尔群岛取得的胜利表示祝贺，随后话锋一转谈到了主题：“我怀着极大兴趣阅读了你们的会议记录，对你们的意见，我感到既惊讶又愤慨！”

金接着说：“显然，那些主张在西南太平洋地区集中使用兵力和认为这种意见可行的人，既没有认真考虑，也没有阐明是否要结束以及何时结束日军占领、使用马里亚纳群岛和加罗林群岛的状态。在我看来，把沿新几内亚海岸、棉兰老、吕宋岛将日军推回去的主张，作为我们的主要战略概念，而不去打通中太平洋去往菲律宾的通道，是荒谬的。另外，这也不符合参谋长联席会议的决议。”

收到金的信件时，尼米兹已经在考虑以中太平洋为轴心的作战计划，但他主张进攻的目标不是马里亚纳群岛，而是已经失去作用的特鲁克。尼米兹认为，将舰队主要泊地特鲁克继续留在日本人手中是非常危险的。尼米兹钟情于特鲁克更多出于精神层面，他热切希望将星条旗插上这个除本土之外日本海军最大的基地上去。这样不但可以一雪珍珠港遭袭之耻，还能大大鼓舞官兵斗志，让日本海军一蹶不振。

在得知尼米兹将特鲁克当作下一步进攻目标时，金又生气了，特鲁克在他脑海里早已一笔勾销了。他决定让尼米兹回一趟华盛顿，就上述问题当面交换意见。毕竟是在外辛苦征战的心腹爱将，2 月 17 日，金在写给尼米兹的信中谈了上述想法，语气比上封信缓和了许多。金在信中说：“此间人们都在传说——不管是否属实——你正在认真考虑进攻特鲁克的计划。我相信你将会同意，只有等到其他一切方案都已做了充分审核，否则我们不应该打特鲁克。我个人认为，我们最好先占领马里亚纳—帕劳一线，砍掉特鲁克的左膀右臂，就像我们对待沃特杰、马洛伊拉普和米利那样。我知道，马里亚纳群岛作为作战部队基地是有缺陷的。但是，攻占埃尼威托克环礁有利于我们拍摄马里亚纳群岛的照片，以补充最近意外缴获的重要水文资料。埃尼威托克距塞班岛仅 1800 公里，可以作为理想的前进基地。这样，对关岛和塞班岛作为前沿基地的起码要求就会降为‘前哨站’的地位。我希望你下次回国时来华盛顿一趟，时间当然要视你在太平洋海区的工作而定。”

和麦克阿瑟类似，尼米兹也有一堆棘手的问题需要处理，这些事儿一定程度上是他的民主作风带来的。“燧发枪行动”结束之后，理查森中将再次提出，将陆军部队从海军陆战队、陆军航空兵从海军指挥下独立出来。这次他没推荐自己，提出由陆军第七步兵师师长科利特少将指挥陆军部队，由第七航空队司令官黑尔少将指挥陆军航空兵，而不是像现在分别接受霍兰和胡佛的指挥。在向尼米兹出具的正式备忘录中，理查森对海军陆战队高级军官，特别是霍兰的指挥能力表示怀疑，对胡佛的用兵同样提出了尖锐批评。他埋怨说，中太平洋地区的海军陆战队纪律松弛，缺乏训练，海军在前沿地区担任指挥官的人太多，海岛上的指挥官理应由陆军军官担任。

理查森的说法涉及敏感的军种问题。尼米兹表示，陆军打算单独组建一个军是自己的事，海军无权也不会反对。在接到华盛顿的新指示前，目前作战指挥关系暂不做变动。他的答复显然无法令理查森满意，他暗中与黑尔密谋，越过尼米兹直接向马歇尔和阿诺德汇报。在发往华盛顿的电报中理查森强调，未来不管是进攻特鲁克或马里亚纳群岛的那些大岛，出动的地面部队肯定不止两三个师，这支部队的指挥官理应来自陆军而不是海军陆战队，因为只有陆军才知道怎么在陆地上打仗，海军陆战队在贝蒂奥的悲惨遭遇已经给出了证明。

2 月 18 日，尼米兹写信向金汇报了此事。在信中尼米兹说明，他本人反对另外组建一个两栖作战军团，陆军师仍应编入第五两栖部队，由一名军官统一指挥，这个人至少目前阶段应当是霍兰。尼米兹强调：“讲这段话的意思，在于使您不要以为我同理查森关系紧张。我们几乎天天见面，他经常口头上表示要与我通力合作。我鼓励他有什么问题都可以随时向我提出，他的确也是这么做的。我只是想让您知道，我写这封信的唯一目的就是把他的想法告诉您，以便他到华盛顿找您时，您有所准备。”

前文提到，关于锡阿德勒港的建设和使用问题，麦克阿瑟对尼米兹极不满意，甚至把状告到了马歇尔那里。各种矛盾层出不穷，参谋长联席会议认为，是把麦克阿瑟和尼米兹召回华盛顿，通过一次面对面会议消除分歧，确定下一步战略目标的时候了。对华盛顿发出的会议通知，麦克阿瑟一如既往请求原谅，坚称自己不能离开指挥岗位，委托参谋长萨瑟兰代为出席。尼米兹一向架子不大，3 月 2 日，他率谢尔曼少将从珍珠港乘机回国。

尼米兹对女性参与战争一直抱有偏见，之前一直拒绝国内向夏威夷派出女兵。在华盛顿担任海军航行局局长时，如果一名女兵走进办公室突然咔嚓立正敬礼，往往会把他吓上一大跳——看来尼米兹不太明白“男女搭配、干活不累，男女混杂、干活不乏，闻见香水味儿，干活都有劲儿”的道理。战争进入 1944 年，同时在欧洲和太平洋投入大量兵力的美国已经出现了人员不足。为缓解这一矛盾，海军部特意征召了一些女兵，从事后方辅助工作。她们在工作上勤勤恳恳，引人注目。为了借尼米兹本次回国的机会改变他的看法，海军部特意为他配备了一个临时秘书班子，成员清一色来自海军或陆战队的年轻女军官和女兵。这些精心挑选的姑娘个个精明能干——老酒猜测应该不会长得太难看——她们希望通过在将军身边的表现，换来司令官准许她们以及更多女军人到珍珠港去工作。尼米兹虽然对她们的工作表示赞赏，但是丝毫不发善心，依然固守老习惯坚决拒绝她们到珍珠港去。事实证明海军部的尝试是失败的。

锡阿德勒港问题很快得到妥善解决，但明确下一步的进攻目标就不那么简单了。持续数天的军事会议主要研究如何进入吕宋—中国台湾—中国大陆三角区问题。萨瑟兰代表麦克阿瑟提出，取消进攻汉莎湾的计划，改为向西进攻新几内亚北岸重要港口荷兰迪亚。为达成这一目的，不仅需要动用南太平洋和西南太平洋地区所有军事力量，还需要第五舰队快速航母舰队的支援，因为肯尼第五航空队战斗机的腿没那么长。拿下荷兰迪亚之后，西南太平洋战区部队将沿新几内亚岛北岸跳跃前进，占领鸟头半岛西端和哈马黑拉岛，11 月进攻棉兰老岛。萨瑟兰强调，这是为进攻日本本土而在菲律宾建立出发基地的最佳途径。

尼米兹意识到，如果麦克阿瑟的建议被采纳，将大大延缓他在中太平洋的军事行动。他立即据理力争：“一旦麦克阿瑟将军在占领卡维恩和马努斯岛后扣留从中太平洋获得的兵力，将中断整个中太平洋的作战，从而贻误战机，使盟军在台风季节到来之前无法进入马里亚纳群岛，最终危及我们1945年初到达吕宋—中国台湾—中国大陆三角区的全盘计划。”尼米兹继而抛出了太平洋舰队司令部制订的 1944 年后 9 个月可供选择的两套方案。

第一，6 月 15 日攻打特鲁克，9 月 1 日进攻马里亚纳群岛，11 月 5 日进入帕劳。

第二，绕过特鲁克不打，直接在 6 月 15 日攻打马里亚纳群岛，7 月 15 日进入东加罗林群岛沃莱艾环礁，9 月 1 日进入雅浦岛，11 月 1 日进入帕劳。

尼米兹强调，如果第二套方案被采纳，可以推迟进攻帕劳群岛，让第五舰队在加罗林群岛的乌利西环礁获得一个泊地后再向雅浦岛挺进。这样，对帕劳的攻击可以提前到10月。

萨瑟兰依然强调将主攻方向放在新几内亚—菲律宾一线，太平洋舰队的核心任务就是支援这一行动。由于得到阿诺德的大力支持，金在这次有关战略的讨论中稳占上风。他略带讥讽地告诉萨瑟兰，麦克阿瑟“显然没有接受开罗会议的决议，并想得到对他沿单一轴心前进的支持。我认为，现在改变已经商定的战略是非常不利的”。

为避免战略辩论变成个人之争，马歇尔提议，由联合战略调查委员会就哪条路线进军日本更为合适提出报告。萨瑟兰对此非常失望，他知道从去年开始，这个由斯坦利·恩比克陆军中将、拉塞尔·威尔逊海军中将和穆尔·菲厄查尔德陆军航空兵少将组成的委员会就一直站在金和尼米兹一边，不遗余力地倡导中太平洋战略。果不其然，这个简称JSSC的委员会很快出具了研究报告：“看上去从中太平洋推进，要比从西南太平洋推进进入吕宋—中国台湾—中国大陆三角区更为有利。前者是向目标进军最快捷也是最直接的路线，后者在到达棉兰老岛之后，进入目标地区前还要展开更大范围的军事行动。”

经过多轮激烈辩论，3月11日，参谋长联席会议最终提出了兼顾两条路线的折中方案。未来一段时期盟军在太平洋上的战略计划是：

一、4月15日，麦克阿瑟进攻荷兰迪亚，尼米兹提供必要支持。放弃进攻卡维恩，预定用于这个方向的兵力全部用于荷兰迪亚。第五舰队的支援舰艇最晚5月5日前归还尼米兹。占领荷兰迪亚之后，麦克阿瑟将沿新几内亚北岸展开军事行动。

二、尼米兹对特鲁克仅实施火力压制，不予攻占。6月15日进攻马里亚纳群岛，9月15日进攻帕劳。

三、11月15日，麦克阿瑟进攻棉兰老岛，尼米兹予以支援。

四、此后进攻吕宋还是台湾暂不决定，但进攻时间不能迟于1945年2月15日。

和当初麦克阿瑟和哈尔西形成一个对拉包尔的钳形攻势类似，现在由尼米兹沿中太平洋、麦克阿瑟沿新几内亚北岸的两路进攻，对菲律宾群岛形成了一个更大的钳形攻势。

会议之后，莱希、金和尼米兹来到白宫，报请总统审阅刚刚拟订的计划。罗斯福在椭圆形办公室接见了他们。尼米兹发现总统身体大不如前，他脸色苍白，两手颤抖，感觉也不像以前那样敏锐。尼米兹知道自己能有今天的地位，来自开战之初总统的力排众议。他暗暗下定决心，一定要加快进军步伐，让总统能活着看到最后的胜利。

听取了莱希的汇报之后，罗斯福几乎不假思索地批准了刚刚确定的新战略。他说很高兴看到反攻正朝中国沿海发展，因为他决心支援中国抗战。罗斯福指出，计划还没有提到把敌人彻底摧垮的内容，要尽快在太平洋上打败日本。兴致颇高的总统留大家共进午餐。饭后，他拿出一盒黑色雪茄请大家抽，那是他的好朋友丘吉尔先生上次来访时无意中遗落下来的。但客人和总统一样只抽香烟，尼米兹说希望能带一支回去，送给和他同住的安德森医生，他和丘吉尔一样喜欢抽大雪茄。

大家开始就一些不太重要的话题闲扯。罗斯福突然问尼米兹：为什么在空袭特鲁克后，还要派航空母舰去攻击马里亚纳群岛？总统心中显然是知道答案的。尼米兹终于逮住了展示幽默的机会。他煞有介事地告诉总统，他的问题让自己想起一件事。

一次，一个老年疑病症患者要求医生把阑尾割掉，因为过于肥胖，没有一个医生愿意操刀。后来他在外地找到了一位高明的医生。这位病人手术苏醒过来之后，把医生叫来询问病情。

“你的情况很好。”高明的医生说。

“但是，医生，”病人说，“我有点不太明白，为什么我的嗓子痛得厉害。住院时我根本没有这个病。是什么缘故？”

“好吧，”医生说，“我告诉你，你自己也知道，你的病情非常特殊。我的许多同事都来看我做手术。手术做完后他们向我喝彩。为了再表演一次，我就把你的扁桃腺也割掉了。”

“所以，总统先生，您知道，”尼米兹说，“我们打提尼安和塞班岛就像那位医生那样，要再表演一次。”

罗斯福把头向后 仰，大笑起来。接见就在大家的笑声中结束了。

3 月 12 日，华盛顿参谋长联席会议以电报的方式向有关司令部下达了正式命令。尼米兹刚回到珍珠港的办公室，秘书就送来一封来自布里斯班的电报。电报上说：“我久有此意，向阁下略尽地主之谊。通过我们之间的会晤，我肯定将大大增进双方的紧密协作。因此，阁下如有时间来布里斯班做客，我将深为荣幸，定予热诚欢迎。”电报末尾的署名，正是刚刚因为基地建设对他大加指责的麦克阿瑟。

尼米兹清楚，麦克阿瑟一直对与他分享对日作战指挥权耿耿于怀。瓜岛战役后期，他曾以海军部长诺克斯的名义邀请麦克阿瑟到努美阿共商战事，老麦不但拒绝参加，也不欢迎诺克斯和尼米兹到他的地盘儿去。此时寒冰突然解冻，尼米兹当然知道其中原因：麦克阿瑟对荷兰迪亚的登陆作战亟须第五十八特混舰队的支援。

要是换成老酒，老酒肯定会说：上次我请你来，你装大尾巴鹰不来，凭啥现在你叫我去，我就得去？我也很忙，你来珍珠港找我好了，吃住免费。但尼米兹毕竟很有涵养，不像老酒这样小肚鸡肠，况且华盛顿刚刚下达命令，第五舰队有支援荷兰迪亚作战的义务，两位司令官的会晤非常必要。尼米兹心中也有自己的小九九。第五十八特混舰队远征西南太平洋，不仅可以给足华盛顿和麦克阿瑟面子，空袭行动也将大大削弱日军的航空兵力，将他们的注意力引向新几内亚方向，为斯普鲁恩斯在马里亚纳大打出手拉出空当。

既然人家发出了看似热情洋溢的邀请，尼米兹还是决定屈尊到布里斯班走一趟。他给老麦回电：“对阁下极为善意的邀请电，深表感谢。今晨我由华盛顿回来时读到此电。我将以莫大的荣幸在不远的未来获得阁下的款待。我们之间的会晤将使我们在未来战斗中获得最密切的协作。数天之内，我将把可能动身的时间奉告。”

3 月 13 日，尼米兹向下属各部发布密件，告知大家特鲁克作战已经停止，各部优先进行马里亚纳群岛的备战工作。当时霍兰的第五两栖部队已在着手制定进攻特鲁克和马里亚纳群岛的两套预案。霍兰立即叫停了对特鲁克的方案准备，将全部精力集中到进攻马里亚纳群岛的准备工作上来。

尼米兹从夸贾林召回了斯普鲁恩斯，传达了华盛顿会议的相关细节。两人商定，支援荷兰迪亚的作战分两步实施。4 月 1 日，第五十八特混舰队袭击帕劳及加罗林群岛日军基地。4 月 15 日，航母舰队直接支援荷兰迪亚登陆行动，返航途中再次袭击加罗林群岛。3 月 20 日，太平洋舰队参谋部下发了代号“征粮者行动”的研究报告。

家里工作安排就绪，3月23日，尼米兹率参谋人员飞往布里斯班。毕竟是两大战区司令官战争期间首次会面——之前哈尔西和麦克阿瑟的会面规格低些，南太平洋战区是太平洋战区之下的一个二级战区——尼米兹为澳大利亚之行进行了精心准备。他从夏威夷的朋友那里找来了珍贵的兰花样品，准备带去送给琼。副官拉马尔特意跑到檀香山市区，购买了印有夏威夷文的运动衫，准备送给小阿瑟。另外还有几盒特色糖果，准备送给麦克阿瑟全家。

3月25日，当尼米兹乘坐的水上飞机滑行到码头时，麦克阿瑟率萨瑟兰、肯尼、金凯德等一众高级幕僚早等在那里了。这的确是了不起的礼遇，尼米兹高兴之余有点惊讶。要知道几个月前，参加完开罗会议的马歇尔专程飞了半个地球到澳大利亚传达会议精神，麦克阿瑟都是故意躲在古迪纳夫岛避而不见的。后来马歇尔屈尊飞去才见到老麦，好像下级找上级汇报似的。在互致看似亲切的问候、说了些“久仰久仰今天见到活的了”之类的客套话之后，尼米兹一行下榻华丽的伦南斯旅馆。从这里跨过广场，就是昆士兰州最高法院大楼。

当晚，麦克阿瑟在旅馆舞厅设下豪宴，盛情款待尼米兹一行。宴会之前，尼米兹特意来到旅馆顶层麦克阿瑟住所，把从夏威夷带来的礼品赠送给他们。琼十分喜欢尼米兹带来的名贵兰花。当尼米兹提出要给小阿瑟送礼品时，麦克阿瑟说儿子已经睡觉了。

“将军，”琼一向这样称呼丈夫，“我想，我们应该把他叫起来一会儿。”麦克阿瑟这才勉强同意保姆阿珠将孩子带出来，尼米兹将运动衫和几大盒糖果送给了小伙子。

第二天，正式会议在麦克阿瑟办公室举行。虽然两人间的明争暗斗世人皆知，但和上次麦克阿瑟和哈尔西会晤前大家忧心忡忡相反，没人担心这两位司令官会当面干起架来，大家清楚至少尼米兹是不会那么做的。因为华盛顿有了明确指示，本次会议更多属于礼节性质，有关讨论大多属于细节问题。

尼米兹提出，第五十八特混舰队不能在近海滞留过长时间，将在地面部队登陆后第二天中午之前离开。肯尼指出，如果这个地区的机场那时还不能接收战斗机的话，他就无法掩护运输船卸货。尼米兹说，将为金凯德提供8艘护航航母，它们将在荷兰迪亚以北海域停留八天，随时为肯尼的轰炸机提供护航并驱逐前来挑衅的日军战机。

尼米兹进一步解释说，日军在那一带有多达两三百架陆基战机，对航母舰队构成了极大威胁。麦克阿瑟保证说，新几内亚西部福格尔科普半岛上的日机将由达尔文机场的盟军战机负责压制，至于荷兰迪亚一带的日机，肯尼信心十足地接过了话头："我会在 4 月 5 日前派 P-38 干掉它们。"在场所有人对肯尼这一貌似轻率的承诺大为震惊。尼米兹显得颇有涵养，仅仅报以微笑。换成老酒肯定会问："那你还要我来干什么？"只有麦克阿瑟对肯尼的话深信不疑，肯尼后来果真做到了。

双方讨论了在攻克荷兰迪亚之后，如何在其他行动中相互协同的问题。尽管意见并非完全一致，尼米兹还是为布里斯班之行感到高兴。他眼中的麦克阿瑟聪明能干，极富吸引力，但是喜欢装腔作势，有时甚至自吹自擂。就个人交往而言，他并未将麦克阿瑟当作挚友，两人只是工作关系。后来在写给金的信中尼米兹说："麦克阿瑟对参谋长联席会议 1944 年的计划似乎非常高兴，因为这个计划肯定能使他从棉兰老进入菲律宾，这正中他的下怀。访问期间，我们一行受到他真诚而周到的热情接待，无可挑剔。会议自始至终都很友好。只是在最后一天会议上，我根据华盛顿指示的最后部分提出共同制订一个快速、抄近路向吕宋—中国台湾—中国大陆三角区推进的补充计划时，他发了脾气。说不能丢下菲律宾不管，他对菲律宾 1700 万人民负有神圣义务。美国人丢掉了菲律宾，要对菲律宾人的流血负责等。"

就在尼米兹外出访问期间，珍珠港和瓜岛针对马里亚纳群岛的"征粮者行动"各项准备也在同步进行。马里亚纳群岛 16 个较大岛屿中，仅关岛、塞班岛、提尼安岛和罗塔岛有日军驻扎。塞班岛是日军中太平洋的指挥中枢和潜艇基地，必须加以攻占。与之仅隔 5 公里海峡的提尼安岛是日军第一航空舰队司令部所在地，为保证塞班岛安全使用，该岛必须加以攻占。况且提尼安岛地势平坦而塞班岛多山，这里更适合建造大型航空基地。关岛战前即为美国所有，不管是军事上，还是政治和情感上，都必须夺回，否则这口气咽不下去。位于提尼安岛和关岛之间的罗塔岛因缺乏价值被最终放弃，直到战争结束该岛仍在日军手中。

4 月 23 日，尼米兹正式公布了参加"征粮者行动"的各支部队和作战任务。行动总指挥斯普鲁恩斯海军上将，登陆部队及护航输送船队统称联合远征军，由特纳中将任司令官。第五两栖部队司令官霍兰·史密斯中将统管所有地面部队。

各部具体编成如下。

第五十二特混舰队，也称北部战斗群，特纳中将兼司令官，负责运送霍兰第五两栖部队：包括托马斯·沃特森少将海军陆战队第二师 21746 人，哈里·施密特少将海军陆战队第四师 21618 人，加上其他辅助部队，共计兵员 66779 人。他们将从珍珠港和美国西海岸出发，进攻仅一水之隔的塞班岛和提尼安岛。杰西·奥尔登多夫少将第一火力支援大队担任护航，并为登陆行动提供炮火支援。

第五十三特混舰队，也称南部战斗群，总指挥理查德·康诺利海军少将，负责运送罗伊·盖格少将第三两栖部队：包括艾伦·特内奇少将海军陆战队第三师 20338 人，雷缪尔·谢帕德准将陆战暂编一旅 9886 人，加上其他辅助部队，共计兵员 39080 人。该部将从瓜岛出发进攻关岛。为其提供护航和炮火支援的是沃尔顿·安斯沃斯少将的第二火力支援大队。

第五十一特混舰队第一大队，也称留船预备队，由威廉·布兰迪海军少将指挥，负责运送拉尔夫·史密斯陆军少将陆军第二十七步兵师 16404 名官兵及附属人员 4000 人。他们将在登陆场附近海域待命，随时准备投入战斗。

以上地面部队合计 127571 人，执行运送和护航任务舰船 535 艘。此外，安德鲁·布鲁斯少将陆军第七十七步兵师作为总预备队在夏威夷待命。一旦前方战事受阻，将随时登船加入战斗。

为保证登陆船队绝对安全，两支特混舰队将为其航途、登陆及地面进攻提供海空支援。

第五十七特混舰队：指挥官约翰·胡佛海军中将，下辖各型陆基战机 620 架，分驻罗伊、埃尼威托克、贝蒂奥、马金和阿帕玛玛机场。他们还能够得到肯尼驻格罗斯特角、阿德默勒尔蒂群岛第五航空队陆基战机的支援。

第五十八特混舰队：指挥官马克·米切尔海军中将。下辖五个特混大队。

第一大队：重型航母“约克城”号、“大黄蜂”号，轻型航母“巴丹”号、“贝露森林”号。4 艘航母共携带舰载机 267 架——战斗机 137 架、俯冲轰炸机 77 架、鱼雷机 53 架。护航舰只包括重巡洋舰“波士顿”号、“巴尔的摩”号、“堪培拉”号，轻巡洋舰“奥克兰”号、“圣胡安”号及第九十一、第九十二、第十一驱逐舰分队“沙雷特”号等 14 艘驱逐舰。指挥官约瑟夫·克拉克海军少将曾担第二代“约克城”号首任舰长，在马绍尔群岛战役中刚刚露过面。

第二大队：重型航母“邦克山”号、“黄蜂”号，轻型航母“蒙特利”号、“卡波特”号。4艘航母共有舰载机246架——战斗机128架、俯冲轰炸机65架、鱼雷机53架。护航舰只包括轻巡洋舰“圣达菲”号、“莫比尔”号、“比洛克西”号及第一〇三、第一〇四、第一驱逐舰分队“欧文”号等12艘驱逐舰。指挥官阿尔弗雷德·蒙哥马利海军少将曾任“突击者”号第五任舰长。

第三大队：重型航母“企业”号、“列克星敦”号，轻型航母“圣贾辛托”号、“普林斯顿”号。4艘航母共有舰载机227架——战斗机123架、俯冲轰炸机55架、鱼雷机49架。护航舰只包括重巡洋舰“印第安纳波利斯”号，轻巡洋舰“克利夫兰”号、“蒙彼利埃”号、“伯明翰”号、“里诺”号及第九十九、第一〇〇、第九十驱逐舰分队“科腾”号等13艘驱逐舰。指挥官约翰·里夫斯海军少将曾任第二代“黄蜂”号首任舰长。

第四大队：重型航母“埃塞克斯”，轻型航母“考彭斯”号、“兰利”号。3艘航母共有舰载机162架——战斗机88架、俯冲轰炸机36架、鱼雷机38架。护航舰只包括轻巡洋舰“圣迭戈”号、“文森斯”号、“休斯顿”号、“迈阿密”号及第二十三、第四、第四十五、第四十六驱逐舰分队“拉德纳”号等14艘驱逐舰。司令官威廉·哈利尔海军少将曾任“黄蜂”号第六任舰长。

从以上构成可以看出，包括米切尔中将在内，美军四个快速航母大队少将指挥官都曾担任过单舰舰长，实战经验丰富。

第七大队：快速战列舰“华盛顿”号、“北卡罗来纳”号、“衣阿华”号、“新泽西”号、“印第安纳”号、“南达科他”号和“阿拉巴马”号，重巡洋舰“威基塔”号、“新奥尔良”号、“明尼阿波利斯”号、“旧金山”号，第八十九、第十二、第一〇六驱逐舰分队“赫德森”号等14艘驱逐舰。司令官是凭瓜岛海战威名远扬的威利斯·李海军中将。

以上5个特混大队共有重型航母7艘，轻型航母8艘，战列舰7艘，重巡洋舰8艘，轻巡洋舰13艘，驱逐舰67艘，舰载机902架。值得一提的是，除“企业”号外，美军其他重型航母均为最新型“埃塞克斯级”。现在露脸的“列克星敦”号、“约克城”号、“黄蜂”号、“大黄蜂”号都属于新一代，它们的前辈已在之前的战斗中战沉。轻型航母全是最新的“独立级”。

除上述地面部队、陆海军航空兵和水面舰艇之外，参加“征粮者行动”的还有一支特殊部队——第十七特混舰队。从构成看，这支舰队一点都不混，清一色水下杀手。他们是洛克伍德海军中将麾下的潜艇部队。美军参与本次战役的潜艇超过 20 艘，实战表明，他们在侦察、攻敌、救援中的表现用“出色”二字形容是远远不够的。

命令发布当天，从华盛顿传来一条不幸的消息，海军部长诺克斯病逝，他的职务由副手弗雷斯特尔接替。尼米兹心情非常复杂。虽然作为行政官员，弗雷斯特尔显然比久病的诺克斯更有生气，但是诺克斯一向支持他。当初尼米兹能出任太平洋舰队司令官，诺克斯厥功至伟。前文提到，尼米兹同弗雷斯特尔关系一向紧张，两人的矛盾可以追溯到尼米兹担任海军航行局局长时期。后来在关于海军航空兵的使用和高级军官的任用上，两人产生了新的矛盾。弗雷斯特尔甚至在背后撺掇金，让他到珍珠港直接指挥太平洋舰队，将尼米兹架空的同时使自己独揽华盛顿大权。尼米兹清楚，今后更离不开金的支持了。

随着布干维尔岛战役接近尾声和拉包尔无效化，近来哈尔西变得无所事事。5 月 5 日至 6 日，金和尼米兹两月一次的例会在旧金山召开。金带首席作战官查理斯·库克少将参会，尼米兹仍带着作战处长谢尔曼少将。哈尔西和参谋长卡尼少将参加了本次会议。谁也不曾料到，这次不起眼的会议竟有海军的四任作战部长出席——第九任金、第十任尼米兹、第十二任谢尔曼和第十四任卡尼。接任卡尼出任第十五任部长的也是老熟人，阿利·伯克现在是第五十八特混舰队米切尔的上校参谋长。

按照惯例，金通报了下阶段盟军将展开的主要行动，其中最重要的是一个月后在法国北部发起一次大规模登陆，地点是一个叫“诺曼底”的海滩。苏联将在东线发起一次攻势作为呼应。金强调说，欧洲战事预计一年内结束，那里主要是陆军唱戏，太平洋作战部队特别是海军必须加把劲儿。

新命令 3 月 12 日刚刚下达，本次会议并无多少实质内容，最大成果是决定第五舰队指挥官采取两班轮换制。南太平洋战事接近尾声，哈尔西已逐渐淡出了人们的视线，当地驻军成为没仗可打的留守部队。原归哈尔西指挥的陆军部队和部分舰船已经移交给麦克阿瑟，海军陆战队和大部分海军调给了尼米兹——盖格第三两栖部队即将参加“征粮者行动”。如果让哈尔西这样有经验且极具人气的高级军官留在努美阿看岛，实在浪费，国内民众也不会答应。

库克提出一个解决方案。将南太平洋战区司令部和第三舰队司令部分开，由牛顿中将接任战区司令官，哈尔西率第三舰队司令部移驻珍珠港，筹划下一步对帕劳的军事行动。马里亚纳群岛战役结束之后，斯普鲁恩斯、米切尔、特纳、霍兰暂时离岗，回珍珠港制订下一步的作战计划。原来编号第五的部队分别更名为第三舰队、第三两栖舰队、第三两栖部队和第三十八特混舰队，指挥官分别由哈尔西、威尔金森、盖格和麦凯恩出任。在哈尔西团队完成一个大战役后，斯普鲁恩斯和他的几员大将轮换回原岗位，恢复现有部队番号。哈尔西班子则退下来制订下一步作战计划，等待接班。如此周而复始，直到战争结束。

哈尔西对此评论说："过去马车是换马不换驭手，现在我们是换驭手不换马。马虽然辛苦，但仍能充分发挥作用。况且这样可以使日本人对我们的海上力量产生错觉，以为我们有两支大规模舰队。"话虽如此，这种办法能行得通，关键在于海军有大量过剩的高级军官。老酒认为这种制度本身并不高明，无法逃脱因人设事的嫌疑。既然连哈尔西和斯普鲁恩斯都只能换班，正在北太平洋钓鱼的弗莱彻只能永远待在那儿了。

哈尔西被告知在 7 月交出南太平洋战区司令官位置，保留第三舰队司令官头衔。现在他的任务是组织制订攻打帕劳的作战计划——后因形势变化改为菲律宾——等斯普鲁恩斯拿下马里亚纳群岛后接管第五舰队。回到努美阿之后，哈尔西以一种无比轻松的心情在辖区做了一次告别之旅。访问各基地时，他发现过去的战场变成了棒球场，敌人建筑也变成了商店、酒吧、影院等生活娱乐设施。在新西兰他被告知，英王乔治六世册封他为大英帝国"荣誉爵士"，随行参谋马上戏称司令官为"男爵"。

回到努美阿后，哈蒙中将受马歇尔委托授予哈尔西陆军优秀服役勋章。麦克阿瑟的告别电报也到了："带着深深的遗憾，看着你和你杰出的参谋团队离开，你给我们留下的记忆是一个伟大的水兵、坚韧的指挥官和忠诚的朋友。我们迫切期待着和你新的合作。"老麦绝对不会想到，两人在莱特湾再次合作时，哈尔西的"擅离职守"差点让他在滩头挨炮。"7 月 15 日上午，"哈尔西说，"我将指挥权移交给亨利·牛顿中将，第二天上午乘机前往珍珠港。部队夹道欢送，他们的欢呼声和飞舞的饰带、彩旗模糊了我的双眼。从那以后，我再也没有看见过努美阿。"

回到珍珠港的一个晚上，尼米兹请一帮朋友共进晚餐，其中就有安德森医生。饭后，他拿出那支从总统办公室拿到的雪茄，神秘兮兮地告诉安德森："医生，在这个特殊的场合，我要请你抽一支英国首相的美味雪茄。"尼米兹把雪茄递给医生，讲述了这支烟的来历。安德森拿着那支又粗又大的雪茄回到座位上，将它点燃，大家都一脸羡慕地看医生抽烟。不料安德森抽了几口就大声喊道："天哪！我怎么有点头晕了！"医生又吸了几口，额头上已经渗出了汗珠。在向大家表示歉意之后，安德森局促地退了出去。在场的人面面相觑，大家一致认为，每天能抽好几包这种厉害烟的丘吉尔先生不愧是个了不起的伟人。

相比贝蒂奥、罗伊—纳摩尔和埃尼威托克而言，此次美军需要攻克的三岛面积较大，岛上日军可能高达数万之众。根据计划，特纳北部战斗群将在 6 月 15 日登陆塞班岛，之后短暂休整，渡海攻击提尼安。如果塞班战斗拖得过长，将给提尼安岛日军加强防御留下充足的时间，对塞班岛速战速决成为战役制胜的关键。南部战斗群对关岛的攻击暂定 6 月 18 日，准确时间视战场情况随即决定。鉴于马里亚纳群岛在日军"绝对国防圈"中的核心地位，尼米兹和斯普鲁恩斯一致认为，之前一直高挂免战牌的日本联合舰队主力包括航母舰队很可能会倾巢而出，围绕夺岛将爆发一场大规模海战。后来事实果真如此。

美军参战的四个师均具有一定登陆作战经验。陆战二师资历最老，战前 1941 年 2 月 1 日已经组建，曾参加过瓜岛海战和血腥的塔拉瓦之役。在"征粮者行动"中，刚刚晋升少将的沃特森将指挥这支精锐部队，他 2 月刚指挥过埃尼威托克之役。比起老二哥陆战二师——老大哥是陆战一师——来说，初出茅庐的陆战四师只能算是"新兵蛋子"，他们 1943 年 8 月 16 日组建，参加过罗伊—纳摩尔战役，表现一般，施密特少将依然执掌这支部队。作为预备队的陆军第二十七步兵师曾参加过马金之战，稍显窝囊的表现曾让霍兰暴跳如雷。虽然之后参加了埃尼威托克之役，其表现并未改变霍兰对他们的糟糕看法。听说又要在霍兰指挥下作战，从师长拉尔夫·史密斯少将到普通官兵个个垂头丧气，不知道又会等来什么样的小鞋。

南部战斗群主力陆战三师 1942 年 9 月 16 日组建于加利福尼亚埃利奥特军营，其一部曾短期在萨摩亚驻防，通过参加布干维尔岛战役积累了一定实战经验。1944 年 1 月，他们返回瓜岛，原拟参加对新爱尔兰岛的登陆，行动取消后奉命进攻关岛。几支部队中的"小弟弟"当数 1944 年 4 月 19 日在瓜岛由陆战四团、二十二团临时编成的暂编第一旅。陆战四团曾奉命登陆埃米劳岛，可惜日军提前逃走，他们未放一枪。第二十二团参加过埃尼威托克之战，经验相对丰富一些。经过关岛淬火之后，暂编第一旅后来被编成陆战六师。所有参战部队中，只有总预备队第七十七步兵师是首次登场亮相。

对一次大规模登陆作战来说，战前情报的收集至关重要。除关岛外，美军对其余诸岛知之甚少，对岛上日军设防情况几乎一无所知。战争前两年，美军战机还从未到过那里。直到 1944 年 2 月发起埃尼威托克作战时，美军才出动航母空袭了这里。米切尔当时特意安排 25 架飞机在不同高度和角度实施航拍。可惜天公不作美，那两天群岛上空云雾缭绕，用拍回的模糊照片指导作战显然是远远不够的。

3 月上旬，陆军第七航空队第十一、第三十重型轰炸机大队陆续由阿帕玛玛和贝蒂奥前出至夸贾林和埃尼威托克。从 4 月 18 日开始，胡佛先后出动三批次 B-24 重型轰炸机从埃尼威托克机场出发，长途奔袭 3200 公里对各岛实施航拍。4 月 2 日至 29 日，美军潜艇“六线鱼”号在塞班、提尼安和关岛外海四处溜达，拍摄了大量清晰照片。结合战机和潜艇发回的资料，霍兰迅速组织制图并下发各参战部队。

5 月 9 日，第五两栖部队情报处判断，塞班岛有日军 9000 ~ 10000 人。到 24 日，陆军第七航空队报告说，日军已大大加强了马里亚纳诸岛的防御，沿海炮台和高射炮数量明显增加，海岸线边缘出现了长达数公里的壕沟。太平洋舰队联合情报中心对日军塞班岛驻军估计数因此增加了 2/3，提高到 15000 ~ 18000 人。关岛日军兵力少于塞班，预计 10100 ~ 11800 人。到 7 月 18 日发起实际登陆时，这一估计数字被调整为 18657 人——美国人搞预测还有整有零的。

作战命令下达之后，参战地面部队训练节奏不断加快。各师按分派任务有针对性地进行训练，训练单位从小到大依次进行。先是单兵和班、排、连训练，之后是步兵—坦克—炮兵—工兵多兵种协同，最后进行营、团及整师训练。“举起手来”，“赶快出来，我们会给你食物和水”等简单日语也是必训科目之一。日语会话学习往往安排在官兵最易接受的时间进行，如晚场电影放映之前、饭前饭后等。说实在话，美国大兵的日语发音比日本兵蹩脚的英语也好听不到哪里去。

到 5 月 14 日，北部战斗群除部分最后装船物资外，两个陆战师人员物资都已上船，准备出发进行最后阶段演习。5 月 18 日，第二十七步兵师准备工作结束。即使拥有如此强大的力量，美军还征集了一些民船，用于运载陆军第一〇六团。所有物资总计 74986.6 吨，容积 222000 立方米——年初夸贾林之战吨位不过 49283 吨。5 月 17 日，两个陆战师在毛伊岛马亚拉伊湾进行了登陆演习。因附近有平民居住，并未进行实弹演练。5 月 20 日至 24 日，第二十七师也进行了类似演习。与此类似，南部战斗群各部 5 月 12 日至 22 日在瓜岛埃斯佩兰斯角进行了全方位登陆演习。参战部队各项技能有所提高，士气旺盛。

5 月 21 日，当樯桅如林的美军舰队准备出发前往夸贾林时，一次重大事故发生了。停泊在西侧咸水湖的第三五三号坦克登陆舰在卸载 107 毫米炮弹时突然发生爆炸，引发的大火迅速蔓延到附近的 5 艘登陆舰。陆战队员和水兵纷纷跳入大海，到处燃烧的汽油增加了他们的逃生难度，很多人只穿着短裤游到岸上。特纳和希尔亲临现场指挥营救。最终除 6 艘坦克登陆舰全部报废之外，还有 163 人丧生、近 400 人受伤。有人认为这是日本特工蓄意破坏，还有人怀疑是平民焊接队操作失误所致。特纳下令组成的专业调查组最终认定是一场意外事故。这点损失对财大气粗的美国人算不上什么，损坏的登陆舰被拖走，代之以准备分配到南太平洋的 8 艘舰艇，损失人员也迅速得到了补充。

塔拉瓦的惨重损失一直让特纳痛心不已，他知道自己唯一能做的，是在力所能及的范围内加强对可变因素的控制。其间，斯普鲁恩斯回国度假，当他返回珍珠港时，发现老朋友身心憔悴。特纳抱怨说“累得要死”，选择大量饮酒来缓解压力——他以前就有酗酒的恶习，后来在提尼安岛的升旗仪式上，他竟喝得酩酊大醉。特纳的做法激怒了尼米兹，但当他威胁要对特纳打上一巴掌时，斯普鲁恩斯总会及时站出来劝阻，“让我来处理他”。斯普鲁恩斯对特纳的友情包含着谅解、容忍和宽恕，他决心要把特纳留在自己身边。

和地面部队的准备不同，米切尔中将第五十八特混舰队的办法是“以战代训”。为支援麦克阿瑟登陆荷兰迪亚的行动，4 月 13 日，米切尔率第一、第二、第三大队远征新几内亚，于 21 日至 24 日空袭了瓦克德岛、荷兰迪亚、洪堡湾等地，27 日轰炸了阿德默勒尔蒂群岛。在不到一周的时间里，3 个大队共出动舰载机 2364 架次，投弹 719.2 吨，因战损失“地狱猫”1 架、“地狱俯冲者”2 架，因事故损失战斗机 3 架、俯冲轰炸机 5 架、鱼雷机 7 架和水上飞机 1 架，损失机组成员12人。

返航途中，29日至30日，米切尔再次出动舰载机2111架次空袭特鲁克，累计投弹785.8吨。经过之前多次空袭，驻特鲁克日军第二十二航空战队只剩不到100架飞机。起飞迎战的34架零战在美军性能和数量均绝对占优的“地狱猫”面前如飞蛾扑火，损失殆尽。美军声称两天空袭中击落日机65架，另有85架在地面被摧毁。日军记录上述两项数字分别为59架和34架。此外，米切尔还出动9艘重巡洋舰和8艘驱逐舰炮轰萨塔万环礁。5月1日，李中将率一众快速战列舰驶出队列，在第三大队护航下炮轰波纳佩岛。本轮空袭美军因战损失战斗机14架、俯冲轰炸机4架和鱼雷机8架，5架战斗机、2架俯冲轰炸机和2架水上飞机因事故损毁，21名机组成员阵亡或失踪。其间，1颗45公斤炸弹从飞机上脱落，炸死“大黄蜂”号地勤人员2人、伤13人。

此前，“大黄蜂”号因事故频发被戏称为“大黄蜂巢”，原因在于舰长、哈尔西的前任参谋长勃朗宁上校。勃朗宁被称作“海军最好的战略家和最坏的军官”，经常烂醉如泥。哈尔西对他信任有加，也只有他才能驾驭勃朗宁。后来海军部长诺克斯亲自干预，以“大黄蜂”号舰长之职为诱饵成功将勃朗宁从哈尔西身边调开，此节前文已有所述。果然不出众人所料，勃朗宁与水兵和飞行员的关系搞得一团糟。因2架“地狱俯冲者”出现事故——飞行员驾驶这种新机型还没超过20小时，勃朗宁就把中队长迪尤少校骂病倒了。迪尤被解职之后，飞行大队长德雷恩中校也被勃朗宁赶走。新任大队长戴维·麦坎贝尔中校竟招不来中队长，大家不愿当的理由非常可笑，“当上中队长见到舰长的机会更多”。勃朗宁严令起飞只能使用122米飞行甲板，这段距离对“地狱猫”足够，“复仇者”也勉强可以，但“地狱俯冲者”就遭殃了。新命令颁布之后，2架飞机接连坠毁，机组成员无一幸存。

没有哈尔西的约束，勃朗宁整日醉醺醺地在舰桥和甲板上游荡，咆哮着下达一道道匪夷所思的命令，士兵恨不得一脚把他踹到海里去。5月5日晚，1500名美国大兵聚在航母飞行甲板上看电影。忽然有人听到嗞嗞声，似乎有引信被点燃了。有人高喊“炸弹松脱了”！随后引发的混乱造成几名水兵坠海。勃朗宁抓起麦克风对着人群破口大骂，副舰长提醒他有人掉海，勃朗宁严令不准放下救生艇。最终导致10多人因踩踏受伤，两人落水溺死。珍珠港的调查小组很快到了，出具的结论是“舰长完全不称职”。就在舰队出航前，5 月 27 日，威廉·桑普尔上校接任“大黄蜂”号舰长。桀骜不驯的勃朗宁曾有那么好的机会，被他白白浪费掉了。至于战后有人拿勃朗宁大做文章并引发一系列争论，咱们这里就不再讨论了。

5 月 15 日，蒙哥马利少将率“埃塞克斯”号、“黄蜂”号临时编成的第六大队再度出击，19 日空袭了马库斯岛，373 架次舰载机共投弹 148.5 吨。行动中美军损失战斗机、俯冲轰炸机各 2 架，机组成员 3 人。22 日，完成加油补给后，该部与“圣贾辛托”号会合次日空袭了威克岛，354 架次舰载机共投下 148 吨炸弹，损失战斗机、轰炸机各 1 架，飞行员 1 人。当天美军战斗日志上记述着这样一句话，“没有发生值得一提的事情”。5 月 26 日，蒙哥马利回港重新登上第二大队旗舰“邦克山”号，第五十八特混舰队完成了战前集结。美国人有的是飞机和飞行员，上述战损很快补齐。美军快速航母舰队的上述活动，不但达到了战前热身的目的，而且极大削弱了角田第一航空战队的力量，为日军马里亚纳海战惨败埋下了伏笔。

4 月上旬，尼米兹收到了一条惊人的消息，日本联合舰队司令官古贺神秘失踪。接着有好消息传来，金凯德从菲律宾游击队手里取回一个公文包，其中有一份被称作“Z 行动”的提纲。西南太平洋战区情报处将文件译成英文通过电报发到珍珠港。莱顿和助手都看不懂电报内容，文件是一个不熟悉海军术语的日裔翻译的。莱顿请威洛比少将把原文电传到珍珠港，莱顿和他的日文专家连夜将文件翻译出来。看完古贺的计划之后，尼米兹对日军用航母舰队和陆基航空兵联手对付第五舰队的思路有了初步了解。他下令将文件分发所有参加“征粮者行动”的各舰舰长。

5 月 5 日，东京公布了古贺阵亡的消息，继任者是海军大将丰田副武。几天之后，尼米兹获悉日军联合舰队主力——包括快速航空母舰——在菲律宾群岛和英属婆罗洲之间的塔威塔威一带集结。婆罗洲盛产优质原油，日军舰队在此集结显然是为解决燃油问题。尼米兹命令洛克伍德派 6 艘潜艇前往那一海域，时刻监视日军动向。鉴于麦克阿瑟即将发起比亚克岛登陆战，西南太平洋战区潜艇部队司令官拉尔夫·克里斯蒂少将也向塔威塔威派出了 4 艘潜艇，执行侦察、伺机攻敌等任务。

参战各部忙得不亦乐乎，作为最高指挥官的尼米兹反倒显得非常轻松，他已在展望未来了。在他看来，这场战争可以分三个阶段。第一阶段，日军扩张美军重建，保住了通往澳大利亚的海上交通线，在中途岛成功遏制了日军的进攻势头。第二阶段开始于 1942 年 8 月的瓜岛战役，到 1943 年底夺回所罗门群岛为止。第三阶段从塔拉瓦开始，直到夺取马绍尔群岛，确立了美军的战术和兵力优势，撕开了日军外围防线。

5 月 29 日，尼米兹为手下军官撰写了题为“战术展望”的备忘录，其中写道：“当前阶段，日本海军所采取的谨慎策略对他们来说合乎逻辑。但如果他们妄图通过拖延来增加胜算，那么在守卫外围防御圈时，利用实力已经被严重削弱的舰队决一死战就是一种糟糕的战略。从某种程度上说，拖延有利于他们。战争中距离本身就是一种优势。一个人手臂离身体越近，所能举起的物体就越重。随着我们不断推进，我们的交通线变得越来越长，越来越宽，越来越容易遭到攻击。反之，他们的交通线就变得越来越短，越来越集中，在一定程度上就更容易防卫。随着战场不断向日本本土逼近，就某种意义来看，我们反而缓解了他们在舰船上的巨大损失。随着舰队不断深入日军占领的海域，它面临的风险也与日俱增。要想抵消上述风险，美军必须取得真正战略突破。如果我们顺利拿下马里亚纳群岛，仍在艰难破茧的 B-29 就可将日本纳入攻击范围。”最后，尼米兹强调说，“他们很可能意识到，他们的城市和防空力量无法承受德国所能承受的打击。盟军可以利用英国的基地开展频繁而持续的轰炸。我们从西太平洋的任何基地，都很可能难以做到这一点。”

潜艇很快从塔威塔威发回了侦察报告。当得知偷袭珍珠港的“翔鹤”号及“瑞鹤”号也在那里出现时，异常兴奋的尼米兹告诉霍兰：“有朝一日，我会在办公桌上看到这两艘日军航母被击沉的电报。那将是我今生最快乐的一天。”

从 5 月 25 日开始，美军南北两大战斗群分 4 批从珍珠港和铁底湾出发，向集结地马绍尔群岛隐秘挺进。

左支右绌

经历了上半年的沉寂之后，从 1943 年 6 月底开始，盟军在西南太平洋、南太平洋和中太平洋三路出击，向新几内亚、所罗门群岛和吉尔伯特群岛快速挺进，各路日军节节败退，军事重镇拉包尔、特鲁克接连陷入内无粮草、外无救兵、只盼美军不来打的尴尬境地。面对雪片般飞来的“玉碎”噩耗，东京只好下令各战场全面转入守势，试图依托“绝对国防圈”建立起稳固的防御阵线，打退或迟滞盟军的进攻。

根据形势需要，1943 年 9 月 15 日，大本营陆海军部联合签署了《关于中南太平洋方面作战陆海军中央协定》，命令驻外各部队紧密协作，迅速完成以下部署：

一、在新几内亚西部至所罗门群岛东南方面重要地区击溃来犯之敌，设法长期坚持下去。

二、大致以 1944 年春为目标，整备澳北方面及加罗林、马里亚纳群岛地区基地，加强防务。在菲律宾整备反击兵力，加强反击态势。

三、当敌军来攻时，对其主攻方面，以前项提及重要地区基地为支撑点，集中兵力反击敌军，争取予以击溃，挫败其反攻企图。

四、1944 年中以后，从澳北方面展开积极作战。

五、关于采取攻势方向等问题，另行研究。

在新几内亚东部，安达二十三率第十八军在美澳联军追击下，或翻山，或渡河，正向韦瓦克一线撤退。澳北防务之前一直由南方军负责，具体执行者为第十九军，下辖第五师团和第四十八师团。东京大本营研究决定，将该地区从南方军管辖下划分出来，改由东京直接管辖。10 月 29 日，随着陆军部一纸电令，原驻中国东北齐齐哈尔地区的第二方面军（司令官阿南惟几）、第二军（司令官丰岛房太郎）司令部进驻澳北，负责该区域的防御任务。此前，驻中国第三十六师团、驻本土第四十六师团已增派到澳北方面。

12 月 1 日，阿南开始行使职权，司令部暂时设在万鸦老。第二方面军由第二军、第十九军及军直属各部编成，原驻澳北地区的第七飞行师团直接归入方面军麾下。阿南得到的指令是：同海军密切协同，迅速加强反击准备，击溃来攻之敌，确保澳北重要地区，随时准备发起反击。作战区域为棉兰老岛以南，东经 140 度以西至望加锡、龙目海峡一线。

为配合陆军的澳北作战，11 月 30 日，大本营海军部下令编成第四南遣舰队，司令官山县正乡海军中将，参谋长冈田为次海军少将。下属部队除 11 月 1 日刚在哈马黑拉岛设立的第二十六根据地部队外，还包括第二十四、二十五根据地部队，第九三四航空队，两个防空队和一个设营队等。虽然名义上是一支舰队，但山县手中几乎没有像样的作战舰艇。

随着安达第十八军放弃西奥向西撤退及美军登陆格罗斯特角，丹皮尔海峡门户洞开，日军“绝对国防圈”前卫线被完全撕裂。3 月 14 日，大本营再次做出调整，将东经 147 度以西地区划入南方军作战范围，现驻新几内亚东部第十八军和第四航空军改为隶属阿南第二方面军，第九舰队改隶属高须四郎西南方面舰队。东经 147 度以东地区（含马努斯岛）仍归今村均第八方面军负责。3 月 10 日在达沃召开的第二方面军作战会议上，阿南直言不讳地说：“今后对拉包尔第八方面军应以同情态度对待，在不影响大局的情况下尽量给予武士道式协助。”说实在话，这两个方面军司令部相距数千公里，阿南就是想帮也帮不上。

新几内亚东部颓势已无法挽回，阿南致电安达：“尽快将军主力向西转移，加强防卫荷兰迪亚、艾塔佩、韦瓦克等重要地区，努力遏制敌军对新几内亚西部及加罗林西部方面的进攻。对军主力转移期间新登陆的敌军，应争取随时随地击溃之。”第四航空军受命协助第十八军作战，迅速整备荷兰迪亚地区机场群。

与新几内亚岛的不毛之地不同，早在战争爆发之前，日本已经未雨绸缪，在所谓“委托管理区”修建军用设施。1934 年至 1940 年 11 月 15 日，日本用于内南洋的建设资金达到 14456800 日元。从 1940 年 11 月 15 日开始，东京再次向上述地区投入资金 121189666 日元，其中 15605855 日元用于马里亚纳群岛。在总数超过 3000 万日元的资金中，60% 用于塞班，25% 用于提尼安，15% 用于帕甘。关岛当时还在美国人手里，日本人就是想投资，人家也不会让他们入股。1934 年，塞班岛最重要的阿斯利托机场动工，这是日军中太平洋最重要的航空基地之一。1935 年，日本在塞班岛塔纳帕格港建成水上飞机基地，1940 年又花费 750 万日元在提尼安岛修建了一处大型机场。

面对国际社会的广泛质疑，日本对外高调宣称，上述设施完全属于民用。但谁都知道，战争一旦打起来，它们很快就能够转为军用。1940 年 11 月，日本海军在塞班岛设立第五根据地部队，斥巨资在中太平洋大肆修建灯塔、军营、弹药库、油库等辅助设施。“灯塔”仅塞班岛就有 12 处，耗资 1333333 日元。开战之后，它们摇身变成了海军观察哨。1941 年 2 月至 7 月，日军在塞班岛修建了 4 座钢筋混凝土炮台，耗资 10 万日元。随着第四舰队司令部进驻塞班，日军耗资 70 万日元在岛上建成了 800 平方米的弹药库，后续无线电收发站和辅助营房又耗资 80 万日元。当年 9 月，东京再次斥资 150 万日元建成了陆军兵营、鱼雷仓库和防空洞等设施。

开战之前，马里亚纳群岛防务归海军第四舰队和第五特别根据地部队负责，陆军方面并无参与。鉴于海军缺乏必要的地面作战部队，战争爆发之后，参谋本部向中太平洋派出了堀井富太郎的南海支队。这支大名鼎鼎的小部队接连拿下关岛、拉包尔、莱城、萨拉莫阿、布纳等战略要地，最终在巴布亚半岛折戟沉沙。1944 年之前，马里亚纳群岛仅仅作为日军通往西南太平洋和中太平洋的交通枢纽存在，大量地面部队、补给物资、船只和飞机只在路过时喝口水、加加油转身就走，当地驻军一直不多。1943 年 5 月，驻塞班第五根据地部队仅 919 名军事人员和 220 名民间服务人士。1943 年 9 月，横须贺海军第一特别陆战队 1500 名官兵进驻塞班。后因前方战事紧急，他们中的 500 人于 1944 年 1 月奉命增援拉包尔。由于今村均并未孤注一掷和美军死拼，这些人大部分活到了战后。到 1944 年 2 月，塞班岛驻军仅 1437 人。驻关岛海军第五十四警备队最初仅 302 人，1944 年初得到 425 名增援。

1943 年夏，应海军的多次请求，大本营陆军部决定向中太平洋地区增派陆军部队。根据 9 月 15 日的《协定》内容，参谋本部拟从本土、朝鲜、中国关外及关内地区抽调或新建陆军兵团前往中太平洋方面，总兵力 40 个步兵大队，附以必要的坦克、炮兵、工兵部队。上述兵力将重点部署在加罗林和马里亚纳群岛。

1943 年 10 月 4 日，参谋总长杉山元上奏天皇，拟将第三、第十三、第三十六师团从中国调出，加上本土金泽第五十二师团和熊本第四十六师团，增援战事吃紧的中太平洋和西南太平洋地区。裕仁表示认可。除上述拟调出部队之外，杉山下令从 11 月 8 日起，抽调精干步兵大队及辅助单位编组六个南洋支队，先后派往威克岛、马库斯岛、库萨耶岛及莫特洛克、沃莱艾环礁等地。

杉山的兵力调动一开始就遇到阻力。以所部正在谋划打通大陆交通线的“一号作战”为由，中国派遣军总司令畑俊六拒绝放行第三、第十三师团。1944 年 1 月，一向缺乏主见的杉山只好同意上述两师团暂留中国地区。

1943年11月至次年2月，麦仓俊三郎第五十二师团主力分两批进驻特鲁克。其中第二批在抵达特鲁克时遭到美军第五十八特混舰队舰载机的攻击，损兵逾千。因美军并无攻占特鲁克的计划，麦仓和大部分手下得以侥幸活到战后。

中国大陆地区兵力无法调出，增援中太平洋又势在必行。1月29日，参谋本部作战部长真田穰一郎飞往长春，与关东军总司令梅津美治郎协商调兵事宜。当时苏联在欧洲依然面临较大压力，近期不可能在远东展开大规模军事行动，觉悟颇高的梅津爽快答应，将驻辽阳地区第二十九师团调往马里亚纳群岛，驻海拉尔第十四师团调往西南太平洋方向。为加强两师团战斗力，陆军部特意为他们各增加了一个迫击炮大队、一个机关炮中队和一个坦克中队。2月1日，驻兖州第三十二师团和驻开封第三十五师团奉命开往上海，适应炎热气候和临海地区作战条件，准备随时开赴海上。2月21日，新编成第一至第八派遣队奉命开往中太平洋，纳入联合舰队直接指挥之下。

就在日军频频调兵试图加强防御的同时，美军在中太平洋继续一路高歌猛进。2月23日，埃尼威托克陷落，那里距塞班岛只有2000公里。2月17日至18日，美军快速航母舰队的空袭直接导致特鲁克瘫痪。22日至23日，马里亚纳群岛遭到美军舰载机直接轰炸。东京突然发现，原来的后方中转基地马里亚纳群岛瞬间处于美军的直接兵锋之下。

中太平洋战局迅速恶化，大本营陆海军部立即召开联席会议商讨对策。在特鲁克弃守问题上，陆海军再次出现重大分歧。陆军提出，既然美军快速航母舰队能够肆意轰炸特鲁克甚至马里亚纳群岛，向特鲁克及周边地区增兵已无可能，也没有可供运兵的大量船舶，防御重点只能是马里亚纳和帕劳地区。海军对特鲁克情有独钟，声称只有保住这个最大、设施最完善的海外基地，才能在其以西海域与美军决战，海军航空兵才有希望在未来决战中发挥关键作用。特鲁克一旦落入敌手，美军对日军其他航空基地和船舶运输安全的威胁将成倍增加，战争更打不下去了。

军令部作战参谋源田实提出了一个雄心勃勃的“雄计划”：像当初偷袭珍珠港那样，集中中太平洋所有航空兵力，奇袭并全歼驻扎在夸贾林环礁的美军主力舰队。这一注定无法成功的计划竟然得到了当时还活着的古贺和军令部的批准。可惜不久古贺就神秘失踪，源田的远大理想就此被扼杀在襁褓之中。参谋本部和军令部最终达成的妥协是，特鲁克和马里亚纳一线必须坚守。2 月 16 日，永野和杉山联名向裕仁提出，为确保“绝对国防圈”安全，向中太平洋快速增兵势在必行。裕仁准奏。

对中太平洋地区的防御问题，东条的首席高参、陆军省军务局长佐藤贤了有独到的见解。他提出索性将上述地区全部放弃，部队退守菲律宾，与美军决一死战。这一意见因政治影响太大被东条否决。就在陆海军争吵期间，永野和杉山在东条的威逼下双双下野。

到 1944 年 2 月中旬，日本陆军在中太平洋地区已经超过 3 万人。鉴于很快将有更多后续兵力到来，2 月 25 日，参谋本部决定成立第三十一军，小畑英良——他是被牟田口免掉的第十五军参谋长小畑信良之兄——任军司令官，井桁敬治任参谋长，军司令部设在塞班岛。该军将统辖已派遣和正派遣中的第二十九师团、第五十二师团、海上机动第一旅团、南洋第一至第五支队、第一至第八派遣队、父岛要塞部队及军直属部队等。3 月下旬，从关东军调出的第十四师团及 4 月上旬在国内新编成的第四十三师团也将纳入小畑麾下。

接令之后的小畑来到参谋本部，对中太平洋作战方案进行研究。当时从釜山赶来的第二十九师团师团长高品彪也参加了研讨。按照惯例，出发前小畑要进宫面圣，接受聆讯。裕仁一本正经地告诫他：“马里亚纳群岛确系关系帝国命运的最后战略线，军司令官身负全体国民之重托，要拿出战斗到底的决心和勇气。”

骑兵出身的小畑在航空部队任职多年，开战时作为第五飞行师团师团长参与了菲律宾作战，之后任第三航空军司令官一直活动在东南亚地区。1943 年 11 月 30 日在对印度加尔各答的轰炸行动中，小畑座机出现故障迫降海上并最终获救，之后一直在家赋闲。虽然对中太平洋一无所知，自知重任在肩的小畑还是对裕仁慷慨陈词：“臣之个人荣辱，与军司令官之重大责任相比，实不足惜。愿以此身为太平洋之防波堤略尽绵力，以报答陛下和全体国民之期待。”2 月 28 日，小畑率司令部部分成员从横滨飞往塞班。

小畑走天上，不但快，还安全。高品第二十九师团的海上之旅就没这么顺利了。2 月 24 日 8 时，师团主力乘运输舰“东山丸”号、“安艺丸”号、“崎户丸”号，在第三十一分队 3 艘驱逐舰的护卫下从釜山起航前往马里亚纳群岛。步兵和装备登船之后，高品 29 日从横滨直飞目的地。

29 日上午，船队周围隐约有美军潜艇出现。虽然驱逐舰“冲波”号、“岸波”号和“朝霜”号高度警惕，运输船还是在 17 时遭到美军潜艇“鳟鱼”号攻击。“安艺丸”号舰首被一条鱼雷命中，当场炸死 30 人。所幸驱逐舰拼命护航，“安艺丸”号最终逃脱了沉没的命运。“崎户丸”号就没这样的好运气了，两条鱼雷导致船上大火肆虐，运输船很快沉入大海。船上运载的 3900 人死伤大半，第十八步兵联队联队长大佐门间健太郎以下 2280 人下海喂了鱼鳖虾蟹。1720 名获救者中，570 人被烧成重伤。等到达塞班上岸清点后发现，整个联队只剩 7 条步枪、1 具掷弹筒和 2 挺轻机枪，刺刀不少，还有 150 把。日军驱逐舰连续投下深水炸弹，“鳟鱼”号成功避开，扬长而去。

高品座机刚刚在阿斯利托机场降落，前方就传来了运输船遭遇不测的噩耗。3 月 4 日至 5 日，“安艺丸”号和“东山丸”号陆续抵达。高品只好变更部署，以第五十步兵联队（欠第一、第十中队）顶替第十八联队前往提尼安，师团直属部队和第三十八步兵联队主力进驻关岛，第五十联队第一大队和第十八联队残部留在塞班，第五十联队第十中队前往帕甘岛。

第十八联队卫生队队长大场荣军医属于幸运者。运输船被击沉之后，这名 29 岁的军医被水兵拖上救生筏，转移到 1 艘驱逐舰上，和其余幸存者被送上了加拉潘水上飞机码头。身穿破烂不堪、满是油污工作服的大场被送往医院临时救治，之后转入由一所中学临时改造的营房。他奉命接管一个临时指挥所，手下 225 人中一半是卫生兵。大场接到的命令是在加拉潘山坡架设炮台。美军占领塞班后，拒不投降的大场率一支临时纠集的小部队与美军展开游击战，成为岛上顽抗时间最长的整建制部队，后文详叙。

3 月上旬，第三十一军司令部人员陆续抵达塞班。小畑选择 3 月 10 日陆军节这天发表了就职演说。他号召全体官兵英勇作战：“阻止美军从中太平洋突破‘绝对国防圈’，以我血肉之躯铸成阻止敌人入侵本土的防波堤！”小畑的话很快被做成标语，张贴到工事、设施、机场和民房各处。

就在小畑发布训令的同时，第三十一军下属各部正按计划奔赴各自防地。虽然 3 月 12 日从横滨出发的陆军第一、第五、第六等 3 支派遣队平安到达目的地，但计划增援关岛的海军第五十四警备队乘坐的运输船再遭美军潜艇攻击，1029 名官兵无一幸存。

美军潜艇的频繁袭扰给日军兵力输送带来极大威胁。5 月中旬，有马纯彦陆军第九派遣队在塞班短暂停留后，准备前往驻地雅浦岛。船队 16 日起程，次日就在关岛西北 310 公里海域再遭美军潜艇伏击，300 名官兵和大部分装备沉入大海。

让小畑略感欣慰的是，就在第九派遣队残部无奈返回塞班的 19 日，第四十三师团第一批主力部队安全登上塞班岛。“大好消息”传回东京，集内阁首相、陆军大臣、参谋总长于一身的东条悬着的心总算落了地。当海军问起塞班的防御状况时，参谋次长后宫淳自信满满地回答：“已经在小笠原和马里亚纳群岛部署了相当多的守备力量。尤其是预计于 5 月中旬到达的第四十三师团，对防卫敌军进攻很有信心。”

第四十三师团主力安全登岛让小畑暂时压住了心慌。该师团奉命 4 月 7 日编入第三十一军。就在命令下达三天前，4 月 4 日，前师团长、皇族出身的陆军中将贺阳宫恒宪王调任近卫第三师团师团长，他的职务被原军马补充部部长斋藤义次接任。和军司令官小畑类似，斋藤也是骑兵出身，之前干的都属悟空大师兄“弼马温”的活儿，采购和管理军马非常在行。无论从个人性格，还是从实战经验来说，大腹便便的斋藤都不适合指挥地面部队。此时由他紧急出任一个即将奔赴前线的师团指挥官，显然并非因为他的“杰出军事才能”，而是避免让皇族的贺阳宫到前线冒险，毕竟“玉碎”的部队越来越多。参谋本部此举的确有先见之明，最后别说斋藤，连军司令官小畑甚至南云忠一都没能活着回去。

履新时斋藤已 53 岁，他对东京明显让他送死的安排并无不满。5 月 10 日，斋藤率师团司令部及第一三五、第一三六两个主力联队登上运输船，在驱逐舰的护卫下驶出横滨港。同日，小畑调整了马里亚纳群岛的防御部署：斋藤出任北部地区（提尼安岛以北）总指挥，罗塔岛以南防务由第二十九师团高品负责。斋藤运气还算不错，5 月 19 日，第四十三师团主力顺利登岛。根据小畑的命令，当月下旬，和泉文三第一三五步兵联队第一大队转派 5 公里外的提尼安岛。

因为船只紧张，直到 5 月 29 日，第四十三师团第一一八步兵联队 3299 名官兵才乘“胜川丸”号等运输船从横滨出发，护航的仅有“鸿”号鱼雷艇和 3 艘猎潜艇，此时离美军预定登陆日只剩半个月了。与他们一同出发的还有独立臼炮十七大队，拟派往帕劳的独立臼炮十四大队和独立第三、第四坦克中队，第二十三野战机场设营队，第一一五机场大队，第九独立整备队等，总计兵员约7000人。

这支被冠名“3530船团”的队伍显然没了主力部队的运气。第三天，当船队行驶至帕甘岛以西水域时，被潜伏于此的美军潜艇“银鱼”号发现。为阻止日军向中太平洋增兵，洛克伍德中将派出由布莱尔中校率领的3艘潜艇，在马里亚纳群岛以北海域游弋，执行巡逻并伺机攻敌的任务。发现日军船队之后，“银鱼”号并未发起进攻，立即呼叫布莱尔中校率“鲨鱼”号和“大青花鱼”号前来增援。日军船队瞬间陷入美军“狼群”的包围之中。

6月1日5时许，趁日军船队转向之时，已经占据有利阵位的“大青花鱼”号发射了鱼雷，6条鱼雷干脆利落地将4716吨的“东邦丸”号击沉。2日傍晚，“鲨鱼”号寻隙发射的鱼雷击沉了4700吨的“千代丸”号。4日，美军3艘潜艇从不同方向同时接敌。当天下午，“鲨鱼”号击沉6886吨的“胜川丸”号。5日夜晚，3080吨的“玉姬丸”号、7006吨的“高冈丸”号连遭“鲨鱼”号毒手。6日，“大青花鱼”号再次发威，接连将2825吨的“鹿岛丸”号、5652吨的“勒阿弗尔丸”号送入海底。前方离塞班已经不远，意犹未尽的布莱尔率3艘潜艇绝尘而去。

6月7日，看到登岛部队的惨状，斋藤不由得仰天长叹，欲哭无泪。经过统计，第一一八联队联队长伊藤豪以下过半数人员随船沉没，幸存者仅1720人。两个独立臼炮大队人员损失不多，装备全部沉入大海。两个坦克中队全军覆没，第二十三野战机场设营队亡200人、伤100人，第一一五机场大队损失150人。只有第九独立整备队情况最好，仅有3人严重烧伤。一个联队的残余兵力加起来还不如一个普通大队。伊藤联队长落海喂鱼，悲恸欲绝的斋藤只好命令落汤鸡一样的第三大队大队长大塚文吉代理联队长职务。

日军的增援行动至此暂时告一段落。1944年上半年，陆军参谋本部共向马里亚纳群岛增兵45000人，其中超过40000人被部署在塞班、提尼安、关岛三个主要岛屿，其余5000名幸运者被派往罗塔和帕甘岛。虽然多达3600人在航途中丧生，但总体而言，代号“松运输”的增援行动基本成功。最要命的问题是，登岛部队丧失的大量武器短期内无法得到补充。在美军发起登陆之前，洛克伍德的潜艇部队已大大削弱了日军的战斗力。

斋藤希望赶在美军登陆之前完善各岛防御工事，这显然不太现实，美国人来得实在太快。“永久性工事”修筑任务交给了第七、第十六独立工兵联队，但他们直到 4 月才登岛，师团主力更是在美军登陆前 20 天才匆忙来到岛上。日军最大的难题是建筑材料严重短缺，随船携带的材料大部分被美军潜艇送海里去了。岛上虽然遍布蔗林，却几乎没有树木，凭甘蔗是无法构筑坚固防御工事的。还有更深一层原因，东京一直认为美军下一步进攻目标是帕劳，物资分配自然就向那里倾斜。主力部队来得太晚导致劳动力严重短缺，日军征用了岛上 24000 名平民中的大部分，连妇女、老人和儿童也不例外。他们带着铁锹和木锯去挖树根，没有工具则徒手搬运石头，排成一队用木桶运水。其中一些人忠心耿耿，甚至将手上磨出的水泡当作对天皇忠诚的证据夸耀。海岸一带的海砂和珊瑚地质及炎热天气大大拖延了施工进度。一些人悲观地认为，无论工事多么坚固，在美军强大舰炮的火力面前同样不堪一击，现在何必费那么大劲儿呢？

小畑非常担忧，主动带斋藤找到了中太平洋舰队司令官南云商议，希望他能协调足够的舰船尽快运来建筑材料。“除非向部队提供水泥、钢筋、带刺铁丝网和木材等无法从岛上弄到的东西，”斋藤说，“否则，无论我们派去多少士兵，他们所能做的也只是袖手旁观，这种局面简直无法容忍。”南云早就没了开战之初的威风，他现在不过是个空头司令，除表示同情之外，爱莫能助。5 月底，小畑派军后勤参谋泉莱三郎前往帕劳，希望从那里调过来一些材料。驻帕劳第十四师团师团长井上贞卫说，我的材料还不够用呢！连东京都说，帕劳才是美军最可能攻击的方向，哪有从这里调走材料的道理？大量时间就这样在扯皮中被浪费掉了。相比塔拉瓦而言，塞班诸岛滩头阵地远称不上坚固，根本无法抗击美军航母舰载机和海军舰炮的双重打击。

日军防御的另一缺陷是部署失当。吉尔伯特和马绍尔群岛各环礁面积极小，缺乏纵深，机场占去了大部分面积，无法设置更多障碍物。珊瑚岛一般地势低平，缺乏山地和岩洞等适合建立纵深防御的自然条件，实施滩头防御实属无奈之举。但马里亚纳诸岛属于标准火山岛，面积较大，内陆有相当部分高海拔地区，具备部署纵深防御的客观条件。小畑和斋藤依然将防御重点放在滩头，相对忽视了内陆工事和炮兵阵地的建设。塞班岛东岸是一片断崖，美军登陆地点仅局限于西海岸。小畑希望在美军建立稳固登陆场之前将之消灭，即使建立了滩头阵地也通过反击将他们赶下大海——这是日本陆军一向重攻轻守的具体表现。后来实战进程表明，日军仓促建在滩头的那些远称不上坚固的工事恰好成为美军老式战列舰的活靶子。

根据上述思路，小畑下令在各岛海岸每隔数百米至 1 千米建成一个“覆盖所有敌军容易登陆海滩”的防御强点，每点部署一个步兵中队和重武器小队，火力配备应当足够护卫相邻的前沿阵地，实在覆盖不到的区域则由机枪或迫击炮实施火力掩护。在滩头阵地后方，依托地形构筑第二道防线，作为预备队发动反击的出发点。

唯一值得欣慰的是，战前塞班岛储备了够用两个月的军需品，弹药储备达到一个会战单位。岛上种植有大量甘蔗和芋头，日军还在防区种植“责任田”，短时间不会出现粮食短缺问题。

对陆军夸下的海口，海军一点都不相信。联合舰队司令官丰田在回忆录《最后的帝国海军》一书中这样写道：“他们说塞班坚不可摧，海外所有战略要地就属那里最为坚固。事后我才知道，塞班和他们说的根本不一样。送到那里的部队缺乏装备，也不能进行正常训练，到现在想起来还觉得不可思议。岛上主力是陆军士兵，却归南云海军中将统一指挥，他却又不管陆地防卫战的细节，不过是负责协调海陆军关系而已。塞班基本没什么工事，就算有也是老式的，起不到多大作用。瓜岛战役时，日本已知道对手装备精良，仍然如此大意，实在是太遗憾了。”

5 月 22 日，大本营陆军部颁布命令，中太平洋各派遣队就地改编为独立混成旅团。驻塞班第一派遣队改编为第四十七独立混成旅团。其间，麦克阿瑟西南太平洋部队发起比亚克岛登陆战，成功将日军注意力吸引到新几内亚西部地区。5 月 28 日，小畑携中太平洋舰队参谋长田村义富飞往帕劳，指导第十四师团部署防御。军参谋长井桁暂时负责处理军司令部的一切事务。因为军衔高于井桁，且驻塞班主力是第二十九师团，斋藤实际上担起了岛上部队的指挥权。

截至美军登陆日，塞班日本陆军各部为：第四十三师团 12939 人，新编第四十七独立混成旅团（欠驻帕甘第三一五步兵大队）2600 人，加上其他各部及因运输船沉没暂时滞留的部队，总计 26000 人。海军第五十五警备队 2000 人，横须贺海军第一特别陆战队 800 人，加上其他辅助部队共约 6000 人。陆、海军合计有火炮 260 门，轻型坦克 49 辆。斋藤将全岛分成四大防区：海军负责“海军地区”，第一三五步兵联队负责北部地区，第一三六联队负责中部地区，第四十三师团其他部队、第四十七独立混成旅团、第九坦克联队主力及各炮兵部队驻守南部地区。人虽不多，部队番号竟多达 48 个，指挥协调难度极大。各部普遍缺乏武器。第四十三师团作战参谋平栉孝坦承，岛上部队 6 个月后才具备参加保卫战的能力。

除了军事问题，日军还要面临一个新问题，各岛均有大量平民存在。塞班约有 28000 人，大部分是来自冲绳的日本人和当地查莫罗人，还有少数朝鲜人。为减少岛内粮食压力，日军年初就曾考虑用返航空船将与作战和生产无关的老弱妇孺带回本土。日本妇女、儿童和 60 岁以上老人被强制离岛，16 岁 ~ 60 岁的男人可以自主决定去留。在美军潜艇日益活跃的情况下——水下潜艇显然无法准确判断海上船只运的是兵还是普通老百姓——返回本土需要足够的运气。3 月上旬，第一艘搭载妇女离开的运输船“马里亚纳丸”号在硫黄岛海域被美军潜艇击沉，船员和超过 500 名女性集体失踪。6 月初，搭载平民回国的运输船“千代丸”号、“白山丸”号分别在硫黄岛和小笠原群岛一带被美军潜艇击沉，搭乘的 170 名平民中 128 人遇难，其中包括 4 名被俘美军飞行员。美军发起登陆前，滞留塞班的平民仍超过 2 万人。

在日占区，政府将英美人描写成“鬼畜”的宣传非常有效。岛民被告知，美国人烧杀抢掠无恶不作，他们一旦登上岛屿，将首先冲向妇女儿童。他们会割掉男人的睾丸，使他们生不了孩子，或者把他们流放到荒岛上去。他们会把小孩儿推到坑里放狗去咬，用坦克碾压小孩儿尸体。他们还会肢解平民，把女人送给黑人当慰安妇。“还有什么是美国海军陆战队不敢做的事情呢？”

截至美军“征粮者行动”发起之前，小畑第三十一军下属各部共分为五个作战集团，主力部队驻防情况如下：

特鲁克集团：麦仓俊三郎第五十二师团，独立混成第五十一、五十二旅团。

北马里亚纳集团：斋藤义次第四十三师团（驻塞班），独立混成第四十七旅团。

南马里亚纳集团：高品彪第二十九师团（驻关岛），独立混成第四十八旅团。

小笠原集团：栗林忠道第一〇九师团（驻硫黄岛），独立混成第十二联队。

帕劳集团：井上贞卫第十四师团（驻帕劳），独立混成第四十九、五十三旅团。

军直辖部队：独立混成第五十旅团、海上机动第一旅团，第九坦克联队。

中太平洋防务原归海军负责，人家陆军往来增兵忙得脚不沾地，作为第一责任人的海军不来点动作当然说不过去。谁都清楚，没有海军夺取制空权和制海权，地面部队再多也无法守住岛屿，瓜岛、阿图岛、塔拉瓦就是活生生的例子。吉尔伯特和马绍尔群岛防卫战中，海军一直龟缩不出，陆军对此有好几肚子意见。为固守中太平洋地区，海军这次也算押上了棺材本。2 月上旬，角田觉知领军的第一航空舰队下属各航空队陆续进驻中太平洋关岛、提尼安、塞班、罗塔、硫黄、雅浦、帕劳等机场。之前海军已完成计划修建 14 个机场中的 9 个，可供 400 架战机进驻。这样做有两大目的：一是用陆基航空兵打击美军内南洋登陆作战，二是支援航母舰队的作战。

这是一支被东京看作未来与美军决战胜利希望的核心打击力量。第一航空舰队预定训练整备期为一年，因美军来得实在太快，也只能提前结束训练投入实战了。3 月 15 日，该部由大本营直属改隶联合舰队直接指挥。从编制看，这支由 1644 架各型战机组成的部队实力的确不容小觑。

第六十一航空战队：下属 9 个航空队，编有战斗机 360 架，轰炸机 192 架，陆上攻击机 72 架，侦察机 48 架，上野敬三司令部和角田司令部均设在提尼安岛。

第二十二航空战队：下属 8 个航空队，编有战斗机 336 架，轰炸机 48 架，陆上攻击机 96 架，侦察机 24 架，澄川道男司令部设在特鲁克。

第二十三航空战队：下属三个航空队，编有战斗机 48 架，轰炸机 96 架，侦察机 24 架，伊藤良秋司令部设在肯达里。

第二十六航空战队：下属三个航空队，编有战斗机 144 架，轰炸机 48 架，陆上攻击机 48 架，运输机 12 架，有马正文司令部设在贝里琉岛。

数字看上去非常吓人，事实上角田部队从来没有满编过，据说从成立到解散来到这支部队的飞机只有 1188 架——并非一次到位。2 月以来，米切尔中将第五十八特混舰队频繁出击，屡遭打击的角田部队损失惨重。由于防区太过宽广，上述飞机分散在数百万平方公里范围内的无数孤岛上，极易被美军各个击破。日军在用人上也有问题，角田是出名的“逢敌必战”，根本不懂得避敌锋芒，保存实力。等最后决战来临时，这支战略打击部队已被美军像吃零食一样消耗完了。另外还有一大原因，盟军西南太平洋部队登陆比亚克岛，角田奉命向新几内亚岛西部派出了480架战机。截至美军登陆日，角田部队在塞班有战机35架、关岛70架、提尼安岛67架。用172架飞机去应对米切尔近千架舰载机，显然是远远不够的。

为加强中太平洋防御力量，3月4日，大本营海军部下令编成中太平洋舰队，第一舰队司令官南云忠一奉调到塞班岛履任新职。为进一步协调陆海军关系，参谋本部特意安排田村义富、岛村矩康出任南云的参谋长和作战参谋。中太平洋舰队以原第四舰队和新编第十四航空舰队为基干。5月5日，其所属航空部队被编入第一航空舰队，第十四航空舰队名存实亡。

根据3月25日东京下达的《中太平洋作战陆海军中央协定》，中太平洋所有陆海军部队统归中太平洋舰队指挥。理论上说，南云是该地区日军所有部队的名义总指挥。后来的战役进程表明，南云几乎从未参与指挥作战，充其量只是向东京发发电报、催催援兵而已。之前叱咤风云的南云已经沦为一个摆设。谁都知道仅凭上述力量，守住马里亚纳群岛无疑是痴人说梦。即将在马里亚纳群岛战役中登场的，是1942年11月圣克鲁斯海战之后一直蛰伏不出的快速航母舰队。这支由小泽治三郎领军的精锐之师现在有一个新名字——第一机动舰队。

尽管之前美日双方围绕新几内亚、吉尔伯特和马绍尔群岛的战斗打得颇为热闹，但我们似乎总觉得不太够味儿，就像一条嗞嗞冒油的烤羊腿，却没放辣椒和孜然似的。细究其因，就在于战场两大主角——日本联合舰队已很长时间没露头了。自1943年11月圣乔治亚角海战以来，双方还从未发生过驱逐舰以上水面舰艇间的争斗，这在海战为主的太平洋战场实属罕见。更令人惊讶的是，自1942年11月圣克鲁斯海战以来一年多时间里，代表日本海军核心攻击力量的快速航母舰队一直高挂免战牌，战场成了美军第五舰队的独角戏，精彩度自然大打折扣。说实在话，咱们很久没看到像样一点的水面对决了，着急呀！

看到美军快速航母舰队在大洋上纵横驰骋，所向披靡，日本海军上下除“羡慕嫉妒恨”外，一些山本时代的海航代表人物如草鹿龙之介、渊田美津雄、源田实等人纷纷倡议，重组快速航母舰队。已调任联合舰队航空参谋的渊田指出：“如果我军也组建类似的航母群，并做好充分准备的话，那么，我军在兵力上并非怎样逊色。如果我们错过了时机，今后一定会后悔莫及的。”

时间转眼到了1944年，如果东京再看不出海军发展方向的话，那我们未免太小看日本人了。1944 年 3 月 1 日，大本营海军部一声令下，原以战列舰和巡洋舰为主的第二舰队和以航母为核心的第三舰队合编重组为第一机动舰队，司令官由原第三舰队指挥官小泽治三郎出任，参谋长为古村启藏。东京高层认为，之前凡有辱帝国海军军威的那些战役，诸如珊瑚海、中途岛、瓜岛海战小泽均未参与，换手如换刀，让他上去说不定能行。何况小泽是海军首屈一指的航空战专家，同时精通鱼雷战业务，当年日军第一支航母舰队就是他倡导建立的。小泽就此成为联合舰队一人（当时是古贺、后来是丰田）之下、数十万人之上的二号人物。新编成的第一机动舰队构成如下。

第二舰队：司令官栗田健男。该舰队下辖：

第一战列舰战队：司令官宇垣缠，由“长门”号、“大和”号（旗舰）、“武藏”号 3 艘巨舰组成。

第三战列舰战队：司令官铃木义尾，下辖快速战列舰“金刚”号（旗舰）、“榛名”号。

第四巡洋舰战队：司令官栗田健男（兼），下辖重巡洋舰“爱宕”号（旗舰）、“高雄”号、“摩耶”号和“鸟海”号。

第五巡洋舰战队：司令官桥本信太郎，下辖重巡洋舰“妙高”号（旗舰）、“羽黑”号。

第七巡洋舰战队：司令官白石万隆，下辖重巡洋舰“熊野”号（旗舰）、“铃谷”号、“利根”号和“筑摩”号。

第二驱逐舰战队：司令官早川干夫，下辖轻巡洋舰“能代”号（旗舰），第二十四、第二十七、第三十一、第三十二驱逐舰分队共 14 艘驱逐舰。

第三舰队：司令官小泽治三郎（兼），下属各部为：

第一航空战队：司令官小泽治三郎（兼），下辖航母“大凤”号（旗舰）、“瑞鹤”号、“翔鹤”号，其第六〇一航空队有舰载机 225 架，其中战斗机 81 架、俯冲轰炸机 81 架、鱼雷机 54 架，侦察机 9 架。

第二航空战队：司令官城岛高次，下辖航母“隼鹰”号（旗舰）、“飞鹰”号、“龙凤”号，其第六五二航空队有舰载机 135 架，其中战斗机 81 架、俯冲轰炸机 18 架，鱼雷机 36 架。

第三航空战队：司令官大林末雄，下辖航母“千岁”号（旗舰）、“千代田”号、

“瑞凤”号，其第六五三航空队有舰载机 87 架，其中战斗机 60 架、鱼雷机 27 架。

第二航空战队司令官城岛曾任“翔鹤”号舰长，参加过偷袭珍珠港、锡兰海战和珊瑚海海战等战役。第三航空战队司令官大林曾任“瑞凤”号舰长，参加过中途岛海战、圣克鲁斯海战等战役，两人作战经验丰富。相对而言，总指挥小泽倒是首次指挥航母作战。

第四航空战队：司令官松田千秋，下辖“伊势”号、“日向”号航空战列舰。其第六三四航空队共有舰载机 48 架，其中俯冲轰炸机 24 架，水上侦察机 24 架。目前上述两舰正在船厂接受改造，改装舰尾以便装载飞机，未能赶上参加马里亚纳海战。

第十驱逐舰战队：司令官木村进，下辖轻巡洋舰“阿贺野”号（旗舰）、“矢矧”号，第四、第十、第十六、第十七、第六十一驱逐舰分队共 15 艘驱逐舰。

日军这一调整意义在于，第一机动舰队指挥官可以统一调遣舰队的所有兵力，预示着战列舰已从之前的“决战横纲”降格为次要地位，航母真正成为海上决战的核心。等日军适应形势变化做出上述变更时，距美军首次编成以航母为核心的特混舰队已经过去一年多了。

从舰队构成可以看出，小泽手中集结了日本海军超过 80% 的作战舰艇。在不远的将来，日军 9 艘、美军 15 艘，总计 24 艘航母将在塞班岛以东的菲律宾海，展开一场人类历史上空前，很可能也绝后的最大规模的海空对决。

跟随第一机动舰队重建，海军各航空队也进行了改编。之前日本海军飞行队完全从属于航母，相对固定不变。这种死板制度导致珊瑚海海战中受伤的“翔鹤”号和飞行队受损的“瑞鹤”号无法合理组合，间接导致了南云在中途岛的惨败。1944 年 2 月 15 日，日本海军开始实施新政策，航母飞行队独立于航母之外自成体系。一旦该航空队消耗完毕，就调来新航空队登舰继续作战。如果航母受损，舰上航空队就调到其他航母上去。继服役于第一、第三航空战队的第六〇一、第六五三航空队率先成立之后，海军在 3 月 10 日和 5 月 1 日分别编成了服役于第二、第四航空战队的第六五二、第六三四航空队。

随航母舰队和航空队重组而来的是舰载机的更新。原零战 21 型在美军新锐战斗机“地狱猫”面前尽落下风，日军新型零战 52 型不但换装了大功率发动机，且装备了防弹装甲和自封油箱，火力和防护能力显著提升。新型“天山”鱼雷机取代了原来的“九七式”，“彗星”俯冲轰炸机代替了老旧的“九九式”，各项性能均有不同程度提高。遗憾的是，由于飞机生产难以为继，新型战机不是谁想要就能给的，它们几乎全被分给了配属第一航空战队的第六〇一航空队。第二航空战队航空参谋奥宫正武费尽九牛二虎之力，才为城岛争取来 9 架“彗星”。新型战机投入实战，极大地提升了日军赢得决战的信心。

值得一提的是，针对以往海战中鱼雷机、轰炸机战损率极高而零战往往能够幸存的实际状况，三菱公司在过时的零战 21 型基础上“开发”出“战斗轰炸机”，即在零战肚皮下边挂载一颗 250 公斤或两颗 60 公斤炸弹，使之兼备空中格斗和俯冲投弹两项功能。这种战斗轰炸机因重量较轻，在飞行甲板较短的 4 艘轻型航母上同样可以使用，一定程度上提高了轻型航母的战斗力。从实战结果看，这种不太高明的“新战术”并未取得显著战果。

虽然前文已多次亮相，但我们尚未对史上最大规模航母对决的日军指挥官有过详细介绍，主要原因在于他之前出场大多是配角。1886 年 10 月 2 日，小泽出生于九州宫崎县。学生时代的小泽和哈尔西、米切尔一样属于刺头，中学就读时曾因打架被开除。小泽身高 1.77 米，在日本人中不算姚明也算王治郅，打架估计不会吃亏。中学时期小泽已是柔道高手，进入军校后又成为空手道高段，甚至有他曾把后来成为柔道十段的三船久藏从桥上扔出去的传闻。当时正值日俄战争时期，他哥哥小泽宇一郎的上司牛岛贞雄——日本侵华时任第十八师团中将师团长——从中国东北给他寄回劝诫信，其中有“过则勿惮改”的语句。受其感召及日本在甲午战争、日俄战争接连胜利的影响，小泽考入海兵第三十七期，1909 年毕业，成绩在同期 179 人中排第四十五位。

毕业之后，小泽以海军少尉候补生身份登上训练巡洋舰“宗谷”号。这艘舰舰长就是日本终战首相、当时的海军大佐铃木贯太郎。铃木派给小泽的指导军官后来同样鼎鼎大名——当时的海军大尉山本五十六和海军中尉古贺峰一。小小一艘训练舰上，竟同时会集了联合舰队四任司令官。

1921 年小泽从海大第十九期毕业，以少佐军衔出任驱逐舰“竹”号舰长。1930 年晋升大佐后，小泽先后出任海大、陆大教官及重巡洋舰“摩耶”号舰长。在日本海军，小泽以才智出众、举止得体、品行端正著称，擅长处理人际关系，因此学习成绩一般但仕途顺利。1936 年，小泽在战列舰“榛名”号上晋升海军少将，跨入高级将领行列。此后他历任联合舰队参谋长、第八战队司令官、海军水雷学校校长等职。小泽酗酒，脸色微红，年轻时曾因意外事故面部神经受伤，脸上几乎没有表情，因此被幕僚戏称“鬼瓦”。据称，他是所有舰队司令官中唯一一个不依靠参谋就能拟订作战计划的人。

1939年出任第一航空战队司令官后——集中使用航母的创新建议正是他提出来的——小泽对海军航空兵战术产生了浓厚兴趣。前文提到，他在演习中对航母的合理运用启发山本萌发了偷袭珍珠港的念头。至今日本史学界仍有人认为，小泽的航空战水平不在山口多闻之下，他沉稳内敛的性格似乎更适合出任机动部队司令官。1940年小泽晋升中将同时出任第三战队司令官，1941年10月调南遣舰队，在这里迎来了战争的爆发。

按道理说，当时第一航空舰队司令官应该是一位航空战专家，诸如小泽、山口等人——塚原二四三因在武汉失去一条胳膊退出竞争——但最后获得这一要职的却是鱼雷战专家南云。有人说小泽因资历失去要职，他从海兵毕业是在年底（1909年12月），而人家南云是在年初（1909年1月），小泽吊床号第四十五也比南云第七低了不少。也有人说，是条约派的山本为了团结舰队派中坚人物南云在内部搞的平衡。

日本陆海军矛盾由来已久，根深蒂固。但陆海军之间明争暗斗、互相拆台的现象在小泽身上并不存在。由于在马来亚和荷属东印度作战中与陆军的山下奉文、今村均都有过愉快的合作，小泽被尊为“陆军大明神”。小泽看问题非常敏锐，锡兰海战之后，只有他在计算更换兵装所需时间后向联合舰队司令部提出建议，“注意防范机动部队空中防御面临的风险”。可惜他的建议并未引起足够重视，这才有了南云在中途岛的惨败。

南方作战之后，小泽淡出一线，到海大当了校长。1942年11月，日军虽艰难赢得了圣克鲁斯海战，但在战斗中表现懦弱的南云被免职，小泽终于重出江湖，接任第三舰队司令官职务，迎来了人生最重要的时刻。统帅联合舰队几乎全部力量与敌决战，是每一名海军军官的梦想。可惜此时日本海军日薄西山，早已不复当年之勇，此时接掌的大印更像一个烫手山芋。

随着拉包尔和特鲁克等基地先后无效化，日本海军亟须为主力舰队寻找一片合适的前进基地。一般来说，前进基地需要具备以下条件：接近预想作战海面，受敌攻击可能性小，易于补给和船只维修，可以获得必要的训练海面和航空基地。战争初期，日军海外最大基地特鲁克虽在训练方面受到一些限制，终究还算一处合适的锚地。自从 1944 年 2 月中旬美军航母舰队空袭特鲁克之后，那里肯定不能作为基地使用了。随后选择的临时泊地帕劳很快遭到美军空袭，古贺更是因此失踪。到 1944 年，堂堂联合舰队竟连一片安全泊地都找不到了。

按说濑户内海柱岛基地非常合适，但日军的尴尬正在于此——资源地没有工业，工业区缺乏资源，特别是燃油。1944 年前 3 个月，由于美军潜艇日益活跃，联合舰队损失油轮达 11 艘，总计 102477 吨。海上交通线近乎断绝导致本土燃油储备趋于枯竭。靠油喂养的舰船如果留在内地，最终只能沦为一堆堆无法移动的废铜烂铁。

除了到有油的地方去，别无选择。新加坡樟宜基地条件不错，但那里欧洲侨民很多，他们感情上倾向于盟军，停泊一支庞大的舰队是无法保守秘密的。斟酌再三，名不见经传的林加锚地进入了军令部的视线。1943 年底，军令部委托第二航空战队派出专家对林加进行了实地考察。新加坡以南 150 公里的林加锚地是一片南北长 75 公里、东西宽 55 公里的开阔水域，周围几乎没有民宅和商船航道，不但利于保密警戒，且因水浅美军潜艇无法潜入，最适合大舰队停泊训练。比这些条件更具魅力的是，锚地南方 330 公里就是苏门答腊岛著名的巨港油田，可以为众多舰船提供急需的燃油。基于上述充分理由，第一机动舰队只好选择林加作为临时泊地。小泽希望，自己能有充裕时间进行训练，提高各部特别是飞行队的战斗力。

美国人当然不会给日军从容训练、提升战力的时间，他们已兵分两路，气势汹汹杀将过来。率先出手的是麦克阿瑟的西南太平洋部队。就在安达率第十八军栖栖遑遑向韦瓦克撤退之际，麦克阿瑟针对荷兰迪亚的登陆作战业已发起。3 月下旬之后，肯尼严令所有 P−38 战斗机不许进入荷兰迪亚一带空域，给日军造成盟军轰炸机因缺少护航无法攻击此地的假象。借日军疏于防范之际，3 月 30 日、31 日和 4 月 3 日，美军第五航空队突然连续发起三轮大规模空袭，共出动 P−38 战斗机 75 架，B−17 和 B−24 重型轰炸机 65 架，中型轰炸机 170 架，对日军荷兰迪亚和韦瓦克一带机场进行狂轰滥炸。猝不及防的日本第四航空军损失飞机逾 130 架，大量物资、装备和军用设施被毁，半年多前的“黑色 8 月 17 日”再次上演。

美军轻松夺得了作战地区的制空权。

根据情报推算，情报处长威洛比少将判断荷兰迪亚一带约有日军 11000 人，大多属于后勤或防空部队，战斗力不强。麦克阿瑟计划出动艾克尔伯格中将第一军的两个师，作为第六集团军下辖特遣部队实施远程打击。新几内亚海岸线在荷兰迪亚一带有两个弯入部分——塔纳梅拉湾和亨博尔特湾——两湾相距 40 公里。美军第二十四、第四十一步兵师将分别在两湾登陆，之后马不停蹄向内陆挺进，一直打到森塔尼湖，占领那里的三处机场。4 月 8 日，距登陆日只剩两周时，侦察机带回的航拍照片显示，塔纳梅拉湾滩头沼泽遍布，步兵和坦克部队很难通过。但艾克尔伯格依然坚持必须按计划发起攻击，因为麦克阿瑟答应他，如果顺利拿下荷兰迪亚，就晋升他为集团军司令官。

米切尔快速航母舰队只能为登陆行动提供三天空中掩护。麦克阿瑟的解决办法是，在艾塔佩实施补充性登陆。艾塔佩大致位于韦瓦克和荷兰迪亚中间，日军在那里有两座小型机场，其中一个正在使用，另一个已接近完工。如果能迅速夺取艾塔佩并夺取那里的简易机场，即使米切尔的航母撤走，肯尼也可以向那里派驻战机，为主力部队登陆两湾提供空中掩护。

4 月 19 日，麦克阿瑟乘 B-17 飞往芬什哈芬港，登上了金凯德中将旗舰“纳什维尔”号轻巡洋舰。在开往荷兰迪亚之前，他命令“纳什维尔”号穿越维蒂阿兹海峡，登上格罗斯特角看望陆战一师，他们正在那里和残余日军交战。鲁普图斯少将的陆战队员在红树遍野的沼泽地里挣扎前进，他们的行动虽然艰辛但意义不大，美国人已经不打算攻打拉包尔了。麦克阿瑟对他们在西南太平洋战区做出的贡献表示感谢。

4 月 20 日，巴比少将第七两栖舰队的运输船开始向阿德默勒尔蒂群岛以北海域集中，为他们护航的除金凯德第七舰队外，还有尼米兹派来的 8 艘护航航母。盟军船队分别从马努斯岛和芬什哈芬港启航，船上运载着多达 84000 名官兵，其中作战人员 52000 人。这是迄今为止西南太平洋战区最大规模的一次两栖登陆行动。远看上去，由 113 艘各型舰船——可惜其中航母和战列舰那样的大家伙一艘都没——组成的庞大舰队已经足够威风，但比起斯普鲁恩斯和特纳领军的那支舰队来说，就有点小巫见大巫了。

航途之中，麦克阿瑟大部分时间坐在舱外一张椅子上，有时思考，有时打盹儿，有时与身边的参谋闲谈。老麦显然兴致颇高，对海军中那些崇拜者前来握手和签名的人来者不拒。舰队先向西北帕劳群岛方向航行，这样即使日军提前发现了他们，也不能判明真正意图。巴比计划行驶至目标海域以北突然掉头向南，“就像枝丫从树干向天空伸展一样”，其触角伸向各目的地：第一支向艾塔佩挺进，第二支向塔拉梅拉湾航行，第三支主力部队直接驶向亨博尔特湾。夜幕降临时，美军舰队已接近艾塔佩纬度。一部分船只悄然转向港口，上边运载着第四十一步兵师第一六三团的3000名官兵，登陆行动总指挥是副师长詹姆斯·多伊准将。

4月22日是登陆日。黎明时分，美军护航舰队作战舰艇驶近荷兰迪亚3200米外海。随着金凯德一声令下，美军轻巡洋舰152毫米“巨炮”开始向岸上发出怒吼——在斯普鲁恩斯的第五舰队，重巡洋舰203毫米炮都只能算小家伙。西南太平洋战区海军力量实在寒碜，贵为第七两栖舰队司令官的巴比少将的旗舰，不过是小小的驱逐舰“斯旺森”号，即便如此，连艾克尔伯格第一军司令部成员也挤在上边。人家第五两栖舰队司令官特纳有专业指挥舰“洛基山”号，连战列舰和重巡洋舰都不坐。差不多同一时间，肯尼第五航空队的陆基战机及米切尔第五十八特混舰队第一、第二、第三大队舰载机联袂出击，超过600架战机对日军瓦克德岛、萨米、帕劳机场发起狂轰滥炸。大规模空袭不但保证了登陆船队的绝对安全，且一举摧毁日机140余架，角田第一航空舰队再次遭受重大打击。第五航空队和第七舰队（包括尼米兹的8艘护航航母）彻底摧毁了日军防御。现在看来，让米切尔快速航母舰队大老远跑来确实大材小用了。

就在众多美军战机飞抵海岸或投弹或扫射之时，“纳什维尔”号逐渐接近了亨博尔特湾滩头。舰桥上的麦克阿瑟在用望远镜观察战况，一时竟看得入了迷。7时，第四十一师第一攻击波顺利登岸，日军抵抗极其轻微，美军进攻完全达成了突然性。登陆部队迅速在滩头建起了桥头堡，随后沿森林道路从东西两面夹击荷兰迪亚。日军在城区进行了仓促抵抗。由于他们的阵地大多建在城南高地上，城区迅速被美军攻克。当美国大兵冲进日军营房时，发现大量文件还未来得及销毁，锅里的饭还是热的。美军舰船堵住了湾口，几艘企图冲向大海的日军小艇被当场击沉，剩下的在码头泊位上熊熊燃烧。

弗雷德里克·欧文少将第二十四师的三个营迅速占据塔纳梅拉湾两个狭长的沙洲，却被珊瑚礁和无法逾越的沼泽挡住，无法前进。周围糟糕的地形与肯尼侦察机低空拍摄的照片完全一样。

11时，麦克阿瑟在亨博尔特湾上岸，察看第四十一师滩头阵地的扩展情况。他大步流星地在柔软的沙滩上向前走着，参谋们气喘吁吁地跟在后边，很快便汗流浃背，年过六旬的老麦似乎根本没有出汗。大约走出两公里后，他转身沿原路返回，跟师长霍勒斯·富勒少将交谈几分钟后返回“纳什维尔”号。

当麦克阿瑟准备吃午饭时，巡洋舰已行驶40公里来到了塔纳梅拉湾。艾克尔伯格登上巡洋舰，向司令官抱怨说：“克鲁格丝毫不让部队喘息，逼着部队向内陆挺进。”15时，麦克阿瑟带克鲁格和艾克尔伯格一起上岸，发现竟然有数千人在那里乱转，不知道如何穿越沼泽。在麦克阿瑟干预下，克鲁格勉强同意部队重新返回船上，经海路前往亨博尔特湾。他们在滩头逗留的一个小时里，日军几乎没有开火。到当天傍晚，登陆美军已超过25000人。

回到船上后，麦克阿瑟召集克鲁格、巴比、艾克尔伯格和他们的参谋长开了个短会，告诉大家，“荷兰迪亚作战已经取得完全成功”。艾克尔伯格想不到，麦克阿瑟要他立即组织人马登陆西方160公里的瓦克德岛。据之前侦察显示，日军在那里有一处机场，守军只区区800人。根据原先制订的计划，艾克尔伯格的部队5月18日才会在那里登陆。

艾克尔伯格反对麦克阿瑟的临时动议，提出部队尚未夺取森塔尼湖的3处机场，这一仗“现在就说打赢了为时尚早”。况且现在出兵登陆瓦克德岛，巴比也没准备好足够的船。目前那些运输船上装满了提供给登陆荷兰迪亚部队的弹药和补给。如果等完成卸载重新安排货物装载，至少需要72个小时。此外，沿岸更远一些地区海图不清。最近几个月中，由于必须留在西南太平洋战区且要听从克鲁格指挥，艾克尔伯格一直郁郁寡欢。克鲁格内心虽然赞成艾克尔伯格的说法，但嘴上什么都没有说。

当晚，“纳什维尔”号沿新几内亚岛海岸向东航行，天亮前抵达艾塔佩外海。麦克阿瑟率众参谋再次登岸，想看看多伊和第一六三团在干什么。驻守艾塔佩的只有日军兵站部队、补充人员、航空地勤部队不到2000人，野战部队几乎没有。面对蜂拥而上的美军大部队，他们稍作抵抗后遁入丛林。麦克阿瑟登上陆地时，美军工兵营正在整修机场。甚至在米切尔的快速航母撤离以前，肯尼的战斗机已经进驻，能够为荷兰迪亚登陆部队提供空中支援了。多伊命令以一部兵力围剿日军残部，主力迅速封锁韦瓦克通往荷兰迪亚的滨海公路，阻止安达第十八军主力前来增援。

看到前线战事进展顺利，麦克阿瑟龙心大悦。当“纳什维尔”号在夜色下向芬什哈芬返航时，司令官舱室里的老麦已经开始兴致勃勃撰写公报了：“我们已经攻占了荷属新几内亚北海岸的亨博尔特湾地区，该地区位于赛多尔以西500英里。本次行动对分布在新几内亚海岸的日第十八军布下了天罗地网，他们现在完全陷入孤立。虽然他们会继续负隅顽抗，但是，我们只需要时间和战斗就可以将他们彻底消灭。”提前发出胜利公告是老麦的一贯做法，前线战斗尚在激烈进行之中。

日军抵抗非常微弱，以至于米切尔的三个航母大队几乎没出多少力。经过1944年前三个月的战斗，海军航空兵“王牌”数量翻了一番，这是一个相当可怕的增长率。在战争前25个月，海航只出现了不到30名“王牌”，这三个月新出现的“王牌”就超过30人，其中21人来自“地狱猫”飞行员。许多飞行员希望在荷兰迪亚积累数据，最终结果令人失望。真正的空战寥寥无几，他们大多数时间里仅在执行对地支援任务。各飞行大队汇总，在地面摧毁日机103架，这一数据很可能不太真实，因为很多飞机看上去已被陆军飞机炸过一遍了。返航途中，意犹未尽的米切尔将剩余炮弹全部赏给了特鲁克，还让李中将带着战列舰和巡洋舰四处打炮，此节前文已有所述。

荷兰迪亚今天称作查亚普拉，是印度尼西亚巴布亚省首府，是当时安达第十八军最重要的后方基地。正如麦克阿瑟预料，日军一直认为韦瓦克将是美军下一步的进攻目标，未曾料到盟军竟会有如此大的跨越。威洛比的情报基本准确，日军在荷兰迪亚只有14600人，其中第十八军约6000人，第四航空军约7000人，海军1000人左右。主要包括北园丰藏第三野战输送部、稻田正纯第六飞行师团、远藤喜一第九舰队司令部以及南洋第六支队、海军第九十警备队等，大多属于防空、勤务和工程人员，作战部队不到10%，缺少火炮等重型装备。他们中大部分人10天前才刚刚赶到，根本来不及统一部署，彼此之间毫无协同。美军登陆后迅速向机场方向攻击前进，日军稍作抵抗后钻入丛林，向西北方向230公里的萨米撤退。

值得一提的是，刚到任10天的第九舰队司令官远藤喜一率海军第九十警备队拼命抵抗美军进攻，身负重伤被抬下火线。4 月 26 日，美军顺利攻下三座机场，宣称击毙日军超过 3000 人，自己亡 160 人、伤 1040 人。

日军残部公推第六飞行师团稻田带领大家一起撤往萨米。稻田见美军势大，竟然带着少数心腹抛开众人从海上溜号，由此获得“逃跑将军”的雅号。同年 8 月，稻田因不顾友军临阵脱逃，被停职处理，并关押了两个月。日军残部包括家属 2000 人踏上了艰难的撤退之旅，短短 270 公里路程费时近两月，途中倒毙者不计其数，这条道路因此被称作“白骨之路”。按时间计算，牟田口撤退的那条“白骨之路”只能算第二条了。其间，5 月 3 日，第九舰队司令官远藤、参谋长绪方真记、第九十警备队司令官鬼束铁夫在阻击战中阵亡，远藤因此成为开战以来海军战亡的第一位舰队司令官。东京随后追晋远藤和绪方大将、中将，短命的第九舰队随即被撤销。

荷兰迪亚从此成为西南太平洋战区盟军新的前进基地。麦克阿瑟在此设立了前线指挥所，随后肯尼第五航空队、克鲁格第六集团军、金凯德第七舰队、巴比第七两栖舰队司令部都前出至此。一时间荷兰迪亚大军云集，最多时驻扎盟军逾 10 万之众。像当初瓜岛一样，之前出镜率极高的莫尔兹比港将逐渐淡出我们的视线。

美军已经向荷兰迪亚和艾塔佩发起进攻，对是否出动增援部队，日第二方面军内部意见不一。鉴于荷兰迪亚重要的战略地位，斟酌再三，阿南还是命令驻马诺夸里第二军司令部速速派出增援。丰岛派第三十六师团松山宗右卫门率第二二四联队两个大队和一个炮兵大队火速出发。说实在话，这点兵力就是去了，也会被美军两个步兵师和强大的海空力量联合绞杀。为粉碎美军快速西进的企图，阿南认为有必要向荷兰迪亚增派第三十六师团主力。4 月 24 日，他命令第二军开始准备，同时将上述意图报告南方军司令部。

南方军总司令寺内认为，阿南的做法纯属“出于荣誉的责任感”，并不可取。第三十六师团出动增援，势必大大削弱萨米地区的防卫。前方发回的报告显示，美军登陆部队至少两个师以上。出动一个师团长途跋涉前往挑战，胜算极小，很可能在他们到达之前，当地守军已经全军覆没了。鉴于荷兰迪亚无险可守且缺粮少弹，寺内断然下令终止增援行动，要求阿南迅速加强萨米地区的防御，坐等美军来攻。

虽然荷兰迪亚机场可以起降肯尼的中型轰炸机，但排水不畅，雨季无法正常使用，而新几内亚雨季 9 月 1 日即将来临。肯尼提出建议，迅速夺取战略要地比亚克岛。该岛位于荷兰迪亚西北 360 公里处，有 3 处可供使用的机场，其中莫克默机场可供 B-24、B-17 重型轰炸机全天候使用。如果美军占领此处，从这里起飞的重型轰炸机就可以为尼米兹预定 6 月 15 日发起的“征粮者行动”提供空中支援。

比亚克岛距离较远，米切尔的快速航母舰队已经撤走，麦克阿瑟决定先夺取荷兰迪亚以西 230 公里、萨米以北一个叫瓦克德的小岛，取得攻打比亚克岛的中间跳板。侦察机发回的情报显示，那里守军极少，日本海军第一〇三设营队修建的机场稍加扩建就可供重型轰炸机使用。作战经验丰富的第一六三团被授予“旋风特遣队”称号，受命立即出发进攻瓦克德岛。

5 月 17 日清晨 7 时，经过 3 小时的空中轰炸和舰炮打击之后，美军第一六三团在瓦克德岛顺利登陆，岛上日本海军第一〇三设营队、陆军第二二四联队第九中队共 800 名官兵迅速溃败。战斗不到 48 小时，岛屿已落入美军之手，付出的代价是亡 40 人、伤 110 人。美军工兵部队甚至在停火之前就已经修复了机场跑道，美军战斗机随即进驻。

瓦克德岛与新几内亚岛之间仅隔 3 公里狭窄水域。在攻打瓦克德岛的同时，美军也在岛对岸特莫、阿拉列一带登陆。美军登陆目的有二：一是在对岸建立炮兵阵地，支援第一六三团的瓦克德岛之战；二是保证瓦克德机场今后免遭日军炮击。美军登陆点以西 30 公里的萨米驻有田上八郎第三十六师团主力和横山德治郎海军第八十六警备队。美军突然在眼前登陆，着实让阿南慌了手脚，正前往增援荷兰迪亚的第二二四步兵联队奉命立即掉头直奔美军登陆场，吉野直靖第二二三步兵联队亦从萨米前出至图尔河构筑防线。完全握有制空权和制海权的美军以强大空中支援和舰炮火力打击岛上日军，沿海岸逐次向萨米推进。随着 5 月 27 日比亚克岛战斗打响，双方注意力同时转移。虽然仍有零星战斗发生，但一个月后，双方沿萨米和瓦克德岛对岸转入长期持久战态势。从荷兰迪亚撤出的日军残部只能绕图尔河上游撤回萨米了。

花开两朵，各表一枝。4 月下旬，联合舰队新任参谋长草鹿龙之介从拉包尔经塞班、硫黄岛飞回国内向丰田报到。草鹿面临的问题是，重新决定下一个战役在何地何时开打。与几位前任一样，草鹿同样满脑子“决战”思想，他的计划就不可避免地与古贺的“Z 计划”大致相同。此时小泽第一航空战队和栗田第二舰队远在新加坡以南的林加锚地，第二、第三航母战队在本土的濑户内海，距离未来可能的战场菲律宾、马里亚纳、帕劳或新几内亚十分遥远。草鹿想起中国的一句名言：“强弩之末，势不能穿鲁缟者也。”思忖再三，他认为有必要使机动舰队来个“三级跳”：第一跳跳到菲律宾群岛南端一个叫塔威塔威的小岛；第二跳跳到菲律宾群岛中部的吉马拉斯；第三跳跳至最后决战的战场。草鹿一厢情愿地将未来决战地设计在帕劳和塞班一带。他的想法很快得到新长官丰田的首肯。

即使刚上任忙得脚不沾地，草鹿仍没忽略塞班的脆弱防御，能否保住塞班对未来海上决战意义重大。气愤的草鹿一定要找出造成防御薄弱的陆军军官是谁，骂他一顿。在一次陆海军联络会议上，军令部作战部长中泽佑向陆军提出：“如果敌军舰队进攻塞班，希望至少要确保机场一周时间。”东条非常恼火：“别说一周、十天，几个月也绝对没问题。我个人敢用‘大印’保证塞班的防御！”作战课长服部也跟着慨然允诺：“对马里亚纳充满信心。塞班防御固若金汤，陆军非常希望美军能够在那里登陆，这样我们就可以趁机将他们全部干掉！”作战课负责帕劳、马里亚纳方面的作战参谋晴气城挺胸担保：“马里亚纳防务，即便是海军航空力量变为零，也能将敌人赶出去。”中泽和草鹿对这些话一点都不信，他们认为陆军除了吹牛，啥都不会。

5 月 3 日，丰田在“大淀”号升起将旗的第二天，就接到了大本营海军部下达的名为“联合舰队当前应遵循之作战方针”的重要指示。内容如下。

第一，我决战兵力应大部集中于敌之主要反攻正面，一举歼灭敌舰队，挫败其反攻企图。为此我决战兵力宜尽快做好准备，大致于 5 月下旬以后在从中太平洋起至菲律宾及澳洲北部之海域捕捉敌舰队主力，并设法予以歼灭。

第二，决战海面之作战要领如下：5 月下旬，第一机动舰队及第一航空舰队之兵力应做好准备，第一机动舰队于菲律宾中南部待机，第一航空舰队于中太平洋方面及澳北展开，保持随时进行决战之态势，全力以赴捕捉并歼灭敌军主力，决战海面应尽可能选在接近我机动舰队待机之地点。

第三，如敌军在我准备好决战兵力之前，前来进攻，则宜按如下方针作战：保持特定据点及情况于我有利等场合除外，一般应避免以我海上兵力与敌决战，主要以基地航空部队及局部防备兵力迎击并歼灭敌军。此种情况下，使用基地航空兵时应通盘考虑整个战局之推移，除非情况有利于而后所进行之决战，否则应尽量避免过多消耗兵力，务以保障最后决战为宗旨。

第四，决战期间，基本以所在兵力迎击来攻之敌，尽可能按既定方针确保所定重要地域。尽可能实施奇袭作战，挫败敌军之进攻气势。

第五，有关决战准备，应特别注意下述原则：陆海军一律进行作战准备，大致于 5 月中旬达到目标，促进自中太平洋至菲律宾及澳北地区的作战准备。

第六，本作战代号“阿号作战”。

领受大本营任务当天，丰田向各部颁发命令：小泽第一机动舰队 5 月 20 日前完成在塔威塔威的集结；角田第一航空舰队驻内地部队向马里亚纳方面出击，5 月 26 日前按预定计划完成兵力部署。鉴于美军在荷兰迪亚的反击作战已经发起，5 月 10 日，联合舰队向小泽下达了“三级跳”出击命令。

联合舰队司令部将未来决战地区设定为帕劳一带。如果美国舰队径直前往马里亚纳，则想法把他们诱向南面。这样做的根本原因在于机动部队缺乏燃油，跑得太远怕油不够。何况帕劳一带更利于角田第一航空舰队陆基战机的展开。决战第一主力是小泽第一机动舰队，但角田第一航空舰队同样任务繁重。在小泽出手之前，角田必须“至少歼灭美军特混舰队 1/3 航空母舰”，多了更好。

塔威塔威位于棉兰老岛和加里曼丹岛之间，联合舰队之所以将它选为第一机动舰队临时集结点，主观上是因为日军无法判定美军下一步的进攻方向，塔威塔威可以兼顾马里亚纳和帕劳两个方向，离新几内亚西部也不算远。客观上还是那个老问题，缺油。塔威塔威距英属婆罗洲的打拉根油田只有 310 公里，那里出产的原油质量较高，急需燃料时不经加工即可直接使用。但这种燃油挥发性强，更易引发火灾，因含杂质较多，长时间使用对锅炉损害极大。日军看似聪明的变通之策最终酿成了惊天大祸。

5 月 11 日中午时分，第二航空战队司令官城岛坐镇“隼鹰”号悄然驶出佐伯湾，“飞鹰”号和“龙凤”号分别位于旗舰右前方 600 米处和东侧。跟在他们后面的是大林第三航空战队的“千代田”号、“千岁”号和“瑞凤”号。同日凌晨 3 时，栗田率第二舰队从林加泊地拔锚起航。次日，留在泊地的其余舰船在小泽亲自率领下，按第十驱逐舰战队、第五巡洋舰战队和第一航空战队序列依次出港。小泽和栗田均从婆罗洲西北开始向北航行，而后向东驶往塔威塔威。栗田舰队于 14 日 16 时 50 分到达目的地，小泽部队于次日 11 时抵达。19 时 15 分，北方海面上驶来了城岛和大林的 6 艘航母及护航舰只。至此小泽按命令完成了第一机动舰队的战前集结。开战以来，日军是第三次如此大规模集结兵力。第一次是中途岛海战之前集结于柱岛，第二次是瓜岛战役中后期集结于特鲁克。

塔威塔威是菲律宾南部苏禄海西端的一个小岛，长 55 公里，最宽处 18 公里，岛上有座海拔 550 米的小山，舰队泊地位于小岛以南。虽然塔威塔威岛可以挡住来自北方的视线，但环绕于东、西、南三面的小岛都是平坦的珊瑚礁，覆盖地表的椰林顶端距海面不到 20 米，根本挡不住战列舰挺拔高耸的桅杆。美军潜艇从外海即使看不清舰队全貌，却能知道这里停泊着一支大舰队，至少能数出战列舰的数量。与柱岛基地和林加锚地相比，塔威塔威泊地太小，如此多舰艇入驻显得非常拥挤，因此战前训练必须驶出港湾在外海进行，给保密和警戒工作带来了更大难度。当地居民对日本人怀有敌意，无论怎样提防都难免走漏消息。泊地只有西面一个出入口，一旦美军潜艇在此设伏，日军所有行动很容易就会被它们发现。

事实上，小泽前脚刚到塔威塔威，美国人后脚就知道了。洛克伍德中将联袂克里斯蒂少将向苏禄海一口气派出了 8 艘潜艇，执行对小泽舰队跟踪、监视并寻隙攻敌的任务。

在泊地中央停泊的，是小泽亲自坐镇的大型航母“大凤”号。与其他航母相比，这艘刚服役不久的新舰有四大特点。第一，飞行甲板中段铺有 20 毫米钢板和 75 毫米装甲板叠加而成的长 150 米、宽 20 米的厚重装甲层，足以抵挡美军俯冲轰炸机使用的 454 公斤炸弹。考虑到 1942 年损失的航母大都拜俯冲轰炸机所赐，日军这种改进毫无疑问具有极大价值。第二，因为装有沉重的装甲甲板导致重心上升，该舰干舷比“飞龙”级和“翔鹤”级都低，同时采用类似英军“光辉”级航母可抗风暴全封闭式舰首，提高了适航性和耐波性。第三，由于飞行甲板位置较低，该舰采用与舰桥一体化的直立式烟囱。为避免影响后部飞行甲板作业，烟囱从其垂直面向外倾斜 26 度，高出飞行甲板 17 米。第四，载机 52 架，比吨位相仿的“翔鹤”级少了 1/3。主要是飞行甲板装甲化导致重心上升、机库容量相应减少所致。此外，由于美军鱼雷机和潜艇在 1942 年表现拙劣，“大凤”号的水下防护没有得到足够重视。

这是开战以来日本新造的唯一大型航母，其他航母与之相比“犹如一个个小火柴盒”。1942 年，当南云机动舰队一路高歌猛进时，建造中的“大凤”号并不怎么引人注目。随着几次航母大战特别是中途岛海战“赤城”号等 4 艘航母折戟沉海，“大凤”号瞬间变成了日军扭转局势、力挽狂澜的救命稻草。一些人甚至公开宣称，“永不沉没”的“大凤”号一旦下水参战，日军将很快反败为胜。4 月 15 日，当“大凤”号在“初月”号和“若月”号护航下抵达林加锚地时——舰上清一色最新型“天山”鱼雷机和“彗星”俯冲轰炸机——所有舰船上的水兵用齐声欢呼来欢迎这位新伙伴。可惜众目睽睽之下，“大凤”号因配电箱故障造成舵机失灵。故障虽很快得以排除，但并不完美的亮相似乎预示着该舰未来的命运多舛。

“大凤”号东侧，并排停泊着久经战阵的“瑞鹤”号和“翔鹤”号，这 3 艘大型航母构成了小泽亲自指挥的第一航空战队。“大凤”号北侧，停泊着第二航空战队“隼鹰”号、“飞鹰”号和“龙凤”号；南侧是第三航空战队“千代田”号、“千岁”号和“瑞凤”号，再往南是重巡洋舰“最上”号，以及第十驱逐舰战队“矢矧”号轻巡洋舰和另 16 艘驱逐舰。以上属于第三舰队。

“大凤”号西侧近处，泊着第二舰队司令官栗田的旗舰“爱宕”号——以前它是近藤信竹的旗舰——旁边并排停着“高雄”号、“摩耶”号、“鸟海”号 3 艘重巡洋舰。这 4 艘舰属于第四巡洋舰战队，由栗田直接指挥。第四巡洋舰战队西侧，十分醒目地停泊着威风凛凛的战列舰群——宇垣第一战队有“大和”号、“武藏”号、“长门”号 3 艘巨舰。第一战队旁边，停泊着铃木义尾第三战队快速战列舰“榛名”号和“金刚”号。战列舰外侧，是桥本信太郎第五巡洋舰战队重巡洋舰“妙高”号、“羽黑”号，白石万隆第七巡洋舰战队重巡洋舰“熊野”号、“铃谷”号、“利根”号和“筑摩”号。离出口最近的是早川干夫第二驱逐舰战队旗舰“能代”号轻巡洋舰及 13 艘驱逐舰。以上属于第二舰队。

这一群战舰北面，离得最近的是临时归小泽指挥的老式战列舰“扶桑”号。这艘陈旧的军舰巍立于其他军舰之中，其奇妙塔式桅杆十分突出。除上述作战舰艇外，湾内还泊有运送燃料、弹药、粮食的 12 艘运输船和 5 艘护航驱逐舰。

小泽第一机动舰队合计兵力：航空母舰 9 艘，战列舰 6 艘，重巡洋舰 11 艘，轻巡洋舰 2 艘，驱逐舰 33 艘，辅助舰艇 12 艘。这的确是一支拥有 73 艘舰船的强大水上力量。

“隼鹰”号舰桥上，航空参谋奥宫意外发现，自 1942 年夏天编成第三舰队以来，自己不知不觉已成了资格最老的人。望着樯桅如林的庞大舰队，奥宫总觉得眼前景象似乎跟以前有所不同。之前不管在柱岛或特鲁克，凡联合舰队决战兵力集结之地，总会由飘着大将将旗的“大和”号或“武藏”号坐镇中央，雄视全军。可现在环顾四周，却找不到联合舰队司令官的大将将旗。实际上，此时柱岛基地还留有一艘军舰——丰田的新旗舰“大淀”号轻巡洋舰。司令官不到前线指挥，是总结战争以来历次海战经验教训得出的结论。

丰田符合现代作战指挥的做法本来无可厚非——人家尼米兹就蹲在珍珠港轻易不挪窝——但一贯标榜勇敢精神的日本人对此并不买账，认为丰田胆小、怯懦、怕死的大有人在。加上他主导的马里亚纳和莱特湾海战均以日军惨败告终，战后日本史学家曾揶揄丰田，“此公不但在判断美军进攻反向上出现重大失误，且首开司令长官不亲临前线藏匿于后方的先河”。说到底还是仗打输了。一旦日军能够在毕其功于一役的决战中获胜，对丰田的评价就会变成“羽扇纶巾”“高瞻远瞩”“决胜千里之外”的美妙词语了。

5 月 19 日，小泽召集各舰队司令官和参谋长到旗舰上，发表了“阿号作战”训示：一、为胜利不计任何损失；二、从大局出发，必要时做出部分牺牲；三、通信联络不畅时，各指挥官可以独断专行，自主展开战斗。

小泽的决心可谓大矣，他的舰队看上去也足够威风，但存在一个致命短板：作为舰队核心打击力量舰载机的飞行员技术太差，远远无法满足实战需要。两年前，日本海军航空兵曾以先进的战术思想、性能优越的飞机、高超的飞行技术让世人震惊，他们所向披靡，打遍天下无敌手。但今天，经历了珊瑚海、中途岛、东所罗门、圣克鲁斯四次海空大战之后，日本海军战前储备的精英飞行员损失殆尽。从南云手中接过指挥棒后，小泽面临的首要任务就是航空队的重建。

重建工作困难重重。面对前线困局，联合舰队前后两任司令官山本、古贺陆续发起的“伊号作战”和“吕号作战”，都是在万般无奈的情况下，将尚在襁褓中嗷嗷待哺或蹒跚学步的舰载机飞行员强行拉上陆地，配合基地航空部队进行作战。这种涸泽而渔、杀鸡取卵的办法不但未能从根本上改变战局，却使日军航空兵的水平因缺乏系统训练与对手的差距越拉越大。1943 年以来有航空兵参与的作战中，双方损失率已不是一个平等对手的合理比例。

日本穷且缺人，不管舰上水兵或飞行员都是“一值制”，这班人马累死也要继续干下去。在精英力量损失殆尽的情况下，日本人好像有些清醒过来了。飞行员代表渊田曾感慨地说：“中途岛海战之后，许多幸免于难的飞行员被调回后方担任飞行教官。从前线抽走这些‘老鸟’严重削弱了我们的战斗力。”不抽缺乏后续战力，抽了前方又顶不住，日本海航就这样陷入恶性循环的怪圈。一名飞行教官曾经说：“海军迫切需要飞行员，那些在战前甚至连做梦都没想过能接近飞机的人，现在都被派去升空打仗了。”

1944 年初，日军飞行员参战前接受飞行训练普遍不足 100 小时。在战斗中，只有少数天资聪颖或吉星高照者才能侥幸击落美军飞机，大多数人只能沦为美军战机座舱旁显示战果的“旭日旗”。小泽的三支航空队中，水平最高的当数第六〇一航空队，其半数以上的飞行员飞行经验只有 9 个月（从航空学校毕业算起）。第六五三航空队只有 5 个月。与开战前飞行队 14% 的新手率相比，现在这项指标已飙升至 51%。

在战后接受审判时，源田实坦承：“我们后来的飞行员与开战之初的前辈不可同日而语。他们训练不足，缺乏经验，整体素质和基地航空部队差不多。”“到 1943 年初，我们还抱着一丝希望顽强作战。但现在，我们作战只是为了捍卫荣誉，我们不想当懦夫。我们知道自己只是消耗品，大家都会死，谁也活不下来，就谁也不想那么多了。”这些沮丧的话竟出自王牌飞行员岩本彻三之口。

飞行员训练不足，除了时间因素外，还有那个世人皆知的软肋，没油。连一线作战航母都只能使用未经提炼的原油，哪还有航空汽油供飞行员训练使用？到战争后期，日本海航甚至想出了一个“高招”，让“菜鸟”飞行员通过观看空战纪录片提高实战技能。这种做法令人可笑。如果通过看片或看书就能成为高手的话，老酒敢斗胆放出大话，凭咱看过的书，至少也弄个预备役少校，而不是现在自封的冒牌中尉。

还有更深层次的原因，美日两国人力资源素质方面也存在很大差别。因工业化程度较高，美国小伙子大多具备驾驶能力。当时日本生活水平较低，年轻人很少有接触汽车的机会。举个现实生活中的例子。约 8 年前，老酒和 6 位同事一起报名学习驾驶。一年多后，师兄师姐都在高速上飙车了，老酒还在练习侧方停车和半坡起步。除老酒动手能力差、脑子不够使的原因之外，还在于人家大都会骑摩托车至少是自行车，而老酒移动距离，除了坐车，全部靠腿。不过老酒科目一、科目四考试全部满分，这是咱的强项。

与日本人相反，1943 年之后，美国有大批熟练飞行员和水手源源不断地开往前线。战争爆发之后，美国人选择了一条与对手截然相反的道路。起初他们也是竭力将最优秀的飞行员和水手送往战场。但很快，他们开始刻意将最棒的飞行员调往后方充当飞行教官，培养出一批又一批的飞行员——这正是美国空军缺乏大数据王牌飞行员的主要原因。凭借工业实力强大，美军甚至生产出专用教练机，如著名的“AT-6 得克萨斯人”，同时把前线淘汰机型如“水牛”“野猫”战斗机，“蹂躏者”鱼雷机，“无畏式”俯冲轰炸机当训练机使用。这种做法意味着战争初期前线无法得到最好的飞行员，但当这个占用大量资源的培训体系进入良性运作、把一批批熟练飞行员送往前线时，日本人已经没有任何取胜的希望了。

在美军的米德尔·韦斯特湖训练中心，众多年轻飞行员在分类进行俯冲轰炸、投放鱼雷等科目训练，他们大部分是从中学和大学精心挑选的年轻学生。他们先进入航校做初级训练，之后是历时 3 个月的飞行学习，再进行 4 个月的中级训练。舰载机飞行员还要在货船或油船改成的练习舰上进行 2 个月起降训练。在投入实战之前，他们接受过不低于 300 小时的飞行训练。与日本新手的 100 小时相比，这一差异在战斗中带来的结果是致命的。加上美军战机作战性能不断提高，形势对日军越发绝望。

零战飞行员飞曹长小町定——他最后的战绩为 40 架——如此评价自己的对手：“他们的飞机快而灵活，飞行员训练有素。只要你被‘格鲁曼’咬住尾部，下一瞬间就有猛烈弹雨倾泻而来，那情景实在太可怕了。真希望我们的飞机也有‘格鲁曼’和‘海盗’那样的 6 挺 12.7 毫米机枪。”

从训练事故就能看出日军年轻飞行员水平究竟有多菜。从成立之日到 6 月 13 日，4 个月时间里，水平最高的第六〇一航空队在训练中坠毁飞机 33 架，损失机组成员51人。第六五二、第六五三航空队上述两项数据分别为13架、7人和10架、8人，总数相当于2艘“千岁级”轻型航母舰载机之和。平时训练就有如此高的损失率，更不要说真枪实弹的战斗了。因为在战斗中逐渐沦为新贵航母的贴身保镖，一些言语刻薄的战列舰军官揶揄道：“这也许就是最新式的自生自灭战术吧。”

按照惯例，历次重大战役中率先出场的是被称作“先遣部队”的第六舰队。1943年6月21日，潜艇专家高木武雄从皇族小松辉久手中接过了潜艇部队指挥权，总算专业对口了。根据联合舰队的命令，“先遣部队”的任务是实施奇袭、侦察和追击作战。参加马里亚纳作战的除高木亲自领军的第一潜水战队20艘潜艇之外，还有大和田升第七潜水战队的15艘潜艇。5月14日，高木和大和同时下达了“先遣部队电令作第122号”“机密第七潜水部队电令作第2号”，命令上述潜艇尽快奔赴指定战位。6月6日，高木率主要幕僚登上塞班岛，从此再也没有回去。留在国内特设潜水母舰“筑紫丸”号上的参谋长仁科宏造等人因未随行幸免于难。

日军潜艇部队大举出动的消息很快被美军得知。5月13日，太平洋舰队联合情报中心准确截获“伊-16”号潜艇发出的电文，从瓜岛铁底湾出动第三十九护卫舰分队护航驱逐舰“乔治”号、“拉比”号和第四十护卫舰分队“英格兰”号前往捕杀。“英格兰”号的命名并非为了盟友大英帝国，而是另有一层特殊含义。1941年12月7日日军偷袭珍珠港时，年仅21岁的一名海军少尉壮烈牺牲。为纪念他，美国海军特意将一艘新下水的护航驱逐舰以少尉的名字约翰·英格兰命名，该舰于1943年9月26日的下水仪式特意邀请少尉母亲前来主持。名不见经传的“英格兰”号很快将凭借显赫战绩成为美国海军的功勋战舰。

5月18日下午，“英格兰”号准确捕捉到“伊-16”号的方位，随即发起攻击。狡猾的日军潜艇在接连躲过4次攻击后被击沉，“英格兰”号首战告捷。其实，“伊-16”号被击沉稍有些“冤枉”，人家只是在执行向布干维尔岛南端布因基地运送大米的任务，并没有打算到马里亚纳和美国人打架。

5月22日4时25分，“英格兰”号再次探测到一艘日军潜艇，经两轮攻击击沉“吕-106”号。23日，遭殃的轮到了“吕-104”号。24日“英格兰”号再立新功，击沉“吕－116”号。随后美军驱逐舰前往马努斯岛补充油弹。26日午夜，他们在返航途中发现了“吕－108”号。看到“英格兰”号已经取得不俗战绩，编队指挥官汉斯中校命令“拉比”号出列攻击，未获成功。最后还是“英格兰”号出手将敌潜艇击沉。

5月30日，美军舰队再次发现了“吕－105”号。汉斯中校故意不让“英格兰”号出手，给友舰提供立功的机会。在美军驱逐舰围攻之下，日军潜艇愣是在水下潜航25个小时，直到艇内氧气耗尽，才在傍晚时分浮出水面。此时“吕－105”号位置恰好位于“乔治”号和“拉比”号之间，两艘美舰因距离太近无法开火。等他们调整好位置准备攻击时，日潜艇已经紧急下潜。

汉斯中校只好发出新命令：“哦，真见鬼！交给你了，‘英格兰’号。”加入围剿行列的“英格兰”号果然不负众望，迅速用声呐锁定了1800米外的目标，快速追赶投下炸弹。与美舰周旋长达36小时、躲过了21次攻击的“吕－105”号终于带着第五十一潜水队司令官加藤良之助及全艇水兵沉入海底。此外6月10日，日军“吕－111”号潜艇被美军驱逐舰“泰勒”号击沉。

12天内，“英格兰”号连续击沉日军6艘潜艇，创造了二战一项新纪录。该舰因此获得“总统单位嘉奖”。“‘英格兰’号护卫舰战绩卓著，美国海军期望涌现出更多这样的军舰，”金对它取得的出色战绩赞不绝口，同时承诺，“此后，美国海军中将长存‘英格兰’号。”金的诺言于1960年10月6日得以兑现，美国海军将一艘新型导弹巡洋舰命名为“英格兰”号，舷号DLG–22。

塔威塔威水域不够开阔，航母无法高速行驶使舰载机进行起降训练，附近可供飞机起降的几处陆上机场最近的也在170公里之外。小泽不愿浪费一点时间，舰队集结后第三天，5月18日一早，第一、第三航空战队的6艘航母就浩浩荡荡地驶出外海，飞行员开始了紧张的战前训练。

外海闹出这么大动静，自然逃不过美军潜艇的眼睛。部署在苏禄海的众多美军潜艇像闻到血腥味的鲨鱼一样迅速赶了过来。22日，第三航空战队在外海进行飞机起降训练时，“千代田”号突然遭到2条鱼雷攻击，一条被航母成功避开，另一条在警戒驱逐舰的身边炸响。日军只好放弃训练，退回港内。

“千代田”号遭遇攻击的同日，小泽命令第一补给部队从塔威塔威前往达沃。24日，补给船队中最好的“建川”号油轮在达沃外海遭到美军潜艇伏击，被命中3条鱼雷后沉没。小泽舰队油船本就不足，此举无疑是雪上加霜。

当时海军主流观点是，“驱逐舰是潜艇的天敌，如果把潜艇比作蛙，则驱逐舰就是蛇。有驱逐舰就可以对潜艇进行扫荡”。潜艇和驱逐舰类似小偷和警察的关系。英国皇家海军大西洋反潜战的成功及“英格兰”号近期的出色表现，好像印证了这种说法。但对日本海军来说，这种理论并不成立。进入1944年，日军驱逐舰频频遭美军潜艇“反噬”，更不要说为油轮或运输船护航了。

在之前4月11日，小泽部队驱逐舰“秋云”号在护航运输舰“圣川丸”号前往达沃时，在三宝颜外海遭美军潜艇“小银鱼”号攻击，4条鱼雷将驱逐舰包括入户野笃生在内的113人统统送入了海底。

4月13日，为运输船“山阳丸”号护航的“雷”号驱逐舰在关岛以西海域再遭噩运，被塞缪尔·迪利中校的“鲻鱼”号潜艇击沉，舰上水兵无一幸存。

6月6日，为“兴川丸”号护航的驱逐舰“水无月”号在达沃东南海面再遭“鲻鱼”号毒手，最终沉没。“鲻鱼”号梅开二度。

6月7日，第三十二驱逐舰分队“早波”号行驶至西里伯斯海锡布图海峡东南方海域时，“鲻鱼”号再次射出鱼雷，分队司令官折田常雄、舰长清水逸郎以下208人毙命，仅45人获救。“鲻鱼”号上演帽子戏法。

同日，“春雨”号驱逐舰在护送600名陆军士兵前往比亚克岛途中与美军发生遭遇战，最终战沉。

6月8日，参加“浑号部队”的第十驱逐舰分队旗舰“风云”号在达沃港口被美军潜艇“无须鳕”号射出的鱼雷击中左舷，舰上鱼雷被引爆，4分钟内迅速沉没。包括舰长在内的135人侥幸获救，分队司令官赤泽次寿雄随舰陪葬。

6月9日，第十七驱逐舰分队“谷风”号在锡布图水道实施反潜巡逻时，再遭“鲻鱼”号伏击，114人随舰沉海，舰长桥本金松以下126人被“浦风”号救起。“鲻鱼”号“四季发财”，取得了堪与“英格兰”号相媲美的骄人战绩。

同日，从横须贺出发护航运输船前往塞班的“松风”号驱逐舰在小笠原群岛父岛海面遭美军潜艇“剑鱼”号的鱼雷攻击，沉入大海。

以上损失可以看出，日军的“蛇”在“蛙”面前似乎全都冬眠了。日军驱逐舰频频被美军潜艇猎杀，而美军驱逐舰击沉日军潜艇易如探囊取物，不能不说是一件怪事。接连损失驱逐舰导致小泽舰队反潜能力大大降低，为“大凤”号、

“翔鹤”号双双被潜艇击沉埋下了伏笔。

美军潜艇的频繁袭击搞得第一机动舰队上下人心惶惶。为避免再出现无谓损失，小泽无奈叫停了出海飞行训练，后来连舰炮射击训练也停止了。更糟糕的是，塔威塔威岛没有机场，连让飞行员进行基本陆上训练也不可能。舰队在塔威塔威的 27 天里，9 艘航母仅出海训练了两次。特别是被视为“精锐之师”“威武之师”的俯冲轰炸机队，因海面无风，竟没有进行过一次训练。大多数飞行员本来要经过至少 3 个月训练才能投入实战，现在只能待在甲板上晒太阳，或者做些软体体操之类的简单身体训练。如此虚度时光，连那些“老鸟”的技术都变生疏了。

虽然美军进攻可能来自帕劳、马里亚纳和新几内亚三个方向，但 5 月 28 日在“大凤”号进行的“阿号作战”图上军演中，作战范围仅限于帕劳，其他方面演习一次也没有进行过。军令部和联合舰队司令部一致认为，未来决战十之八九将在帕劳海域展开。在燃料不足的情况下，他们只能努力尝试“将牵制部队推进至乌利西或帕劳，努力将敌人诱往决战海面”。

轻松拿下瓦克德岛后，麦克阿瑟本想趁势打下萨米，但侦察机拍回的照片显示，日军已在此处构筑了坚固防御阵地。美军登陆只是为确保瓦克德岛机场使用，即使日军占有萨米也无大碍。老麦的眼睛一直盯着菲律宾，并无占领新几内亚全岛的打算。对阵双方沿图尔河一线形成对峙。随着菲律宾战事全面展开，1945 年 2 月中旬，一支友情客串的荷兰部队前来接防。荷兰人显然比澳大利亚人温柔多了，双方你不打我，我也不打你，一直对峙到战争结束，最后日军剩余残兵约 4700 人。

从萨米到第二军司令部驻地马诺夸里直线距离约 530 公里，新几内亚岛在这里形成了极乐鸟湾，成为拱守新几内亚最西端鸟头半岛的天然屏障。湾口处有亚彭、比亚克、苏皮奥里、农福尔等小岛，其中比亚克岛战略位置最为重要。岛上不仅有现成的莫克墨机场，且地势非常适合建设大型航空基地群。该岛正北 900 公里为帕劳，东北 1800 公里是关岛，西北 1400 公里为达沃。由于此处与马里亚纳群岛的距离近于美军占领的埃尼威托克，一旦美军拿下此地，从莫克默机场起飞的重型轰炸机不但可以为尼米兹“征粮者行动”提供空中支援，而且菲律宾东部地区将直接暴露在肯尼第五航空队的打击之下。麦克阿瑟想重返菲律宾，必须拔掉挡在前进道路上的这颗硬钉子。

敌之要点，即我之急所！东京对比亚克岛同样极为重视，将之誉为澳北作战的“天王山”，称其作用抵得上“10 艘永不沉没的航空母舰”。行使指挥权以来，南方军和第二方面军都将极乐鸟湾作为正面决战之地，比阿克岛更是湾内第一要点。阿南上任伊始，就命令大力加强岛上防御。对阵双方围绕小岛势必展开一场殊死搏杀。

由珊瑚礁环绕的比亚克岛长 72 公里，宽 27 公里，总面积 1944 平方公里，全岛几乎被热带丛林覆盖。岛上地形起伏，到处是蜂窝状的多层洞穴，稍加修葺就能成为绝佳永久性防御工事。岛南部比亚克港为全岛中心，南岸深入内陆数公里有东、西两个大溶洞，日军据此构筑坚固防御工事，坐等美军前来碰壁。

麦克阿瑟决定再度实施“蛙跳战术”，将矛头直指比亚克岛。本次受命出击的美军主力是第四十一步兵师，加配属部队共 28000 余人，特遣部队指挥官是师长富勒少将。情报处长威洛比少将判断，岛上有日军约 7000 人。因为岛南岸遍布珊瑚礁，美军无法直接进攻莫克默，富勒将登陆点选在机场以东 10 公里处。

威洛比的情报明显不准。驻岛日军主力是第三十六师团葛目直幸第二二二步兵联队，其战车中队配有九五式轻型坦克 9 辆。加上野战高射炮第四十九大队第三中队，第十七、第一〇七、第一〇八野战机场建设队等部，陆军共约 10000 人。海军包括千田贞敏第二十八特别根据地部队，第十九警备队，第三十三、第一〇五防空队，第二〇二、第三〇八设营队共 2000 人。12000 人中，有 4500 人属于战斗机很强的野战部队。葛目虽然在名义上可以得到第四航空军和第二十三航空战队的支援，但因第六飞行师团在荷兰迪亚作战中几乎全军覆没，第七飞行师团能出动战机仅 40 ~ 50 架，第二十三航空战队也只有 20 多架飞机，葛目指望得到充分空中支援的希望不大。岛上高级军官千田军衔最高，但陆战经验更为丰富的葛目实际行使了指挥权。美军发起登陆时，第二方面军参谋长沼田多稼藏恰好来岛上视察，差点被美国人一窝端了。

5 月 27 日——日本海军节——黎明时分，巴比第七两栖舰队在金凯德第七舰队 5 艘巡洋舰、21 艘驱逐舰的护卫下，悄然来到比亚克岛外海，登陆行动由肯尼第五航空队负责空中掩护。凌晨 5 时，美军战机及舰炮开始对岛东南预定登陆区域实施炮火准备。7 时，第四十一师第一六二、第一八三团乘两栖运兵车在机场以东 10 公里的里波斯尼克蜂拥上岸。日军在水际滩头抵抗轻微。虽然美军第一梯队弄错了上岸地点，但到中午时分，他们已在岸上牢牢站稳了脚跟。

美军能顺利登陆，与日军变更防御部署有关。考虑到美军舰炮火力极其强大，善于动脑的葛目改变了日军以往的一贯做法，主动放弃滩头，日军各部或钻岩洞，或在足以俯瞰机场的高地上掘壕固守，准备与来攻之敌打持久战。葛目这种从水际滩头抵抗向纵深持久防御的战术转变非常有效。这种战术虽然最终难逃覆灭命运，却能将战争时间拉长，为后方部署防御争取宝贵的时间。

当轻松占领滩头的美国大兵大摇大摆向机场挺进时，山洞和悬崖上的日军突然开火，美军瞬间被扫倒一大片。战斗演化成惨烈的拉锯战，美军每前进一步，都要付出重大伤亡代价。富勒紧急调集坦克部队登岛支援，却被日军巧妙从侧翼迂回，切断了坦克和步兵的联系。美军最先登陆的两个营被日军第二、第三大队合围在索安加拉至波斯尼克之间的悬崖之下，使出了吃奶的力气才冲出重围撤回滩头。

看到美国人竟这么不经打，正欲返回方面军司令部的沼田决定暂时留在岛上，协助葛目和千田指挥作战。沼田致电阿南，“应乘眼下有利战况”快速向岛上派出增援，将美国人赶下大海，一举扭转战局。

27 日，日军第七飞行师团及第二十三航空战队全力出击，攻击美军登陆船队和滩头阵地，在美军绝对优势兵力的阻击下无功而返，损失惨重。第五飞行团大队长高田见战况不利，毅然率僚机撞击美舰，首开“神风特攻”先河。比亚克岛的战略地位极其重要，丰田命令角田将驻帕劳、马里亚纳的陆基战机陆续调往澳北，变相减轻了“征粮者行动”的压力。

步兵顺利登岛，麦克阿瑟以为这一定是继荷兰迪亚大赌博后又一次辉煌的胜利。美军登陆当天，老麦就高调对外发布公告：“敌军正在土崩瓦解，标志着新几内亚战役的真正结束。”6 月 3 日，麦克阿瑟再次宣布：“肃清残敌工作正在进行之中。”好像战斗已打赢了似的。

就在登陆第二天，美军向机场方向的进攻开始陷入停滞状态，双方杀得难分难解。麦克阿瑟发布第二次公告的头天晚上，日军第一大队向波斯尼克以北的美军发起夜袭，战斗异常惨烈，参与攻击的 300 名日军仅 80 人生还，美军同样伤亡惨重。6 月 8 日，日军第二大队夜袭机场，包括大队长在内的大部分官兵悉数毙命。

富勒少将实战经验丰富。他对日军盘踞的地区进行了详细考察，试验了已攻克工事的防御强度。富勒认为，直接沿海岸公路进攻机场将遭到日军坚固堡垒的火力打击，需要将它们一一拔掉。和日军类似，美国陆军的主要战术同样是分进合击，其要旨是从正面向敌人施压，从侧翼或后方进行迂回。在摸清日军部署之后，富勒准备采取这种战术，其优点是可以大幅度减少伤亡，缺点是推进速度相对缓慢。麦克阿瑟对富勒的战术大为不满。时间在一天天过去，他越来越觉得，自己要在海军面前出丑了。

美军登陆比亚克岛的消息传到“大淀”号上，丰田、草鹿及众幕僚大惊失色。就在西南太平洋盟军发起比亚克岛作战的同时，美军中太平洋快速航母舰队也频繁出击，对马里亚纳、帕劳、特鲁克、硫黄岛等多个据点发起大规模空袭。敌人的“主攻方向究竟是哪里”？换言之，捕捉美军航母舰队进行决战的战场到底在哪里？“阿号作战”需要使用陆基航空兵弥补航母兵力的不足，拥有三处机场的比亚克岛是其中关键的一环。显而易见，谁占有了岛上机场，其陆基战机就会大大加强己方航母舰队在附近海域的突击力量。如果美军在比亚克岛部署超级空中堡垒，虽然它们无法直接轰炸日本本土，但菲律宾、荷属东印度、中国台湾、新加坡今后都将饱尝美军的航空炸弹，南方资源区朝不保夕，通往本土的海上生命线将被完全切断。思前想后，比亚克岛不容有失。

恰在此时，驻比亚克岛海军最高指挥官千田发来求援电文：“我比亚克岛守备队充分利用有利地形多次打退美军进攻，希望尽快派出增援。”陆军驻联合舰队联络参谋岛村矩康趁机煽风点火，提出海军出动主力舰队，火速将驻扎三宝颜的第二方面军总预备队、玉田美郎海上机动第二旅团送往岛上，同时调中太平洋方面陆基战机南下参战。提出上述要求的同时，岛村代表陆军信誓旦旦，向海军保证，驻帕劳和马里亚纳方向的陆军部队十分彪悍，即使美军前来进攻也无须担忧，当务之急是尽快增援比亚克岛。

第二航空参谋多田笃次也在一边敲边鼓，提出，如比亚克岛失守，“阿号作战”将完全失去现实意义。之前和未来小泽舰队的临时泊地林加、塔威塔威、吉马拉斯都将不再安全，且再找不到同敌航母舰队决战的海面了。多田指出，与其漠然坐待“阿号作战”开始，不如将小泽舰队主力全部调往比亚克岛，把当面之敌彻底消灭掉。

岛村和多田的意见得到了参谋长的支持，草鹿认为决战的时机终于到了。“如果我们向比阿克岛派出援军，”草鹿告诉丰田，“美军太平洋舰队主力势必前来挑战，这样，我们便能在帕劳一带与敌决战了。”目前面临的首要问题是，必须通过侦察找到美军主力舰队的准确位置。丰田将这一艰巨任务交给了角田第一航空舰队。

总部设在提尼安岛的第一航空舰队之前经常出动战机进行侦察。5 月 22 日，角田已经下达展开“挺身侦察”的命令。之所以被称为“挺身”，是因为需探明区域美军戒备森严。那里不但有性能优异的雷达，且地面有防空炮，空中有连续巡逻的战斗机。一旦侦察机被敌人发现，逃生机会微乎其微。

5 月 28 日，第一五一航空队一等飞曹田中三也驾驶“彗星”侦察机从特鲁克出发，巧妙潜入布干维尔岛布因机场，补充燃料重新起飞，对瓜岛海域实施侦察后安全返回。田中拍回的照片显示，瓜岛一带泊有美军“萨拉托加级”航母 1 艘、护航航母 2 艘、战列舰 4 艘、巡洋舰 5 艘、驱逐舰 3 艘，还有多达 86 艘运输船。29 日，从新几内亚方面发回的情报显示，荷兰迪亚港口泊有盟军 4 艘巡洋舰、8 艘驱逐舰和 19 艘运输船，外海有 9 艘驱逐舰护卫 9 艘运输船正在航行。从兵力构成可以断定，他们都不是美军航母舰队主力。

日军清楚，美军“机动部队”的航母早已达到两位数。上述两地既然没有，那么他们很可能停在不久前刚刚占领的马绍尔群岛，适合大舰队停泊的地点有马朱罗、夸贾林和埃尼威托克三处。随后从特鲁克出动的侦察机并未在埃尼威托克发现美军主力舰队，需要进一步侦查的就剩夸贾林或马朱罗两地了。从特鲁克起飞的侦察机一口气跑不了那么远，途中必须经停加油。马绍尔群岛以北的威克岛和南边的瑙鲁岛仍在日军手中，岛上有航空基地。虽然美军的频繁轰炸导致两岛机场几乎处于半瘫痪状态，但仍滞留有一些地勤人员和少量飞行员，为一两架侦察机补充的燃油还是有的。只要有高超的技术，使用上述两地作为跳板，进行“挺身侦察”在理论上是成立的。

这样危险的任务，只能由第一二一航空队队长千早猛彦亲自出马了，他是海航首屈一指的侦察专家。5 月 29 日，千早驾驶“彩云”侦察机从特鲁克隐秘出发，长途飞行 1850 公里潜入瑙鲁。当地驻军早与友军失去联系，正在弹尽粮绝的孤岛上哀叹自己朝不保夕的悲惨命运。据说当看到机场突然落下一架友机，接着还钻出一名飞行员时，大家激动得泪流满面，争相上前与千早拥抱。30 日一早，完成加油的千早驾机飞往 1000 公里外的马朱罗，上午 9 时 40 分以惊人的 12000 米高度秘密潜入泊地上空。果不其然，千早驾机甫一进入马朱罗上空，就被美军雷达发现。美军数架“地狱猫”升空拦截，但千早还是完成拍照，巧妙摆脱追击，顺利飞回瑙鲁机场。途中他发出了一封非常著名的电报：“‘格鲁曼’未能追上我。”

千早拍回的照片显示：港内泊有大型航母 5 艘、轻型航母 2 艘、战列舰 3 艘、巡洋舰 3 艘、驱逐舰 10 艘、运输船 2 艘、油船 6 艘。另有大型航母 2 艘、战列舰或巡洋舰 3 艘、驱逐舰 8 艘正在出港。5 月 31 日，千早侦察了夸贾林，那里只有驱逐舰 8 艘、小型舰只 9 艘、水上飞机母舰 1 艘、运输船 18 艘、供油船 1 艘、其他小型舰船 20 艘。

5 月 30 日，角田派侦察机从特鲁克出发做直线飞行，对新几内亚岛东岸芬什哈芬港实施侦察，那里泊有 19 艘敌舰：大型运输船 5 艘、中型运输船 6 艘、小型运输船 5 艘、驱逐舰 3 艘。

5 月 31 日，从拉包尔出发的战斗机侦察了西北方向阿德默勒尔蒂群岛，那里泊有“萨拉托加级”航母 1 艘、战列舰 1 艘、巡洋舰 1 艘、小型舰船 40 艘、运输船 1 艘，机场有各型战机约 150 架。这一情况同时被通报给东南方面舰队司令官草鹿任一。此时草鹿手里没有几架飞机，也只能听听而已。

综合以上侦查结果，毫无疑问，美军主力舰队停在马朱罗！军令部据此判断，美军下一步主攻方向很可能是澳北地区，可能是塞班，也可能是帕劳。军令部迅速向联合舰队下达指示，未来决战主战场应该是“从中部太平洋起，直到菲律宾及澳大利亚北部海域”。这话简直等于没说，你干脆说在太平洋上得了。战后日本海军记者伊藤正德对此揶揄道：“上述这个关于主战场的指示简直等于零。换句话说，指令意味着要部队做好能够适应上述三方面的各种准备，实际上是根本无法做到的事情。”

“大淀”号上，联合舰队一众大腕儿也在进行反复研究，得出的最终结论是：美军进攻帕劳的可能性 50%，澳北 40%，塞班可能性最小，仅 10%。认为马里亚纳是美军主攻方向的仅通信参谋中佐中岛亲孝一人。中岛认为，麦克阿瑟对比亚克岛的攻击是佯攻，太平洋舰队主力无疑将全力攻击距日本本土更近的马里亚纳群岛。但没人理会一个小小中佐的意见。

不管美军主攻将指向何方，此时已有敌军登陆的比亚克岛自然成为第一焦点。5 月 28 日，南方军总司令寺内联袂西南方面舰队司令官高须四郎向联合舰队提出，对比亚克岛实施“逆登陆”，将美军统统赶下大海。刚上任不久的丰田不敢拂寺内和高须两位封疆大吏的面子，况且一旦将美军主力吸引到比亚克岛方向，帕劳、马里亚纳甚至菲律宾方面的压力将大大减轻。一夜之间，首席参谋高田利种拿出了增援比阿克的计划，代号“浑号作战”。

方案连夜上报东京。东条正被纷至沓来的坏消息搞得焦头烂额，一向龟缩不出的联合舰队竟然主动提出愿配合陆军进行反攻，正是他求之不得的事情，遂不假思索大笔一挥，予以批准。当天参谋本部《机密战争日志》中记着这样一段话，“天空下起小雨，阴郁的天气仿佛预示着帝国海军的衰退低迷”，接下来话题忽然一转，“今天，军令部作战部改变一贯主张，迫切要求在比亚克岛发起反登陆作战，并计划在 6 月中旬开始决战，甚感欣慰”。

5 月 29 日夜，丰田发出“联合舰队机密第 292343 号电”：以西南方向舰队为主，第一机动舰队配合，将驻三宝颜海上机动第二旅团 5500 名兵员火速送上比亚克岛，登陆点为岛北岸克利姆地区。

5 月 31 日，寺内命令海上第二机动旅团归第二方面军直接指挥，阿南又将指挥权下放给丰岛第二军。因本次行动代号“浑号作战”，参战部队也被冠以“浑号部队”的雅号。此“浑”原意“雄浑”之“浑”，以使其与之前源田实提出“雄号作战”对应。因该项作战雷声大、雨点小最终不了了之，后世日本史学家纷纷将之喻为“浑浑噩噩”之“浑”或“浑蛋”之“浑”。作战具体部署如下。

一、增援船队进入比亚克岛时间定为 6 月 3 日晚，4 日日出前 3 小时完成兵员装备卸载后返航，尽快脱离美军战机攻击范围。

二、总指挥第十六驱逐舰战队司令官左近允尚正，下属各部组成如下。

运输队：重巡洋舰“青叶”号，轻巡洋舰“鬼怒”号，驱逐舰“浦波”号、“时雨”号、“敷波”号，布雷舰“严岛”号、“津轻”号，第一二七号特设舰和第三十六、三十七号猎潜艇提供支援。

直接掩护部队：第五巡洋舰战队重巡洋舰“妙高”号、“羽黑”号，第二十七驱逐舰分队“白露”号、“五月雨”号“春雨”号。

间接掩护部队：战列舰“扶桑”号，第十驱逐舰分队“风云”号和“朝云”号。

以上各部5月31日集结于达沃。

三、第三航空战队负责空中支援，出动战机压制荷兰迪亚、瓦克德岛美军机场。

四、“阿号作战”部队须对“浑号作战”予以大力配合，密切关注作战进展情况及美军在其他方向可能采取的军事行动。

五、决战准备阶段，直接掩护部队和间接掩护部队应立即返回原部队。

鉴于支援本次作战西南方面舰队所属基地航空兵力因之前连续作战战力锐减，仅剩各型战机36架，5月27日丰田命令角田，将驻扎中太平洋方向雅浦、马里亚纳和帕劳等地的部分战机转用澳北方向，首批调动飞机包括战斗机70架、俯冲轰炸机16架和侦察机4架。

小泽对分散兵力为运输船护航并不热心。但丰田毕竟新官上任，不给予支持面子过不去。况且他也觉得，守住比亚克岛对第一机动舰队泊地安全意义重大。5月31日11时，桥本信太郎率第五巡洋舰战队“妙高”号、“羽黑”号和老式战列舰“扶桑”号，在小泽部队全体官兵目送下驶出塔威塔威，向达沃方向迤逦而行。

6月2日午后，日军间接掩护部队从达沃出航，驶向北纬0度30分、东经134度30分海域。直接掩护部队傍晚从达沃出发，在运输队前方20公里行驶，实施警戒。登陆输送队20时30分出航，拟于3日22时抵达比亚克岛瓦尔德河口。

出航第二天，舰队头顶就出现了美军侦察机的身影。根据惯例，联合舰队认为如果运输船队在登陆前一天就被发现，敌人势必派战机和水面舰艇进行攻击，增援行动成功的希望渺茫。但战意十足的左近依然率队顽强地向比亚克岛挺进。

很快又有坏消息传来。陆军侦察机报告说，比亚克岛西北海域发现美军大型航母舰队，至少包含2艘航母和3艘战列舰。如此强大的拦截兵力，运输船队如继续前行势必全军覆没。3日22时25分，联合舰队断然下令中止增援行动，左近掉头前往新几内亚西部索龙暂避。

首次增援失败引起大本营海军部的强烈不满，海军高层认为，联合舰队缺乏敢于胜利的勇气。军令部作战课长山本亲雄、航空参谋源田实亲自赶往联合舰队司令部督战。坐镇前线的阿南更是气愤不已，大骂海军不够义气，见死不救。你怕受攻，我岛上万余官兵怎么办？阿南说了句很经典的话："这就像煮开了的热水，却因为怕烫不敢喝下去呀！"

派往指定海域核实情报的海军侦察机发回的消息更让阿南暴跳如雷，原来陆军侦察机发现的并非美军航母，只是2艘大型油轮。警报暂时得以解除，丰田发出重启"浑号作战"的命令。鉴于敌机活动频繁，第二次行动做出相应更改，决定采取瓜岛期间行之有效的"老鼠运输"，用驱逐舰将陆军两个步兵大队送上岛去。

6月7日，"敷波"号、"浦波"号、"时雨"号在索龙装上600人，在"白露"号、"五月雨"号和"春雨"号护航下在8日凌晨3时出航，向比亚克岛快速挺进，总指挥依然是左近。12时45分，当舰队行使至马诺夸里328度方向150公里处时，遭美军17架B-25和30架P-38的攻击，"春雨"号当场沉没，"白露"号重伤，"敷波"号和"五月雨"号轻伤。日军声称击落美军轰炸机5架、战斗机2架。面对空中阻击，左近毫无退意，在救起"春雨"号幸存者后率队顽强前进。

23时20分，比亚克岛遥遥在望。此时前方海面出现了一支盟军舰队——由皇家海军克拉奇利少将领军的重巡洋舰"澳大利亚"号、轻巡洋舰"博伊西"号、"菲尼克斯"号及14艘驱逐舰。凭借5艘驱逐舰——其中3艘满载陆军士兵——冲破盟军阻截断无可能，左近即使再勇猛也不会白白送死，只好下令边打边撤。盟军舰队穷追不舍，于9日0时18分在16000米距离率先开炮。接下来发生的是一次长距离追尾战斗。三大祥瑞之一"时雨"号被命中5弹，水兵亡7人、伤15人，"敷波"号有少数水兵伤亡，第二十七驱逐舰分队司令官白浜政七战死。所幸日军驱逐舰在瓜岛和所罗门群岛战役期间练就了炉火纯青的逃跑技术，成功甩掉追击，逃回索龙。"敷波"号长时间以33节航速逃跑，油料耗尽，在海上漂了好长时间才被友军接走。克拉奇利忌惮日军空袭并未一追到底，"敷波"号才幸免于难。日军第二次"浑号作战"再次无疾而终。

综合战斗经过和各方情报，联合舰队司令部判断：比亚克岛方面活动的敌军舰队至少有3艘战列舰、数艘巡洋舰和两位数驱逐舰，很可能还有2艘航母。前线接连失利激发了小泽的斗志，他主动致电联合舰队司令部，说明比亚克岛机场极为重要，不容有失。小泽指出，如果派出更大规模增援部队，很可能将美军主力舰队引向预定海域，来一场一战定乾坤的决战。草鹿根本无须小泽敦促，他正积极说服丰田出动更多兵力做最后尝试。6 月 10 日午夜，丰田下达了第三次“浑号作战”命令。

一、第一战列舰战队“大和”号、“武藏”号，第二驱逐舰战队“能代”号轻巡洋舰及“冲波”号、“岛风”号编入“浑号部队”，由宇垣缠任总指挥。

二、歼灭比亚克岛方面敌增援兵力与机动部队，炮击歼灭已登陆美军。

三、将海上第二机动旅团送上比亚克岛。

6 月 10 日 16 时，宇垣坐镇“大和”号，在无数水兵呐喊声中驶出塔威塔威。一路无事，舰队于 12 日 8 时平安抵达马古鲁群岛巴漳泊地，迎来了从达沃前来会合的第五战队等部。宇垣舰队有战列舰 2 艘、巡洋舰 5 艘、驱逐舰 8 艘、其他舰只 11 艘，实力不俗。

就在宇垣抵达巴漳岛前一天，战场形势突然发生了翻天覆地的变化。美军第五十八特混舰队出动大批舰载机，对塞班岛、关岛、提尼安岛发起猛烈空袭。最初丰田和草鹿认为，这不过是美军的例行空袭，他们扔完炸弹会很快撤走的，就像当初空袭特鲁克和帕劳那样。但从 13 日起，美军一大群战列舰、巡洋舰和驱逐舰抵近塞班滩头，无休止地向岛上倾泻炸弹。之前多次作战表明，舰炮打击通常是美军发起两栖登陆的先兆。守军告急电报中出现“敌出动驱逐舰和特种部队扫雷并清理航道”等字样，说明美军登陆已迫在眉睫。

丰田和草鹿惊恐万状，原来美国人醉翁之意不在澳北、帕劳，在乎马里亚纳也。之前关于美军主攻方向的判断大错特错，只有中岛参谋一人是对的。丰田第一时间下令中止“浑号作战”：小泽第一机动舰队立即从塔威塔威出击；宇垣舰队掉头返航，在菲律宾群岛以东海面与主力会合，联手应对中太平洋方向突然出现的重大危机。至于是否继续执行对比亚克岛的增援行动，海军扔下一句“将视马里亚纳海战结果而定”就绝尘而去，留下阿南和丰岛一帮人在那里吹胡子跺脚干生气。尼米兹和麦克阿瑟横跨太平洋的钳形攻势把日本人弄得手忙脚乱，左支右绌。

之后，陆军曾想尽一切办法积极向岛上送去增援。丰岛第二军司令部集合所有 10 艘大型机艇，拉上池田浚吉中将第三十五师团一个步兵大队前往增援。6 月 4 日，第二二一联队第二大队寻隙在克利姆一带登陆，向盘踞在西山洞的葛目报到。战役期间，葛目得到的增援仅限于此。

小泽第一机动舰队绝尘而去，等于宣告了比亚克岛日军的死刑。由于日军主要海空力量均用于马里亚纳方向，麦克阿瑟压力大大减轻。如果第五舰队不从中太平洋发动进攻将日军海军主力引开，西南太平洋战区盟军部队将会在新几内亚东部遭到更多更顽强的抵抗。如果“大和”号和“武藏”号冲入比亚克岛近海，金凯德和克拉奇利最多只有重巡洋舰的第七舰队很难招架，何况宇垣身后还有栗田和小泽虎视眈眈。换句话说，尼米兹对马里亚纳的进攻变相地帮了麦克阿瑟的大忙，不过老麦对此是丝毫不会领情的。在他眼里，尼米兹本应该归他指挥，而不是现在与他平起平坐。

6 月 4 日，美军已逐步推进至东山洞，次日攻入机场地区，连葛目指挥部所在地西山洞也遭到攻击。岛上战斗极为惨烈。8 日，沼田组织对机场美军发起夜袭，遭到优势火力拦截，伤亡惨重，只好退回原来出发的位置，第二大队大队长牧野毙命。9 日，一直在前线四处游走的葛目回到西山洞，下令各部残兵向此处集结。当天，沼田乘运送增援部队的小型舟艇逃出生天。同日，莫克默机场正面的美军在空军和海军舰炮支援下，以坦克为先导向西山洞发起猛攻，被日军以自杀式肉弹攻击击退。11 日，美军勉强登上台地顶端，却因精疲力竭无力前进。与此同时，日军机场建设队牢牢守住了东山洞。第三大队虽遭到合围，却死守阵地寸步不退，美军想占领全岛尚需一定时日。

6 月 15 日，中太平洋部队即将发起对塞班岛的登陆，莫克默机场依然无法投入使用。如果肯尼无法从那里派出重型轰炸机对友军的行动提供支援，将会暴露老麦之前发出的公告是在说谎。在宣布“扫尾工作正在进行中”后的第三天，6 月 6 日，麦克阿瑟电令克鲁格：“我越来越担心，夺取比亚克机场的行动将遭到失败。我们在登陆后的地面作战中损伤甚微，这是否说明，部队在前进中行动不够果断？”

老麦最近心情很糟。在地球另一边，他的前中校参谋长艾森豪威尔指挥百万大军一举踏上了法国海岸，瞬间勾走了几乎所有人的视线。应该给他的那些物资，包括登陆艇、坦克、飞机和兵员都给了那小子。诺曼底海滩上的艾森豪威尔璀璨夺目，光芒万丈。他还恼火乔治・巴顿，那个阿尔贡战役中跟在他屁股后面的陆军上尉，竟然也成了家喻户晓的传奇人物。而他，陆军中资历最深的将军，前陆军参谋长，西点军校校长，得过最多勋章的人，却在踩着新几内亚的烂泥艰难爬行，得不到应有的军舰、飞机和大炮。他讨厌罗斯福，这个民主党人处处袒护海军，只听那个老病鬼霍普金斯胡说八道。他恼恨海军那帮人，特别是金，整天带着尼米兹等一群人在挤对自己，想大功独揽，把陆军降到次要位置。自己的顶头上司马歇尔却不务正业，整天和丘吉尔勾勾搭搭，眉来眼去，对太平洋的事儿一点都不上心。英国人同样不是啥好东西，自己好不容易从北非要回来的澳洲师却被丘吉尔半道弄到缅甸去了。在老麦眼里，除了琼、小阿瑟和肯尼，其他人好像个个都不顺眼。当然，他最恼火的还是那些死拼到底的日本人。

接到麦克阿瑟的催促命令，克鲁格派参谋长乔治·德克尔准将登岛实地察看战情。德克尔 1937 年毕业于陆军指挥参谋学院。虽然在二战中并无多少戏份，他却在 1960 年 10 月 1 日出任陆军第二十二任参谋长。德克尔对战场的看法与富勒大致相同，他向克鲁格汇报说，日军防御工事异常坚固，岛上地形非常复杂，天气酷热难耐，最高温度超过华氏 100 度。因严重缺水，士兵每天饮水量还不到一壶。尽管面临重重困难，富勒依然在督促各部向前推进，他们已占领莫克默机场 5 条跑道中的其中一条。虽然在拔掉日军设在俯瞰机场一个岩洞中的火力点之前，跑道还不能投入使用，但富勒已在那个高地部署了一个团的兵力。

克鲁格不赞许富勒夺取一条跑道的战绩，对他采取的分进合击战术提出质疑。他不顾德克尔的反对，向富勒发去一封带有侮辱性语言的电文，质问为何迟迟无法拿下机场。克鲁格严令富勒立即改变战术，撤回部署在高地上的那个团，将他们投入沿海公路实施正面强攻。

克鲁格的命令遭到了富勒和副师长多伊准将的一致反对。不久之前，一战老兵多伊刚刚成功指挥了进攻艾塔佩和瓦克德岛的战斗，他丰富的实战经验是克鲁格望尘莫及的。两人提醒克鲁格，即使正面进攻能拿下机场，不打掉控制跑道的那个岩洞火力点，机场同样无法使用。克鲁格坚持己见，严令富勒必须立即把高地上的部队撤下来。

岛上战局胶着让麦克阿瑟异常恼怒。牛提前吹出去了，他感到职业生涯正面临着又一次危机，即将到来的失败会使自己颜面扫地。6 月 14 日，第五舰队登陆塞班岛的战斗将在 24 小时内打响，莫克默机场依然在日军控制之中。恼羞成怒的麦克阿瑟给克鲁格发去了一封措辞严厉的电报："比亚克战况令人失望。如果不能火速建立一个可用的机场，整个作战目标将难以实现。”

克鲁格叫来艾克尔伯格，要他立即登岛，免除富勒特遣部队指挥官职务并亲自督战。艾克尔伯格来到前线时，富勒泪流满面接待了他。富勒不仅要求上司解除自己特遣部队指挥官职务，还要求将自己的师长职务一并免掉。富勒哭诉说，自己一直忍受着克鲁格的瞎指挥，超过了人类能忍受的极限。艾克尔伯格当即任命多伊接任师长——他和多伊是 1926 年利文沃斯军事学校的同班同学——同时调来第二十四师第三十四团登岛增援。

虽然火线接过了战场指挥权，但倔强的多伊依然认为富勒的分进合击战术最为有效，拒绝做出任何变更。艾克尔伯格对克鲁格横刀夺爱，抢去自己集团军司令官的位置本来就心怀不满，他索性放手不管，让老同学按富勒的原定计划指挥作战。多伊再次派出一个团到那个高地，这次分进合击取得成功，3 天内美军顺利拿下莫克默机场，两天后攻克俯瞰机场的那个岩洞。若非克鲁格干涉，肯尼的飞机早在 6 月 15 日就能从莫克默机场飞往塞班扔炸弹了。6 月 15 日当天，肯尼的重型轰炸机不得不从马努斯岛莫莫特机场起飞，对马里亚纳群岛南部目标进行轰炸。麦克阿瑟宣称说，他已帮助尼米兹对塞班岛实施了空袭。直到 6 月 22 日，美军战斗机才陆续进驻莫克默机场。至于攻下岛西的两座机场，已是 3 周后的事了。

6 月 19 日，美军出动 3 个团发起最后攻击。日军主力困守西山洞，千田率海军部队据守东山洞。6 月 21 日，美军将西山洞围得如铁桶一般。葛目自感最后时刻即将来临，下令焚烧联队军旗，只留下皇室徽章和旗杆，将旗穗分给各大队。美军使用坦克和火焰喷射器发起轮番进攻，山洞入口处几乎被尸体堵住，空中弥漫着一种尸体烧焦的煳味儿。葛目试图切腹自尽，被一众手下极力劝止。22 日，葛目率联队本部 50 人、通信队 40 人、第一大队 40 名兵员趁夜突围，洞内不能移动的百余名重伤员拉响手榴弹集体自尽。美军不敢贸然进入，以火力封住洞口同时输入汽油点燃，将洞内尸体悉数烧焦。葛目率部在西北高地一线重整阵地。美军很快跟踪而至，将葛目残部围得风雨不透。

6 月 28 日，日军最后阵地东山洞失守，千田率残部遁入内陆山区。7 月 1 日，葛目下令剩余兵员向后方高地撤退，自己返回山洞从容切腹。至此，岛上日军有组织抵抗宣告结束。以区区一个步兵联队拖住美军一个师加一个团达一个月之久，葛目的表现中规中矩，受到裕仁通电嘉奖，并特晋两级为陆军中将。美国人则送他一个“比亚克岛恶鬼”的绰号。就在葛目自杀同一天，阿南的训令到了，“岛上余部转入内陆山区开展游击战”。第二军司令部或派舟艇，或通过空投，向岛上残部进行补给。但到8月中旬之后，后方同岛上日军的联系完全断绝。

千田是美军登陆前12天才登上比亚克岛的，比据守塔拉瓦的柴崎还倒霉。他可能死于8月25日，或者更晚一些时间。12月25日，确认千田已战死的东京追晋他海军中将，第二十八根据地部队的编制随即被撤销。顺便一提，侵华战争初期千田任第十三航空队司令官时，曾多次指挥海军航空兵发起对中国内陆的“渡洋爆击”，血债累累，死有余辜。

到7月底，美军已完全控制了比亚克岛南部。8月20日，艾克尔伯格宣布占领全岛。因岛屿面积较大，有足够回旋余地，日军残部誓死不降，一直坚持游击战。直到战争结束后，还有83名日军士兵走出丛林向美军投降。比亚克岛之战美军阵亡474人、伤2443人，另有多达7200人因患病失去了战斗能力。

胜利来得有些晚，但毕竟还是来了。接到前线传回的捷报，麦克阿瑟恢复了以往的平静心态，坦承克鲁格对富勒的处理不太妥当。作为补偿，他向富勒颁发了服役优异勋章，赞扬他在战斗中始终保持“杰出的能力和敏锐的判断力”。他甚至告诉艾克尔伯格，富勒是一名“伟大的战士”。像当初布纳战役中被解职的第三十一师哈丁少将一样，富勒对老麦的慷慨一点都不领情。

比亚克岛绝非麦克阿瑟追求的终极目标，为尽快收复菲律宾，兑现“我会回来”的庄严承诺，盟军还必须控制新几内亚岛西端的杰尔芬克湾和福克尔科帕半岛。比亚克岛以西80公里处的农福尔岛有3个机场。肯尼指出，一旦飞机从那里起飞，就可以对福克尔科帕半岛进行轰炸，控制整个杰尔芬克湾。

麦克阿瑟认可肯尼的说法，决定以两栖登陆和空降双管齐下，夺取岛上3座机场。面积330平方公里的农福尔岛海岸多珊瑚礁，东南沿海地势较低，内陆的崎岖山地覆盖着茂密的原始丛林，驻守该地的是日军第三十五师团第二一九步兵联队。由于第二大队奉命增援比亚克岛，岛上守军只有2000人左右。

7月2日4时，金凯德麾下的巡洋舰和驱逐舰率先对登陆地点实施炮击，在帕特里克准将带领下，美军第一五八步兵团在距卡梅里机场仅100米处的海滩登陆。日军稍作抵抗便撤守岛中部山区展开游击战。美国独立日当天，伞兵团第一、第三营2000名官兵在机场一带空降，配合登陆部队对逃逸的日军进行围剿。随后虽未发生大规模战斗，零星交锋一直不断。日军多次利用暗夜掩护突袭美军据守的机场地区，夺取粮草和弹药。但到8月底，日军有组织的抵抗宣告结束。美军以伤亡400人为代价夺取农福尔岛，宣称击毙日军1700余人。日军第二一九联队联队长及军旗下落不明，但军旗肯定未被美军缴获。美军在农福尔岛派驻了大量B-24轰炸机，专事对日军占据的婆罗洲油田进行空袭。

轻松夺取农福尔岛之后，麦克阿瑟并未直接进攻日军重兵据守的马诺夸里。7月30日，赛伯特少将第六步兵师在福克尔科帕半岛一个叫桑萨波的小渔村突然登陆，全歼岛上守军600余人。随登陆部队上岸的数千工兵立即开始整修机场，随后美军第八十六战斗机大队、第四十二轰炸机大队的B-25、P-38战机陆续进驻。美军以航空轰炸切断了马诺夸里与索龙日军的联系。

当时马诺夸里驻有日军第二军直属部队、第三十五师团第二二一联队、海军第十八警备队等部，总计兵员逾2万人。美军并未主动发起进攻。因海上交通被完全切断，当地日军彻底断绝了补给来源。当年7月，丰岛下令其中15000人向南方的伯劳湾沿岸转移。190公里行军途中，日军因饥饿和疾病死亡过半。终战时，伯劳湾幸存日军只有3000余人。

在3个多月时间里，盟军西南太平洋战区部队快速挺进1500公里，沿途夺取5个日军重兵把守的据点。虽然后方仍有零星日军在顽强抵抗，但麦克阿瑟已经基本控制了长2100公里的新几内亚岛。随着战线不断前移，这里已经不是麦克阿瑟的主要舞台了，他的目光已死死盯住了桑萨波西北1100公里处的棉兰老岛。

其间，麦克阿瑟飞往珍珠港，说服罗斯福接受进攻菲律宾的建议，后文详叙。从檀香山归来之后，麦克阿瑟和肯尼盯上了与哈马黑拉岛一海之隔的莫罗泰岛。该岛位于桑萨波和棉兰老岛中点位置，面积1800平方公里，岛上有一座简易机场。哈马黑拉岛和莫罗泰岛是第二军防御重点，由石井嘉穗中将第三十二师团驻守。该师团1944年4月刚从中国调出，运输船队在巴士海峡遭到美军潜艇攻击，步兵第二一〇联队联队长小池安正及联队军旗随船沉没。由于错误估计了美军的主攻方向，石井将主力部队部署在哈马黑拉岛，莫罗泰岛上仅有第二游击队川岛威伸的500多名士兵把守。

9 月 15 日清晨，金凯德第七舰队的巡洋舰和驱逐舰率先对岛上进行炮轰。8 时，美军第三十一步兵师第一波部队顺利登陆。10 时 15 分，麦克阿瑟、艾克尔伯格率众参谋上岸。站在海滩上的麦克阿瑟翘首北眺，感慨万千。一名随行参谋——他应该是一位马屁大师——形象描述了当时的情景："穿越眼前迷雾，将军仿佛看到了巴丹半岛蜿蜒起伏的海岸线。半晌之后，他终于开了口，'他们在那里等着我呢，已经过去好长时间了'。"3 小时后，麦克阿瑟返回"纳什维尔"号。到次日傍晚，美军第三十一师、第十六团 28000 名官兵已在岛西南奇拉半岛建起纵深数公里的登陆场。看到美军来势凶猛，岛上日军稍作抵抗便逃入丛林。当晚，日第七飞行师团和海军少量飞机对美军登陆船队和滩头发起暗夜攻击，毫无效果。

莫罗泰岛与哈马黑拉岛之间最近距离仅 20 公里。从 9 月 26 日开始，日军多次组织部队渡海反攻，局部战斗一直不断。因菲律宾战事全面展开，约翰森少将第九十三步兵师登岛从第三十一师手中接过了岛上防务。和布干维尔岛情况类似，岛上对阵双方之间的零星战斗一直持续到战争结束。最后，岛上日军仅剩第二一一联队联队长大内竞率领的 660 名残兵。

1945 年 9 月 9 日，澳大利亚陆军总司令布莱梅上将在莫罗泰岛主持了日本陆军第二军、海军第二十三、海军第二十五根据地部队投降仪式。代表日军签署投降书的是第二军代理军长、第三十二师团师团长石井嘉穗。之前阿南回国出任陆军大臣众所周知，原第二军司令官丰田房太郎哪里去了？由此引出战争期间日军最大规模的一次投降——"橘丸"号事件。

1945 年下半年，为准备所谓的"一亿玉碎"，东京大本营筹划将海外部分精锐部队调回国内，加强本土防御。彼时联合舰队已不复存在，完全失去制空权和制海权的日军运兵行动困难重重。思前想后，狡猾的日军打起了医疗船的主意。"橘丸"号原本是一艘商船，1938 年被海军征用，1943 年又被陆军征用为医疗船。按照《日内瓦公约》规定，战争期间医疗船是不受攻击的。日军知道美国人一向很守规矩，就打算钻空子用医疗船偷偷运兵。

1945 年 7 月 19 日，"橘丸"号第一次秘密转运大获成功，顺利将第四十八师团部分兵力运回本土。8 月，日军故技重演，准备从印度尼西亚卡伊群岛将第五师团一部偷运国内。该师团第十一步兵联队安川正清第一大队、横小路喜代美第二大队，第四十二联队一个中队共1562名官兵被塞进封闭船舱，所有人都穿上病号服，个人不携带任何武器。日军还为每个人伪造了假病历，所有武器装备被置放在船舱底部。偷运行动代号“光输送乙号案”。

1945年8月3日，当“橘丸”号行驶至民都洛岛西北海域时，前方出现了美军驱逐舰“查雷特”号和“康纳”号。驱逐舰向“医疗船”发出信号，“停船接受检查，否则立即发起攻击”。毫无战力的“橘丸”号只好停了下来。登船美军士兵大吃一惊：船舱内密密麻麻塞满了好手好腿的日军士兵。他们身穿病号服躺在床上和地铺上，但看上去一点都不像病号或伤员。最蹊跷的是，船上没有一名护士。

面对美军士兵“为什么没有护士”“你得了什么病”之类的盘问，众多日军“病号”要么假装听不懂低头回避，要么答非所问，场面一时狼狈不堪。美军开始在船上搜查，最终在船舱底层发现了偷藏的军火：手枪、步枪、轻机枪、手雷和40吨弹药，还夹杂着2门迫击炮。这回日本人彻底傻眼了。“橘丸”号及船上人员被美军以“违反国际法”全部逮捕。为防止日军狗急跳墙发动暴乱，美军将其中50名军官押解到驱逐舰上，在医疗船上挂出了星条旗。日军俘虏先是被押送到莫泰罗岛的战俘营，随后被转移到马尼拉。这就是日本陆军史上最耻辱的“‘橘丸’号事件”，1562名官兵未放一枪全部被美军俘虏，创下二战日军单次被俘人数之最。第十一联队联队长佐佐木五三携联队军旗乘飞机先行出发，侥幸逃过一劫。

战争结束之后，盟军据此追究南方军和第五师团违反《日内瓦公约》的责任。南方军总参谋长沼田多稼藏——从比亚克岛逃跑的那位——副总参谋长和知鹰二、第十六军司令官长沼佑一郎、第二军司令官丰岛房太郎、第三运输船团司令官渡边三郎、第五师团参谋森康则、第一大队大队长安川正清、大森繁军医、“橘丸”号船长安田喜四郎（非军人）被集体起诉。南方军总司令寺内在监狱病死，第五师团师团长山田清一、参谋长滨岛严郎因自杀被免予起诉。经长达两年四个月的马拉松诉讼，沼田、和知、丰田、安川分别被判处七年、六年、三年、一年有期徒刑，其余等人无罪释放。这才有了石井嘉穗代签投降书那一幕。

值得一提的是，第五师团第十一联队士兵大多来自广岛，他们因集体被俘侥幸躲过了美国人投下的第一颗原子弹。按时间推算，三天时间，他们完全可以从民都洛岛赶回广岛，说不定登岸时原子弹正好落下来。提前成为美军战俘对他们来说是幸运的。战争结束后，这些人很快被遣返日本。

美军突然登陆荷兰迪亚和艾塔佩，将正在向韦瓦克集结的安达第十八军向西的退路一举切断，他们被孤零零地留在了新几内亚东部。前有美军阻截，后有澳军追击，安达到底向东还是向西，颇费踌躇。身后澳军实力不算很强，但丹皮尔海峡门户洞开，美国陆战一师已在格罗斯特角登陆，军事重镇拉包尔朝不保夕，阿德默勒尔蒂群岛已经落入美军之手，安达与新不列颠岛今村均第八方面军的联系完全断绝。因为盟军完全掌握了附近海域的制空权和制海权，澳军随时能够得到来自海上的增援，第十八军转身向东不仅完全失去战略意义，而且很可能是一条死路。从萨拉莫阿到韦瓦克，第十八军下属各部行军最近也超过了 800 公里，其间艰辛简直无法用言语表达。韦瓦克地区尚存有少许粮秣弹药，似乎第十八军原地固守“不待援”等死才是最现实的选择。

但阿南下达的命令是，“第十八军主力尽快向韦瓦克以西转移，加强荷兰迪亚、艾塔佩、韦瓦克等战略要地的防卫”。思忖再三，责任心很强的安达决定执行阿南的命令，其理由有二：首先，荷兰迪亚和艾塔佩属于自己的防区，两地失守第十八军责任最大；其次，如果部队向东移动，总是在向方面军主力靠近，杀出一条血路与主力会合的可能性还是有的。自登上新几内亚岛以来，第十八军下属三个师团并未打过像样的大仗，大部分时间都是在蛮荒之地艰苦行军，或登山，或渡河，或翻越沼泽，大部分兵力、物资和装备都损失在路途上了。

安达清点了队伍，包括第四航空军所属部队和佐藤四郎海军第二十七根据地部队在内，手下还有 55000 名兵员——这正是麦克阿瑟放弃汉萨湾直接进攻荷兰迪亚的主要原因。其中第四十一师团运动、作战最少，兵力尚余 80%。第二十师团参加了血腥的芬什哈芬争夺战，且来往运动距离最长，只剩 60% 兵力。其间，4 月 28 日，师团长片桐茂毙命，师团步兵指挥官中井增太郎接替师团长职务。三个师团中境遇最惨的是最早投入战斗——安部通少将指挥的瓦乌之战——的第五十一师团，他们在俾斯麦海海战中已经遭受重大损失，又打了莱城和萨拉莫阿之役，之后连续爬雪山、过草地，损兵无数，中野英光手中只剩不到 30% 的兵力。虽然总人数似乎不少，但由于缺少装备弹药，第十八军实际战斗力不过一个师团多一些。

最要命的问题是，部队未来不可能得到一粒米的补给，只能坐吃山空。在此之前，士兵的食物定量已降到标准的1/4。即使按照这种标准，现有存量也只够吃两个月。安达和参谋长吉原矩绞尽脑汁，苦无良策。前有阻截，后有追兵，他们目前控制的地盘只是宽20公里、长15公里的韦瓦克地区，形势对他们来说是绝望的。

“这个地区有多少居民？”安达问参谋长。

“根据刚刚进行的调查，恐怕有15000人左右。”吉原回答。

“也就是说，这里总共有7万人。先看看有没有那么多可以耕种的土地吧。”

吉原痛苦地摇了摇头，他已经计算过了：“没有那么多可耕种的土地，从椰子林分布来看，最多只能养活5万人。”

“是吗？看来不可能自给自足了。”安达思索良久说，“我忽然想起了中国古代先哲孟子的一句话：‘生，我所欲也，义，亦我所欲也；二者不可得兼，舍生而取义者也’。”说完这句话，安达转身钻进了自己的帐篷。

如果从荷兰迪亚和艾塔佩以南进行迂回，与主力部队会合的可能性理论上依然存在，前提是必须有充足的粮食。根据之前多次翻山渡河的经验，在渺无人迹的原始密林中长途行军千余公里——其间要穿越两位数的河流和漫无边际的沼泽地——即使不发生激烈战斗，部队也会大幅度减员，甚至在行军途中渐渐消失。后来安达在自杀前的遗书中说，在深思熟虑了整整5天之后，自己无奈做出了一个痛苦的决定：倾全力进攻美军刚刚占据的艾塔佩，冲出一条血路与岛西第二方面军主力会合。安达下令：以第二十师团、第四十一师团全部兵力及第五十一师团一部共35000人投入进攻，第五十一师团主力及军直属部队留守韦瓦克。鉴于荷兰迪亚美军大兵云集，作战仅局限于艾塔佩地区。4月29日，安达下达了攻击计划，命令各部立即着手开始准备。计划上报第二方面军司令部，自顾不暇的阿南同意安达这一决心，并致电予以鼓励。

韦瓦克距艾塔佩150公里。安达下令6月上旬完成道路修筑和兵站准备，6月初第二十师团前出接近坂东河一线美军前沿阵地。为呼应友军在萨米和比亚克岛的作战，总攻预定6月10日发起。因天气恶劣、地形复杂、盟军航空兵轰炸和海面舰艇对海岸地带的持续干扰，日军最终只完成了60公里道路的修筑。5月和6月雨季来临，日军仓促赶修的道路，因连日暴雨遍地泥泞，车辆几乎无法通行。大型机艇运输因缺乏适当停泊点和隐蔽处，只能将军需品运至距韦瓦克60公里的西部地区。因为准备工作严重滞后，安达不得不一再推迟进攻日期。

就在第十八军孜孜不倦进行作战准备之时，6月20日，东京大本营的命令到了：解除第十八军与第二方面军的隶属关系，改归南方军直接指挥，“贵军负责守卫新几内亚东部重要地区，做持久作战，以使整个作战能够顺利进行”。次日，南方军发来新命令，责成安达完全自由处置新几内亚东部所有事务，自谋生路。换句话就是说：你们自己看着办，没人再管你们，自生自灭吧。

虽然被解除了战斗任务，但安达进攻艾塔佩的决心丝毫未变，战死总比饿死强。况且进攻还可以吸引美军注意力，间接支援友军在新几内亚西部和塞班岛的作战。安达来到前线，向全军官兵发出了慷慨激昂的战前演说——服部在《大东亚战争全史》中，将安达此举拔高为“舍生取义”：

“日美战局愈益严重。目前在新几内亚西部萨米、比亚克岛方面及中太平洋塞班地区，两军主力正在决战，我部分国土已处于敌军空袭之下，形势发展殊难意料。本职一向决心通过夺回艾塔佩和荷兰迪亚，一举打开新几内亚难局。本职念及深切信爱之全军将士的心境，肝肠寸断，莫此为甚。现敌军正在艾塔佩附近为我提供良饵，这是最有效发挥我军战斗力歼灭敌军之天赐良机。本职愈益坚定意志，拟将全军所有努力集中于此一举，彻底攻击艾塔佩附近之敌并歼灭之，如是既以我军取得战果振奋全军士气，并与新几内亚西部友军的奋战遥相呼应，发扬皇军本色。吾人各自为完成使命献出全部努力，并为此做出牺牲方能求得必胜。全军应竭尽毕生努力，万勿遗恨千古，是所切望。”

日军兵力大规模调动自然逃不过盟军侦察机的眼睛。最初驻艾塔佩的是美军第四十一步兵师及澳军一部。针对后方出现的新情况，麦克阿瑟迅速派吉尔少将第三十二步兵师进驻艾塔佩，后期又陆续调来在新西兰休养的第四十三师、第一二四团、第一一二坦克团等增援部队，与日军对阵的兵力达3个师以上。盟军前沿阵地位于艾塔佩以东20公里坂东河一线，河口东岸内陆方向的波普部署有3个步兵营和1个炮兵营，艾塔佩机场及港口驻有战机60余架和舰艇20多艘，可以随时为地面部队提供增援。坂东河宽50余米，水深虽只有50～80厘米，但水流湍急，涉渡困难。针对上述敌情，安达于7月1日下达了总攻击计划：

一、7月10日，第二十师团主力、第四十一师团第二三七步兵联队强渡坂东河，突破敌前沿阵地中央地带。

二、形成突破之后，各部迅速逼近艾塔佩附近敌军主阵地并攻占之。

三、进攻部队补给通过小型舟艇从韦瓦克运输，各部力争夺取敌军补给，特别是粮食。

四、决战力求在海岸平地进行，同时以少部兵力从山地方面迂回敌军侧后，配合主力部队进攻。

7 月 10 日 22 时，日军筹划 3 个月之久的艾塔佩之战轰然打响。随着第二十师团师团长中井一声令下，第二三七、第八十、第七十八联队自右至左依次排开，于狭窄正面蜂拥而上，强行涉渡坂东河。对岸美军炮火立即打响，日军毙命士兵之多，连河水都染红了。战至次日，日军不顾死活的集团冲锋成功将敌逼退，占领美军河岸阵地。

中井命令第二三七联队向右迂回，第二十师团部队向左包抄，扫荡美军残存阵地后向艾塔佩发起冲击。最初日军攻击进展顺利，但随着援军不断到来，13 日，美军发起全面反攻。双方在海岸道路和原渡河点附近展开激战。兵力和火力均占绝对优势且有海空支援的美军渐渐占据上风。看到前线战况不利，安达急令第四十一师团中止攻击艾塔佩的准备，以主力增援前线，确保渡河点安全。但美军增援速度远远快于日军，到 17 日，日军固守渡口的一个步兵大队遭美军围攻全军覆没，第二三七联队反被包围在河西地区。

日军攻击受挫的主要原因是炮火严重不足，投入进攻的区区 20 门炮还缺乏炮弹。盟军 200 门炮不但对敌形成了 10：1 的数量优势，炮弹也似乎永远打不完。7 月 21 日安达决定，集中全部力量沿坂东河一线与敌军主力进行决战，将预备队第五十一师团第六十六联队派给第二十师团，命令他们从坂东河上游迂回，向海岸方向扩大战果。第四十一师团主力策应第二十师团进攻，26 日再次在河中沙洲附近强渡。

第二十师团坂东河上游的迂回作战虽有进展，但第四十一师团的强渡在盟军强大的炮火阻击下宣告失败，参谋长奥田善盛当场被炸死。26 日凌晨，安达下令将第四十一师团一部调给第二十师团，集中兵力发起最后冲击。亲临前线指挥的安达在战场颁布五项战斗原则："健康士兵以一敌三，伤兵以一敌一，重伤员原地死战，无法移动的伤员就地刺杀，所有人绝不能被敌人俘虏。"安达的决心可谓大矣，可惜精神毕竟无法战胜物质，8 月 1 日，日军两个师团的进攻虽然给盟军造成了极大压力，最终仍在对手海陆空立体阻击面前铩羽而归。日军的攻击已成强弩之末。

经过 25 天激战，日军兵力损耗严重。到 8 月 3 日，各联队剩余兵力多者百名，少则三四十人。在澳大利亚皇家空军配合下，美军第七舰队出动巡洋舰、驱逐舰以舰炮切断日军海岸后勤补给线。日军一线作战部队每天只能嚼几勺生米，最后生米也即将用尽。当日安达叫停了进攻作战，日军各部于当晚退回坂东河东岸，逐次向东撤出战斗。日军下一步目标改为确保韦瓦克—帕吉及南部山区。疲惫不堪、饥饿交加的日军只能就地寻找椰子和薯蓣充饥，20 公里行程竟然费时 10 多天。

艾塔佩之战日军损兵 13000 人，盟军亡 450 人、伤 2550 人。此时新几内亚西部战斗接近尾声，美军已占领马里亚纳群岛，麦克阿瑟和尼米兹两路大军正向菲律宾快速挺进。像拉包尔和布干维尔岛一样，新几内亚逐渐成为被人遗忘的角落。对日军的溃败，美军只进行了象征性追击，遭日军后卫部队阻击后立即停住，任由日军从容向东逃逸。

8 月底，安达率残部撤回韦瓦克地区，150 公里行军途中，又有无数人因饥饿伤病死去，甚至包括第二三八联队联队长山本良次和第二三九联队联队长森山松次郎。安达再次清点了人数，只剩下 27000 名残兵了，为数寥寥的重武器在艾塔佩之战或撤退途中损失殆尽。日军此时别说进攻，连自保都非常困难。安达命令以军主力确保韦瓦克—帕吉及南部山地，海军第二十七根据地部队把守穆舒和凯里鲁岛，准备迎击盟军的进攻。但是美国人一直不来，饥饿成了日军的最大敌人。从安达颁布的一项命令就能看出当时他们的惨状，“禁止士兵食用死亡同伴的尸体”。

1944 年 12 月，新几内亚美军部队都被麦克阿瑟调去参加菲律宾的战斗，J. 斯蒂文森少将澳军第六师接过了艾塔佩地区防务。澳大利亚人没有美国人和荷兰人那样的好脾气，他们很快开始对韦瓦克一带日军实施清剿。随后的战斗已经不能称为战斗，纯粹变成了日军逃跑、澳军围剿的追歼战。其间，发生了著名的“竹永事件”。

1945 年 4 月 12 日，遭澳军围剿的第二三九联队第二大队在大队长竹永雅晴带领下逃入丛林，他们只剩50人和750发子弹。日军抢劫了一座只有几户人家的小村庄。寻隙逃跑的村民叫来了澳大利亚人。竹永决定向澳军投降。他召集46名部下表决，一部分人保持沉默，另一部分人坚决反对。竹永提出反对的人每人发一颗手榴弹自杀，其余人随他向澳军投降。所有人都不吭声了。一名士兵举着白旗走出丛林，和澳军接洽后整建制放下了武器。

投降前一天，竹永上报残兵有46人，但投降时只有42人。竹永解释说，其余4人很可能溜掉了。战后回到日本的战俘披露，竹永部队投降的真正原因是战友间出现了互食现象。那4个人很可能被同伴吃掉了。竹永认为如果再不投降，部下将会被吃剩最后一个人。他们被关进了澳大利亚战俘营。安达忍受不了这样的耻辱，很快重建了第二大队。三个月后，他们就和竹永等人在战俘营见面了。战后回到日本的竹永等人被拒绝参加“战友会”，竹永一直被当作懦夫遭国人唾骂。当他1967年因病去世时，葬礼上出现了许多日本军官。他们大多是竹永当年“陆士”的同学。一些人私下告诉竹永家属：“他比我们有胆量，其实他的做法才是正确的。”

到1945年5月，韦瓦克已被澳军攻克，安达率残部遁入内陆丛林，继续开展游击战。7月中旬，日军弹药粮食告罄，安达和吉原认为第十八军最多能坚持到9月底，同时发出了“全员牺牲报国”的口号，开始做“玉碎”的最后打算。

8月8日，澳军从东西两面包抄过来，同时以一个旅的兵力凭借空投补给从南方草原地带迂回。就在参谋长吉原——他此时已晋升中将——率残部准备发起最后“玉碎”冲锋时，东京传来了日本战败投降的消息。

8月30日，东京命令第十八军重回今村均第八方面军建制。9月13日在韦瓦克，安达代表日军向澳军第六师新任师长H. 罗伯逊少将投降。虽然打仗算不上一把好手，但安达是个典型的传统军人。在他眼里，赢就是赢，输就是输，绝不胡搅蛮缠。因为之前在作战中负伤，安达是被部下用担架抬到受降现场的。“输也要输得有个军人的样子。”安达说。

之前日本海军第二十七根据地部队据守在韦瓦克外海的穆舒岛和凯里鲁岛，澳军将投降的13000名日军全部关进了两岛上的战俘营。第十八军下属三个师团中，第二十、第四十一、第五十一师团登陆新几内亚岛时分别有2.55万人、2.1 万人、1.6 万人，终战时只剩 1711 人、1200 人、2700 人。吉原矩撰写的回忆录《南十字星：东部新几内亚作战》一书于 1955 年出版，详细记述了第十八军三年多来的历次战斗，对研究新几内亚作战极具价值。可惜老酒没见过这本书。

日本投降之后，已抱定必死之心的安达并未立即切腹。安达平时体恤下属，在拉包尔接受澳大利亚军事法庭审判时，安达认罪态度良好，将部下所犯罪行统统揽在自己身上。在第十八军所有犯罪嫌疑人都已定罪后，安达才向澳方提出赦免 8 名部下的请求。最后他本人以乙级战犯身份被判处无期徒刑。

1947 年 9 月 10 日，狱中服刑的安达自杀。用的是不知谁探监时塞给他的一把水果刀。为了能够确保死亡，安达先用刀在腹部切出一个十字伤口，之后割断了颈动脉。这下盟军就是想救也救不过来了。从这点看，安达比老同学牟田口还是强出不少的。

虽然在指挥作战时鲜有惊人之举，死后的安达竟然在日本声名大噪。起因来自首相东条。作为战争主要责任者，东条在战后磨磨叽叽，始终不敢以死谢罪。最终好不容易拿小手枪朝自己开了一枪，还因枪法太差打偏了，被美国人救活，过了一回堂。出于对东条的极度不满，日本国民开始大肆吹嘘安达：人家凭一把锈迹斑斑的水果刀都能把自己整死，你拿枪都无法打死自己，说到底就是不想死，怕死，懦夫！安达万万想不到，原本默默无闻的自己死后还能当一回“正面典型”。

但不能据此就认为安达算“好人”。在赴澳洲作战之前，安达曾有 5 年多侵华经历。有确切证据表明，1937 年 8 月 23 日，时任第十二联队联队长的安达在进攻上海宝山时使用了毒气。1940 年之后，作为第三十七师团师团长的安达几乎和发生在山西的所有“焦土扫荡”有关，他的双手沾满了中国军民的鲜血，可谓死有余辜。正因有以上劣迹，老酒认为安达在“境界”上和今村还是有不小差距的。

自杀之前，安达曾写遗书给今村和内阁复员局局长上月良夫，信中称：“三年作战期间，丧失十万天皇陛下青春有为赤子——其中大部分是因营养失调病饿而死。”可见其自杀并非因为忏悔，可谓死不悔改也！

以逸待劳

6 月 9 日，侦察高手千早再次出动，对马朱罗锚地实施侦察。穿越美军严密警戒于 9 时 37 分进入泊地上空时，眼前的一幕让千早不寒而栗。宽阔的潟湖里空空荡荡，仅泊有 1 艘运输船、2 艘驱逐舰和 10 多艘“机动艇”。千早使劲儿揉了揉眼睛，青天白日，朗朗乾坤，目力极好的自己是不可能看错的。同日，特鲁克第一五一航空队派侦察机对阿德默勒尔蒂群岛进行侦察，同样未发现美军航母的行踪——那里只有战列舰 1 艘、巡洋舰 3 艘和运输船 20 艘。

事实证明，自 6 月 5 日侦察之后，美军主力舰队已经驶出马朱罗，去向不明。一切预示着美军即将发起一次大规模的进攻行动，他们的矛头到底指向哪里呢？宇垣在《战藻录》——这本日记的精彩度随着主人身份的改变大大降低——中这样写道：“之前，停泊在马朱罗的航空母舰和战列舰都不知所终，到底该去往何方呢？提醒你们，不要彷徨，一路西行，展开‘阿号作战’吧！”

就在千早发起侦察三天前的 6 月 6 日，清晨 6 时，米切尔中将率第五十八特混舰队驶出马朱罗，预示着美军“征粮者行动”正式拉开序幕。米切尔得到的命令是：阻止日军战机干扰美军登陆塞班岛、提尼安岛和关岛的任何行动，保护远征船队和地面部队登陆时免遭日军水面舰艇袭击，在计划登陆前三日即 6 月 12 日摧毁日军马里亚纳群岛所有战机和航空设施。上述任务完成之后，该部以舰载机轰炸和舰炮火力摧毁岛上尽可能多的防御工事。

进入 1944 年 6 月，盟军在全球的军事行动达到了前所未有的最高潮。在欧洲和太平洋战场，盟军几乎同时突破了日本和德国的内防线。除了在中太平洋的“征粮者行动”外，在西南太平洋，麦克阿瑟的部队正在猛攻比亚克岛。在印缅战场，日军旨在夺取英帕尔地区的“乌号作战”转入颓势，悍将牟田口廉也正率残兵凄凉地向后撤退，中、英、美联军在缅北和滇西的反攻行动渐入佳境。在欧洲西线战场，盟军数百万大军枕戈待旦，即将横渡英吉利海峡，在法国北部一个叫诺曼底的海滩实施登陆，战役规模之大、参战兵力之多，史无前例——“霸王行动”是人类历史上最大规模的两栖登陆，而“征粮者行动”则动用了历史上最大规模的海上舰队。同时在欧洲东线战场，苏联人正在筹划一个代号“巴格拉季昂”的大型反攻行动——我们通常称为白俄罗斯战役——策应盟军的西线攻势。此时的轴心国可谓四面楚歌，朝不保夕。他们唯一保持的进攻行为，只有旨在打通中国大陆交通线的“一号作战”了。纵观全球战场，“怎一个‘热闹’了得”！

舰队出航第二天，官兵就从广播里听到了另一次强大进攻的消息：“入侵法国已经开始，广播结束。”全体肃静。“谢谢上帝！”不知是谁说出了这么一句话。财大气粗的美国已经成为一个可以向英国、苏联和中国提供战争必需物资，并且自身同时在欧洲和亚洲发起大规模作战的军事强国了。年轻人总是喜欢热闹且容易兴奋，舰上水兵为来自欧洲的好消息欢喜鼓舞，高级军官大多反应平淡。参谋长穆尔上校的话说出了大多数高级将领此刻的心情：“我们很快会自顾不暇，所以我宁愿我们每个人都能很快忘掉欧洲战场。”

此时穆尔心中可谓五味杂陈。根据金和尼米兹的约定，舱面军官斯普鲁恩斯必须选择一名飞行员作为参谋长。飞行员哈尔西和米切尔都不太情愿地接受了舱面军官出任参谋长，米切尔选择了驱逐舰高手阿利·伯克海军上校，哈尔西的参谋长罗伯特·卡尼海军少将本身就是舱面军官，之前让勃朗宁离任甚至动用了已故海军部长诺克斯。斯普鲁恩斯和穆尔都没有飞行员证书，必须按规定做出变更，通常情况下司令官是不会轻易改变的。另一个原因是，斯普鲁恩斯已晋升海军上将，他的参谋长至少应该是少将，才算“门当户对”。

斯普鲁恩斯一直在为穆尔的晋升在不懈努力，金明确答复“不能同意”，同时向他提出了三名候补参谋长人选。斯普鲁恩斯最终选择了飞行员出身的阿瑟·戴维斯少将。他建议穆尔担任参谋长助理，继续留在自己身边工作，穆尔不予答应。华盛顿已有命令传来，穆尔将在本次战役结束后离开。这可能是他作为参谋长最后一次随斯普鲁恩斯征战海上了。

考虑到率先打响的航空战很可能遭到日军陆基战机的反击，而联合舰队水面舰艇前来挑战尚需一段时间，8 日清晨，米切尔下令暂时解散李中将的第七大队，其下属舰艇分别充实四支航母大队，加强防空力量，之后视战场情况再度集中或维持原状。

6 月 9 日 13 时 20 分，有 2 艘军舰快速驶来，加入哈利尔少将第四大队。它们是斯普鲁恩斯的旗舰“印第安纳波利斯”号重巡洋舰和护航的“斯坦利”号驱逐舰。6 月 3 日，这两艘舰从马朱罗前往夸贾林，5 日到了罗伊岛，8 日与抵达埃尼威托克的特纳中将会晤，商谈登陆作战有关事宜，之后快速追赶加入大部队。11 日清晨 4 时，米切尔下令舰队减速至 10 节，大型舰船开始为驱逐舰进行战前最后一次海上加油。8 时，完成油料补给的第五十八特混舰队变航向 290 度，逐渐加速至 20 节。在大舰队前方 37 公里处，由“沙利文兄弟”号、“康诺”号、“彭斯”号、“布拉德福德”号、“布朗”号、“塞尔弗里奇”号驱逐舰组成的前卫雷达哨舰分队时刻提供敌情警戒。

第五十八特混舰队启航 72 小时后，6 月 11 日清晨，5 时 14 分，第五两栖舰队司令官特纳中将、第五两栖部队司令官霍兰·史密斯海军陆战队中将坐镇旗舰“洛基山”号，率庞大登陆船队从夸贾林拔锚起航。在头天晚上最后一次作战会议上，霍兰一脸肃穆地告诉大家：“虽然我们已经解决了攻克平坦环礁岛的问题，学会了怎样把环礁岛碾成粉末，但是现在，我们必须面对的是高山和洞穴，日本佬可以在那里掘壕据守。所以一周之后，将有大批陆战队员在战斗中阵亡。”

黎明的晨曦中，一众扫雷艇率先驶出潟湖，清理航道。在杰西·科沃德上校率领下，数艘执行反潜任务的驱逐舰鱼贯而出，在运输船和重型舰只周围形成了一个巨大保护圈。之后依次驶出的是老式战列舰“田纳西”号、“加利福尼亚”号、“马里兰”号、“科罗拉多”号，跟在它们身后的是护航航母“甘比尔湾”号、“基昆湾”号及运载德雷珀·考夫曼中校“蛙人”部队的“吉尔默”号、“克莱姆森”号和“布鲁克斯”号驱逐舰。相比米切尔的第五十八特混舰队，由特纳领军的登陆舰队规模更加宏大，多达 535 艘舰艇上运载着北部战斗群的 71000 名官兵。海上绵延数十公里的舰队严格执行无线电静默，以 10 节航速向马里亚纳群岛缓慢前进。

从船上士兵角度来看，那些负责运输和护航的海军舰队来无影去无踪。“就像突然从深海里冒出来的鱼群一样，”陆战四师工兵唐纳德·布茨望着这支黑压压的舰队感慨地说，“经过一夜休息，当我早上走出船舱时，简直不敢相信自己的眼睛。我生平从未见过这样的景象！我们当中总是有人会说：‘看看我们有多重要！瞧，我们可是在正中央，整个美国海军都在保护我们。’”船上一名海军陆战队员在家信中这样写道：“我们将要去做一件伟大的事儿，我知道有许多人和我站在一起，或许还包括上帝自己。”

航程一路天气良好，6 月 11 日清晨，第五十八特混舰队提前 10 小时抵达关岛东北 355 公里、塞班岛东南 420 公里预定阵位。按以往惯例，空中打击将在次日上午展开。米切尔致电斯普鲁恩斯，请求提前发起攻击。他在电报中特意指出："此前航母的攻击行动大多在早上发起，可以认为，日本人已习惯了这种模式，而且会期待我们继续这么做。"米切尔建议攻击在当天中午发起，此时大约是岛上日军吃午餐的时间，防御松懈。由于此时尚无关于日军航母舰队的任何消息，斯普鲁恩斯对是否立即发起空袭颇犯踌躇。米切尔提出，即使派出扫荡机群，舰队上空执行防御任务的"地狱猫"也不会少于 200 架。斯普鲁恩斯下令立即发起攻击。

6 月 15 日登陆日之前，米切尔有 4 天时间争夺作战地区的制空权。他自信地认为，这一任务只需两天就能完成。按作战计划，第一天进攻主要由"地狱猫"担纲，扫荡日军空中力量，为次日轰炸机和鱼雷机的攻击扫清障碍。中午时分，米切尔向各航空大队分派任务：克拉克少将以"大黄蜂"号为首的第一大队负责攻击关岛、罗塔岛，蒙哥马利少将以"邦克山"号为核心的第二大队进攻提尼安岛，里夫斯少将以"企业"号为首的第三大队和哈利尔少将以"埃塞克斯"号为核心的第四大队攻击目标是塞班岛南部及高射炮林立的阿斯利托机场。12 时，随着米切尔一声令下，208 架"地狱猫"拔甲板而起，分别扑向各自目标。此前，四个航母大队已提前放飞 8 架"地狱俯冲者"，为战斗机进行引导或对落水飞行员实施营救。

第一大队的 43 架飞机负责扫荡关岛上空。13 时 20 分，"大黄蜂"号战斗机中队 16 架"地狱猫"飞抵奥罗特半岛第一机场上空，与匆忙起飞的 29 架零战展开激战。由于是纯粹大编队战斗机之间的格斗，双方毫无战术可言。仇人相见分外眼红，飞行员纷纷抛掉副油箱，恶狠狠地扑向对方，捉对厮杀。一场激烈空战之后，美军声称击落日机 23 架，疑似击落 2 架。另有 6 架"地狱猫"扫射了停在地面的 5 架日机，确认击中其中 2 架。霍华德·达夫中尉的飞机被日军高射炮火击落，另有 3 架美机受伤。"约克城"号的 7 架"地狱猫"轰炸了第一机场南部——美军战斗机均携带 158 公斤小炸弹——另有 3 架轰炸了跑道。13 时 45 分，他们在第一机场西南 19 公里处遭遇到 5 架零战，声称将其中 3 架击落，自己仅 1 架受伤。"贝露森林"号的 12 架"地狱猫"在 13 时 30 分飞抵关岛上空，先扫射了第二机场上停放的 9 架敌机，随后扫射了第一机场的 2 架敌机。13 时 45 分，该部与 16 架零战展开格斗，声称击落敌机 4 架，自己仅 1 架受轻伤。

“巴丹”号的 12 架“地狱猫”在“约克城”号 2 架“地狱俯冲者”的引导下对罗塔岛进行扫荡。他们在 13 时 30 分飞抵目标上空，其中 8 架扫射了机场和飞机护墙，随后对停泊在索森加亚湾的货船和武装渔船各 1 艘进行扫射。14 时前后，他们在罗塔岛西南先后发现了 5 架零战，声称击落其中 3 架。

第二大队的 56 架战斗机负责攻击提尼安岛。“邦克山”号的 16 架飞机于 13 时 35 分飞抵目标上空，先后轰炸了位于乌希角的第一机场和古尔关岬的第二机场，唐纳德·卡尼上尉的飞机被日军的高射炮火击落。14 时 10 分，他们与日军第三二一航空队的 9 架战斗机迎头相遇，中队长威廉·科林斯中校击落 3 架，拉尔夫·罗森中尉击落 2 架。随后他们在岛东 2 公里处再次遭遇到 9 ～ 12 架零战，威廉·拉穆鲁中尉击落了 1 架。返航途中，埃利斯·博尔斯的飞机因伤重在海上迫降，随后被“马格福德”号驱逐舰救起。另有 1 架飞机降落后因为重伤被推入大海。

“黄蜂”号战斗机中队有个不伦不类的绰号叫“钢铁天使”，他们的 16 架战斗机在 13 时 50 分轰炸了提尼安岛第二机场后直接返航，途中并未遭遇日机。“蒙特利”号的 12 架战斗机在 13 时 15 分扫射了提尼安岛第二机场的 14 架陆攻机和 3 架零战，中队长罗杰·梅尔少校声称击毁 10 架，疑似击毁 3 架。14 时 30 分，他们发现 18 架零战并与其中 4 架展开激战，梅尔一口气击落 2 架，疑似击落 2 架，丹尼尔·科斯特上尉确认击落 1 架，疑似击落 1 架。

第三、第四大队攻击塞班岛的“地狱猫”达到了 99 架。“企业”号飞行大队长威廉·卡恩中校亲自率队出击，绰号“镰刀死神”的战斗机中队有 16 架飞机随大队长前去。他们在 13 时 30 分轰炸了阿斯利托第一机场西南的高射炮阵地，其中 6 架飞机轰炸了跑道。在与几波日机的空战中，卡恩声称中队击落敌机 8 架，疑似击落 1 架。理查德·梅森中尉和朗中尉的飞机分别被高射炮和零战击伤后迫降海上，两人均被救起，后者是被“印第安纳波利斯”号的“寇蒂斯”水上飞机救起来的。

“列克星敦”号共出动飞机 20 架，其中 7 架轰炸了第一机场北面的地面设施，声称 7 颗炸弹全部命中。比尔·伯奇霍尔特中尉——他之前已有 6 个战绩——的飞机在轰炸机场时不幸被敌机击中。中尉立即下降高度，试图在纳富坦角以东

10 公里处迫降海面。由于飞机是逆风降落，尾翼首先触水。中尉只好降低速度垂直入水。他推开座舱罩爬上左翼，发现降落伞已经打开。因为身上救生衣充气胀开，他够不到背带上的带扣。此时他看见降落伞被挂在驾驶舱里，自己相当于和正在下沉的飞机绑在了一起。半分钟后，他和飞机一起没入大海，再也没出现。

"埃塞克斯"号飞行大队长戴维·麦坎贝尔中校亲自率 15 架飞机于 13 时飞抵塞班岛上空。中校率队向加拉潘港口的日军水上飞机基地发起俯冲。1 艘油轮中弹起火，滚滚浓烟直冲云霄，燃烧一个半小时后侧翻沉没。14 架"地狱猫"扫射了港内的水上飞机，确认击毁 2 架川西二式大艇和 4 架水上侦察机。扫射过程中，利奥·肯尼中尉的飞机被高射炮火击中，机毁人亡。4 架"地狱猫"扫射了 1 艘 150 吨货船和附近跑道、油库。14 时 30 分，他们和日军 13 架战斗机、2 架水上飞机展开空战，声称击落敌机 8 架，自己有 2 架分别被高射炮和日机击伤。"圣贾辛托"号、"普林斯顿"号、"兰利"号、"考彭斯"号的战斗机中队或与日机激战，或直接攻击陆上目标。此前，轻型航母战斗机大多从事舰队上空的巡逻任务，很少获得出手的机会。"考彭斯"号战斗机中队中队长罗伯特·普莱斯少校的飞机在攻击运输船时被高射炮击落，少校成功跳伞后，在救生筏上漂流了两周才被救起。

美国人宣称空战中击落敌机 86 架，另有 33 架被摧毁在地面上，自身仅损失战斗机 12 架，阵亡飞行员 9 人。成绩最好的"大黄蜂"号战斗机中队宣称取得 14 个战果。日军则声称击落美机 65 架，自身仅损失 36 架，鸟本重二、伊仓信行等 27 名飞行员毙命。双方战绩可能存在一些水分，美军公布的战绩可能更接近事实。因为在之后的战斗中，岛上日机始终没有组织起与战前实力相匹配的攻势。

"我们注意到，日军战斗机飞行员好像从未展开过团队合作，或者采取有效防御和进攻战术，而是擅长进行特技飞行，常常贴着水面低飞。"美军一名海军分析师说，"这次扫荡摧毁和重创了敌军空中力量，不仅使第五十八特混舰队得以安全进入作战区域，有助于次日的轰炸行动，而且迫使敌军采取了积极措施以寻求增援。"

在美军凌厉的攻击之下，数量和质量均据下风的日军几无招架之力。美军当天攻击16时结束，岛上日军纷纷钻出掩体，将伤员抬往较高的山坡上躲避。第九坦克联队一名军官在日记中沮丧地写道："13时刚过，我就被空袭警报声吵醒，立即带所有人到壕沟躲避。敌军'格鲁曼'开始扫射和轰炸阿斯利托和加拉潘机场。大约过了两个小时，疯狂的敌机才优哉游哉地在我军无序而杂乱的高射炮中飞走。我们只能无助地注视着这一切。到了晚上，我们受命去扑灭因轰炸引发的山火。经竭力抢救，总算将火势控制住了。"

正如米切尔所料，日军认为敌人一般会在黎明发起空袭，美军下午的扫荡完全达成了突然性。因疏忽大意，日军未能进行及时巡逻和侦察，最终酿成大祸。第一天空袭歼灭了马里亚纳群岛日军1/3到半数的飞机，使他们无力反击美军后来的空中攻势，严重影响了联合舰队的海上决战计划。按丰田的预算，角田部队至少要消灭美军1/3的航母，多了更好。草鹿在日记中这样写道："因为敌人没有在清晨发起突袭，我们就认为当天不会有战斗发生。由于麻痹大意，我们遭受了严重损失。"

尼米兹对首日战果表示满意。他在给金的报告中这样写道："11日的空袭让我们初步获得了制空权。事实证明，在下午实施空袭的战术是切实可行的。用一位舰载机大队指挥官的话来说，'这是一种出色的创新'。"尼米兹的话明显鼓励成分占多。说句大话，老酒也会采用下午攻击战术，如果有表现机会的话。

11日美军的空袭规模巨大，但塞班岛日军指挥官并未意识到这是步兵登陆的前奏，美国人这样撂完炸弹就走的次数太多了。当天16时，斋藤下令在阿斯利托机场和马比角之间修建一条新公路。彼时第三十一军司令官小畑到帕劳视察防务，不在塞班。斋藤认为美军的登陆可能还早，可能根本就没这种打算，"未来将在海岸发生的战斗，会因通信线路中断给指挥带来诸多困难，有必要尽快在内陆修建一条公路"。斋藤清楚，当初在贝蒂奥，柴崎就是因为通信线路被切断最终全军覆没的。

有此想法的绝非斋藤一人。"大淀"号上，丰田和草鹿正在聚精会神地关注着比亚克岛方向的"浑号作战"。美军忽然剑走偏锋，对马里亚纳群岛发起大规模空袭，着实让所有人大吃一惊。唯一保持镇定的中岛通信参谋指出，从目前迹象看，此次美军大举出动带有登陆船队，马里亚纳群岛无疑正是他们的主攻方向。中岛的判断得到了航空参谋渊田的支持。两人提出：若不尽快向中太平洋地区投入第一机动舰队，角田基地航空部队和小泽快速航母舰队将分成两段同敌军轮番交锋，势必被占绝对优势的美军特混舰队各个击破。以作战参谋长井川隆为首的大部分人并不同意上述观点。长井指出，因为缺乏足够的燃油，第一机动舰队不能贸然出击，须三思而后行。

两派意见截然相反，丰田和草鹿一时没了主意。长井之言的确属实，燃料匮乏导致日军在调动舰队时不能出现任何失误，别出去转悠一圈没打上仗，油也没了。两人最终商定，在未完全弄清敌军意图之前，静观其变，目前作战只好暂时委托骁勇善战的角田部队了。这相当于他们认可了斋藤的观点，美国人很可能像以往那样打一枪就换地方了，眼下大家还是暂时关注“浑号作战”为好。

军令部赞成联合舰队的意见。他们向陆军通报说：“这次空袭不会持续多久，两三天时间就会终止。”有人指出：“这是一次声东击西的空袭，目的是在其他方向发动攻击，是一次转移我方视线的牵制性作战。”陆军同意海军的意见：“敌人刚刚在欧洲发起大规模登陆，在太平洋上同时冒风险进行大规模登陆作战是难能胜任的。”日本人太小看美国人的战争潜力了。

日军的判断大错特错，这次美国人兴师动众前来进攻，还真不打算走了。11日的航空扫荡不过是之后持续近三个月的一场大战役的开胃小菜。12日，轮到美军众多攻击机登场亮相了。当天，第一大队“大黄蜂”号、“约克城”号、“贝露森林”号共出动6个波次共641架舰载机，轰炸、扫射了关岛和罗塔岛。其中“贝露森林”号攻击机群在罗塔岛近海重创了4396吨的运输船“松运丸”号，这艘船最终在24日沉没。在当天的攻击中，美军损失“地狱猫”和“复仇者”各1架，另有2架“地狱猫”和1架“地狱俯冲者”因伤重在海上迫降，1架“地狱猫”因伤重被推入大海，8架战机受轻伤。

当天第二、第三大队在塞班岛东北海域游弋。第二大队“邦克山”号、“黄蜂”号和“蒙特利”号出动7个波次共414架次战机，扫射和轰炸了提尼安岛，1架“地狱猫”和2架“复仇者”被日军高射炮火击落，9架飞机受伤。第三大队“企业”号、“列克星敦”号、“圣贾辛托”号共出动七个波次467架次战机轰炸了塞班岛。由于实在找不到更好的攻击目标，美军飞行员甚至投弹焚毁了穆特绰角以南的大片蔗林，说是为了将来陆战队员登陆后视野能够更开阔些。除扫射轰炸岛上军事目标外，美军还炸沉了泊在塔纳帕格港口2726吨的“睦洋丸”号和

6441吨的“庆洋丸”号运输船，捎带击落日机3架。日军地面炮火击落“地狱猫”和“无畏式”各2架，13架美机受伤，2架迫降，1架在起飞时坠海。完成攻击任务后，第三大队当晚撤往塞班岛西北海域。

当天美军空袭很少遭遇日机抵抗。提尼安岛一名日军军官在日记中这样写道：“经过敌机头天的空袭之后，我军飞机10架都未必能剩下1架，天空中到处都是美国人的飞机。他们操作的熟练程度远远强于我们的人。从现在开始，我们要学会适应穴居生活了。敌人的飞机在我们头顶盘旋了整整一天，差不多有230架。他们彻底铲平了我们的机场。我们的飞机都上哪里去了呢？空中连1架都看不到。我们的高射炮在冒烟，而敌机没有受到损失。没有1门高射炮能够打满1000发炮弹。我们的海军航空兵已经彻底变成缩头乌龟了。”

实力最弱的第四大队当天逮住了一条大鱼，“埃塞克斯”号和“考彭斯”号共派出230架次战机扫荡塞班岛和帕甘岛。当天下午，他们意外在帕甘岛以西230公里海面发现一支向北航行的日军船队，于是断然发起攻击。消息传回舰队，刚完成第一次攻击没有捞到多少油水的“埃塞克斯”号飞行大队长麦坎贝尔中校大喜过望，立即率28架“地狱猫”和28架攻击机前往增援。战场形势对日军“4611船团”是绝望的。他们共有13艘运输船和小型护卫舰只10艘，打头的是1艘老式驱逐舰。11日美军发起空袭后，这支船队火速起航试图逃离苦海，不想半道上被美军舰载机发现。

随后的攻击毫无悬念。战至傍晚，3283吨的“天龙川丸”号、2924吨的“射水丸”号等10艘运输船瞑目于大海，护卫艇“鸿”号、“驱特61”号、特设猎潜艇“国光丸”号被炸沉，坐镇“鸿”号的第二海上护卫队司令官庄司芳吉海军与舰同沉。麦坎贝尔发现，虽然日军小型船只很难瞄准，但一旦中弹，会很快下沉。一艘船上约有30名日军水兵幸存，其中一半是当地渔民，他们奋勇爬上了附近的安纳塔汉岛，之后消失在茂密的丛林之中。这座小岛位于塞班岛以北145公里，美军根本没有心情去剿灭他们。这些人以劫掠为生，一直坚持到战争结束。

凭借夜色掩护，剩余7艘日军护卫艇掩护2759吨的“稻荷丸”号于18日逃回名古屋，5418吨的“滨江丸”号20日抵达硫黄岛。1923吨的“龙田川丸”号当天虽然逃过一劫，却在15日9时45分被“巴丹”号4架执行反潜巡逻的“地狱猫”发现。当时这艘船距第一大队仅56公里，美军战斗机投下的小炸弹并未将之击沉。鉴于距离很近，克拉克少将命令护航舰艇前往剿灭这一漏网之鱼。第九十二驱逐舰分队司令官威廉·斯维切尔上校主动请缨，亲率“博伊德”号、“沙雷特”号前往清剿。11时01分，两艘美舰在9000米距离处向日军运输船开火，3分钟内共打出66发127毫米炮弹。“龙田川丸”号在11时7分向右舷侧翻，1分钟后沉入大海，水面上留下约150名幸存者。11时20分，斯维切尔上校命令“沙雷特”号打捞日军幸存水兵，至13时共救起112人。15时20分，两舰顺利汇入大队。

战役期间，马里亚纳周围海域发生了多次类似的小规模海战——与其说是海战，不如说是单方面攻击。许多日本货船得知美军大兵压境的消息后，选择出逃，希望找到一个安全港口。他们很少能够成功，美军舰载机、水面舰艇和潜艇封锁了所有可能通行的航道，拦截并击沉了大部分船只。太平洋舰队航空兵司令官波纳尔少将感慨地说：“这次作战，让我们击沉了比过去几个月都多得多的日本商船。”

当天美军的攻击还有一项辅助任务，对将要登陆的三岛实施航空拍照。几乎没有日机迎战使这项工作得以顺利完成。尽管出动了近1800架次战机，但美军当天对机场和岛上设施的轰炸效果并不理想。飞行员声称炸弹命中了几乎所有目标，但他们报告的准确性无法核实。日军火炮哑火不能证明它们已被摧毁，或者是日军在节省弹药，或者为了避免被美军准确测位而主动停火。根据美国海军专家测算，面对一个直径8米的地面目标，俯冲投弹直接命中率约为1/300，滑翔轰炸命中率下降到1/600，高空水平轰炸的命中率仅1/10000。根据航拍情况来看，被破坏的主要是日军地面设施和指挥所，被捣毁的火炮寥寥无几。要想彻底摧毁它们，必须由水面舰艇的大口径火炮亲自出面。

6月13日，美军的空中打击仍在持续。四个大队分别出动舰载机277、122、308、164架次，进攻方式与前一天相仿。弗兰克·德尔加多中尉的鱼雷机摧毁了阿斯利托机场北侧的一座机库，在撤离时被日军75毫米口径炮弹击中，他和两名机组成员成功跳伞，却在海上遭日军岸炮打击阵亡。

相对而言，“大黄蜂”号战斗机飞行员唐·勃兰特少尉就幸运得多。他的飞机在轰炸关岛奥罗特角时被防空炮击中，飞机冒出一股浓烟。远远看到这一情景的大队长杰克森·阿诺德中校紧急呼叫他不要跳伞，因为从那个位置跳只能落在岛上被日本人抓获，他们对俘虏可是不会客气的。勃兰特顽强飞出一段距离后，成功跳到海里，他的几名队友驾机来回扫射海岸，阻止日本人下海将他抓走。勒莫因中尉主动放弃攻击，飞来向同伴投出救生筏。10时14分，阿诺德联系了数公里外的潜艇"刺鲈"号，同时下令"地狱俯冲者"轰炸日军沿岸炮位，这些大炮将威胁到潜艇的安全。看到1艘日军巡逻艇快速驶出准备抓人，美军一个小队的4架"地狱猫"立即俯冲扫射，将之逼退。

11时15分，得知勃兰特还在日军岸炮射程之内，"刺鲈"号艇长塞缪尔·卢米斯少校下令向港口潜航。多亏周边海水很深——马里亚纳海沟因全球第一水深举世闻名——潜艇还真潜了进来。卢米斯藏在水中不敢露身，只得升起两部潜望镜，一部观察情况，另一部让飞行员拴橡皮筏，以便把他拽出去。可飞行员并没抓住这个时机。潜艇在一个个炸起的水柱中，三次接近飞行员都未成功。在做第四次努力时，潜艇潜望镜撞上了勃兰特。后来勃兰特描述说："我忽然看到前方海面上出现了一架伸出半米多的潜望镜，它逐渐减速，然后停下了。我迅速划过去，用救生筏上的绳子拴住了潜望镜，然后我们就驶向港外了。后来我才知道，原来潜艇是在倒船，港内转弯空间不够。我感觉过了很久很久，我们才到了海岸之外1公里多的地方。他们收起了潜望镜，上浮到水面把我接了进去。"

"刺鲈"号一直把飞勃兰特拖出炮火射程之后才浮出水面，把他领进舱内。累得满头大汗的卢米斯后来写道："我们只是泛泛之交，可是当我第三次从他身边滑过后，我真想让他来当艇长试试。"这一大费周章的营救行动终获圆满成功。在潜艇上，勃兰特竟然邂逅了头天空战中被击落的同伴约翰·瑟西上尉。眼下潜艇没有余暇把他们送回航母，两人30天后被送到埃尼威托克，7月末重返中队。从1943年底开始，美军潜艇就承担了一项新任务，打捞和营救落水飞行员。到战争结束前，有86艘潜艇执行过类似本次的营救任务，共救起飞行员504人——足可以装备两个航母大队了。当驱逐舰或潜艇将营救的飞行员送回航母时，飞行大队通常要用5加仑冰激凌来换回一个人。至于阿诺德最后给没给人家卢米斯10加仑冰激凌，老酒就不太清楚了。

在当天的空袭中，"列克星敦"号鱼雷机中队中队长罗伯特·伊斯利少校和"企业"号鱼雷机中队长威廉·马丁少校双双被日军的高射炮火击落，伊斯利机组无人生还。美军攻克塞班岛之后，特意将阿斯利托机场更名为伊斯利机场，纪念这名阵亡的飞行员。可惜因美军推进速度过快，这些后来更名的机场——包括罗伊岛迪埃斯机场和贝蒂奥霍金斯机场——都没最初的亨德森机场那么有名，人家瓜岛战役打了整整半年。马丁则幸运得多，他被“印第安纳波利斯”号的水上飞机救起，但电报员和机枪手随机同沉。这天还有一个著名飞行员阵亡。根据生卒日判断，日军侦察能手千早当天阵亡，死因不详。他随后被特晋两级，成为日本最年轻的海军大佐。

13日上午，塞班岛西北海岸出现了一支威风凛凛的大舰队。为强化舰载机的攻击效果，清晨5时15分，米切尔下令第七大队重新集结，以舰炮火力打击塞班岛。10时40分，随着“华盛顿”号上的李中将一声令下，7艘新式战列舰、11艘驱逐舰开始向塞班岛和提尼安岛西海岸猛烈开火，炮击目标包括岸防工事、炮兵阵地、弹药库等比较坚固的目标，以及港口和雷区等需要密集火力覆盖的区域。那些受过严格对舰炮击训练的小伙子自认炮击岸上的目标非常简单，他们个个脱光上衣，甩开膀子将一发发重磅炮弹塞入炮膛，以最大射速向目标区发射。战列舰动怒端的非同小可，重磅炸弹在空中划出一道道弧线在岛上炸响，所到之处火光冲天，烟雾弥漫，整座岛屿都被浓烟和火光笼罩了。南洋兴发、南洋水产公司厂房在炮击中轰然倒塌，变成了一堆堆碎砖瓦砾。

军官提醒炮手要注意节约弹药，因为最近的补给基地埃尼威托克距前线也有2000公里。但在美国大兵脑子里，节约的概念是不存在的。白天的炮击持续长达7个小时，共向岸上倾泻炮弹14440发——406毫米炮弹2432发、127毫米炮弹11737发、127毫米照明弹247发、127毫米白磷弹24发。黄昏主力舰队撤走之后，李中将留下5艘驱逐舰继续以炮火骚扰目标地区，不让日军有片刻松懈。这种全天候不间断的炮击可以防止日军及时修复被毁坏的阵地，变更指挥所或兵力调动也异常困难。

场面看上去热闹非凡，舰长汇报时都对炮击效果感到乐观。但因为他们并未受过炮击岸上固定目标的专业训练，实际效果并不理想。第一，急速射击产生的浓烟严重干扰视线，使瞄准和校正非常困难，射出的炮弹只是落在目标区域，很少获得直接命中。第二，因为忌惮日军在近海部署水雷，火力支援舰都在距岸8公里之外进行炮击，导致精准度大大降低。第三，由于炮弹出口速度过高且弹道低平，除海岸线和正面斜坡外，很难击中其他目标。第四，高速战列舰空中观察员同样缺乏校正和识别地面目标的训练和经验，一定程度上影响了炮击精准度。虽然查兰卡诺亚的大型农舍和制糖厂被悉数摧毁，但布设在地下掩体中的炮位几乎完好无损。有人戏称："由海军出资开展的这次垦荒活动，不仅可以耕种田地、修剪树木和收割庄稼，还为岛上土壤增加了不少铁元素。"

虽然霍兰派出的舰炮联络官对当天炮击效果持怀疑态度，斯普鲁恩斯还是对使用快速战列舰实施近岸炮击做出了说明："已经在重型舰船上装载了一定数量的高爆弹，没有在大量削减舰队所必须装载的穿甲弹的条件下完成了炮击。这种舰炮打击是有作用的，但绝不是为了取代老式战列舰的近距离精确打击，只是近距离舰炮射击的一次预演。"

岛上第四十三师团的报告验证了霍兰特派员的说法："虽然加拉潘和查兰卡诺亚的城市街道被摧毁殆尽，但人员伤亡相对轻微。"不过，岛上的日本陆军士兵还是被猛烈炮击吓坏了。一名士兵这样记录道："敌人海军舰炮对空袭的支援实在太可怕了。即使到了晚上，他们的舰炮射击和以前一样根本不停。从17时开始，我们和大队部的通信联络已经中断。"海军相对见世面较多，一名海军军官说，美军舰炮打击开始后不久，他就下令瞭望哨、消防组和所有工程人员撤入山洞，他带两名助手留在被摧毁工程部的阳台上观察。这名军官不无自豪地宣称："我们勇敢地和5瓶啤酒一起留守，美国人的炮击水平实在太差劲了。"

就在美军战列舰在海上依次排开，准备开炮之时，9时38分，马里亚纳群岛日军名义总指挥南云向联合舰队司令部发出了一封敌情判断报告："目前可以判断，敌军应当试图在明天或后天发起登陆。"12时整，坐镇提尼安岛的第一航空舰队司令官角田发出了类似电文："敌军战列舰正在炮击塞班岛沿岸炮台，驱逐舰队在提尼安岛以西海面游弋。如此看来，美军主攻目标为马里亚纳群岛的可能性大增。"

根据以往美军针对吉尔伯特和马绍尔群岛的行动判断，舰炮轰击往往是大规模登陆的前奏。丰田和草鹿据此断定，原来美军的主攻方向不是比亚克，更不是帕劳，而是他们之前认为可能性最小的马里亚纳群岛。丰田立即颁布命令，暂停增援比亚克岛的"浑号作战"，立即启动"阿号作战"。小泽第一机动舰队迅速向马里亚纳群岛进击，宇垣舰队立即掉头与主力会合，同时密切关注塞班岛战况。

期待已久的决战时刻终于到了，草鹿感到异常兴奋。在他看来，小泽舰队本次出击并非孤注一掷，而是一个巨大的陷阱。“如果第一机动舰队出击过早，敌军有可能停止登陆，或者就此撤退，”他在日记中写道，“因此有必要确保敌军在开展空袭和炮击后登上陆地。这样，敌人将陷入困境，除设法营救已上陆的部队之外，别无选择，陷阱就在他们的面前！”

6月13日深夜，特纳领军的第五两栖舰队正在向塞班岛不断逼近。船上的海军陆战队员被告知，他们在岛上遇到的敌人将不止一种。军医警告他们，除了水中有鲨鱼、梭子鱼、海蛇、锋利珊瑚、毒鱼和大蚌，上岸后还有更危险的敌人——麻风病、斑疹伤寒、丝虫病、肠伤寒、痢疾、蛇和大蜥蜴。“军医阁下，”一个小伙子冒失地问，“我们干吗不让日本人占有这个岛呢？”没有人回答他的问题。

14日凌晨2时25分，各舰拉响了刺耳的战斗警报。月光穿过云隙，透射出暗淡的光芒。奥尔登多夫少将从旗舰“路易斯维尔”号重巡洋舰上向前望去，22公里之外，塞班岛黑乎乎的轮廓若隐若现。在他身后，以“田纳西”号、“加利福尼亚”号、“马里兰”号、“科罗拉多”号为核心的第一炮击分队已包围了塞班岛北角。看到海面隐约有敌舰出现，日军马比角的两门火炮接连发起三轮炮击，奥尔登多夫依然率队继续前进，在距岸12000米处排成与岸平行的纵队。与此同时，由“炮术大师”安斯沃斯少将领军的第二炮击分队——主力为战列舰“宾夕法尼亚”号、“新墨西哥”号和“爱达荷”号——正在绕过纳富坦角，穿越塞班岛和提尼安岛之间5公里宽的航道。这7艘战列舰虽“年事已高”，主炮口径略小，却在珍珠港进行过专业对地目标炮击训练。“宾夕法尼亚”号和“马里兰”号更是从“电流行动”期间就承担了对岸火力支援任务，经验丰富。簇拥在战列舰周围的，是多达11艘的巡洋舰和26艘驱逐舰。

5时10分，“田纳西”号弹射了2架校射飞机。随着观测飞机各就各位，5时30分，美军战列舰巨炮开始发出怒吼！隐蔽的日军炮手立即开炮还击，炮口喷出的橘黄色火焰暴露了他们的准确位置。“檀香山”号轻巡洋舰上，刚从哈佛大学历史系调任海军高级观察员的塞缪尔·莫里森少将——他是经罗斯福总统特批到前线观摩战斗的——被眼前的炮战惊得目瞪口呆。

在加拉潘后方山坡一个10米高的瞭望台上，站着一个又瘦又小的日本军官。谁也不会想到，他就是当年叱咤风云、威震天下的南云忠一。对现在被降职到塞班指挥一支小舰队的南云来说，眼前这一幕不啻为一个辛辣的讽刺：他发现，向岛上开炮的至少有3艘正是当初在珍珠港被自己炸沉的战列舰。水雷战专家南云清楚，一支由7艘战列舰组成的舰队到底意味着什么。

为使舰炮打击达到最佳效果，特纳预先将塞班岛和提尼安岛分成7个火力区，各配备一个火力支援中队，作为替补的第八中队只需“根据要求提供反炮台火力”。斯普鲁恩斯的旗舰“印第安纳波利斯”号被分在第一中队。霍华德·金曼少将的第一中队在摧毁阿费特纳角的日军阵地时遇到了困难，轻巡洋舰“伯明翰”号和“印第安纳波利斯”号的炮击持续了整整一上午，都未将日军岸炮打哑，它们一直在寻隙反击。金曼调来“田纳西”号、“加利福尼亚”号进行支援。炮手利奥·瓦拉纳自豪地告诉身边的记者：“如果一切顺利，我们每13秒就可以打出1发炮弹。”

一众水面舰艇纷纷开火，考夫曼中校率领的水下爆破队共48名军官、240名水兵乘4艘登陆艇快速蹿出，他们的任务是勘探通往登陆滩头的航道。考夫曼私下估计，由于日军在顽强反击，本次行动伤亡率可能高达50%。“蛙人”的行动由“印第安纳波利斯”号和“伯明翰”号提供炮火掩护。发现爆破队不断游近，日军拼命开炮阻击。1发炮弹在“伯明翰”号舷侧炸响，打伤了一个40毫米炮组的2名炮手。所幸引发的小火灾被很快扑灭。

9时刚过，日军炮口对准了“加利福尼亚”号，几乎垂直落下的炮弹击中主炮火力控制台，当场炸死1人、炸伤9人。战列舰搜索和射击雷达受损，在长达15分钟的时间里主炮无法动弹。趁双方炮战正酣之际，在付出亡2人、伤15人的代价之后，水下爆破队带回了令人欣喜的消息：“礁盘水深约2英尺，潟湖水深不超过8英尺，礁盘表面平坦，两栖运兵车可以顺利通过，潟湖中没有任何水雷或人造障碍，已经在蓝一滩标注了足以使坦克登陆艇顺利通行的航道。”上述情报被立即发给希尔少将和第二天登陆行动总指挥沃特森少将。

在炮击弗洛尔斯角和马尼亚加沙岛时，奥尔登多夫亲自指挥的第四中队遭到顽强抵抗。罗伯特·海勒少将第五中队负责炮击塞班岛东岸的一片区域，他们发现对敌军设施进行有效破坏是件非常困难的事儿。当晚其他各部撤走之后，他们还要承担夜间炮火骚扰的任务。安斯沃斯少将第六中队炮击效果同样不佳，因为就在“宾夕法尼亚”号准备撤走之时，日军岸炮突然打过来几排炮弹，险些命中轻巡洋舰“蒙彼利埃”号。1 发炮弹准确命中驱逐舰“布雷恩”号，导致水兵亡 3 人、伤 15 人。乔治·威勒少将——美国人少将真多——第七中队对提尼安岛西岸的炮击持续了整整一天。查尔斯·乔伊少将第八中队一直在密切关注提尼安岛东岸日军岸炮的动向，一旦有人敢不服气，立即发炮进行压制。

据两名俘虏供述，美军登陆前的火力准备有效毁坏了日军的大部分固定炮兵阵地。一名日本海军军官的日记似乎印证了这一点：“几乎所有高射炮和高射机枪阵地都在 13 日至 15 日的轰炸和炮击中被摧毁了。”塞班岛一名日军炮兵观察员记录：“滩头阵地经受了敌人 4 天的狂轰滥炸，观察哨和炮兵阵地受到了有效保护，能够承受轰炸和炮击。伪装阵地非常有用。轰炸期间，无论白天黑夜，想转移阵地非常困难。通信线路被频繁切断，我们不得不派出很多通信兵人工传递信息。”而平栉回忆，第一三六联队联队长小川雪松亲口告诉他，“一线部队在炮击中损失相当大”。

舰炮轰击和“蛙人”出动，预示着一次大规模登陆即将发起。8 时，第三十一军参谋长井桁对外发出一封电文：“约 7 时 30 分，敌军巡逻艇对礁盘进行了侦察。可以确定，敌人将在这里登陆。”稍后发出的第二封电文说：“自从今晨敌军小艇在礁盘做出标记并搜寻船只航道之后，一直没看到运输船出现。估计敌军会在今晚或明天一早登陆。他们对沿海地区的轰炸和炮击是针对登陆行动的火力准备。”

与“燧发枪行动”不同的是，美军对塞班的火力准备只能由舰载机和舰炮执行。陆基战机腿太短，无法直接飞到岛屿上空投弹。在美军将要进攻的三个目标岛屿周边，并无适合建立炮兵阵地的小岛。在地面部队登上陆地建起桥头堡之前，陆基炮兵无法发挥任何作用。虽然海军已经使出了吃奶力气，但他们的炮火准备显然不能让陆战队满意。霍兰后来在报告中这样写道：“我们在塞班犯下的第一个严重错误是，没有在登陆前将敌人的力量削弱到足够低的程度。”

接到塞班守备队“今夜或明晨敌军登陆可能性很大”的报告，大本营的判断仍非常谨慎。首相东条于 15 时 30 分进宫拜谒天皇：“今后敌人向特鲁克方向进攻的可能性较大，但预计敌人也有进攻马里亚纳的企图。如果敌人进攻塞班，那里完全可以守得住。”

在参谋本部，刚从中国回国的战争指导班种村佐孝在向作战部长真田汇报后，问：“塞班情况怎样，放心不下吧？”

“不。敌人若是进攻塞班，在中太平洋方向将碰上最坚固的正面，那将是一个错误。塞班绝对守得住。”

当晚演播室里，“东京玫瑰”向参战的美国大兵发起了心理战，“我们已经准备好了，就等你们前来进攻”，在用嘲讽的口吻宣告美军的进攻必将失败之后，户栗郁子说：“趁你们还能享受这些广播的时候，好好听吧。因为明天，你们就要在塞班岛碰壁了。所以呀，趁你们现在还活着，就让我们听听歌吧。”广播里随后传出美国歌手安德鲁斯三姐妹的歌曲《我会在苹果花开的时候陪伴你》。一曲歌毕，户栗嗲嗲的声音再次响起：“现在，你们想想，为什么还要在这里和我们战斗？你们就不愿回家陪妻子和情人吃吃饭，跳跳舞，享受一段美好时光吗？为什么不离开这里回家呢？”甜腻腻的声音搞得登陆前夜的美国大兵辗转反侧，无法入眠。

难以入眠的不仅仅是美国人。15 日凌晨 2 时，平栉来到海防一线，这里是第一三六联队的防区。日本人不惧死亡，战壕里，一名士兵写下了最后一页日记：“我们拿着莫洛托夫鸡尾酒（燃烧瓶）和手榴弹时刻等待，命令一下，我们将手持军刀冲入敌群。我所挂心的是，我们死后，不知道日本将会怎么样了。”联队长小川告诉平栉：“美军从 11 日开始不断空袭，掀起的砂石都能将我们的战壕填到齐膝深了。一线部队损失很大，各部联络不畅，目前我无法完全掌握联队剩余兵力的实际情况。”平栉同样无可奈何。当他转身准备离开时，小川突然叫住了他：“请务必向师团长阁下转达，小川就是战至最后一兵一卒，也会死守这条防线。”说完，小川向平栉伸出了手。那双手上满是汗水和泥垢，平栉还是毫不犹豫地紧紧握住了它们。

当晚，美军大规模舰炮的打击暂时停歇，只有几艘驱逐舰继续进行骚扰性的炮击，干扰日本人。与此同时，希尔少将指挥的庞大运输船队从东面缓缓接近塞班岛，上边运载着陆战二师和四师的战士。透过夜幕，陆战队员可以看到岸边炮击燃起的火焰，以及驱逐舰不时打出的照明弹。5 时 20 分，他们到达距塞班西海岸查兰卡诺亚 16500 米的集结区。登陆部队在岛上建起滩头阵地之前，霍兰和大部分参谋将留在特纳旗舰“洛基山”号上，参谋长格雷福斯·艾斯金准将则率其余成员在希尔旗舰“坎布里亚”号上暂时立足。

浅黑色的舰只缓缓接近塞班，岛上的建筑物、野草和森林仍在燃烧，大火映红了水天相接处。天色渐亮，远方塞班岛的主峰塔波查山依稀在望。天亮之后，前方岛屿看上去就像一个突然“冒出海面的大怪物”，小镇查兰卡诺亚越来越清晰了。美军两个师将在以这座小镇为中心的6公里宽的海岸登陆。一名参加过西西里和萨勒诺战役的老兵告诉身边的年轻人：“从这个轮廓看，这里非常适合在月光明亮的夜晚登陆。所有自然地表都十分突出，可以说一切都完美无缺。可惜这座岛屿被珊瑚包围，这是最难对付的地方。”

登陆前最后的炮火准备预定5时30分发起。所有重型舰只受命不得进入礁盘1500米范围之内，娇小灵活的驱逐舰则可以推进至1000米。此时在塞班岛首府加拉潘以北塔纳帕格港外海，出现了另一支运输船队。第十、第三十运输队运载着陆战二团、陆战二十四团及陆战二十九团一营。他们不会在那里登陆，只是在港口东北海域佯动，使日军不能将部署在那里的兵力调往南方美军的主攻海滩。

5时42分，特纳发出命令：“登陆时间为8时30分，投放登陆部队！”随着命令快速下达，集结区内各色人等纷纷行动起来。7时刚过，34艘坦克登陆舰抵达出发线之后1200米位置，稍后的12艘坦克登陆舰上装载着两个师的师属炮兵、高射炮兵和军直属炮兵集群。最后两艘船坞登陆舰上，黑压压地停满了“谢尔曼”中型坦克。美军突击登陆阶段将使用393辆两栖运兵车和140辆水陆两栖坦克，占全部车辆的75%。

陆战队员紧张换乘，海军舰艇对预定登陆区域的火力准备已经轰然打响。第一、第四中队率先开炮，“田纳西”号356毫米主炮炮弹落在阿金甘角，阿费特纳角则被“加利福尼亚”号356毫米炮弹、“路易斯维尔”号203毫米炮弹和“伯明翰”号152毫米炮弹覆盖。“马里兰”号406毫米主炮对准穆特绰角和马尼亚加沙岛一通猛轰。上述区域日军岸炮会对登陆区构成直接威胁，因此得到了格外关照。第五中队集中轰击塞班东北角，第六和第七中队依然炮轰提尼安岛。日军岸炮反击精准异常。4发来自提尼安岛的炮弹准确命中“田纳西”号，导致水兵亡6人、伤26人，1门127毫米副炮被打哑。

7时整，海军舰炮稍事休息，155架舰载机——其中战斗机50架、俯冲轰炸机51架、鱼雷机54架——铺天盖地地飞了过来，对登陆区域或扫射，或投弹，忙得不亦乐乎。半小时空袭之后，海军舰炮再次响起。此前一直在待命的乔伊少将第八中队早饥渴难耐，重巡洋舰“威基塔”号、“新奥尔良”号、轻巡洋舰“圣路易斯”号率3艘驱逐舰也加入了炮击行列。

美军的炮火准备看上去煞是热闹，但在特纳旗舰“洛基山”号上，《时代周刊》资深战地记者罗伯特·谢罗德却在频频摇头。半年多前，初出茅庐的谢罗德观摩过贝蒂奥之战。虽然那时的火力准备和眼前一样热火朝天，却并未对日军防御工事造成太大的伤害。时间已过去这么久，陆战队员在滩头被日军狂虐的悲惨情景，深深地印在他的脑海中，永远无法忘怀。抚今追昔，已老到了许多的谢罗德，在采访本上感慨地写道：“恐怕这些烟雾和炮声，并不意味着日本人已经被炸死。”

在主力部队发起登陆前的2小时，6时30分，载有佯攻部队的运输船驶抵加拉潘港外海，用起重机将登陆艇吊向海面，烟幕释放船和控制船靠近了假定出发线。为了布设这一圈套，美军看似忙碌了一个多小时。他们暗自希望，日军瞭望哨此时正在岸上观察。在得到控制组发来的信号之后，美军这场表演草草结束，登陆艇按照来时航线返回运输舰，随后被吊上甲板。这两团和一营士兵被列入战役预备队。后来美军的情报表明，这次佯动成功牵制了防守北区的敌第一三五步兵联队。

沃特森少将陆战二师六团和八团将在左侧登陆，即查兰卡诺亚以北的红滩和绿滩。施密特少将陆战四师第二十三团和第二十五团将在右侧登陆，即位于查兰卡诺亚以南的蓝滩和黄滩。首批登陆的8个营分别负责550米长的海滩，这是运送密集部队和海上补给的最佳长度。主力部队出发线距海滩约3700米，按4.5节速度计算，两栖运兵车走完这段距离约需27分钟。8时12分，随着信号旗落下，美军第一波登陆艇开始启动。4分钟后，第二批队伍也驶离了出发线。驱逐舰“斯科特”号——为纪念在瓜达尔卡纳尔岛海战中阵亡的斯科特将军命名——的广播里传出了随军牧师坎宁安的祈祷声：“愿上帝保佑你们所有人。你们中的大部分人都能够回来，但有些人注定要去见造物主。”“洛基山”号指挥舰上，一个姓汤普金斯的中校告诉谢罗德：“让思想工作部门见鬼去吧！”

军官向士兵分发了口香糖，告诉他们万一需要游泳上岸时，就把沉重的子弹带扔掉。海军舰炮火力打击仍在持续，当最前的运兵车距岸只剩 1000 米时，所有重型舰船的主炮停火，以 127 毫米副炮配合驱逐舰的炮击。当先锋部队距岸剩下 800 米时，48 架战斗机和 24 架鱼雷机呼啸而至，从西向东对日军占据的海岸实施垂直打击。运兵车距岸仅剩 300 米时，除了负责两个师登陆区交界位置阿费特纳角的“伯明翰”号和“印第安纳波利斯”号，所有舰炮的火力均已停止。

在距登陆海滩仅 3000 米的海面上，“征粮者行动”总指挥斯普鲁恩斯海军上将满意地观赏着运兵车快速挺进的壮观景象。当最后几波登陆艇从不远处驶过时，艇里的陆战队员一边前进，一边情绪高涨地站起身向巡洋舰挥手。他们知道，参加本次战役的唯一上将就在那艘看上去很不显眼的巡洋舰上——连它都亲自来到岸边打炮支援我们，大家顿觉心里踏实了不少。“每当我们来到界线最南端时，四周就会有炮弹落下，”参谋长穆尔上校说，“其中一发炮弹离我们最近，几乎擦过了战舰右舷。”

据说斯普鲁恩斯从不喜欢故作姿态当众展示胆量，情报参谋吉尔·斯洛尼姆少校回忆说：“当我们对岸上某个目标进行炮击时，他完全不动声色。随着敌人炮弹呼啸着穿过缆绳，很多人立即起身隐蔽，但斯普鲁恩斯没有。他甚至连头盔都不戴，只是站在舰桥上，头脑冷静地观看这场近距离平射作战。”老酒不完全赞同少校的说法，斯普鲁恩斯这种做法难逃装蒜的嫌疑，不过没麦克阿瑟那么明显且经常罢了。

日军绝不会无动于衷。当美军登陆艇越过礁盘时，他们的各种轻重武器一起开火，在登陆部队周围形成了密集的弹幕。在陆战二师登陆区域，3 辆两栖坦克和 4 辆运兵车被接连击伤，日军远程炮弹激起的水柱高达 4 ~ 5 米。美军持续数日的轰炸和炮击对日军野战重炮损害不大。虽然之前被炸哑 1 门 150 毫米榴弹炮，但第九野战重炮联队第二大队大队长黑木弘景严令其余 11 门炮不准开火，准备趁美军登陆时发出最后致命一击。守卫查兰卡诺亚正面防线的是江藤进第四十七独立混成旅团第三一六独立大队以及安藤正博第一三六步兵联队第二大队。虽然之前损失很大，此刻他们仍利用迫击炮和自动武器拼命阻击美军。不过除 2 辆两栖车因巨浪拍打倾覆之外，美军大部分运兵车还是顺利登上了海滩。陆战二师一名参加过贝蒂奥之战的老兵感慨地说：“在这儿登陆，可比在塔拉瓦轻松多了。”

8时43分，最北翼陆战八团先锋部队率先登上绿滩，南部陆战四师的行动更加顺利。日军阻击火力之强虽然出乎预料，却无法阻止美军两栖坦克的快速推进。陆战四师第一波68辆坦克有63辆成功抢滩。第二十三团G连排长詹姆斯·莱利少尉大声疾呼："下车，快速前进！"随后率卡尔·马休斯二等兵和温德尔·南丁格尔一等兵纵身跃出扑向沙滩。一位战地摄影记者勇敢履行职责，拍下了历史性一幕——这是太平洋战场最著名的照片之一。美军士兵在海滩上排成一条长蛇阵，不顾日军的阻击顽强地向前推进。

到9时07分，已有8000名美军士兵成功抢滩。登陆行动如此顺利，首先得益于持续数日的轰炸和炮击使当面日军第一三六联队减员严重，加上通信不畅，日军投入阻击的兵力不到一半。其次，美军在北方加拉潘外海的佯动成功牵制了第一三五联队主力，斋藤甚至将部分预备队调往了那个方向。

美军登陆前一天，斋藤已经将师团司令部从查兰卡诺亚小学搬了出来——此前这里已遭到多轮炮击，危险异常——搬入西北500米处一个地势有利的洞穴之中，美军炮弹很难直接打到这里。斋藤在新指挥所目睹了美军登陆的全过程，他发现自己处境颇为尴尬。岛上部队虽名义上归他指挥，但因缺乏必要的通信手段，他无法与各部及时取得联系。各部之间缺乏沟通，只能凭借并不坚固的工事各自为战，毫无协同。斋藤知道战斗一旦打响，岛上不能指望得到任何新来的补给，士兵只能依靠山洞里储藏的物资，坐吃山空。反观美军，他们的大量援兵和补给正在源源不断地送上岸。眼见前方战况不利，斋藤命令有马纯彦第九派遣队、河村第四十联队第三大队在查查村集结，随时准备增援滩头。

虽然登陆相对顺利，但美军在向O-1线推进的过程中遭到了顽强抵抗。10时，当陆战六团团长詹姆斯·莱斯利上校踏上海岸在红二滩建起指挥所时，发现他的四个突击营营长非死即伤。临时指挥所很快遭到15～25名日军迂回攻击，被团部警卫连轻松击退。幸好海军陆战队训练有素，绝不会因长官受伤或阵亡乱了方寸。战斗中美军伤亡人数急速上升，先头部队伤亡惨重。罗伯特·格拉夫上士清晰记得当时的情景："越来越多的炮弹砸向我们，越来越多的登陆艇被击中，海滩上横七竖八散落着尸体。有的尚且完好，有的已面目全非。"

推进最远的陆战八团三营在距O-1线900米处被日军挡住，下午晚些时候登陆的陆战第二十九团第一营奉命增援八团。北翼陆战六团遭到的抵抗最为顽强，据守500高地的日军以密集炮火将二营和三营指挥所悉数摧毁，营长约翰·伊斯利中校和参谋人员无一幸存，其他三个营长全部负伤。当天仅第二营就更换了四任营长，可见战况之惨烈。南部陆战四师的进攻也好不到哪里去。在登陆过程中，陆战第二十四团由于运兵车故障及日军炮火打击就损失近400人。到19时，美军伤亡超过2000人，大部分被炮火所伤。只有最南翼的陆战二十五团勉强抵达O−1线。

加拉潘后方山坡的一个瞭望台上，南云正通过望远镜观看美军登陆情况。看到近海数不清的美军舰船，他只能呆若木鸡地站着。沉吟良久，南云把脸转向参谋野田，告诉他，那里最少有3艘舰曾被自己击沉过，语调中透露出钦佩和不安。在不远处的山洞口，斋藤和参谋人员正在谋划一次反击行动。1颗炮弹突然落下，爆炸烟雾消失后，斋藤仍端坐在那里，两腿八字分开，指挥刀插在两腿之间的泥地上。他身旁直挺挺躺着不少人，幕僚半数已被炸死。虽然看到至少上万美军士兵登上了海滩，但在发往东京的电报中，斋藤依然不肯轻易认输："天黑之后，我师团将发起大规模夜袭，可望一举歼灭敌人。"

美军登岛的消息传回东京，陆军省和参谋本部为之大哗。愤怒和抱怨声随处可闻："第三十一军是窝囊废！""井桁这个笨蛋，怎么让敌人上来了？""井桁真不争气，该杀！"当天晚上，为发表美军袭击塞班一事，陆海军发生了激烈争论。陆军起草的稿子是："我陆军守备部队曾两次击退来犯之敌，第三次被迫让其得逞。敌舰队炮击和战机轰炸之激烈惨绝人寰。"此稿经东条圈阅后送海军会签，因为塞班战斗是陆海军协同作战，发布公告必须经过海军同意。军令部次长伊藤整一看了稿子后说："纯粹是糊弄小孩子，什么两次击退？根本没必要写进去。"拿起笔把这些字样统统圈去。老酒猜测伊藤很可能对"惨绝人寰"一句不满，这不是在变相说我帝国海军无所作为，任由敌人猖狂进攻吗？况且现在伊藤根本顾不上这事儿，他和岛田正在为判断错美军的进攻方向气恼呢。

陆军报道部部长松村秀逸向东条建议："海军若是不同意，不妨把我们两次击退敌人的话放在补充说明里，正式文件不说也可以。"东条不同意，这样民众不就认为我们陆军根本没抵抗就让美国人上岛了吗？文稿迟迟定不下来，急得团团转的松村只好去找次长后宫，但后宫不愿为此事出头。当时恰好也在次长办公室的情报部长有末精三主动将事情揽了过去，提出带他再去找东条解释。他的话刚说完，就挨了东条一通臭骂："守军立了那么大功劳，连大本营公开发表消息都不可以，岂有此理！我真不理解，海军为什么那样强词夺理。知道不？你们的战友正在岛上和敌人殊死搏斗，说话间就有人即将倒下呀！"东条眼中隐隐有泪珠闪现，有末只好表示"再好好研究一下"，拉着松村逃离首相官邸。

为配合第五舰队登陆塞班的军事行动，华盛顿精心组织了一次牵制性攻击——被阿诺德寄予厚望的B-29终于闪亮登场。6月14日，92架超级空中堡垒从印度卡拉格普尔基地出发，其中13架在飞抵中国成都前离队。在成都重新加油后，15日16时30分，75架飞机拔地而起朝日本进发。飞行员随身携带写有"来华参战洋人，军民一体救护"的字条，以备途中紧急迫降时求助使用——这个字条因此被称作"血符"，现昆明飞虎队纪念馆有存——途中又有18架飞机掉队。

B-29的轰炸目标是九州重要钢铁工业基地八幡制铁所，其产量占全国24%，它的建设资金来自甲午战争日本从中国勒索的巨款。超级空中堡垒大规模进驻印度及数十万民工在成都周围广汉、邛崃、新津、彭山修建机场，当然瞒不过日本人的眼睛，他们在印度和成都周围部署了大量警戒哨，及时向中国派遣军和东京发出预警。得到B-29大举来袭的消息，日军在九州岛南部实施了灯火管制。当天23时38分，第一架飞机飞临九州上空，最终抵达目标上空的B-29只有47架，其中15架依靠飞行员肉眼瞄准投弹，另32架通过雷达投弹，共投下炸弹221吨。暗夜加上天气不良导致命中率极低，只有1颗炸弹命中目标，另有一颗炸弹炸毁了一个发电站，小仓兵工厂和其他一些设施轻微受损。

负责本土防御的第四航空战队出动战机进行拦截，高射炮火也随即打响。但美国人的飞机实在太大，飞得又高，他们几乎无从下手。木村贞光可能获得了唯一战绩。他借助地面探照灯帮助发现并追踪到杜善·伊万诺维奇上尉的"敏捷的杜根"号，在很近的距离把所有子弹都打了出去。那架飞机起火坠落。这是在日本本土被击落的第一架B-29。伊万诺维奇及机组成员的遗体在1948年被发现，从而确认了木村的战绩。虽然遭到16架战斗机和高射炮火的拦截，但皮糙肉厚的B-29只有6架轻微受伤。除1架真正被击落之外，有5架在返航途中因机械故障坠毁。另有1架因发动机故障紧急降落在成都以北的内乡机场。日军立即出动战机将它炸毁在地面上。统算起来，美军在行动中共损失飞机7架。

清晨，4时30分，陆相秘书井本熊男——瓜岛战役后期到岛上传达撤退命令的那位——叫醒了酣睡中的东条，向他报告了九州遭到空袭的消息。5时，大本营发表了美军在塞班岛登陆的公告：“进攻马里亚纳之敌企图登陆，至15日晨，先后两次进攻均在滩头被我军击退。同日中午，敌人又发动了第三次进攻，目前激战正在进行之中。”松村将“陆军守备部队”及“美军炮击轰炸”等字样去掉，这最终达成妥协。在普通民众眼中，“激战”本身的意思就是“激烈战斗”。但深谙日军高层“黑话”的人都清楚，“激战”预示着前线战事已经到了不可收拾的地步。

对美军的空袭行动，大本营公布“损害轻微”，对八幡制铁厂来说确实如此。不过偏离目标的炸弹还是给平民造成伤亡：312人丧生，323人受伤，308座民房彻底毁坏。美军战果远远称不上辉煌。但这是继1942年4月18日杜立特空袭东京之后，美军针对日本本土发起的又一次轰炸行动，他们宣称这是一次“伟大胜利”。在华盛顿，国会临时中止办公，向参、众两院议员公布了这一重大消息。与盟军6月6日登陆诺曼底的新闻一样，B-29轰炸日本的消息占据了6月16日各大报刊的头版头条。当时在诺曼底前线视察的阿诺德按捺不住心头狂喜，立即召开了新闻发布会：“这是真正的全球空中战争的开端。B-29是一种极其复杂且拥有最致命打击能力的轰炸机，能够实施迄今为止最沉重的空中打击。”

虽然损失几乎可以忽略不计，但有了第一次就会有第二次。美军的轰炸在日本引发了恐慌。第六航空战队小福田皓文沮丧地说：“就在那个时刻，B-29出现了。虽然我军航空兵战斗力与日俱增，但是要冒前所未有的猛烈的自卫火力去接近敌机，B-29比B-17要坚固得多，我国航空工业在发动机技术方面与美国完全不可同日而语。”横须贺航空队王牌飞行员坂井三郎后来写道：“在日本，举国上下都在议论这次空袭，讨论我军战斗机未能阻止敌人轰炸这一事实。他们都在问同样一个问题，下一个目标将是谁，美军会在什么时候发起下一次空袭，来的飞机有多少架？”几年以来，东京始终在国内宣传前线一再大获全胜。美军在塞班登陆及九州遭空袭彻底戳穿了这一谎言。“人们展开地图，寻找距离我们海岸线不远的那些小点，面面相觑，”板井说，“对频频传来的捷报，我们开始感到怀疑——不是高谈阔论，而是私下议论。”次日清晨，板井所在部队受命迅速向硫黄岛集结。

木村声称击落敌机 3 架，另一名飞行员樫出勇声称击落 2 架——他形容这种飞机“就像海洋里的大白鲸一样，我完全被它的体积吓到了”。东京大本营对外宣称，“20 架左右 B-24 和 B-29 来袭，被我击落 7 架、击毁 3 架”，同时在对海外广播中加上了俘虏“美军中校飞行员 6 名、少校 1 名”。这些人当然不是 B-29 飞行员，而是之前抓获的俘虏。因公布的名字和出生地真实存在，美军收听广播后，立即联系相关人员的家乡进行核实。这些被俘飞行员的家人暗暗窃喜，因为之前杳无音信的亲人至少还活着。

空袭行动让使用中国基地存在的后勤缺陷逐渐凸显出来。如果空运物资如炸弹、燃油到中国，必须跨越巍峨的喜马拉雅山，先从加尔各答到昆明，然后转运到成都地区。陆军航空队测算，空袭行动需要 28 个轰炸机大队，每个大队配备 28 架超级空中堡垒。如果在 6 个月时间里每架飞机每月出动 5 次，那么每个大队至少需要 200 架 B-24 充当运输机，用来向成都运送补给，整个行动至少需要 4000 架这样的飞机。B-24 本身耗油极高，在运往加尔各答的物资中，有超过 3/4 被空运本身消耗掉了，而不是直接用在 B-29 这一刀刃上。一切预示着使用成都基地实施大规模持续轰炸是不现实的，美国人必须尽快拿下马里亚纳群岛。抛开运输距离长短和危险性不论，海运的经济性是所有人都清楚的。

在提尼安岛第一航空舰队司令部里，角田正在四处筹措兵力，试图对美军登陆行动发起攻击。登陆日 14 时 03 分，第二六五航空队 3 架“彗星”鱼雷机在 6 架零战护航下从雅浦岛出击，远程突袭美军运输船队，损失 1 架鱼雷机，毫无效果。15 时整，第五二一航空队 10 架俯冲轰炸机在 5 架零战护航下再次出击，带头大哥是海航飞行员江草隆繁。当年在印度洋，江草率俯冲轰炸机队曾经创下 5 分钟内击沉英军 2 艘重巡洋舰的世界纪录，并借此战名扬天下，江草本人因此获得“舰爆之神”的美誉。在中途岛海战中，时任“苍龙”号飞行队长的江草并未获得出手机会，反因航母被击沉而烧伤。伤愈后，江草来到第五二一航空队，今天终于等来了报仇雪恨的机会。

17 时 50 分，“印第安纳”号雷达探测到 22 公里外有不明飞行物在快速逼近。5 分钟后，战列舰的第二、第四号 127 毫米炮开始向目标瞄准，3 分钟后炮击开始。18 时 07 分，江草率 5 机从正面向“列克星敦”号发起攻击，舰长恩斯特·里奇上校下令航母紧急左转规避，同时以所有防空炮猛烈反击。冲在最前边的江草座机率先中弹，坠落在“列克星敦”号后舷 1800 米处——小江可谓旧仇未报，又添新恨，且以后再也没有报仇机会了。随后他被追晋两级为海军大佐。江草身后的 4 架飞机相继坠海，日军的“薄暮攻击”以惨败告终，不但未能命中 1 条鱼雷，反而损失了 8 架“银河”和 1 架零战。攻击仅导致“企业”号 1 名水兵阵亡、10 人受伤，“普林斯顿”号 13 人受伤，驱逐舰“卡帕顿”号 7 人受伤，“英格索尔”号亡 2 人、伤 11 人。

下午早些时候，陆战二师副师长梅里特·埃德森准将——就是在瓜岛血岭一战成名的那位老兄——在“绿一滩”右侧设立了前敌指挥部。18 时，师长沃特森少将率师部人员在“绿二滩”登陆，在最南侧建起师指挥所。17 时 30 分前后，陆战四师师长施密特少将率师部成员，来到了作战训练主任 16 时 30 分在“黄二滩”设立的前敌指挥部。

夜幕降临，美军可以基本断定以下两个事实。第一，登岛部队已超过 20000 人，预示着登陆行动初步取得成功。陆战四师三个团全部登岸，炮兵和大部分师属坦克部队也已上陆。陆战二师登陆的有两个半团，五个炮兵营中的两个已经上岸。但美军两个师建起的长 9000 米、纵深 1400 米的登陆场只有原计划的一半，难以形成严密有效的防御态势，日军随便打过来一发炮弹就可能导致人员伤亡。按照计划，美军在登陆日应该占领滩头后方约两公里的丘陵地带，这一任务远远没有完成。第二，从伤亡数字和日军顽抗的激烈程度来看，未来的战斗将是一场无比血腥的持久战。

黑暗中的美军不敢有丝毫大意，因为火力居于劣势的日军以发动令人惊悚的夜袭闻名。陆战八团阵地多次遭到小股日军的袭扰，他们应该属于小川的第一三六步兵联队。因为投入人数过少，这些袭扰很快被有瓜岛和贝蒂奥作战经验的陆战二师轻松击退。

小股袭扰不过是一次大规模夜袭的前奏。18 时，斋藤下令配属第四十三师团作战的第十八联队第一大队向指定地点集结，向美军滩头阵地发起反扑。因通信系统大部分被毁，通信不畅导致该部直到 21 时才抵达指定出击位置。这支原属关东军的部队战斗力异常彪悍。配合他们进攻的有唐岛辰南海军横须贺第一特别陆战队、第一一八步兵联队和第一三六步兵联队各一部，总计 1000 名兵员。

第四十三师团参谋长铃木卓儿原希望出动第九坦克联队与步兵协同攻击，遭到联队长五岛正的坚决反对："我们坦克联队在满洲的训练科目是机动野战，从未有过步坦协同训练，你们步兵同样也没有接受过类似训练。以我来看，不如改日由我们坦克部队单独出击为好。"斋藤只好同意，由一线残存的3辆坦克配合步兵进攻。

6月16日凌晨3时，日军冲锋号在滩头美军的紧张不安中突然响起。这日军简直死板到了极点，既然偷袭，你还吹什么呀？日军挥舞着军旗高声尖叫，一众军官头缠白布、高举军刀冲在最前面。首先发现日军来袭的是陆战六团，他们紧急呼叫驱逐舰发射照明弹。停在近海的驱逐舰"蒙森"号、"科格伦"号、"哈尔西·鲍威尔"号立即向指定空域开炮，耀眼的照明弹将日军的进攻线路照得清清楚楚——当晚这几艘驱逐舰的照明弹都打光了。在陆战队强烈要求下，后勤部队紧急给担任夜间巡逻的舰船加配了照明弹。

在美军舰炮——连"加利福尼亚"号的主炮都加入了阻击行列，紧跟着驱逐舰"菲尔普斯"号也开炮了——和步兵轻武器联合绞杀之下，日军士兵或被炸得血肉横飞，或被像麦子一样割倒。3辆九七式坦克给美军带来了不少麻烦。危急关头，第二坦克营B连的5辆"谢尔曼"坦克拍马杀到，轻松将日军坦克打成了三堆废铁。16日黎明来临时，美军在阵地前沿数出了700具日军士兵的尸体。当天3时30分和4时30分，陆战四师第二十二团中央阵地遭到日军两次大规模反扑，同样被美军顽强击退。战战兢兢的美国大兵就这样艰难地度过了塞班岛第一个不眠之夜。

对当日岛上发生的战斗，特纳中将评价说："就我个人见闻而言，塞班岛登陆行动是战争期间最困难的一次。完成这次登陆行动的海军和陆战队整体上比其他任何登陆行动组织得更加出色，更加有序，他们干得非常好。"在"电流行动"期间，特纳只负责北方马金岛的作战，并未看到陆战二师在贝蒂奥的劫难，这样说话情有可原。

尽管首日战况对日军不利，但南云和斋藤并不特别担心。马里亚纳群岛重要的战略位置绝非吉尔伯特和马绍尔群岛可比。他们坚信，之前一直龟缩不出的联合舰队主力一定会倾巢而出，前来救援。只要他们能够在海上对决中取得乾坤一掷的胜利，眼前的一切困难都会迎刃而解——别看你现在叫得欢，当心秋后拉清单。在关岛一处壕沟里，今西少尉日记中的一段话代表了大家殷切期盼海军主力快快到来的拳拳之心："联合舰队即将同敌决战，就在马里亚纳群岛周围地区。真的，我们正身处大事件的中心。现在，是我为伟大事业献出生命，成为阻挡敌人在太平洋前进障碍的时候了。"

老江湖南云和斋藤的判断一点没错。就在美军发起登陆作战的同时，小泽领军的第一机动舰队已经穿越圣贝纳迪诺海峡，气势汹汹向中心战场猛扑过来。在海峡出口处蛰伏许久的美军"飞鱼"号潜艇已经发出了敌军大举来袭的惊人消息！

1944 年 6 月，美军针对马里亚纳群岛的"征粮者行动"与日军两年前大举进犯中途岛颇有几分类似：都是优势一方远涉重洋，深入劣势一方腹地夺取要地，试图引诱对方主力舰队决一雌雄，一战定乾坤。两者的主要区别在于，1942 年的日军并不知道美国主力舰队的动向，结果被尼米兹依靠准确的情报在中途岛侧翼设伏，以突袭重创了南云第一机动部队。但是现在，美军对日军舰队的位置了如指掌，由联合舰队 80% 以上作战舰艇组成的第一机动舰队就在苏禄海的塔威塔威，必须时刻监视他们的动向并加以围歼。值得欣慰的是，与中途岛海战时小松辉久第六舰队的蹩脚表现相比，美军第十七特混舰队的一众潜艇在本次作战中的惊艳演出用"出色"形容都远远不够分量。

就在斯普鲁恩斯统领第五舰队浩浩荡荡杀奔马里亚纳群岛之时，在珍珠港，预料到联合舰队肯定将有所动作的洛克伍德中将同样在调兵遣将。他电令海上游弋的众多潜艇撤离岛屿附近，转向船只稀少的海域，执行侦察并伺机攻敌的任务。它们的具体分布是：小笠原群岛附近 5 艘，台湾岛以东及东南海域 3 艘，马里亚纳群岛以西和西南地区 5 艘，乌利西环礁及菲律宾附近海域 6 艘。鉴于小泽舰队也可能前往比亚克岛方向——期间宇垣领军的以"大和"号和"武藏"号为主力的"浑号部队"确实曾试图前往——西南太平洋战区潜艇部队司令官克里斯蒂少将也派出了 9 艘潜艇，3 艘部署在棉兰老岛东南海域，塔威塔威一带 4 艘，吕宋岛周边海域 2 艘。洛克伍德对如此布局非常满意，"这样我们就能高枕无忧了，濑户内海、东京湾及日本沿岸各地区的出口均已被我们的潜艇堵死"。

从之后的战斗进程可以看出，美军潜艇部队在本次作战中厥功至伟，它们取得了比主力舰队大得多的辉煌战绩。有史学家甚至认为，洛克伍德在战争中的表现绝不逊色于他的德国同行邓尼茨，却无人为他树碑立传。一个不争的事实是，现在介绍邓尼茨的书籍到处皆是，介绍洛克伍德的文章少之又少，很难找到。战后尼米兹、斯普鲁恩斯、米切尔等人纷纷出任海军要职，洛克伍德却很快淡出前台，无声无息地消失了，只留下一本不太有名的著作《击沉一切》。后来他与汉斯·安德森一起撰写了《海军悍妇》一书，该书1957年出版后被改编成同名电影，男主角的扮演者就是后来成为第四十任总统的罗纳德·里根。在电影首映式上，洛克伍德和里根夫妇一起接受了记者专访，总算难得地露了一回脸。

美军潜艇活动频繁，在塔威塔威停泊的第一机动舰队，不但无法进行训练，连基本的安全都无法保证。就在米切尔率第五十八特混舰队从马朱罗出发的6月6日，参谋长古村启藏就向军令部和联合舰队出具了前出至吉马拉斯泊地的请示："依照敌情，在较预想稍微延迟决战之情况下，须迅速让飞行队投入高强度战前训练。因为陆上基地未完成且对敌潜艇存有顾虑，于塔威塔威警戒泊地待命致使无法如期进行训练，故认为及时让部队前进至吉拉马斯是必要的。愿悉尊意。"

东京一直没有回音。到6月10日，古村再次发出请示，其中语气有所改变，"本部预定于13日前出至吉马拉斯"。就在第二天，风云突变，马里亚纳群岛突然遭到美军舰载机的大规模空袭。12日，古村再次致电东京："11日及今日敌机动部队空袭塞班，尤以今日航母群兵力及空袭规模最大。虽认为敌军未必有攻略作战之企图，但仍须训练机队及回收来自达沃之补充飞机。再者我部发现，敌军往后有攻略马里亚纳之虞。基于前进至吉马拉斯更有利于捕捉战机，我部拟于13日9时自塔威塔威起航，前往吉马拉斯。"东京此时正在揣测美军的主攻方向，鉴于吉马拉斯离未来可能的决战战场帕劳、比亚克、马里亚纳更近，在征得丰田同意之后，参谋长草鹿当日回电予以认可。

在此期间，小泽一直在密切关注塞班岛的战况。鉴于期盼已久的舰队决战日益迫近，6月12日，小泽将下属各战队司令官、参谋长及作战参谋召集至旗舰"大凤"号上，对未来决战做出如下训示：

一、各战队、各舰、每名官兵皆应竭尽所能，拼死战斗。

二、此次作战若不成功，则第一机动舰队之舰船虽得苟存，亦将失去存在意义。

上述语言在以往历次大战前从未出现过，说明了小泽背水一战、不胜不归的决心。在表达上述决心的同时，小泽公布了如下作战预案：

一、根据"阿号作战"要领，本部将与友军基地航空部队及先遣部队（潜艇部队）紧密协同，通过白昼航空战歼灭敌航空母舰群，而后以全军向敌军逼近，以期歼灭敌机动部队，白昼空战开始日期拟定为6月19日。如八幡部队（横须贺海军航空队派驻硫黄岛之精锐部队）不能如期到达，则决战日期应相应做出改变。

二、舰队先期前出至吉马拉斯，进行准备并补给。

6月13日9时，栗田率第二舰队率先从塔威塔威启航，随后跟进的是大林第三航空战队、城岛第二航空战队和小泽亲自领军的第一航空战队。舰队出发时天气晴朗，但到午后，天空逐渐出现阴云。航母甲板只有在出海航行时才可以作为机场使用，现在训练机会终于来了。日军9艘航母纷纷放飞战机，让一个多月没上天的飞行员热身。11时30分，第一航空战队派出3架九九式俯冲轰炸机和2架"天山"实施反潜警戒，美军潜艇并未发现，上述飞机在回收时却出现重大事故。由于飞行员技术生疏，1架鱼雷机降落时操作失误，一头撞上了前方停放的1架俯冲轰炸机，随后引发的大火导致事故机、2架零战、2架九九式轰炸机烧毁，1架"天山"严重受伤，另1架俯冲轰炸机受轻伤。小泽和古村真是说多沮丧有多沮丧，指望这样的部队能打胜仗吗?

14时27分，航途中的小泽收到了丰田发自"大淀"号的"联合舰队电令作第146号"："准备启动'阿号作战'。"

1小时5分钟后，第147号命令到了：

一、第一机动部队主力在吉马拉斯完成补给后立即出航，开赴马里亚纳群岛与敌决战。

二、立即叫停"浑号作战"，宇垣舰队掉头北上，在菲律宾东部海域与主力会合。

三、从横须贺镇守府航空队抽调的120架战机立即进驻硫黄岛，随时受命南下增援。

根据丰田的指令，小泽当天20时15分命令各部："14日进入吉马拉斯基地补给，15日出击，16日抵达北纬12度、东经131度E点，17日黄昏完成补给，预定于19日与美军决战。"

14日12时30分，丰田和小泽同时收到了南云发自塞班岛的紧急电文："塞班岛方面，敌新旧战列舰9艘、大型巡洋舰5艘、驱逐舰30艘以上分成4组到处炮击，另有5艘驱逐舰在塞班岛水道扫雷。帕甘岛方面，敌战列舰、巡洋舰、驱逐舰、扫雷舰等约40艘轮番对基地实行炮击。"

16时30分，小泽舰队顺利抵达吉马拉斯泊地，17时开始的加油行动一直持续到次日7时，共补给油料18000吨。14时21分，驱逐舰"白露"号不慎与油轮"清洋丸"号相撞。虽然油轮舰首船底轻微受损不影响航行，但撞击将块头较小的驱逐舰舰尾活活切掉，并诱爆了舰上深水炸弹。一阵天崩地裂的巨响之后，15时47分，"白露"号在海面上完全消失，104名水兵随舰殉葬。意外事故接二连三地发生，似乎预示着小泽此行前景的扑朔迷离和命运多舛。

13日、14日美军战列舰对塞班岛和提尼安岛的持续炮击说明，美军登陆行动已迫在眉睫。前线战事十万火急。15日7时整，大林第三航空战队率先驶出吉马拉斯泊地。8时之后，第二、第一航空战队依次出发。就在舰队出港过程中的7时17分，丰田从本土发来了"联合舰队电令作第154号"："正式启动'阿号作战'。敌军于今晨以有力部队在塞班、提尼安方面发起登陆作战。命令贵部先击灭马里亚纳方面来犯之敌机动部队，继而歼灭敌攻略部队。"

小泽刚把电报看完，8时整，丰田的激励电报到了："皇国兴废在此一举，全体将士务必全力奋战！"指示只有寥寥两句，却有着非同寻常的意义。当初南云第一航空舰队远征珍珠港时，山本五十六发出的正是这样一封电报。小泽迅速将指示下达各部，同时在旗舰"大凤"号的桅杆上升起了一面"Z"字战旗。1905年，联合舰队在对马海峡迎战沙俄第二太平洋舰队时，东乡平八郎首次在旗舰"三笠"号升起了这样一面旗帜。日军偷袭珍珠港时，南云在"赤城"号上模仿过一次。现在小泽这样升旗算是第三次了。

排成一字长蛇阵的日军舰队在菲律宾各小岛间航行，忽而绕过岛屿，忽而避开浅滩，曲曲折折迤逦而行，直线前进的时间很少。从舰上望去，两岸峭壁上的岩石几乎触手可及。以20节高速行驶的军舰激起的巨浪拍打海岸，气势惊人。17时30分，小泽舰队顺利穿越圣贝纳迪诺海峡，驶入波涛汹涌的太平洋。舰队由一路纵队改换警戒队形时，已是黄昏，小泽部队渐渐隐没在夜幕之中。

在塞班岛一处山洞里，南云早已没了昔日的威风。他神情肃穆地向联合舰队司令部发出电报，就岛上最近24小时的战斗和今后的作战提出了五条建议：

一、自美军登陆以来，我军夜间展开的行动始终不太成功。

二、美军已于今日登陆完毕，推测兵力至少有13个师。

三、今天有美军5架水上飞机在锚地靠岸。

四、美军不会立即在提尼安岛和关岛展开登陆行动。

五、美军大多数航母似乎已经离开近海。我担心如果推迟“阿号作战”，不仅将贻误战机，而且将使我们无法守住该岛。

电报中南云特意指出，希望小泽和角田部队能率先攻击美军登陆船队，毕竟这些人对他威胁最大。但丰田认为，对日军威胁最大的是美军快速航母舰队。如果不首先将之歼灭，其他一切都无从谈起。念及此处，丰田特意致电角田，切勿受当面美军登陆船队的诱惑，宜始终以敌机动部队之航空母舰为主攻目标，在杀伤敌航母群的同时等待小泽部队到来。随后丰田电令小泽，正在向硫黄岛集结的八幡部队归他统一指挥。

16日15时30分，在萨马岛以东海域，小泽主力舰队与之前南下增援比亚克岛的宇垣舰队顺利会合。看到旗舰桅杆上高高飘扬的“Z”字战旗，宇垣难抑制心头激动，奋笔在《战藻录》中写下了这样一段话：“终于到了期盼已久的决战时刻。战斗一旦打响，就需要将生死置之度外。期待敌军自投罗网。”

第一机动舰队海上加油一直持续到次日清晨。在本次决战中，航母和战列舰无须进行海上补给。17日5时45分到6时30分，第六〇一航空队陆续放飞15架战机，执行半径650公里、侧距77公里搜索，毫无发现。负责三号线的鱼雷机因故障在海上迫降，所幸飞曹长三岛飞辉等3名机组成员被驱逐舰“秋月”号救起。鉴于出动舰载机搜索将极大削弱机动部队的攻击力量，8时40分，参谋长古村致电第一航空舰队角田并抄报联合舰队司令部，希望基地航空部队加强搜索，及时报知美军航母具体动向。

补给作业完成之后，小泽对舰队进行了重组，以三支航空战队为核心分别编成为甲、乙、丙三部分。

由栗田领军的丙队——也称前卫部队——有“瑞凤”号、“千岁”号和“千代田”号3艘航母，共有舰载机87架，其中零战61架，九七式鱼雷攻击机17架，“天山”鱼雷机9架。由4艘战列舰提供支援，它们是装有460毫米主炮的“大和”

号、“武藏”号及久经战阵的快速战列舰“榛名”号、“金刚”号。为之护航的有重巡洋舰“爱宕”号、“高雄”号、“摩耶”号、“鸟海”号、“熊野”号、“筑摩”号、“利根”号，轻巡洋舰“能代”号，驱逐舰“朝霜”号、“岸波”号、“冲波”号、“玉波”号、“浜风”号、“藤波”号和“岛风”号。

甲队包括小泽旗舰“大凤”号及“翔鹤”号、“瑞鹤”号，共有舰载机205架，其中零式战斗机89架，九九式俯冲轰炸机7架，“彗星”俯冲轰炸机67架，“天山”鱼雷机42架。护航舰只包括重巡洋舰“妙高”号、“羽黑”号，轻巡洋舰“矢矧”号，驱逐舰“朝云”号、“浦风”号、“矶风”号、“若月”号、“初雪”号、“秋月”号和“霜月”号。

乙队编有“飞鹰”号、“隼鹰”号、“龙凤”号3艘航母，共有舰载机134架，其中零式战斗机80架，九九式俯冲轰炸机28架，“彗星”俯冲轰炸机11架，“天山”鱼雷机15架。护航舰只包括战列舰“长门”号，重巡洋舰“最上”号，驱逐舰“满潮”号、“野分”号、“山云”号、“时雨”号、“五月雨”号、“早潮”号、“滨风”号和“秋霜”号。

日军9艘航母共有舰载机426架。加上护航重型舰只的42架水上飞机，小泽在即将到来的决战中可投入飞机468架，已超过开战之初南云偷袭珍珠港时6艘航母的载机量。除舰载机飞行员素质较低之外，小泽舰队还有一个最大的短板：护航驱逐舰太少，反潜能力严重不足。这将在随后的战斗中充分显现出来。

虽然日军士兵个个斗志高昂，但小泽惴惴小心，如临于谷。他深知对欲夺回战场主动权的日军而言，这可能是最后的机会。虽然第一机动舰队实力不弱，但美军快速航母舰队实力更强，舰载机至少是自己的一倍以上。小泽的判断非常准确，此时美军15艘航母共有舰载机916架——“地狱猫”490架、“海盗”3架、“地狱俯冲者”174架、“无畏式”55架、“复仇者”194架——总数几乎是日军的两倍。兵力居绝对劣势的小泽认为，自己并非毫无胜算，日军拥有以下诸多有利条件：

第一，占据主场之利，航母舰队可以使用塞班岛、提尼安岛和关岛的陆上机场。

第二，小泽和宇垣两支舰队选择的航线均在马努斯岛美军侦察机活动范围之外，可以有效隐蔽舰队行踪。

第三，如果与角田部队不少于500架陆基战机相加，日军战机总数就能基本和对手持平。在正式决战打响之前，角田部队将消耗掉美军 1/3 以上的航母，多了更好。

第四，陆基战机普遍个儿大腿长，相对舰载机而言，在执行侦察和搜索任务时优势明显。当初在中途岛，率先发现田中赖三登陆船队和南云第一机动部队的就是美军长腿的“卡塔琳娜”。角田部队可以及时捕捉美军行踪，使机动部队省下更多飞机用于进攻。小泽此时尚不知道，在他尚未抵达战场之前，角田部队已经在美军的扫荡中损失殆尽，能够给他提供的帮助几乎可以忽略不计。

第五，如果战斗在马里亚纳群岛以东海域打响——这种可能性非常之大——风向对自己非常有利。日军舰队是向东航行，在接敌过程中处于下风方向。菲律宾海 6 月盛行的东南风可以保证航母在放飞舰载机的同时不断向敌人逼近，美国人则恰恰相反。

第六，根据中途岛海战时美军采取的战术，小泽知道斯普鲁恩斯是一位深谋远虑、打法谨慎的海军将领，他不大可能主动出击，而会在塞班岛登陆区附近海域占据掩护阵位。在这种情况下，日军舰载机活动半径较大的优势就可以得到充分发挥。

第七，有准确情报显示美军此次实施的是登陆作战，大批运输船和滩头阵地需要保护，斯普鲁恩斯势必缩手缩脚，自己就完全不存在这一问题。

小泽的自信还来自他根据以上特点，精心设计了一套能充分发挥日军优势的独特战术，即所谓“穿梭轰炸”。

小泽思路开阔，把大炮巨舰理论用在了航空战上，提出了所谓“远距离攻击”。众所周知，日军飞机防护力弱，不经打。但他们节省装甲的目的并非让飞行员白白送死，而是为了让飞机可以飞得更远，在空中格斗时具有更强的机动性。一个不争的事实是，日军舰载机航程远超他们的美国同行。美军舰载机因重视机身和油箱装甲防护，机体较重，攻击范围一般不超过 460 公里，日军飞机攻击半径却能达到 640 公里。小泽的如意算盘是，如果日军舰队能够躲在美机作战半径之外，就能使美军强大的攻击力无从发挥，自己却可以永立于不败之地，这就是穿梭战术的精髓所在。在通常情况下，因飞行途中缺乏中继站，舰载机实际攻击半径比理论上要短，需要留出一定燃油供战斗使用。但是这次不同，日军在关岛和塞班岛的陆基机场成为绝佳的中继站，飞机攻击距离远的优势能够得到比以往更充分的发挥。

小泽的具体做法是：攻击机群从接近640公里的极限距离起飞，完成进攻任务后不必返回，直接飞往塞班、提尼安或关岛机场降落。由陆基航空部队加油挂弹后，掉头发起第二轮攻击，最后再回到航母降落。这种穿梭轰炸相当于在原来优势基础上将攻击半径放大了一倍。美军战机因腿短根本够不到自己，只有被动挨打的份儿，焉能不败？

利用陆上机场实施穿梭轰炸的战术并非小泽独创。早在1942年4月，美军就使用这种方法，让杜立特驾驶陆军B-25轰炸机从“大黄蜂”号起飞，向东京投弹后直接飞往中国机场，最终取得了极大成功。在瓜岛战役后期，因美军航母奇缺，无法经受更多损失，金凯德也曾使用过这种战术。他让仅存的“企业”号远远躲在日军陆基战机攻击范围之外，出动舰载机攻击日军海上舰船，之后直接飞往亨德森机场，加油后再返回航母。这金凯德看似木讷，却的确是个尝鲜的主儿。美军作战中的“蛙跳”和穿梭攻击战术都是由他率先尝试。虽然金凯德对自己发明的这种战术非常得意，却遭到包括哈尔西在内众多高级将领非议，金凯德更因此被冠以战意不足的罪名，最终失去了航母舰队指挥官的位置。

身材高大的小泽是个冷静、沉默寡言之人，遇事深思熟虑而慎重。他预计在战斗发生时，为保护登陆船队安全，美军舰队应该距马里亚纳群岛不远，基本上属于背靠岛屿。如果真那样的话，自己就比杜立特幸福多了。杜立特穿梭轰炸最后选择的是上千公里外的中国机场，而自己选择的塞班岛诸机场可谓近在咫尺也。况且美军在明处，位置大致固定，自己在暗处，走位飘忽，日军攻击很可能达成突然性，胜算无疑又增加了几分。

另外，小泽还有一个战术安排。让甲、乙两支部队与美军保持640公里以上距离，栗田前卫部队与敌之间距离为480公里——前卫部队位于主力部队前方160公里。栗田的任务是引诱敌人航母前来进攻，从而暴露敌军准确位置，给主力部队后发制人创造良机。一旦时机成熟，栗田部队就可以冲入敌阵，与敌展开水面炮战。这正是前卫部队编有实力强劲的4艘战列舰和8艘重巡洋舰的主要原因。如果美机前来攻击，栗田舰队就可以在半道上给美机以巨大杀伤，从而减轻主力部队的压力。角田部队强大的侦察能力将使小泽及时锁定敌军位置，与敌人保持相对合理的距离。如此看来，小泽的如意算盘打得还算不错，不过日军飞行员蹩脚的作战能力破坏了他的整个战术。如果让渊田美津雄那帮老油子执行作战，小泽战术取得成功的可能性还是存在的。更让小泽想不到的是，在主力舰队抵达战场之前，角田陆基航空力量已在美军的持续打击下损失殆尽，为航母舰队消耗掉美军 1/3 航空兵力的说法根本无从谈起。

13 时 58 分，小泽电令各部："机动部队如今出击，意在寻求敌军并将其击灭。确信天佑，各员须奋励努力。"当天 21 时 29 分，丰田向参加"阿号作战"的小泽和角田转来了海军大臣、军令部总长岛田的训示："此次作战关系国家之生死存亡，切望你们能够发挥出最大威力，取得如对马海战那样的辉煌战绩。"接到电报的小泽必然心里在问：怎么能把实力强大的美军第五舰队同绕了地球大半圈的沙俄第二太平洋舰队相提并论呢？

首先被对手捕捉到动向的依然是日本人。13 日机动部队刚刚驶出塔威塔威，就被在邦奥一带巡航的美军潜艇"普闪鱼"号发现。艇长马歇尔・奥斯汀少校第一时间向珍珠港发出接敌通报："发现至少 6 艘航母、4 艘战列舰、5 艘重巡洋舰、1 艘轻巡洋舰和 2 艘驱逐舰离开塔威塔威，去向不明。"尼米兹迅速将日军主力业已出动的消息电告斯普鲁恩斯、特纳和米切尔。

6 月 14 日清晨，米切尔提醒斯普鲁恩斯，日军舰队很可能正在集结，可能于 17 日向美军发起进攻。他建议在日军主力到来之前，先按计划出动第一、第四大队空袭硫黄岛，切断日军可能来自北方的增援。如果发现敌机动部队有迹象提前进至马里亚纳群岛周围海域，则迅速召回上述两个大队。鉴于美军舰载机活动半径较小，无法扩大侦察范围，米切尔请求斯普鲁恩斯，由第五十七特混舰队调派水上飞机母舰前出至塞班岛附近，出动 PBM"水手"对塞班岛以西海域实施大范围搜索，及时掌握日军主力舰队的动向。

和尼米兹类似，斯普鲁恩斯历来对日本东乡平八郎崇敬有加。1905 年，东乡曾在对马海峡耐心守候，等待俄国人主动出击，最终获得了辉煌胜利。他认为自己眼前的处境与当年的东乡颇为类似，唯一不同是航母活动范围更广，打击能力更强。在这场比耐心的战斗中，侦察才是考验胆量的最佳途径。根据潜艇发回的报告，斯普鲁恩斯判断，日军主力舰队 17 日前无法对美军舰队构成直接威胁，遂同意米切尔按计划发起对硫黄岛的空袭，同时命令第五十八特混舰队从次日起实施空中搜索，以覆盖日军舰队向东机动的所有可能区域。

根据米切尔的请求，斯普鲁恩斯电令第五十七特混舰队司令官胡佛中将，速派水上飞机母舰“巴拉德”号携带一个中队 6 架 PBM 水上飞机前出至塞班岛附近海域，随时听候特纳调遣。美军这种水上飞机能够实施夜间雷达搜索，可以向西推进 1100 ~ 1300 公里，一定程度上能够弥补缺乏陆基战机支援和舰载机腿短的不足。

北上空袭硫黄岛的两个大队由克拉克少将统一指挥。“大黄蜂”号上，绰号“黑猩猩”的克拉克对接受这样的任务愤怒不已。他已获悉日军主力舰队在快速逼近，提出主动前往迎击。性情暴躁的克拉克相信，如果斯普鲁恩斯和米切尔允许他自由行动，他就有可能绕到日军舰队后方发动突然袭击，定叫他们有去无回。“对一名海军军官来说，这是平生最难得的一次机会。”克拉克说。

米切尔的安排非常及时。接到丰田的电令，横须贺镇守府海军航空队 120 架飞机——这支暂时归角田指挥的生力军被临时命名为八幡部队——立即在中将松永贞市（当初在中国南海指挥击沉英军“威尔士亲王”号和“反击”号的那位，不过当时只是少将）率领下，连夜向硫黄岛出击。这支部队由横须贺海军航空队实验研究所从事研究的飞行员临时编成，是当时海航最精锐的部队。有人甚至宣称，“由 40 名老飞行员驾驶的零战有可能胜过小泽舰队 300 架飞机的威力”。不管是军令部还是联合舰队，海军高层对这支部队的出击寄予厚望。

人倒霉，鬼吹灯，放屁砸伤脚后跟儿。八幡部队刚刚抵达硫黄岛机场，就发生了重大事故。当天傍晚，用作弹药库的地下坑道门前突然升起了一条巨大火柱，随后爆发出一连串惊天动地的巨响，炸弹、鱼雷、机枪弹的连续爆炸使小小的硫黄岛都在震颤。究其原因，航空技术工厂的一名工人无意中在仓库入口将一只雷管掉在地上，诱发了一系列连环爆炸，40 架飞机被炸得支离破碎。还没等日军善后，美国人的航母就到了。

6 月 15 日中午时分，克拉克率领的两个大队悄然来到硫黄岛以东 217 公里海域。尽管天气状况不佳，克拉克还是率先放飞 44 架“地狱猫”——其中部分挂载 227 公斤炸弹——准备在“复仇者”和“地狱俯冲者”出击之前扫荡硫黄岛及周边岛屿。坏天气同样影响了日本人，驻扎于此的约 100 架日机只有少数起飞迎战。“约克城”号 15 架战斗机最先抵达岛屿上空，中队长伯纳德·斯特林少校的四机小队率先向机场投弹并扫射停在地面的日机，保罗·亨德森上尉的三机小队声称击落日机10架，亨德森本人和米哈格中尉各击落4架。但亨德森在战斗结束后神秘失踪，1架“地狱猫”被防空炮火击落，杰克·霍格少尉阵亡。

“大黄蜂”号战斗机中队中队长威廉·迪恩少校讲究民主，只派手下8架零战绩的“地狱猫”前往破蛋。“久不开和”的劳埃德·巴纳德上尉在这天突然爆发，25分钟内击落了5架零战。马文·诺布尔中尉和查尔斯·卡罗尔中尉声称各击落3架，剩下4名飞行员击落6架。中队的本次出击共获得17个战绩，代价是1架“地狱猫”被高射炮火击落。返航后的巴纳德报告说：“日军海军航空兵的战术很糟，他们看上去完全没有组织。”当“埃塞克斯”号战斗机中队抵达战场时，天空已经没有几架日机了，他们只获得3个战绩。综合各中队战果，美军共击落日机41架。但日军第三〇一航空队说，只起飞了从二重男领军的18架零战，其中17架被击落，16名飞行员阵亡。

12时30分至12时50分，第四大队“埃塞克斯”号和“兰利”号共出动“地狱俯冲者”18架、“复仇者”19架，对硫黄岛机场和地面设施进行轰炸。12时58分，第一大队出动37架“地狱俯冲者”和29架“复仇者”轰炸了父岛。攻击中美军损失轰炸机1架、鱼雷机2架，另有轰炸机和鱼雷机各1架受伤迫降海上，3架飞机因伤重被推入大海。

16日清晨，天气恶化到连飞机起降都无法进行。中午天气稍有好转，美军再次出动机群对硫黄岛和父岛进行轰炸。日军防空炮的反击异常凌厉，当天美军损失飞机多达12架。但两岛日军战机被基本消灭。当天日军本拟派出29架零战增援硫黄岛，同样因天气不佳中途返航。虽然弹痕累累的机场跑道很快得到修复，但再没有飞机能从这儿起飞支援小泽和角田的作战了。美军空袭行动彻底瘫痪了硫黄岛和父岛的航空力量，切断了日军可能从北方向主战场的增援。完成空袭任务之后，克拉克率两个航母大队向塞班岛以西海域快速返航，试图尽快与米切尔领军的另外两个大队会合。

虽然在这场史上规模最大的航母对决中唱主角儿的是海军航空兵，但美军潜艇的表演同样可圈可点。6月15日5时30分至14时25分，在圣贝纳迪诺海峡出口处巡逻的美军潜艇“飞鱼”号发现，空中接连出现多架日军水上飞机。15时22分，潜艇发现2架疑似航母舰载机向东南方向飞去。艇长罗伯特·里瑟尔少校顿觉大事不妙，这一切预示着一支大舰队将很快出现。15时35分，远方海面上果然冒出了一排排水面舰艇的巨大桅杆。虽然当时潜艇处于较佳的发射阵位，但里瑟尔认为，此时发出接敌报告比攻敌更加重要，于是在 20000 米距离实施秘密跟踪。

通过观察，里瑟尔确认日军舰队至少存在 3 艘航母、3 艘战列舰、数艘巡洋舰和驱逐舰，其中 1 艘战列舰为“长门”级。日军舰队航速较快，水下潜航的“飞鱼”号在 17 时 20 分跟丢了目标。18 时整，“飞鱼”号向珍珠港发出接敌报告：“发现一支日军舰队正在通过圣贝纳迪诺海峡，航向 80 度，航速 20 节。”里瑟尔发现的正是小泽亲自领军的第一机动舰队主力。里瑟尔发出的电文同样被日军第一时间截获。虽然无法破译电文详细内容，但它无疑是一封接敌电报。小泽认为，机动部队大举出动很可能已被美军察觉。

里瑟尔发出电报不久，当天 19 时 45 分，借着黄昏最后的微弱光线，美军潜艇“海马”号在苏里高海峡以东 370 公里处再次发现一支日军舰队。艇长斯莱德·卡特少校立即下令全速潜航，试图发起鱼雷攻击。但潜艇在距敌只剩 17000 米时，靠电池供电的发动机突然出现故障，轮机舱火花四溅。卡特只好减速到 14.5 节，眼睁睁地看着敌人大摇大摆，绝尘而去。22 时，沮丧的卡特向洛克伍德发出接敌通报：“黄昏时分，北纬 10 度 11 分、东经 129 度 35 分发现一支日军舰队，航向 45 度，航速 16.5 节以上。我艇因轮机故障无法追踪。雷达显示在 26000 ~ 36000 米范围内有敌战列舰 6 艘。”

卡特发现的正是急于赶往指定海域与小泽会合的宇垣舰队。不过这支舰队只有“大和”号和“武藏”号，并无 6 艘战列舰存在。连续接到 2 艘潜艇发来的电报，洛克伍德在将上述消息上报尼米兹的同时，下令附近海域游弋的“刺鳍”号、“尖嘴鱼”号潜艇火速赶往日军主力舰队可能航线的前方占位，伺机攻敌并及时发出有关敌舰位置的最新报告。

6 月 15 日，刚服役不久、首次参战的美军潜艇“刺鳍”号正快速赶往菲律宾东部海域指定巡逻区，接替已在那里巡航了很久的同伴“飞鱼”号。航行途中，艇长赫尔曼·科斯勒少校收到珍珠港发来的最新命令：“‘飞鱼’号已发现敌军主力舰队正在向马里亚纳挺进，取消你艇巡逻任务，迅速前往圣贝纳迪诺海峡以东 560 公里海域占位。”珍珠港的命令非常及时，“刺鳍”号刚刚抵达指定位置不到 3 个小时，就在 16 日凌晨 0 时 30 分发现了两艘日军油轮和 2 艘护航驱逐舰。科斯勒立即命令下潜，寻机攻敌。在日舰周围转悠了4小时之后，“刺鳍”号终于捕捉到了战机。不料此时1艘日军驱逐舰发现了美军潜艇，快速冲过来投下了深水炸弹。科斯勒只好下令紧急下潜躲避攻击。日军驱逐舰在潜艇头顶巡逻了很久才悻悻离去。当“刺鳍”号再次浮出水面时，海面上已经空空如也。

失去战机的确令人扫兴，但科斯勒还是第一时间将发现日军油轮的消息发往珍珠港。空荡荡的海面上突然出现2艘油轮，说明附近一定有大舰队存在。洛克伍德命令科斯勒放弃前往与“飞鱼”号换班：“目前追踪油轮更加重要，它们与日军舰队一定有加油会合点。如果继续对其进行追踪，说不定能钓上大鱼。跟踪、袭击、报告，打起精神来！”洛克伍德向附近3艘潜艇通报了这一情况，要求他们提高警惕。得到命令的“刺鳍”号立即开足马力快速追击，但空中至少3次出现的日机迫使他不得不频频下潜，科斯勒还是遗憾跟丢了目标。

两支包含航母和战列舰在内的日军舰队进入菲律宾海的惊人消息，迅速传到第五舰队旗舰“印第安纳波利斯”号。出乎大多数人预料，斯普鲁恩斯对日军大举来袭表现得非常镇定。“他只有在绝对必要时才开口说话，”在司令部服役多年的一名少校参谋说，“但他所说的每一个字对眼前情况来说都恰如其分，并且至关重要。”此前，斯普鲁恩斯对日军是否会全力出击持怀疑态度，他们在麦克阿瑟进攻比亚克岛时的畏畏缩缩暴露了他们的低迷士气，因为那里距日军兵源和补给线更近。潜艇部队发来的消息完全改变了他的看法：“我认为，我之前对他们战略意向的估计是大错特错的，”他在写给尼米兹的信中说，“他们已经下定决心，甘愿冒一切风险，在我军开展大规模两栖行动的初期和关键阶段与我们决战。潜艇发来的消息极大改变了战局。”

斯普鲁恩斯离开旗舰，乘小艇前往特纳指挥舰“落基山”号。航途中，他看到了很多臃肿的运输船，来回穿梭的登陆艇正在向岸上运送物资。它们看上去非常孱弱，很可能成为日本人的活靶子，如果米切尔不能提供足够保护的话。运输船队身边虽有众多老式战列舰和护航航母，但它们速度实在太慢，很容易在与日军的交锋中处于被动地位。况且奥登尔多夫的任务是支援岛上作战，他的战列舰主要装备对岸射击高爆弹，用于海战的穿甲弹数量有限。护航航母几乎没有装备鱼雷和穿甲弹，它们的使命是使用有限的舰载机，用薄皮高爆弹对岸上部队提供火力支援。

“洛基山”号宽敞的指挥室里——这里条件比巡洋舰好很多——斯普鲁恩斯见到了特纳，当时霍兰和他们的参谋长都在。“日本人正在尾随我们，”他告诉几名手下，“我对运输船的安全感到担忧，你们能把它们移到东边更安全一点的地方吗？”特纳回答说“不能”，因为岸上战斗正在激烈进行，运输船不能轻易撤走，船上有登陆部队急需的弹药和补给。特纳后来回忆说：“在离开珍珠港之前，我们已就日军舰队可能采取的行动进行了长时间研究。在某一点上，大家的意见是一致的。即无论出现任何情况，在远征军登陆时，第五十八特混舰队必须为其提供足够掩护。”

“好吧，”斯普鲁恩斯说，“但 16 日以后，你们不要指望能从快速航母舰队那里得到任何支援，它们必须集中精力对付远道而来的日本人。拿着你暂时不需要的一切东西从这里向东，我将与米切尔第五十八特混舰队会合，尽量让日本人远离你们。”几年之后，特纳的参谋长罗伯特·霍姆伯格少将依然清晰记得当时的情景，他和霍兰的参谋长格雷福斯·艾斯金准将一致认为，斯普鲁恩斯一定会信守自己的承诺，不会像弗莱彻在瓜岛那样，擅自撤走航母舰队，把运输船扔在近海不管。

三人回顾了岸上形势，确定了舰队保护滩头的最佳方案。此前，他们曾乐观地将登陆关岛的时间定在了两天后——6 月 18 日。鉴于日军航母舰队正快速逼近，斯普鲁恩斯下令无限期推迟这项行动，康诺利少将的南部战斗群将暂时返回埃尼威托克，等待下一步作战命令。在霍兰的部队完全控制塞班岛之后，盖格少将的部队才能对关岛发起进攻。

霍兰提出，由于塞班岛战斗异常激烈，能否让在海上待命的预备队第二十七步兵师尽快登陆。斯普鲁恩斯表示同意。几人商定，17 日白天运输船继续向岛上输送物资，天黑后撤至塞班岛以东安全水域，战场急需舰艇于 18 日返回礁盘。为集中兵力迎击日军航母舰队，斯普鲁恩斯命令特纳从两支火力支援大队抽调 5 艘重巡洋舰、3 艘轻巡洋舰和 21 艘驱逐舰给米切尔，壮大第五十八特混舰队的实力。米切尔率队西进之后，奥登尔多夫两个火力支援大队的老式战列舰和其他舰只，将在塞班岛以西 45 公里处拉起一道警戒线，防备日军寻隙迂回，对登陆滩头发起攻击，避免出现萨沃岛海战那样的悲剧。奥尔登多夫还需应岛上部队要求，提供必要的炮火支援。部署在塞班岛以西海域的护航航母将持续为运输船提供空中掩护，并为地面部队提供必要空中支援。当天下午晚些时候，第二十七师一个团和炮兵部队率先登岛。

做出上述决定之后，斯普鲁恩斯宣布，他将率“印第安纳波利斯”号加入第五十八特混舰队，参与迎击日军的战斗。他明示特纳和霍兰，潜艇已发现日军两支舰队不断逼近，预计他们将在当晚会合，也可能不会合，分头前来。当他转身准备离开时，霍兰问：“你认为，日本舰队会掉头逃跑吗？”

“不，现在不会。”斯普鲁恩斯的语调依然不疾不徐，“他们有更大的目标。想要轻易取胜，他们本可以攻打为麦克阿瑟将军登陆比亚克岛提供掩护的那支舰队，金凯德兵力相对较少。但我们现在攻打马里亚纳群岛，是一个巨大的挑战，日本海军不可能置之不理。”

日军航母大举出动的消息在珍珠港引发了不小的骚动，毕竟 20 个月没露面了。在作战室召开的敌情通报会上，已晋升为太平洋舰队副司令官的陶尔斯中将指出，日军有一个有利条件：如果小泽进入塞班岛周围 1100 公里之内，而美军第五十八特混舰队位于他和岛屿中间，小泽很可能实施“穿梭轰炸”。即他们的飞机在攻击美军舰队后，直接到岛上降落，补充油弹后掉头发起第二轮攻击，最后返回航空母舰。在此期间，美军飞机无法对攻击半径之外的日军发起攻击，只有被动挨打的份儿。看来，小泽精心策划的“穿梭轰炸”并无多大奥妙，是个人都看得出来，包括老酒。

陶尔斯认为，避免出现这种局面的最好办法，是在日军舰队靠近岛屿之前，实力明显占优的米切尔主动向西迎击，寻觅战机与敌打一场遭遇战。他建议尼米兹命令斯普鲁恩斯这么做。尼米兹没有采纳他的建议，认为远在后方通过电报指挥前线指挥官如何打仗是不恰当的做法。但出于谨慎，尼米兹还是让参谋长麦克莫里斯给斯普鲁恩斯发去一封电报，指出敌军有进行“穿梭轰炸”的可能性。

日本电台广播说，美日双方在马里亚纳群岛海域即将爆发一场大海战。当新闻记者向尼米兹提出这一问题时，上将回答：“我希望他们讲的是真话。我真不知道怎样才能把他们引诱出来，打一场大仗。”尼米兹此时与中途岛海战前的山本五十六倒有几分相像。尼米兹本人及太平洋舰队了解情况的高级军官都对第五舰队挫败日军充满信心。是呀，当初在中途岛，那么困难的条件下都能打赢，有什么理由怀疑今非昔比的斯普鲁恩斯再铸辉煌呢？

16日当天，岛上激战仍在持续。美军陆战四师向东岸挺进，试图将岛上日军切割为南北两部，分而歼之。陆战二师受命肃清已占领区，巩固登陆场，接应即将在当晚或次晨登陆的第二十七师。斋藤谋划当晚发起一次大规模夜袭。这一行动无疑应该在美军尚未站稳脚跟的登陆日当晚进行，日军已错过了最佳反击机会。受命出击的除小川第一三六步兵联队、河村第四十步兵联队第三大队外，第十八联队第一大队残部、第四十七独立混成旅团第三一六独立大队和第九坦克联队所有44辆坦克将悉数出战。唐岛辰雄海军特别陆战队和第一三六联队第一大队也会从加拉潘地区沿海岸南下，策应主力部队的攻势。

五岛坚持他的坦克单独行动，发挥机动优势直捣敌后，被参谋长铃木强压下去。为防止五岛耍滑，铃木决定亲自乘坐五岛的坦克督战。17日凌晨2时30分，日军发起了太平洋战场最大规模的坦克突击——仅44辆坦克就称作“最大”，这一情景如果被在欧洲、北非打仗的古德里安、隆美尔、巴顿、蒙哥马利看见，他们一定会笑掉大牙的——斋藤将攻击目标对准了陆战六团一营和陆战二团二营阵地接合部。

日军的突击并未达成突然性，美军对它们惯用的夜袭早有预料。但他们估计日军能出动的坦克不会超过12辆，黑暗中突然冲出这么一大群坦克，还真把美国人吓了一大跳。在团长莱斯利上校的带领下，美军利用机枪和37毫米反坦克炮拼命阻击，但日军坦克依然隆隆地冲了过来。美军迫击炮、75毫米和105毫米榴弹炮向日军坦克和步兵疯狂倾泻炮弹。日军针对美军炮兵的反击炮火很快打响，美军炮兵伤亡惨重。

五岛和铃木乘坐的坦克冲在最前面，很快被美军炮火击中动弹不得。五岛改乘其他坦克继续冲锋，铃木只好步行返回后方。日军坦克兵异常彪悍，一些车长甚至爬出车顶指挥射击。半小时后，几辆坦克突破美军前沿阵地。莱斯利就地组织反击，双方建制均被打乱。第一营副营长詹姆斯·多诺万少校如此描述当时的情景，“整个战场仿佛炸开了锅，到处是鬼哭狼嚎，曳光弹不断升起，火光闪闪烁烁”。

应岛上部队请求，停泊在近海的“路易斯维尔”号重巡洋舰和“哈尔西·鲍威尔”号驱逐舰加入了阻击行列，向已被陆战二团第二营岸上火力控制队精确定位的日军坦克猛烈开火。战斗中，美军几名上等兵火箭炮手表现出色。赫伯特·霍奇斯弹无虚发，和搭档查理·梅里特用7发火箭弹报废日军7辆坦克。劳伦·卡恩和刘易斯·诺尔德也击毁了3辆坦克。罗伯特·里德用4发火箭弹点燃了4辆坦克。火箭弹打光之后，里德拿出燃烧手雷直接冲向了第五辆坦克，强行打开舱盖将手雷塞了进去。

一名隐蔽在战壕里的陆战队员看到1辆日军坦克从旁边驶过，冲上去用原木卡住了坦克负重轮，使它原地打转无法前进。当日军坦克手打开舱盖欲看个究竟时，这名陆战队员已爬上去直接将手榴弹丢进了炮塔。“那辆坦克顿时像火山爆发一样炸了开来。”第一营营长琼斯中校在日记中这样写道。“战斗十分精彩，”陆战队员弗莱彻·普拉特说，“我们这些参加过塔拉瓦之战的老兵已经有了丰富的作战经验，绝不会轻易离开战壕，而是等到哐啷哐啷的声响过去以后，才从坦克虚弱的侧翼或后方发起攻击。”

极少有日军坦克能够抵御美军强大的阻击火力，向前冲锋的坦克越来越少。战斗持续到清晨7时，战场上除少数日军狙击手的零星枪声和陆战队员的还击之外，大部分地段都安静下来。美军仔细审视战场，发现瘫在地上冒烟的日军坦克达到了31辆，一辆被烧毁在790高地山路上的坦克燃烧了整整一个白天。坦克残骸冒出的袅袅黑烟严重打击了日军士气，同时鼓舞了他们的对手。

美军成功挡住了日军的反击，斋藤损失的大量坦克毫无得到补充希望。师团参谋长铃木在总结败因时说：“夜袭部队前进时，敌军使用了大量照明弹，黑夜变得如同白昼，部队机动十分困难。”日军在夜袭中损失惨重，小川第一三六联队被彻底打残，剩余兵员不足一个大队。第三大队自大队长野村春雄以下集体阵亡。第十八联队第一大队还剩不到80人，大队长久保正男在撤退时被打死。第四十联队第三大队自大队长河村以下悉数毙命。第九坦克联队只剩12辆坦克，还不够一个中队的编制。联队长五岛和第三中队中队长西馆法夫在冲锋时毙命，第五中队中队长柴田胜文临时接任联队长职务。接到前线攻击受挫的消息，斋藤不得不承认海滩已落入美军之手，日军丧失了将敌人赶下海的最佳时机，这种机会不会再有第二次。井桁发往东京的电报早没有了之前的豪气：“我们的守备部队已经陷入了极度混乱。”当晚美军付出的代价是伤亡97人——日军攻击正面的陆战六团一营78人，左翼的二团二营19人。在战役前两天，美军伤亡总数已经超过3500人。

17 日，美军继续进攻。上午，第二十七步兵师第一六五团登陆，在团长凯利上校带领下开始向阿斯利托机场攻击前进。日军独立混成第四十七旅团竭力抵抗后败退。登陆日当天，美军舰炮炸死了旅团长冈芳郎，加岛三郎火线接替旅团长职务。当晚，美军先锋部队已推进至距机场仅 200 米处。

当天中午，13 时 50 分，霍兰向特纳告别，离开“洛基山”号，乘登陆艇登上海滩，在查兰卡诺亚建立第五两栖部队总部，接管了岛上部队指挥权。此时第二十七师的三个炮兵营正在登陆，他们将在最短时间内建起炮兵阵地。两艘装载防空炮的坦克登陆舰正穿过水下爆破队开辟的航道，第二十七师师长拉尔夫·史密斯少将、炮兵指挥官雷蒙德·柯南准将、参谋长阿尔伯特·斯特宾斯上校就在其中一艘上，他们登陆后迅速建立起前敌指挥所。

对霍兰来说，最让他恼火的是在参谋选作指挥所的平房前边，一具水牛的尸体已经腐烂，散发出永远挥之不去的恶臭。参谋很快调来推土机，将它埋了起来。霍兰前往位于制糖厂附近的海滩，见到了陆战四师施密特少将。听完施密特的汇报并得知确切伤亡数字之后，霍兰明白要迅速打开局面，必须以最快的速度拿下主峰塔波查山。日军盘踞在山峰四周的高地上，掩护的火炮位于山峰下手指状的山脊之间，随时对美军实施水平射击。

“攻打塞班时，我 62 岁，”霍兰说，“在那个月里，我多次感到自己就像一个疲惫的老头儿，我所指挥的战役需要精神和体力都极为充沛，所以我时常感到压力重重。”下午，前方传来好消息，第二十七师第一六五团先锋营已抵达阿斯利托机场西南角。霍兰知道自己的士兵不缺乏勇气，他们丝毫不惧怕日本人。大家担心的事情只有一件，就是海军舰队会突然撤走，将他们留在岛上不管。“我决定以最快的速度出击，迅速攻占全岛。”霍兰说。

特纳和霍兰面临着巨大压力。为迎战小泽，斯普鲁恩斯不但带走了快速航母舰队，还抽调了火力支援队的部分舰船。奥登尔多夫的老式战列舰在岛西列阵，使岛上作战能够得到的火力支援力度骤减。特纳让运输船和货轮停在岛东海面上，由护航航母加以保护。在霍兰看来，这只会使他的陆战队员遭到日本人无情的围攻，“在日军的强攻下，我们就像一群无助的孤儿。一旦舰队离开，唯一不确定又极其重要的问题是时间，我们能在这里坚持多久？这个问题的答案，取决于斯普鲁恩斯能否战胜日军舰队”。霍兰对岛上作战做了最坏打算，他告诉手下三位师长：“如果真到了全军覆没的时刻，没人能活着出去讲述我们的悲惨故事。我会与你们共同赴死！”

当天，位于雅浦岛的小畑收到了东条发自东京的激励电报：“大日本帝国的命运在于你们奋战的成败。全体官兵要振作精神，一直战斗到歼灭敌人为止，以解天皇陛下之忧。”收到小畑转来的电文，井桁参谋长迅疾回电：“已收到您代表陛下发送的电文。我等非常感激陛下的宽宏圣恩，唯有不惜万死，以血肉之躯铸成太平洋壁垒，以谢隆恩。”

话虽说得非常好听，但东条清楚，凭岛上现有兵力挡住登岛美军的进攻希望不大。目前最关键的是尽快向岛上派出增援。东条一面敦促小畑尽快回塞班主持大局，一面责成作战部迅速制订增援计划。作战课计划在 23 日派出由 1 艘高速运输船、3 艘军用运输艇组成的船队，给塞班岛送去 2000 立方米物资和 1000 名兵员。其中包括可供 5 个大队使用的 47 毫米速射炮，供一个大队使用的 200 毫米臼炮，5 门 300 毫米臼炮，一个坦克小队和一个火箭筒中队及弹药、炸药等。海军将为岛上部队送去 120 毫米高射炮炮弹，同时从负责北方防务的第五舰队抽调 2 艘重巡洋舰、2 艘轻巡洋舰和 5 ～ 7 艘驱逐舰为运输船护航。

除上述人员装备外，参谋本部还拟以驻扎在小巽他群岛的第四十六师团主力登岛增援，该师团尚在本土的第一四五步兵联队奉命在最短时间内抵达横滨港。但增援部队能否成行，取决于日军能否取得作战区域的制空权和制海权。岛屿最终归谁所有，全看小泽第一机动舰队和米切尔第五十八特混舰队的海上对决了。

16 日上午，美军第二、第三大队分别出动舰载机 69 架次、149 架次，对塞班岛发起多轮空袭。下午，上述两个大队在塞班以西海域接受海上补给。选择这一区域加油是为了更接近日军舰队，舰载机的搜索可以覆盖到向南和向西的更大区域。米切尔通过 TBS 告诉蒙哥马利和里夫斯：“相信日军在可以飞抵雅浦和乌利西的陆基航空兵掩护下从偏南方向接近，试图在关岛周边行动。但他们也可能由西接近。我们的搜索必须覆盖上述两个可能遇敌的方向。我会要求克拉克和哈里尔明天在北边和西边进行搜索。”但一直到 17 日清晨 6 时，四个航母大队的搜索毫无发现。

鉴于日军舰队正在不断逼近，17 日 10 时 30 分，米切尔将护卫登陆船队的任务交给护航航母，自己率两个大队驶向北纬 15 度、东经 142 度 35 分指定位置。

结束对岸炮击任务的第七大队也向这一位置靠拢。米切尔下令各大队出动舰载机，对 185 度—315 度区域实施大范围搜索，一无所获。当天 17 时，从护航舰队中抽调的 5 艘重巡洋舰、3 艘轻巡洋舰和 21 艘驱逐舰汇入第五十八特混舰队。米切尔收到斯普鲁恩斯的命令："要求你们谨慎选择已计划好的部署和行动，以在最有利的情况下接敌。我会在必要时发出命令，同时向你和李阐述详情。"

尽管遭到美军的多轮打击，角田第一航空舰队仍在进行的不懈努力。当天 13 时 45 分，从雅浦岛机场再次杀出一支攻击机队，第五二三航空队飞行队长渡部俊夫的 19 架俯冲轰炸机，由 31 架零战护航。黄昏时分，渡部机队在塞班岛以东 65 公里处发现一支美军"航母舰队"，毅然发起了"薄暮攻击"。幸存飞行员汇报角田："大破敌 3 ～ 4 艘特设航母、1 艘大型驱逐舰或运输船。"实际上，遭到攻击的是美军的 4 艘护航航母和第五十二特混舰队第十一大队。

日军飞行员的报告并非全是吹牛。17 时 52 分，护航航母"冈比亚湾"号左舷外侧落下 3 颗近失弹，爆炸导致 5 名水兵受伤。1 分钟后，1 颗炸弹准确命中"范莎湾"号第 167 号肋骨即后部升降机左前部位，当场炸死 14 人、炸伤 23 人。日军为此付出的代价是 11 架俯冲轰炸机和 16 架零战未能返航，1 架轰炸机不知所终。

根据潜艇发回的通报，尼米兹判断决战随时可能打响。当天下午，他向斯普鲁恩斯和第五舰队发出了激励电报："在舰队战斗爆发前夕，海军和合众国均对你和你麾下的将士充满信心。我们期待你们能够取得决定性的胜利！"

在日军飞机频繁出没的海域艰难航行一天之后，"刺鳍"号潜艇在 6 月 17 日黄昏时分再次浮出水面，夜幕对科斯勒非常有利。21 时 15 分，潜艇雷达捕捉到 20000 米外有水面舰艇的回波，屏幕上的反射点显示那是一支庞大的特混舰队。科斯勒推断这支舰队至少有 7 艘大型舰艇，其中最少有 1 艘航母，它们正以 19 节航速按"之"字形反潜路线向东疾进。"显然，我们追踪到一支大型特混舰队，它们正在匆忙赶往某个地方。"科斯勒说。

此时"刺鳍"号位于敌舰队前方，可以伺机发起攻击。声呐员报告说，探测到大批快速旋转的螺旋桨，说明舰队中至少有 15 艘以上驱逐舰。科斯勒面临艰难抉择。他们之前还没有与敌交火的记录。如果贸然发起攻击，一旦失败，势必延迟或无法发出接敌信号。斟酌再三，科斯勒决定放弃攻击，首先确保自己安全，以尽快向上级发出警报。在随后1个多小时里，“刺鳍”号始终保持在水下90米深处，一边数着上面的桅杆，一边竭力隐蔽行踪。午夜时分，当敌舰影子在潜望镜中消失之后，科斯勒下令浮出水面，于18日2时21分向洛克伍德发出了接敌报告。

“在收到潜艇发回的消息之后，”洛克伍德说，“我们随即通知了所有潜艇，作战海域至少有2支日军舰队，所有潜艇指挥官可以先斩后奏。上面一连串敌舰吓不倒我们的队伍。除了这些舰艇，我们还有更多舰艇蓄势待发，它们全都彪悍、顽强而凶险。”子夜过后，科斯勒下令潜艇浮出水面，以最高速度追击敌人。谁也不会料到，初出茅庐的“刺鳍”号很快将获得令人瞠目结舌的辉煌战绩。

“印第安纳波利斯”号作战室里，斯普鲁恩斯正和参谋长穆尔及众参谋商讨迅速变化的情况。“目前情况下，如果我是日军指挥官，”斯普鲁恩斯说，“我会把兵力分开部署，希望敌人能够发现我们留在西方的部队，这样就可以诱使敌舰队主力离开塞班岛。随后，我会将打击部队分成多股进入该岛，毁掉他们的运输船，消灭他们的增援部队。”18日凌晨3时，一封转自“刺鳍”号的报告说明，日军一支规模庞大的特混舰队正在向东快速驶来。这支舰队和之前“飞鱼”号在圣贝纳迪诺海峡发现的是同一支吗？第五十八特混舰队的打击范围是720公里，理论上日军很难绕开，但并非完全没有可能。战争已打了2年多，斯普鲁恩斯对日军惯用的战术了然于胸。在珊瑚海、中途岛和瓜岛，他们往往兵分多路，试图发起迂回攻击。这一次，他们还会那么做吗？

17日夜至18日晨，“布拉德”号先后出动4架PBM水上飞机，在255度—195度区域进行半径1110公里远程搜索。第五十八特混舰队也于18日4时35分出动多架舰载机，对205度—185度区域进行半径600公里搜索，均无发现。6时30分，米切尔收到“刺鳍”号发出的消息。伯克推断，日军舰队一定在继续向东快速移动。如果日军按现在的方向和航速前进，己方白天的搜索就可能在14时30分前后，距离560公里处发现他们。如果第五十八舰队快速西进，当晚就可能有一场夜战发生。他提醒米切尔：“如果我们在下午或晚上接近目标，而日军又有意应战，我们应该做好夜战准备。”驱逐舰军官出身的伯克一直是航母的忠实支持者。

米切尔询问第七大队司令官李中将：“你希望进行一场夜战吗？我们可能在

下午以航空搜索发现日军，并在今晚发起攻击。反之，我们今晚就应向东撤退。我在等待第一、第四大队的加入。”

众所周知，李中将正是凭借瓜岛夜战名闻天下！他的回答出乎除斯普鲁恩斯外所有人的预料，也彻底打消了米切尔冒险夜战的念头：“不可以！再强调一遍。不要以为我们应该和他们夜战。即便我们在雷达上具有优势，但我军会面临通信障碍，我们的舰队缺乏夜间战术训练。当然，对于遭到重创或逃跑的敌军舰队，不论何时，我们都应穷追不舍。”

上述通话结束后不久，米切尔和李同时收到了斯普鲁恩斯的命令：“第五十八特混舰队（含第七大队）必须为塞班岛及参与交战的部队提供掩护。我仍然认为，日军的攻击主力将来自西方。当然，他们也可能绕道而行，从西南方向发起攻击。牵制袭击可能来自东西两个侧翼，日本也可能增派援军。白天西进，夜晚东撤，这样能减少日军在夜间超过我们的可能性，我们才能更好地保卫塞班岛。你们在白天西进的程度应当以空中行动和节约燃油为限。在敌情需要你们采取其他行动之前，你们应当停留在能够为塞班岛提供空中支援的范围之内。”

10时30分，完成空袭硫黄岛任务、兼程南下的第一、第四大队与米切尔主力舰队会合。加上早已到来的第七大队，早先分作三部的第五十八特混舰队在塞班岛以西海域完成了集结，准备迎击前来挑战的日军舰队。

尽管已遭受多轮打击，但“逢敌必战”的角田始终在集结残余力量，试图完成小泽舰队到来之前“瘫痪美军1/3以上航母”的“光荣任务”。18日12时20分，由重松康弘率领的10架攻击机在31架零战——其中20架挂载小型炸弹——护航下再次从雅浦岛出击，攻击了第五十二特混舰队第十一大队。美军快速航母舰队已经集结向西航行，一众护航航母纷纷放飞“地狱猫”进行阻击。随后爆发的空战中，“珊瑚海”号舰载机中队声称击落日机10架，击伤6架。“科雷希多”号舰载机中队宣称击落2架，疑似击落3架，击伤1架。挂载炸弹的零战攻击了位于塞班岛150度、7公里处的一支船队，重松声称击破美军1艘航母、3艘巡洋舰或驱逐舰、1艘战列舰和3艘运输船，击落战斗机4架和俯冲轰炸机1架。

日军的进攻并非毫无结果。1架轰炸机迎头撞向“冈比亚湾”号，在从左舷舰首擦过时用机枪扫射。另一架轰炸机向“珊瑚海”号投下炸弹，可惜未中，这架飞机被击落在航母尾流之中。1架轰炸机投下的炸弹准确命中波根少将的旗舰“范莎湾”号，机库甲板上的剧烈爆炸导致11人丧生。幸运的是，爆炸因未波及附近的航空鱼雷，未酿成更大的灾难。尽管如此，连续遭到攻击的“范莎湾”号还是受命驶出大队，直接返回埃尼威托克大修。

16时09分，日军投下的1颗250公斤炸弹命中油轮“萨拉纳克”号第二十八号肋骨、驾驶舱顶部左后方，其载货甲板右侧又中了1颗近失弹。爆炸造成水兵亡7人、伤22人。另1颗炸弹击中油轮“尼萨尼克”号载货甲板右前方，与其余6颗近失弹一起造成水兵1人失踪、33人受伤。3颗近失弹导致“绍加图克”号水兵亡1人、伤4人。重松机队为此付出22架飞机未能返航的惨重代价。更要命的是，飞行员明显夸大战果，严重干扰了角田的判断，间接影响到小泽主力舰队的作战。

6月18日一整天，美日两支势不两立的舰队在马里亚纳群岛以西海面搜寻对方的行踪，犹如摸不准对手在何处的瞎眼拳击手。美国人小心翼翼地提防日本海军航程较远的飞机，日本人则决意不让第五舰队发挥其强大火力。当天，米切尔派出的众多搜索机没有1架发现小泽舰队——战后确定的事实证明，美军搜索半径短了100公里，这正是小泽渴望的结果。

当天的搜索毫无结果，但美国人确信，日军的出现只是一个时间问题。日落前，斯普鲁恩斯和米切尔明白，战役先机美国人很可能拿不到了，还是先考虑迎接对手的挑战吧。米切尔一声令下，在塞班岛以西1600平方公里海域，美军第五十八特混舰队摆出了战斗队形：舰队以第三大队为核心；第七大队7艘新式战列舰、4艘重巡洋舰和14艘驱逐舰前出至第三大队以西24公里处，以“印第安纳”号为中心排成环形阵；第一、第二大队分别在第三大队以北、以南20公里占位；第四大队则位于第一大队以西20公里处。此外，李还在战列舰队中心“印第安纳”号西侧16公里部署了第一〇六驱逐舰分队“亚纳尔”号、“斯托克姆”号实施警戒。由110艘作战舰艇——其中块头最小的是驱逐舰——组成的巨大反“F”形阵势，在塞班岛以西海域形成。美国人已经严阵以待！

米切尔将李的第七大队摆在最前方，与小泽将栗田舰队至于前卫位置有异曲同工之妙。此举旨在让皮糙肉厚的战列舰替脆弱的航母承受第一轮打击，同时削弱敌人空中力量。第四大队置于第七大队侧后，意在让其为战列舰队提供必要的防空保护。高手过招，端的是不同凡响，一招一式中规中矩，颇具章法。

在舰队上空执行反潜巡逻的“企业”号战斗机飞行员查尔斯·戈登上尉曾如此描绘眼前的壮观一幕：“日出时分，我们在第三大队上空执行战斗巡逻任务。这支编队包括4艘航母，大型航母‘列克星敦’号、‘企业’号，轻型航母‘普林斯顿’号、‘圣贾辛托’号。在空中我们能够看到更北面的‘大黄蜂’号、‘约克城’号和南面的‘邦克山’号和‘黄蜂’号。在6月19日共计5小时的两次飞行中，我一直没有看见西北面的‘埃塞克斯’号。真正给我留下深刻印象的是‘企业’号西边那个巨大、完美的钢铁花环。花环中央是一艘战列舰，一群轻型舰艇环绕在它周围。我们小队4架‘地狱猫’从它们上空飞过好几次。这或许是迄今为止地球上出现过的最威武、最庞大的舰队。”看到此处，老酒禁不住心驰神往，心中只有“羡慕嫉妒不恨”。

18日清晨，小泽第一机动舰队以20节航速、60度航向向东北方向挺进。5时开始，位于最前方的第三航空战队陆续放飞了14架九七式鱼雷机，重巡洋舰“羽黑”号和“妙高”号也放飞了2架水上侦察机，对美军可能出现的水域实施搜索，毫无发现。1架鱼雷机在降落时严重损伤，第六五三航空队分队长雪竹太郎的鱼雷机未能返航。根据美军作战记录，雪竹机很可能是被“埃塞克斯”号雷蒙德·特纳——这名字真厉害，把领导的姓名全用上了——中尉的“地狱俯冲者”和詹姆斯·达菲少尉的“地狱猫”联手击落的。另外，“妙高”号飞曹长中村藤雄的飞机失踪。

11时整至11时35分，小泽下令第六〇一航空队先后升空12架彗星侦察机，向东执行半径740 ~ 820公里、侧距74公里的搜索。14时02分，负责94度线的13号机发现美军舰队，机长兼侦查员横山末义迅速发回接敌电报：“发现美军舰队，航母位置不明。”14时15分，横山报称发现另一支美军舰队：“航母数量不明。”14时45分，横山报称发现新目标：“敌兵力为航母数艘、战列舰2艘，其他舰只数量不明。”虽然遭到1架“地狱猫”的追杀，风挡玻璃被击碎，横山还是在18时30分顺利返回母舰，途中还对一艘在海上巡航的美军潜艇进行了压制。

负责105度方向的17号机同样在13时30分开始陆续发回接敌消息。其中15时09分的电报称：“发现含航母在内的敌军舰队，数量不明，其他舰只10余艘。”16时10分的电报称：“美军舰队分3群，第一群含‘萨拉托加’级航母2艘，驱逐舰 10 到 15 艘，第二群 2 艘航母，其余舰船 10 余艘。三支美军舰队均向西航行。”17 时 15 分，日军确认与该机失去联系，判断已被美机击落。

负责 84 度方向的侦察机同样于 15 时 10 分发回电报：“发现含有航母在内的敌军舰队，数量不明。”这架飞机后来同样失去联系。另外未能返航的还有沿 74 度方向搜索的第十一号机。

综合数架侦察机的报告，小泽对敌情已经有了大致判断。18 日 15 时 10 分，他在“大凤”号向各部下达了“机动部队信令作第 16 号”：

一、判断敌机动部队 14 时位于硫黄岛 220 度、650 公里海域，即塞班岛以西 290 公里。

二、主力舰队暂时撤离，尔后北上，并于明晨捕捉歼灭北方之敌军，随后击灭东北之敌机动部队。

15 时 35 分和 50 分，小泽连续下达第十七号、第十八号命令，对 19 日机动部队接敌和搜索做出详细部署。

最猴急的当数第三航空战队司令官大林。得到美军航母现身的消息，大林于 15 时 30 分急不可待地从“千代田”号放飞了 22 架战机——战斗轰炸机 15 架、“天山” 3 架、零战 4 架，临时编成第一〇一攻击队，前往搜索并攻击美军航母。飞行员受命在完成攻击后直接飞往关岛奥罗特机场降落，以免夜间着舰之险。

大林的计划遭到第一机动舰队司令部的否决。小泽认为，如果飞机现在起飞，他们就无法参加预定次日上午发起的总攻。况且出动如此少的战机进攻美军庞大的机动部队，不但难以收到满意效果，反而有可能打草惊蛇，引起美军的足够警觉。小泽清楚自己只有一次机会，必须把握出剑时机，力争一剑封喉。“让咱们明天一起好好干吧。”他对身边的古村说。不过小泽私下担心，这个“千载难逢的良机”不会再来。根据小泽的命令，小林的飞机 16 时 15 分重新在航母上降落。贸然起飞不但耗费了不少燃油，1 架战斗轰炸机降落时不慎坠入大海，凭空减弱了攻击力量。

次日上午的战斗无疑是决定性的。考虑到舰队位于美军攻击半径之外且一直在快速航行，当天 20 时，一向谨小慎微的小泽终于打破无线电静默致电角田，第二天拂晓出动陆基战机发起联合进攻。这一电波立即被珍珠港情报中心准确捕捉到。

截至目前，一切似乎都在按日本人的预计向前发展。“大淀”号上，丰田和草鹿对目前的战况非常满意。草鹿对即将到来的决战充满了信心，他在日记中这样写道：“我们对胜利坚信不疑，甚至要举杯相庆了。”“机动舰队司令部真能沉得住气呀！”作战部长中泽的话近似呻吟。红砖楼二楼作战室，作战课全体成员正襟危坐，气氛紧张得像被人掐住了脖子。决定日本海军最终命运的胜负就在明天，恬静的夜晚更深了。

18 日夜幕降临时，小泽已大致掌握了美军舰队的方位并对次日作战做出了安排，美军对敌人的位置和意图却一无所知。海上寂静无声，“印第安纳波利斯”号上，一名年轻军官的话说出了大家的心声：“如果老爷子这次打赢了，全国各地都会有用他名字命名的街道。”但斯普鲁恩斯考虑的并非这种虚名，至少目前，他还不能毫无顾忌地追击日军。

“列克星敦”号的作战室里，米切尔对之前斯普鲁恩斯对航母舰队做出的限制非常恼火——两人不睦的种子早在中途岛海战时就已经种下，之后虽然稍有缓和，但完全消除似乎不太可能。夜幕降临时，所有空中行动已经停止，米切尔不必再受信风的束缚，可以向西快速挺进以拉近和日军的距离，以便次日将敌人纳入攻击范围。23 时整，第五十八特混舰队位于北纬 14 度 27 分、东经 142 度 06 分，航向 80 度，航速 17 节。参谋们测算，次日清晨 4 时整，舰队与日军的距离就可以缩短到 370 公里，足以让“地狱猫”和“复仇者”发起黎明攻击。米切尔告诉伯克：“这可能是战斗地狱，我想，我们能够战胜它！”

21 时整，斯普鲁恩斯接到珍珠港的紧急电报。太平洋舰队情报部门高频测向队通过三角测量发现，在第五十八特混舰队西南偏西 570 公里处，北纬 13 度、东经 136 度位置出现日军无线电信号。但是斯普鲁恩斯认为，信号不可能来自日军最重要的机动部队，这类违纪事件几乎不可能发生，而很可能是敌人的调虎离山之计。他们可能派出一支牵制性兵力，把美舰队主力诱出登陆区域，主力部队从侧翼迂回对登陆船队发起攻击——4 个月后，日本人在莱特湾就是这么干的。考虑到美军此战首要目标是夺取岛屿，而不是歼灭日本联合舰队，斯普鲁恩斯决定让第五十八特混舰队仍取纯粹防御姿态，让日军决定战役的节奏。

21 时 45 分，米切尔同样收到了珍珠港的电报。参谋们迅速在海图上标明位置，判断日军位于第五十八特混舰队西南 660 公里。目前情况对美军极端不利。

当天下午，负责搜索和巡逻的美军战机已有多次与日机遭遇并击落敌机的报告。米切尔据此认为，日军肯定已知晓了自己的准确方位。加上他们燃油不足急于开战，一定会从西方直奔过来。他知道小泽的舰载机能够在美军舰载机的活动范围之外发起攻击，如果来自珍珠港的情报属实，他必须利用天亮前的几小时快速西进，才能接近必要的攻击距离。若拂晓后再快速西进，势必贻误战机。菲律宾海的风向不利于美国人：美军舰载机起飞时，各航母大队必须迎信风向东航行，从而拉大与敌人的距离，这正是小泽求之不得的。米切尔还担心，第五十八特混舰队与马里亚纳群岛之间距离越小，离岸上日军航空基地就越近，不但将遭到日军陆基航空兵和舰载航空兵的两面夹击，还可能遭到舰载机的“穿梭”轰炸。与其坐等敌人来攻，不如径直迎上前去，与敌人打一场对攻战。23 时 25 分，已被急躁和失望折磨了一天的米切尔通过 TBS 再次向斯普鲁恩斯提出，重新考虑之前的安排：“计划在 19 时 1 时 30 分驶入 270 航道，以便于 5 时前后发起攻击，特此提议。”

几乎就在接到米切尔请示的同时，通信参谋送来一条刚刚截获的重要信息。“刺鲈”号潜艇正在频频与珍珠港潜艇部队司令部互通情报，似乎双方都没收到对方发出的电文。斯普鲁恩斯认为，这表明日军舰队很可能就在附近，这条信息极可能是一份敌情报告。实际上，“刺鲈”号艇长卢米斯少校只是想确认自己的巡逻位置而已。

斯普鲁恩斯认为米切尔的看法过于轻率，日军除了直奔战场外肯定另有所图。此前已有充分证据表明，来袭日军舰队并非一支，保证运输船队安全才是最重要的。针对米切尔的提议，斯普鲁恩斯于 19 日 0 时 30 分做出回复：“你在船间通话信息中提出的改变并不可取。我认为，‘刺鲈’号的暗示要比太平洋舰队司令部急电中的内容更为准确。倘果真如此，保持目前状态才是最佳选择。日军仍可能采取迂回战术，对此不可掉以轻心。”这一决定让米切尔和伯克无比恼火，却无可奈何，也使斯普鲁恩斯后来饱受非议并一直延续至今。

作为罗斯福的钦差大臣，战史专家莫里森少将明显赞成斯普鲁恩斯的做法。他认为如果米切尔执意将麾下兵力分成进攻和防御两部分，则“马里亚纳猎火鸡大赛”就不会取得那么辉煌的战果。值得特别注意的是，战后莫里森在著作中一贯通过刻意诋毁别人来抬高斯普鲁恩斯。在记述中途岛海战时，他甚至否认弗莱彻的战术指挥权，来突出斯普鲁恩斯的光辉形象。老酒认为不能忽略一大背景：莫里斯著书立说时身份是海军战争学院教授，当时的院长正是斯普鲁恩斯。莫里森能得到总统青睐并获准以文职少将身份到一线观摩战斗，他在博取领导欢心方面必然有独到之处。

作为“征粮者行动”总指挥，斯普鲁恩斯与手下大部分航母舰队指挥官的看法不同。他认为自己的主要任务不是击沉几艘敌军舰艇那么简单，后来他向随军记者解释说：“这是多月以来日军舰队首次大举出动。我们当然希望找到他们，如果能够将其摧毁，将会大大缩短战争进程。但我的第一要务是保护塞班岛的登陆船只，‘征粮者行动’的目标是夺取岛屿而非击沉敌舰。要想完成这项使命，特纳两栖部队对第五舰队至关重要。因此，除非第五十八特混舰队有能力占领这座防守严密的岛屿，否则，与舰载机飞行员的凌云壮志相比，联合远征军的安全更加重要。”特纳和霍兰肯定赞成这种说法。

有人提出，日军若采用“迂回战法”，就不难被美军侦察机发现。但斯普鲁恩斯并不认可这种看法。就他所知，美军飞机直到此时还未捕捉到日本舰队，难道明天就一定能发现？——事实上，第二天果真没能发现。但他清楚，拒绝米切尔西进寻敌，将使自己为尼米兹赢得决定性胜利的概率大大降低。

斯普鲁恩斯最后一次拒绝了米切尔的西进建议，第五十八特混舰队司令部里简直炸开了锅。伯克对上述决定感到怀疑。当晚，他和助理吉米·萨奇中校大部分时间都在为米切尔起草电文，试图让斯普鲁恩斯改变主意。“我们写了数十封电报，”萨奇后来回忆说，“一封比一封措辞强硬。最后我写道，‘如果不让我们前去迎战，我就不干了’！”米切尔对部下的抱怨充耳不闻，尽管他曾多次向上级建议，但眼下他还是选择禁止部下违抗命令。他叮嘱伯克，不准任何人发出那些电报。“如果换成我是司令官，一定会发出去的，伯克也会。”萨奇很不服气地说。一名随军记者这样写道：“低级军官开始小声议论，胆子较大的几个甚至在窃窃私语，‘如果是哈尔西将军在这里，他肯定不会这么做。’”

18 日深夜，斯普鲁恩斯询问特纳：“我计划早上向西接敌。你能躲避 36 小时，转移你的运输船到东侧安全区域，让我寻求一次决定性舰队决战吗？”此时，特纳肯定想起了两年前登陆瓜岛的那个夜晚。相比弗莱彻而言，斯普鲁恩斯顶住压力，所做的已经够多了。他当即爽快地回答：“完全可以！”

“马里亚纳猎火鸡”

斯普鲁恩斯拒绝米切尔西进使第五十八舰队完全处在只能防御、无法进攻的尴尬境地。虽然憋了一肚子火，但该干的事儿一刻也不能耽误。根据米切尔的命令，19 日凌晨 1 时 24 分起，里夫斯少将第三大队“企业”号放飞了 15 架“复仇者”和 10 架“地狱猫”，对方位 245 度—270 度海域实施 600 公里夜间雷达搜索，毫无结果。上述 25 架飞机于 6 时 15 分前全部安全返回母舰。

4 时 30 分，美军舰队行驶至北纬 14 度 30 分、东经 143 度 40 分位置。米切尔再次下令对 185 度—345 度区域实施 325 公里搜索。率先起飞的是“约克城”号 4 架“地狱俯冲者”和 4 架“地狱猫”，他们以 1 架轰炸机搭配 1 架战斗机的编组方式出发。5 时 55 分，莱尔·克拉克上尉的“地狱猫”在距特混舰队 370 公里、方位 283 度击落日军 1 架零式水上侦察机。6 时 50 分，他在距舰队 570 公里、方位 283 度又击落 1 架同种机。第四组战斗机飞行员詹姆斯·菲斯特少尉在 7 时 35 分、8 时 10 分，分别击落日军零战和九七式鱼雷机各 1 架。

与此同时，“黄蜂”号也派出“地狱猫”和“地狱俯冲者”各 2 架实施侦察任务，毫无结果。“列克星敦”号派出由 5 架“地狱猫”号、9 架“复仇者”组成的搜索队伍。4 时 31 分，“埃塞克斯”号起飞战斗机和轰炸机各 3 架执行搜索。战斗机飞行员约翰·斯特兰恩上尉 6 时 25 分和 41 分分别击落日军 1 架零式水上侦察机和 1 架“天山”，“地狱猫”飞行员詹姆斯·贝尔少尉和俯冲轰炸机克利福德·乔丹中尉联手击落日军零式水上侦察机 1 架、九七式鱼雷机 2 架。“卡波特”号战斗机飞行员也在舰队以西 56 公里击落 1 架“彗星”侦察机，另 1 架日机快速逃逸。

接连爆发的空战表明，对面日军也在进行同样的侦察行动。既然已有零星空战发生，他们的距离不会太远。5 时 20 分，第五十八特混舰队抵达北纬 14 度 37 分、东经 143 度 40 分位置，米切尔下令改航向为 250 度，航速 15 节。

19 日凌晨 1 时 15 分，“巴拉德”号出动 5 架 PBM“水手”进行搜索。方位 225 度—265 度搜索距离 600 公里，265 度—275 度 530 公里。负责 245 度—195 度区间的 H. 阿尔勒上尉在距舰队 620 公里处用雷达探测到了日本舰队。阿尔勒立即转到基本频率试图发送目击报告，但该线路上没有电台确认收到。阿尔勒又尝试通过其他线路发送，同样无果。垂头丧气的阿尔勒只好掉头返航，当面递交接敌报告。当斯普鲁恩斯收到这封报告时，已是 8 时 14 分了，阿尔勒给出的敌舰方位已过去了 6 个多小时！经确认，阿尔勒给出的位置与珍珠港情报中心通过无线电测向测出的位置基本是一致的。

即使仅仅以 20 节航速行驶，6 小时也足够日军舰队向某一方向移动 220 公里以上，这一情报显然已失去实际价值。“如果我们能够及时拿到这份报告，”参谋长穆尔感慨地说，“斯普鲁恩斯和米切尔很可能会凭借夜色掩护接近敌人，于 19 日凌晨发起攻击。”鉴于斯普鲁恩斯将保护登陆船队视为第一要务，穆尔的说法不过是一种猜测而已。

水上飞机搜索不但毫无结果，1 架返航“水手”在靠近加拉潘锚地时，被一支由 4 架“地狱猫”组成的分队发现。飞行员误将其认定为日军飞机，2 架“地狱猫”不由分说上前就是一通扫射，水上飞机 1 名机组成员丧生。这架被打得千疮百孔的飞机在水面降落后险些沉没，所幸最终得到援救，幸存者被接上救生艇。与中途岛海战表现出色的一众“卡塔琳娜”相比，“水手”在“征粮者行动”中的表现不能算出彩。

7 时 30 分，“邦克山”号雷达发现，关岛上空出现一批不明身份目标。“贝露森林”号战斗机中队科林·奥夫兰上尉率领一个四机分队立即奉命从关岛西北 150 公里处巡逻空域前往岛屿上空察看情况。他们在距特混舰队 170 公里处发现日军机群，并很快遭到 4 架零战攻击。第一次遭遇战中，美军击落日机 2 架。他们随后遭到 10 多架零战围攻，奥夫兰摆脱敌机立刻爬升获取高度。由于日机数量远超预期，奥夫兰呼叫大队支援。更多来自“贝露森林”号、“卡波特”号、“约克城”号、“大黄蜂”号的“地狱猫”赶来。但当美军援兵到达作战空域时，那些日机却神秘消失了。

此后一小时内，美军雷达再次探测到西南 130 公里有大批不明目标飞往关岛，那是从南方诸岛或特鲁克前往增援关岛、罗塔岛的日军战机。美军 3 个特混大队各出动 12 架“地狱猫”前往拦截，一场激烈空战随之爆发。战斗一直持续到一小时后所有战斗机被召回母舰为止。美军宣称击落日军战斗机 33 架、轰炸机 5 架，剩余日机在关岛奥罗特机场降落。

上述日机并未前往攻击美军舰队，他们的目的在于吸引敌人注意力，分散他们的防御力量，为小泽舰载机发起突袭，拉出空挡。但美军航母和执行防御的“地狱猫”实在太多，抽调区区36架战斗机并未削弱他们的防卫能力。更重要的是，由于缺乏统一协调，日军陆基战机出现时间过早，完成截击的“地狱猫”可以从容飞回母舰，加油挂弹后再次上天，迎击小泽舰载机的挑战。

眼前的一幕让我们再次想起中途岛海战：南云刚刚吃下中途岛陆基航空兵烙下的前5个“烧饼”时，航母舰载机奉上的3个“烧饼”就接踵而至，之间几乎没有间隔——美军这种无缝对接并非因为组织严密，纯属误打误撞。但在今天，日军陆基战机和舰载机的出击存在很大间隙，米切尔可以从容消化角田的“烧饼”，坐等“小泽”烧饼的到来。

与美国人的茫然无措相反，小泽一直清楚美军舰队的大致方位。日本人19日清晨的侦察工作显然比对手更加出色。根据小泽头晚下达的命令，3时30分到45分，位于最前方的栗田舰队陆续弹射了16架水上飞机——“金刚”号、“榛名”号、“爱宕”号、“鸟海”号、“摩耶”号、“能代”号各1架，“高雄”号、“利根”号、“筑摩”号、“熊野”号和“铃谷”号各2架，前往西方水域实施第一相搜索。日军侦察很快取得效果。5时45分，负责十一号线“熊野”号二号机机长兼侦察员田中正次郎报告说，发现“敌军舰载机数架”，随即与舰队失去联系。这架飞机是被戈登·谢尔曼中尉的“地狱猫”击落的，另外他还击落“天山”1架。

为配合第一机动舰队的攻击，3时45分，角田第一航空舰队分别从关岛第一、第二机场出动11架和3架战机，攻击了位于塞班岛以西的美军运输船队，毫无结果。为了在与日军航母舰队交锋前彻底消除近在咫尺的威胁，米切尔下令出动攻击机，扫荡关岛和塞班岛的陆上机场，完全压制了两岛已几乎不存在的日军航空部队。

6时29分，负责九号线“熊野”号的一号机发回重要报告，“发现敌军舰队，航母存在与否不详”。1分钟后，该机补报敌舰队中有“战列舰4艘，其他舰艇10多艘，航母情况不明，航向正西，位于塞班岛264度，距离290公里”。7时10分，该机补报“敌舰队有4艘大型航母”。

与此同时，负责七号线“能代”号侦察机于6时30分发回接敌报告，“发现含航母在内的敌军舰队，航母数量不明，航向南西”，该机随后与舰队失去联系。由于这架飞机最早发出有关美军航母的信息，小泽特意将机长兼侦察员滨田金稔、飞行员田端节及永冈惣一郎的“光辉事迹”通报全军，各晋升两级军衔。除田中和滨田机之外，出动实施第一相搜索的日军水上飞机另有 7 架或失踪或被美军击落。

大型水面舰艇水上飞机起飞之后，4 时 20 分，大林第三航空战队出动了执行第二相搜索的 13 架九七式鱼雷机——“千代田”号 5 架，“千岁”号和“瑞凤”号各 4 架，带队军官山下正幸。本次搜索在损失了包括山下本人在内的 8 架飞机后，一无所获。

4 时 15 分到 20 分，小泽领军的第一航空战队放飞 10 架“彗星”和 2 架“天山”，执行第三相搜索任务。由小山田丰领军的侦察队奉命向东搜索 990 ~ 1070 公里，侧距 75 公里，搜索基准 50 度。“最上”号重巡洋舰也弹射了 2 架零式侦察机，协助航母舰载机实施第三相搜索。统算起来，19 日清晨小泽共放飞侦察机 43 架，形成 3 个相互交错、大小不同的扇面。从图上看去，真像一张滴水不漏的搜索网，在这一区域存在的美军舰船均无法藏身。在此前几次航母对决特别是中途岛海战中，日军往往吝于派出足够数量的侦察力量而错失先机，并为此付出惨痛代价。有得必有失，毫无疑问，从航母出动的飞行员无一不是经验丰富的老手，这在一定程度上削弱了小泽的攻击力量。

负责三号线的“彗星”先是在 6 时 15 分与美军舰载机迎头相遇，巧妙躲开对方攻击后继续向前飞行，于 8 时 45 分发回接敌报告，“发现敌军 1 艘大型航母、2 艘护航航母、1 艘战列舰和 5 艘驱逐舰”。8 时 55 分，该机再次遭 5 架“地狱猫”围攻和驱逐舰炮击。这名日军飞行员还真顽强，死里逃生的他在 9 时 30 分中断搜索任务，13 时 30 分在雅浦岛机场降落，命可真大！在 8 时 40 分发回接敌报告的还有负责十五号线的 1 架“彗星”，这架飞机随后降落在关岛机场。其他日机没有新发现。日军本次搜索损失了负责五号线的零式侦察机和负责七号线的“天山”，“最上”号水上飞机同样未能返航。

6 月 19 日的天空阴云密布，强劲的东南风速度达 10 米以上，天气对日军非常有利，连最让他们担心的“彗星”也能安全起飞。第二航空战队旗舰“隼鹰”号上，航空参谋奥宫看到，飞行队长阿部善次、分队长久我纯一及众多飞行员脸上露出了久违的笑容。奥宫可没他们那么轻松，他知道大部分飞行员在 40 多天时间里都没离开过甲板，他们能完成长距离极限飞行并成功投雷抛弹吗？奥宫实在缺乏信心。

虽然黎明前的3次搜索损失43架飞机中的21架，但到7时15分，小泽已积累起足够的有关美军航母舰队方位的信息。被发现的敌军舰队与大林第三航空战队距离约550公里，与第一、第二航空战队距离则为700公里。对缺乏充分训练的飞行员来说，后一距离未免太大，能否准确捕捉到目标尚属可疑。如此距离即使以280公里的时速飞行，飞抵敌舰上空也需要至少两个半小时。在这段时间里，敌军位置很可能会发生变化。小泽和奥宫一样担心，那些“菜鸟”能够发现敌舰并顺利发起攻击吗?

战机稍纵即逝，此刻小泽已别无选择，他决定立即发起进攻!“大凤”号舰桥上，小泽、古村和众参谋神情肃穆，目光炯炯。所有人都毫不怀疑，这将是帝国海军史上最重要的一天，也许是又一次对马海战。在首批攻击机起飞之前，第六〇一航空队司令官入佐俊冢登上舰桥，拍着胸脯向小泽等人慷慨陈词:“各飞行队斗志昂扬，誓死报中途岛一箭之仇!”

天已大亮。“大凤”号桅杆上，“Z”字战旗在晨风中猎猎作响。日军9艘航空母舰甲板上，密密麻麻地排满了等待出击的战机。这是继1942年11月圣克鲁斯海战之后，机动舰队首次向强大的对手出击。大部分飞行员是首次参战，但依然像前辈那样，吃完出击前的丰盛早餐，留下遗书、指甲和头发，戴上象征吉祥与幸运的千人针，在地勤人员的注视下，面带微笑，跨入座舱。

7时25分，随着大林一声令下，最前方的第三航空战队率先放飞了攻击机群。由第六五三航空队飞行队长中道本次郎领军的第一攻击波有战机65架。攻击队根据所在航母各自编组，三个编队组成一个倒“V”字形。“千代田”号机队——战斗轰炸机14架、战斗机4架、“天山”2架——飞在最前方，“瑞凤”号机队——战斗轰炸机15架、战斗机6架、“天山”2架——飞在左后侧，“千岁”号机队——战斗轰炸机15架、战斗机4架、“天山”3架飞在右后侧。在大林等人注视下，攻击机群向美军航母舰队所在海域隆隆飞去。

7时45分至8时02分，小泽领军的第一航空战队出动了本次战役日军最大的一个机群:由128架飞机组成的第二攻击波包括战斗机48架、“天山”27架、“彗星”53架，总指挥是第六〇一航空队飞行队长垂井明。8时05分，完成编队的庞大机群从“大凤”号上方一掠而过，在3500米高度沿75度方向绝尘而去。第二攻击机群将首先飞越栗田前卫舰队上空，然后循第一攻击机群航向朝美军舰队飞去。

1架“彗星”鱼雷机上，飞曹长水越良一记录了机群出击时那激动人心的一幕：“我们在8时整开始起飞。一号舰‘大凤’号最先。排在前面的战斗机还没滑行一半甲板就已腾空。我们‘瑞鹤’号也开始一架接一架放出战斗机。比战斗机更重的俯冲轰炸机紧接着起飞。飞行员一边快速滑行，一边向挥舞着帽子欢送的水兵挥动戴白手套的右手。在27节风速的庇护下，我们还没滑到舰首就已升空，滑行时的震动也消失了。我回头看了太阳旗最后一眼，收回起落架，确认飞行状态，把白色手套扔出舱外。”

9时开始，城岛第二航空战队开始放飞49架飞机组成的第三攻击机群——其中战斗机17架、战斗轰炸机25架、“天山”7架。其间，小泽再次接到第三波侦察机发回的报告，在清晨发现的敌机动部队以北又出现一群美军航母——其实那是特纳领军的登陆船队。小泽于9时12分命令城岛，第二航空战队攻击队转移目标，直接攻击新发现的美军航母。根据这一电令，由石见丈三率领的29架飞机径直转向北方。可能由于未能收到更改的新命令，中岛玳率领的20架飞机仍朝美军第五十八特混舰队所在位置疾驰而去。

两年以来，机动部队首次出动如此大规模的攻击队。先发制人的打击已经开始，美国人还没有发现自己，一个类似对马海峡或珍珠港那样的大捷即将重演。小泽率一众幕僚满心欢喜地目送攻击机群出发，殊不知，一次致命的危机正从水下不断迫近。

5月29日，美军潜艇“大青花鱼”号开始执行第九次战斗巡逻。6月19日7时03分，潜艇浮出水面巡航。13分钟后，空中出现数架日军俯冲轰炸机的影子——它们很可能是之前出发执行搜索的日机——“大青花鱼”号不得不紧急下潜。7时50分，艇长詹姆斯·布兰查德少校从潜望镜中惊喜发现，前方12000米出现了一支庞大舰队，其中至少包括1艘航母、1艘巡洋舰和数艘舰种不明的舰艇。少校知道目前自家航母都在塞班岛近海，这一海域出现的航母无疑属于日本人。运气来了！

布兰查德迅速拉响战斗警报，下令潜艇左转加速进入272度航行。在跟踪了5分30秒后，布兰查德再次发现2艘大型航母和数艘驱逐舰。此时他的潜艇正位于1艘大型航母——少校尚不知那正是小泽的旗舰“大凤”号——329度方位，于是选择这艘航母作为攻击目标。8时01分，“大青花鱼”号在8200米距离锁定目标。1分钟后，1艘驱逐舰突然驶入航母和潜艇中间。小小的一艘驱逐舰显然无法满足布兰查德的胃口，他命令潜艇向北航行，直接从驱逐舰前方驶过。

8时04分，“大青花鱼”号与目标距离拉近到4800米。布兰查德向右转了50度，以使鱼雷航迹与目标成90度垂直。此时“大凤”号右后舷有2艘驱逐舰，行驶在左后方的1艘巡洋舰距航母约5500 ~ 7300米，空中还有数架执行反潜巡逻的飞机。强敌环伺，布兰查德清楚自己只有一次出手机会。8时09分，他断然下令发射鱼雷。6条鱼雷从艇首鱼雷管激射而出，直扑前方的装甲航母“大凤”号。

日军正在放飞攻击机群，几乎所有人眼睛都盯在空中，没人发现水面上突然划出的几道白线。实际上“大青花鱼”号瞄准镜出现故障，鱼雷射出时出现偏差。“大凤”号正以27节迎风疾驰，布兰查德的前4条鱼雷从舰尾一掠而过，只在航母巨大的尾流中留下了几条白色痕迹。第一中队俯冲轰炸机飞行员小松幸男不经意看到了不断接近的鱼雷航迹，他当机立断，驾驶“彗星”向正在不断逼近航母的鱼雷发起自杀性俯冲，成功地在距航母仅100米处撞上鱼雷。随着一声惊天动地的巨响，海面上腾起了一条冲天水柱，小松机和鱼雷同归于尽。鉴于该机组奋不顾身保护航母的英勇行为，小松和侦察员国次万吉被通报全军并获晋升两级军衔。

两人的奋勇献身并未最终拯救“大凤”号。8时10分，布兰查德的第六条鱼雷准确命中航母，位置是第54号肋骨右舷水线以下的航空汽油箱。剧烈爆炸导致有人重重撞向舱壁，有人从扶梯上滚落下来。技术大佐盐山策一旋风般冲进防控指挥所——他是以造船专家的身份到航母上来的，带有核查“大凤”号受攻能力的特殊任务。

底舱跑上来的一名水兵报告盐山：“仅升降机受损，其他并无大碍。”有重装甲庇护的“大凤”号果真不同凡响，区区1条鱼雷对一艘“不沉的军舰”能起多大作用呢？雷击不过使它航速暂时降低到24节而已。听了盐山的伤情报告，舰长菊池朝三长出了一口大气，旋即下令在桅杆上升起一面信号旗：“本舰战斗航行无碍，请大家放心。”

布兰查德的鱼雷还是给“大凤”号造成了伤害。因距离中雷点太近，航母前部升降机因剧烈震动电力中断，停在半途动弹不得。当时“大凤”号第一攻击波已经起飞，地勤人员正在执行将第二攻击队从机库提升至飞行甲板的任务，这项作业被迫中断。小泽催促损管部门尽快修复升降机，最大限度地恢复航母战斗力。损管队员七手八脚从士兵舱搬来了木架、桌子——包括食堂的餐桌——等材料，手忙脚乱地将破洞堵住。就在抢修工作进行的同时，小泽用旗语发出命令，“大凤”号部分飞机向“瑞鹤”号上转移，并由后者接收“大凤”号已经出发的第一波飞机。

日军航母周围有大量驱逐舰存在，布兰查德机警地选择发射鱼雷后迅速下潜。声呐员已为每条鱼雷的航迹记录了时间，前5条鱼雷倒计时结束后，声呐员没有听到鱼雷撞击军舰发出的巨响。布兰查德禁不住有些懊丧，这次攻击很可能功亏一篑。8时11分，日军“初月”号等3艘驱逐舰猛扑过来，向潜艇投下深水炸弹。无数炸弹翻滚而下，几乎与第六条鱼雷同时炸响，潜艇水兵到底也没弄清第六条鱼雷是否命中目标，抑或这只是一种巧合。让他们意想不到的是，这条唯一命中的鱼雷为那艘号称不沉的战舰打开了地狱之门。凭借强壮的身躯，遭到雷击的“大凤”号似乎并未受到太大影响，小泽仍在舰桥上镇定自若地指挥作战。除留下一艘驱逐舰继续攻击潜艇之外，小泽率舰队主力继续向东航行，以缩短攻击机群的返航距离。美军第六条鱼雷带来的可怕后果所有人都没预料到。

横须贺军港内，“大淀”号上的联合舰队司令部里人声鼎沸。“妙极了！”一名年轻参谋激动地说，大家相信美军航母舰队这次一定会被歼灭的。草鹿对前线战事并不像小泽那样信心十足，对第一机动舰队的超远距离攻击，他是持保留意见的。一名拳击手如果将手臂伸得太长，就会减弱打击的力度。不过受周围乐观气氛的感染，草鹿并未将担忧写在脸上。大多数人认为小泽十之八九能赢，前线很快就会有好消息传来。两小时过去了，前线发回的消息让所有人大惊失色：“‘大凤’号遭敌鱼雷攻击，略受损伤。”丰田一言不发。大家面面相觑，草鹿越来越感到不安了，但更坏的消息还在后头。

东京军令部作战室里，伊藤次长大声唱着《远方》的曲调。航空参谋源田实认为，“真有点像击剑那样危险”。大多数参谋在庆贺，“太好了”，“干得漂亮”。航空参谋铃木荣二郎扬眉吐气地大声说：“真伟大，国家得救了！”已经有人高喊准备酒菜，大家都在期待小泽能够用胜利报中途岛的一箭之仇。

攻击机群飞抵敌舰队上空大约需要 3 个小时。东京、横须贺及“大凤”号的参谋们紧张地守候在电台旁边，倾听前方传来的消息。攻击部队指挥官理当发出“立即编队，准备突击”或“全军突击”的命令，可大家等了又等，前方依然音信皆无。众人的心逐渐变冷，安心变成了担心。

小泽的战术设计并无大错，但当天运气并不在他这边，最倒霉的就是他亲自领军的第一航空战队。仅出发过程中，第六〇一航空队就有多达 8 架飞机因引擎或其他故障中途返航。想当初偷袭珍珠港和中途岛海战时，由渊田美津雄和友永丈市领衔的两个攻击机群总数 292 架飞机只有 1 架出现事故，可见今天日军舰载航空兵已经堕落到何种程度。

福无双至，祸不单行。8 时 40 分，当垂井领军的攻击机群飞越前卫舰队上空时，竟然遭到友军异乎寻常的“热情招待”。机群距前卫舰队尚有 90 公里时，第三航空战队“瑞凤”号雷达就已探测到它们，发出“发现敌机”的信号。“利根”号瞭望哨发现约 80 架飞机从 45 公里外飞来，“虽努力识别，然而未能判明为己方”。在“铃谷”号率先用主炮开火之后，“利根”号 8 时 36 分也开炮了。部分舰只本来考虑可能是友机在犯踌躇，但正如俗话所说“一犬吠形，百犬吠声”，看到友舰纷纷开火，大家也争先恐后跟着射击。管他是谁，打完炮再说。

直至 8 时 43 分，“利根”号才觉得似乎不太对头，在打出 22 发三式弹后停止开炮，但显然已经太晚了。到底还是人家当过旗舰素质高，“大和”号最早发出“是我方机群，各舰注意”的紧急信号。这日本人真成迷糊蛋了，美军舰队远在东方塞班岛近海，从西边背后飞来的能是美国人吗?

“瑞鹤”号的水越良一再次详细记述了遭友军误击的尴尬一幕：“在向东进击航途中，我们看到了前下方前卫舰队的战列舰和巡洋舰。8 时 40 分，‘大和’号出现在左机翼下方。突然前方出现了晃眼的弹幕，那竟是自己人打过来的。附近的战斗机和鱼雷机队立即出现了混乱，已经看到有飞机掉落，浑蛋！我实施了 5 分钟规避动作，甩开了来自‘大和’号等舰的弹幕。此时不但身后的第六中队不见踪影，肩负协同攻击任务的鱼雷机队也不见了。更严重的是，护航战斗机也没了影子。现在只有我们 9 架‘彗星’孤独飞行，去的地方据说是由‘格鲁曼’组成的铜墙铁壁。但射击我们的是自己人，我们就是生气也没有办法。”

日军高射炮素以射程近、准头差著称，在历次防空战中击落敌机屈指可数，这次打自己人却显出了高水准。短短 3 分钟内，就有 2 架日机被当场击落，另有 8 架受伤返航。扣去之前中途返航的 8 架飞机和撞击鱼雷的小松机，日军第二攻击波真正飞向美军的只有 109 架。战斗还未真正打响，日军最大的攻击机群已经损失了 15% 的攻击力量。

8 时 23 分，第七大队李中将收到“南达科他”号舰长拉尔夫·里格斯上校通过 TBS 发来的紧急报告：“185 度方位发现不明身份目标，距离 120 海里。”4 分钟后，“阿拉巴马”号舰长弗雷德·柯特兰上校也发来了类似消息：“方位 265 度，发现‘鬼怪’约 50 架，距离 125 海里，‘天使 24’或更高，完毕。”前文说过，美军暗语以“天使”代表 1000 英尺，这表明日机飞行高度约为 7300 米。

不明机群来自西方，那几乎可以肯定是日本人。敌机正在快速逼近，李中将立即将上述情况向米切尔做了汇报。米切尔通过 TBS 迅速回应：“收到，请提供其他资料以便确认。”9 时 05 分，李再次通过 TBS 报告米切尔：“上述报告已得到‘衣阿华’号确认。”米切尔立即命令四个航母大队司令官：“通知你们在关岛上空的战斗机，‘嘿，土包子！’”此乃美军发现敌机来袭的暗语。两分钟后，米切尔再次发出补充命令：“派尽可能多的战斗机升空！”考虑到飞行甲板上那些已经加油挂弹的攻击机可能给航母带来隐患——南云在中途岛的教训同样教育了美国人——9 时 15 分，米切尔第三度发出命令：“立即放飞甲板上的攻击机，将其调往部队以东待命。”

身材矮小的米切尔平时沉默寡言，即使开口也轻声细语，发布命令时远不如大嗓门的哈尔西威风气派。平常他一般坐在舰桥后部一张钢制的扶手椅上，面朝舰尾，光秃秃的脑袋上戴着一顶渔夫鸭舌帽。这一时刻，拉得很低的帽檐几乎将眉毛全遮住了。发出上述指令之后，米切尔脸上露出一丝“狞笑”，扭头问身边一位参谋：“小伙子，你激动吗？”不等参谋回答，他已开始自嘲：“我的确非常激动！”此刻，指挥室外凄厉的警报声四面响起。

9 时 15 分至 22 分，美军五个特混大队相继拉响了空袭警报，迅速排出了 5V 航行序列，护航巡洋舰和驱逐舰围绕航母排出环型阵。当时美军舰队呈倒 F 形阵势，第一、第三、第二大队从北至南位于右侧，第四、第七大队在左侧占位。四个航母大队各相距 22 公里，第七大队和第三大队相距 28 公里。此外，第一〇六驱逐舰分队“蒙森”号、“特文宁”号、“亚纳尔”号、“斯托克姆”号4艘驱逐舰在托马斯·伯罗斯中校率领下脱离大队，在第七大队前方37公里处占位，充当雷达警戒舰并组成第一道防空线。

9时23分，美军15艘航母全部转为逆风航行，放飞甲板上的战斗机。美军快速航母共有“地狱猫”479架——护航航母另有66架——此刻执行空中巡逻的战斗机仅74架。在之后一段时间内，15条飞行甲板都在干着同样的事情。地勤人员立刻忙碌起来，被人们形象比喻成“有条不紊的忙乱”。蓝衣蓝帽的机械员、黄衣黄帽的信号员、绿衣绿帽的阻挂钩员、紫衣紫帽的轮挡员及红衣红帽的消防员四下跑开，在最短时间内将尽可能多的战斗机升入空中。8分钟时间内，140架战斗机紧急起飞，空中盘旋的“地狱猫”很快超过200架——8分钟升空140架战机的世界纪录至今仍未被打破。

日军中途岛海战的一大败因，除了负责空中防御的战斗机数量不足，还在于它们缺乏统一指挥。各航母根据需要自主放飞尽可能多的战斗机，飞行员根据各自判断自主迎战，从来没人考虑派往某个方向的战机数量多少才最合理，应该留出多少战机应对随时出现的危机。当美军来袭机队足够多，且来自不同高度、不同方向时，日军因防御饱和出现漏洞最终酿成惨败。圣克鲁斯海战以来，20个月过去了，美国人利用这段时间不但改进了他们的飞机，也完善了海空协调战术。米切尔下属五个大队各配备了一名战斗机引导官——第一大队是“约克城”号查理·李奇微上尉，第二大队是“邦克山”号迈耶斯上尉，第三大队是“企业”号詹姆斯·特鲁兹戴尔上尉，第四大队是“埃塞克斯”号温斯顿少校，第七大队是“华盛顿”号肯德尔上尉。上述五人由米切尔旗舰“列克星敦”号引导官约瑟夫·埃格特上尉统一指挥，负责向日机来袭的各个方向派出适当数量“地狱猫”，留下一定数量的预备队防备随时出现的意外。在本次作战中，这几个小伙子的经验、技能和判断力将在战斗中发挥至关重要的作用——实际上是他们在战术层面上控制着这场历史上最大规模的空中对决。19日的战斗表明，美军这种防守战术非常有效，几个年轻人不辱使命，使美国人最终取得了令人满意的效果。

总调度埃格特战前是纽约的一名股票经纪人，这天是对他管理能力的严峻考验。在没有计算机的年代，股票经纪人的最大本领就是能迅速读入多个数据，快速心算并据此进行决断：买或卖、数量、价格、时机。战斗机引导官的工作与此非常相似，他们从雷达和地图上读入数据，对敌我速度、距离、时间进行心算，最终做出多少战斗机奔向哪个空域的决定并迅速发出指令。美国海军很早就发现股票经纪人是最好的引导官人选：他们具备在不稳定情况下管理消耗性资源（钱或战斗机）去实现复杂目标（多种股票搭配和多个空域平衡）的冷静和判断力。这场航母之战大概是人类历史上最早的信息战。

在航母交战这项复杂的军事艺术中，通信的重要性无以复加。从前几次航母的对决中能够看出，信息传递不及时或失误，甚至直接决定了战役的成败。即将发生的战斗对美军来说略早了些，他们正在升级无线电设备，四个航母大队只能共享两个战斗机引导频道。在引导官发布战术信息或引导指示时，飞行员必须停止对话，切换到这两个频道上来。当天的战斗结果表明，美军通信工作已经有了大幅度提高，引导官与飞行员，以及飞行员与飞行员之间，可以清晰地交换标准指令或回答。“吃一堑长一智”，甚至“不吃一堑也能长一智”，才是美军的最可怕之处。

远方飞来的，正是中本领军的日军第一攻击机群，此时距美军舰队已经不到 110 公里。如果双方全速对进，5 分钟后空战就将打响。依靠这点时间，“地狱猫”很难爬升到足够高度占据有利攻击位置，情况万分危急！“敌人飞机实在太多，”参谋长伯克说，“小伙子们一次怎么也打不完。”

就在这生死存亡的危急关头，天空中出现了异常诡异的一幕。日军机群忽然停止前进，在原地兜起了圈子。关于这一延误，有两种不同的说法。美国战史专家巴雷特·蒂尔曼的观点是，日军指挥官缺乏实战经验，直到此时才开始向飞行员分配攻击任务，因而造成了致命的耽搁。更多人认为是日军飞行员技术欠佳，机群突然出现混乱，不得不盘旋 10 分钟重新编组队形。老酒认为，后一种可能性更大一些。先后在“苍龙”号、“瑞凤”号、“瑞鹤”号、“祥凤”号上服役的中本可是参加过包括偷袭珍珠港在内多次战斗的“老鸟”，断不至于犯下如此幼稚的错误。但不管出于何种原因，日军这种延误带来的后果都是致命的。

最先与日机交火的是“卡波特”号战斗机中队。该中队绰号“刀斧手”，每架飞机机身上都画着一把飞刀，飞行员的座右铭是“横刀杀敌”。事实证明，美军轻型航母的战斗机飞行员虽然出手机会不多，但在战斗中的表现一点也不比重型航母的同伴逊色。9 时 15 分，詹姆斯·斯图尔特上尉率 6 架“地狱猫”在舰队 285 度、100 公里空域与 25 ～ 33 架零战迎头相遇。持续 8 个半小时的激烈空战，就此拉开序幕。

拥有高度优势的斯图尔特率先对一架零战发起俯冲，后者连续做半滚倒转机动，试图规避。斯图尔特跟随日机降低高度，从 5 点钟方向连续开火，将敌机击落。当他重新爬升获得高度后，迎面遇上一架平飞的零战，斯图尔特从 12 点钟方向射出的子弹击中了敌机的发动机、座舱和翼根，那架日机起火坠毁。随后，斯特尔特咬住了 370 米外另一架敌机，从 7 点钟方向将其击落。在这段时间里，他的僚机飞行员亚瑟·霍金斯中尉也击落了 3 架敌机。

“埃塞克斯”号战斗机中队中队长查尔斯·布鲁尔少校带领两个四机小队赶来增援。9 时 38 分，布鲁尔翻滚进入俯冲，接连干掉 1 架“彗星”和 3 架零战。他的僚机飞行员理查德·富勒少尉在遇到一次来自左侧的攻击后与中队长失散。但他很快反应过来，独自向日机发起进攻，声称击落 4 架零战。该中队其他飞行员声称击落敌机 15 架，其中乔治·卡尔中尉一人就击落 5 架。不过，他和布鲁尔一样把日军“天山”当作“彗星”了。日军第三航空战队三艘航母的甲板太短，速度不够，派出的第一攻击波中没有俯冲轰炸机。

特混舰队战斗机引导频道里充满了“各种古典式怒吼”——老酒不理解，这怒吼还有古典式，与现代式究竟有啥区别——“地狱猫”以分队或小队为单位纷纷扑向敌机，舰船上的水兵看到远方天空到处都在爆炸，不断有飞机拖着火焰和浓烟坠入大海。接下来的 25 分钟里，其他中队的 54 架“地狱猫”冲入战场。

“大黄蜂”号战斗机中队中队长威廉·迪恩中校率 8 架“地狱猫”投入战斗，他们接到的命令是爬升到“天使 25”高度截击“超过 100 架敌机”。途中他们先遇到日军攻击机编队，就从高空俯冲而下，一举击落 9 架零战和 3 架“天山”。迪恩本人击落 1 架零战，丹尼尔·卡迈克尔中尉击落 2 架“天山”和 1 架零战，当天跻身“王牌”之列。剩下日机按下机头，俯冲逃离。迪恩率队穷追不舍，不时有日机拖着长长的黑烟从空中坠落。

回到“大黄蜂”号之后，被称作“开膛手”的战斗机中队居然直率地认为，这些零战“是我们遇到过的最好的”。迪恩向航空参谋报告说：“差不多一个小时，我都在战斗中保命。”迪恩与僚机分散后遭到零战攻击，他在击落 2 架敌机后俯冲逃脱。日军飞行员技术虽差，但一点不缺乏勇敢精神。勒罗伊·罗宾逊少尉的飞机被日军击伤，他顽强地驾机降落在最近的一艘航母上，最后返回“大黄蜂”号。在第一次截击中，迪恩中队没有飞机被日军击落。

日军编队仅仅飞出32公里，就被蜂拥而至的“地狱猫”冲得七零八落。它们分别来自“约克城”号、“考彭斯”号、“普林斯顿”号和“蒙特利”号。“约克城”号航空大队长詹姆斯·彼得斯中校亲自率6架“地狱猫”升空迎战，战斗机中队中队长伯纳德·斯特林少校率另外10架，还有5架自成一队。他们从9150米高空一直追杀到1500米，共遇到35架零战或“飞燕”——美军飞行员识别有误，那显然是“天山”——声称击落其中的30架。理查德·伊斯特蒙德上尉获得4个战果，其他4名飞行员各击落3架。斯特林少校没有部下表现出色，他仅击落2架日机。

战列舰“印第安纳”号主炮炮手乔治·萨雷特如此描绘当时看到的壮观场景：“抬起头，看见我们的飞机暴雨般砸向敌人机群，很快敌机就像雨点般落了下来：有些飞机翻着奇形怪状的跟头，有些凌空爆炸，有些着了火，还有些在空中碎成几块。我看见一个三机编队中的一架飞机撞上了它的两架僚机，三架飞机一同转着圈儿，栽了下来。中弹日机纷纷拖着浓烟坠向海面，就像一支粗大的铅笔正在天空胡乱涂抹一样。”

“卡波特”号上，战斗机中队中队长罗本·温斯顿少校和两名少尉飞行员同时冲向甲板上最后一架可以起飞的“地狱猫”。跑得最快的少校纵身跃进座舱，在提升高度时，差点被两架被击落的日机砸中。3月以来，温斯顿战绩为零，这让他在一众小兄弟面前实在有点抬不起头。可惜他升空太晚了，空中剩下的几乎全是自己的飞机，看来打破“零蛋”暂时无望了。温斯顿急得快哭出来了。

日军第一攻击波中的大部分飞机还未接近美军舰队就已被击落，特别是那些挂载炸弹的零战，在“地狱猫”面前别说还手之力，连招架之功都没有了。战斗仅持续了数分钟，包括中本——他后来被追晋海军少佐——座机在内的8架零战、31架战斗轰炸机、2架“天山”就被击落。美军仅损失“地狱猫”3架，其中包括“普林斯顿”号战斗机中队中队长欧内斯特·伍德少校的飞机。

只有少数幸存者突破了“地狱猫”构筑的防线。几架战斗轰炸机攻击了第七大队以西18公里处的第一〇六驱逐舰分队。9时45分，正以127毫米主炮对空射击的“斯托克汉姆”号遭到两架零战攻击。舰上水兵知道，战斗机除了扫射，一般不具备攻舰能力。但这次日军零战竟然玩起了俯冲，还真扔下来一颗炸弹，着实把美国人吓了一跳。可惜日军飞行员准头欠佳，炸弹落在驱逐舰前方1000米处。其余三艘驱逐舰也纷纷开炮，“特文宁”号和“亚纳尔”号各击落日机一架。说实话，飞机攻击块头不大、灵活轻便的驱逐舰确实困难，何况日军飞行员大多是新手。

当“印第安纳波利斯”号拉响战斗警报时，斯普鲁恩斯正在甲板上悠闲地散步，对周围一切似乎充耳不闻。舰长艾纳·约翰逊上校咆哮着冲进作战室，要求参谋长穆尔马上将领导拉进来，以便他能对空炮击。斯普鲁恩斯带穆尔和众参谋登上舰桥，观摩日军的第一轮攻击。一架日机掠过舰桥，美军炮手向天空追踪射击，获得命中，那架日机摇摇晃晃，坠落在不远处的海面上。舰上传来一阵欢呼声。斯普鲁恩斯一言未发，只轻轻地摇了摇头。全部作战已经交由米切尔负责，他之后的大部分时间都坐在一张椅子里静静地阅读。

众多“地狱猫”起飞之后，从9时29分到45分，美军航母开始放飞轰炸机和鱼雷机以腾空甲板。飞行员得到的指令是“不要挡路、尽可能往高处飞”。他们奉命先飞往岛东安全区域。米切尔后来解释说：“除了战斗机，其他飞机都要从甲板上清空。为保证有大批可全力发挥的战斗机应对持续的战斗，战斗机要轮流升空、降落、加油、补充弹药、维修，以及再升空。为此，特混部队不得不始终保持逆风航行。”

就在众多“地狱猫”猎杀日机的同时，79架“地狱俯冲者”、28架“无畏式”——全来自“企业”号和“列克星敦”号——46架“复仇者”在45架“地狱猫”的护航下，轰炸了关岛机场。遭到多轮空袭的关岛基地向小泽拍发提醒电报：“本日10时之后，连续有敌机来袭，机场及设施受损严重。”小泽于11时07分收到了这份报告，他感觉遭受重大打击的角田部队已不可能给予自己更多的帮助。

因无法穿越由“地狱猫”和高射炮构筑的双重防线，少数幸存日机只好将攻击目标锁定为最前方的第七大队——不是不想攻击航母，而是实在飞不过去。让美军飞行员略感欣慰的是，扑向水面舰艇的日机大多数是零战，通常情况下它们是不具备攻舰能力的。没想到这些“战斗机”并未在高空盘旋实施掩护，而是像轰炸机那样直接俯冲下来。9时45分，两架日机从“明尼阿波利斯”号右后方突入，巡洋舰和驱逐舰“卡宁厄姆”号立即开炮阻击。日机于9时49分投下的1颗近失弹在巡洋舰28号肋骨前、右舷3米外爆炸，将船体炸出了175个小破洞，3名水兵受伤，爆炸引发的小火灾旋即被美军扑灭。发起攻击的两架日机，一架当场被击落海中，另一架中弹，拖着长长的黑烟快速逃逸。

日机近在眼前，“印第安纳”号战列舰上，刚才还在看热闹的萨雷特紧张起来了。后来，他如此描述当时的情景：“左舷！发现目标！一号炮塔开始转动，主力舰用406毫米主炮直接向来袭敌机前方开火，那些飞机钻进一堵水墙后就不见了。水幕射击是我们对付敌军鱼雷机的绝活儿，用大口径火炮向来袭敌机投雷航线上开火，靠弹着点掀起的水柱吞没对方，这一战术是中途岛海战时‘阿斯托利亚’号重巡洋舰首创的。在水墙后面，配备有先进火控系统的127毫米高射炮、40毫米博福斯高射炮和数量众多的20毫米厄利孔高射炮，为日军编织了一张密不透风的交叉火力网。我们被炮弹爆炸的烟团和散落的金属弹片包围。3架日机接连被我们击落。烟雾散尽之后，海上重归平静，只剩下敌机的残骸还在水面上熊熊燃烧。驱逐舰和巡洋舰开始到处搜寻幸存者。”

第七大队最倒霉的当数“南达科他”号。9时48分，4架日机同时向战列舰发起进攻，“南达科他”号第一、第三号炮组发起反击。1分钟后，1架日机突然脱离机群，突破美军战斗机拦截，从战列舰左后舷以40～50度角俯冲，在100米高度投下炸弹。这颗250公斤炸弹穿过甲板，在上甲板和主甲板之间轰然炸响，军官起居舱瞬间不知去向，好在里边当时没人。爆炸当场造成27人阵亡、23人受伤。这架零战很快被战列舰高射炮击中，坠落在右前舷5500米处。11时14分，舰长拉尔夫·里格斯上校通过TBS向李汇报：“左舷75号肋骨处被一颗炸弹命中，轻伤，战斗力未受影响。”

“圣弗朗西斯科”号遭到3架零战攻击，3颗近失弹分别落在前方、后方和右舷之外，所幸并未造成人员伤亡。9时50分，正在对日机猛烈射击的驱逐舰“赫德森”号前部40毫米弹药库突然被1发127毫米炮弹击中——炮弹无疑来自友舰——造成2人死亡、3人受伤。为防止弹药库被诱爆，炮手立即向库中注水。10时，该舰罗盘出现故障，11分钟后恢复正常。

在“地狱猫”和高射炮火力的双重阻击下，日军第一波攻击以惨败告终。返航飞行员报告说，击落美军战斗机4架，“1艘航母可能大破起火”，另有1颗炸弹命中1艘重型航母。

实际上，美军损失了3架战斗机，3名飞行员无一幸存。他们分别是“考彭斯”号乔治·马森堡少尉、“普林斯顿”号伍德少校和范·卡特少尉。伍德战前是一名颇具天赋的钢琴家，喜欢弹奏《月光奏鸣曲》，其海军学院的同学弗雷德里克·巴德沙尔少校火线接替中队长职务。在日军第一轮进攻中，没有1艘美军航母遭到攻击。日军为此付出的代价是44架战斗轰炸机折损31架，14架零战仅6架返航，7架“天山”2架被击落或失踪。如此看来，美军飞行员上报的战绩带有水分，这在激烈争斗的战场也属正常。最关键的是，他们成功挫败了日军的第一轮攻势。对美军来说，现在远不是庆祝的时候，更大的危机已接踵而至。

由于通信不畅，小泽无法及时了解第三航空战队第一攻击机群的覆灭，他满心希望他们能够吸引美军的注意力，为主力机群的进攻扫清障碍。第二攻击机群刚出发不久，第一航空战队第三批侦察机发回了新消息，关岛西南130公里又发现一支美军航母舰队。实际上，日军飞行员发回的位置有误，他们发现的仍然是米切尔的第五十八特混舰队。小泽据此断定，美军快速航母舰队主力已全部暴露，有必要集结所有剩余力量将这支新出现的力量一网打尽。10时刚过，小泽命令第一、第二航空战队出动了第二波飞机——这是当天日军放飞的第四个攻击机群。

10时20分，第一航空战队18架飞机开始起飞，由大尉千马良人领军的队伍包括零战4架、战斗轰炸机10架、“天山”4架。因“大凤”号升降机仍在维修之中，需要将部分攻击机转移到“瑞鹤”号上，千马机队起飞反比第二航空战队第二攻击机群晚了几分钟。

10时15分，城岛放飞了第二攻击机群。首先起飞的是宫内安则率领的20架零战、29架九九式俯冲轰炸机和3架“天山”。10时30分，由阿部善次带领的第二个机群也出发了。作为一名参加过偷袭珍珠港的“老鸟”，阿部带领的9架“彗星”——它们是奥宫费尽心机从军令部争取来的——被视为第二航空战队之精锐，一向被小泽和城岛寄予厚望。当初偷袭珍珠港时，阿部就是“赤城”号俯冲轰炸机飞行员，现在静静地躺在珍珠港海底的“亚利桑那”号，就是被阿部率队击沉的。锡兰海战中，日军5分钟内击沉英军2艘重巡洋舰，成就了江草隆繁的半世英名。其实阿部在那次战斗中的表现一点也不比江草逊色。他率领的17架俯冲轰炸机投出的炸弹居然有16颗命中，命中率高达94%。后来阿部调“龙骧”号任俯冲轰炸机分队长，现在是“隼鹰”号飞行队长。他随后的表现只能用“窝囊”来形容。

大林第三航空战队因载机较少，只能在回收第一攻击机群后发起攻击。在收罗败归的残部之后，大林勉强凑出5架零战、9架战斗轰炸机和5架“天山”，准备在中川健三的带领下发起新一轮攻击。但小泽认为，栗田前卫部队舰船众多，有必要留下少许飞机执行空中防御，断然叫停了这次出击。

截至19日11时，小泽已放飞了自己的所有攻击力量。他此刻的心情与1942年6月7日上午9时中途岛海战时的弗莱彻少将颇有几分类似。至少从目前看，一切都在按他的战术计划顺利进行，接下来就看飞行员的表现了。日军的4波攻击共出动舰载机312架。记述这段历史的日本史学家曾发出这样的感慨：“这样大的飞行队，在日本航空母舰部队史上是空前的。在以国家命运相赌的舰队决战中，动用如此大的兵力是完全合适的，它确实是全体官兵希望之所在。”

粉碎了日军第一轮攻击之后，主战场的平静并未持续多久。10时07分，一个更大的机群出现在美军的雷达屏幕上——那正是由垂井明领军的一个攻击机群。在意外遭遇友军高射炮打击之后，第一航空战队第一攻击队在10时15分开始爬升，10时45分爬升至6000米。他们在10时40分准确捕捉到美军航母舰队。垂井明和俯冲轰炸机分队指挥官平原政雄几乎同时发出了“全军突击”的号令。

因为有了应对第一轮攻击的铺垫，美军此次阻击显得更加从容。战斗机引导官向舰队西部上空派出的“地狱猫”达到了惊人的162架，日军攻击机群有109架飞机——当天最大的规模一轮空战瞬间打响。

“作为掩护塞班作战我军特混舰队的一部分，6月19日上午，我们都做好了对付超过400架日机的充分准备。敌机分成几个大群飞近时，被我们的雷达及时发现。停在甲板上的战斗机立即起飞，前往增援已在空中盘旋的制空巡逻队。我当时是‘列克星敦’号12名执勤飞行员之一，接到出击命令后，我们很快就起飞了。”亚历山大·弗拉丘中尉后来接受采访时这样说。此前他已击落12架敌机，是所有舰载机飞行员中成绩最好的。

当弗拉丘加大油门准备爬升以获取更好的攻击高度时，突然发现飞机出现故障。格鲁曼公司每月可生产500架“地狱猫”，它们大部分被派往太平洋战场。财大气粗的美国人更换飞机的政策非常宽松，一旦发动机出现老化现象，飞机将被毫不犹豫地推进大海，连废铁都不回收。虽然这次攻击有可能成为他参加过的最重要的行动，但弗拉丘万万没想到，飞机竟然在关键时刻掉链子。他一边驾机挣扎着向上爬升，一边看中队长保罗·布伊少校率8架飞机冲向高空，把自己远远地甩在后面。在距“列克星敦”号96公里处，大约有70架敌机分列在4800 ~ 6000米高空。弗拉丘只好原地待命，他发现风挡玻璃上出现了一大片油迹，说明发动机出现漏油。

在咒骂运气太差的同时，弗拉丘发现40公里外有3架敌机，于是加速飞了过去。“当时我觉得冲着空战引导官那紧张的语调，那里敌机应该不止这3架。”果然，他在左下方找到一大群排队飞过来的日机，数量至少有50架！“我的肾上腺素立刻开始飙升，心想，这个盘子里的饼干足够所有人吃了，这是我们战斗机飞行员梦寐以求的事情。”弗拉丘选好位置对几架“彗星”发起攻击，短短几分钟就击落3架。在谈到击落第三架飞机时，他说：“有那么一瞬间，我差点为那个敌人感到难过。”

此时他距舰队已经很近，敌机实在太多，还是有少数日机冲向舰队。弗拉丘向排成一列纵队的3架“彗星”飞去。第一架日机发起俯冲时突然冒烟，它被驱逐舰高射炮命中。他看到一架日机朝一艘驱逐舰发起俯冲，就冲过去在日机下降大约1/5高度时将其击落。“我想，一定是打中了它的机载炸弹，虽然飞机爆炸屡见不鲜，但从没有一次像这次惊心动魄。我急忙拉动操纵杆，避开散落的碎片和飞溅的火球，然后用无线电报告，‘击落第六架！前方还有一架敌机，正冲向一艘战列舰，我猜他到不了战列舰附近’。”他话音刚落，那架日机已经在空中炸开了花。

弗拉丘向四周望去，似乎天上除了自己，只有其他“地狱猫”了。“我环顾四周，空中似乎只剩下一些‘地狱猫’。我扭头望向我们出发的方向，在长达35英里的范围内，水面上到处都是燃烧的浮油，空中烟雾弥漫。让人难以置信，这是短短8分钟空战留下的战场。这8分钟是我毕生最难忘的一次航行。”

弗拉丘对自己的表现非常满意，觉得从个人角度讲，已经算为珍珠港报仇了。接下来发生的事情让他非常生气。在向航母返航时，他的飞机遭到友军防空炮火射击。他打开识别器，又从正确的方向靠近，按规定做了两个朝右 360 度盘旋，“这些动作看起来对那些打红了眼的炮手来说，什么都不算，我不记得我在无线电中用了什么脏话才制止了这种笨蛋行为，我想应该不会太糟糕”。他不知道，由于大批飞行员在上空盘旋，试图辨认自己应该降落的航母，情况变得异常混乱。有报告称，至少有一名日军飞行员企图在美军航母上降落。不过，最后弗拉丘还是安全降落在甲板上。

战斗尚在激烈进行之中。那些降落下来的美军飞行员接下来又是一阵忙乱。他们旋风一般奔向待命室，胡乱喝上几口菠萝汁，凭借印象向情报官讲述任务完成情况，听完简单的情况介绍后，浏览一下黑板上的通知，接着返回飞行甲板等待下一次出击命令，以提高本人和所在中队的总成绩。一名战地记者感慨地说：“从他们的态度来看，我们完全可以认为，他们所参加的不是一场战斗，而是某种迅速、刺激的比赛，就像马球或冰球那样。”

米切尔中将的旗舰“列克星敦”号搭载了大量战地记者——斯普鲁恩斯官儿更大，但他对记者一向不太欢迎甚至厌恶。弗拉丘在填写维修报告时，一大群记者围了上来。其中一人曾看到，当弗拉丘的飞机掠过舰桥时，小伙子向米切尔比了一个“六”的手势。有人举起相机，让弗拉丘再表演一次。这名“穿刺王”仰望天空，脸上挂着灿烂的笑容，双手竖起六根手指显示战果。在这次传奇的空战中，弗拉丘 8 分钟内用 360 发子弹击落 6 架日机，相当于每次每挺机枪只打出 10 发子弹。他的队友们合力击落了 16 架。

当弗拉丘兴致勃勃地向中队长汇报战果时，布伊少校的话对他不啻当头一棒：“祝贺你，你被禁飞了。因为你在战斗中私自离队单独行动。”在与地勤人员交谈之后，布伊得知弗拉丘是由于飞机故障才脱离编队，他来到弗拉丘的舱室，送给他一瓶上好的威士忌美酒表示歉意。

“埃塞克斯”号航空大队长麦坎贝尔中校早餐几乎没吃什么东西，只喝了一杯橘子汁。接到敌机来袭的消息，他亲率 11 架“地狱猫”升空加入阻击行列，他们已经飞到第七大队以西 80 公里处。麦坎贝尔小队攻击了飞在“天山”之上的“彗星”，其他两个小队的 8 架飞机则在高空与零战缠斗。麦坎贝尔跃马挺枪，直取日军鱼雷机队。老将出马，一个顶俩儿。中校一口气打下来 5 架“彗星”，“其中 1 架几乎就在我脸上爆炸”。有一点也许令人惊讶，麦坎贝尔是个大烟鬼。他不仅会在飞行员待命室里抽烟，即使是身处 6000 米高空，戴着输送易燃纯氧面罩的他，时不时还要来上几口。地勤人员特意给他钉了一个小型铝制容器，专门用来存放香烟。19 日上午，他几乎没有机会抽烟。在击落第五架敌机之后，麦坎贝尔环顾战场，那是一幅让他永远无法忘怀的壮观场景，"坠落的日机在水中激起一连串水花，还有四周五颜六色的降落伞"。战争结束时，麦坎贝尔以 34 个战绩成为海航第一号王牌，获授最高级别的荣誉勋章。

"普林斯顿"号上，执行完巡逻任务的巴德沙尔少校正躺在甲板上享受日光浴，突然接到了紧急起飞的命令。他带着两个四机小队火速起飞。这次起飞是如此匆忙，以至于他在爬升到 3000 米时才绑好了降落伞绳索。巴德沙尔如此记述这次空战："我们爬升到 4260 米时，发现一大群有零战护航的日军轰炸机，接下来混战开始了。护航零战仍然对拦截者没有反应，我记得我有两架击落。第二架是九九式俯冲轰炸机，它俯冲逃跑，我在追到大约 2100 米高度时把它打起了火。这时空战已基本结束，天空中点缀着许多燃烧和坠落的飞机，还有降落伞和舰队高射炮的闪光。我感觉日本人毫无疑问是受到了燃油限制的约束。"

不到 20 分钟的外围战中，超过 70 架日机被击落，美军仅损失"地狱猫"6 架，阵亡飞行员 3 人。虽然美机在空战中占尽优势，但日机数量实在太多。正如伯克所言，小伙子们即使长了三头六臂，也很难在如此短的时间里将敌机扑打干净，约 30 架日机拼命突破了"地狱猫"的拦截。为避免日机分散突围攻击美军航母编队，蓝身白腹的"地狱猫"只能像牧羊犬一样簇拥在日军机群周围，一旦有日机试图脱离编队，就冲上去将它击落。日军机群步步进逼，空战也从外围一路打到舰队上空。现在抵御日军空袭的任务就落在了内层防御的巡逻战斗机身上。

这些飞行员早已摩拳擦掌，等待大打出手刷数据了。"企业"号战斗机飞行员戈登上尉就是其中一员，他率领一个四机小队拦截了 4 架冲向"企业"号的"天山"。戈登后来这样写道：

"当日军飞机接近时，我们的航向为 250 度。这回，在战列舰队西南 10 ~ 15 英里处，我望见我们侧下方有 4 架敌机飞来。我们向上面报告说他们是'彗星'。此时我们的高度约 15000 英尺，右边还有几架好像带副油箱的零战。我们没有去管他们，因为除了我们，这些零战伤不着任何人。我们选择了比较有威胁的目标，就是那些带鱼雷的飞机。我们追着敌机从南面接近我们的战列舰时，我击落了

1 架‘彗星’。在低空我们又击落了一架。此时舰队射来的防空炮火已十分密集，弹雨搅浑了离舰队中央 5 英里的水面。在离海面 50 英尺的超低空，我开始向第三架敌机射击。密集的炮火和溅起的水柱一眼看不到边际。忽然，那个日军飞行员投下鱼雷，随即右转躲避炮火，我就在此时将它击落。我怀疑那个日本人投雷时是否进入了射程。第四架鱼雷机逃跑了。那两架日机投下的鱼雷没有打中任何东西，一条在巨舰尾流中爆炸，另一条不知去向。或许那个缺乏经验的飞行员真的在慌乱中还没进入射程就投下了鱼雷吧。”

少数日机摆脱攻击，侥幸逼近美舰时，必须面对美军航母和护航舰只的防空炮。10 时 54 分，“黄蜂”号八号 20 毫米炮组发现右后方出现 3 架飞机，其中 2 架似乎是友机。唯一那架“彗星”从舰岛右后方发起突击，航母 3 个炮组同时开火，一口气打出 282 发炮弹。那架“彗星”投弹后飞到“黄蜂”号前方，但已中弹起火。此时航母前高射炮火控塔指挥第五十一、第五十三号 127 毫米双联炮塔，朝日机打出 30 发炮弹，这架“彗星”坠落在航母右前舷 11000 米外。它投下的炸弹虽未直接命中，但爆炸产生的碎片造成水兵亡 1 人、伤 4 人。

11 时 01 分，2 架日机突然钻出云层，从“邦克山”号左后舷方向发起俯冲，接连被航母高射炮火击中。第一架被 127 毫米炮弹生生扯成两截，分别坠落在航母右前舷和左后方。第二架先是被 40 毫米炮弹击中起火，随后又被 20 毫米炮命中坠毁。两人分别从两架飞机上跳伞。位于航母左后方的“比洛克西”号看到两架“彗星”来袭，迅速组织 127 毫米炮、40 毫米炮、20 毫米炮迎击。日机投下的 1 颗炸弹获得近失，落在航母左舷二号升降机后侧 15 米处，剧烈爆炸激起一条冲天水柱，导致航母轻度进水，后部输油管被飞溅的弹片切断，第一、第二待机室和另外一间舱室起火，二号升降机暂停运作。舰上水兵亡 2 人、伤 84 人，其中 22 人伤势严重。

“印第安纳波利斯”号同样遭到日机攻击，它于 10 时 55 分和 10 时 58 分，分别击落“天山”和“彗星”各 1 架。斯普鲁恩斯和众参谋正在舰桥上观摩战斗，那场景看上去蔚为壮观，被摧毁的飞机在蔚蓝的天空中拖出道道黑色线条。对日军那架鱼雷机的攻击，参谋长穆尔感慨地说：“他的鱼雷朝一个方向飞去，他本人朝着另一个方向跌落，而一侧机翼则飞向了第三个方向，你真该听听水兵的欢呼声！”

3架日机从低空突入第三大队上空，试图向“普林斯顿”号发起攻击。1架“彗星”被“企业”号高射炮击落，另外2架“天山”向“普林斯顿”号右舷投射鱼雷，被该舰右舷高射炮火击落。11时02分，1架“天山”再次突入该舰右舷投射鱼雷，它一侧的机翼被打掉，坠落在航母前方460米处。10时59分和11时02分，“列克星敦”号和“蒙彼利埃”号分别击落1架鱼雷机和轰炸机。此后，向功勋战舰发起攻击的1架“彗星”和3架“天山”被“企业”号系数击落。初次在战场亮相的日军战斗轰炸机并未取得像样的战果，作为攻击机来说，它们实在太脆弱了。

11时14分，1架“天山”从4600米外以贴近海面高度逼近“印第安纳”号右舷，在战列舰7门127毫米炮的猛烈打击下在距舰90米处中弹起火。日军飞行员突然拉起作短距离转向，继而下滑一头撞在战列舰右舷水线45号肋骨处，被反弹到另一侧沉没。一些碎片飞溅到甲板上，导致5名水兵受伤。“衣阿华”号遭到1架“天山”的攻击，但日机投下的鱼雷在战列舰右前舷1500米处爆炸，战列舰的反击并未将该机击落。此外，“新泽西”号、“明尼阿波利斯”号、“南达科他”号、“阿拉巴马”号、“新奥尔良”号、“圣弗朗西斯科”号遭到零星日机骚扰，并无大碍。

美军舰队安然无恙，而日军为此付出的代价极为惨重：17架“天山”无一幸存，46架“彗星”只有5架逃出生天，48架零战中的16架返航。在战后提交的战斗报告中，麦坎贝尔中校形容当时的情景：“无数火焰、油污几乎组成了一条直线，沿着敌军空袭的航迹绵延长达10 ~ 12海里。”

除了战机的损失，日军为数寥寥的“老鸟”如飞行队长垂井明，分队长平原政雄、岛田雅美、川添利忠、酒见郁郎、仁礼精利、田中义亮、深川清、山形不美夫、八木丰、铃木敏夫等人悉数在空战中毙命。长期为渊田美津雄引导高空水平轰炸的阿曾弥之助，也随被击落的“天山”沉入大海深处。

在抵御当天规模最大的这轮空袭中，美军参战的各中队均取得不俗战果。“埃塞克斯”号3名少尉飞行员共击落9架“彗星”和4架零战，加上麦坎贝尔的5个战绩，10架“地狱猫”取得18个击落纪录。但日本海军航空兵并非完全待宰的羔羊，拉尔夫·福尔茨少尉在击落2架“彗星”后，不得不冒险让发动机超负荷运转，才侥幸甩掉一架紧追不舍的零战。克劳德·普朗特少尉更惨，一名技术出众的日军飞行员紧紧咬住了其飞机的尾巴，射出的机枪弹连连命中，直到另一架友机赶来把日机驱走，普朗特才得以摆脱窘境。他返回航母后，地勤人员在他的飞机上数出了150个弹孔，“格鲁曼制铁厂”果真名副其实。换成日军零战，估计早被打下去八回半了。另外，雷德尔少尉的飞机未能返航。

美军飞行员经常把“彗星”和“天山”搞混，导致上报的战绩有些混乱。但不可否认，他们的顽强防御，成功粉碎了当天日军最大的一轮攻势。那些训练不足的日军飞行员根本无法同美国同行相提并论，他们化成了弗拉丘口中“长达35英里长的斑驳烟火”。空中绚丽的景观令人叹为观止。“列克星敦”号上，战斗机飞行员内夫少尉激动得手舞足蹈，无法自持，禁不住高声喊道：“这多像我们家乡的‘猎火鸡’大赛呀！”说者无心，听着有意，中队长布伊少校将这句话记了下来，随后经在场记者广为传颂。从此，这次最大规模的海空对决，就以“马里亚纳猎火鸡”之名而闻名。

“猎火鸡”是美国的一句俚语，指一种打靶娱乐游戏。射击者离靶子二三十米远，射中的奖品是一只冻火鸡。赢得奖品非常容易——就像考试时我们选择中国的首都是上海还是北京，纯属照顾情绪的送分题——所以美国人把一方像泥靶子一样站着不动，只会挨打的一边倒式胜利，称作“猎火鸡”。这一俗称含有十足的讥讽意味，也恰如其分地体现了当天空战的实际状况。1964年6月19日，在纪念本次作战三十周年的老兵聚会上，一名参加过当年作战的飞行员回忆当时的情景，感慨万千：“哦，光荣的6月19日，一次多么完美的狩猎旅行！”

“大凤”号上，小泽一直未能收到攻击队发回的报告。11时，他致电带队指挥官垂井明：“攻击结束否？”其时垂井已在战斗中毙命，一名“彗星”飞行员回电：“10时45分轰炸结束，效果不明。”“大凤”号在11时27分收到了这份报告。由于缺乏可靠消息且不知道前两波攻击队已近乎全军覆没，小泽仍然期望能在20日可以“乘胜追击”。他命令各部：“战果相当大之时，将于明日黎明时分接近马里亚纳岛链附近，再行航空战击破敌航母群之大部，并遣前卫舰队击灭敌攻略部队。如判明第一次攻击战果较小，机动部队暂时向西避退，整备兵力及补给，以期再度决战。”

日军第一航空战队、第三航空战队的攻击机群虽然并未取得显赫战果且损失惨重，但好歹找到了敌人，他们飞蛾扑火式的攻击至少把美国人弄得手忙脚乱，惊出他们好几身冷汗。相对而言，城岛第二航空战队的第一攻击波——总数第三个攻击机群——的表现只能用懦弱或窝囊来形容。从他们身上可以看出，日本海航不但在装备和技术上大大落后，连惯有的精气神都似乎不存在了。

11时35分，石见率领的29架飞机钻出浓密云层之后，在右90度、74公里外发现一支含有2艘“加利福尼亚级”战列舰的美军舰队。由于接到的任务是攻击美军航母，石见干脆放弃进攻，向90度方向继续飞行。但当他们在11时45分抵达指定海域时，海面上空空如也，连美军航母的毛都没看见一根。石见继续进行搜索，11时55分依然无果。石见的失误虽然浪费了不少时间，却使自己意外避开美军防御最强的正面。12时整，石见试图改变方向转而攻击之前发现的战列舰，前方突然闪出多达40余架“地狱猫”的影子。

石见很可能眼花了，前方飞来的只是“大黄蜂”号的12架“地狱猫”。日机在数量上占据绝对优势，但美军飞行员毫不畏惧，尤金·雷蒙德中尉从6100米高空俯冲而下，随着机枪嗒嗒嗒的声响，一架零战坠落。雷蒙德垂直爬升发起第二次攻击，但是未能命中目标，那架零战突然从正面爬升，使他射出的子弹脱靶。雷蒙德接着从3600米下降到600米高度，咬住一架零战，将它击落。

保罗·多尔蒂少尉和威廉·勒夫日中尉与3架零战缠斗，将其中2架击落海中。约翰·奥布里恩中尉和厄灵·扎斯克中尉俯冲攻击了位于4600米高度的15架零战，击落其中1架之后，其余日机快速逃逸。两人感觉日军飞行员的斗志已经完全丧失。

实际上，此时日军不过损失了6架零战和1架“天山”，但犹如惊弓之鸟的石见眼看“地狱猫”大举来袭，就紧急转往235度方向撤退。石见曾三度等待离队飞机前来会合，但他的攻击队已处于溃散状态。12时30分，等不来友机的石见径直率队返航，16时45分在第二航空战队的3艘航母上降落。中岛率领的20架飞机在70度方位、360公里处同样未能发现美军舰队，和石见一样直接掉头返航，14时在航母上降落。和前两个攻击机群相比，石见机队损失最小，原因在于他们主动避战，根本没发生像样的战斗。

12时19分，1架掉队的零战突然钻出云层，悄然接近了哈里尔少将的第四大队。未等美军做出反应，日机突然向“埃塞克斯”号投下炸弹，落点距航母右前舷仅18米。日本人的运气实在太差——中途岛海战时，贝斯特上尉同样仅用1颗炸弹就终结了“赤城”号。12时20分和25分，“新泽西”号和“衣阿华”号分别发现有零战被“地狱猫”追逐至第七大队范围之内。“新泽西”号在2架友机分头撤离之后才向被追击的日机射击，将其击落在后舷之外。根据时间推算，这些飞机应该来自石见机队。

日军的进攻一浪接着一浪。14时前后，日军最后一个攻击机群逐渐接近了美军舰队。遗憾的是，他们竟然跑错了方向，飞到了第五十八特混舰队以南180公里、关岛西南150公里水域。未能在海上发现目标之后，日军机群分成三部分。千马的18架飞机直接掉头返航，阿部的15架飞机飞往罗塔岛——其中3架中途掉头返回航母。宫内的50架飞机因燃油不足向关岛飞去。

15时23分，阿部率领的小机群在飞往罗塔岛途中竟阴差阳错地绕开了“地狱猫”构筑的防线，突然闯入蒙哥马利第二大队上空。日机改变方向，向“黄蜂”号、“邦克山”号和“莫比尔”号轻巡洋舰发起进攻。“邦克山”号再次被1颗小炸弹命中，损伤轻微。在美舰的高射炮火打击之下，9架日机未能返航。阿部不待确认战果就快速脱离战场飞往罗塔岛那个仅有一条跑道的小机场，他身后已没有1架飞机。除了1架受伤的“彗星”在关岛机场降落，其余10架踪影皆无。毫无疑问，它们已为美国佬晋升王牌做贡献了。

当阿部对准跑道准备降落时，“啪啪啪”，身后突然扫过来一排机枪子弹。阿部纵身跃出座舱，那架“彗星”一头栽进丛林之中。跳伞的阿部被岛上海军警备队救起。因第一机动舰队铩羽而归，阿部无法返回母舰。美国人对罗塔岛弃而不攻使阿部最终成为幸运者。1944年10月15日，在罗塔岛百无聊赖、成天对天空骂娘的阿部晋升少佐，因军衔最高成为岛上海军部队最高指挥官，一直到日本投降。阿部活到2007年4月7日90岁时才去世。晚年他改名阿部善郎，频频往来于日美之间，和往日的敌人一起探讨海战中的技术问题。

15时49分，宫内率领的50架飞机渐渐接近了关岛，飞行员纷纷丢掉炸弹准备降落。恰在此时，30架“地狱猫”从斜刺里突然杀出——它们来自“约克城”号、“考彭斯”号、“埃塞克斯”号、“大黄蜂”号和“企业”号。日军飞行员未曾料到在家门口也会遭到伏击，一场遭遇战在关岛机场上空轰然打响。猝不及防的日机毫无招架之功，“企业”号理查德·德瓦恩中尉带领的四机小队正处在绝佳的攻击位置，它们10分钟内击落日机11架，德瓦恩本人击落4架。大部分美军飞行员获得战绩，50 架日机当场被击落 31 架。另外 19 架飞机挣扎着在机场降落，但跑道刚刚遭到美军轰炸弹坑密布，飞机在降落过程中大部分损毁，无法修复继续投入战斗。

在向航母返航的途中，千马的 18 架日机又有 9 架被紧追不舍的美机击落，5 架在途中迫降或在降落后报废。日军第四攻击波的 85 架飞机，寸功未立，折损数竟达到了惊人的 73 架。所幸小泽和城岛当时还不知道，要不两人一定会当场哭晕过去的。

从 7 时 30 分“贝露森林”号派出战斗机群，前往关岛上空确认敌情开始，到 16 时前后残余日机在关岛降落，这场规模空前的海空大战，足足打了 8 个半小时！从 7 时 25 分开始，小泽连续出动 4 个攻击机群共 327 架战机，前往攻击美军舰队，损失竟高达 221 架，仅 106 架飞机幸存，它们几乎未对美军航母造成任何伤害。战斗中，美军损失飞机 23 架，另有 6 架因故障坠毁，阵亡飞行员 14 人，上述数字还包括被友军击落的 1 架！

“地狱猫”在 19 日大显神威。后来一直在罗塔岛赋闲的阿部，在回忆当天的战斗时，感慨地说：“我从来没见过天空中有那么多的‘格鲁曼’。”

战斗打响之前，第五十八特混舰队航空参谋威廉・威德海尔姆中校曾下了 1000 美元的大赌注——当时这绝对是一笔巨款——赌日本机动舰队会主动发起进攻，美军战斗机不一定能挡住他们的进攻。米切尔旗舰“列克星敦”号的战斗机飞行员们纷纷下注，赌自己肯定能粉碎日军的进攻。现在让威德海尔姆头疼的是，他不但输掉了一大笔钱，还必须去核对赢他钱的那些人声称的击落数。各中队上报总结中声称击落数多达 354 个，这还不包括派去执行搜索任务的“复仇者”的声称数。“埃塞克斯”号战斗机中队参与了对日军第一、第二、第四攻击波的拦截，他们以 68.5 个声称数在各中队中名列第一，此外还有 12.5 个疑似击落。排名第二的是“大黄蜂”号战斗机中队，他们声称获得 45 个战绩，后来修正为 51 个——飞行员们说，这都是换了倒霉舰长勃朗宁带来的好运。“列克星敦”号飞行员上报的战绩为 46 架，至此他们的总战绩达到 134 架，暂列各中队总成绩榜首。接下来是“约克城”号战斗机中队的 37 架，连轻型航母“普林斯顿”号都上报了 30 个战绩。

不可否认，超过 2/3 的战绩由重型航母飞行员取得。在此之前，米切尔往往用重型航母的战斗机为攻击机队护航，让轻型航母的战斗机执行舰队上空的巡逻任务。轻型航母的小伙子对此一肚子意见，因为之前很少有日军飞机能够飞临航母上空，他们很难取得像样的战绩，今天总算逮到出手机会了。不过由于参战较少，他们在实战经验上与重型航母飞行员相比还是存在一定差距。

水面舰艇防空炮手同样取得不俗的战绩，他们共击落 16 架日机。“华盛顿”号位于阵列最北方，因视线受阻仅开火一次，在 12 秒内射出 27 发 127 毫米炮弹。在圣克鲁斯海战中有着惊艳表现的“南达科他”号除继承以往霉运之外，他们打出的如雨炮弹达到数万发——127 毫米炮弹 859 发、40 毫米炮弹近万发，20 毫米炮弹 11000 发。“阿拉巴马”号和“印第安纳”号各打出去 400 发 127 毫米炮弹，后者还打出 4654 发 40 毫米炮弹，不但击落 1 架日军鱼雷机，还将少数炮弹射向友军，造成“圣弗朗西斯科”号 2 名水兵负伤。它本身也遭到友军炮弹的误击，5 名水兵负伤。“哈德逊”号驱逐舰舰桥被 1 发 127 毫米炮弹击中——日军舰载机是没有这种炸弹的，造成 2 人丧生、6 人受伤，此节前文已有所述。

舰队初步总结显示，各中队共有 365 个声称击落数和 15 个地面击毁数。米切尔的报告中，这一数据变成了 388 架：战斗机 210 架、俯冲轰炸机 93 架、鱼雷机 43 架和其他机型 10 架，另有 19 架被高射炮击落，13 架飞机在地面被摧毁。太平洋舰队司令部对 19 日的防空战给予了高度评价。在《1944 年 6 月太平洋区域作战》中，尼米兹对第五十八特混舰队当天的作战不吝赞美之词：“他们的防御完全有效，在日军攻击波持续被有规律且精准地摧毁时，我军受到的损失相当轻微。”但珍珠港给出的数字又不一样，总战绩 402 架：空中击落 366 架，防空炮击落 19 架，地面摧毁 17 架。事实证明，要准确统计战场数据非常困难。相对而言，击沉军舰数较易统计，战机数次之，至于人数就更困难了。不管数据到底多少，反正经过 6 月 19 日的无情猎杀，和角田第一航空舰队一样，小泽第一机动舰队同样丧失了继续进攻的能力。

当天美军“地狱猫”的飞行超过 400 架次，其中超过 290 架次与敌机有过接触。6 名飞行员因获得 5 个以上战绩成为“一日王牌”，他们中有 3 人来自“埃塞克斯”号。麦坎贝尔中校在两轮作战中击落日机 7 架。中队长查尔斯·布鲁尔少校和乔治·卡尔中尉各击落 5 架。“大黄蜂”号罗素·赖泽尔上尉战绩 5 架，威尔伯·韦伯少尉击落 6 架，疑似击落 2 架。两人战绩的取得相对容易一些，他们在关岛机场上空联手击落了 11 架正欲降落的日机，敌人甚至没有任何躲避动作。“列克星敦”号的弗拉丘战绩 6 架，加上之前的 12 个战绩，弗拉丘暂时以 18 个战绩位列所有飞行员之首。另有 10 名飞行员战绩 4 架，19 名飞行员战绩 3 架。原本认为是剑拔弩张的一场决斗，最终变成了飞行员刷新数据的特殊场所。也许正因为战斗呈现一边倒状态，这场史上最大规模的航母对决远没有中途岛海战那么有名。

6 名“一日王牌”取得的 33 个战绩中，只有 5 架是零战。这一结果客观反映了当时的战场形势。如果美军战斗机冲入日军机群，无论是老旧的九九式、九七式，还是新型的“天山”和“彗星”，都不足以在“地狱猫”的攻击中保命。零战自保尚且不足，更不要说为攻击机提供保护了。但如果它们能在较远距离上发现对手并快速逃逸，“地狱猫”还真的很难追上。不过，这种做法意味着完全放弃攻击任务。日军飞行员虽然技术不行，但掉头逃跑这种事儿，大多数人还是不屑干的。打不过是水平问题，不打就跑是态度问题。

战果统计出来之后，无论米切尔还是小泽——后者当然过一段时间才能知道——均大吃一惊。美日空战损失比竟然高达 1 ∶ 10，日机生还率仅 28%，美军舰队的损伤又是何等轻微！谁会想到，仅一年半之后，美日海军航空兵的实力悬殊竟达到如此地步！对这一巨大差距，人们一般将其归结为双方装备和飞行员素质的差异。这固然是造成戏剧性结果的主要因素，但这难道就是美军完胜的全部原因吗？答案显然是否定的。

再来回顾一下两年前的中途岛海战。当时美军攻击机群几乎没有战斗机掩护，日军舰队上空的格斗，实际上变成了当时称得上彪悍的零战和美军“无畏式”和“蹂躏者”的交锋。当时的结果却是美军寻隙形成突破，日军舰队遭受重创，败走麦城。本次日军攻击机群却很难从美军防空体系中找到明显漏洞。毫无疑问，美军全胜的背后另有其他原因。卓越的空战指挥无疑是美军取胜的第一功臣。米切尔在作战报告中道出了空战指挥的两大原则：“第一，尽一切努力确保每次引导足够数量的战斗机去拦截日军空袭机群；第二，在可能的情况下，尽一切努力确保留下足够战斗机去应对下一轮空袭。就是说，不在一轮战斗中将力量用尽。

这两条原则无疑是开战以来历次海空战的经验总结。第一条不言而喻，第二条则是多次惨痛教训的产物。中途岛海战中，日军本来拥有足够数量的战斗机，由于在遭到攻击时把所有战斗机都用来拦截低空美军的“蹂躏者”，结果把舰队完全暴露在高空“无畏式”的打击之下，南云舰队4艘航母全军覆没。在地球另一边，地中海上的英国人也曾犯下类似错误。1941年1月10日，英军战斗机在追击意大利鱼雷机时把航母丢给德国人的“斯图卡”，导致“光辉”号航母中6弹重伤，在美国诺福克船厂住了近一年才“勉强出院”。该舰若非采用装甲结构，恐怕早沉到海底喂鱼去了。

马里亚纳海战中，美军极力避免出现类似失误。以“埃塞克斯”号为例，6月11日战斗打响时，战斗机中队有42架“地狱猫”，在前期战斗中损失轻微。19日日军规模最大的第二波空袭中，他们只有10架战斗机出击拦截，剩余飞机严阵以待，等待随时可能来临的下一轮空袭。米切尔说：“这一时期，战斗机引导成功的关键在于对空中巡逻队不间断地补充。一旦上空巡逻的两个战斗机小队中的一个被派去拦截敌机，立刻就会有8架战斗机起飞，以防再有一群敌机出现在雷达屏幕上。”在大群战斗机截击敌机的同时，美军舰队上空仍然保有实力强劲的巡逻队，航母甲板上也保有相当数量的后备战斗机。毫无疑问，战斗机被引开导致舰队上空门户洞开的危险不会出现在1944年6月的美国人头上。在美军如此严密的防守面前，日军攻击毫无效果也就是意料中的事情了。

虽然一直未能升空与日军直接格斗，但几名美军战斗机引导官对胜利同样厥功至伟。美军先进的SM雷达系统不但可以测出日军机群的距离和飞行高度，还可以测定两个机群之间的相对高差，从而使战斗机引导工作更具针对性和实效性。加上19日当天天气状况良好，美军可以在远达240公里距离上发现来袭目标，做出从容应对。虽然本次战役期间美军通信系统尚不完备——四个通道只开通了两个——但这一瑕疵并未对作战造成太大影响。米切尔如此评价雷达工程师们的工作：“四次主要攻击波都在距航母50 ~ 60英里之外开始挨我们的打，每次我们的战斗机都能占据足够的高度优势。我们挡住了敌人的全力突袭，没有一艘航母遭重创或被击沉，这是以前历次海战前所未有的。这同时表明，我们在雷达研究、训练和应用方面耗费巨资是完全值得的。日军对我们的电子优势并非毫无准备，他们进攻时曾投下大量铝箔条，试图干扰我军雷达。但这招只在了解对手雷达的工作波长后才能奏效。日军对这一重要情报知之甚少，他们的电子反制只能以失败告终。”

虽然美军战机没能向日军投下一颗炸弹，也没发射一条鱼雷，小泽舰队依然遭到了毁灭性打击。作为水下潜行的寂寞杀手，潜艇往往需要独自航行数日、数周乃至上月，才能捕捉到一次机会。他们工作一旦出现失误，随之而来的危机就可能把潜艇及艇上的人全部葬送。18 日深夜，“刺鳍”号值班军官犯下一个严重的错误。因为忽略了搜索雷达信号，天空中突然出现了一架不明国籍的飞机，在毫无征兆的情况下逼近潜艇。当艇长赫尔曼·科斯勒少校出现在控制室时，值班小伙子已吓得面如土色。

19 日 5 时 22 分，第二架飞机出现在距雅浦岛不到 300 公里处。这次潜艇有了足够警惕，在距飞机 10 公里处发现目标并紧急下潜。科斯勒清楚，不论那架飞机是敌是友，都可能在第一时间向自己投下炸弹，同伴遭友军攻击的实例并不鲜见。当晚没有发现任何目标，传说的日军舰队不知身在何处。日出之后，6 时 55 分，科斯勒下令潜艇浮出水面，开始向珍珠港发送信息。

10 时 12 分，美国人的运气来了。科斯勒通过潜望镜中发现，6 公里外有 4 架飞机正掠海飞行。声呐员汇报说，同一方位测到了舰船发动机的噪声。科斯勒仔细向这一方向观察，前方出现了无数巨大的桅杆。“这情形实在再好不过了，”科斯勒说，“那一场景美得简直令人难以置信。”但科斯勒无法看清舰上挂的是哪国国旗，它可能是自己的军舰。他又仔细观察了一阵：“他娘的！一面太阳旗，真大！”他共看到 4 艘舰艇，从飞行甲板上部的平面雷达发射器来看，其中一艘无疑正是航空母舰，不断有飞机在上边起降印证了少校的看法。那正是日军大型航母“翔鹤”号。如果双方朝同一方向行进，科斯勒无论如何也赶不上航母。幸运的是，对水下威胁一无所知的“翔鹤”号正朝潜艇迎面驶来，同时不断回收飞机，这正是航母最脆弱的时候。日军航母及护卫舰上的观察哨都在竭力搜索可能来自空中的战机，对来自水下的致命威胁浑然不觉。

航母身边肯定有驱逐舰存在，而且不止一两艘。科斯勒知道自己只有一次出手机会——此时“翔鹤”号身边有驱逐舰“浦风”号和另 2 艘巡洋舰。他让副艇长和鱼雷军官来到潜望镜前，印证自己的观察和判断。根据观察，目标舰桥顶部后侧矗立着一块“床垫”状的雷达天线，一架飞机正在起飞，飞行甲板前部排列着不少飞机，那无疑是一艘日军大型航母。三人决定冒一次险。当潜艇潜行至距航母仅剩 1100 米时，科斯勒断然下达了攻击命令。此时“刺鳍”号航向 25 度，潜深 18 米，“翔鹤”号航向为 115 度，航速 25 节。

11 时 20 分，第一条鱼雷从艇首激射而出，接着又有 5 条鱼雷间隔 8 秒钟冲出鱼雷管。射出第五条鱼雷之后，科斯勒立即下令向载水舱注水。当第六条鱼雷冲出时，“刺鳍”号已经快速下潜。50 秒钟后，前方传来了巨大的爆炸声，这种声音很快又传来三次。

科斯勒的第一条鱼雷准确命中“翔鹤”号航空汽油罐。7 秒钟后，第二条鱼雷命中三号和五号锅炉舱之间的防水舱壁。第三条鱼雷击中舰桥前方舰体内的弹药库，第四条命中距舰首不到 20 米的地方。“翔鹤”号老兵杉野守誓如此回忆当时航母被击中时那极其恐怖的一幕：“船体剧烈晃动了一下，我觉得身子从甲板上被抛起来足足有 50 厘米高。我是在航母离开基地那天作为飞行专业下士来到舰上的，要对飞行甲板上的所有工作面负责。美军鱼雷炸响时，4 根 3 厘米直径升降机缆绳突然断裂，升降机咕咚一声掉了下来。机体的粉碎声震耳欲聋。不久，在落下的升降机和防水壁之间的狭窄空间里冒出了火苗。我们虽然拼命扑救，但火势还是越烧越大。”

参加过中途岛海战之外所有航母对决的“翔鹤”号，瞬间变成了一座人间地狱。烈火从被炸开的汽油罐中喷涌而出，一路蹿到舰桥上的飞行员待机室，一些在那里待命的飞行员被烧成重伤。大火迅速穿越机库甲板，引爆了停在那里的刚刚完成加油挂弹的飞机，一系列殉爆将中部升降机彻底炸毁。升降平台从滑轨脱落，几名操作员被当场砸成肉饼。由于正在进行补给作业，燃油管道中充满了航空汽油，火焰立即沿管道迅速蔓延，机库甲板成了一座巨大的焚尸炉。烈火引爆了传送带上排放的各种弹药，一连串惊天动地的巨响之后，水兵的残肢断臂在甲板上随处可见。

美军鱼雷在航母右舷前部和中部撕开了 4 个大口子，命中舰首的那条直接洞穿了舰体。汹涌而入的海水淹没了锅炉舱，失去动力的航母发生了严重右倾。为保持舰体平衡，舰长松原博下令向左舷部分舱室注水。水兵矫枉过正，向左舷注水过多，导致军舰向左倾斜，但倾斜不断扩大的趋势总算控制住了。舰体前部被凿出两个大洞，“翔鹤”号舰首渐渐没入水中。中午时分，失去动力的“翔鹤”号像一头垂死的鲸鱼一样，瘫在水面上动弹不得，渐渐脱离了主力编队。

射出6条鱼雷之后，科斯勒立即快速下潜。仅2分钟后，第一艘日军驱逐舰分两次投下的8颗深水炸弹就在潜艇前方、上方和一侧炸响。很快又有2艘驱逐舰加入攻击行列。在接下来的3小时里，3艘驱逐舰共向潜艇投下106颗深水炸弹，其中56颗相当接近潜艇，着实将科斯勒炸出一身冷汗。凭借灵活的机动，“刺鳍”号仅轻微受损。在躲过最困难的一段时间之后，科斯勒发现头顶敌舰只剩1艘。在深水炸弹此起彼伏的爆炸声中，声呐员报告说，从鱼雷击中敌舰方向传来其他巨大的“水介质噪声”。13时52分，科斯勒决定冒死上浮，通过潜望镜一看究竟。当发现远方的那艘航母已经烧成火炬时，科斯勒心满意足地潜入水中，向塞班岛近海隐秘驶去。

声呐员听到的“噪声”来自“翔鹤”号的连环爆炸。姊妹舰“双鹤”中，历来有“翔鹤”号为“瑞鹤”号挡枪的说法，珊瑚海海战和圣克鲁斯海战无不如此。但两度严重受伤也为“翔鹤”号的损管队员提供了绝佳的演练机会，他们已成为海军中最具实战经验的损控专家。水兵关闭了通向机库甲板的燃料管线，试图借此控制火势。但命中弹药库的那条鱼雷炸毁了发电机和配电房，导致全舰电力中断，水泵和应急消防设施无法使用。机库甲板消防水管一带烈火熊熊，消防队员无法接近。损管队员甚至抄起手提灭火器和装满沙子的水桶冲向肆虐的大火，但在迅速蔓延的火势面前毫无用处。呛鼻的烟雾笼罩了整艘航母，不断有人因吸入过多有害气体而倒下。海水顺着被鱼雷撕开的大洞汹涌灌入，很快淹没了前部舱室，舰首开始徐徐下沉。

13时30分，航空燃料和氧气瓶进一步加大了火势，烈火吞噬了飞行甲板，分隔机库的防火板也无法阻止火势蔓延。随着舰首下沉，海水渐渐淹没了前部甲板。一切预示着“翔鹤”号已经无可救药，舰长松原命令所有活着的人到干舷集合，准备下达弃舰命令。水兵忙着把救生艇和各种可漂浮物抛入水中，“矢矧”号靠上来试图提供援助。舰上火势越来越猛，海水冲入甲板下的大型舱室，航母渐渐竖了起来，甲板上的人纷纷摔倒或滑向前方。一些人跌入已经打开的升降机，掉进下方炽热的火中被烧成灰烬。很快又接连发生了四次惊天动地的爆炸，14时08分至11分，“翔鹤”号船头朝下、船身垂直没入海中，发出一声“低沉的咆哮”后消失了。后来一位日本史学家这样写道：“海面上的幸存者们开始‘血流满面’地唱起了‘翔鹤’号舰歌。”偷袭珍珠港的6艘大型航母只剩“瑞鹤”号“一枝独秀”了。

“矢矧”号和“浦风”号冲上前去，竭力搭救落水者。被救起者只有可怜的600人，多达1263人随舰沉没——其中水兵887人，第六〇一航空队376人。陪葬的还有2架“天山”、5架“彗星”和3架九九式俯冲轰炸机。“翔鹤”号下沉时，舰长松原被大水冲下舰桥，他拒绝接受救生艇，誓与航母共存亡。但最终还是被几名水兵强行拖上了“矢矧”号。

就在“翔鹤”号水兵与大火搏斗的同时，“大凤”号的状况也在持续恶化。这艘号称“不沉的战舰”只被命中一条鱼雷，伤势看上去并不严重。在内务长土桥豪实的指挥下——颇具戏剧性的是，两年前在中途岛，土桥以运用长身份参与了“赤城”号灭火作业，结果一样——损管队员很快排空了积水，堵住破洞使储油罐不再漏油。只有升降机非一时半会就能修好，这一缺陷只会减弱航母的战斗力，还不至于带来其他致命伤害。

随之出现另一个问题，锅炉使用的轻质原油挥发出可燃性气体，不断从储油罐裂缝中散发出来，随时有被引爆的危险。“大凤”号是初次出海作战，舰上水兵缺乏应对临时危机的实际经验。有人提出，最好是打开舰体内部通风口，让可燃气体散布到整个舰体中，得到稀释以降低风险。他们无意中忽略了最重要一点，“大凤”号采用的封闭式舰首，可燃气体虽得到稀释却无法扩散出去。若不能及时放空储油罐避免燃油进一步挥发，舰体内部可燃气体浓度达到爆炸临界点只是几小时的事情。12时之后，严禁抽烟及从事任何可能产生电火花的作业都被叫停。

“翔鹤”号沉没后不久，14时32分，几乎在一刹那间，一条火龙自“大凤”号舰体中部升腾而起，冲破了坚固的装甲甲板。“反潜！反潜！”甲板上的人声嘶力竭地喊道。从远处望去，只见“大凤”号半个飞行甲板被生生从舰体上撕了下来，和甲板上的飞机一起被掀入大海。小泽的旗舰瞬间变得不可收拾。

“大凤”号的舷侧隔壁在爆炸中全部震落，火柱从军舰两侧喷涌而出，冲向海面。当时舰上还有未来得及起飞的十余架飞机，它们大多已完成加油挂弹。飞机和机库内的鱼雷和航空炸弹被不断引爆。日本作家福田幸弘在《联合舰队塞班、莱特海战记》一书中，夸张地形容当时的情景：“厚重的甲板如富士山上的鲜花一般自中间轰然绽开！”不过也有人说，这句话是舰桥上的首席参谋大前敏一说的。从“瑞鹤”号上望去，“大凤”号上战机碎片和人体残肢“如喷泉般不断飞出”，烧得乌黑的尸体接连被抛入海中。动静之大，连很远处的“隼鹰”号都感觉到了。16时刚过，“大凤”号舰尾已被海水淹没，舰长菊池朝三无奈地下达了弃舰命令。

前方攻击机群尚未发回准确消息，大型航母已三去其二，绝望的小泽拒绝离舰，誓与“大凤”号同生共死。以小泽的理智——日本投降之后，他以末任联合舰队司令官的身份严禁手下自杀——此举更多是做做样子。跟随他多年的首席参谋充当了类似中途岛海战时草鹿的角色，大前上前告诉小泽：“长官，现在仗还在打，您要换舰继续指挥，直到我们取得最后的胜利。”

参谋长古村同样劝小泽尽快离开，他详细记述了当时的情景：“很快我们就清楚无计可施。在舰桥上的我被抛到半空，然后屁股着地倒下。鉴于这样的情况，我向长官建议变更旗舰。长官神色悲壮，紧闭嘴唇，一言不发。不过，在舰长和参谋的不断劝说下，长官最终还是决定变更旗舰。然而，大火笼罩着整艘军舰，军舰左倾导致驱逐舰无法横靠。除了使用舰桥后部的小艇逃生，别无他法。在火势直逼脸庞的情况下，进行上述作业绝非易事。负责下达‘放下小艇’命令的传令兵无一生还。最后，舰桥信号兵解开缆绳放下小艇，我带头第一个登艇作为示范，长官及众幕僚随后也上了小艇，一起转移到最近的‘若月’号上。”老酒猜测，此刻小泽肯定想起了两年前的南云老兄。

驱逐舰通信能力有限，小泽于16时06分率司令部成员登上“羽黑”号重巡洋舰，次日14时02分再换乘第一航空战队唯一幸存的“瑞鹤”号航母，其相对良好的通信条件便于小泽继续指挥，毕竟仗还没有打完。

小泽率众离开之后，越来越大的火势引爆了弹药库。一连串惊天动地的巨响之后，“大凤”号开始了毫无希望的倾斜，舰尾渐渐没入水中。正在汽油库附近指挥损控的土桥被炸成碎片，尸骨无存。“矶风”号、“初月”号对逃生者展开救援，前者甚至直接靠上航母舰尾实施营救。16时28分，带着出师未捷身先死的无限遗憾，“大凤”号消失在塞班岛西南920公里，北纬21度05分、东经138度12分海域。包括第六〇一航空队司令官入佐俊家——他被誉为“海军之宝、陆攻之神”——在内的1650名官兵及3架“天山”、4架“彗星”、1架九九式俯冲轰炸机和5架零战随舰沉没。对之前信誓旦旦，要报中途岛一箭之仇的入佐来说，这次可谓旧仇未报，又添新恨，且他本人和江草一样再没机会报仇了。不过，随后他获特晋两级为海军少将，也算没白出来跑一趟。

“大凤”号舰桥勤务官近藤敏直回忆说，当时舰长菊池拒绝离舰。在目送“矶风”号远去之后，菊池来到后部甲板，用帆布吊床细绳将身体固定住。但在航母沉没时，漩涡卷来的铁片将绑绳切断，菊池在意识不清的状态下被接应军舰救起。被寄予厚望的“大凤”号竟如此惨淡收场，尤其他并不属于一条鱼雷即可轻松击溃的脆弱舰艇。事实上，除鱼雷威胁之外，它可谓毫无任何航海战斗缺陷，但致命的缺陷总蕴藏在出人意料之处。尽管日军舰队在19日成功避开了美军战机的打击，但两艘小小的潜艇的攻击竟然取得任何人都没料到的巨大战果。

虽然反潜不力一下子损失2艘大型航母，但小泽并未对战局完全失去信心。第一波返航飞行员报告说，“有敌航母中弹起火”，可见敌人并非完好无损，可能比自己损失更大。大多数飞机未能返航，并不说明它们已经损失，很可能因油料不足直接往关岛或帕劳机场降落去了，这是战前安排好的战术。他们在岛上加油挂弹后，次日黎明将会继续对美舰发起攻击，最后返回母舰。可以说当天日落时分，小泽依然保持着旺盛的斗志。

中午开始，清晨出发攻敌的少数飞机陆续出现在小泽视野之中。日军残存7艘航母纷纷转向，收容空战中的幸存者。第一航空战队仅存的“瑞鹤”号回收零战15架、战斗轰炸机2架、“彗星”6架、九九式俯冲轰炸机2架和“天山”7架，合计32架。城岛第二航空战队收容零式战斗机19架、战斗轰炸机19架和“天山”8架，总计46架。大林第三航空战队收容零战6架、战斗轰炸机7架、九七式鱼雷机6架和“天山”3架，总计22架。加上栗田舰队重型舰船的27架水上飞机，小泽手中还有飞机127架，可堪一战。如果有更多飞机在关岛或其他陆上机场降落，形势对日军来说远非绝望。小泽认为，自己必须待在这里等他们回来——美国人的机会来了。

17时20分，夕阳西下，暗夜即将来临。小泽知道飞行员大多不具备夜间在航母降落的能力，遂决定暂时脱离战场，次日再战。他在“羽黑”号上向各部发出“全军北上”的命令。暗夜笼罩了太平洋，伤痕累累的日军舰队渐渐隐去了行踪。

当天傍晚，裕仁多次询问侍从武官长莲沼蕃：“海军战况如何？塞班岛若失陷，下一个就是小笠原，有所准备了吗？”同一时间，内大臣木户将东条和岛田召入宫内，要求他们说明前线的战况，以前从来没有这样的情况。一直到深夜，军令部作战室也未得到结果，很明显前线作战不太顺利。众人眼神严厉得可怕，反复进行着不祥的预测。深夜，电信课报务员一进门就把装在信封里的电报直接交给值班参谋藤森康男，这同样是破例。岛田进宫还没回来，聚在作战室里的伊藤次长、中泽部长及众参谋唰地围了上来。藤森浏览之后，面部抽搐着，朗读了电报的内容：“两艘航母被美军击沉。”这封由小泽亲自签发的电报，将众人一下子推进绝望的深渊。

23 时 57 分，角田和小泽同时收到草鹿发来的“机密第 192357 番电”。

一、次日，第一航空舰队将兵力向马里亚纳群岛集中，对敌实施搜索攻击。

二、次日，第一机动舰队进行补给及整顿兵力，损伤船只向本土转移，22 日根据战场形势协同第一航空舰队向美军发起下一轮攻击，随后舰载机转至陆上机场继续作战。

三、23 日以后，根据战况，以大部分水面舰艇对塞班岛实施扫荡攻击。

此时丰田和草鹿尚不知道，参与“阿号作战”的两支主力部队均已丧失了继续进攻的能力。美军航空兵力几乎未遭多大损失，水面舰艇同样实力不俗。以栗田舰队抵前攻击，最终只能是死路一条。

与美军潜艇的惊艳表现相比，他们的日本同行 19 日几乎毫无作为。“吕 –115”号潜艇声称攻击了 1 艘“萨拉托加级”航母，这显然是不可能的。美军该级航母只有 2 艘，第一代“列克星敦”号已在珊瑚海战沉，正宗“萨拉托加”号远在锡兰，支援英国皇家海军在印度洋上的作战行动。美国人这种慷慨可能是为了对“胜利”号一年前支援哈尔西南太平洋作战的一种回报。现在尼米兹的航母达到两位数——还不含护航航母——调走一两艘无关大局。在马绍尔群岛受伤的“无畏”号，不是还在船厂维修吗？要知道，当初中途岛海战时，美国人修好“约克城”号只用了 68 个小时。况且，当天美国人的记录中没有航母遭到潜艇的攻击。同日，在塞班岛东南 37 公里处，日军潜艇“伊 –184”号被美军护航航母“苏万尼”号的“复仇者”发现并击沉。

6 月 19 日的辉煌胜利使美军各级指挥官在谋划下一步作战时更加大胆积极。到 14 时，斯普鲁恩斯意识到日军机动部队可能已丧失了攻击能力，他在 15 时

30分致电米切尔："如果我们充分准确地掌握日军的位置，那么就在明天攻击他们。如果今晚巡逻飞机向我们提供必要的情报，就没有必要继续进行搜索。否则我们明天必须继续搜索，以保证为塞班岛友军提供足够保护。预定地点应该在空中行动允许的情况下尽可能往西的位置。"

接到命令的米切尔大喜过望，自己终于得到许可，可以西进与小泽舰队决一死战。黄昏时分，米切尔召回了在东侧安全区域盘旋待命的"复仇者""地狱俯冲者"和"无畏式"。19日的荣耀属于"地狱猫"，20日就轮到它们在攻击中登场亮相了。

根据哈里尔少将的请求，18时30分，米切尔命令第四大队南下寻找补给船队加油，之后留在塞班岛近海为岸上战斗提供航空支援。20日6时，第四大队开始加油补给。其间，"列克星敦"号从"布列顿"号上补充了6架"地狱猫"、3架"地狱俯冲者"和、2架"复仇者"和12名飞行员，"考彭斯"号补充了2架"地狱猫"、1架"复仇者"和4名飞行员，"兰利"号补充了3架"地狱猫"和2架"复仇者"——美国人的战损补充能力实在太恐怖了。

第四大队南下之后，米切尔率其余四个大队继续西进。此时他再次收到斯普鲁恩斯的电报："如果已明确敌军方位，望于明日断然发动攻击！"命令刚刚发出不久，"印第安纳波利斯"号电信员截获到日军一封加密急电。电报来自"瑞鹤"号，是一则为"翔鹤"号舰长转达的简短信息。第五舰队情报参谋吉尔·斯洛宁中校报告说，"虽然我们无法读懂这则信息的准确内容，但我们明白这份电报涉及的事情非常棘手，而且在日本海军通信中享有最高优先权。"他同时指出，电报说明"翔鹤"号可能遭遇不测，甚至很可能已被摧毁。21时刚过，斯普鲁恩斯和米切尔同时收到珍珠港发来的电文，印证了斯洛宁之前的判断："'刺鳍'号潜艇成功对日军1艘大型航母实施了鱼雷攻击。"

21时07分，米切尔下令第五十八特混舰队以260度、23节航速向西偏南航行，直到次日11时。他不知道斯普鲁恩斯允许追出多远，但如果现在不立即行动，很可能再没有机会向西追击了。美国人挨了整整一天打，终于到了向日本人讨还血债的时候了。米切尔还可以得到水上飞机的支持。根据斯普鲁恩斯的命令，"布拉德"号已出动PLM"水手"对塞班岛以西海域展开半径1300公里的极限搜索。

通过截听前线往来电文，太平洋舰队司令部知道激烈战斗持续了整整一天。

傍晚时分，斯普鲁恩斯的报告到了：“清晨5时30分开始的搜索未能发现敌人。从10时45分开始，来自西方的敌机对第五十八特混舰队进行了长达数小时空袭。部分敌机降落在关岛和罗塔岛机场。但我们的飞机多次轰炸了这些机场，以阻止日机使用它们。据报，我军飞机和高射炮击毁敌机逾300架，我机损失情况尚未报来。已知‘南达科他’号被1颗炸弹命中，但不影响继续作战。据信，敌军还可能依靠关岛和罗达岛机场补充弹药油料后继续发起攻击。若真如此，日军飞机损失还将增加。”

6月19日一整天，太平洋舰队作战室里连座位都很难找到，一些参谋从其他房间搬来了折叠椅，大家都在焦急等待着前方发回的消息。收到斯普鲁恩斯的来电，尼米兹及众幕僚又惊又喜。喜的是第五十八特混舰队顶住了日军的疯狂进攻，并未遭受多大损失。惊的是日军舰队此时尚未露出行踪，美军没能向它们投出哪怕一条鱼雷或一颗炸弹，小泽实在太狡猾了。对斯普鲁恩斯将快速航母舰队部署在塞班岛近海的做法，尼米兹并未提出批评，因为他给出的任务只是“攻占并守住塞班岛、提尼安岛和关岛”，而不是歼灭日军航母舰队。斯普鲁恩斯的做法虽略显保守，却也无可厚非。

紧接着收到的一封电报让尼米兹心花怒放。洛克伍德中将转发“棘鳍”号一份电报说：“发射6条鱼雷，至少3条击中1艘‘翔鹤’级航母。袭击两个半小时后，在目标方向听到四次剧烈爆炸声，相信那宝贝已经沉没。”随后斯普鲁恩斯来电说，相信敌军航母舰载机已近乎被打光，第五十八特混舰队正在向西追击，将在次日向日军航母舰队发起排山倒海般的猛烈攻势。闻听此言，尼米兹脸上的皱纹瞬间如花朵般绽放开来，本来就不大的眼睛眯得更小了。

薄暮追杀

虽然凭借“地狱猫”的出色表现顽强挡住了日军19日的攻势，但不可否认，米切尔和他的第五十八特混舰队始终处在被动挨打的尴尬地位。傍晚时分，第四大队驶出队列一路向南寻找补给船队。20日凌晨1时08分，“埃塞克斯”号放飞4架夜航战斗机，前往罗塔岛和关岛上空侦察。2架战斗机在罗塔岛一带毫无发现。前往关岛的2架“地狱猫”收获颇丰。岛上日军误认为来者是头天幸存的友机，及时打开第一机场的灯光引导降落。美军“地狱猫”趁机俯冲向机场跑道和护墙扫射，声称击落3架刚刚起飞的日机。5时之前，上述4架战斗机均安全返回母舰。

3时03分，“埃塞克斯”号飞行大队长麦坎贝尔中校再次率18架“地狱猫”升空，先后扫射了关岛第一机场和罗塔岛机场。他们在沿关岛西海岸南飞时与4架零战遭遇，击落其中2架，之后于7时38分返回母舰。综合当天第四大队的战绩，飞行员声称在岛屿上空击落日机18架，在满是弹坑的跑道上摧毁日机52架。这一惊人战绩很难用“可靠”来形容，此时角田手中的飞机加起来也没那么多。到20日中午，岛上机场显然已无法对美军特混舰队构成威胁，哈里尔少将可以放心去加油了。

第四大队离开之后，米切尔率其余四个大队彻夜西行，试图在次日白昼向日军发起攻击。“我们认为，日军一定会在黑夜里让舰队尽量远离。”伯克说，“假如我们不能在次日对他们实施打击，他们就可能完全摆脱我们，所以我们的飞机必须展开大范围搜索。”20日清晨4时29分，“大黄蜂”号放飞8架战斗机和4架俯冲轰炸机，对285度—325度区域实施600公里搜索，毫无发现，上述飞机于9时43分返回母舰。4时34分、35分，“黄蜂”号和“邦克山”号分别出动了4架飞机实施搜索，颗粒无收。

11时27分，“衣阿华”号通过雷达和目视发现，舰队右前方出现1艘浮出海面巡航的潜艇。李中将立即派第十二驱逐舰分队“巴格利”号、“帕特森”号前往察看，发现那竟是自己的潜艇。大家虚惊一场，幸好没贸然发起攻击。

清晨6时55分，米切尔收到了斯普鲁恩斯发来的电令：“受伤的‘瑞鹤’号可能仍未沉没。倘若如此，我相信它最可能撤往西北方向。要求本日尽可能让我们的搜索机向西。如果没有任何关于敌舰的侦察结果，这表明他们正在撤退，且本日过后做更远的追逐是无益的。如果你同意，那就在今晚撤回塞班岛。我会命令油船跟随第四大队，并使他们继续留在塞班岛附近。必须击沉‘瑞鹤’号，如果我们能够找到它的话。”这里斯普鲁恩斯显然把“翔鹤”号和“瑞鹤”号搞混了，“翔鹤”号已在头天战沉。

为寻找小泽的行踪，米切尔可谓煞费苦心。从11时09分起，“列克星敦”号12架、“大黄蜂”号12架、“黄蜂”号4架、“邦克山”号4架、“企业”号

12 架飞机纷纷出动索敌。为了让搜索队飞得更远一些，美军鱼雷机加挂了副油箱。但上午的持续搜索依然毫无发现。实际上，美军搜索的距离短了 120 公里，但这已是舰载机能覆盖的最大范围。中午时分，美机搜索半径扩大到 760 公里，却又从日军舰队北侧擦肩而过。

眼前的一幕让美国人非常恼火，虽然前天挫败了日军的进攻，但他们的舰队如幽灵一般不见踪影。你知道他就在那里，可就是找不到。数百名飞行员只能呆坐在待机室里，焦急地等待着越来越遥不可及的出击命令。

“我们还抱有一丝希望，但愿日军舰队愚蠢至极，在大多数舰载机被摧毁的情况下仍然不走，”伯克颇感无奈地说，“此外还有一种可能性极小的情况，即敌舰掩护被潜艇击中的航母缓慢向本土返航，这样就会给我们带来机会。我们继续追击的请求已经得到批准。但由于驱逐舰所剩燃料不多，如果可能的话，我们将于次日清晨由航母或巡洋舰为它们补充油料。”

整个上午没有任何目击报告，甚至连受损日军航母也不知去向。“印第安纳波利斯”号作战室里，气氛凝重。紧张的参谋们只是一个劲儿地抽烟，导致室内烟雾缭绕如熏蚊子。斯普鲁恩斯平时既不喝酒也不抽烟，他很讨厌烟草的味道，之前曾严禁有人在作战室抽烟。但在今天的紧张气氛之下，大家通常不会听他的。斯普鲁恩斯也绝不会强迫身边的人员改变个人习惯，不管是抽烟，还是穆尔总把脚跷在家具上——之前斯普鲁恩斯多次制止他这么做时，穆尔总说自己的鞋底要比家具干净得多。大家往往在上将出去时把烟点上，他进来时再灭掉，他离开后重新点上。因为斯普鲁恩斯频繁出入作战室，这样，一支烟往往要灭灭点点好几次。这条对抽烟的禁令成了旗舰上最让人可笑的事情。

12 时 05 分，“企业”号飞行员罗伯特·纳尔逊上尉驾驶“复仇者”在沿 295 度—305 度进行搜索时，突然发现左侧 8 公里外，1 架日机相向而行。纳尔逊编队由 2 架鱼雷机和 1 架战斗机组成，他并未让护航战斗机飞行员威廉·维尔特中尉贸然攻击敌机。经验老到的纳尔逊认为，此时寻找敌军航母比击落 1 架敌机更为重要。14 时 19 分，在左前方 15 度、56 公里外的海面，上尉终于发现了舰艇快速航行拉出的白色尾迹。数分钟后，他通知僚机向自己靠拢，一同爬升至 900 米，穿越前方大片雷雨区向左接近至 19 公里，前方终于出现了一支黑压压的舰队。姜是老的辣呀！

纳尔逊按捺住心头激动，迅疾于14时30分向“企业”号发回了接敌电报：“发现日军航母舰队，北纬15度、东经135度25分，航向270度，航速20节。敌舰队由两部分组成，一部向东、一部向西。北群有10艘军舰，南群有12艘舰艇。敌舰疑似正在补给，大型航母位于北群。日军航母甲板上没有飞机。”纳尔逊口中的北群正是小泽领军的第一航空战队，由“瑞鹤”号、2艘重巡洋舰、1艘轻巡洋舰和7艘驱逐舰组成。“南群”则是城岛的第二航空战队，仍有3艘航母、1艘战列舰、1艘巡洋舰和8艘驱逐舰。如果小泽能够躲过当天下午，他就可以带剩余舰船完好无损地撤退，但纳尔逊的发现改变了这一切。

凭借浓密云层的掩护，纳尔逊继续跟踪敌舰至15时10分。听到长机呼叫后，僚机飞行员詹姆斯·摩尔中尉对敌舰位置进行了核查，发现早前纳尔逊发出的位置与实际位置存在110公里偏差，并将这一情况及时通报了长机。经核对后，纳尔逊发现之前发出的位置有误。15时06分，他再次向舰队发出纠正电报：“现发布敌舰位置纠正电报，北纬15度35分、东经134度30分，重复一遍。完毕！”

就在纳尔逊发现小泽主力舰队差不多时间，“企业”号飞行员罗伯特·琼斯中尉发现了另一支日军舰队。15时整，电报员罗伯特·格雷尼尔一等军士发出接敌电报，“发现许多舰船，其中包括1艘航母，东经134度12分，北纬14度55分。”15时40分，琼斯发出补充电文：“日舰队分为两群，一群位于另一群正北10海里，编成为10～12艘舰船，内含1艘航母、4艘战列舰、6艘巡洋舰，航向0度，航速12节。”估计大家从舰队编成已听出来了，琼斯发现的正是栗田前卫舰队。因为在19日战斗中并未遭遇攻击，栗田麾下仍有轻型航母3艘、战列舰4艘、重巡洋舰8艘、轻巡洋舰1艘和驱逐舰7艘。

纳尔逊和琼斯向“企业”号发出的电文同时被“爱宕”号、“最上”号日军电信员截收。虽然无法解读美军飞行员发出电文的准确内容，但那肯定是接敌电报无疑。14时40分，栗田紧急致电小泽：“截听到敌方电报如下，‘发现敌舰队’！”15时05分，栗田致电机动舰队各舰，“敌机已发出我方舰队全貌之报告。”半小时后，栗田发出第三封急电：“据敌机呼出代码判断，推定敌接触机为3架，已通报我方行踪。”看来一向注意后路的栗田对敌人的反应比谁都敏感。

即使没有栗田的报告，小泽也知道大难即将临头。14时45分，他同样收到大林的电文：“截听敌机电话‘我高度1500米，发现敌舰队，航速20节’。”15

时 38 分，小泽收到“最上”号舰长藤间良的电文：“截听到敌机接连发送我军位置的电报。”鉴于补给船队距美军最近，小泽迅疾发出第一道紧急命令：“第一、第二补给部队以最快速度向西方规避。”

时间一分一秒过去，前方依然毫无消息。“列克星敦”号作战室里，第五十八特混舰队的参谋几乎要公开叛乱了。一些人开始抱怨说，正是斯普鲁恩斯近两日的保守决定，导致美军此时的被动和毫无战果。接到纳尔逊发回的接敌电报，米切尔如释重负。被日本人按住打了几乎一天，现在终于逮住还手的机会了。他第一时间通过 TBS 告知属下所有指挥官及各舰舰长：“有充分迹象表明，我们的飞机已经发现了一些大家伙，航速 23 节。所有在本通信线路的指挥官请确认，完毕。”14 时 48 分，伯克再次通过 TBS 发出通知：“发现敌舰队，位置北纬 15 度 02 分，东经 135 度 25 分，航速 20 节，航向 270 度。收报情况不良。各位留意不同信息已核查的位置、航向及航速。”伯克话音刚落，米切尔就迫不及待发出命令：“各大队注意，准备出动攻击机群！”

日本人终于现身了！但双方距离是如此之远，该不该发起进攻，着实让人挠头。如果立刻发起进攻，舰载机将不得不在极限航程上作战，稍有耽搁就可能难以安全返航。“即便敌舰所在方位与我们的猜测一致，那么剩余燃油也仅够我军飞机发动袭击后返回航母，这需要飞行员在行动中最大限度地节约燃油，既不能速度过快，也不能飞得太高，”伯克说，“但在发动攻击时这两点是必不可少的。”即使战况顺利，机群可以安全返回，它们回到舰队上空时天色也将全黑。当时条件下，夜间降落危险极大。除夜航战斗机中队之外，大部分飞行员并不具备黑暗中起降的能力。但是如果放弃进攻，继续追击以拉近距离等次日清晨再放飞攻击机群，敌人很可能凭借暗夜掩护趁机溜掉了。况且第二天能不能及时发现他们还说不定呢！是以牺牲飞行员为代价断然实施攻击，还是放弃攻击以保障飞行员的安全呢？纠结呀！

米切尔对下属飞行员有着慈父般的心肠，很少派遣他们去执行冒险任务。但此刻，已经蛰伏 18 个月之久的日军机动舰队出现在攻击范围之内，又怎能轻易放它们溜走？看似复杂的问题解决起来非常简单，就是立即出击攻敌。一旦在派出攻击队一事上出现犹豫，追上日军航母的希望将更加渺茫。伯克感觉米切尔已下定了决心。“他告诫飞行员要节约燃油，称他们很可能在黄昏或夜间返回，所以必须为此做好准备。”伯克说，“米切尔认为这是抓住日军、摧毁他们的最后机会。”随着攻击命令发出，各航母待机室的电传打字机收到的是同一条电文：“小伙子们，启动你们的飞机！”

飞行员对飞行如此长距离似乎并不特别担心。“企业”号俯冲轰炸机中队中队长詹姆斯·拉梅奇少校回忆说：“起飞之前，我们获悉日军舰队在我们西面 270 海里，还在战斗半径之外。不过，看起来上面的人没把它当作一个问题。但起飞之后，我们发现日军舰队比最初的报告还要远一个经度。考虑到这些因素，我几乎可以确定，所有‘无畏式’都要下海洗把澡了。对‘地狱猫’和‘复仇者’我并不太担心，它们的腿比我们要长一些。”另外还有一点，少校没说，“无畏式”携带的是 454 公斤重磅炸弹，“复仇者”的炸弹只有它们一半的重量。

14 时 45 分，“大黄蜂”号舰长威廉·桑普尔上校发出飞行员登机的命令。克拉克少将难以抑制心头的激动，通过信号灯给好友、“奥克兰”号轻巡洋舰舰长威廉·菲利普斯上校发去信号：“让‘东京玫瑰’做好准备，我们要出击了！”广播里正在播放有关敌舰位置的消息，很多飞行员在担心距离问题。他们要飞一个来回，目前敌舰位置已超出了绘图板上的航程圈。威廉·沃恩少尉发现飞机陀螺地平仪坏了，这对很可能要依靠仪表飞行的返航路程是非常危险的，但他还是毫不犹豫地登上了飞机，日军航母的诱惑力实在太大了。俯冲轰炸机中队的杰克·泰勒中尉说，日军机动部队是他今天 23 岁生日的最好礼物。

从15时开始，第一大队46架战斗机、27架俯冲轰炸机、20架鱼雷机依次起飞。第一个升空的是“大黄蜂”号飞行大队长杰克森·阿诺德中校的“地狱猫”，随后起飞的是战斗机中队中队长威廉·迪恩中校的飞机。战斗机重量轻，速度快，起飞时需要甲板较短，因此率先升空，朝着西斜的太阳攀升。为了与攻击机协同出击，它们只能先在航母上空盘旋等待。15 时 28 分，俯冲轰炸机中队中队长格拉夫顿·坎贝尔少校的“地狱俯冲者”起飞。2 分钟后，曾参加过圣克鲁斯海战的弗雷德·胡佛上尉的“复仇者”也升空了。15 时 45 分，机群在航母上空完成编队，在大队长阿诺德的带领下向日军舰队所在海域疾驰而去。

除了“普林斯顿”号，美军其他航母的飞行甲板上也在进行着同样的作业。参加进攻的战机共 236 架：“地狱猫”101 架、“地狱俯冲者”51 架、“无畏式”27 架、“复仇者”57 架。所有“无畏式”均来自“企业”号和“列克星敦”号，“卡波特”号、“蒙特利”号和“圣贾辛托”号没有出动“地狱猫”。由于5架战斗机、1架俯冲轰炸机和3架鱼雷机中途故障返航，实际上参与攻击的飞机只有227架。参战412名机组成员中，飞行大队长4名，中队长13名。毫无疑问，他们都是久经战阵的“老鸟”。美国人对此次攻击可谓志在必得！

14时53分，米切尔致电斯普鲁恩斯：“希望派出我们的所有飞机，但我们将不得不在夜间收回攻击部队。”持续一天的东风在很大程度上影响了美军的行动，航母在放飞机群期间不得不持续向东行驶，将进一步拉大与敌人的距离。15时44分，米切尔再次致电斯普鲁恩斯：“已经派出飞行甲板上的攻击队，希望在明早能够放出第二波。完毕。”攻击机群起飞之后，米切尔下令舰队变航向为315度，航速15节，以尽量缩短攻击机的返航距离。

纳尔逊随后发回的更正位置对美军来说无疑雪上加霜：日军舰队比原来又远了110公里。米切尔一度考虑召回第一攻击波，但在与伯克及众参谋商议之后，他放弃了这一想法，仅取消了正准备出击的第二攻击波。他希望第二天还有飞机可用。

攻击距离几乎处于作战半径边缘，美机无法以最大速度扑向目标，只能以经济航速缓慢前进。飞行员迅速将混合比切换到贫油，降低发动机转速以减少油耗。他们要想尽一切办法让飞机飞出更远距离。很多飞行员喜欢在低速飞行时打开座舱盖——就像咱们在普通道路上行驶喜欢打开车窗一样——但现在，飞行员和机枪手全都关上座舱以减少阻力。泰勒中尉的僚机拉尔夫·雅西少尉想不出能够飞回来的理由，但仍义无反顾地跟长机飞行。他后来回忆——能回忆的人都是幸运儿，对日本人来说更是如此——说：“我们一路向西，向西，再向西。好几次觉得好像看见了前面的舰队，但最后发现那不过是云层在海面上的投影而已。”

敌人距离太远正是美军出动尽可能多的“无畏式”，而把大量更先进的“地狱俯冲者”留作预备队的主要原因，“无畏式”经济航程要远一些。第五十八特混舰队仅有2支“无畏式”俯冲轰炸机中队，分别来自“列克星敦”号和“企业”号。这两支老部队从1942年一直战斗到现在，飞行员大多经验老到。值得一提的是，对“无畏式”这种在1942年立下不朽功勋的名机而言，这是它们在战争中的告别演出，随后它们将被“地狱俯冲者”所取代，仅被作为教练机使用。

为“无畏式”争得一世英名的麦克拉斯基中校——中途岛海战时还是少校——同样参加了“征粮者行动”，他是特纳第五两栖舰队“科雷希多”号护航航母舰长，海航每年颁发的“最佳攻击机中队奖”就以他的名字命名。

16时48分，米切尔向斯普鲁恩斯报告说：“希望继续现在航向及航速，直到有其他指示为止。”18时25分，他下令变各大队之间的距离为28公里。18时35分，斯普鲁恩斯通过TBS与米切尔通话：“认为第五十八特混舰队应该于今晚在战术上保持兵力集中，并尽力以可行航速接近敌人，以保持日军处于我方航空攻击范围之内。”

这是继1942年11月圣克鲁斯海战之后，美军舰载航空兵首次在实战中检验攻舰能力。在1942年的四次航母对决中，美军舰载机一向以杂乱无章的进攻臭名昭著。在堪称经典的中途岛海战中，美军三艘航母共出动11个中队，最后分成多达7个波次。当时米切尔是第一代“大黄蜂”号舰长，他们的俯冲轰炸机队压根儿就没找到敌人。当时美军战斗机的护航简直蹩脚至极，最终导致三支鱼雷机中队几乎全军覆没。事实证明，他们最终取得胜利更多凭借的是勇气和运气，并非因为战术高明。今天，美国人终于迎来了检验一年半来战术演练成果的时候了。

由于不可能让所有飞机同时飞离母舰并到达目标上空，美军攻击时一般编成若干个机群：这个机群通常包括18架俯冲轰炸机和12架鱼雷机，由16架战斗机护航。大多数时候，飞在中间的俯冲轰炸机会组成若干个六机分队，每个分队又分为两个V字形三机编队。这种编组方式从开战伊始就是美军俯冲轰炸机群的标准战术，经历过多次实战检验并沿用至今。在稍低高度上，“复仇者”通常会组成若干个菱形四机编队。一旦接敌，它们将分散开来，从不同的方向发动进攻。敌舰要想躲避四面八方同时扑来的鱼雷，难度极大。这种战术还将使敌军执行防御任务的战斗机无法集中使用。在中途岛，美军一支鱼雷机中队往往仅从一个方向发动进攻，结果使日军零战能够集中兵力从容防御，最终导致美军鱼雷机损失惨重，颗粒无收。美军现在使用的新战术能有效避免这一问题。

在最高空，众多“地狱猫”为攻击机撑起一把保护伞，随时反击日军战斗机的攻击。不过，战斗机并非自始至终处于高空。除了对付日军零战，“地狱猫”还担负着防空压制的任务。每机6挺12.7毫米机枪使它成为最适合对地扫射的飞机。它们经常小角度俯冲接近目标，用机枪扫射日军高射炮炮手。在攻舰过程中，战斗机往往冲在最前边，压制敌人防空炮火，为攻击机从容投雷或撂弹创造条件。由于有了“地狱猫”的防空压制，轰炸机和鱼雷机在执行攻击任务时，成功率和生还率都要高出对手很多。

小泽对可能来自后方的威胁始终保持着足够警觉。尽管头天损失飞机极多，但从20日4时30分开始，栗田前卫部队还是陆续放飞了9架水上飞机——“爱宕”号、“高雄”号、“铃谷”号、“熊野”号、“金刚”号各1架，“利根”号、“筑摩”号各2架，对美军可能追来的东方水域实施远程搜索。5时45分，第三航空战队“瑞凤”号、“千岁”号各派出3架九七式鱼雷机，协助执行搜索任务。除此之外，驻硫黄岛横须贺航空队派出9架陆攻机、驻贝里琉岛第三二一、第七三二航空队也出动了6架飞机，协助执行搜索任务。

6时13分，负责4号线的水上飞机发回电报，“发现不明身份舰载机，飞行方向北偏西”。栗田派出的水上飞机有3架未能返航。对照美军作战记录，其中1架很可能是被“黄蜂”号俯冲轰炸机飞行员塞缪尔·埃尔文少尉发现，并呼叫护航战斗机飞行员卡尔·史密斯少尉击落的。

8时40分，小泽下令驱逐舰开始接受补给。10时34分，他收到了丰田发往参战各部的“机密第201034番电”：“本次作战关系皇国之兴废，决战部队以适当之航空部队、潜水部队挺身，迈向必胜。各方面部队巩固要地并予以支撑，形成铁壁。望各人遵照其任务，致本次作战之成功，且善战勇斗。”到了这时，这种空洞的激励对小泽和角田已经起不到多少作用了。

12时02分，小泽率司令部成员离开“羽黑”号，登上了通信条件更好的“瑞鹤”号，它现在是第一航空战队唯一的航母了。说来邪门，虽然参加了除中途岛海战之外的历次海空大战，吉星高照的“瑞鹤”号却从未被命中一条鱼雷或一颗炸弹。始终与它形影不离的姊妹舰“翔鹤”号却霉运连连，大多数时间扮演着为“瑞鹤”号挡枪的角色。鉴于19日“翔鹤”号已经结束了战斗生涯，未来一切压力都要靠“瑞鹤”号自己承受了。

其间，不断有侦察机发回有关美军舰队位置的消息。根据丰田的命令，依然幻想着与美军“决战”的小泽在14时20分发出“机动部队机密第201420番电”：“机动部队准备完成后发起进攻，将于22日以薄暮航空战对敌航母群加以攻击，并与前卫舰队击灭接近之敌。具体行动后令。飞行队薄暮攻击后进驻塞班岛方面基地。”

13时整，“瑞鹤”号派出2架“天山”参与执行搜索任务，中尉松村务的飞机起飞后不久就失去联络。北尾圭三的飞机在搜索尽头发现了不明身份的飞机，返航后于19时在舰队周围迫降，北尾和电信员姬路松幸被“朝云”号救起。大概同一时间，第三航空战队也出动了2架“天山”和1架九七式鱼雷机队实施第二段搜索，负责三号线的鱼雷机在16时16时发回接敌电报：“发现含航母之敌军舰队，1艘航母、2艘战列舰、数艘其他舰艇，北纬14度20分、东经138度30分，航向向西。”

尽管手头已无多少攻击力量，小泽仍不愿放过任何进攻机会。斟酌片刻，小泽毅然决定派出攻击机群，对美军航母发起暗夜雷击。奉命出击的是小野善次领军的7架“天山”，日军残存力量只能发起这样一次反击了。为避免不必要的损失，小泽下令舰队中止补给，按最容易远离敌军的325度航向快速退却，剩余飞机全部集中到“瑞鹤”和“飞鹰”号上，其他航母则撤往吉马拉斯泊地。

17时整，“瑞鹤”号放飞1架“天山”号和2架“彗星”，为小野攻击队搜索锁定攻击位置。其中两架出发后音信皆无。飞曹长北岛三郎的“彗星”飞出不远，发动机就出现故障，只好返航。当他于20时20分飞抵舰队上空时，“瑞鹤”号已被炸伤，无法降落。北岛只好在21时迫降水上，机组成员被“若月”号救起。17时15分，小野率队从“瑞鹤”号上起飞，向美军舰队所在位置隆隆飞去，于17时28分与美军来袭机群迎面相遇。在向本队发出“发现敌机来袭”的紧急预警电报之后，小野继续率队向美军航母飞去。

16时55分，日军油轮“日荣丸”号突然发出警报：“远方天空发现敌机16架。”他们发现的正是“黄蜂”号攻击机群。17时20分，战斗机领队丹尼尔·华莱士少校发现，前方60公里处出现一支由油轮和驱逐舰组成的日军舰队。继续飞行11公里后，华莱士数清敌舰队由油轮和驱逐舰各6艘组成。轰炸机中队中队长约翰·布利奇少校声称在雷达屏幕上看到170度方位、67公里外有疑似航母的目标，建议继续向南搜索飞行。在向南搜索无果之后，布利奇从电台中得知友军已经向日军航母发起了进攻。对于缺乏实战经验的“地狱俯冲者”来说，它们此时油量已经令人有些恐慌了。苍蝇蚊子都是肉，油轮好歹也是舰，布利奇决定先打掉敌人的油轮再说。

17时25分，“日荣丸”号发现多达35架敌机在不断逼近。日舰随即散开队形，驱逐舰率先开始对空射击。18时05分，美军1颗炸弹击中“速吸”号舰桥后方甲板。1分钟后，3架俯冲轰炸机投下的炸弹对“玄洋丸”号形成近失，导致该舰出现机械故障停车。与此同时，沃尔特·菲茨杰拉德少尉率3架“复仇者”攻击了“清洋丸”号，油轮中部当即“炸出了一团高达2500英尺的火球”。美军撤退时遭到6架零战的疯狂进攻，“地狱猫”和“地狱俯冲者”各1架被击落。

综合美军此次的攻击战果，“玄洋丸”号因伤重无法拖曳，20时30分被迫弃舰。在接走舰上水兵之后，“卯月”号向油轮打出8发127毫米炮弹，将之击沉。“清洋丸”号同样因伤重被最终放弃，负责执行死刑的是大名鼎鼎的“雪风”号——有“第一大玫瑰”参与护航，补给船队率先被发现并遭到攻击就在情理之中了。“速吸”号虽被命中1弹和2颗近失弹，但并未丧失航行能力，在驱逐舰“栂”号护航下艰难驶往巴厘巴板。

补给船队已经遭到美军攻击，日军三支航母舰队瞬间紧张起来。17时20分，小泽领军的甲部队率先摆开战斗队形。17时28分、30分，“瑞鹤”号和“初月”号准确地捕捉到远方不断逼近的美军机群。17时42分，日军高射炮火轰然打响。“大黄蜂”号哈罗德·比尔上尉率领的6架“地狱俯冲者”一马当先，从4100米高度快速逼近。日军各舰紧急右舵规避，以使己方舰船与美机来袭方向垂直。作为参加过珊瑚海、中途岛、东所罗门群岛海战的“老鸟”，比尔在回忆录《无畏的地狱俯冲者》一书中如此描述当时的情景：“当我从3700米高度开始俯冲时，眼前的高射炮火力变得如此猛烈，以至于我不知道如何才能穿越。我感觉自己就像在流沙中爬行。敌军航母就在眼前，并沿着它的中轴线驶向我的航路，我在抵近至600米时投下了炸弹。之后我由俯冲变成拉起，我的飞机遭到猛烈打击，1发敌人的高射炮炮弹弹片击中了它。”

格拉夫顿·坎贝尔少校率另一支分队沿日舰北侧的大片云层迂回至西侧，继而迎风背阳从航母左前方进入俯冲线路。“瑞鹤”号继续向右急转，但因进攻美机太多，很快就有炸弹获得命中——“翔鹤”号再也不能为它挡枪了。美军飞行员很快发现。“瑞鹤”号飞行甲板下方开始燃烧。虽然并无多少实践经验，“瑞鹤”号损管队员依然表现出色，17时48分燃起的大火被他们在18时07分扑灭，“瑞鹤”号果然吉星高照。

就在轰炸机发起俯冲的同时，“大黄蜂”号鱼雷机队在弗雷德·胡佛上尉带领下从不同方向投射鱼雷。对“瑞鹤”号发起进攻的还有“约克城”号查尔斯·尼尔森上尉的5架鱼雷机和“巴丹”号的战斗机中队。美国人声称至少2条鱼雷命中目标，另有1条命中1艘驱逐舰。攻击中尼尔森和罗伯特·卡尔森中尉的飞机被高射炮击落，6名机组成员无一生还。实际上，美军射出的9条鱼雷全部落空。

综合美军最后战报，遭“约克城”号、“大黄蜂”号、“巴丹”号三支舰载机大队群殴的“瑞鹤”号被命中11 ～ 13颗454公斤炸弹、1颗227公斤炸弹和1条鱼雷，另有4颗227公斤炸弹、1条鱼雷疑似命中。实际上，“翔鹤”号仅舰桥后方被命中1弹，另挨了3颗近失弹。美军声称还攻击了该编队中的另一艘航母、2艘重巡洋舰和1艘驱逐舰，但甲部队当时只有1艘航母。日军记录除“瑞鹤”号外，并无其他舰只遭到攻击。

第一航空战队的8架零战参加了防御战，声称击落“地狱猫”9架、俯冲轰炸机5架和鱼雷机1架，疑似击落战斗机3架和鱼雷机1架。从他们头一天的表现来看，这一数字值得怀疑。日军为此付出的代价极其高昂，除了1架飞机起飞后出现发动机故障提前降落，另外7架飞机1架失踪、5架迫降，仅1架在19时返回“瑞鹤”号。

参与乙部队空中防御的零战较多，分别为“隼鹰”号5架、“飞鹰”号8架、“龙凤”号14架、“千岁”号2架。护卫3艘航母29架战斗机远远不够，但遭遇了头天惨重损失的乙部队能够派出如此多零战已属难能可贵，可以说是倾巢而出。17时28分、30分，“隼鹰”号和“时雨”号接连发出敌机来袭的警报。17时35分，空战在距航母9公里的空域打响。截至18时30分，有13架零战被美军击落，另有1架严重受损。看到有足够友机向“瑞鹤”号发起进攻，“列克星敦”号舰载机大队将火力对准了“隼鹰”号。进攻美军遭到零战和日军高射炮火的双重拦截，沃伦·迈凯莱伦中尉的鱼雷机和霍墨·布洛克麦耶少尉的“地狱猫”均被击落。

轰炸机中队中队长拉尔夫·韦默思少校宣称，至少有11颗炸弹命中A群北侧的那艘航母，另有6弹获得近失。实际上，美军炸弹仅2颗命中，“隼鹰”号舰桥顶部烟囱被炸得不知去向，前方雷达被炸毁。6颗炸弹近失属实，它们在航母左后舷水线以下炸出许多小洞，53 名水兵在空袭中阵亡。虽然“隼鹰”号仍可维持正常航速，但显然已失去起降飞机的能力。因为在本次战斗中受伤较重，“隼鹰”号侥幸缺席了 4 个月后的莱特湾海战。战争末期，日军缺乏舰载机，“隼鹰”号不再作为航母使用，仅仅从事一些辅助运输任务，一直到战后 1946 年 6 月被解体。

“贝露森林”号鱼雷机中队紧紧跟在“约克城”号航空大队的身后，是首批到达战场的队伍之一。由于没有空中总指挥负责分配目标，飞行员只能随机选择敌舰发起攻击。乔治·布朗中尉发现乙部队并未遭到攻击，遂带队脱离第一大队攻击机群，转向它们发起进攻。他将攻击目标锁定为“飞鹰”号。出于航线的缘故，他们必须穿过由护航舰船构筑的外层防空火力网。布朗分队在到达日军高射炮射程范围时忽然分开，布朗本人在左前方，本杰明·泰德中尉在右前方，瓦伦·奥马克少尉在右后方，三人准备联手对日军航母发起一次“铁砧”攻势。

在向航母舰首左舷发起进攻时，布朗飞机多次中弹。防空炮撕掉了飞机部分左翼，打穿了机身。机翼油箱迅速起火并迅速蔓延，机枪手乔治·普拉兹二等军士和电报员埃利斯·巴考克二等军士相继跳伞。但布朗坚持留了下来，在航母向左急转时于 60 米低空投下鱼雷。当时“飞鹰”号正在左转，副舰长志柿谦吉如此描述受攻时的情景：“左舷方向听到炮声，回头看去，高射炮火已在上方炸开。确认前方出现了敌军大编队。我们的 12 门高射炮和 62 门 25 毫米机炮像决堤一样织就火网。除了巨大的枪炮声，什么都听不到了。军舰徐徐向左转向，忽然右 30 度 34 米位置被鱼雷击中，一条巨大水柱冲天而起。”在“飞鹰”号舰尾的机枪位置上，兵曹长押田光国听到有人高喊“鱼雷来了”。他立即在心中计数。数到 12，毫无动静，他长出了一口大气。随后发生的剧烈爆炸使“飞鹰”号剧烈一震——因为太紧张，押田数得太快了。

泰德后来描述布朗的攻击过程：“我看到他驾驶燃烧的飞机出现在航母前方，然后飞向左侧，他的鱼雷在非常漂亮的位置入水。”泰德以 60 米高度逼近到相当近的距离才投出鱼雷，随后向左脱离目标，从“飞鹰”号和“长门”号中间一掠而过。奥马克中尉发起攻击时“飞鹰”号已经完成转向，他掠过“长门”号在 120 米低空投放鱼雷，机组成员确认鱼雷命中目标——实际上，只有布朗的那条鱼雷获得命中。

泰德的飞机险些被2架零战击落，他躲进云层向东飞行，最终冲出敌机包围，与遭重创的布朗机结队飞行，布朗机机腹已被烧成暗黑色。泰德试图让战友跟上自己，但伤势严重的布朗机已经开始下坠，无法保持航向。泰德知道如果和布朗一起待下去，自己生存的概率会越来越小，最终他不得不选择离开独自前行。奥马克也曾遇到布朗。刚开始他为布朗导航，但重伤的队友已经开始毫无规律地四处乱撞。在穿过一片云层后，奥马克再也没看到布朗的飞机。

事实上，正是布朗的牺牲，为美军的“薄暮攻击”取得了最大战果，也为各参战鱼雷机中队挽回了些许颜面。次日，布朗的两名部下巴考克和普拉兹分别被重巡洋舰“堪培拉”号和“波士顿”号的水上飞机救起。前者是美军海军为纪念在铁底湾战沉的澳大利亚同名轻巡洋舰命名的一艘新舰，也是以外国城市命名的唯一军舰。

拉梅奇少校率领的“企业”号俯冲轰炸机中队同样先发现了日补给船队。看到已有友军在进攻他们，拉梅奇遂率队继续按原来航向飞行。20分钟后，他们前方出现了城岛乙部队的轮形阵。路易斯·邦格斯上尉的三机编队随即向“飞鹰”号发起俯冲，他称自己的454公斤炸弹获得命中，将飞行甲板后侧停放的一些飞机炸成了一片火海。唐纳德·刘易斯中尉声称自己的炸弹命中航母右舷，塞西尔·梅斯特尔中尉则称自己的炸弹落在长机命中点前侧。霍伯特·格鲁比斯上尉的三机编队同样向“飞鹰”号发起俯冲，投下的炸弹两颗近失，一颗落点不明。

遭到如此多美机群殴的“飞鹰”号注定已在劫难逃。在距航母不远的海面上，布朗的两名手下巴考克和普拉兹见证了“飞鹰”号的覆灭。火势在航母上迅速蔓延，“它从头到尾都在燃烧”，浓烟覆盖了整个舰桥。据两人观察，“飞鹰”号连续发生了三次剧烈爆炸。每一次爆炸过后，都有一个巨大火球腾起，直冲云霄。漂浮在航母周围的幸存者纷纷向反方向快速游走，以免被爆炸溅起的碎片波及。夜幕降临时，已烧成一团火炬的“飞鹰”号开始倾斜。一位美军落水机枪手发现，航母向前下沉露出了螺旋桨。几艘日军驱逐舰快速驶过来，开始打捞海面上的幸存者。

“飞鹰”号已无法挽救，19时05分，舰长横井俊之下达了弃舰命令。但押田和其余12名水兵像什么都没听到似的，拒绝在接到明确指令前离舰。航母正在快速下沉，海水渐渐淹没了押田所在的机枪位置，他和仍活着的同伴开始向栏杆走去。

“等一等！”他的上司，一名年轻的海军少尉拔出了指挥刀，“唱《征服大海》！”大家匆匆唱完这首传统军歌，他仍挥舞军刀，不让他们离开，“现在开始唱《海军进行曲》！”胆怯的士兵只好再唱，一直唱到海水浸过膝盖。然后大家一哄而散，在他身前跑过，纵身跃入大海。

押田回头望去，只见大火从航母上喷射出来。借着熊熊大火和红色聚光灯，他看见那名少尉整个人已经沉在水里，仍然紧紧抓着舰尾的栏杆和手中的军刀，同时不停唱歌。当舰首高高竖起时，他消失了。为了避免被沉船时的漩涡吸进去，押田拼命往远处游去。“船沉了！”不知是谁高喊了一声。19 时 28 分，押田回头看去，只见“飞鹰”号像巨人的手指一样指向天空，发出一声“可怕的叹息”后，没入水中。“滨风”号、“秋霜”号、“早霜”号和“满潮”号救起了大部分幸存者。漂在水上的巴考克和普拉兹饶有兴致地目睹了“飞鹰”号沉没的全过程，他们后来的回忆与押田的说法是一致的。

看到“飞鹰”号已经不可救药，拉梅奇少校选择“龙凤”号作为攻击目标。当时这艘航母正好处于逆风规避航行，拉梅奇认为自己和身后的卡尔·德唐普勒中尉投下的 454 公斤炸弹均获得命中，导致航母后甲板冒烟，机库起火。第三个投弹的奥利弗·哈巴德中尉只取得一颗近失弹。威廉·舍费尔中尉因为俯冲时失去角度，未能投弹。奥布里·法伊夫中尉的炸弹落在航母左侧。最后俯冲的阿尔伯特·沙尔中尉投下的炸弹命中航母舰尾左侧。快速逃逸的美机遭到 6 架零战拦截，拉梅奇等人顽强甩掉对手，连续飞越“爱宕”号、“利根”号和一艘“最上”级巡洋舰后快速逃逸。

“企业”号鱼雷机中队和“约克城”号、“大黄蜂”号战斗机中队——美军“地狱猫”携带了 227 公斤小炸弹——同样攻击了“龙凤”号。综合飞行员上报数字，“龙凤”号至少被命中 1 颗 454 公斤炸弹、14 颗 227 公斤炸弹和 15 颗近失弹。遭到美军密集轰炸的“龙凤”号奇迹般地躲过了大部分炸弹。日军记录该舰仅遭到近失弹损伤，航母仍可正常航行，只有 1 名水兵被飞溅的弹片杀死。

小泽和城岛部队均遭到攻击，栗田和大林领军的前卫舰队同样未能幸免。进攻他们的是第二大队“邦克山”号、“蒙特利”号和“卡波特”号的舰载机大队。16 时 55 分，“千代田”号雷达率先捕捉到 50 公里外、50 度方向有不明飞行物在快速逼近。17 时 30 分，快速战列舰“金刚”号先以主炮、随后用副炮对空射击，之后舰上所有高射炮都对来袭美机方向猛烈开火。见到敌机快速逼近，位于编队中央的“大和”号立即换装对空三式弹，9 门 460 毫米巨炮连续发出三轮齐射，打出人类历史上最大的舰炮的炮弹 27 发——这竟是“大和”号服役三年半来首次开火。史上最大巨炮的处女秀没有对准海面的同行，却射向了来自空中的飞机，这不啻为一种讽刺。美军的 9 架“地狱俯冲者”、9 架“复仇者”参与了进攻，声称 5 颗 454 公斤炸弹、16 颗 227 公斤炸弹和 2 条鱼雷命中敌舰，另有 1 条鱼雷疑似命中，7 颗炸弹获得近失。

在美机的猛攻之下，“千代田”号迅速起火，但火势在 17 时 48 分被扑灭。甲板上的 2 架零战被炸毁，零战和“天山”各 1 架受伤，水兵 20 人死亡、30 人受伤。近失弹击中“摩耶”号左舷鱼雷发射管内的鱼雷，鱼雷发射管室起火，剧烈爆炸导致 6 人当场死亡。所幸火势迅速得到控制，“摩耶”号并未诱发大规模殉爆。此外，“榛名”号被命中 3 颗 227 公斤炸弹和 2 颗近失弹，水兵 15 人死亡、19 人受伤，但该舰仍能维持 27 节航速。这艘开战之初就被美军宣布击沉于菲律宾近海的快速战列舰，命可真大。

几架“大黄蜂”号的“地狱猫”试图攻击日军某一艘轻型航母，这些“开膛手”俯冲技术显然不算老练，投下的炸弹无一命中。另一小队轰炸了另一艘轻型航母，返航后说“有一颗炸弹肯定命中”。另外两架“地狱猫”轰炸了一艘巡洋舰，不能确定是否获得命中。后来，哈格里夫斯说：“我想，那次俯冲是我这辈子最长的一次。就算不是高度最大的，也肯定是时间最长的。其实在俯冲时我一直用机枪对下边打短点射。”罗伊·沃里斯中尉击落 1 架敌机可能是唯一能确认的战绩。

“薄暮攻击”给美军飞行员留下印象最深的是敌人凶猛的防空炮火。很多人回忆说，“不被击中就休想穿过由它们织成的弹幕”。在昏暗的天空的衬托下，各种颜色的曳光弹在空中飞舞，大口径炮弹爆炸产生的粉色、蓝色和白色的烟云笼罩了整个天空。“约克城”号大队长詹姆斯·彼得斯中校的话代表了大多数人的感受：“战斗看起来就像看马戏团表演，但在狮子笼后边，有一个狙击手在不停地向你开枪。”

说实在话，出动 200 多架战机只击沉敌军 1 艘航母的战绩远称不上辉煌。但如果考虑天气和距离因素，这样的成绩还算差强人意。就在美国人发动进攻的同时，小野领军的日军小机群也在竭力寻找美军舰队。在向东飞出很远之后，小野在指定位置毫无发现。由于视野不良，20时03分，原田贤次郎和藤井淳一的两架“天山”在空中相撞，6名机组成员全部毙命。剩余5架日机又有1架失踪，其余4架在22时25分后陆续回到舰队上空，却因航母受伤无法降落，只能选择在海上迫降。机组成员分别被“朝云”号和“满潮”号救起。日军最后一次暗夜雷击，就这样无疾而终。

综合美军20日傍晚的攻击战果：击沉航母“飞鹰”号，重创油轮“玄洋丸”号和“清洋丸”号，击伤“瑞鹤”号、“隼鹰”号、“千代田”号、“榛名”号、“摩耶”号、“速吸”号。“瑞鹤”号虽然伤势严重，但因抢救及时，最终仍领衔“瑞凤”号、“千岁”号、“千代田”号参加了随后的菲律宾保卫战，10月25日在恩加诺角海战中被哈尔西击沉。“隼鹰”号和“龙凤”号再也没能在战场上露面，战后被日本人拆解。进攻中，美军击落日机28架，其中22架属于“地狱猫”的战果。日军自身损失高达65架。这其实不难理解。攻击过后，日军只有“千岁”号、“瑞凤”号的甲板尚可降落，那些未被击落的日机又有不少在战斗中受伤。加上天色已晚，要那些白天起降就事故频频的“菜鸟”在恶劣条件下平安降落，实在不是轻松的差事。美军损失飞机20架：“地狱俯冲者”8架、“地狱猫”7架、“复仇者”4架和“无畏式”1架。对他们来说，暗夜超长距离返航带来的更大损失还在后边。

美国人已经绝尘而去。虽然在连续两日的战斗中损失了几乎所有航空力量，小泽依然不愿轻易认输，由超级战列舰“大和”号和“武藏”号领军的水面舰艇并未遭受多大损失。17时，小泽向栗田下达了夜战命令：“除了留下少数驱逐舰为航母护航，其余所有水面舰艇临时编成游击部队，日落后向东追击歼敌。”18时整，栗田命令游击部队以24节航速向东追击，试图通过与美军的夜战一举挽回颓势。追击途中，栗田看到了南方20公里外烧成火炬的“清洋丸”号。18时34分，栗田判断夜战希望十分渺茫，遂于21时下令停止追击，掉头返航。

“大淀”号的联合舰队司令部里，再也没人不相信“阿号行动”已彻底失败。草鹿认为“失去了飞机的机动部队就像是一具行尸走肉”。参谋们就是否下令小泽撤退，展开激烈争论。草鹿在中途岛有切身体验，他知道由一个战败的将军主动提出后撤是何等困难。“对一位战场指挥官来说，即使胜负已分，他也很难做出撤退的决定。受责任感驱使，他往往试图展开一系列毫无希望的行动。”草鹿认为，撤退与否不应由小泽决定。在取得丰田首肯后，草鹿于19时45分同时向小泽和角田发出“联合舰队机密第201945番电”：“机动部队应根据当面之战况，相继脱离敌军，并依照指挥官指示行动。”10分钟后，草鹿再次以个人名义致电小泽：“追击战暂且延期，预定根据情况再度实行。”

美机呼啸着飞出日舰视野之后，小泽再次清点了队伍。甲部队还剩战斗机4架，九九式鱼雷机、“彗星”和“天山”各1架，总计7架。乙部队剩余战斗机11架、战斗轰炸机5架、“天山”1架，总计17架。丙部队剩战斗机2架、战斗轰炸机3架、九九式鱼雷机4架、“天山”2架，总计11架。加上栗田游击部队大型舰艇上的12架水上飞机，第一机动舰队只剩飞机47架。出击时浩浩荡荡的9艘航母只剩6艘。损失的3艘航母中，“大凤”号和“翔鹤”号属于绝对第一主力。这一结果对志在必得的日军来说是何等凄惨！

对当时面临的尴尬处境，位于前线的小泽比谁都清楚。既然上司连续两次发来撤退命令，他也只好趁坡下驴。21时整，小泽电令栗田：“如无可能实行夜战，则迅速向西北方向退避。”实际上，他发出命令时栗田就已准备掉头了。21时05分，栗田电令游击部队各部，“因敌情不明，无望进行夜战，暂前出至西北方向”。谁都清楚，舰队驶向西北是退却，而不是前出，日本人的命令仅从字面上很难理解。21时45分，小泽同时向丰田和栗田发出“机密第212145番电”：“明早务必协助前卫舰队，机动部队航空兵力几近耗尽。”

所有日军舰船都在掉头，驶往几天前来时的方向。“大和”号上，宇垣以无比悲壮的心情在《战藻录》中写下这一俳句：“战虽毕，然雨季之郁闷天空，仍在头上！”

天色完全暗下来时，扔完鱼雷炸弹的美军战机踏上了艰难的返程。此时美军空中组织已取得了长足进步，完成攻击的各中队并非独自返航，而在日军舰队东南方向预定位置集结，结伴东返。这样，飞机迷航的可能性将大大降低，对只有一名机组成员的“地狱猫”更是如此。这种素质，日军在开战之初就已经具备，现在战争进入收官阶段，美国人才刚刚达到这一水准。令人忍俊不禁的是，他们的对手反而丧失了这种能力。一进一出，差别就大了，胜利对日本人来说已渐行渐远，遥不可及。

近200架美军飞机很快在几架领队机的周围聚拢，打开航行灯向东飞去。海面寂静无声，空中发动机的轰鸣声经久不息。这的确是一幅壮观的场景：夜幕下，无数盏红、绿、白三色的航行灯编织成一条闪烁的彩带，缓缓飘向东方。哈格里夫斯中尉如此回忆艰难的返航之旅："天上没有月亮，云层也没有反光，只有我们的仪表盘和其他飞机的航行灯在发亮。我们面前是完全的黑暗，只能在云层中间或者附近完全依靠仪表飞行。这真是一次危险而可怕的返航之路。"返航过程险象环生，"企业"号飞行大队长凯恩中校的飞机就因"用光了高度"在海上坠毁，他后来被驱逐舰成功救起。

并不是所有飞机都能幸运地找到大部队。起飞时就曾担心回不来的雅西少尉回忆说："返航时，我发现自己孤身一人。后来我看见一架飞机，想追上去编队，但他很快就溜掉了。很可能他把我当成了日本人。当然我也不想多费燃油追上去，就继续自己独自飞行。"雅西随后发现了2架"地狱俯冲者"，分别由哈尔·比尔和戴夫·斯蒂尔驾驶。"我们结伴飞行了一段时间，后来感觉方向不对。我联系戴夫，说出了自己的担心，说如果不改变方向我就独自飞。最后我们共同右转2.5度，这是雅西建议转向角度的一半。最后我们到达舰队左侧。很幸运，我们和舰队在彼此目视范围之内。"雅西在海上迫降，被"安东尼"号救起。

"列克星敦"号上，米切尔正在焦急地等待攻击队返回的消息。综合飞行员发回的零星报告，伯克判断至少有4艘敌航母被击中。"舰桥上的米切尔临风而坐，不时摩挲下颌，"一名随军记者写道，"从19时到19时半，他一共抽了3支烟。每一次，他都小心翼翼地从真皮盒子里抽出香烟，用火柴点燃。第一次点烟时，他将手放在烟盒下边，握成杯状。"

米切尔命令三个大队拉开距离，以便飞机着舰时有更大的回旋余地。秒针嗒嗒嗒地走动，米切尔和伯克越来越不安。22时刚过，对空指挥参谋报告说："第一批返航飞机即将临空。"12艘航母立即掉头，正对东风，加速至20节，准备回收飞机。

海上漆黑一团，要让并无多少夜航经验的飞行员顺利降落，谈何容易。除了了极少数技术高超者，大部分人根本无法在黑暗中找到航母，更谈不上安全降落。很多飞机燃油即将耗尽或已告罄，飞行员纷纷打开识别灯，绝望地在空中盘旋，用无线电急切呼叫航母指示方位。他们的求助因线路拥挤得不到回应。

一些飞行员干脆放弃着舰打算，直接在海上实施迫降。

旗舰作战情报中心雷达屏幕上，闪光点越来越多，形势万分危急！“列克星敦”号飞行大队长恩斯特·斯诺登中校旋风般冲上舰桥，向航空参谋威廉·威德海尔姆高声叫喊道：“中校，我们必须为这些家伙开灯，要不他们都要到海里洗澡去了。”

米切尔站起身，独自走进海图室，寻找一个角落坐下，一边默默抽烟，一边陷入了沉思。假如下令解除灯火管制，打开探照灯，无疑会让更多飞行员平安降落，会救起更多海上迫降的人。但这样做，完全暴露了舰队位置，很可能遭到日军潜艇甚至航空兵的偷袭。损失些飞机倒也罢了，但数百名机组成员的生命是绝不能放弃的。米切尔知道，自己必须为他们的安全降落提供条件。这不仅出于人道主义，更在于航母一旦失去舰载机，它就不再是一种资本，而只能变成累赘。

思忖片刻，米切尔毅然下定决心。19 时 40 分，他断然发出一道不合理却合情的命令：“秃鹰，我是水兵本人，立即开灯！”这句话后来成为海航历史上脍炙人口的名言。4 分钟后，米切尔发出第二道命令：“改航向为逆风航行，立即让飞机降落。各大队请确认，完毕！”

命令通过 TBS 迅速传达下去。很快，各航母航行灯、锚灯全部打开，巨大的灯柱刺破夜空，将飞行甲板照得如同白昼。担任警戒的护航舰只纷纷以 127 毫米主、副炮向天空发射照明弹，菲律宾海上似乎要召开一场狂欢节晚会。

一位飞行员感慨地说，这种场面“犹如好莱坞的彩排、中国的春节和美国独立日赶在一起了”。“这样做，对落在后边的飞机所起的效果好像磁石一样，”“卡波特”号战斗机中队中队长罗本·温斯顿少校回忆说，“它们真是大胆鲁莽地张开大嘴，叫日本人来攻击我们。但随后我们由衷地感到欣慰。让周围的日本佬见鬼去吧，看他们敢不敢过来！管他是谁，海军会照顾好自己人，我们的飞行员可不能随便牺牲。”

“地狱俯冲者”几乎耗尽了燃油，“复仇者”余油也不足 40 升，它们的大部分只能迫降海上。“地狱猫”仍有 150 升左右燃油，可以从容排队等待降落，如果没有太多耽搁的话。引导着舰的军官挥舞着荧光棒，引导第一批飞机安全降落。但陆续返航的飞机越来越多，秩序混乱，引导军官很难让它们依次着舰。

弗拉丘向“列克星敦”号大声呼叫，询问航母是否打开了灯光。“确认开灯，”

航母很快给出答复，“请降落在最近的母舰上。”弗拉丘先是试图在一艘埃塞克斯级航母上降落，最终进入航道时，却被信号官指令复飞。他换了一艘航母，成功着舰，发现它是功勋战舰“企业”号。

飞行员受命可以在任何一艘航母上降落，不必刻意寻找自己的航母。第一批靠近“列克星敦”号的6架飞机安全着舰。随后是一架“大黄蜂”号的“地狱俯冲者”。由于切入角度过陡，信号官示意飞行员飞离。“这名飞行员身上有伤，燃油耗尽，加上极度疲惫，所以对信号置之不理。他关闭发动机的时间稍晚了一些，”《人生》杂志的一名战地记者这样写道，“飞机未能挂住阻拦索，撞上了停在船首的其他飞机，后座机枪手当场遇难。”撞击事故共造成2人死亡、6人受伤。

两架飞机不顾舰上发出的信号，争先向“邦克山”号降落，酿成2人死亡、4人受伤的惨剧。一架“复仇者”着舰时，失去控制，将前方一架“地狱俯冲者”撞翻，导致3人死亡、4人受伤。降落在自己的航母上，并不意味着万事大吉。托姆中尉的“地狱猫”成功在“约克城”号降落，还未等他爬出座舱，一架“大黄蜂”号的“地狱猫”就重重地拍在甲板上，反弹几次后，与托姆的飞机相撞，中尉当场丧生。一架“地狱猫”和一架“地狱俯冲者”同时在“企业”号降落，出人预料的是，它们安然无恙。战斗机幸运地钩住了第二道阻拦索，轰炸机则钩住了第五道，像在玩杂技一样。海面上最忙的当数护航驱逐舰，它们扭动着纤细的腰肢，到处打捞落水飞行员——这回又能从飞行大队换到不少冰激凌吃了。

拉梅奇少校心有余悸地描述了降落经过：“20时，我判断距离第三大队还有30英里，我已经能够隐约看到前面闪烁的灯光了。但这时，恐慌却在空中迅速蔓延——舰队是一片灯火，我们如何才能判断谁是航母？有些巡洋舰在打照明弹，对于空中近200架飞机来说，这就够了。现在面临的最大问题，不是能否找到舰队，而是所有船包括驱逐舰都开了灯！ 20时30分，我带领编队来到‘企业’号右舷。电报员大卫·考雷忽然说：‘头儿，甲板上好像撞机了。’我犹豫了一下，不过我清楚航母地勤人员的工作效率，所以我希望等我们下降时甲板能够清理干净。着舰指挥官挥舞指示灯，要我们推迟降落。我只好向同伴呼叫：‘母舰甲板阻塞，可以在任意地方降落。’我用自动节油装置飞行，没有进入大角度下滑。我们需要节省每一加仑燃油。灯光实在太多，最终我确定了一艘我认为是轻型航母的位置。不过，我向它接近时，看见前方2英里处又出现一艘大型航母。我现在飞行高度太高，不能直接落上去，所以就按常规方式掠过航母上空。考雷报告说现在只有我们一架飞机在等待降落。我们顺利着舰后，我跑上舰岛，高喊道：‘这是哪艘舰？’不知是谁应了一句，‘约克城’号。这真是无比漫长的一天。”

“大黄蜂”号俯冲轰炸机飞行员杰克·泰勒中尉也属幸运者之一，“我的飞机还剩不到190升燃油。但航母甲板上发生了事故，我们进场四次都被命令复飞”。他告诉机枪手抓起救生筏，准备迫降海上，“在第四次复飞后，我收起起落架向前直飞，直到发动机停转后迫降。还好海面非常平静，着水虽然突然，但也没有什么问题发生。我们都到了救生筏上。天色很暗，我们在信号枪里装满了曳光弹向天上发射，以引起注意”。大约30分钟后，“布拉德福”号驶过来，将两人拉了上去。雅西少尉同样被“安东尼”号救起。

在分析最终损失时，参谋军官认为水面迫降的主要原因是缺乏经验。很多缺乏夜间着舰经验的飞行员浪费了宝贵的燃油和时间。他们对着灯光大开的巡洋舰和驱逐舰进场，需要经过相当训练才能仅依靠灯光判断舰船类型。在大多数情况下，即使经验丰富的“老鸟”也只能在近乎着舰距离前才能区分船只类型。

米切尔的决定极大地减少了损失。正如罗本·温斯顿少校所言：“我不知道其他国家的高级将领是否会像我们一样，冒如此大的风险来挽救自己的飞行员。我们的飞行员充分意识到了这一点，从而极大地鼓舞了士气。也正因为此，无论何时何地，即使在敌众我寡的情况下，我们的飞行员也会毫不犹豫地冲向敌军编队。因为他们知道，最高指挥官会不遗余力地对他们展开营救。”驱逐舰出色的营救工作得到第二大队飞行员的高度认可：“它们在营救落水人员中的表现特别值得称赞。诚然，如果没有它们坚持不懈和卓有成效的工作，我们的飞行员将会承受难以置信的更大损失。”

半小时后，天空恢复了之前的平静。仅30分钟，美军损失飞机79架——有的迫降海上，有的着舰时撞毁。49名机组成员，或失踪，或死于事故。在“薄暮攻击”中，美军只击沉了日军1艘航母和2艘油轮，却损失了如此多的战机和飞行员，确实有些得不偿失。但这次进攻必须发起，要不然，美国人——至少克拉克少将——肯定会憋屈到吐血而死的。

由于果断做出开灯接人的决定，米切尔受到上上下下的一致赞誉——幸好附近水域没有日军潜艇，如果因此导致一两艘航母出现意外，评价很可能就不同了。飞行员几乎把他当父亲一样看待。最好的例子来自王牌飞行员弗拉丘。很多年以后，他给自己最小的儿子起名叫米切尔——在中国，这种做法类似骂人，哪有孙子和爷爷同名的道理？其他熟知米切尔的人都认为，在那个关键时刻，他不可能做出除了这个决定之外的其他决定。

基本完成回收作业之后，21 时 25 分，米切尔下令舰队以 280 度航向、16 节速度继续向西追击。为了搜索并营救尚未被救起的机组成员，除了第七大队，其余三个航母大队各留下一个驱逐舰分队继续实施打捞作业。米切尔同时致电珍珠港的尼米兹上将，请他指示洛克伍德派出更多潜艇到事发海域帮助打捞幸存者。

21 时 28 分，米切尔通过 TBS 报告斯普鲁恩斯："相信所有敌军航母和许多其他舰艇已被击伤，我们将以 16 节速度航行，以便救起更多落水飞行员。"因之前回收舰载机高速向东行驶，第五十八特混舰队与日军距离进一步拉大。众多驱逐舰分散在轮形阵周围实施打捞作业，也耽误了一些时间，部分驱逐舰将在次日清晨用光燃油。

6 月 21 日 0 时，米切尔判断日军舰队很可能已驶出舰载机攻击范围，遂下令取消夜间攻击和跟踪任务。0 时 30 分，水上飞机飞行员菲利克斯上尉发回电文，在北纬 16 度 30 分、东经 132 度 48 分发现一支由约 25 艘舰艇组成的日军舰队，航向 330 度，航速 15 节，舰队后方有大片油迹。

菲利克斯发现的正是小泽的主力舰队。将敌舰位置在海图上标出之后，伯克测定双方距离超过 600 公里。米切尔迅速向三个航母大队下达命令，"破晓之后，尽可能迅速派出攻击机群"。4 时 44 分至 5 时 34 分，由 202 架舰载机——其中"地狱猫"83 架、"地狱俯冲者"44 架、"无畏式"18 架、"复仇者"57 架——组成的攻击机群再次起飞攻敌。他们飞出 470 公里后，又以 330 度航向飞行 83 公里，毫无发现。8 时 21 分至 10 时 10 分，上述飞机陆续返回母舰降落。参加前两日激战的"列克星敦"号战斗机飞行员威廉·塞弗尔少尉降落时不幸坠海身亡。

5 时 57 分，另一架水上飞机发回报告，"北纬 17 度 30 分、东经 132 度 03 分发现敌军航母舰队"。7 时 10 分，该机发回补充报告："日军舰队航向 320 度，航速 20 节。"此时双方距离约 590 公里，日军舰队正在高速行驶之中，指望在当天缩小差距希望不大。7 时整，米切尔致电斯普鲁恩斯，说明追上敌人希望渺茫："目前我方与敌距离约 670 公里。如果攻击队飞得更远，他们将不得不再次在海上迫降。以现在的攻击半径，空中打击是无法抵达目标的。”

米切尔没有放弃最后一线希望。为解决驱逐舰油荒的问题，他下令由航母和战列舰临时为它们补充燃料。海上加油导致李中将的第七大队只能以 11 节速度行驶。14 时 40 分，第七大队的速度逐渐提高到 15 节。在此之前，斯普鲁恩斯已经下令“印第安纳波利斯”号脱离第三大队，加入李中将的第七大队。他热切希望能够和李一起并肩作战，打击因遭重创而掉队的日军战船，就像在特鲁克他单独率队出击时那样——老斯是多么渴望脱光膀子，与日本人来一次海上炮战呀，老酒也是真想看呀！得知日军已经跑远的消息，他认定目前已无穷寇可追。18 时，他命令米切尔，改舰队航向为 90 度，沿 15 度 30 分纬度撤回塞班岛近海。

至此，这场人类历史上最大规模的航母对决终于落下帷幕。在追击中，第七大队最远航行至北纬 16 度、东经 133 度 55 分海域，此处距菲律宾萨马岛 1010 公里，距塞班岛 1270 公里。

小泽已经绝尘而去，美国人取得了菲律宾海战——日军称为马里亚纳海战——的辉煌胜利。他们以 4 艘舰艇受轻伤、损失 130 架飞机——包括最后在舰队周围迫降或坠毁的 79 架——为代价，击沉日军 3 艘航母，击毁小泽 92% 的舰载机和栗田 72% 的水上飞机。加上角田部队的损失，日军短短两天里损失战机超过 500 架。他们花费近两年时间精心打造的海军航空兵部队，重新归零。在 4 个月后的莱特湾海战中，他们只能充当“诱饵”的可怜角色。“阿号作战”的惨败同时无可辩驳地表明，即使在作战计划完备、战术设计高超、握有天时地利且先发制人的情况下，联合舰队也无法从日益强大的对手手中争取到一场胜利。正如“东京玫瑰”在战前广播中叫嚣的那样——“丧钟敲响了”，可惜听到丧钟的恰恰是他们自己。

对美国人来说，伴随胜利而来的并不都是兴奋和喜悦。在战后提交的报告中，米切尔沮丧地写道：“敌人跑掉了。他们被我们的一次猛烈的空袭重创，但他们的舰队还在。”“黑猩猩”克拉克少将公开指责斯普鲁恩斯，说他的保守战术使美国人错过了“百年难逢的机会”。蒙哥马利少将在正式报告中毫不掩饰对放走日军航母舰队的不满：“作战结果对所有人来说都是极度失望的，因为敌军主力舰队一年多来第一次正面来袭，并且对我们的大部队发起了数次空袭，最终却从我们的追击中逃脱。实际上，我塞班岛部队一直受到良好保护，奥尔登多夫的舰队足以应对可能来袭的敌水面部队。我军展开如此多兵力，却未能取得发动攻势的机会，直到很晚才去阻止敌人的撤退。”

在珍珠港，最义愤填膺的当数陶尔斯中将。他一直对斯普鲁恩斯执掌第五舰队心存不满。这次，他索性直接找到尼米兹，要求他解除斯普鲁恩斯的职务，由自己取而代之。对斯普鲁恩斯表示不满的绝非陶尔斯一人。1944 年 8 月的太平洋舰队总部“作战纪要”中有这样的记录：“攻占南马里亚纳群岛的目的顺利达到，但有些人对没有进行决定性‘海上会战’感到失望。本来我们指望可以打一次大胜仗，从而缩短战争进程。”海军航空兵司令部里，大家的普遍意见是：“这就是用非航空人员指挥航空母舰的最后结果。”连远在努美阿的哈尔西也一反常态地指责老友，“海军错失了赢得战争的最佳机会”。

对 19 日没有下令向西迎击日军舰队，斯普鲁恩斯同样心存遗憾。“作为一个战略问题，”他告诉战史专家莫里森少将，“我认为，在日本航母行动之后，立即行动并击败他们的航母会比等他们来攻击我们更令人满意，也更符合要求。但我们当时在一个非常重要和大型的两栖行动开始阶段，我们不能赌博并使之处于危险之中。”斯普鲁恩斯并没给自己寻找借口并坦承，“如果当时紧追小泽舰队，我们本可以取得更出色、更令人满意的战果”。

尼米兹一向支持斯普鲁恩斯，陶尔斯的话对他来说，等于没说。作为太平洋舰队的一把手，他更看重总体效果。尼米兹认为，在洛克伍德潜艇的大力支持下，第五十八特混舰队已经将日本人打得毫无还手之力。尽管日军舰队尚未葬身海底，其实已经形同虚设，况且特纳两栖部队始终未遭受太大威胁，这就够了。他在回忆录中写道：“直到战争结束，我们才知道斯普鲁恩斯当时采取的战术是完全正确的。从缴获的日军档案来看，6 月 19 日那天，他凭运气或直觉把第五十八特混舰队部署在最理想的位置上。”对尼米兹的说法，吃瓜只嫌瓜小的老酒以为“也不见得”。

金和尼米兹一样支持斯普鲁恩斯。他公开发表了自己的看法：“美军在这个地区的主要任务是攻占马里亚纳群岛。因此，必须不惜一切代价排除敌军干扰，保证塞班岛的两栖作战。斯普鲁恩斯在执行作战计划中把它发展成为菲律宾海战，是完全符合这一基本要求的。”

战后，美国传记作家波特在给斯普鲁恩斯的一封信中写道：“日军之所以恼羞成怒，是因为你总是适时而动（对他们来说，并不是一个好时机），他们动不了你一根汗毛。如果非要找一个词来形容你这种飘忽不定的行踪，他们能想到的只有‘谨慎’。小泽治三郎说你是一个谨慎的人。我想，他多半是指你基本不会落入他的圈套。他还用另一个词来形容你，这个词从日语翻译过来叫‘正统’。他的意思是，他知道你的每一步都经过深思熟虑，然后找到一个志在必得却不会产生不必要风险的解决方案，而且该方案符合公认的战争原则。因此，他们觉得，与哈尔西将军相比，你的行动更加容易预测。小泽对哈尔西的评价可以用‘冲动’一词来形容。”4 个月后的莱特湾海战中，哈尔西将为“冲动”一词做出了最好的诠释。

6 月 21 日，一路快速北撤的小泽舰队继续遭到美军跟踪，“大和”号多次截听到美军侦察机发出的接敌报告。根据宇垣《战藻录》记载，“武藏”号和第三战队曾对 20 公里外的 2 架美机进行过炮击。6 时 23 分，小泽命令大林第三航空战队“千岁”号、“千代田”号放飞 4 架九七式鱼雷机，对身后 90 度—180 度范围实施 650 公里搜索，除了 10 时 40 分遇到 1 架美军巡逻机，并无其他发现。说明美军并未一路穷追，小泽和栗田终于长出了一口大气。

7 时 17 分，小泽电令各部：“甲、乙、丙部队前往冲绳中城湾，前卫部队其他水面舰艇前往吉马拉斯。”8 时 18 分，他再次发出电令：“本日如发现敌军机动部队，各航空队做好准备，以全部舰载机发起最后攻击。”

13 时 30 分，大林再次派出“千岁”号和“瑞凤”号的 4 架鱼雷机，对身后进行第二段搜索，仍无发现。看到美军被成功甩掉，小泽于 15 时 45 分电令各部：“本队各部明日进驻中城湾，前卫部队返回菲律宾中南部待机，‘扶桑’号和第一、第二补给船队编入前卫舰队。”

“隼鹰”号舰桥上，航空参谋奥宫凭栏远眺，感慨万千。过去两年和“隼鹰”号形影不离的“飞鹰”号彻底消失了。他听说舰长横井俊之在海上漂流时被驱逐舰救起，但那些熟悉的舰员命运如何？因为一直在准备战斗，舰上一些阵亡者的尸体还未来得及收拾。左思右想，感到前途无望的奥宫走下舰桥，在甲板上转了一圈。航母被炸断的桅杆索低垂，舰体上到处都是弹孔。这次作战被称为“最后舰队决战”或“皇国兴亡所系之战”，可机动部队竟然如此毫无作为地离开了战场，今后战局将会怎样呢？日本的命运又将如何呢？没有人能回答奥宫的问题。

6 月 22 日 12 时 40 分，大林丙部队率先驶入中城湾，主力部队于 15 时抵达。进港以后，各舰开始转移舰员。“大凤”号和第六〇一航空队相关人员向“瑞鹤”号上转移，“翔鹤”号舰员则向“摩耶”号转移，“飞鹰”号舰员转往“隼鹰”号。损失了“翔鹤”号的舰长松原先被派往横须贺镇守府，随后到水雷学校当了教员。败军之将进学校，是日本海军的传统做法。

当晚，小泽口授了一封辞职信，由参谋电传至联合舰队司令部。丰田对小泽的信，连看的兴趣都没有。这位一向尖酸刻薄的海军大将口中吐出的话，让在场所有人都感到震惊。“对这次灾难性败北，我要比小泽将军负更多的责任，”丰田说，“我不会接受他的辞呈。”这一举动，让一贯看丰田极不顺眼的老酒少有地佩服了他一回。

就小泽本人而言，他确实已竭尽全力。他的战术设计还算高明，如愿率先发起了攻击，却未能击沉哪怕一艘美军舰艇。小泽坦承，对阵双方在太平洋上的海战实际已经结束，日本人失去了最后的翻盘机会，最终失败对日本来说已成为一个时间问题。

日本人输掉了所谓的决战，小泽似乎不应因此受到过多责备。他奉命率规模只有对手一半的舰队去和敌人搏斗，他非常渴望 500 架陆基战机能够让战斗势均力敌，但实际上，他并未从角田那里得到多少实质帮助。他的舰载机已经过时，飞行员也不具备与对手抗衡的能力。日本史学家后来坦承，在舰队处于劣势和飞行员经验严重不足的情况下，没有人能比小泽做得更好。但是，飞行员技术低下，能怨那些年轻人吗？

小泽大可不必为此自惭。在这场人类历史上空前——很可能也绝后，至少老酒这年龄是很难看到了——的航母大对决中，日军战术采用和指挥明显优于对手。小泽在战役中的表现可圈可点。他能有效利用战场态势和仅有的有利成分，精心策划了“穿梭轰炸”。在持续两天的激战中，机动部队基本掌控了战斗节奏，并在适当时机打出了全部攻击力量。借助飞机腿长优势，日军舰队能够在战役大部分时间里处于美军打击范围之外，使对手强大的攻击力量无从发挥。除了在反潜上存在较大失误，小泽的表现差强人意。战役前半阶段，美国人只能窝在那里躲避一轮又一轮的打击，连对手的影子都找不到。只是到了战役末尾，他们才发动了一次十分勉强的进攻，付出惨重代价，却并未取得像样的战果。不妨做一种假设，如果日军潜艇有美军同行那样的能力，米切尔在夜间大开灯光让舰载机着舰时，他们完全可以给对手送去一次巨大的灾难。

之前，6月20日12时15分，丰田发出“联合舰队电令作第190号”，要求“各潜水部队动力有限者返回特鲁克，其他撤至各散开线，极力部署于塞班和关岛周边”。与美军潜艇在战役中的惊艳表现相比，日军潜艇部队不但毫无作为，反而搭上了11艘潜艇——包括22日被击沉的“伊-185”号——对主力舰队作战几乎毫无帮助。6月24日，“伊-41”号潜艇冒巨大危险潜入关岛近海，成功接走了早前降落在那里的106名机组成员，算是能称得上的唯一贡献。6月20日，另3艘潜艇受命前往提尼安岛，试图接走第一航空舰队司令部成员，因美军封锁严密，未获成功。行动失败最终导致角田和参谋长三和等人命丧荒岛。爪哇海战和珊瑚海海战的双料“英雄”、第六舰队司令官高木武雄同样于塞班毙命，也算“没有功劳有苦劳，没有苦劳有疲劳，没有疲劳有牢骚”了。

美军的胜利来自超人的实力，当然也少不了足够的运气。打个不太恰当的比喻，就如同让老酒和泰森——即使他已退役多年——搞一场拳击。老酒事先经过精心准备，战术设计完全合理，在比赛前半段稳居上风，刺拳、摆拳、勾拳频频击中对手，却不能撼动泰森分毫。人家泰森偶然一激灵，轻松一记不太用劲儿的刺拳就把老酒打得晕倒在地，直接抬医院吸氧去了。换句话说，就算小泽运气能好一些，侥幸给米切尔第五十八特混舰队造成损失，充其量不过击沉或重创一些美军航母。但经过两年半战争动员，美国的战争潜力已经充分发挥出来，他们的造舰能力完全碾压日本。你击沉他一艘，他很快会有两艘、三艘甚至更多艘从船厂里开出来。战争结束之后，美国船厂很多造了半截儿的船被迫停工就是最佳例证。一次战术胜利，绝对无法改变日本失败的最终结局。此外还应强调一点，美国人一直奉行“先欧后亚”的全球战略，在太平洋，他们仅动用了不到30%的军事力量。

22日21时49分，小泽接到了丰田和草鹿发来的“机动部队返回广岛湾”的命令。6月23日11时，机动部队驶离中城湾，翌日18时进入柱岛泊地。机动舰队补给船只23日进入吉马拉斯，装满婆罗洲的原油后向本土返航。

虽然在海战中遭遇惨败，但6月23日15时30分，大本营海军部发布的公告依然高调：“我机动部队与基地航空部队合力于马里亚纳群岛海域与敌展开决战，击沉敌航空母舰5艘、至少战列舰1艘，击落敌机160架。我军损失航母1艘，辅助舰只油船2艘，50架飞机未能返航。”

公告发表之前还有一段小插曲。上次因发布美军登陆塞班岛公告一事，海军故意挑刺儿。一向对海军非常厌恶的陆军次官富永恭次少将借机报复，公开表示“难以同意”，“这和中途岛海战一样，把己方的损失说得过少，为什么不能如实发表真实情况？这样的报道如何能够引导舆论？陆军绝不赞成这篇文稿”。按照以往惯例，海战公告由海军单独发表。还是东条官大觉悟高，“马里亚纳海战不是陆海军协同作战，而是联合舰队单独发起的作战，我们不应指手画脚去干预发表。海军自中途岛海战以来，连吃败仗也怪可怜的。反正是海军负责任，就照样发表也就算了吧”。

菲律宾海海战之后，日本海军航空兵实际已被淘汰出局，再也不是战争中一支不可或缺的战略力量。偷袭珍珠港的“英雄”渊田美津雄的所言一语中的：“这是一场决定性战役。一旦马里亚纳群岛失守，即使菲律宾群岛都不再是一条可以依靠的防线。所以我们才决定倾力出击，而且实际上用尽了我们所有的航空力量。”

日军舰队快速逃逸使尼米兹和斯普鲁恩斯如释重负。鉴于关岛、贝里琉、特鲁克等基地的少许日军陆基战机已无法对塞班岛构成实质威胁，6月22日14时30分，米切尔命令第一、第二大队在执行完攻击任务后向埃尼威托克返航。克拉克少将受命攻击帕甘岛，之后将部分飞机补充至里夫斯少将第三大队。23日5时整，美军两个大队出动舰载机227架——第一大队97架、第二大队130架——对帕甘岛进行了空袭，随后留下补充飞机后掉头返航。

在美军五个特混大队司令官中，最具攻击性的当数绰号“黑猩猩”的克拉克少将。由于斯普鲁恩斯拒绝让航母舰队主动出击，克拉克憋了一肚子火。就这样回去实在窝囊，克拉克临时决定打一仗再走。23日下午，克拉克率第一大队4艘航母直奔硫黄岛而去，准备发起一次类似15日和16日那样的突袭行动。

就在克拉克临时起意的当天下午，日军横须贺航空队30架零战进驻硫黄岛机场，使岛上飞机达到122架。上次美军空袭硫黄岛时气候恶劣，这次天气也没好到哪里去。24日天刚放亮，克拉克从“约克城”号、“大黄蜂”号、“巴丹”

号放飞了 51 架“地狱猫”，每机携带 1 颗 227 公斤炸弹，长途奔袭 370 公里对硫黄岛实施扫荡。

飞行途中，美军机群先后被日军一架侦察机和岛上雷达发现。日军王牌飞行员坂井三郎、武藤金义领衔 42 架零战升空迎战。看到日军机群快速逼近，“地狱猫”纷纷抛掉炸弹，与日机捉对厮杀。眼前的一幕成了以往空战的重演，经验欠缺的日军飞行员抵挡不住美机的进攻，飞机纷纷中弹坠海。罗伯特·巴特勒上尉领军的“大黄蜂”号的 15 架“地狱猫”，声称取得击落 25 架零战和 8 架“彗星”的战绩。温亚德和埃弗雷德·哈格里夫斯中尉声称各击落 4 架零战。罗伊·沃利斯中尉取得个人第五、第六个战果，从 1942 年 11 月参战到现在，总算跨入王牌飞行员行列。“约克城”号共起飞 4 个战斗机小队，声称在硫黄岛以南 8 公里遭遇约 35 架零战，激战中，1 架“地狱猫”被日军击落，返航飞行员声称击落日机 18 架，疑似击落 5 架。排首位的是威廉·施罗德中尉，这位一头黑发的苗条小伙儿 5 分钟内击落了 3 架零战。

日军并非毫无还手之力，板井和武藤表现出色。武藤自称将 4 架“地狱猫”打起了火。数据是否属实，姑且不论，这说明日军王牌飞行员在驾驶过时的零战与“地狱猫”格斗时，丝毫不落下风。

数架从云底钻出的“地狱猫”围攻板井，被他以高超的技术巧妙避开。板井看到前方出现一支编队，以为是友军就径直飞了过去。等发现情况不对时，他已被美机团团围住。接下来的格斗成为日本家喻户晓的传奇故事。20 多分钟的时间，板井躲过了“地狱猫”的每一次射击。战后，板井回忆说：“第一架‘格鲁曼’想跟我比转圈。有那么一会儿，他的机腹塞满了测距圈，我打出一个点射，航炮炮弹沿着机身爆炸，下一秒大量黑烟从敌机冒出，它失控了，开始狂野地朝海面坠落。我身后至少有 6 架‘格鲁曼’向我疯狂开火。我再次左转，他们从我身旁飞过。我将油门全力前推，快速拉近与敌机的距离，在 50 米处我开火了，敌机座舱玻璃下冒出了明亮的火焰和浓烟，开始疯狂转向，一侧机翼带着浓烟坠落下去。”这是板井的第六十三和第六十四个战绩。

几个美军分队继续向板井发起围攻，每次都失望地看着他逃开。板井认为美军飞行员并没有他们的飞机那么好。转向后，他与美军一个四机分队迎头相遇，随着板井机炮开火，美军长机起火坠海。另三机对板井发起围攻，被他巧妙利用云层掩护成功逃脱。从云层飞出之后，板井发现自己已是孤身一人，精疲力竭的他飞回岛上降落。地勤人员蜂拥而上，将板井从机舱拉了出来，发现他飞机上竟连一个弹洞都没有。板井叙述的战斗过程虽略显夸张，但他的表现无疑是对得起“王牌”称号的。

其他人显然没有板井和武藤的好技术。早晨起飞迎击美军的80人中，回到岛上的只有30人。日军声称击落了一些美军飞机，但肯定取得战绩的恐怕只有板井和武藤二人。由于零战的顽强拦截，只有4架“地狱猫”向岛上机场投下炸弹，造成的损失几乎可以忽略不计。

鉴于美军航母已经现身，松永中将立即下令发起反击。日军第一攻击机群由20架“天山”组成，其中17架被“大黄蜂”号战斗机中队击落，仅约翰·迪尔上尉一人就击落3架，其余几架全毁于美军防空炮火。第二攻击机群由9架“彗星”、9架“天山”和23架零战组成。恶劣的气候条件导致他们未能找到美军航母，反被“大黄蜂”号和“巴丹”号战斗机中队联手击落17架。

糟糕的天气对双方核实战果造成一定困难。美军声称击落日机逾百架，日军记录损失战斗机34架、鱼雷机27架和俯冲轰炸机5架。美军损失“地狱猫”6架。克拉克少将本次攻击完全消除了日军从北方增援塞班岛的可能性。

负责留守的第三大队25日空袭了关岛和罗塔岛，次日再次空袭了塞班岛。之后该部一直在马里亚纳群岛附近游弋，肆意派舰载机练习扫射、投弹。7月6日10时30分，该部奉命返航，9日清晨回到埃尼威托克。

第四大队并未参加对小泽舰队的追击战。21日4时20分，他们出动37架飞机轰炸了关岛第一和第二机场，中午再派出36架轰炸了塞班岛北部马比角机场。23日和24日，该部向塞班岛以西移动，于25日再次空袭关岛和罗塔岛。7月4日，该部奉命返航，7日回到埃尼威托克。

早在6月25日，李中将的第七大队已经解散，下属舰船分别充实到各航空大队。最倒霉的“南达科他”号7月2日返回珍珠港，次日起程回本土大修，8月26日才重返前线。

6月23日下午，第五舰队旗舰“印第安纳波利斯”号在塞班岛近海熄火。在182米等深线下锚后，斯普鲁恩斯乘小艇登上“洛基山”号，和特纳、霍兰一起讨论岛上战况。当天深夜，重巡洋舰重新启航，与“科罗拉多”号战列舰和2

艘驱逐舰一道加入对岸火力支援行列。

塞班岛上，三个美军步兵师正从上周刚刚夺取的滩头艰难向内陆挺进。

南云魂断塞班岛

美军快速航母舰队重返塞班近海，“就像一场没有鲜花彩带的胜利阅兵”。当初米切尔率航母舰队离开塞班前往迎击小泽舰队时，特纳和霍兰心里实在没谱儿，这一定程度上影响了登岛官兵的士气。在得知自己并未被海军抛弃之后，美军登岛部队精神大振，信心倍增。与之相反，日本守军则情绪低落，双方心情可谓冰火两重天。海战失败锁定了马里亚纳诸岛日本守军的悲惨命运。如果将对阵双方围绕诸岛的争夺比喻成一场球赛，从 6 月 21 日开始，比赛已经提前进入拉锯时间。

舰队东进迎击小泽舰队期间，岛上战斗也在激烈地进行。6 月 18 日 10 时 16 分，美军第二十七步兵师第一六五团第二营顺利攻克阿斯利托机场，缴获包括零战和“天山”在内的 20 架战机和大批军用物资。东京电令必须不惜一切代价夺回机场，井桁对此大发雷霆之怒，断然回电，“不可能的事情就是根本不可能”。要是老酒当时在场，就会教井桁发出一封更简洁的电报：“你行你来。”

为纪念在马金作战中不幸阵亡的前任加德纳·康罗伊上校，团长杰拉德·凯利上校将占领地更名为康罗伊机场。但是 6 月 30 日，为纪念在塞班岛外海阵亡的“列克星敦”号鱼雷机中队中队长罗伯特·伊斯利少校，这座机场再次被更名为伊斯利机场。从这一细节可以看出，陆军认为在配合海军和海军陆战队作战期间屡遭歧视，并非没有一点儿道理。机场是我们费了老鼻子劲儿拿下来的，凭什么我们的上校团长要让位于你们的少校中队长？

美军攻岛的最终目的就是夺取机场。工兵部队很快勘察了现场，除了跑道状况良好，匆忙撤走的日军还留下了不少东西，如氧气车间、发电所和大容量水库等等。尼米兹电令机场 6 月 20 日前必须具备起降战机的条件。“海蜂部队”第十八、第一二一建设营迅速进驻实施整修。7 月 2 日，陆军第七航空队五个工兵营前来协助。美军施工能力确实惊人，到 7 月 22 日，陆军第七航空队第三十八战斗机大队 22 架 P-47 战斗机从“马尼拉湾”号和“纳托马湾”号护航航母上起飞，进驻机场。霍兰对第二十七师的作战一直颇有微词，但对他们迅速拿下机场还是给予充分肯定。据拉尔夫回忆说，18日中午，霍兰和参谋长艾斯金准将到师部视察时，“两人对我们的作战进度和占领机场这两点非常满意”。

与此同时，施密特少将陆战四师已推进至西岸马吉西内湾，将塞班岛从中部拦腰截断。除了日军第四十七旅团一部凭借纳富坦角天然地理优势负隅顽抗，塞班岛南部地区已尽在美军掌握之中。沃特森少将陆战二师已前出至加拉潘南部地区。但塞班岛最高峰塔波查山依然在日军控制之下。那里遍布针尖状珊瑚、凸出火山石和石灰岩峭壁，无数由树根遮挡的裂隙和山洞成为美军前进道路上的最大障碍。

纳富坦角是塞班岛东海岸向南延伸的一个小半岛，最高点是海拔124米的纳富坦山。被合围在这里的日军包括第四十七独立混成旅团第三一七步兵大队残部，及海军、高射炮、后勤人员共计1050人，此外还有少许平民，总指挥是大队长佐佐木已代太。为保证阿斯利托机场的安全和使用，美军必须尽快肃清这股残敌。起初围剿这股部队的是6月19日上岸的第二十七师两个步兵团。但霍兰认为，这里的作战根本用不了那么多人，也不需要花费太多时间。实际上，美军粉碎日军有建制的抵抗，花费了多达9天时间。

6月18日，霍兰对下一步作战计划做出调整：主力部队由向东攻击转为向北，其中陆战二师为左翼，陆战四师为右翼，陆军第二十七师在荡平纳富坦角残敌之后，转而向北攻击前进，在两个陆战师之间形成中路部队。霍兰试图以3个师的齐头并进，将日军聚歼于岛屿最北端的马比角一带。

6月20日，联合舰队派出3艘潜艇前往塞班，试图撤出第六舰队司令官高木武雄、第三驱逐舰战队司令官中川浩等高级军官。美军将岛屿围得如铁桶一般，潜艇无法靠近海岸，营救行动最终失败。高木只好陪南云，将老命葬送在岛上了。需要特别指出的是，作为中太平洋地区日军名誉总指挥，南云肯定是不宜提前撤出的。

6月21日的战斗结束之后，陆军第二十七师在纳富坦角的攻击只取得了微不足道的进展，两个陆战队师完成了行军轴线北移的任务。为了对盘踞在中北部的日军发起全面攻势，霍兰决定减少用于纳富坦角的兵力，将他们中的大部分转移到陆战队后方的预备阵地。霍兰认为，纳富坦角残余日军只有300～500

人左右，大部分非野战部队，其中夹杂着不少平民，留下一个营的兵力足以对付他们。拉尔夫强烈要求将第一〇五团全部留在南方，执行清剿任务。霍兰虽然勉强同意了他的提议，但对陆军在纳富坦角的进展深感失望。他告诉拉尔夫，听贵师一位参谋说，与其对日军进行围剿，不如把他们困起来活活饿死。拉尔夫坚信部下不会说这样没骨气的话，他向霍兰保证，一定会采取更加积极的措施。有在场者后来证明，两人当时表现正常，讨论过程中谁都没有起高腔。

6 月 22 日 15 时 15 分，拉尔夫来到北方战斗群司令部。霍兰直言对纳富坦角战斗进度不满："我不希望你继续提出不合理要求，第一〇五团团长莱昂纳德·毕肖普上校不能拖延战斗。如果他做不到这一点，我们可以派能做到的人去接替他。"即将在北方展开的攻势正面太宽，霍兰要求拉尔夫尽快将主力转向北方，在两个陆战师中间占位。至于纳富坦角日军，只留下莱斯利·延森中校第一〇五团二营对付他们就足够了。拉尔夫提出，纳富坦地区日军目前仍频频派出夜袭队，渗透到机场附近大肆破坏。由于前段减员严重，第二营眼下可战之兵只有 600 人，同时执行守卫机场和清剿任务绝对不够。按照美军惯例，通常一个营兵力只能负责 600 米宽正面，而纳富坦角前线宽度超过了 3000 米。但霍兰坚持自己的意见，拉尔夫只好勉强服从。

6 月20 日，美军两个陆战师开始将进攻重心北移，向 O-4 线攻击前进。当天，贾斯蒂斯·钱伯斯中校陆战二十五团三营成功夺取 500 高地，付出的代价是亡 9 人、伤 49 人，击毙日军 44 人。陆战队员当晚在山上掘壕据守，随时准备反击日军夜袭。高地周围的山洞里，小股日军携带手榴弹和绑着刺刀、匕首的竹竿——美军称为"白痴棒"——借夜色掩护，向美军阵地发起攻击，因缺乏组织协调，毫无结果。但山上的陆战队员非常紧张，整晚无法入眠。天亮之后，他们在阵地前沿发现日军尸体 31 具。

美军伤亡也在不断增加。这天，约翰·马格鲁德少尉看到医务人员在小心翼翼地向卡车上搬运尸体——那肯定是自己人的，对日军尸体的处理办法一般是就地掩埋，更多时候是任其曝尸荒野——他走上去，想看看是否有认识的人。他看到一个漂亮的金发小伙子。他想起这个年轻人初上前线时有多么兴奋，拉着他们这些老兵问这问那。他的裤子后口袋里，塞着一本黄色纸皮的书——《我们的心灵年轻快活》。

美军主力部队完成进攻轴心北移之后，霍兰命令21日整顿建制，补充粮弹，第二天发动全面攻势。22日6时，美军18个炮兵营10分钟炮火准备之后，3个师步兵发起了地面进攻。复杂糟糕的地形及日军的顽强阻击，导致美军的推进速度异常缓慢。一路上，越来越多日本平民和土著居民钻出山洞，将性命交给美国人。美国兵会提供食物、水、香烟和口香糖，有时还会带过于虚弱者一起往回走，将他们送入后方设置的平民营地。

战况渐趋绝望，但日本兵誓死不降。他们往往夹杂在平民中间向美军开枪。第二十三团二营E连的罗伯特·格拉夫二等兵曾气愤地说："日本兵是魔鬼，杂种，有的人杀死了我们最好的兄弟。他们假装举手投降，等我们走近后，他们会突然将冒烟的手榴弹扔到我们脚下。他们会在夜晚潜入我们的阵地，割断我们的喉咙。他们没有任何感情，唯一的愿望就是去伤害和杀死别人。"格拉夫听说第二十五团发现的一个山洞里躲藏有100多人，大部分是妇女、儿童和老人，他们是靠舔吮岩壁上早晨形成的露水勉强活下来的。

这天最让格拉夫高兴的是他们占领了一座日军补给仓库，他在里边搜出了好几瓶日本清酒。战友比尔·约克萨克找到了一些白兰地，沃尔特·哈斯科尔则找到了一些啤酒——红、黄、白配全了。在O-4线南方200米处挖好散兵坑后，几个人就把酒拿出来偷偷地喝。酒香飘出去很远很远，爬过来要求尝一口的人越来越多。肉少狼多，三人的缴获很快被喝光了。

22日上午，井桁参谋长向军司令官小畑发去电报："大约两个连敌军已进入塔波查山南方285高地以西山谷。在劳劳湾，有敌军四五辆坦克出现在我军阵地前方。在加拉潘以南的敌军阵地前有3道铁丝网，敌人舰炮火力还是像以前那样猛烈。我们终于完成了部队整合。昨晚，第四十三师团对500高地发动了一次夜袭，结果不得而知。"

随后在发往参谋本部和陆军省的电报中，井桁介绍了高级军官的伤亡情况：第四十七独立混成旅团旅团长冈芳郎于18日黎明阵亡——实际是15日或16日；第九派遣队司令官有马纯彦受伤住院；第九坦克联队联队长五岛正16日夜间不知去向，推测已阵亡；第七独立工兵联队联队长小金泽福次郎19日上午失踪，相信已阵亡；第三独立山炮联队联队长中岛庸受伤住院。在随后的一份电报中，井桁对岛上现有兵力进行了统计：第四十三师团尚余4个步兵大队、13门火炮，第四十七独立混成旅团已经毫无战力，第九派遣队还剩半个步兵大队，其他各部合计约 1 个步兵大队，坦克兵余部两个中队。合计第四十三师团约 9000 人，其余各部 6000 人。由于武器和弹药极度缺乏，守军能形成的战斗力很弱。

6 月 16 日，小畑从雅浦岛赶到位于帕劳的第十四师团司令部。在与师团长井上贞卫商议之后，小畑认为目前状况下自己很难返回塞班。再说，美军下一步的攻击目标很可能就是帕劳，自己干脆待在这里算了。参谋总长东条反对小畑的做法，要求他尽快返回塞班指挥战斗。

6 月 21 日，小畑乘一架海军陆攻机从帕劳出发，试图在塞班北部马比角机场降落。中途遭到美军战机的拦截，只好在 19 时 30 分降落在关岛机场。后来小畑从帕劳调来一架侦察机，数次试图寻隙飞回塞班，均未能如愿。

得知小畑返回塞班未果，参谋次长后宫淳发来的催促令语气异常强硬："军司令官为何在帕劳或关岛指挥作战？实属不当！应迅速返回塞班岛。此命，参谋次长。"小畑对此非常气愤，他告诉身边的参谋："这是人与人之间说的话吗？"之后他迅疾给东京回电："返岛已经不可能。敦促大本营对前线现状进行重新研究。小畑并非怕死之人，此乃最佳方案。"

6 月 23 日天刚破晓，美军第二十七步兵师第一〇六、一六五团开始向日军前沿阵地发起攻击，他们的对面是小川第一三六步兵联队。经过前期的激烈战斗，这个战斗力最强的联队只剩不到 1000 人，且损失了大部分装备。但他们拥有地理优势，美军士兵很快就将进攻区域命名为"死亡谷"。山谷位于塔波查山东坡，东面一系列高地后来被美军命名为"紫心岭"。每一名负伤的美军官兵都将自动获得"紫心勋章"，阵亡官兵亲属同时可以得到。由此可见，美军在这一地区付出了多么大的伤亡代价。用第二十七师参谋长斯特宾斯上校的话就是："悬崖绝壁上到处都是大大小小的山洞，林区崎岖难行，遍地巨石，非常适合防御作战。日军的连串火力都是从灌木丛和其他难以发现的地方突然射出，位置极佳，我们只能以纵列通过敌人的枪炮火线。敌人还能从后方打击我军，扰乱我们的进攻。"

果不其然，23 日美军的进攻尽管付出了惨重代价，几乎没取得任何进展。当晚，日军出动 6 辆坦克沿"死亡谷"发动反攻，5 辆被当场摧毁，最后 1 辆在逃跑途中被陆战二十三团打成一堆废铁。

同日，陆战四师两个团向日军盘踞的600高地发起猛攻。山上日军虽数量不多，但依据有利地形拼命抵抗，“手榴弹在杂草间飞来飞去，双方就像在玩无法控制的烫手山芋的游戏”。爱德华·迪伦中校第二十三团二营顶着日军的密集子弹冲上山顶，山下的卡格曼半岛一览无余。陆战队的迅猛突进带来一个新的问题，他们与左翼第二十七师之间出现一道巨大的空隙。与此同时，富兰克林·哈特上校第二十四团正沿马吉西内湾向前推进。右翼理查德·罗斯威尔中校二营途中只遭到600高地日军零星火力的袭扰，进展神速。到15时左右，他们已经形成了一个朝向O-5线的突出部。当发现第二十七师还在迪伦营后方很远一段距离时，施密特少将断然下令，他们在陆军部队拉齐战线前停止前进。左翼陆战二师的战斗与四师相仿。两翼快速推进的两个陆战师与中路停滞不前的第二十七师攻击线形成一个令人揪心的“U”字。

23日傍晚，井桁向小畑和东京汇报了当天战况：敌军正在向他们进攻的东部强点运动，在炮火和飞机掩护下逐步推进，我部将以坚定决心坚守到最后，直至将敌人彻底粉碎为止。下属各部通信联络极为困难。根据一份缴获的文件显示，沿东海岸推进的是美军陆战四师。

6月24日，霍兰命令美军3个师向O-6线稳步推进。如果当天任务能够顺利完成，美军将完全占领卡格曼半岛，进攻正面会大幅收窄。陆战四师将向正东方向攻击前进，陆战二师和陆军第二十七师的攻击方向依然向北。在按照惯例实施一通炮火准备之后，8时，美军的3个师按计划发起了进攻。

鉴于中路攻击已大大落后于进度，当天上午，对陆军本就意见很大的霍兰给拉尔夫发去一封急件：“对第二十七步兵师23日在作战中缺乏攻击性的表现表示不满。你部的失利导致两翼两个陆战师侧翼暴露，不得不暂时放慢脚步。现命令贵师采取断然措施前进，尽快到达目标位置。”对霍兰的指责，第一〇六团团长拉塞尔·埃尔斯上校并不认可，他坚信，如果迅速通过前方的开阔地带，“我的这个团很快将会集体消失”。

不出霍兰所料，中路出击的第一〇六团三营立即遭到日军重型迫击炮的集中打击，大多数人只好撤回出发线。拉尔夫对前线的战况焦急万分，他在10时12分通过无线电命令埃尔斯：“一个半小时只推进了50米，完全不能令人满意。由于你未能与左翼部队保持联系，现在出现令人尴尬的状况。务必立即加快推进速度。”

迫于师部和团部压力，正穿行在死亡谷的第三营营长哈罗德·米桑尼中校——他在28日阵亡——只好派一个连向左翼推进，这次行动与自杀式攻击无疑。在命令K连连长威廉·海明威上尉向塔波查山的加固炮台推进时，米桑尼说：“比尔，我真不愿意这么做，但现在我必须派你去那里。”“不用道歉，哈罗德，我明白怎么回事。再见，哈罗德，很高兴能够认识你。”15分钟后，美军的攻击不出所料被日军击退。抬下来的18具尸体中，海明威上尉赫然在列。美军出动一个坦克排配合步兵进攻，在被日军连续击毁2辆坦克后，被迫后撤。山谷和树林之中的日军将美军进攻路线封得严严实实，“连一只苍蝇都飞不过去”。尽管当天仅一〇六团三营就付出123人伤亡的惨重代价，但进攻依然毫无效果。埃尔斯上校慨叹：“我们又被赶回了原来出发位置。”

当天晚些时候，霍兰命令第二十七师次日再次对死亡谷发起攻击，将主攻方向转向右翼。但拉尔夫认为，对山谷进行任何仓促的正面进攻只会徒增伤亡，主攻方向应该仍然放在左翼。他显然已没有时间实现自己的计划了，霍兰的忍耐超越了极限。15时30分，拉尔夫接到司令部发来的电令，让他将指挥权转交给贾曼少将。17时，贾曼来到师前线指挥所。拉尔夫提出，愿意留下来帮贾曼直到次日上午，确保继任者清楚部队的当前情况。霍兰不予批准，要求拉尔夫即刻回来报到，一刻也不能耽搁。次日清晨5时，霍兰派船专程将拉尔夫送回埃尼威托克，之后辗转回到珍珠港。由此看来，说霍兰歧视陆军绝非凭空捏造。作为局外人的老酒也觉得，他的做法过于武断，不近人情。让拉尔夫帮助贾曼熟悉前线情况是完全必要的。霍兰此举似乎更多出于泄私愤或赌气，而不是为了对战事有利。

中塞班的正面攻击持续两天之后，美军的进攻被迫暂时中止。此时右翼陆战四师已占领大半个卡格曼半岛。尽管地形条件未给施密特少将带来太多麻烦，但从陆战四师的伤亡情况看，该地区仍有不少日军频繁活动。左翼陆战二师逼近加拉潘城郊，其一部已踏上通往塔波查山的道路，尽管他们至少需要一天时间才能到达山顶。在中路，第二十七师对死亡谷和紫心岭的攻击收效甚微，导致全军阵线向内凹进1500米。总体伤亡数据显示，陆战四师两天进攻伤亡812人，陆战二师333人，第二十七师只有277人。

造成这一现象的根本原因在于，海军陆战队是专为实施登陆作战组建的部队。他们不仅接受过专业的两栖战训练，军官或士兵也都清楚登陆行动是背水之战，险恶异常。在陆地上每延误一天，就会给海上的登陆船队多带来一份风险，取胜关键在于行动迅速果断。基于这一战术思想，海军陆战队在日常训练中非常注重战斗作风和战斗意志的培养，其战斗作风之顽强、战斗意志之坚韧，在美军地面部队中首屈一指。太平洋战争中，从初期威克岛防御战，到中期血腥的瓜达尔卡纳尔岛争夺战和塔拉瓦之战，以及后期的硫黄岛作战，海军陆战队都承担了挑大梁的角色。反观陆军，他们在平时的训练中过分强调减少伤亡，过于依赖炮火支援，遇到阻击不像陆战队那样要么勇猛冲击，要么绕道迂回，而是停下来等待炮火消灭敌人后继续前进。有时日军一个机枪火力点就可以阻止陆军一个营半天时间，让他们逡巡不前。尽管第二十七师已配属海军陆战队参加过马金和埃尼威托克之战，其表现始终不能令人满意，他们仍未改变自身根深蒂固的保守战术。这次一遇强敌，缺陷就明显暴露了。

早在 6 月 24 日，霍兰已经打定主意，要对“各方面均表现不佳的第二十七师进行全面整顿”。他认为该师存在的主要问题是缺乏进攻精神和领导不力，必须撤掉拉尔夫的师长职务。除此之外，没有其他办法能够迅速提高该部战斗力。在陆军派出新师长之前，暂时由塞班岛驻军司令官贾曼少将指挥这个师。他向贾曼抱怨说：“如果那个师不是陆军师，而且可能会引起多少带有政治性的喧嚣的话，我会把拉尔夫·史密斯当场免职。”爱屋及乌，霍兰对该师高级军官同样极为不满：“他们大多来自一个叫‘第七团’的绅士俱乐部，这个俱乐部历来是纽约的‘贵族’团体，也是一个以年年开舞会、宴会，夏天时举办井井有条夏令营而颇具声誉的高尚团体。”

带着这种观点，霍兰弃岸登船来到“洛基山”号上，专程找特纳商量。后者绝对赞同霍兰的意见。要说这俩人在大部分问题上都看法迥异，这次难得尿到了一个壶里。不过两人作为海军和海军陆战队军官，罢免一名陆军少将毕竟不能算一件小事。斟酌再三，两人一起乘小艇登上“印第安纳波里斯”号，向刚打完菲律宾海战的总指挥斯普鲁恩斯汇报。

除说明眼前窘境之外，霍兰重提第二十七师在马金的糟糕表现。“当时他们在少数日军的阻击面前几乎是以爬行方式前进。他们只会漫无目的地肆意开火，在看不到日军踪影时一打就是一个晚上，那种开火方式完全没有章法，根本不符合职业军人的举止，拉尔夫将军惊人地能够容忍这种作战方式。”霍兰指出，当时第一六五团团长康诺伊上校被日军狙击手射杀之后，他的尸体竟然丢在战场上两天时间无人过问。“在我看来，这本应是士兵对指挥官的基本义务。他们竟然如此冷酷，足以说明该师士气不容乐观。”

对霍兰举出康诺伊的例子，老酒存疑。回顾当初马金作战时，日军只是盘踞在岛北地区负隅顽抗，很少向美军背后实施迂回，战斗并非十分激烈。美军向来以爱惜士兵著称。别说一个上校团长，就是普通士兵阵亡后都能很快得到妥善安置。霍兰的说法很可能带有个人偏见和浮夸成分。生活中，我们对一个人有不良看法时，他的一举一动看上去都不那么顺眼。

经反复讨论，几人决定由穆尔上校向霍兰出具一份备忘录：“你有权下令撤销陆军第二十七师师长拉尔夫·史密斯少将的职务，任命贾曼少将为代理师长。”斯普鲁恩斯在备忘录上签了字。不可否认，此次事件，充分暴露出美军各军种之间的矛盾已经到了不可调和的危险地步。

但在岛上，海军陆战队和陆军士兵还必须并肩作战。拉尔夫被撤换之后，陆军军官很快受到对他们军种含沙射影的恶意诋毁。在战役结束后提交的报告中他们指出，海军陆战队军官很少掩饰他们认为第二十七师是一支低等部队的看法，“他们很少尊重我们，实际上是在蔑视我们”。

好事不出门，恶事行千里。拉尔夫被战场免职的消息很快传回夏威夷，不久他本人也灰溜溜地回到了珍珠港。这毕竟涉及敏感的军种问题，尼米兹不太想让此事宣扬出去，这显然很难办到。往来珍珠港和塞班岛的人员不断，很多人已经看到拉尔夫坐在谢夫特堡陆军司令部里，神情抑郁，目光呆滞。理查森中将本来就对陆军接受海军陆战队指挥一事耿耿于怀，这回可算逮住了发泄机会。从前线返回的拉尔夫告诉他：“没有任何陆军部队愿意接受霍兰·史密斯的指挥。”他的意见得到师炮兵指挥官雷德蒙德·柯南准将大力支持。闻听此言，理查森怒不可遏，立即下令组成一个陆军调查小组，彻查拉尔夫被无故撤职的问题。调查组组长由西蒙·巴克纳少将出任，其余 4 名成员约翰·霍吉少将、亨利·霍尔姆斯准将、罗伊·布伦特准将、查尔斯·塞尔比中校清一色陆军军官。该小组于 7 月 7 日召开第一次专题会议。到 7 月 26 日为止，聆听了许多陆军军官的证词。巴克纳小组最后出具的结论是：

一、霍兰有充分权力撤换拉尔夫的职务。

二、变更第二十七师指挥权的各项命令是正确的。

三、霍兰在要求撤换拉尔夫时，没有充分了解第二十七师战区的相关情况。

四、撤换拉尔夫的决定“未能被事实证明是合理的”。

巴克纳解释说，第二十七师在死亡谷和紫心岭遭遇的抵抗比霍兰预想的要顽强得多，该师面临的地形条件是三个师中最困难的。“他们面临的是在地形条件非常困难的地区部署的敌军主防御阵地，是一个天然的防御屏障，而且得到了人为加强，日军作战得力且以重火力掩护这片阵地。霍兰没有意识到这个阵地的实力，希望第二十七师速战速决。战况久拖不决被霍兰误认为是由于第二十七师缺乏进取心，而且认为这个师的指挥官无能。”巴克纳同时含沙射影地批评海军，“特纳对霍兰不断施加压力，要求他迅速完成攻占塞班的任务。此举只是为了使海军舰队能尽快脱身，自由地展开下一步军事行动”。

霍兰认为，巴克纳小组的结论毫无依据，“我过去和现在都坚信，对第二十七师，你永远无法期待他们能取得一个经过充分训练的军事组织所能赢得的战果”。对巴克纳小组的指责，特纳同样不予接受，称自己“从未对霍兰施加过压力”，坚信“这位陆战队将领对拉尔夫的举动绝不是基于个人或军种间的偏见或嫉妒”。

在珍珠港，国际新闻社记者理查德·哈勒找到了太平洋舰队新闻发布官肯尼思·麦卡德尔中校：“你们准备在什么时候公布第二十七师师长拉尔夫·史密斯将军被撤职的消息？”

麦卡德尔揣着清楚装迷糊，说还不知道有关这方面的任何消息。他反问记者从哪里听到的这些“谣言”。

哈勒哈哈大笑：“全城的人都知道了，我是听那位师长的朋友讲的。”据称，由于对拉尔夫被解职一事极为不满，陆军故意将内幕消息透露给那些唯恐天下不乱的记者。

把记者忽悠走之后，麦卡德尔认为此事再隐瞒下去已无可能。与其让大家议论纷纷，不如公之于众，战场免职不算什么了不起的大事儿。人家麦克阿瑟那边都免了至少两个了，还没算上澳大利亚人。但麦卡德尔忘了人家麦克阿瑟也是陆军，免去两个陆军师长哈丁和富勒纯属自家“内部事务”——我打孩子，你外人少管。这次陆军的拉尔夫是被海军和海军陆战队联手免掉的。麦卡德尔起草了一份关于拉尔夫被免职的公报，带去见参谋长。

麦克莫里斯的回答斩钉截铁：“不行！”

“全檀香山都知道了。”麦卡德尔争辩说。

“谁告诉他们的？”

“塞班岛上的50000人都知道了，你无法对这样的事情保密。”

“回答说，就是不知道。”麦克莫里斯一锤定音。

麦卡德尔还不甘心，扭头找到副参谋长伯纳德·奥斯汀，后者赞成他的意见。奥斯汀去总司令办公室请示，短短几分钟后就回来了。他告诉麦卡德尔，“回答仍然是不知道。尼米兹将军说，这件事没什么好讲的。如果陆军愿意公布，由他们自己公布好了。你知道，司令官不愿意做任何伤害拉尔夫感情的事”。

不出奥斯汀和麦卡德尔预料，消息很快传回美国，国内报刊开始抓住这一敏感话题大肆渲染。一些报纸把霍兰称作“塔拉瓦杀人犯”，“时至今日，他仍在无情地把年轻人送到火坑里去”。另有一些报纸说，拉尔夫违抗了作战命令。《旧金山调查者报》指责海军陆战队在最近几次作战中伤亡惨重，再次呼吁太平洋战场建立统一司令部，由“在历次战争中战胜艰难险阻，以轻微伤亡赢得重大胜利”的麦克阿瑟将军任总司令，“在太平洋分散指挥权是一个严重错误，该地区最高指挥权理所当然，而且应当合乎逻辑地委托给德高望重的麦克阿瑟将军”。

并不是所有媒体都赞成上述观点，《时代周刊》和《生活杂志》都登载了对海军陆战队有利的文章。前者在文章中写道：“战地指挥官在战场上优柔寡断，害怕引起军种矛盾而不敢撤掉一个部属，势必贻误战机，造成更大人员伤亡。”

得知在塞班岛作战的陆军部队被海军和海军陆战队联手欺负了，况且有人借机呼吁由自己出任太平洋战场总司令时，麦克阿瑟瞬间抖擞起来了。他立即召开记者招待会，指责海军和海军陆战队在中太平洋的作战草菅人命，其快速进攻策略造成大量不必要伤亡。老麦的做法与理查森在珍珠港的大放厥词形成了呼应之势。当初马歇尔派理查森到西南太平洋，理查森不去。老麦对此很有看法，现在这些矛盾似乎统统不存在了。

要说在整个战争期间，这个理查森仗着和陆军部长史汀生的私人关系，除了要耍小性子外好像没干过几件好事。他不但没有为消除军种间矛盾主动平息下属情绪，反而一怒之下在 7 月 12 日亲自飞往塞班岛。在没给斯普鲁恩斯、特纳和霍兰打招呼的情况下，直接跑到第二十七师检阅部队，还给自认有功的官兵颁发勋章，要求所有官兵包括继任贾曼的新师长乔治·格里纳少将积极为巴克纳小组提供证据。格里纳上任后也与霍兰发生过争吵，他借机向领导哭诉说："坚信霍兰如此歧视陆军，就没有陆军部队能在他指挥下与陆战队并肩作战。我们不需要特别照顾，只希望能够得到公平、公正的评价。"这一桶油浇上去，理查森火更大了。

斯普鲁恩斯对理查森的做法非常不满。但为防止事态进一步扩大，他主动劝说"号叫的疯子"霍兰，不要和理查森闹出更大矛盾，在对方冒犯他的权威时"忍气吞声"。"恐怖特纳"拒绝做出类似承诺：大家都是中将，难道在前线打拼的老子还怕你一个后方闲人不成？

毕竟是战区陆军司令官来了，自己还指挥着人家的部队，授奖仪式结束之后，霍兰主动带陆战四师施米特少将礼节性拜访了理查森。理查森借机发飙，当施米特的面把霍兰骂得狗血喷头："你没有撤掉拉尔夫职务的权力。第二十七师是太平洋战区素质最好的陆军师，是我亲手训练出来的。你歧视陆军，偏袒海军陆战队。我告诉你，你不能为所欲为地欺负陆军。你和你的部下没有资格像陆军将领那样指挥大部队。我们指挥部队的经验比你们丰富得多。你竟敢撤掉我们的一位将军。无论怎么说，你们海军陆战队不过是一群只会登上滩头的家伙罢了。你们会在陆地上打仗吗？"理查森指责霍兰的作战计划过于冒进，简直是在浪费士兵的宝贵生命。

在场所有人都目瞪口呆。因为曾对斯普鲁恩斯做过不发脾气的承诺，霍兰自始至终一言不发，耐心忍受理查森数落。但当理查森访问"洛基山"号时，"恐怖"特纳火气终于爆发了。他提醒理查森注意指挥系统，遵守起码的军事礼仪。现在大放厥词的由理查森变成了特纳，两人当面大吵起来，理查森脸都被气白了——看来你横我更横才是解决问题的最佳办法。

理查森怒气难平，立即跑到"印第安纳波里斯"号找斯普鲁恩斯告状。后者一心想把气氛缓和下来，不疼不痒地说："特纳就是那样的脾气，谁也不跟他计较。"这话明显带有偏袒特纳的意思。理查森对此无可奈何，毕竟人家是海军上将，自己不过是个中将而已。况且海军的人，自己想管也管不了。看来除了回珍珠港找尼米兹告状之外，暂时没有其他办法了。但他清楚，尼米兹肯定不会支持自己的。

受了一肚子窝囊气的霍兰让施米特执笔，把他看到的理查森的表现写成一份正式报告。特纳更是以辛辣的文笔草拟了一份题为“美国陆军中将理查森滥用职权的报告”，委托斯普鲁恩斯转交尼米兹。回到谢夫特堡之后，理查森给尼米兹送去一份指责特纳蛮横无理的报告，把巴克纳小组认定霍兰撤去拉尔夫职务不合理的报告一并呈上。这份报告同时抄送给华盛顿的马歇尔上将。

对这场愚蠢的争论，尼米兹采取了完全漠视的态度。在接到斯普鲁恩斯关于“征粮者行动”的正式报告之后，他亲自提笔，将贬低陆军第二十七师的有关描述删去。当得知理查森把巴克纳调查报告上报马歇尔后，尼米兹将斯普鲁恩斯和理查森的报告寄给了金上将，同时在附信中做出了说明：“向您非正式呈送上述报告，主要是想让您了解事情全貌。要是我把这些附件正式上报给您，您就得送给陆军部。目前，正是需要我们尽全力考虑如何打赢战争的时候，上报这样的问题是令人不愉快和没有必要的。我认为您应该了解事实真相，以防马歇尔将军向您问及此事。我深信马歇尔将军一定会认为，陆军部队不应接受海军陆战队的指挥。但愿我的想法是错误的，因为我不能接受这种看法：陆军部队不能受海军陆战队指挥，海军陆战队也不能接受陆军指挥。”

华盛顿早已知晓了前线的争论。陆军助理参谋长托马斯·汉迪少将告诉马歇尔，虽然霍兰的做法有一定道理，但由于他历来对陆军存在偏见，是否由他继续担任第五两栖部队司令官值得商榷。如果任由两军种间的不良关系向前发展，势必影响美军下一步的军事行动。他建议将两个史密斯同时调出太平洋战区，“虽然我不认为我们应当向海军明确提出撤换霍兰的建议，但应立即采取强制措施将拉尔夫调离，他继续留在那里将导致军种间的矛盾继续恶化”。副参谋长约瑟夫·麦克纳中将赞成汉迪的观点，认为第五两栖部队的参谋作业水平低于可接受的标准，拉尔夫的战术指挥尽管合理，但未能让一个训练有素的步兵师表现出符合期望值的战斗力，尤其是团营级军官指挥不力。

为进一步减少摩擦，陆军部很快将拉尔夫从太平洋调往欧洲，海军部也将霍兰调到新成立的太平洋战区海军陆战队任司令官。这样，霍兰将不再指挥陆军部队，也不再指挥海军陆战队直接作战。实际上，霍兰吃了暗亏，理查森的目的达到了。老酒一向不太喜欢霍兰，由他指挥的战斗美军肯定死人多多，还总是惹出一大堆不必要的麻烦。人家一大把年纪了，回珍珠港歇歇也中。

不出尼米兹所料，马歇尔很快把巴克纳的调查报告拿给金看。事先有了思想准备的金立即反戈一击，提出理查森完全没必要成立一个全部由陆军军官组成的调查小组，去决定一个海军陆战队军官是否称职的问题。他指出巴克纳的调查结果是片面的，不足为凭，因为报告中充斥着对霍兰个人性格和专业技能的无节制攻击，完全失去了实际意义。马歇尔回答说，理查森调查小组不涉及法律权力，只负责向他提出建议。随后马歇尔告诫太平洋战区每一名高级军官——实际矛头指向尼米兹和理查森。“制止类似问题的发生，完全是你们分内之事，一旦出了问题，就应当立即设法解决。”金随后答复马歇尔，“这样的指示也许弊多利少，我看鼓励理查森按照他认为合适的方式去进一步做调查，是没有任何好处的。”

事件发生四年后，1948 年，霍兰在《星期六晚间邮报》发表了战争回忆录，“史密斯对史密斯”一事被重新谈起。陆军第二十七师战史撰稿人埃德蒙·勒夫上尉对霍兰的说法进行了反驳，他的文章部分发表在《星期六晚间邮报》上，全文发表在陆军《步兵杂志》上。这场笔墨官司在 1949 年达到高潮。霍兰以单行本方式出版回忆录《珊瑚岛与高级将领》。勒夫在同时推出的第二十七师官方战史中毫不讳言，该师在塞班岛的表现不如两个陆战师，也承认拉尔夫对此负有责任，但同时直言陆军对霍兰在没有充分了解实际情况的前提下妄下结论，是极不合适的做法。第二十七师在马金和塞班岛的表现不能令人满意，但他们在埃尼威托克的表现明显好于初出茅庐的陆战四师，霍兰对此视若无睹，仍对第二十七师百般挑剔，说明他对陆军的偏见根深蒂固。就是说，陆军对“史密斯对史密斯”事件的过度反应并非由于事件本身，而是对霍兰一贯偏颇做法的一种反抗。

海军陆战队战史对这一事件记录很少，尽量淡化事件影响，但也指出巴克纳小组的结论是完全根据陆军人员的报告得出的，存在一定的片面性。需要特别指出的是，由陆军单方面组织的调查是无法审查海军和海军陆战队有关档案资料的。老酒以为，这种事就是争到死，也不会有一个明确结论。

后方领导相互骂街，岛上战斗一刻也没有停歇。井桁和斋藤迫切希望得到增援，东京对此并非无动于衷。6 月 19 日夜，参谋本部匆忙制订出抽调两个师团增援塞班的计划，同时得到裕仁首肯。20日，大本营陆军部颁布命令，关东军第九师团，以公主岭学校教导联队为基干新编成的第六十八旅团，第二十八师团第三十六步兵联队，关东军直属第二机动联队，第二十六、第二十七坦克联队等部立即集结，准备乘船前往塞班。随着小泽第一机动舰队在菲律宾海铩羽而归，日军增援塞班计划完全落空。上述各部随后被转用于加强其他战略要地。

其间，小畑从关岛抽调一个步兵大队，乘13艘摩托艇试图在毫无海空掩护的前提下强行登陆塞班。该部21日7时抵达罗塔岛。后因塞班岛局势败局已定，这些部队即使能够侥幸穿越美军的封锁线登岛也无济于事。小畑下令该部6月29日返回关岛。他们要是留在罗塔岛就幸运了。关岛同样是美军的攻击目标，这些人回去不过多活些日子而已。

6月24日，岛上日军的处境更加尴尬。井桁在发往东京和关岛的报告中指出："军司令部与第四十三师团联系中断，不知道他们情况如何，但可以认为并无多大改观。他们兵力估计已下降到两个步兵大队，正在加紧部署塔波查山的防御。"井桁同时呼吁东京，尽快向塞班岛派出增援，"不只是海军，还希望陆军航空队能够上岛"。斋藤和井桁想不到的是，就在电报发出当天，大本营已经做出放弃塞班的决定。

在东京，陆海军就夺回塞班早已展开激烈讨论，准备参战的舰艇、人员和物资正陆续向京滨地区集中。得知联合舰队主力在菲律宾海惨败的消息之后，陆军夺回岛屿的热情骤减。他们认为，在没有制海权和制空权的前提下，取胜可能性几乎为零，陆军不能重蹈瓜岛覆辙，将兵员一批批送去被美军吃掉。再说，派出的增援部队能否登岛都成问题。相反在军令部，刚刚打了败仗的海军却提出"再决战论"或"复活作战论"。跳得最高的当数教育局课长神重德。神重德指出："现在至关重要的是集中海军所有舰艇、飞机，大举反攻塞班。"大西泷治郎中将出具了一份意见书，要求将包括陆军飞机在内的所有飞机、人员抽调出来，竭尽全力对抗美军敌机："不可坐失良机，给敌人以喘息之机。"海军军备局大石保——原南云机动部队首席参谋——也提交了意见书："希望集中所有兵力，孤注一掷。当前至关重要的是，绝不能因为挫折而无所作为。"

军令部向参谋本部提出，从陆军抽调战机100～150架，增援海军。参谋本部对海军的收复计划嗤之以鼻，提出陆军飞机不能在航母上起降，让那些毫无海上作战经验的陆军飞行员参战跟送死无疑。况且陆军最多只能派出增援飞机40 ~ 50架，双方一时僵持不下。

神重德开始四处游说，鼻子一把泪一把地到海军元老铃木贯太郎、米内光政、冈田启介家中撒泼，要求他们出面干涉海军高层，出兵增援。最后他找到了作战部长中泽佑："请推荐我去当'山城'号舰长，我要指挥它前往塞班，哪怕是最后在近海搁浅，我也要用舰上360毫米巨炮打击登陆点的敌人，协助岛上部队打败美军。"中泽哭笑不得："你的战斗精神可嘉。但敌人现在正是最猖獗的时候，'山城'号在没有空中掩护的情况下，根本不可能达到塞班。我不能看着'山城'号和舰上水兵落入虎口。你的意见我不能同意。"

虽然下边还在扯皮，但东条已经做出了放弃塞班的决定，并暗中派人告诉岛田采取统一步调。24日当天，他命令作战参谋濑岛龙三回电井桁："敌人业已使用岛上的空军基地，因而我军难以确保海上运输。事关国家军事力量全局，所请增援碍难照准。以上意见海军亦均同意。此令。"东条提议给岛上发一封激励电报，被众人以"此举过于自欺欺人"集体否决。当天的参谋本部《机密战争日志》上记着这样一段话："海军在与陆军商议后，决定终止'阿号作战'，放弃塞班。下个月上旬，塞班守备队将全体牺牲。此时已无法进行预想的战争指导，只能寄希望于一亿国民'宁为玉碎，不为瓦全'的决心，可以使敌人失去斗志。"

电报发出后，东条和岛田一道进宫上奏天皇，言明将放弃塞班。裕仁一言不发，沉默往往预示着不同意。两人退出之后，裕仁命令皇宫侍从武官向元帅府下达有关塞班岛弃守的咨询事项，并尽快上报研究结果。25日10时，"元帅会议"在两位皇室成员陆军元帅梨本宫守正、海军元帅伏见宫博恭主持下召开。参会的除了陆海军名宿杉山元、永野修身，侍从武官长莲沼蕃及东条、岛田和两总部作战部长中泽、真田参加了会议。当初把老子赶下台，职务你们兼着，现在正好幸灾乐祸看热闹。从会议规格看，裕仁对军方放弃塞班的做法是非常不满的。

前线战局绝非几个老头子在后方随便议论一下就能够改变的。会议讨论了半天，也没讨论出个挽救危局的办法。大家只是告诉东条和岛田，应该力阻美军在塞班部署远程轰炸机威胁日本本土，同时坚守马里亚纳其他岛屿，给后方部署防御争取时间。说句不吹牛的话，这些主意老酒不闭眼睛都能提出来。会议最终上奏天皇，“确保塞班实属必要，但实行起来非常困难。正如昨天两总长上奏的那样，别无其他对策”。裕仁只好作罢，放弃塞班的事情就这样决定了。

24 日当天，斋藤率师团司令部成员逃出查查村以北临时驻地，在塔波查山顶峰东北方的白色悬崖上建起了新指挥所。这已是两周内斋藤第四次搬家了。新指挥所是在坚硬岩石上精心挖掘的一处洞穴，其所在山梁一直向北延伸至塔波查山主峰。一切辅助设施早已准备完毕，斋藤认为，这是迄今为止布置得最为严密的一处指挥所。美中不足的是，这里无法抵挡塞班外海美军舰艇的舰炮打击。好在他也住不了多久，三天后斋藤就要第五次搬家了。

虽然美军在步步进逼，但岛上日军仍然心存一丝希望。每天都会有人高喊：“我看见联合舰队了。”一些人煞有介事地说：“美国人在岛屿周围设置了五道封锁线，联合舰队已经冲破了第四道，正在向最后一道防线发起进攻。”但近海出现的一直都是美国人的船，自己人的船连根毛都看不见。大家相信联合舰队一定会来，因为塞班对日本实在太重要了。连日来，南云一直在研究援军登陆点及扰乱美军后方的办法，殊不知自己已经被东京无情抛弃。

6 月 25 日，霍兰将攻占塔波查山和卡格曼半岛的两大任务分别交给了陆战二师和四师。夺取塔波查山将使日军失去最佳观察位置，夺取卡格曼半岛将大幅收窄攻击宽度。当天陆战四师两个团的进攻在 8 时 15 分准时发起。第二十四团的攻击几乎未遭多少抵抗，10 时 15 分已占领东海岸卡格曼山高地。第二十三团的进攻和友军一样迅速，15 时 33 分已到达指定 O–6 线位置。施密特少将下令各部肃清半岛残余日军。

当晚，陆战第二十四团第一营 C 连意外吃上了一顿“十合一”大餐。除基本口粮外，他们吃到了刚刚宰杀的新鲜鸡、鸭、猪肉。后方还送来许多剃须刀和牙刷，小伙子终于可以好好收拾一下自己了。因连长受伤临时代理指挥的弗雷德·斯托特中尉感慨地说：“我们站在半岛尽头高地上，满意地回头望着我们方才攻占的地方。这片土地绵延数英里，有的地方十分平坦，有的地方格外陡峭。从地图上根本无法看出，塞班岛原来有这样广阔的一片陆地。”在当天的总结中，井桁承认卡格曼半岛失守。

相对而言，陆战二师任务要艰巨一些，他们经过两天激战，艰难地将日军赶下山峰。陆战六团副团长肯尼斯·麦克劳德中校在指挥战斗时被日军狙击手射杀。为保护战友，该团一营哈罗德·艾伯森一等兵将身体压在一颗冒烟的手榴弹上，壮烈殉职。他获得“征粮者行动”第一枚荣誉勋章。

主力部队向北推进进展缓慢，在南方纳富坦半岛，美军清剿日军残部的行动同样举步维艰。拉尔夫被解职之后，临时接任的贾曼少将将南部清剿任务交给了参谋长格弗里·奥康奈尔上校。在随后几天，美军进攻虽然未见多少起色，日军盘踞地区仍在不断缩小。26 日夜，佐佐木决定发起一次决死反击，行动口令“七生报国”。佐佐木清楚，明天早上自己和身边的人很可能就没有了。他的作战计划是：趁夜突击美军占据的阿斯利托机场，还活着的人向北进发，前往旅团司令部驻地 500 高地，如果能与斋藤所部主力会合更好。突击行动一旦失败，所有幸存者将拼死守住脚下土地，“不能参战者必须自尽”。

当晚，佐佐木纠集了所有残兵约 500 人，借夜色掩护向步步进逼的美军突然发起反冲锋。一直处于进攻态势的美军第一六五团二营猝不及防，27 日凌晨 2 时 30 分，日军成功突入阿斯利托机场。他们用刺刀捅破飞机油箱放火焚烧，1 架 P-47 被烧得只剩骨架，另 4 架飞机被毁。“海蜂”大队和陆军工兵营迅速投入始料未及的战斗，他们将推土机当作战车阻击日军，使用卡宾枪向敌人射击。

5 时 20 分，当佐佐木率部突入 500 高地试图与旅部会合时，才发现那里早已被美军预备队陆战第二十五团占据。双方都认为前方来的是友军，以至有不少士兵相互走入对方队列。黎明时分爆发的这场遭遇战异常血腥、惨烈，双方以轻武器和手榴弹展开搏杀，到处都有白刃格斗和赤手拳击爆发。另一股日军突入位于机场和 500 高地间的第十四炮兵团二营阵地，营长乔治·威尔逊中校误认为这是一支需要通过阵地的友军，当日军开始射击时，方知来的是敌人，指挥部下仓促迎战。抱着必死信念的日军士兵纷纷拉响手榴弹冲向美军火炮与之同归于尽。最终 143 名日军虽无一幸存，但二营也付出了伤亡 33 人的惨重代价。

27 日上午，美军打扫战场时，在阿斯利托机场、500 高地和炮兵阵地数出日军尸体 500 多具。一些日军士兵身上穿着美军制服，他们携带部分 M-1 步枪，饮用水和口粮容器上也打着美军的标志。尽管最终未能逃脱全军覆没的命运，但佐佐木发起的玉碎进攻得到美军高度评价，认为其组织严密，行动果断，大大超出了塞班日军的平均水准。

守军倾巢而出主动出击，27 日上午，第一〇五团二营三个连在向纳富坦角推进过程中几乎很少遇到活人。18 时 40 分，美军宣布占领纳富坦角，在附近 5 个山洞发现日军尸体 200 具，周围数出尸体 350 具。加上佐佐木率部突围的 500 人，南部地区日军残部超过 1050 人，远超霍兰最初预计的 300 ～ 500 人。看来霍兰留下一个不满编步兵营——全部战斗结束时二营可战之兵仅剩 556 人——是不太妥当的。这些都成为陆军后来指责霍兰滥用职权的有力证据。

6 月 24 日 15 时，贾曼从拉尔夫手中接过第二十七师指挥权。战场形势绝非更换一个师长就会有实质改变。贾曼试图从南面进攻死亡谷。战至 26 日凌晨，在付出惨重伤亡代价后毫无进展。当晚，小畑下令从提尼安岛西岸松哈隆港出动 11 艘运兵驳船，试图迂回增援塞班，途中被美军驱逐舰“班克罗夫特”号和护航驱逐舰“埃尔顿”号发现。除 1 艘被当场击沉外，日军其余驳船再次返回提尼安岛。

为躲避战火，岛上许多平民开始沿东岸向北方逃难，其中很多是老人、妇女和儿童。难民找到洞穴之后，就以椰子树叶为床，用空罐子煮饭，他们除身上的衣服外，几乎一无所有。所携带粮食早已吃光。但对他们来说最难忍的不是饥饿，而是缺水。塞班岛河流极少，只有东岸中部和南部阿斯利托机场附近才有水源。加拉潘北部虽然有一座净水厂，但现在根本无法接近。一根甘蔗对孩子们来说已经算奢侈的享受了。

美军步步进逼，使日军防区不断缩小。援兵注定不会再来，26 日晚，岛上日军指挥官彻底失望了。在当晚发给小畑的电报中，井桁估算日军前线兵力已不足建制 20%。其中第一一八联队约 300 人，第一三五联队约 350 人，第一三六联队约 300 人，第四十七独立混成旅团约 100 人。现在该旅团代理指挥官是一名陆军中尉，第七工兵联队只能由一名军曹临时指挥，可见军官伤亡已到了无以复加的地步。第三独立山炮联队变成了纯步兵部队，第九坦克联队仅剩 3 辆坦克。实际上，由于通信不畅，井桁估计数字明显偏低，很多被孤立的日军小部队仍在顽强抵抗。井桁的数据也没有包含海军信息。随着美军不断向北挤压，日军最终聚拢起来的人数很可能会有所增加。井桁明确指出当前面临两大困难：一是各部出现混乱，二是严重缺乏饮水。

最后，井桁绝望地说：“要守住塞班岛北半部，绝非我们这些残兵能够完成的。目前塞班战事只是在单方面进行，敌人拥有猛烈的炮火，拥有制空和制海权。

白天部队调动非常困难。晚上敌人频频发射照明弹，极易发觉我军动向。另外我方通信已被切断，联络极度困难。由于我军严重缺乏武器装备，行动与指挥大受阻碍。还有，我们受到旁若无人的低飞敌机之威胁，敌人又用海陆交叉炮火从各个方向向我们射击。我们从前线撤至后方的部队战斗力日见减弱。但我们绝不会投降，每个军人必须死守现有地盘直至最后一兵一卒。”

接二连三的失败已经让斋藤之前的乐观情绪一扫而空，他发往东京的报告极其煽情：“我们的孱弱表现有负圣恩，特向天皇陛下深深致歉。我等已无能为力，在我方没有制空权的地方是没有胜利希望的。陛下的臣民在战斗期间毫不畏死，我们将坚守阵地直至最后一刻，保卫帝国财产。我们仍然期望能够得到空中增援。祈陛下康健，我等全体高呼‘万岁’！”

26日清晨，贾曼的部队继续向死亡谷和紫心岭发起猛攻。10时，亲自抵达前线督战的贾曼一怒之下解除了埃尔斯上校第一〇六团的团长职务，由师参谋长斯特宾斯上校取而代之。就在佐佐木率纳富坦角残部对500高地和阿斯利托机场发起反击的同时，日军另一股小部队向美军阵地发动了一次成功夜袭。第一三五联队第六中队中队长大津理作兴致勃勃地向领导汇报说，当晚他率领15人成功突破美军数道防线，至少毙敌150人，端掉了塔波查山西南一个美军指挥部。在发往关岛和东京的电报中，井桁特意强调了这次突袭和大津的名字。不过美军三个师的记录中都没有这么一回事。日军小规模夜袭天天都有，但一次搞掉美军150人似乎不太可能。

随着美军步步进逼，6月27日，斋藤被迫将司令部再次北移。第五个指挥所位于塔波查山以北2000米的一处山坳。为克服通信困难，当天南云中太平洋舰队司令部和斋藤北马里亚纳集团司令部合署办公。南云现在只是个摆设，实际作战陆军说了算。27日上午对外发出的电报中，井桁承认塔波查山已经失守。

28日，南云和斋藤召开了第一次联席会议，会议由军参谋长井桁主持。所有人都沉默不语，有几个人甚至在会议上睡着了。南云和斋藤坐在那里，一声不吭，井桁则讲述如何在岛上只剩1/3的地方建起最后防线——从西面塔纳帕格一直向东到海岸。没人提出异议。疲惫不堪的斋藤说，这个建议“不错”。海军一名中佐代表南云发了言：“我们让陆军作主。”接下来研究执行问题。部队分散在塞班北半部，缺乏有效联络手段，井桁选派体力尚好的人去联络各部。平栉负责集合第一三六联队残部，他只能在野战医院里找到士兵。他喊叫该联队士兵归队，没人听他的指挥。平桥回来向斋藤报告说，他无法找到部队去建立最后防线东半段。斋藤和井桁一言不发。

当天，数天逡巡不前的美军第二十七师终于在紫心岭南部高地建立了一系列阵地。次日 10 时 30 分，原驻夏威夷陆军第九十八师师长乔治·格里纳少将来到前线，从贾曼手中接过了师长职务。贾曼在完成短暂代理任务后重回老位置。新官上任的格里纳迅速对战线做出调整，决心在最短时间内拿下死亡谷和紫心岭。在当天的战斗中，第一六五团团长凯利上校被迫击炮弹炸伤，副团长约瑟夫·哈特中校火线接替团长职务。

6 月 29 日，第二十七师对死亡谷的进攻终于取得进展。当天战斗结束时，第一〇六团向前推进 900 米，第一〇五团推进 550 米。15 时 30 分，第一〇六团一营与左翼陆战二师的一支侦察小分队取得联系。塔波查山山顶一个观察哨位上，霍兰通过望远镜看到了前方战况，难得地表态“第二十七师当天的表现非常出色”。

6 月的最后一天，第二十七师在死亡谷和紫心岭的激战终于看到了尽头。10 时，他们与右翼陆战四师主力正式取得联系。在向前推进 400 米后，死亡谷已被抛在身后。经过 8 天激战，第二十七师向前推进 3000 米。在登岛的三个师中，第二十七师兵力最少，负责的中路地形最复杂，对面的敌人也最强。施密特少将非常同情友军的遭遇：“谁也没有打过比这更硬的仗！”

美军三个师的战线在 6 月底终于拉平，中塞班战斗告一段落。在这一阶段的战斗中，美军伤亡 3987 人：陆战四师 1506 人，陆战二师 1016 人，陆军第二十七师 1465 人。最惨烈的战斗发生在死亡谷和紫心岭一带：第一六五团团长凯利上校负伤，第一〇五团一营营长威廉·奥布莱恩中校和第一〇六团三营营长哈罗德·米佐尼中校阵亡。指挥官更迭最快的是第一六五团二营，第一任营长约翰·麦克唐纳 25 日负伤离任，第二任营长格雷高利·布罗西少校 27 日负伤离开，第三任营长詹姆斯·杜利上尉临时代理一天后将职务交给第四任丹尼斯·克莱尔少校。第一六五、第一〇六两个团伤亡连长 22 位，可见战斗之惨烈程度。美军攻克中塞班山地之后，岛上日军全面覆灭已指日可待。

7 月 1 日清晨，当击沉“翔鹤”号的功臣“刺鳍”号接近塞班岛锚地时，岛上激战仍在持续。科斯勒少校发现附近有大量舰艇停泊，其中部分已开始返航。他用信号灯与“菲利普”号互致问候，随后在驱逐舰引导下前行。舰长詹姆斯·鲁特少校告诫科斯勒，由于岛上正在激战，近海漂浮有大量残骸，很可能对航行构成威胁。日出之后，潜艇上的水兵看到了岛上的激战。“塞班岛上，炮弹和炸弹爆炸声不断。迄今为止，这是海军陆战队开展过的最激烈战斗，”科斯勒说，“海军舰队不分昼夜地对岛上敌人进行炮击、轰炸，不给日军任何喘息之机，每次轰击都射得很准。在他们的炮击下，仿佛整座岛屿都在颤抖。飞机俯冲轰炸同样令人震撼。最精彩的是，有时候我们可以看见岸上陆战队员用坦克和火焰喷射器将日本佬打得屁滚尿流。”

“刺鳍”号是美军攻占加拉潘后入泊的第一艘潜艇，他们受到了热烈欢迎。潜艇在港口停泊后，斯普鲁恩斯、特纳和希尔一同登艇，紧随其后的记者们频频向科斯勒发问。会面持续了约一小时。对水兵来说，他们更感兴趣的是观看岛上的战斗——就像麦克阿瑟和今村均喜欢看海战那样——而不是冗长难熬的新闻发布会。次日 17 时，完成加油补给的“刺鳍”号起航投入新的战斗。在经过短暂靠港之后，艇上水兵士气更加高涨。科斯勒在日记中感慨地写道：“在抵达塞班岛时，我们所受到的接待和礼遇让我感到，作为美国人是一种荣幸，作为美国海军的一员更加让人自豪。”

7 月 2 日，在霍兰和第三两栖部队司令官盖格少将陪同下，斯普鲁恩斯登上塔波查山山顶。从那里向西和南边远眺，他看到了城镇、海滩、港口和麾下的无数战船。后来在写给尼米兹的信中他说，“我亲自察看了塞班岛中部的高峰，这里易守难攻。日本人充分利用地形优势在这里部署防御。夺岛战役之所以久拖不决，大部分时间花在了这里”。在写给玛格丽特的信中他说，“我们站在山顶上，现代化的陆地战场一览无余。我们戴着清晰的眼镜，能够看到我军正在行进的坦克，支援前线的步兵，还有那些坐着卡车从后方赶来的士兵。我能听见我军炮弹从空中呼啸而过，然后在日军阵地上爆炸”。

6 月 30 日夜间，美军突然发现对面日军阵地变得异常寂静，以往惯有的夜间袭扰也不见了。7 月 1 日天亮之后，前线美军清晰看到，日军正沿第二十七师阵地前方的一条公路向北撤退。即使到了这个时候，日军撤离依然秩序井然，保持随时可以转身反击的态势。由于已经占领了岛屿 2/3 的地区，也不怕日本人向北跳到海里去，前沿阵地美军并未发起追击。

7 月 1 日后半夜，斋藤放弃了现有指挥部，撤往一座遍布岩石的山谷中藏身。这条山谷长 3 公里，一直延伸到加拉潘东北角。此刻他几乎完全丧失了对部下的控制。有人提议发起一次敢死冲锋，斋藤搁置了这项建议，下令分散各部在沿岸集结，在塞班岛最狭窄处构筑最后防线："你们必须将进攻美军撕成碎片！"至于有多少人接到这道命令，就不得而知了。

霍兰命令三个美军师乘胜追击，尽快突破日军最后一条防线，占领全岛。7 月 2 日，左翼陆战二师向加拉潘攻击前进。中路陆军第二十七师尽管可战之兵只剩五个营，但在拿下死亡谷和紫心岭后士气大振，竟然在两天时间里向北推进 2500 米，眼前日军的阻击比起他们刚刚结束的战斗简直微不足道。右翼陆战二师几乎未遭遇太大抵抗，由于推进太过顺利只好暂时停下脚步，等待友军拉齐阵线。侦察队发回的消息显示，对面日军正在后撤。

在接下来的两天里，日军大幅度收缩使美军进展神速，"情况就像一个人原本在推一扇被卡出的门，然后突然发觉它倒下去一样"。霍兰鼓励各部以更快速度挺进，并使用德国军事理论家克劳塞维茨的名言来激励大家："对胜利者来说，战斗永远都不会被认为太快；对被征服者来说，他们无法坚持太长时间。速战速决的胜利是更高水准的胜利；迟缓的决定是对战败方损失的一些补偿。"

在霍兰的激励下，4 日当天，左翼陆战二师二团顺利占领加拉潘，将之作为献给独立日的特别礼物。曾以繁华著称的街道满是烧焦的柱子和散乱的瓦砾，人和动物的尸体横在路边，到处弥漫着雾一样的尸臭味。日军基本放弃抵抗，只有一名士兵在北端沼泽的一个小岛上抱着机枪在顽强射击。海上的美军驱逐舰因为怕误伤友军并未集中发射炮火，零星几颗炮弹落在了松软的烂泥中。陆战队员对这个日军士兵的勇敢非常钦佩，绕过他后继续向前挺进。

霍兰对当天的战果非常满意，同时向全军发出了最后总动员令："本职骄傲地在这个独立纪念日向在塞班岛奋战的勇士们送去祝福。你们不屈不挠地勇敢战斗，忠于职守，值得我们的国家给予最高表扬。你们应该为 7 月 4 日的成就自豪。你们战斗的重要性并不亚于我们的祖先为我们享有自由和独立进行的战斗。你们的作为意味着自由独立的原则永远不会被遗忘。所有人都干得很棒，我相信你们的能力是无限的！"

霍兰将未占领的地区一分为二，左半部由第二十七师负责，右半部交给陆战四师。为使各部顺利完成部署，进攻时间被推迟到5日中午。格里纳少将和施密特少将得到的指令是："在次日总攻发起之前，可以调整现有阵地，或者进行小规模进攻，也可以在必要时发起一次协同攻击。"对面日军为构筑最后防线并未主动发起进攻，美军两个师阵地交换进展顺利。

在美国人眼中，盘踞岛北一隅的日军残部缺乏装备，补给不足，其中很多人患有疾病，通信联络几乎断绝，医疗设施荡然无存。但如果就此认为日军已经丧失斗志，那就大错特错了。就在美军调整阵线的7月4日凌晨1时30分，一支中队规模的日军寻隙冲进美军第一六五团指挥所。美军立即向来袭者开火，日军在丢下26具尸体后遁入夜色之中。次日清晨，美军在阵地前沿发现了第一三六步兵联队联队长小川的尸体，从他身上搜出一份宝贵的地图及斋藤下一步的兵力集结计划。

日军经常会使用诈降。他们先是举起白旗，待美军士兵走近时再向他们投掷手榴弹。这天，陆战第二十四团一营弗雷德·斯托特中尉的连队在向岛北狭长地带推进时，一群受伤的查莫罗人带着孩子突然出现在前方。迫击炮班的菲尔·伍德中尉带巡逻队迎上前去，准备将平民带往安全地带。正当他们向前走时，那些将查莫罗人送到美军身边的日军士兵，在30米外突然开火，伍德中尉等5人当场阵亡。曾在夸贾林战役中获得海军十字勋章的亚瑟·厄尔文中士试图冲上去抢救中尉，也被当场打倒在地。在岛北部，类似事情随处可见。因此，当日军士兵向美军走近时，他们中的大多数人会被立即射杀。"我们确实想抓活的，但我们真的做不到这一点。"陆战二团一营营长伍德·凯尔中校说。

加拉潘镇失守之后，斋藤意识到在塞班的抵抗已接近尾声。7月4日，美军一支小分队出现在他驻扎山洞对面山谷里，用自动武器不停向洞口进行射击。斋藤被迫再次迁移指挥所到马昆沙正东的一座山谷里。这里很容易遭到美军舰炮的打击。经过两星期的炮击和轰炸，山谷周围到处都是腐烂的尸体，这里又被称作"地狱谷"。"我们觉得，这个名字仿佛是一种不祥的征兆！"此处果真成为南云和斋藤的葬身之地，并因此成为今天塞班岛旅游必去的一处景点。

虽然日军仍占据着一些山洞、悬崖和山丘等战术要点，但他们已经无法连成一条战线，抵御美军的压倒性火力。在被美军占领区域，那些幸存日军士兵只能各自为战，一直到死。通信完全断绝，即使斋藤知道自己的部队在哪里，也无法联络并调动他们。

7月5日，斋藤召集了最后一次联席会议。由于连日食不知味，夜不能寐，满脸胡楂的斋藤显得非常憔悴，参谋甚至觉得他这副模样有点可怜。会上，南云难得地张开了嘴。他提出采取长期防御战略，这样也许能坚持更久，为联合舰队前来救援争取时间。斋藤对南云的说法嗤之以鼻，他认为赶来增援的海军在海上几乎被美军全部歼灭，这足以证明海军是多么无能，他们是一群“只会开舢板船的家伙”。正因为他们碌碌无为，才使天皇陛下无数忠勇的陆军精英葬身鱼腹，自己也落得今日即将败亡的悲惨下场。

平栉汇报说，下午他曾走出山洞到前线视察，那里已经称不上前线！美军还没发动进攻，士兵已经自动撤离。接下来是一阵令人心悸的沉默。最后井桁说话了：“明天凌晨，集中这个地区所有剩余的部队，发起最后一次‘玉碎’攻击。让我们一起来结束这场战斗吧。”

当天下午，在做好最后清理工作之后，南云向军令部总长岛田发去了诀别电报：“为攻打敌人，各部将朝查兰卡诺亚发起最后进攻。我期待各部的英勇作战。祝愿天皇万岁，皇军昌盛。我将与诸子共存亡。”

高木随后也拍发了电报：“我军将死守塞班。我将率领舰队士兵冲入敌阵。同时希望能够亲眼看到麾下潜艇取得显赫的战果。万岁！”

16时27分，参谋总长东条、军令部总长岛田联名致电南云，除了对岛上部队的英勇作战“表示满腔敬意”，还转达了天皇颁发的致辞：“塞班事态诚属遗憾，官兵殊死奋战，朕无比欣慰。”

看到天皇发出的电文，宇垣在《战藻录》中写道：“对天皇的致辞深表感激。它能使我们毫无杂念，痛下决心坚持战斗。”

当晚，司令部人员吃掉了最后的食物，包括一些蟹肉罐头、鱿鱼、饭团和清酒。现场气氛严肃。虽然对即将发生的事情无能为力，官兵还是会偶尔开几句玩笑，聊一些陈年旧事。平栉离开日本时，贺阳宫亲王曾送他两支香烟作为纪念。这皇族成员贺阳宫实在抠门，要送还不送人家一包，只送两支。平栉将它们精心收藏，生怕一不小心折断了，当然也一直没舍得抽。此时大家都是要死的人了，平栉大方地将烟贡献出来。两支烟被众人你一口我一口地传吸，直到烟屁股短得拿不住为止。平栉问井桁和斋藤，是否参加明天的“玉碎”攻击。此前很少说话的南云接过了话头：“我们三人自杀。”平栉问和部队一起挤在山洞里的平民如何处置。“这时候军人和平民已没什么区别，”斋藤说，“与其被俘，不如拿起竹矛参加战斗。请写出大意如此的命令。”

6日晨，美军的轰炸与炮击重新开启。观察哨报告说，美军坦克很快会攻上来。一直悄悄与南云和井桁小声说话的斋藤向平栉打了一个手势：“我们三人决定，在上午10时自杀，请原谅我们先走一步。”

清晨6时，斋藤准备对部队发表演讲。他看上去骨瘦如柴，袖子上还沾着斑斑血迹。他的胳膊被飞溅的弹片击中，医生将他的衣袖撕开用绷带包上。斋藤走上小讲台，整个山洞变得鸦雀无声。斋藤身后的墙上点着蜡烛，他在摇曳的烛光下开始了最后的演说：

“自美国鬼畜进攻以来，已经过去了20多天。岛上陆海军士兵和平民已经进行了出色而勇敢的战斗，日本军人的荣誉无时无刻不体现在他们身上。我知道每个人都已竭尽全力。奈何时不我与，我们无法再继续开拓这片疆土。我们曾同仇敌忾，奋力战斗至今，但如今我们物资短缺，进攻火炮已被美军完全摧毁。我们的战友相继倒下。尽管备尝战败之辛酸，我们也要誓言‘七生报国’。敌人已经占领大半个岛屿，他们的野蛮进攻还将持续。我们不论发动进攻，还是留在原地，唯有一死。然而，死中有生。我们必须利用这一机会，发扬帝国男儿的精神，我将留下，与残存者一起前进，再给美国鬼畜最后一次打击。把我的尸骨埋在塞班，作为太平洋上的堡垒。

“正如《战阵训》所云，‘决不能蒙受被生俘之耻’。我将拿出灵魂之忠勇，按永生之原则从容就义。在此，我同你们一起祈祝天皇陛下和国家福祉永存。我会前进，寻找敌人。

“都跟我来！”

平栉问三人用什么方法自杀。“我们将先切腹，”斋藤说，“但切腹致死所需时间太长，所以请安排我们每人身后站一名军官，朝我们后脑开枪。”南云、斋藤和井桁分别选择了专属副官庄林规矩夫、牧野秀夫、柳本富雄负责介错。

切腹仪式由军高级参谋铃木二郎主持。切腹之前，三人都脱去上衣坐在洞口，身材矮小的南云居中。10时刚过，斋藤叫来平栉交代了遗言，然后示意铃木，切腹仪式正式开始。三人遥望日本本土，正襟危坐，他们前方临时制作的小台子上摆放着各自的军刀。三位副官试射手枪后，个个神色凝重，站在长官身后。美军的炮声一直在山谷中回荡，在场所有人都已充耳不闻。

铃木声音低沉："请各位长官上路。"

南云低声说了句："请！"

斋藤站起身，朝日本方向鞠了一躬，然后跪了下来。南云和井桁也做了同样的动作。三人一起拔刀出鞘，按照传统方式反手持刀切入腹部，同声高喊："天皇陛下万岁！"

铃木右手一挥，三位副官的枪响了。三人的尸体同时向前扑倒。枪口硝烟袅袅散去，恰似三人逐渐消散的灵魂。斋藤的副官柳本放声恸哭，很快被周围军官制止。

除了三人，中太平洋舰队参谋长矢野英雄、第四十三师团高级参谋茂木政雄、第三独立山炮联队联队长中岛庸等人因伤无法参加自杀攻击，已在南云等人切腹前后陆续自杀身亡。

平栉想把尸体和军旗一起烧掉。他叫一些士兵来帮忙，但其他军官不允许这么做——燃烧产生的烟雾会暴露山洞位置，吸引美国人向这里打炮。平栉同意午夜出发攻击前再烧。几位将军已死，平栉感到轻松了许多。反正今晚自己也会死。念及此处，他索性倒在地上，大睡起来，最近一段时间实在太累了。

有人将三人自杀身亡的消息电告东京，同时通报次日凌晨将发起最后的"玉碎"进攻。大本营回电不同意这种做法，命令守军继续坚持战斗："争取时间，等待海上决战结果，塞班战局很可能会出现转机。"——直到此时，东京那帮官僚还在欺骗岛上的将士。军令部发来电报说："只要寸土尚存，就要死守到底。"

东京当天就塞班战况发布公告："敌我战线犬牙交错，互有混战情况发生。"从字面上看，守军似乎还能坚持下去。但明白内幕的人都知道，这是"玉碎"前夜了。

三位长官已经身亡，海军参谋提出召开联席会议。会上海军代表提出："东京的电报要求我们撤往哈纳德鲁，固守待援，我们应该在那里组织起最后抵抗。"陆军代表马上提出反对意见："从昨天开始，我们已经在精心筹备明天凌晨的进攻。现在离预定发起攻击时间只剩十几个小时，根本不可能再变更计划。形势如箭在弦上，不得不发。”另一位陆军参谋指责海军懦弱、胆怯。海军代表则说，现在不是骂人的时候，你们陆军违反了天皇陛下和大本营的命令。

双方争执不下。之前一直患痢疾卧床的第四十三师团参谋长铃木拍案而起，厉声喝道：“师团长阁下已经不在了，作战事宜一切听从我的指挥。我说不能取消，就是不能取消。这是命令，任何人都不能违背！”

一位海军参谋当场反驳：“第六舰队司令官高木武雄中将还在哈纳德鲁地区。你一介陆军大佐，竟敢指挥海军中将，成何体统？”看到陆军仍执意发起进攻，海军单方面宣布执行东京的命令，通知各部向哈纳德鲁地区撤退。尽管如此，仍有不少海军人员参加次日的“玉碎”行动。

不是所有陆军都执行了铃木的命令。在马昆沙山附近帐篷营地里，军医大场荣派往海军指挥部索要食物的一名军曹回来说，南云授意所有部队，不要参与任何带自杀性的攻击行动，海军很快会来增援，赶走入侵的美国人。之前大场已决定自杀，现在他的决心动摇了。自杀只会使天皇陛下失去一名忠勇的士兵，他有什么权利自行了结生命呢？大场把手下士兵召集起来，告诉大家，自杀是一种叛国行为，任何想参加“玉碎”行动的人都是懦夫。他告诉大家不要担心：“我们会发起进攻，就在今晚。我们不能向敌人示弱。我们要实施突袭，偷偷包抄到他们后方，进行持续攻击。直到我们的海军和登陆部队回来的那一天。塔波查山的树林和山丘将成为我们的要塞据点，我们了解那里的每一条沟壑，每一座山丘。”他命令一名军官向第一三五联队联队长铃木带去口信，声称将率部进入丛林与美军周旋，但不参与当晚的行动。

由于美军在不断紧逼，此前数日，日军残部已在地狱谷、切腹谷和马比角一带集结。士兵将岐阜、爱知、静冈——第四十三师团三个步兵联队来自上述三地——的三面军旗切成碎片，带在身上。武器极度缺乏，整支部队只有 10 挺轻机枪，1/3 的人员配有步枪和手榴弹，其余人大部分手提竹枪和木棒，能够在上边绑个刺刀已经非常威风了。大家在星光下，一边贪食剩下的粮食（这是他们人世间的最后一餐），一边等待军官发出进攻命令。进攻部队被分成三路。沿西岸的右路指挥官为吉田正治，中路由参谋长铃木亲自领军，右路靠山地一侧指挥官是平栉。

对日军可能发起的最后反击，美军早有预料。6 日傍晚，第一〇五团三营抓获一名俘虏，这位海军第五十五警备队的军曹供认说，岛上残存部队已接到命令，7日清晨发起一次全面反扑。消息很快传到第五两栖部队司令部，霍兰判断日军的“玉碎”攻击一定会沿海岸一带平原地区发起，这正是他最初将战斗力最强的陆战二师放在左翼的原因。沃特森少将赞同霍兰的看法。早在7月2日，美军各部已得到命令，积极采取针对日军可能大规模反攻的各种防范措施，前沿阵地夜间要保持密切联系。

6日当天，霍兰和沃特森特意赶到第二十七师司令部，提醒新师长格里纳少将：“今晚或明晨，日军很可能对塔纳帕格平原发起一次‘玉碎’攻击，确保各营之间的密切联系。”格里纳回答说：“我的部队已经完全做好了准备，随后恭候日军的这种行动。”

当时位于阵地最前沿的是第一〇五团威廉·奥布莱恩中校的第一营和爱德华·麦卡锡少校的第二营，前沿阵地东南方有个长500米的缺口。奥布莱恩向团部请求援兵，将豁口堵住，但副团长延森中校说“无兵可调”，会向师部提出同样的要求。师部对延森的回答和他对奥布莱恩的回答是一样的。至少目前，美军第一线两个营只能依靠手头现有的力量。

当平栉一觉醒来时，洞内已经漆黑一团。他看到很多人穿着破得无法形容的军装，手持步枪、军刀和竹矛在洞外集合。他们在集结地留下了无数清酒和啤酒瓶——时至今日，那些空酒瓶在山坡上依然随处可见。冲锋部队临时凑成若干小组，军官在月光下把他们向海岸驱赶。士兵沿高地渗入狭窄的海岸平原，他们将在零时向塔纳帕格周围美军阵地发起冲锋。在平栉眼里，士兵就像“被赶往屠宰场去的没精打采的羊群”，军官则像“地狱之门的向导”。

岸边平原涌出3000多人，他们中很多是普通平民，甚至有剪掉头发的护士。岛民埃利亚斯·萨布隆带着9个孩子蹲坐在路边，他旁边站着12名妇女，手中都拿着步枪和竹枪，脸上糊满了泥巴。一个中年妇女走近萨布隆，“让我抱抱孩子吧”，然后抱起了年龄最小的那个女孩儿。在月光下凝视了一会儿孩子的脸庞后，她把孩子交还萨布隆，说句“照顾好孩子们”，就转身加入了进攻队伍。

不远处传来“哇！哇！哇”的叫喊声，高地上传来了射击声，这是进攻发起的信号！士兵不等平栉的命令，就没头没脑地沿海滩向塔纳帕格冲去。他们中有跑着的，有边跑边唱的，还有因喝多了酒走路摇摇晃晃的。平栉一手握手枪，一手持军刀跟了上去。一发炮弹打过来，浓烟将他团团围住。他恍惚觉得身体忽然漂了起来。“我死了，真舒服！”平栉想。

美军瞭望哨很快发现了蜂拥而来的日军。只见领头 6 个人高举一面大红旗，他们身后是战斗部队，最后面——这一幕最让美国人难以置信——是几百名头裹纱布，拄着拐杖，几乎没有任何武器的伤兵，一瘸一拐蹒跚前进。日军人海沿环绕海滩一条运甘蔗的窄轨铁路，朝美军两个营猛冲过来。战后幸存的少数军官麦卡锡少校回忆当时恐怖的一幕：“这就像老式西部片里的电影场景，我们是摄影师，这些日本佬只是不断地冲过来，又冲过来，不知停息。你打中了一个人，并不会变得有什么不同，还有另外 5 个人会继续冲上来，从我们身上‘踏过去’。”

日军参加“玉碎”攻击的准确人数已不可考。格里纳少将后来组织的肃清工作共检出尸体 4311 具，不过，他们中的一些人很可能在发起冲锋前就已死去。最后被俘虏的第三十一军情报参谋吉田清给出的数字是不超过 1500 人，后来又修正为 3000 人。另外，有一名朝鲜劳工的估计数字也是 3000 人。战后，日本防卫厅战史丛书及相关文献均采用了这一数字。

越来越多的日军分成三路，潮水般涌向美军阵地。他们宁死不退，即使被打得鲜血淋漓也照样拼命前进。二营 G 连乔治·奥唐奈中尉竭力指挥部下反击。刚开始他估计敌人有四五百人，但不久就发现至少有上千人。中尉禁不住边射击边骂：“这些日本佬都是从坟墓中钻出来的吗？”波里科夫斯基中士刚开始还瞄准射击，很快他发现这种方法很笨，冲上来的人实在太多，只要把子弹射出去就肯定能命中。到 4 时 45 分，从马坤沙出发的日军已经杀到美军的两个营在铁路沿线的环形阵地，铃木的中路主力突破两个营阵地间的空当，直插后方。人数居绝对劣势的美军逐渐被敌人压制，战场乱成了一锅稀饭。

关键时刻，美国海军完全无法提供支援。双方士兵完全搅在一起，位于近海“伯明翰”号轻巡洋舰空有充足炮弹却无法开火，开炮毫无疑问会误伤自己人。舰长托马斯·英格里斯上校急得直跺脚，也只能与其他本可提供火力支援的舰船一起袖手旁观。

5 时，一大股日军逼近一营主阵地。奥布莱恩中校一边狂吼“给我顶住”，一边双手各持一把手枪冲出营部，指挥部下反击蜂拥而上的日军。手枪子弹打光之后，他又抄起一挺 12.7 毫米机枪向日军扫射。在生命最后一刻，他被一群挥舞军刀的日军围住，他留在人间的最后一句话是“不能后退半步”！次日，美军在中校周围数出的日军尸体超过 30 具。

日军人潮席卷而过，A 连托马斯·贝克中士站在营长身边与敌人近身格斗，用枪托抡打对方的钢盔，身负重伤后依然不愿离开战场。他让战友将自己拖到一棵树下，靠树坐定，要了一把手枪和一支香烟后催促战友赶紧离开，自己留下断后掩护。次日打扫战场时，中士尸体旁边被击倒的日军达到 8 人。随后奥布莱恩和贝克都被追授“荣誉勋章”。

第二营救护所的帐篷里很快挤满了伤员，完全超出了承载能力。本·萨洛蒙军医上尉毕业于南加州大学，牙科专业。他在疏散人群时突然发现，一名日军士兵冲进帐篷，拿刺刀刺死了一名伤兵。萨洛蒙立即半蹲下来，开枪将那名日军击毙。又有 2 名日军士兵冲到了帐篷口，被其他士兵开枪打死。他看到又有 4 名日军士兵匍匐到帐篷口，就冲上前踢掉其中一人手中的匕首，开枪打死了第二名日本兵，接着用刺刀刺死了第三人。随后他命令将伤员撤往后方 1000 米处的总部，自己拎一支枪断后掩护。

美军第一线的两个营伤亡惨重，1200 名兵员中有 406 人阵亡、512 人受伤。阵地相邻的陆战十团死 45 人、伤 82 人。第一营军官死伤过半。第二营本来只剩 24 名军官，最后活下来的只有 7 人。美军 1 艘驱逐舰在距加拉潘约 800 米处的礁石上找到了第一〇五团幸存的 40 名士兵，海滩上到处都是美军伤员，还有日军尸体逾 300 具。美军翻译乘登陆艇向潜入环礁湖的少数日军驶去，通过扩音器劝他们放下武器。这群日军共 24 人，其中 12 人举手投降，剩下 12 人要么自杀，要么被自己的长官杀死。当美军登陆艇靠近时，一名日军军官举刀砍下了 4 名部下的头颅。陆战队员被眼前的一幕惊呆了。醒过神之后，他们愤然开枪将那名军官打成了筛子。

平栉的部队越过美军两个营之间的缺口，袭击了陆战十团三营炮兵阵地。三营东南方的四营阵地也遭到了猛攻，他们共打死日军 85 人。该营哈罗德·阿格霍尔姆一等兵驾驶一辆吉普车往返于枪林弹雨之中，运送 45 名受伤战友脱险。他本人被日军狙击手射杀，随后被追授“荣誉勋章”。

接到日军大举进犯的消息，格里纳和霍兰迅疾向前线派出增援。10 时，斯特宾斯上校率第一〇六团两个营投入战场，渐渐稳住了形势。午后不久，美军坦克出现了。激战持续至傍晚，美军前沿阵地重新固定下来——从海滩越过平原再经切腹谷谷口，沿崖顶直达地狱谷一带，之后通入内陆与陆战四师阵地相连。日军最后的攻击宣告完结。为避免敌军士兵装死，美军会朝所有日军尸体再补上几枪，反正他们有的是子弹。次日清晨，《时代周刊》记者谢罗德来到现场，他在报道中心有余悸地写道："整个战场尸体如山，内脏和脑浆到处都是，腥臭难闻。"

曾给山本和南云当过勤务兵的野田是当天日军冲锋队伍中的一员。他突然感到屁股上好像被人用棒球棍猛击了一下，但一点也不疼。他蹒跚着试图继续前进，却一头栽倒在地，他被美军一颗机枪弹击中了。野田从遍地尸体中发现了一个美军军用水壶，立即捡起来狂饮一通。他挣扎了半天也站不起来，感觉右脚的鞋子有千斤重。由于无法弯腰解开鞋带，野田捡起一把美国刺刀，又从一名已死的日本人手中取过一根棍子，把刺刀捆在棍子上吃力地把鞋带割断。鞋虽然脱掉了，但他还是站不起来。他想一定是裤腿把自己拉住了，但把裤腿割下去后，还是不行。

野田只好坐在沙滩上，听天由命。他想，明年今天很可能是自己的忌日了。在黎明的晨曦中，他看到几米外仰躺着 4 个日军士兵，正在若无其事地抽烟。"咱们都是快要死的人了，"其中一个人边说边给他扔过来一包烟。野田舒展身体，躺在沙滩上抽烟。那个扔给他烟的士兵朝他喊道："嘿！海军，我们马上要去死了，你参加吗？"

野田举起手榴弹："我也有一个。"

"请原谅，我们先走了。"

野田把身子缩作一团，以免被手榴弹爆炸溅起的弹片击中。一声巨响之后，野田睁开眼看过去，只见 4 具尸体直挺挺地躺在那里。此时身上不断流出的血吸引了野田的注意力，开始他想用止血带扎住，但很快就改变了念头。还是让自己流血而死吧，他感觉自己越来越虚弱。"我只有 27 岁，干吗要死在这里呢？我生也好，死也好，都不能给日本带来胜利。"忽然他听到有人用奇怪的语言说话，接着被人踢了一脚。他呻吟了一声，两个美军卫生兵把他抬起来放上担架。他看见美国兵在踢其他尸体，既踢美国人的，也踢日本人的。因为实在太累了，刚才又流了那么多血，野田一下子晕了过去。

平栉同样在战斗中受伤晕倒。当他醒来时，看见对面一堵洁白的墙壁。“我还活着！我获得了第二次生命！”他发现自己全身赤裸，只盖了一条毯子。良久，他才发现自己无法随便移动，原来左手被铐在了床头上，头和肩部都受了伤。精疲力竭的平栉忽然意识到，自己作为一名军官在最后攻击中活下来是耻辱的。

趁现场混乱，大场率自己的小部队偷偷溜到半山腰的丘陵地带。考虑到美军很快就会从“玉碎”攻击中缓过神来，且他们的后方部队警惕性肯定没一线高，大场率部一直留在山脊高处。此时美军的注意力集中在山谷，并没有发现他们。借助美军照明弹发出的亮光，大场看到不远处的美军营房和汽车，偶尔还能看到岗哨。现在他能做的，就是极力隐蔽行踪，避免被美军发现。

7 月 8 日上午，悄悄溜下山的大场残部加入了日军一支炮兵部队。9 日下午，他们遭到一支美军巡逻队的围剿。大场把军刀、手枪和其他装备扔进灌木丛，然后脸朝下，卧倒在地，屏住呼吸，躺在两具尸体的中间装死。美国人说话的声音越来越大，中间不时伴有枪声，还有重物在地上拖曳的声音。有人用枪托戳他的大腿，大场一动不动，那人随后就离开了。15 分钟后，美国人的脚步声渐渐远去。大场站起身，发现自己的 24 名手下全部毙命。眼睛中枪的阪野死在山顶上。他从附近一具尸体上找到一把刺刀，将阪野的左手拇指割下。如果能够活着回到日本，一定把它交给阪野的家人。日落之后，他听到山谷中有自己人说话，于是顺小路跑下山，与 4 名炮兵会合。当天晚上，他又收容了 20 多人，开始朝塔波查山方向摸索前进。

日军的“玉碎”攻击对美军下一步向岛北推进产生了积极影响。许多原来会在北部地域抵抗的日军都投入了反攻，并在战斗中死去。但这并不意味着美军接下来的推进不会遭遇任何抵抗。战斗打响以来，美军一直在努力起草心理战宣传稿，引诱日军前来投降。太平洋舰队司令部对日本人进行了精准的文化描述，供宣传和审讯俘虏时使用。其中写道：

> 日本人是很敏感的。他们感情充沛，让人很容易联想到自己的家乡和亲人。他们满怀乡愁，有着回归故土的强烈愿望。他们不喜欢三段式推论，喜欢凭直觉做出敏感的心理反应。他们对艺术非常敏感，即使那些智商不太高的人也是如此。他们很容易对书法作品留下深刻印象。即使最粗鲁的日

本人也会朗诵诗歌，很多日本人会写诗。他们的性格是极其抽象的，在任何事情上都追求美感，诸如插花、山水画和举行各种仪式等。从出生那一天起，他们接受的教育就是戴上面具，掩饰自己的真情实感。

在制作传单时，美军尽可能将上述因素考虑在内，他们起草的传单多达14个不同版本。仅仅登陆日当天，他们投下的传单就多达17.5万份。到7月27日，在塞班岛被俘的1734名日军中，只有一半说看到过这些宣传品。日军士兵担心如果对传单感兴趣，就会受到军官的严厉惩罚。有人说传单内容过于复杂，难以理解。几名俘虏自告奋勇，为美国人重新编写通俗易懂的传单。

在劝降方面，表现最出色的当数陆战二师上等兵盖伊·加瓦尔东。这名墨西哥裔美国人年轻时曾混迹于黑帮，移民美国后，与邻居一家姓中野的日裔交上了朋友，对日本人有较深的了解，还学会了说日本话。登陆日当天，加瓦尔东擅离职守，偷偷溜到防区外散步，竟然用他半生不熟的日语带回了两名俘虏。连长约翰·施瓦贝上尉狠狠地训斥了他一顿，警告他以后不准再干这种蠢事。

加瓦尔东认为，自己的语言天赋浪费了实在可惜。下一次，当他带回50名俘虏时，施瓦贝的态度变了："随他去吧，这狗崽子好像有点儿能耐。"从那时起，只要有机会，加瓦尔东都会主动去说服日本人投降。

7月7日，日军"玉碎"攻击结束之后，加瓦尔东带两名俘虏再次出动。加瓦尔东告诉两人："你们带着平民去死，是不符合武士道精神的。如果继续顽抗，你们只有死路一条，我们的火焰喷射器会把你们烤成肉串儿的。"一名战俘很快带回12名全副武装的日军士兵。加瓦尔东紧张极了，他知道如果这些人暴乱，自己将死无葬身之地。他给那些人发了香烟，然后用带有墨西哥口音的日语告诉大家："各位战友，大家好。霍兰·史密斯将军托我给你们带个话，他是我们这次行动的总指挥。他很钦佩你们的勇气，命令我们的部队必须为参加'玉碎'攻击的幸存者提供避难所，你们的这次光荣行动将名垂青史。史密斯将军向你们保证，你们将被送到夏威夷，在那里过上衣食无忧的生活，直到战争最后结束送你们回去。史密斯将军言出必行，他希望大家不要再做无谓的流血牺牲。"

加瓦尔东欣慰地看到，日军士兵根本没有反抗的意思。他知道这些人可能根本不知道霍兰·史密斯是谁，但牛还要继续吹下去。他用手势比画特纳将军的舰队有多么强大，最后说了一句颇有分量的话：“各位战友，美国海军的强大实力足以使你们全军覆没。”尼米兹麾下的心理学家多次强调，不要在话语中使用“俘虏”“投降”等敏感词。日军一名中尉问他，后方有没有医院，加瓦尔东立即做出了肯定的回答。中尉让 4 名士兵留在原地，带其他人返回山洞。不到 1 小时，他竟然带回 50 名士兵。加瓦尔东将随身携带的一包磺胺药粉给了他们，并承诺很快会有更多的药品送来。日落前，他的队伍扩大到 800 人，其中大部分是平民。“承蒙上帝眷顾，谢天谢地！”加瓦尔东在向领导汇报时，心有余悸地说。

后来，加瓦尔东在剿灭岛上的日军游击队时受了重伤。施瓦贝上尉推荐授予他荣誉勋章，但他只得了银星勋章。1960 年，海军陆战队将他的银星勋章提高到了海军十字勋章，这是仅次于荣誉勋章的荣誉。1970 年，他重回塞班岛，在那里建立了一家海鲜公司并经营一个青年营，一直生活了 20 年之久。在五角大楼于 2004 年 9 月举行的纪念西班牙二战退伍军人的仪式上，加瓦尔东应邀做了发言。他一生获得了许多奖项和殊荣，包括洛杉矶市、芝加哥市和北马里亚纳联邦授予的。他的经历引起了好莱坞制片人的兴趣，1960 年，美国拍摄了电影《玉碎塞班岛》。影星杰弗里 · 亨特饰演加瓦尔东。

7 月 8 日 9 时 30 分，陆战四师以四个步兵团一字排开向北进攻，只有小股日军轻武器火力给他们制造了点小麻烦。当晚，仅第二十三团打死的日军就超过 500 人。在卡拉贝拉山口及周边的战斗中，经常发生单兵对战。陆战第二坦克营格兰特 · 蒂默曼中士用身体挡住了日军的一颗手榴弹，防止它掉进敞开的坦克炮塔门内。用生命保护战友的行为，使他后来被追授荣誉勋章。

第二十三团三营的战士特别关注带有东方人面部特征的人，为此甚至闹出大笑话。一个肤色较深、身穿陆战队制服、英语讲得很蹩脚的家伙，在最终获准投降前，被打得半死。被押到三营营部后，这名特殊的“俘虏”向营长保罗 · 特雷特尔少校——他是 19 日火线接替因伤离任约翰 · 科斯格罗夫中校营长职务的——报告说，他是一名有波多黎各血统的陆战队员。倒霉的是，自己长得像东方人，英语说得又不好，这已是自己第三次被战友俘虏了。特雷特尔少校称：“这个西班牙裔美国人真的吓坏了。”

到 7 月 9 日，美军夺取塞班岛的理想即将成为现实。在最后的进攻中，陆战二团、二十四团、二十五团由左到右齐头并进，第二十三团在第二两栖装甲营的支援下负责西北海岸清剿任务。当天的攻击波澜不惊，各部为了抢先到达马比角，争先恐后地展开了竞赛，这样就有不少日军残部被迂回绕过，使他们今后不得不掉过头来，花更多时间去肃清他们。16时15分，前方的3个团均报告说，自己率先推进至O-9线，前方已是湛蓝湛蓝的大海，再没有陆地可以攻占了。

得到前方传回的消息，特纳中将急不可待地宣布美军占领塞班岛，由贾曼少将卫戍部队接管岛上防务。这不过是个形式上的宣言，仅仅意味着成建制的日军抵抗宣告结束，岛上激烈的小规模激斗仍无处不在，扫荡数千名躲在山洞里的散兵游勇依然凶险异常。“这意味着，”一名陆战队员挖苦说，“如果你现在遭到射击，那就是从你自己后方打过来的。”那些之前忧郁地预言“1948年见金门大桥”的小伙子，现在都说“要在1945年活着回家了”。

死在塞班的日本陆海军高级军官极多。南云和斋藤自杀的同一天晚上，南洋厅北部支厅厅长辻正保在北端马比山的洞穴中自杀。7月8日，第六舰队司令官高木毙命，死因不详，有传自杀，有传死于“玉碎”冲锋。同日死去的还有第三驱逐舰战队司令官中川浩，第五根据地部队司令官兼第二海上护卫队司令官辻村武久，第一联合通信队司令官伊藤安之进。18日，第三十一军副参谋长公平匡武——日军攻占南京时，他是松井石根的作战参谋——独立混成第四十七旅团旅团长加岛三郎死去。另外，佐藤源藏是海军东南方面航空厂厂长，他可能死于7月8日或9月14日。此前7月3日，海军第五十五警备队司令官高岛三治已在加拉潘被美军打死。

在最北端的马比角，美国人终于明白为什么之前普通平民很少被俘。日军将平民驱赶到这里，告诉他们死是不可避免的，只能选择不同的死法。悬崖边聚集了好几千名平民，他们的脚下是茫茫大海。“不知不觉，人群中似乎出现了某种心理反应，大家紧紧地靠在一起，”陆战第二十团一营弗雷德·斯托特上尉说，“人群以平民为主，里边混杂着几个身穿军装的日军士兵，他们在人群中来回走动，将平民当作挡箭牌。”美军翻译和被俘的日本人通过广播向人群喊话，请求他们不要自杀。岛的尽头是一处60多米高的悬崖。美军在广播中说，仗已打完，等待他们的是安全和食物。他们还广播了已经投降的日本人的姓名。但几乎没人理会他们，部分想投降的人也被日军士兵阻止了。

“人群中传来了奇怪的歌声，突然有人举起一面旭日旗，旗帜迎风飘扬，”斯托特说，“人群中出现了躁动，有人开始跳海自杀，歌声也变成了惊慌的哭闹声，还夹杂着手榴弹的爆炸声。扔手榴弹的是那几个士兵，他们企图阻止平民投降或逃跑。”有人先把孩子扔下去，然后跟着跳，母亲们背着孩子跳入惊涛骇浪之中。山崖间沉闷的爆炸声不绝于耳，令人心悸。大家纳闷，究竟是什么样的恐惧，可以让一个怀抱婴儿的母亲认为跳崖是最好的选择？

悬崖下方的海面上，漂浮着数不清的尸体。“海军小艇要是不从尸体上开过去，就无法行驶。”扫雷艇“首领”号的艇长埃默里·克利夫斯上尉，看见一具裸体的女尸，是在分娩时淹死的：“婴儿的头已经出世，这就是他的全部。附近有一个四五岁的小男孩儿，双手紧紧抱着一个士兵的脖子，两具尸体就那样在海浪中漂来漂去。”

到底有多少平民死于这种可怕的自杀，无可考证。8 月 7 日，战地记者谢罗德在《时代周刊》发表文章说：“塞班岛是美军占领的第一片有大量平民居住的日本领地，在那里发生的大规模集体自杀事件，是否意味着整个日本民族都誓死不降呢？”《科里尔周刊》的一篇社论说：“马比角自杀事件令人毛骨悚然。但除了可怕之外，它对于我们在太平洋进行的战争有何意义呢？有人推测，这意味着整个日本将选择灭亡，而不是投降。因此，在认定他们真正投降之前，我们应该把日本人全部消灭。我们已经知道了关于日本人的一个真相：他们是穷凶极恶、冷酷无情的敌人，对我们恨之入骨。如果还没有确定这些人已经完全丧失战争能力，就不能对他们表现出宽容。否则将为我们的国家招来灭顶之灾，这跟自杀没有什么区别。”

其间，斯普鲁恩斯收到一份报告，在马昆沙附近的一处山洞里，发现了几名日军高级将领的尸体。在写给玛格丽特的信中，他说：“在本次战役中，最让我感兴趣的一件事是南云忠一之死。他曾在偷袭珍珠港和中途岛战役中担任日军舰队指挥官。中途岛海战后，他回到国内，5 月来到塞班岛。事不过三，这次他终于死了。”

为保证机场安全使用，美军还必须拿下塔纳帕格港外 2300 米处的马尼亚加沙岛。该岛仅长 300 米、宽 250 米，上边驻有小股日军。虽然他们不会对塞班或今后将要占领的提尼安岛发起主动进攻，但可以及时向东京提供美军飞机或舰艇的出动情况。承担夺岛任务的是约翰·伊斯利中校——他于 6 月 15 日登陆日因伤离任，7 月 3 日伤愈后重返前线，其间营长职务由副营长约翰·伦奇少校临时代理——的陆战六团三营。登陆行动预定 7 月 13 日 11 时发起。在此之前，美军炮兵向岛上倾泻了 720 发 75 毫米炮弹和 900 发 105 毫米炮弹，几乎将小岛翻了个遍，日军仅有的 3 门炮被全部摧毁。美军登陆的两个连几乎未遭顽强抵抗，战斗在 1 小时内胜利结束。21 名守军，除了 16 人被击毙，其余 5 人和 10 名朝鲜劳工成为美军俘虏。在留下 1 个步兵排和 1 个迫击炮班之后，其余美军顺利返回大岛。

美军已经宣布占领塞班，许多日军逃入山洞和丛林之中，誓死不降。随着美军讨伐行动的全面展开，隐匿的日本士兵不断被消灭或投降。7 月底之后，清剿工作放慢了脚步，但贾曼少将称每天击毙和俘虏的日军超过 100 人。在塔波查山顶峰，美军一个排遭到 35 名日军的突然攻击，另一支美军巡逻队也在次日遭到了类似的袭击。在查兰卡诺亚，一名护士告诉医生，她负责的一名日军伤员说，一名日军大尉——他无疑正是大场荣——带领几百人躲进了深山。对陆战二师情报官波拉德上校来说，这无疑是个新发现，他立即开始制订计划并展开一系列针对性的清剿行动。

美军最大的一次肃清行动发生在 11 月。他们从 3 个团中抽调 5000 人，在猎犬的引导下一字排开，扫荡几乎横跨了整个岛北部。大场事先已经知道美军的清剿计划，他手下的一名士兵伪装成平民，潜入美军安置区，将得到的消息及时通报给大场。站在山脊一处岬角的大场，用望远镜观察美军的阵线和清剿过程。他发现美军巡逻时总是低着头，眼睛盯着前方，就下令部下爬到山脊高处，贴在悬崖边以躲避美军追捕。最近的时候，大场距美军士兵只有不到 20 米。

到 1945 年下半年，大场残部成为岛上日军唯一有组织的部队，他们一直在塔波查山西部山区与美军展开游击战，靠吃面包果、木瓜和蜗牛维持生命。尽管生存条件极端恶劣，人员也在不断减少，但大场作为军医，带着士兵巧妙地与美军周旋。他们不时溜下山坡偷袭美军阵地，夺取弹药和补给。圣诞节前夜，美军的 5 名水手上岸购买纪念品，其中 4 人在军官俱乐部门口被射杀。当美军大部队赶到，偷袭的日军早已不知去向。大场的频繁袭扰一度使美军巡逻队在执行任务时不敢离开主路。凭借行动速度和突然性，大场成功避开了美军的多次围剿。头大无比的美军赠送他一个绰号“狐狸”。

1945年上半年的一天，一名手下将捡到的传单交给大场，上边有东京遭轰炸的照片。很多人说照片是伪造的，大场无法判定真伪，但他的确看到有美军巨大的银色轰炸机返回塞班。他把照片给一名来自东京医院的士兵看，士兵在上边认出了几条铁道线，但附近整个街区都被烧光了。“如果这是真的，我们就战败了，我们的海军再也不会回来了。”大场说。

日本战败投降之后，美军巡逻队开着吉普车用大喇叭呼叫残留日军，“战争结束了”。但日本人怎会轻易相信？他们认为这是美国人的奸计，丝毫不为所动。11月初，他们与陆战二团三营K连发生了一次激烈战斗，大场的12名部下被当场击毙。大场通过在查兰卡诺亚的平民朋友与美军互换信息。11月27日，这位平民给他带来了驻帕甘岛马里亚纳地区日军最高指挥官、独立混成第九联队联队长天羽马八亲笔签署的投降命令。至此，所有流言都得到了证实，大场顿时双腿一软，跪倒在地。此时距日本投降已过去3个多月，距塞班岛陷落16个月之久。

1945年12月1日清晨，在对空鸣放三枪抚慰战友的亡灵之后，这支塞班岛上最后有组织的日军部队共47人，整理好军服，列队走出藏匿之地。大场作为队长，高举太阳旗，走在队伍的最前头。他们一边高唱《步兵的本领》，一边沿塔波查山山脊齐步下山，走向投降仪式的现场。他们在面露惊讶的美军队伍前停下脚步，将武器放在地上。陆战二师赫尔曼·刘易斯少校走上前去，在距大场一步前站定。大场用左手从刀鞘里抽出军刀，将刀柄举过头顶，以示敬意，然后将军刀递给刘易斯。刘易斯用双手接过军刀。

至此，在日本投降4个月后，塞班岛最后一支有组织的日军在抵抗了512天后终于放下武器。被解除武装的大场及部下立即被送入战俘营。在此之前，东京认为大场已经战死，追晋他少佐军衔。发现他还活着后，东京取消了追授的军衔。

大场这段传奇经历在日本被广为“传颂”。对这个数万人都抓不到的敌人，美国人也心存敬佩。一个叫唐·琼斯的陆战队士兵多次参加围剿大场荣的行动，对那段经历记忆深刻。战后，他专程赶往日本，找到大场荣，根据他的口述撰写了《虽然是敌人：大场队的512天勇战》一书，后更名为《大场荣，最后的武士：塞班岛1944—1945》。该书在日本出版后，极为畅销，一时间东京纸贵。2010年，日美根据此书合拍了电影《太平洋上的奇迹：被称为“狐狸”的男人》，剧中的大场荣由演员竹野内丰饰演。

琼斯和大场因此成了要好的朋友。琼斯还做了一件令人匪夷所思的事。回到美国之后，他专程拜访了即将退休的刘易斯中校，请求他归还大场荣投降时呈交的军刀。刘易斯还真同意了，他也对大场荣的顽强充满敬意。这把军刀因此成为大场的传家之宝。回到日本的大场荣声名大噪，从 1952 年到 1992 年一直担任丸荣产业有限会社社长。1967 年 4 月至 1979 年 3 月，他还担任爱知县蒲郡市议会议员。大场在 1992 年 6 月 8 日去世，终年 79 岁。

塞班岛上的日军逾 40000 人，除了极少数散布各个角落展开游击战的散兵游勇，悉数被歼。此外，有 22000 名平民丧生，几乎占全岛居民的 2/3。参加作战的美军地面部队 71000 人中，亡 3144 人、失踪 128 人、伤 10952 人，合计伤亡 14224 人，占总兵力的 20%。

美国国民对伤亡数字一向敏感，上述数字公布之后，国内一片哗然。虽然新任海军部长弗雷斯特尔亲自出面说明："占领塞班将使我们可以对包括日本本土、菲律宾群岛和荷属东印度等大部分地区展开海陆空全面军事行动。"但国内媒体不买账，认为牺牲这么多人占领一个弹丸小岛毫无意义。一向挑剔的老酒认为，占领塞班无疑是具有重大意义的。霍兰的一段话最能说明问题："我一直认为，塞班岛战役是太平洋攻势中的决定性战役，它改变了随后太平洋战争的所有场景。硫黄岛和冲绳岛战役是伤亡代价更大，使我们更靠近日本本土的战役。但只有我们在塞班岛先取得胜利，打破日本的内环防线，摧毁了这个主要堡垒，打通通往日本本土列岛之路的前提下，占领硫黄岛和塞班岛才成为可能。"

塞班岛失守的消息传到东京，举国哗然。首相东条慨叹道："日本已经面临着前所未有的重大民族危机。"被东条赶下台的军事参议官永野修身指出，到这个时候，日本实施有效防御的希望已全盘落空："当我们失去塞班岛时，地狱就在我们面前。"之前曾被美军俘虏的前联合舰队参谋长福留繁，也站出来凑热闹："马里亚纳群岛失守之后，我们已经失去了最后的机会。"三轮茂义显然赞同上述观点："随着塞班岛的失去，我们已经输掉了这场战争。我觉得这是一场决定性战役。丢失塞班岛意味着美国人可以切断我们的海上航线，进而攻打我们本土。"这从侧面印证了霍兰的说法。塞班岛失陷直接导致东条内阁垮台。

7 月 17 日，在一个中队战斗机和数架水上飞机的护航下，1 架大型运输机徐徐降落在阿斯利托机场——它现在的名字叫伊斯利机场。能让斯普鲁恩斯、特纳、霍兰等大腕儿亲自到机场排队恭候，飞机上肯定有大人物。果不其然，率先走下舷梯的是海军作战部长、总司令欧内斯特·金海军上将，他身后那个不太起眼的老头儿就是大名鼎鼎的太平洋舰队司令官尼米兹海军上将。很多陆战队员没有见过尼米兹，都想趁机上前偷瞄两眼。一名士兵感慨地说："他看上去一脸慈祥，就像楼下小卖部出售烟酒的邻居大爷，根本不像一个指挥四位数作战舰艇、五位数战机、六位数甚至七位数战斗人员的高级将领。与新闻媒体中形容他的那些美妙词语，诸如'叱咤风云''运筹帷幄'，好像一点都不沾边儿。"

下飞机后，金做的第一件事情就是彻底打消斯普鲁恩斯的顾虑。"雷蒙德，你干得真不错！"他的意思当然是指菲律宾海海战，"不管别人怎么说三道四，我始终认为，你的决定是完全正确的。"

此前，对斯普鲁恩斯在菲律宾海海战中的保守指挥，外界一直议论纷纷。在珍珠港甚至华盛顿，很多出身海军航空兵的高级军官一度认为，胜利是他们的，不应归功于斯普鲁恩斯。其中代表人物仍是陶尔斯。他逢人便说斯普鲁恩斯坏话，当然是尼米兹不在的场合。在"猎火鸡大赛"结束 10 天后，克拉克少将直言不讳地告诉总统特使莫里森少将："我们真的错失了一个百年难遇的好机会。"他认为正是斯普鲁恩斯的瞎指挥，使自己失去了"成为贝蒂式人物的黄金机会"。米切尔表面上命令属下不准公开抗议，内心同样牢骚满腹。他甚至将下属对斯普鲁恩斯的不满直接反映到金那里——可能觉得反映到尼米兹那里等于没说，还漏了风。

金对上述言论嗤之以鼻："我能做的就是告诉雷蒙德，不管别人怎么说，我本人认为在菲律宾海海战中，他的舰队做了自己应该做的事儿。"在回忆录中，金写道："斯普鲁恩斯正确地履行了职责。他本人和其他人都没有意识到，他取得的成果影响有多么深远。在那次海战中，日本人损失了大量飞机，这严重削弱了日本海军在战争最后阶段的制空能力。"

对金的说法，第五两栖舰队和第五两栖部队双双举手赞成。一向不爱发言的希尔少将难得地站出来公开支持——可能因为特纳和斯普鲁恩斯私交甚笃，让他站出来说有被指使的嫌疑。"对雷蒙德在菲律宾海海战中所做的决策，我是他的头号支持者。我在塞班岛指挥两栖登陆部队，日军试图迂回包抄我们。虽然我们的炮火支援舰船在西部海岸某个地方阻击日军，但如果敌人全力进攻，奥登尔多夫可能无法阻止他们。雷蒙德很清楚，我们有3个师的兵力滞留在沙滩上，很容易遭到日军攻击。他决定不撤走舰队，这个决定非常正确。我敢肯定，后世历史学家也会做出和我同样的结论。”

霍兰派吉普车将金、尼米兹、斯普鲁恩斯从机场接到他位于查兰卡诺亚的司令部。午餐之后，霍兰带众人视察了美军登陆的海滩。三位大领导提出，要登上塔波查山看看。霍兰严词拒绝，因为那里仍有零星日军狙击手出没，不时打出几发冷枪。斯普鲁恩斯并未坚持，他想看，随时可以叫霍兰安排。但大老远跑来的金和尼米兹都不同意，执意要看，还提出要绕岛巡视一圈。官大一级压死人，霍兰只好叫来几辆吉普车。金、尼米兹、斯普鲁恩斯和霍兰坐一辆，另外几辆装满荷枪实弹的陆战队员。他们时刻保持警惕，保证领导的绝对安全。

吉普车在岛北端马比角特意做了停留，几位美军最高指挥官为眼前的景象所震惊。悬崖底下的岩石上仍保留着“疯狂的日本人留下的无比恐怖的一幕”。金在回忆录中写道：“这些平民受日军唆使，纵身跳下悬崖，开启了一场自我毁灭时的狂欢。”对金和尼米兹来说，看到日军这种自杀行为，就可以想象未来一旦进攻日本本土，将会出现什么样的情景。随后，他们视察了3个师的官兵。

视察结束，斯普鲁恩斯将金、尼米兹和霍兰全部拉上小艇，前往“印第安纳波利斯”号。虽然将很快离职，参谋长穆尔上校还是来到舷梯处迎接大家。因为知道是金在阻止他晋升，还要调离自己，穆尔故意对尼米兹特别热情，对金视而不见。

当晚，斯普鲁恩斯在旗舰设下晚宴，盛情款待远道而来的贵客——金和尼米兹的确不能算便宜货。巡洋舰上，将星璀璨，仅海军上将就有3位，中将、少将一抓一大把。作为东家的斯普鲁恩斯坐在上首，金在左，尼米兹在右，其他将军和参谋依官阶和军阶依次排开。餐桌上点缀着华丽的装饰物，摆放着精美的银质餐具和瓷器。就在侍者将一盘盘美味佳肴端上来时，空中黑压压地飞来一大群不速之客——臭名昭著的塞班岛黑蝇，个个足足有一英寸长。

穆尔说：“它们一点都不怕人，只能将它们往外驱赶。”它们或用黏糊糊的脏脚站在精美的亚麻桌布上，或者直接飞到盘碟上先品尝食物，甚至在人们的鼻子、耳朵和眼镜底下爬来爬去。“简直太恐怖了，”穆尔说，“塞班岛到处都是腐烂的尸体，它们变成了这种小恶魔的自助餐厅。”它们很可能是从一具尸体上直接飞过来的。希尔少将一边驱赶黑蝇，一边试图将一大杯冰激凌递到桌子对面，却不小心碰倒了水晶玻璃杯，美味的红酒浸透了白色的亚麻桌布。大家笑称，塞班岛黑蝇用出色的表现证明，它们是当今世界上唯一能够击败第五舰队的一支外国空军部队。“大家都想尽快逃离那里。”穆尔扫兴地说。

金的塞班岛之行心情并不愉快，原因不在尼米兹和斯普鲁恩斯。他刚刚和总统闹出点儿小矛盾。7 月 11 日，罗斯福接受民主党提名，准备参加第四次总统竞选。“如果人民选我当总统，我将为他们服务。在战争中服役的每一个公民都有自己的长官并服从他们的命令，这些长官上面还有更高的长官。总统是总司令，但也有长官，我的长官就是全美国人民。”罗斯福让莱希带话给金，希望把美国舰队总司令、大西洋舰队总司令和太平洋舰队总司令称呼前的“总”字去掉，这样就只有总统被称作总司令。金答复莱希，只有罗斯福下书面命令，他才会改。莱希说总统不准备下正式命令，但希望能把称呼改掉。金根本不予理会，就像哈尔西当初在新军服问题上抵制他那样。

饭后，高级军官开会讨论战略问题。金问斯普鲁恩斯下一步准备打什么地方。

“冲绳。”斯普鲁恩斯的回答一向简洁。

“你能打下来吗？”金问。

“我想能的，”斯普鲁恩斯说，“只要我们能找到一种海上运送大量弹药的方法。”他解释说，在攻占冲绳岛之前，快速航母舰队可以部署在冲绳岛和日本本土之间的海域进行扰乱。尼米兹说，他准备向卡尔霍恩中将提出此事。

视察完塞班，金将经停珍珠港直接飞回华盛顿，准备参加 9 月魁北克举行的美英参谋长联席会议。7 月 26 日，尼米兹将在瓦胡岛与罗斯福会晤——麦克阿瑟已受邀参加——研究美军太平洋上的下一步战略。按说这样的会议金、马歇尔和阿诺德都应该参加，但罗斯福拒绝带他们参会，只带了总统军事顾问莱希上将。金认为总统不带参谋长联席会议成员到太平洋视察，是想通过与两位战区司令官的直接会面让外界看到他对战争的掌控能力，纯属政治上哗众取宠的拙劣表演。老酒觉得，鉴于尼米兹在吵架方面极不擅长。如果飞扬跋扈的金参加珍珠港会议，麦克阿瑟能否顺利重返菲律宾还真不好说。

夺取提尼安岛——未来原子弹出发地

塞班岛战斗尚在激烈进行之中，斯普鲁恩斯和特纳已经将目光盯上与之一水之隔的提尼安岛——部分资料称为天宁岛。该岛面积略小于塞班，只有 101 平方公里。塞班多山，而这里的地形相当平坦，岛上最高点拉索山海拔仅 171 米，塞班主峰塔波查山 473 米。提尼安岛是重要的砂糖生产基地，糖产量占日本全国总产量的 10%，提尼安制糖厂是仅次于台湾屏东厂的东洋第二大糖厂。遍及全岛的蔗林、制糖厂、酒精工厂均属于南洋兴发株式会社，这个成立于 1921 年的公司是有官方背景的东洋拓殖株式会社的子公司，总部设在塞班。截至美军登陆日，岛上共有日本人 13700 人，大部分来自冲绳岛。另有朝鲜劳工 2800 人，中国人 4 人，查莫罗人 26 人。

提尼安岛以史上两颗实战原子弹的出发地而闻名于世。时至今日，机场旧址已杂草丛生，那个长 4 米、宽 5 米的壕坑仍在，不过已用玻璃罩封住。原子弹就是放置在这里，由液压支架托起装入超级空中堡垒机舱的。提尼安岛被选作原子弹出发地，在于这里的航空设施远好于塞班，关岛则被认为过于偏南。

在美国人眼中，提尼安岛似乎比塞班岛价值更大。美军将该岛作为必须夺取的目标，首先是为了保证塞班岛的绝对安全。否则，塞班美军将面临隔岸日军的炮轰威胁。卧榻之侧，岂容他人鼾睡？其次，塞班岛虽面积较大，但中部多山，适宜修建大型机场的地方不多。提尼安岛地势平坦，只要将岛上的蔗林推掉，就能建成数个供 B-29 起降的大型机场。况且，仅塞班岛还不足以容纳第二十航空队各作战单位及庞大的基础设施，更不用说还要作为配套陆军和海军陆战队的集结基地。最后，日军在岛上已建有三处机场，稍加修葺扩建即可投入使用，可以大大节约施工时间。基于以上因素，美国人对提尼安岛可谓志在必得。早在塞班岛恶战进行之时，攻打提尼安岛的计划和准备就已排上正式日程。

6 月下旬占领南塞班后，美军随即沿南岸部署陆军 155 毫米“长臂汤姆”，炮轰对岸。那里炮兵阵地集结的兵力迅速达到 13 个营——8 个 105 毫米榴弹炮营、3 个 155 毫米榴弹炮营和 2 个 155 毫米加农炮营，大口径火炮共计 168 门。随后 15 天，这里发出炮弹 24536 发，平均每分钟 1.14 发。从 6 月 26 日开始，美军隔海炮击的力度不断加大，提尼安岛日军永无宁日。截至登陆日，前来向岛上投弹的美军战机合计 4300 架次。

夺取提尼安岛的任务仍然由霍兰的北部战斗群承担。前段作战中，精疲力竭的美军急需休整，斯普鲁恩斯将登陆日期推迟至 7 月 24 日。来自陆军航空队的 B-25 轰炸机和 P-47 战斗机已进驻塞班，将与南岸炮兵部队一道为登陆部队提供炮火支援。攻岛美军的地面部队总兵力约 54000 人，首日登岛的是陆战四师，陆战二师将在次日上岸。在之前塞班岛的激战中，两个陆战师均付出了重大的伤亡代价。7 月 10 日，两个师开始分头制订作战计划。次日，他们分别得到 848 名、845 名补充兵员。即使如此，他们每个营的可战之兵平均也只有 565 人，远低于 954 人的标准编制。霍兰将清剿塞班岛残敌的任务交给陆军第二十七师和贾曼的卫戍部队，两个陆战师得到了几天宝贵的休整时间。

对登陆点的选择，美军高层展开了激烈辩论。提尼安岛海岸大多是参差不齐的石灰岩山崖，高 2 ～ 30 米，这让登陆行动的策划者头疼不已。岛屿近海处有少许珊瑚礁群，但带来的麻烦远不如那些山崖大。按地形来说，最佳登陆滩头无疑是提尼安镇西南岸，那一带的桑哈隆湾地势开阔，足以容纳以营为单位的登陆部队及提供后援的补给船只。那里潮汐稳定，珊瑚礁壁也相对低矮，登陆部队一个冲锋就能抵达提尼安镇。但日军同样明白，早在那里布下了天罗地网。除了两个岸防炮中队，日军还部署有大量 25 毫米双管高射炮，附近水域设了水雷，海滩上密布铁丝网，防御工事异常坚固。该处四个海滩“红”“橙”“绿”“蓝”，虽有 2000 米宽，但未连成一片，而是被一些低矮的山崖分割开来，不便于登陆部队快速拉平战线。另一个适宜的登陆地点是阿西加湾东北岸“黄滩”，日军将其列为美军第二个可能登陆的滩头，在那里部署了两个岸防炮中队和 23 个大型碉堡。如果美军在上述两地登陆，势必付出重大的伤亡代价。

特纳认为，最佳登陆位置无疑是日军重兵把守的提尼安镇一带。他的副手哈里·希尔少将不这样认为。美军在塞班缴获的文件中显示，日军已预计到美军将在提尼安镇一带登陆。“我们对这份文件研究越深入，”希尔说，“从作战角度看，情况就越糟糕。在日军猜测的地点登陆只会增加我们的伤亡。”希尔的观点得到了霍兰和陆战四师师长施密特少将的支持。

认真研究飞机拍回的航空照片后，希尔认为在岛西北角两片名为“白滩”的地点登陆更能做到出其不意，可以避免陆战队员冲入一台“人肉搅拌机”。但“白滩”面积很小，不是一个理想的抢滩地点。突击部队上岸后很难快速展开，势必暴露在日军密集火力的打击之下。塔拉瓦战役之后，美军制定了一个关于两栖作战的基本原则，编制500人的部队在实施登陆作战时，沙滩宽度最少不低于500米。但“白一滩”宽度只60米左右。西南方向900米处的“白二滩”条件稍好，也只150米宽，只有中间60米宽的区域没有珊瑚露头或暗礁等障碍物。不过，希尔依然认为，这里地形不适于两栖登陆，会造成日军疏忽，从“白滩”登陆很可能取得意想不到的效果。

希尔的意见遭到特纳的坚决反对。“当我第一次向他提出这一想法时，”希尔说，“他把我臭骂了一顿，将我从办公室里赶了出去。他认为‘白滩’不是一个理想登陆地点。至少有三次，他明确命令我取消对‘白滩’登陆计划的研究，改为在提尼安镇中心登陆。我从未见过凯利如此刻薄暴躁。这不像他，他肯定有点不舒服。”希尔的话暗示特纳当时喝多了酒。压力过大的特纳往往借酒舒缓神经。在霍兰和施密特的怂恿下，希尔直接找到战役总指挥斯普鲁恩斯。后者对希尔的想法非常感兴趣。特纳瞬间变成了孤家寡人。

迫于压力，特纳下令考夫曼中校率“蛙人”出动，对“白滩”一带实施暗夜侦察，顺便侦察“黄滩”的情况。霍兰对海军的行事方式一向不太放心，坚持派一支“中立”队伍参与行动。奉命和考夫曼一起出动的是琼斯上尉的第五两栖部队直属侦察连。琼斯连几乎参加了之前所有的登陆行动，身经百战，经验丰富。

7月10日晚，美军“吉尔默”号驱逐舰悄然出动，舰上载着琼斯和考夫曼两支侦察小分队——每队由水下爆破队员和陆战队员各6人组成。对“白滩”和“黄滩”的侦察行动持续了两个夜晚。正如之前所料，“黄滩”有日军重兵设防，那里的防御正在不断加强。对“白滩”的侦察印证了之前侦察机的判断，日军在那里只设置了少量水雷和障碍物。从附近水域和地理条件来看，除一些小型壶穴和岩块，珊瑚礁对登陆行动几乎无法构成威胁。美军在撤走时还刻意将沙滩上留下的脚印抹去，以免惊动日军，暴露自己的作战意图。

侦察队归来之后，特纳在“洛基山”号召开了确定登陆地点的专题会议，特意邀请斯普鲁恩斯出席。会上，霍兰指出，提尼安岛登陆作战本质上并非一场“从海岸到海岸”的战斗。因为出发地就在一海之隔的塞班岛，登陆部队进退自如，很容易获得补给。陆战队员在塞班岛登上登陆艇，跨过狭窄海峡就可很快抵达提尼安岛外海，这恐怕是所有登陆作战中从出发点至目的地最短的航渡距离。况且，除了海军舰炮和空中火力，整个提尼安岛北部都在塞班岛南部美军陆基炮兵的火力覆盖范围之内。日本人只要暴露位置，头顶就会立即落下无数炮弹。

考虑到斯普鲁恩斯的倾向，特纳终于同意登陆点选在“白滩”。作战计划很快下发到克里夫顿·凯茨少将——霍兰已于 7 月 12 日出任太平洋战区海军陆战队总司令，施密特少将接替他第五两栖部队司令官的职务，空出来的陆战四师师长位置由凯茨少将接任——陆战四师和沃特森少将陆战二师。根据计划，24 日 7 时 30 分，陆战四师将率先在“白滩”登陆。与此同时，陆战二师将在提尼安镇外海摆出一副大规模登陆的架势，吸引日军注意力。待陆战四师在“白滩”建立桥头堡，陆战二师再掉头北上，在四师身后上岸。

希尔提出，近期台风在关岛以南呈逐渐增强之势，很可能对登陆行动造成影响。斯普鲁恩斯命令海军派出水上飞机，载上高空气象侦察员向西巡逻 1500 公里，及时跟踪报告天气变化情况。他同时授权希尔，可以根据现场情况自主变更登陆时间。

美军对提尼安岛的空袭早在 6 月 22 日业已启动。由于塞班岛激战正酣，初期空袭只是零星进行。从 7 月 16 日开始，美国加大打击力度，不分昼夜对提尼安岛的日军工事实施轰炸。美军还出动驱逐舰，多次向岛上的蔗林投掷白磷弹，试图烧毁作物。因蔗林潮湿，效果不佳。

登陆日前两天，7 月 22 日，珍珠港来了一位特殊的客人——负责一项实验性武器研发的路易斯·孟海军少校。孟和希尔是海军学院同班同学，两人见面后，免不了寒暄一番。在希尔的带领下，孟来到“坎布里亚”号，当众展示一种叫“凝固汽油弹”的新武器。

次日，当载着试验燃烧弹的战斗机飞往提尼安岛上空时，希尔特邀斯普鲁恩斯、特纳等人乘驱逐舰近前观摩实战。“炸弹的确威力惊人，”希尔说，“现场燃起的火焰足有 100 英尺高，似乎要蔓延到整个地面。”测量数据表明，这种炸弹一颗就能将长 100 米、宽 30 米的区域烧得精光，杀伤力远远超过白磷弹。孟最终的结论是，凝固汽油弹对烧除敌军表面伪装成效极好，飞机在烧除敌军伪装后，可以用机枪进行准确扫射。提尼安岛上到处是树木和蔗林，凝固汽油弹可以提前将它们烧毁，为将来平整地面争取时间。

希尔认为，炸弹唯一的不足之处就是燃烧时间不够长，无法让躲在山洞里的日军窒息。他建议在炸弹中加入焦油沥青增加有毒气体的含量。希尔并不担心这项新技术所滋生的道德问题："让敌人死于凝固汽油弹，可能是一种比较轻松的死法，比被炸弹撕成碎片要体面得多。打仗必然会死人，许多看似恐怖的死法其实都是最快和最轻松的，前提是你真的敢于面对死亡。战争就是这样，我已经说过很多次。在和日本佬交战时，要么你杀死他，要么他杀死你。我们不能在消灭敌人的方式上过于挑剔。"

提尼安岛是日军第一航空舰队司令部驻地。随着司令官角田觉知、参谋长三和义勇等大批人员进驻，一向名不见经传的提尼安岛频频出现在东京各大媒体报端。相比关岛和塞班岛，这里日军的兵力相对薄弱。陆军主力为绪方敬志第二十九师团第五十步兵联队 2800 人、鹿村一男第十八联队战车中队、和泉文三第四十三师团第一三五步兵联队第一大队 950 人等，总兵员 4000 人。第五十联队原属关东军，训练有素，是守岛的中坚力量。绪方还向岛上日本人提出参战要求，征召 16 ～ 45 岁男子约 3500 人，编成 6 个民间义勇队中队。

岛上海军部队除了角田第一航空舰队司令部，还包括第一二一航空队、第三二一航空队、第一〇二一航空队、第五十六警备队等部，兵员合计约 4100 人。他们大部分属于空勤、地勤和机关人员，地面作战能力较弱。岛上主要装备包括 150 毫米岸防炮 10 门、75 毫米高平两用炮 9 门、75 毫米山炮 12 门、37 毫米反坦克炮 6 门、坦克 12 辆。虽然角田是唯一的将官，但未来地面作战并非角田所长，实际作战指挥官是绪方。这与塞班岛南云官最大，实际指挥由斋藤和井桁负责，有几分相似。之前，6 月 20 日，联合舰队派出 3 艘潜艇前往提尼安岛，试图撤出第一航空舰队司令部成员，因美军严密封锁未能得逞。

7 月 21 日，美军侦察机发回最新情报。岛北海岸日军的三座 120 毫米炮对"白滩"形成致命威胁。炮台位于半山腰，塞班岛南部的陆基炮兵无法摧毁它们。战列舰"科罗拉多"号受命率驱逐舰出击，在距岸 3000 米处，用了一个多小时将日军炮台摧毁。

7 月 23 日，美军对提尼安岛的轰炸和炮击达到高潮。当天，米切尔出动战机 358 架次，向岛上投弹 97 吨及火箭弹 200 枚。奥登尔多夫少将火力支援大队倾巢而出，将小小的提尼安岛围得密不透风。美军的舰船实在太多，以至各舰不得不谨慎行驶，以免相撞。

美军的舰炮打击刚刚开始，日军就立即发起反击。一发炮弹落在“蒙彼利埃”号前方仅 80 米处，着实将舰长哈里·霍夫曼上校吓了一大跳。美军 P-47 战斗机向“白滩”后方高地投放凝固汽油弹，火势迅速在蔗林蔓延。美军故意加大对日军重兵把守的桑哈隆湾和阿西加湾的炮击力度，对预定登陆的“白滩”不加理睬。绪方迅速将预备队调往上述两个滩头。不过，绪方还是留了一手，命令各部将 2/3 的兵力作为机动，随时调往其他地区，应付突发情况。

登陆日终于到了。7 月 24 日 5 时 15 分，考夫曼中校向希尔少将汇报说，风浪太大，水下爆破队无法清除“白二滩”一带的水雷。希尔将这一任务下达给“加利福尼亚”号战列舰。飓风导致海面能见度不足 500 米，舰船和侦察机无法看清目标，所幸战列舰用炮火摧毁水雷的要求精度不是太高。7 时整，美军舰船炮击暂时停止，舰载机黑压压地飞过来投弹，之后舰炮再次响起。与此同时，运载陆战二师的运输船出现在提尼安镇外海，准备实施牵制性登陆。

当天清晨，驱逐舰“斯科特”号受命与“科罗拉多”号、“克利夫兰”号一起执行炮击提尼安镇日军阵地的任务。7 时 30 分，驱逐舰瞭望哨发现，镇后一处悬崖底部冒出火光和浓烟。舰长西摩·欧文斯少校猜测，悬崖下方很可能隐藏着日军 6 ~ 8 门火炮。欧文斯的判断非常准确，该处数门英制 150 毫米火炮从掩体的浓密树叶中缓缓转向，突然向美舰喷出火光。22 发炮弹准确命中“科罗拉多”号右舷，战列舰舷侧板被两次洞穿，燃料舱完全暴露在海面上，泄漏燃油达 25000 加仑，在海上形成一个巨大的黑斑。舰体起火点多达 11 处，一门 127 毫米炮被炸哑。爆炸导致 39 人当场阵亡、4 人失踪、198 人负伤，伤员中包括分舰队司令官西奥多·鲁多克海军少将。

“如果能得到及时治疗，他们中有些人是可以活下来的，”军医莱昂·舒克说，“但伤员实在太多了，我们真的顾不过来，导致一些重伤员不治身亡。”在缺乏麻醉药的情况下，部分重伤员在船上接受了截肢手术，共被截下 7 条腿和 1 只胳膊。所幸水兵训练有素，迅速控制了火势。日军炮弹触舰即炸，并未对战列舰的深层结构造成损伤，舰体虽稍稍倾斜，但并未沉没。

“斯科特”号也被 6 发炮弹命中，命中舰桥的那发炮弹，将欧文斯少校当场炸死，另有 18 名水兵阵亡、27 人受伤。威尔·赞帕中尉——他是一名颇具天赋的诗人，后来专门写了首长诗来记述这次战斗——临时接过指挥权，带伤指挥未受损的 4 门火炮进行反击。驱逐舰“麦克德莫”号驶上前来，派出医疗小组上船帮忙救助伤者。8 时过后，希尔命令该舰向塞班岛方向撤退。

目睹了这场大灾难的“克利夫兰”号舰长安德鲁·谢泼德上校勃然大怒，一边下令主炮向日军炮位实施速射，一边快速驶向前去为友舰遮挡炮火。巡洋舰这一举动让“印第安纳波利斯”号上的穆尔赞叹不已：“它的 12 门 152 毫米炮同时开火，看上去就像失火了一样。”

美军对提尼安镇周围的舰炮打击和舰载机轰炸以及运输船大量出现在外海使日军确信，这里无疑正是美军的主攻方向。在制高点拉索山顶上，通过望眼镜看到这一幕的绪方，嘴角露出一丝不易察觉的狞笑。他自知美军实力强大，凭现有兵力根本无法守住岛屿。但他有信心利用手中精兵给美国人以沉重打击。这片海滩早已被各种火器标定，他甚至从岛北调预备队来加强这里的防御。在忍受了美军整整 8 天的狂轰滥炸之后，绪方渴望获得一次报仇的机会。让日军意想不到的是，美军舰船遭到岸炮打击后，仓皇撤走。大喜过望的绪方立即向关岛的小畑军司令部和东京发电报：“美军登陆已被我军顽强击退。”发报时，绪方心中狐疑，美国人就这么不经打？

就在绪方心神不定时，北方传来无比震惊的消息：美军主力已在岛西北海岸的“白滩”登陆。绪方立即意识到，中计了！出现在西南海面的美军不过是虚晃一枪，他们真正的登陆点原来在北面，美国人良心大大地坏了！

就在陆战二师在西南海滩发起佯攻的同时，运载陆战四师两个团的登陆船队正向“白滩”隐秘靠近。登陆时间预定为 7 时 40 分。为防止日军利用高地对滩头阵地进行观察，部署在塞班岛南部的“长臂汤姆”，向“白滩”一带发射烟幕弹。众多两栖运兵车不顾近海可能存在水雷的危险，奋勇挺进。“白滩”过于狭窄，美军两个团分成了 15 个波次，以极小的间隔向滩头冲击。7 时 47 分，陆战第二十团第二营 E 连在“白一滩”顺利上岸。两波之间只相距 4 分钟，但美军登陆行动秩序井然。陆战队员蹚过齐腰深的水域，开始攀爬海滩上的低矮山崖。各部迅速冲过海滩，呈扇形展开，以行动迅猛弥补正面宽度的不足。8 时 20 分，美军已有三个营上岸。10 时 30 分上岸的推土机，迅速推出几条道路，改善了滩头拥挤不堪的不利局面。11 时 30 分，首批谢尔曼坦克上岛。13 时 15 分上岸的

75 毫米榴弹炮，随即排开阵势，为快速推进的地面部队提供近距离炮火支援。

“白滩”一带，绪方只部署了第五十联队第一大队第三中队、第一二一、第三四三航空队各一部共 300 多人，根本挡不住美军冲击，守军很快被分割包围，陷入各自为战的尴尬境地。在炮兵和坦克的掩护下，美军逐步向纵深推进。到 16 时，美军先头部队两个营和 10 辆坦克向内陆挺进 1300 米，顺利抵达 O-1 线。

登陆“白二滩”的陆战第二十团，充分利用正面稍宽的优势，让两个营齐头并进，日军的反击火力随美军向纵深推进不断增强。发现美军的真实意图之后，绪方冒着来自塞班岛南岸和海军军舰的密集炮火，试图向“白滩”派出增援。但提尼安岛地势平坦，蔗林几乎被美军烧光，增援部队无法藏身，直接暴露在美军的火力之下。“印第安纳波利斯”号、“新奥尔良”号和“克利夫兰”号驶抵近海，舰炮将日军的增援路线死死封住。无奈的绪方只能任由“白滩”守军被分割、包围、歼灭。

登陆日，美军以亡 15 人、伤 225 人的微弱代价，消灭日军 438 人，建立起宽 800 米、纵深 1600 米的桥头堡。傍晚时分，已有 15614 名官兵和 48 辆坦克登岛。黄昏时分，工兵开始架设从塞班运来的两个浮桥码头，它们在次日早晨开始发挥作用，满载人员物资的车辆可以通过码头直接上岸，大大提高了卸载效率。从这一刻起，提尼安岛日军的最后覆灭开始进入倒计时。

白天兵力无法调动，绪方不愿束手待毙，在黄昏时分调集兵力向北渗透，试图向美军滩头阵地发起夜袭。最先沿海岸进攻“白一滩”的是海军第五十六警备队的 600 名士兵。在美军炮兵、机枪和轻武器的联合阻击之下，日军扔下 476 具尸体仓皇撤退。另一支日军陆军部队在 6 辆坦克的带领下，沿海岸从南面进攻“白二滩”，潟湖里的美军舰船及时发射照明弹，将黑夜照得如同白昼。严阵以待的美军炮兵瞬间将 6 辆坦克中的 5 辆打趴，跟进的步兵遭到火力密集覆盖，遗尸 267 具后败退。

相比上述两支日军，另一支从南面机场发起夜袭的日军非常狡猾，他们大都是经验丰富的老兵，精于隐蔽和近战。他们悄无声息地靠近美军阵地，突然发难，一个步兵中队一度渗透到海滩地带，破坏了部分物资装备。然而，面对美军的强大火力和兵力优势，突袭的日军终难逃一死。次日黎明，突入美军防线的日军被全部剿灭。天亮之后，美军在登陆场周边清点出 1241 具日军尸体，其中包括第五十联队第一、第二大队，第一三五联队第一大队三个大队长。夜袭的日军大多属于战斗力强的精锐部队，这导致日军防御力量大大削弱。

登陆第二天，陆战四师进一步扩大巩固滩头，同时接应头天佯攻的陆战二师登岛。中午之前，陆战八团在“白一滩”无血上岸，开始向牛岬攻击前进。陆战二团紧随其后顺利登陆。当天，陆战二师前敌指挥部在“白一滩”建立。上午晚些时候，陆战六团在塞班岛搭乘坦克登陆舰开赴提尼安，傍晚时分顺利上岸。美军两个师未遭多大损失全部登陆，预示着比赛提前进入拉锯时间。

战地记者弗莱彻·普拉特如此形容日军的零星反攻：“他们就像细浪冲击岩石，因为他们的攻击对象是一条固若金汤的防线。”或许用雨水冲击岩石来形容更为确切，因为从登陆第三天开始，大雨一直下个不停。

当天，陆战四师原计划 7 时发起的进攻，因头晚彻夜的滩头保卫战推迟。经过简单休整，11 时，美军启动攻势。第二十五团运用迂回包抄战术顺利攻克马加山，美军滩头阵地扩大并超出 O-1 线。陆战第二十三团右路推进已略微超过马加山。陆战八团扫荡了地域宽广的牛岬地区。当天美军的最大损失来自炮兵部队。陆战第十四团阵地遭到日军火力反击，伤亡惨重。因前一晚损兵过多，当晚绪方并未组织夜袭，小股兵力零星骚扰被美军轻松击溃。

“部队在向南移动时路过许多炮台和防御工事，”希尔少将说，“建造方式决定了它们只能抵御来自南方的进攻。海军陆战队却从北方掩杀过来，敌人不得不放弃它们，不战自退。”美军选择在“白滩”登陆确实是一招出其不意的好棋。

7 月 26 日清晨，“征粮者行动”总指挥斯普鲁恩斯上将在塞班岛外海登上“科罗拉多”号，参加舰上阵亡水兵的海葬仪式。两天后，他又到“斯科特”号参加了另一场类似的活动。日军誓死不降的做法让斯普鲁恩斯非常头疼。他在写给女儿的信中说：“我无法透过重重浓烟、雾霭和风暴看清提尼安岛海滩，对日本人的理解同样雾里看花。有时候我很好奇，这些日本佬知道自己在被等着消灭掉的时候，心里是怎么想的。”这天，以“埃塞克斯”号为核心的第四大队离开提尼安岛外海，前往支援南部战斗群的关岛作战。为登陆部队提供空中支援的任务就由护航航母和随后进驻的陆军航空队承担了。

同日上午，陆战二师接管岛上东部战线，从岛屿东北端向南推进至俯瞰阿西加湾的阿西加角，将该区域的日军全部肃清。16 时 30 分，西部陆战四师第二十五团在未遭多大阻击的情况下，顺利拿下制高点拉索山。第十四团第三营从塞班岛赶来，成为第一个部署在提尼安岛的105毫米榴弹炮营。

接下来的两天战斗波澜不惊。稀稀疏疏的蔗田随风起伏，使得日军无法藏身。陆战队员手持步枪，拉开散兵线，在坦克的带领下并排向前推进。28日，美军战斗机进驻牛岬机场。几天来伤亡轻微，但陆战二师仍得到862名补充兵员，陆战四师得到850名补充兵员，他们对面的日军是死一个少一个。美军最大的敌人与其说是日军，不如说是天气。当天暴雨倾盆，狂风将浮动码头吹得不知去向，物资卸载作业被迫多次中断。海上运输暂时断绝，美军只能借助可以抵抗巨浪的水陆两用运输车来运送弹药。一支C-47运输机中队负责提供短程穿梭运输服务，空投急需的弹药补给。进攻部队开始出现弹药短缺，美军甚至不得不把缴获的航空汽油临时给坦克使用。两个陆战师从左右两翼冒着连绵阴雨向南推进。29日，他们已占领半个提尼安岛，形势对日军来说越发绝望。

7月30日下午，陆战第二十四团攻克提尼安镇——他现在有个更为人熟知的名字叫圣何塞——和四号机场。陆战二师肃清了地势较低的东海岸地区。在清除山岭以南地区时，陆战二师遭遇一定强度的抵抗。好在日军组织紊乱，被美军轻易压制。至此，美军已控制了提尼安岛4/5的地区。被压缩到岛南狭窄区域的日军残部仍在负隅顽抗。

放弃提尼安镇之后，绪方试图纠集残部在岛南悬崖做最后一搏。他向关岛的小畑发出诀别电报，表明死守到底的决心。悬崖一带有三座海拔逾百米的山丘，形成了绝佳的天然防御阵地。31日，希尔少将调“田纳西”号、“加利福尼亚”号、“路易斯维尔”号、“蒙彼利埃”号和“伯明翰”号率13艘驱逐舰向日军阵地倾泻炮弹600吨，直到侦察机看不清地面情况。陆战第二十三、第二十四团在坦克的带领下发起最后攻击，从西面冲向陡峭山崖。陆战二师两个团则由北向南发起进攻。美军在进攻时大量使用液体燃烧弹，烧得日军士兵无处藏身，鬼哭狼嚎。

当晚的战斗异常惨烈。山上地形复杂，美军两个师之间出现一道550米宽的缝隙。8月1日凌晨1时，日军发起最后一次反攻。疯狂的日军士兵沿陡峭山坡冲进美军火力网，如扑火的飞蛾般化为灰烬。美军动用各种武器拼命开火，最恐怖的当数37毫米反坦克炮发射的霰弹，一发炮弹就能将十几名日军炸得血肉横飞。美军火力猛烈，但仍有少许日军趁黑夜渗透到后方。一支150人的小分队一度迂回到陆战八团身后，封锁山路，击毁一辆救护车。5时15分，约700名日军对陆战八团二营阵地发起自杀式冲锋。美军组织兵力进行拦截，连书记员、炊事兵等后方人员都拿起武器投入战斗，最终将日军的反击击溃。

行军途中，陆战六团一个营向团长路易斯·琼斯上校的团部移交了一名会说英语的日本侨民和他的妻子。这位侨民曾在制糖厂当过主管。琼斯从他们的口中得知，岛上平民又在策划大规模的自杀活动。美军给这位侨民一个扩音器，让他坐在吉普车上，在几辆坦克和装甲车的护送下向隐匿在山洞里的平民喊话。

这位主管告诉难民，岛上的战斗已经结束，美国人值得信赖，他们会提供食物、水和药品。他的妻子利用女人的特殊身份参与喊话，向大家保证美国人不会伤害他们。走出山洞的人越来越多，一些人向美军走去。从高原西面斜坡的山洞里最后走出40多人。琼斯发现他们的手中提着袋子。起初他以为里边装的是个人物品。随着距离不断拉近，琼斯忽然发现他们是被一根长绳子绑在一起的。突然间，轰隆一声巨响，那些人被炸得血肉横飞。原来袋子里装的是炸药。爆炸让那些摇摆不定的平民下定决心，开始朝美军这边跑。仍有部分人自杀，但这里始终未出现塞班岛那样的大规模平民自杀事件。

接下来的一周，美军看护所接纳的平民达到13000人。一些平民刚从山洞走出——很多是妇女和儿童——就被洞中的日军士兵从背后射杀。陆战十团机枪手查尔斯·培斯义愤填膺："说实在话，我们毫不怜悯山洞里的那些日本佬。尤其是看到刚才的那一幕。我们再也不会同情那帮浑蛋。我相信目睹这件事的人，在未来很长一段时间里都不会忘记这一幕。"

8月1日8时，美军攻势再度开启。日军在夜袭中损失了大量兵力，美军的推进速度大大加快。18时55分，陆战六团尚在向马波角挺进时，施密特少将就迫不及待地对外宣称"美军占领提尼安岛"。特纳、希尔和穆尔参加了提尼安镇举行的升旗仪式。肃清残敌和进攻行动一样危机四伏。2日清晨，一小股藏匿在崖顶山洞的日军突袭了第六团第三营营部，他们约有一个中队。美军成功击毙100余人，营长约翰·伊斯利中校在战斗中阵亡。

2日晚间，第一航空舰队司令官角田觉知、参谋长三和义勇、第五十六警备队司令官大家吾一、第一〇二一航空队司令官粟野原仁志、第一二一航空队司令官岩尾正次自杀身亡。据俘虏供述，角田曾尝试乘救生艇逃出提尼安，由潜艇接应逃离，这一计划因美军严密封锁而失败。

3 日 0 时，绪方焚烧了联队军旗，率残部——包括陆军、海军和民间义勇队约 1000 人——从卡罗利那斯东南侧的谷底发起最后冲锋，被美军炮火和坦克全部歼灭，“鲜血染红了卡罗利那斯草原”。持续 9 天的激斗，在 3 日天亮时宣布终结。绪方被机枪打死。在任第六师团第四十七联队第一大队大队长期间，绪方曾参与南京攻城战，此时毙命，算便宜他了。后来，东京追晋他陆军少将。

让人不解的是，岛上的唯一将官角田死后，并未按惯例晋一级为海军大将。如果说不久前自杀的南云追晋大将是因为方面舰队司令官的话，那么第六舰队高木武雄、第九舰队远藤喜一，以及后来战死的第四南遣舰队山县正乡、第二舰队伊藤整一和角田都是中将，都毕业于海兵第三十九期，为何其他四人均获追晋，独独不给角田晋升？有人认为，其余几人毕业成绩都在前 20 名，角田是第四十五名，成绩太差才不给晋升。这显然不是一种令人信服的说法。另一种说法是，角田和小泽之前一直不太融洽，在东京追晋角田的问题上，小泽提了反对意见。从小泽的性格及所处地位来看，这种可能性不大。小泽对人一向宽容，他死前，栗田健男去看望他，小泽一直抓着栗田的手说“给您添麻烦了”。老酒认为，最靠谱的说法是，东京认为角田在配合小泽机动舰队与美军的决战中指挥不力，基地航空部队几乎未起多大作用，最终导致机动部队菲律宾海战惨败。

角田和绪方相继自杀，日军在提尼安岛有组织的抵抗宣告结束。随后一周内，仍有 400 多名日军被消灭。提尼安岛有 8039 名日军，死亡超过 5000 人，数千人被封埋在洞穴和掩体之中。美军占领岛屿之后，驻军又歼敌 542 人，俘虏 252 人。13000 名平民幸免于难，但有超过 4000 人在战火中丧生。

美军以阵亡 328 人、伤 1571 人为代价，在短短 9 天内攻克提尼安岛，堪称岛屿登陆战的典范。本次作战被霍兰誉为“太平洋战争中最成功的两栖登陆战”。原因如下：一是吸取了塞班岛的经验，炮火准备和支援相对得力；二是在登陆点选择上非常科学，作战出其不意；三是绪方“密切配合”，他多次组织主动进攻，消耗了自己的有限兵力。假如日军躲入山洞，龟缩不出，美军拿下岛屿无疑要花费更长时间，付出的伤亡代价也会更大。

大部分时间待在海上的水兵喜欢收集战利品，他们却很少直接见到日本人。一些陆战队员利用他们的心理赚钱。他们用金属剪将野战炊具剪碎，把它们当作坠落敌机的碎片出售。他们还把一些旧的降落伞剪开，缝成日军军旗的样子，用碘酒和番茄酱画上旭日旗，再从缴获的日军色情杂志上学几个日式汉字描上，就可以高价卖给“没见过世面”的水手。“但是为了保证利润，我们并没有让大量假货流入市场，”罗伯特·格拉夫下士自豪地说，“总之，水手的钱很好赚，我们非常擅长做买卖。”

和塞班岛的大场荣类似，岛上残余日军一直坚持游击战。1945 年 4 月，10 名海军士兵驾船逃往西南 9 公里的奥盖吉岛，与岛上的山田锦一等 20 名陆军会合。美军并未登陆这个 6 平方公里的小岛，甚至很少向岛上打炮。一直到 1945 年 8 月 22 日，这些人才放下武器投降。战争结束后，9 月 4 日，日军一名中队长带着 61 人走出丛林，向美军缴械。提尼安岛坚持时间最长的日军士兵是藤田峻治，他向美军投降时，已经是 1953 年了。

克复关岛

7 月 10 日，一支美军火力支援分队来到关岛外海，炮击阿加尼亚镇周围目标，为未来登陆清除障碍。“旧金山”号重巡洋舰上，舰长哈维·奥弗雷斯上校懒洋洋地坐在舰桥的一把椅子上，偶尔举起望远镜观察一下炮击效果。这种炮击已持续近月，奥弗雷斯早没了之前的兴奋劲儿。舰桥瞭望哨阿尔伯特·格勒布在观察由悬崖标出的低空水平线时，突然发现一处岩石裂缝中发出亮光，随后闪出一条身影，拼命挥舞着绑在木棍上的一面白旗。听到格勒布惊讶的叫喊声，奥弗雷斯瞬间来了精神，嗖地从椅子上跳了起来。难道一贯以顽强著称的日本人要提前缴枪投降吗?

通过望远镜，两人发现岛上那人正挥舞旗子，向低空飞行的一架美机发出信息，那道亮光来自空中飞行员的答复。驱逐舰“迈高”号、“格里德利”号同样发现了来自岛上的诡异信号，此时是 10 日 18 时 20 分。由巡洋舰和飞机抵近观察都不现实，“迈高”号水手组成一个志愿小组，驾驶一艘摩托艇驶入日军岸炮射程，将不明身份者救上驱逐舰。他就是在岛上坚持了 31 个月，被日军称作“关岛之鬼”的一等无线电通信士官乔治·特威德。

1941 年 12 月 10 日，关岛沦陷时，乔治·特威德违抗麦克米林上校的投降命令，带领亚布伦斯基·琼斯、迈克尔·库拉普等5名海军士兵，驾驶一辆1926型里奥轿车冲过日军封锁线，遁入丛林。当时大家坚信，最多到1942年2月，友军就会来解救他们。到第二年10月22日，特威德已是躲在丛林里顽抗的最后一名美国人了。

一天，回家路上，岛民安东尼奥发现从路边的灌木丛中钻出一人，瘦得皮包骨头，浑身污秽不堪，衣衫褴褛。这个叫特威德的美国人请求安东尼奥庇护，这无疑是极危险的事情。正当安东尼奥准备拒绝时，特威德的惨相让他想起了宗教绘画中即将上绞架的耶稣。就在那一刻，安东尼奥下定决心，作为基督徒，他要给特威德提供力所能及的帮助。此后600多天里，安东尼奥和妻子冒着随时被日本人抓走处死的危险照顾特威德。为抓到漏网之鱼，日军组织多次搜捕，一无所获，包括神父杜纳斯在内的很多人因此被日军处死。日军称幽灵般的特威德为"关岛之鬼"，此节前文已有所述。7月10日晚，当安东尼奥去找特威德时，发现他已经不见了。他藏身的山洞里留有一张便条，说明自己被驱逐舰救走了，他很快会带人来营救他们。

获救之后，特威德被领到驱逐舰的军官餐厅，享用了一顿丰盛美餐。他第一口吃下的是一片普通的黄油面包，这可是他两年以来梦寐以求的食物。他被领上旗舰，舰队司令官热情地接待了他。出于保密需要，美军战时报道并未公开司令官的名字。根据"旧金山"号所在战斗序列，这名将军应该是第六巡洋舰分队司令官特纳·乔伊少将。特威德对眼前这支威武雄壮的舰队颇为震惊，他惊讶地问司令官："我们究竟从哪里搞来这么大一支舰队？"将军微笑着回答："这只是那支舰队中的很小一部分。"特威德突然向领导提出一个他自认非常棘手的问题："我不知道该买什么样的军服，战争爆发之前，我通过了无线电军士长的考试。如果晋升获得批准，再买原来的军服就浪费了。"将军听完，哈哈大笑，当场宣布晋升特威德为军士长。特威德提供了岛上日军兵力、防御部署及士气的相关情报，这对美军即将发起的登陆作战很有帮助。

特威德被送回了国内。当他在圣迭戈见到亲人时，他们几乎认不出他了。特威德的头发因缺乏营养变成了灰色，体重下降了足足20磅。由于长期缺乏与人沟通，他说起话来吞吞吐吐，舌头打卷儿。特威德因此获得优异军团章，还得到一张6207美元的支票，这是他几年来积累未领的薪水。美国人自然不会放过这么好的话题。根据特威德的经历，作家布莱克·克拉克写出了畅销书《美国海军的鲁滨孙》。好莱坞据此拍摄了影片《英雄不孤单》，饰演特威德的是影星杰弗里·亨特，就是在《玉碎塞班岛》中饰演加瓦尔东的那位。

而安东尼奥获得了自由勋章。他认为，罗斯福总统授予的勋章不仅仅代表他本人，还代表被日军杀死的杜纳斯神父及所有曾帮助过特威德的人。

即使没有特威德和安东尼奥，美国人也必须拿下关岛。这里战前就是他们的地盘儿，一直让日本人占着，政治影响太大，国内民众也不愿意。连鸟不拉屎的阿图和基斯卡都因政治和舆情派重兵夺回，何况比北太平洋战略位置重要得多的关岛？“征粮者行动”计划中，美军原拟 6 月 18 日登陆关岛。因小泽第一机动舰队横空出世前来挑战，美军计划被彻底打乱，登陆关岛时间一推再推。结果，第三两栖部队数万官兵愣是在海上漂荡了一个多月，士气和身体状况都受到影响。当进攻命令最后下达时，全军士气高涨。所有人都急着上岸，总待在船上实在太无聊了。服部卓四郎认为，是塞班岛日军的顽强抵抗促使美军更加慎重，进一步加强了火力准备，导致对关岛的攻击延期。应该也有一定道理。

位于马里亚纳群岛最南端的关岛——日本人为它起的新名字叫大宫岛——距东京 2500 公里，距塞班岛 186 公里，距最近的罗塔岛 62 公里。岛屿南北长 48 公里，最宽处 13 公里，面积 541 平方公里，形状像个未剥皮的花生，是查莫罗人的最大聚集地。关岛地势南高北低，西南面最高峰兰兰山海拔 407 米。岛北部平坦台地适合建立机场，南部多为火山丘陵地带，西南沿海分布有小块平原，西北、北部海岸多珊瑚礁。关岛西岸有 6 公里长的奥罗特半岛，其北侧与珊瑚礁合围成阿普拉港。美军若能攻占此港，兵员、装备和补给就可源源不断地快速上岸。岛上适宜登陆的地方不多，美军选择的登陆地点，是奥罗特半岛以北的阿散滩及以南的阿加特湾。

夺回关岛的任务由南部战斗群负责。康诺利少将第五十三特混舰队麾下有老式战列舰 6 艘、护航航母 5 艘、巡洋舰 10 艘、驱逐舰 53 艘、护卫舰 2 艘、登陆舰 75 艘、运输船 21 艘，加上扫雷、后勤等辅助舰只，总计 265 艘。美军对关岛的炮火准备早在 6 月 11 日就已开始，岛上日机被悉数歼灭，机场遭到严重破坏，无法使用。

担负地面作战任务的是罗伊·盖格少将的第三两栖部队，下辖艾伦·特内奇少将陆战第三师和雷缪尔·谢帕德准将陆战暂编第一旅。巧合的是，盖格、特内奇、谢帕德三人早前都有在中国服役的经历。鉴于塞班岛之战因登陆兵力不足拖延了时间，战役总预备队陆军第七十七步兵师被列入盖格麾下。该师之前在夏威夷整装待命，接到命令后于 7 月上旬离开珍珠港，中旬到达埃尼威托克。这样，盖格手中的总兵力达到了 55000 人。

尼米兹认为，盖格没必要等到第七十七步兵师抵达再发起进攻，建议登陆关岛时间为 7 月 15 日。斯普鲁恩斯对此表示反对，认为在后备部队抵达之前，贸然发起攻击属鲁莽之举，并不可取。由此可见斯氏用兵之谨慎，他绝不打无把握之仗。这样，关岛登陆日初定为 7 月 25 日。后来由于第七十七步兵师提前成行，登陆日最终确定为 7 月 21 日。

相对塞班岛和提尼安岛，日军关岛守备部队弱于前者，强于后者。地面部队包括高品彪第二十九师团主力（缺驻提尼安岛第五十联队主力）、重松洁独立混成第四十八旅团、片冈一郎独立混成第十联队主力（第一大队驻罗塔岛）、野战高射炮第五十二大队及海军第五十四警备队等，总计 18500 人，由高品彪统一指挥。

日军同样将第一防御重点放在阿散湾，由独立混成第四十八旅团及步兵第十八联队余部防守。在阿加特湾正面，部署有末长常太郎第三十八联队，这是一支参加过南京大屠杀的野兽部队。奥罗特半岛 10 多公里长的海岸线很难防守，这里由海军 2000 名士兵把守，他们中的很多人是没了飞机的海军航空兵。

如前所述，美军发起塞班岛作战时，第三十一军司令官小畑及副参谋长田村义富外出视察，后来在东条的催促下辗转来到关岛。塞班回不去了，小畑只好暂时在这里安身。军司令部大部分成员留给了井桁，小畑抽调部分人员，仓促组建了临时军司令部。虽然小畑将岛上防御交给高品全权负责，但在他的监督下，岛上还是新添了不少还算坚固的防御工事。岛上主要武备包括 200 毫米岸防炮 19 门、150 毫米火炮 8 门、127 毫米火炮 22 门和大量防空炮。这些装备大部分部署在港口和机场附近。

6 月 21 日至 7 月 7 日，美军对关岛进行了多轮舰炮轰击和飞机轰炸。鉴于塞班岛登陆前只实施了两天炮火准备，效果很不理想，登陆部队因此付出了重大伤亡，美军有意加大了对关岛的炮火准备。“我的目标是使部队攻上岸并站住脚，”康诺利向盖格保证说，“你只要告诉我为实现这一目标需要我们干什么，我们就会照办。”

从7月8日开始，美军进行了持续13天的炮击，共发射406毫米炮弹和356毫米炮弹6258发、203毫米炮弹3862发、152毫米炮弹2430发、127毫米炮弹16214发。轰炸关岛的飞机达到5500架次。虽然利用美军推迟登陆的时间，日军在美军可能登陆的滩头设置了大量障碍物和水雷，还抢修了一些永备火力点和防御工事，但美军长时间的炮击和轰炸严重破坏了日军的防御体系。“在岛上，你走到哪里，美国人的炮弹就会跟到哪里。”一名日军士兵在日记中写道。

7月21日，运载55000名官兵的运输船队来到关岛外海，准备对这片被日本人夺取的美国领土发起进攻。此后一段时间里，美国人一直是带着复仇心理作战。康诺利少将深受陆战队的爱戴。在海军中，只要一名将领坚持把火力支援舰开到距岸尽可能近的距离开火，他就一定会受人拥戴。“近战能手”这一雅称就是陆战队员送给康诺利的。

第五两栖部队参谋长罗伯特·霍姆伯格少将如此称赞康诺利：“他是我遇到的最优秀的两栖作战指挥官之一，拥有特纳的所有优点，却没他身上的坏毛病。他是一位非常出色、强大和能干的人物，而且善于倾听别人的意见。他会把陆战队员请过来，与他们一起讨论作战方案。他也会把我请过去，跟我一起坐在桌子边讨论数个小时，向我提问。然后他穿上野战靴，与陆战队员一起登陆作战。他对海军陆战队和海军所有存在的问题都有深入的了解和研究。”

斯普鲁恩斯认为，虽然关岛居民目前暂由日本人统治，但他们内心仍然是倾向美国的。他叮嘱康诺利，炮击或轰炸时尽量不要伤到岛上居民。康诺利从情报中已经获悉原居民的大致藏身地点。他答应司令官，会亲自监督突袭行动，将平民伤亡降到最低。

头天晚上，考夫曼中校率第三、第四、第六等三个爆破分队出动，在美军预定登陆的阿散滩和阿加特滩一带做出标记，用炸药包清除日军设置的障碍物。戈登·卡伯里中尉第四分队的队员还在阿加特海滩竖起一块标识牌，上边写道：“欢迎海军陆战队。美国劳军组织阿加特分会——前方两个街区。”

7月21日5时30分，美军南部炮击分队浩浩荡荡地来到关岛近海，开始向预定登陆区域倾泻炮弹。满载登陆部队的运输船于6时云集换乘区域。当日天高云淡，海上涌浪微弱，正是发起登陆作战的好日子。随着美军战机和舰炮炸弹纷纷落下，登陆区域瞬间被烈火和硝烟笼罩。

预定登陆时间为 8 时 30 分。盖格少将站在舷边，通过扩音器向一众参战将士高声喊话："当你们走上战场，从敌人手中夺回这座原属于我们的堡垒时，举国上下都在关注着你们。国家给予你们的荣耀是无比崇高的。愿海军陆战队注重集体荣誉的光荣传统激励你们夺取胜利。全国人民以你们为荣！"

美军登陆已迫在眉睫。在岛上，日军第四十八独立混成旅团旅团长重松也在给部下打气："美军在塞班岛的成功登陆让他们士气大增。现在，他们还没有做好准备就打算登陆关岛，这是非常鲁莽和愚蠢的行为。现在，把敌人统统打死在海滩上的机会到了！"

美军第一攻击波于 7 时 40 分出发，步兵登陆艇和炮艇的 114 毫米火箭炮开始向滩头猛烈开火，两栖运兵车紧随其后。8 时 22 分，从航母出发的舰载机黑压压地飞来，投下的炸弹覆盖了登陆海滩和毗邻地区，登陆部队借机前进至距岸仅 1100 米。此时海军舰船大口径舰炮开始向纵深炮击，127 毫米炮继续轰击滩头，直到水陆两栖坦克越过暗礁。最后一波登陆前的炮火准备由携带炸弹的 84 架"地狱猫"和 16 架"复仇者"发起，步兵登陆艇和炮艇驶向两翼，继续开火压制日军。8 时 29 分，陆战三师先头部队顺利上岸，跟进的四个营分别在"红一滩""红二滩""绿滩""蓝滩"依次登陆。仅 30 分钟后，美军坦克已隆隆地驶上海滩。

向纵深推进的美军很快遭到日军迫击炮、山炮和机关枪的火力拦截，据守此处的是日军第三二〇独立大队和第十八联队第一大队。身处高地的日军居高临下，向陆战队员投掷手雷。地形迫使美军登岸后必须向眼前山地发起仰攻，切尼托悬崖最平缓处坡度也有 40 ~ 50 度，陆战队员只能手脚并用向上攀爬，无法使用武器开火，很多人在爬行中被日军击倒。对滩头正面邦德斯楚山脊的进攻演变成一场血腥的拉锯战，陆战队因损失过大暂停攻击，直到次日才登上山顶。日军发起连续反冲锋，来自后方丰特高地的炮火极为猛烈，迫使登顶的陆战队员暂时后撤。滩头左侧的阿德鲁普角和右侧的阿桑角都有日军火力点向美军倾泻弹雨。所幸这两处阵地相对孤立，被美军火力压制后，很快被清除。17 时 15 分，师长特内奇少将率师部人员上岸，迅速建起前敌指挥部。

登陆日夜幕降临时，北部滩头北翼仅向前推进了 200 ~ 300 米。中路第二十一团肃清了阿散镇，向前推进1500米。南翼陆战九团开始沿海滩向阿普拉港挺进。特内奇下令各部原地掘壕据守。当天美军占领的地盘约1500米长、3700米宽，部队阵亡105人、失踪56人、受伤536人。美军并未控制海滩后方高地，如果不是强有力的炮火支援和对面日军实力较弱，陆战三师伤亡可能更大。

南路美军登陆点阿加特海滩距阿散湾11公里。暂编陆战一旅登上陆地的时间仅比友军晚3分钟，陆战二十二团和陆战四团分别在“黄一滩”“黄二滩”和“白一滩”“白二滩”上岸。暂编第一旅虽不需要背水攻山，却要攻克四处威胁极大的海角。自北向南第二位的加安角顶部有一座不起眼的小山丘。战前美军侦察并未留意此处，炮火准备没有对其特别关注。殊不知，日军已将这座山丘内部掏空，构筑了混凝土暗堡，其中配置2门75毫米山炮和1门37毫米反坦克炮，辅以数量众多的轻重机枪，火力猛烈。登陆日，从小山丘喷射的火力将美军压制在滩头长达数小时之久。最终顶着炮火登陆的美军坦克绕到山丘背后向掩体入口猛轰，才拔除了这处日军防御强点。

13时50分，暂编第一旅前线指挥所在滩头建立。由于战斗异常激烈，而后勤补给供应迟缓，一线部队出现了弹药短缺。加安角南面第三处班吉角后方也有一座低矮土丘，美军称为40高地，这里同样被美军战前侦察忽略。围绕40高地的攻防战持续了整整一天，小山丘竟四度易手。直到次日早晨，美军才最终将之攻占。在攻克加安角和班吉角的战斗中，美军付出了伤亡350人的代价，至少24辆运兵车被摧毁。到傍晚时分，南路美军占据了一块长4100米、纵深1800米的桥头堡。

尽管南北两路部队均出现较大伤亡，康诺利对登陆日的战斗仍然表示满意：“登陆行动已经按计划完美执行，我们的部队顺利上岸并站稳了脚跟。”下午晚些时候，安德鲁·布鲁斯少将陆军第七十七步兵师先头团登岸，岛上日军的最终覆灭，进入倒计时。

就在陆战三师登上阿散滩的同时，高品已经下达了所有预备队向丰特高地集结的命令。当晚，日军发起了惯用的夜袭，暂编一旅炮兵分队甚至打光了所有炮弹，才迫使日军撤退。凌晨2时30分，一队日军在4辆坦克的带领下，顺哈蒙路发起进攻，被美军火箭筒和谢尔曼坦克各击毁2辆。第三十八联队联队长末长被击毙——他已于 8 月 1 日晋升少将，死后追晋陆军中将。另一股日军对陆战四团一营的进攻突破了滩头阵地，一度冲到距炮兵阵地仅 350 米处，最终被美军顽强击退。仅一营 A 连阵地前方，日军就遗尸 200 多具。当晚，北翼陆战第二十二团也击退了日军数次大队或中队规模的进攻。

次日，盖格少将率第三两栖部队司令部成员及后备部队陆续登岛。由于没有水下爆破队引导穿越暗礁之间的水道且缺乏足够的两栖运兵车，第七十七师余下两个团不得不在阿加特附近暗礁处下船，泅渡上岸。一名个子较矮的海军上尉自告奋勇地走在最前边，自愿为陆军的矮个子士兵探寻一条可走的水路。另一名身高近 1.9 米的军官负责探测水较深之处，避免矮个子士兵走着走着就不见了。两人分别获得了“低水位”和“高水位”的雅号。

接下来的三天，美军并未发起大规模进攻，只是巩固并通过局部战斗逐渐扩大登陆场。战至 25 日，美军完全切断奥罗特半岛与内陆的联系。同日，陆战九团从北方派出的巡逻队，与南方陆战二十二团取得联系，形势对日军越发绝望。美军南北两支登陆部队肃清之间的 11 公里距离，用了 4 天时间。可见日军抵抗之顽强。

25 日晚，高品精心策划了一次反击。日军主力部队冒着大雨倾巢而出，在坦克的带领下向陆战三师发起进攻。被围困在奥罗特半岛的日军也向暂编一旅侧后发起冲锋，试图与正面进攻的第四十八旅团里应外合，打破包围。

战斗异常惨烈。陆战九团第一营营长在报告中写道：“日军在整条战线都跟我们搅在了一起，甚至贴到了手榴弹投掷距离之内，他们还利用面朝我们的洞穴建立了据点。”一股日军几乎突入滩头核心阵地，美军只得动用包括后勤部队在内的一切力量顽强阻击，炮兵压低炮口对敌直射。大约一个中队的日军冲进陆战三师野战医院，医护人员帮助重伤员向后撤退，更多轻伤员拿起武器加入阻击行列，无法行动的伤员趴在床上向敌人射击。不远处美军的两个工兵连火速赶来增援，才将这股日军消灭。

日军的攻势在凌晨 2 时土崩瓦解。仅陆战四团阵地前沿就发现日军尸体 256 具。高品在当晚的战斗中损失了约 3500 名士兵和超过 95% 的军官。到次日清晨，第四十八独立混成旅团已不复存在，旅团长重松及第十八联队联队长大桥彦四郎被击毙。奥罗特半岛守军的突围行动也被挫败。美军阵亡超过 300 人，数百人受伤。

26日清晨8时，小畑向东京报告了反击失败的消息："自25日起，我倾全军之力，从丰特高地与芒干山向阿迪拉普岬之敌发起猛烈进攻。众官佐身先士卒，士兵无不用命。战斗持续经夜，然皇军未能达成预期之目的。职部战殁逾八成，此乃卑职之过也。卑职决心召集余部死守芒干山，直至最后一兵一卒。于此战玉碎之将士及其眷属，唯此感佩慰抚。"东条已于一周前下台，新任参谋总长梅津美治郎回电，除称赞驻岛部队做出的巨大牺牲之外，还敦促小畑尽可能延长守岛时间，"此役事关日本本土之危急存亡"。

粉碎日军夜袭之后，美军趁势发起全面反攻。在7个炮兵营的支援下，暂编一旅向盘踞在奥罗特半岛的日军发起了最后扫荡。虽然在夜袭中损失了大量兵力，但日军的拼死抵抗仍使美军每前进一步都必须付出血的代价。直到29日，陆战四团才拿下奥罗特机场，开始向半岛顶端进发。16时，半岛日军被全部肃清。日军在奥罗特半岛损兵超过2500人，陆战四团在负责区域发现超过250处碉堡。美军付出的代价是115人阵亡、38人失踪、721人受伤。

15时30分，在用一把缴获的日军小号演奏的《致国旗》乐曲声中，星条旗重新飘扬在陆战队兵营的旧址上。谢帕德准将参加了升旗仪式，并向满身血污的部下发表了慷慨激昂的即兴演说："珍珠港事件发生仅三天之后，我们的同伴曾在此处抗击兵力占绝对优势的敌人，不幸失败。但在今天，在这片神圣的土地上，陆战一旅的官兵，你们为牺牲的同胞报仇雪恨了！"

从感情上考虑，第五舰队参谋长穆尔上校很想在关岛升起国旗。美西战争获胜之后，穆尔的父亲作为一名海军军官，亲自在关岛升起了第一面美国国旗。特纳和霍兰一致认为，当美军从日本人手中夺回岛屿时，由穆尔升国旗是再合适不过的了。遗憾的是，他们并未将此事告诉盖格，穆尔上岸时，旗子已经升起来了。穆尔的晋升毫无指望，他将很快离开斯普鲁恩斯，将参谋长位置让给戴维斯。在写给妻子的信中，穆尔悲伤地说："这是我最后一次获得荣誉的机会，甚至可以说是借来的，可惜已经在我来的路上错过了。"

在北方，陆战三师在挫败日军的反击后，开始向丰特高地发起猛攻。根据东京的指示，高品留下少许兵力迟滞美军进攻，自己率主力向北撤退，准备"利用岛北丛林尽可能迟滞美军的进攻"。

28 日，高品在撤退途中中弹身亡，师团参谋长冈部英一、海军第五十四警备队司令官杉本丰接连身亡。接过岛上指挥权的小畑，清点了队伍，尚余 1000 名陆军、800 名海军和 2500 名后勤人员，炮兵只剩 6 门火炮。30 日，小畑率残部有组织地穿过岛上峡谷低地，向北撤退。美军趁势大举推进，快速越过岛屿中部连绵山地，于 7 月 31 日抵达关岛东岸。美军南北两路部队会合，完全控制了奥罗特半岛，半岛机场和阿普拉港已在头一天投入使用。

31 日占领阿加尼亚之后，盖格以陆战三师为右翼，陆军第七十七步兵师为左翼，向北快速推进，其正面攻击宽度约 6 ~ 8 公里。除航母舰载机和塞班岛陆基战机的支援之外，美军两路攻击部队均可得到岛屿东西两侧海军舰炮的火力支援。暂编一旅负责掩护后方，肃清已占领地区的日军残部。

塞班岛作战时，陆军和陆战队发生过不少矛盾，最终诱发了“史密斯对史密斯事件”。关岛并无类似的现象发生。初出茅庐的陆军第七十七步兵师敢打敢拼，行动迅速，赢得了陆战队的尊敬。他们甚至亲切地给友军冠以“第七十七陆战师”的雅号。要知道，在太平洋战场，陆战队一直对陆军稳健但稍显消极的打法颇有微词。这种现象让斯普鲁恩斯、特纳和霍兰大感欣慰。

节节败退的日军来不及构筑稳固防线。8 月 4 日，小畑在巴里格达山一带构筑的主防线仅两天时间就宣告崩溃，只剩少数孤立据点各自为战。美军在战斗中得到关岛居民的大力配合，他们不但积极给美军带路，还利用特殊身份渗透到后方，将日军的防御部署及时提供给美军。尽管失去了家园和生计，他们还是一如既往地拥护美军。因此，关岛没有出现大规模平民自杀现象，战乱中丧生的平民不到 1000 人。

在伊宫村的南侧公路上，沿岛东岸推进的第七十七师被日军打了埋伏。残存的日军坦克、反坦克炮联合步兵，突然发难，瞬间击毁美军坦克 4 辆。正面受挫的美军从侧面迂回，最终占领这个小村子。局部反击不影响岛上的大局，8 月 6 日，小畑在伊戈北一线构筑最后一道防线，这里距岛北端只剩 6 公里了。

8 月 7 日 7 时，美军发起最后攻势，日军的抵抗越来越微弱，他们的抗击方式仍是设置路障阻击，直到战斗的最后阶段。8 月 8 日，第七十七师第三〇五、第三〇六团围攻圣罗莎山，他们估计山上日军至少有 3000 人。实际上，大多数日军已经遁入丛林，只有小股日军在负隅顽抗。17 时 15 分，美军顺利冲上山顶，清扫日军尸体约500具。

8月10日，接近马塔库亚克山的陆战队员突然遭到猛烈阻击，暂时退却。当时他们并不知道，山后的山洞就是小畑的藏身之所。战斗仍在激烈进行，但在11时31分，盖格少将宣布美军夺回关岛。当天下午，“印第安纳波利斯”号驶入阿普拉港，一群高级将领登上了这座战前属于美国人的岛屿。除了尼米兹、斯普鲁恩斯、特纳、霍兰等老熟人，队列中的那个高个子也格外引人注目。他就是在瓜岛一战成名的海军陆战队第十八任总司令范德格里夫特中将。

8月11日，岛上日军与外界的联系完全断绝。自知走投无路的小畑于清晨走出山洞，面向东京方向行礼，回到洞中切腹自尽。和他一起自杀的还有参谋长田村义富、第五二一航空队司令官龟井凯夫等人。东京大本营随后宣布关岛守军全员“玉碎”。

关岛一战，美军阵亡1435人，伤5648人。日军的伤亡数字难以统计。虽然岛上日军有18500人，但美军只发现尸体10971具，许多士兵在碉堡和山洞中被掩埋了。美军宣称摧毁坦克59辆，实际日军在岛上的坦克总共才38辆。

战役结束后，美军指挥层发生了一些变动。霍兰将返回珍珠港，就任战区海军陆战队司令官。盖格少将率第三两栖部队司令部离开关岛，前往夏威夷准备贝里琉之战。8月13日，随着施密特少将履任新职，关岛所有部队隶属第五两栖部队指挥。8月15日，拉尔森少将正式就任关岛守军司令官——他已于8月2日登岛负责机场和港口建设。暂编一旅8月31日返回瓜岛，随后被扩建为陆战六师，参加了随后的冲绳岛战役。陆战三师继续留在关岛训练，将在硫黄岛战役中登场亮相。第七十七步兵师也开始为随后的菲律宾战役进行准备。

关岛面积较大，给日军残部打游击留下了足够的空间。1945年6月11日，第二十四坦克中队中队长佐藤率35名士兵向美军投降。截至1945年8月，美军统计共打死日军18337人、俘虏1250人。以上数字加起来比岛上日军的总兵力还多，还未计算被埋葬在工事里的日军。1945年9月4日，第二十九师团作战参谋武田秀行率68名士兵投降。战争结束后，1945年12月，仍有3名陆战队员遭日军伏击身亡。1960年，又有数名日军士兵走出丛林向美军缴械。

1972年1月24日晚，两名关岛居民在小河边收虾笼，邂逅了一名陌生人，估计因为是亚洲人长相，两名土著起初并未在意。倒是陌生人感觉受到威胁，向他们发起攻击。随后更多居民赶来，将陌生人制服，扭送警察局。这位蓬头垢面、身围树皮的“野人”，就是日军第三十八步兵联队陆军下士横井庄一。

横井于 1915 年出生于爱知县，1941 年应征入伍时是一名裁缝学徒工。入伍后，他被编入第二十九师团，驻扎中国东北。1944 年 2 月，横井随大队人马来到关岛，参加守岛战斗。眼看最终防线即将崩溃，横井本想向美军投降，但想到政府对投降军人的处罚十分严厉，就打消了这一念头。他与 9 名同伴进山打游击。不久，7 人受不了艰苦环境出来投降，剩下横井等 3 人坚持战斗。1964 年，两名同伴被山洪淹死，横井成了孤家寡人。

为躲避美军搜捕，横井在关岛东南部塔洛福福瀑布下游选择了一个隐蔽之处。他用刺刀挖出一个洞穴，用枯枝败叶掩藏好洞口，昼伏夜出。解决了藏身之地，就得想办法照顾肚子了，不能被活活饿死。起初横井以野果为食，但野果数量有限，有几次毒野果把他折腾得死去活来。老鼠、青蛙、蛇等便成了他不得不选择的食物。几年下来，横井练就了一身“捕鼠逮蛇”的本领。

横井盲目信守“效忠天皇”和“决不投降”的誓言，过着野人一般的生活。他坚信天皇会派援军来营救自己。日本战败投降之后，美军一度利用战机向日军的可能藏身之地投放终战通知书。横井还真捡到一份，但他认为那是美军的攻心谋略，骗人的鬼把戏。日复一日，年复一年，横井根据月亮圆缺，计算自己已在深山躲藏了 27 个年头。

长期的野人生活居然没使横井失去语言能力。同年 2 月，他由日本政府安排回国。起初横井害怕政府会因“投降”处死自己。出乎意料，他竟受到了国民英雄式的欢迎，厚生大臣亲自到机场迎接他。在记者招待会上，横井语出惊人：“我回来了，我不过是可耻地活了下来而已。”这句话迅速成为日本当年的流行语。东京报纸把他称为“最后一名皇军战士”。这是“隐居”27 年的横井万万想不到的。回国后的横井积极适应陌生的现代社会生活，与一个叫美保子的女人结了婚。美保子对媒体说：“虽然很惭愧，归国的丈夫在 27 年间丝毫没有放弃，努力生存下去。如果我再颓废的话，那将十分愧对我的丈夫。”事实上，两人的婚姻仅持续一年就结束了。

横井成了电视谈话节目的红人，到处应邀做报告，讲述他在关岛 27 年的隐身经历，还拍摄了纪录片《关岛 27 年秘密生活》。在访问皇宫时，横井说：“天皇，我回家了，很遗憾我没有好好效忠您。这世界变化太快，但是我会一如既往对您忠诚。”1974 年，横井参加了参议员竞选，没能胜出。1997 年 9 月 24 日，82 岁的横井在名古屋突发心脏病死去，葬于名古屋公墓。跟别人不同的是，他的墓碑早在 1955 年就打造好了。当时日本政府正式宣布了他死亡的消息，母亲为他专门打造了那块墓碑，现在终于用上了。德国《世界报》以“关岛藏身 27 年的横井”为题，报道了他去世的消息，同时指出：“尽管他是一个不屈服的士兵，一个尽职尽责的下士，并在重返日本时受到一些人的欢迎，但在其他人看来，他只是军事政权的盲从者而已。”

短短两个月，美军顺利夺取三岛。其间，第五十八特混舰队共出动战机 21000 架次（其中半数为“地狱猫”），投弹 7000 吨，击毁敌机 1300 多架。其中空战中击落 909 架，在航母上击毁 51 架，在地面摧毁 276 架。斯普鲁恩斯认为这个数据创造了一项新纪录。美军损失飞机 344 架——其中 54 架在空战中被击落，150 架毁于防空炮火，7 架被友军炮火所伤，19 架不明原因坠毁，剩余 111 架则是在战斗中因发生紧急情况坠毁——最多来自 6 月 20 日“薄暮攻击”的暗夜返航。为支援岛上的步兵作战，海军火力支援舰船共发射炮弹 27000 吨——其中战列舰大口径炮弹 1.6 万发，巡洋舰 203 毫米或 152 毫米炮弹 4.3 万发，127 毫米炮弹 50 万发。

斯普鲁恩斯一直在前线停留到 8 月 23 日，协调军事基地和港口的建设。之后不久，他将率第五舰队司令部成员弃船登岸，到珍珠港筹划下一步作战行动并制订计划。哈尔西及众幕僚将全面接管第五舰队。所有与“五”有关的番号统统变更为“三”——第三舰队、第三两栖舰队、第三两栖部队、第三十八特混舰队。美军这一举措极大地迷惑了日本人，甚至包括美国的新闻记者。《新闻周刊》发出这样的赞叹：“由哈尔西将军领军的第三舰队，可能与斯普鲁恩斯将军率领的第五舰队一样强大。”

攻克三岛之后，美军并未在马里亚纳群岛展开其他军事行动。关岛和提尼安岛之间的罗塔岛驻有日军。海军包括第五十六警备队罗塔分遣队，第二六三、第三四一、第五二一航空队地勤人员等，总计 2005 人，由侥幸降落在岛上的阿部善次指挥。陆军包括独立混成第十联队第一大队及工兵中队、炮兵中队，总计 1031 人，指挥官是大队长今川芳男。由于海军人数多于陆军，阿部接管了所有部队的指挥权。但他只能天天坐在岛上，望着空中飞来飞去的美军飞机破口大骂，练练嗓子。另外，在塞班岛以北 310 公里的帕甘岛，驻有日军独立混成第九联队主力 2150 人及海军 300 人，指挥官是联队长天羽马八——后晋升少将，就是给大场荣下投降命令的那位。两岛日军别说进攻，连活下去都非常困难。美国人懒得去搭理他们。从某种程度上说，这些人是幸运的。

现在，三岛面临的问题是重建而不是破坏。阿诺德上将和他称霸全球的战略空军将把三岛作为 B-29 轰炸机的栖息之地。它们将从这里出发，轰炸日本本土。在米拉德·哈蒙中将的统一指挥下，前线指挥官、航空工程师和海军工兵部队将与各岛驻军协作，根据约翰·胡佛中将的命令彻底改造这些岛屿。在此之前，美军的超级空中堡垒曾在中国、印度和欧洲等地少量部署。美军占领三岛之后，这里接收了 1945 年生产的所有 B-29。

10 月，塞班岛施工人员达到 65000 人。伊斯利机场为战斗机预留了长达 1800 米的停机区，为 B-29 预留了一条 2600 米的跑道和 120 多个停机坪。在日军原有油库的基础上，美军增设了 4 个 5000 加仑装航空燃油箱。加拉潘港建成了以角铁连接的浮筒式码头。为避免大场荣等零星日军的骚扰，美军推土机驾驶室安装了防护板，施工人员配备冲锋枪，昼夜施工。

为确定后续大规模卸货的准备工作，考夫曼中校考察了提尼安镇港口，后来海军基地的货船港口就建在这里，专门为轰炸机和战斗机群提供后勤保障。美军打算在提尼安岛北部广阔平原修建六条专供 B-29 使用的大型跑道。他们开始进行采石作业，以扩大机场容量。除了少数山地，岛上所有平原地区都成了施工现场，成片建筑拔地而起。美军不但采用超过 611 万立方米的珊瑚填平主跑道、滑行道和停机场，还修建了可容纳 50000 人的大量辅助设施，参与施工的“海蜂”部队超过 15000 人。值得一提的是，海军工兵按照纽约曼哈顿岛的布局进行基地规划，连岛上道路都是按照纽约的相应街道命名的。1945 年 8 月 6 日和 9 日，超级空中堡垒从这里出发，向日本广岛和长崎投下了原子弹。

在关岛，美军在二号机场的基础上扩建了西机场，长 5500 米的跑道专供海军使用，后来移交给陆军作为 B-29 专用跑道。美军还在一号和三号机场的基础上修建了北机场，新机场在 1945 年 2 月投入使用，有 4 条 2600 米 B-29 跑道。为了通过水雷封锁困死日本人，美军还在关岛修建了一座大型水雷仓库，其储备水雷数比美军其他所有仓库的存储总量还多。岛上的施工队伍达到12个海军工兵团、4个陆军工兵营、1个陆战队工兵营和1个前进基地建设指挥部。除了军事设施，美军还为15000名平民修建了住房。

前方干得热火朝天，珍珠港的尼米兹终于坐不住了。美军兵锋逐渐逼近日本本土，尼米兹决定在关岛设立太平洋舰队前敌指挥部，他亲自坐镇。他选定阿加尼亚郊区一处陡峭的海岸为司令部新址，这里因此被称为“太平洋舰队总部山”。1945年1月27日，尼米兹正式迁入关岛总部一栋木质结构的二层楼房，直到战争结束。他的司令部曾遭零星日军的袭扰——不知道其中有无横井——所幸并无人员伤亡。今天，岛上有多处以尼米兹命名的纪念地。

二战结束，有44名日本战犯在关岛受审。1947年，关岛西北部机场更名安德森机场。越战期间，美军B-52轰炸机就是从这里起飞前往轰炸越南。安德森机场之大，曾有155架B-5同时进驻的记录。1991年，美国第十三航空队司令部由吕宋拉克机场迁徙至此。在岛西奥罗特半岛阿普拉港，美军建有舰艇基地，阿加尼亚附近有海军航空基地。1975年，美国在关岛安置超过10万名越南难民，1996年又安置6600名伊拉克库尔德难民。今天，关岛1/5的面积为军事用地。

旅游业是关岛的支柱产业，大多数游客来自日本、韩国、美国和中国。主要景点有阿散海滩，那里保留有一些洞穴、碉堡、战壕和山炮，还有美军登陆纪念碑。皮蒂海军造船厂收藏有3门日军岸防炮。加安角战地遗迹被完好地保存下来，成为太平洋战争历史公园的一部分。40高地被削平变成了农田，丝毫看不出当年两军厮杀的痕迹。阿加特地区有超过4平方千米的水下遗迹，有未受污染的珊瑚礁和供潜水者探索的沉船。马里亚纳军事博物馆位于海军基地，平时对公众开放。在奥罗特半岛，建有纪念战斗中阵亡的25只军犬的海军陆战队军犬墓。著名的“特威德洞”位于西北海岸。小畑英良自杀的山洞还保存着，不时有日本游客到此祭奠。